21 世纪全国高职高专汽车系列技能型规划教材
国家骨干高职院校重点建设任务驱动式项目教材

汽车拆装实训

主　编　詹远武

副主编　夏良耀　徐为人

主　审　金加龙　王惠灵

北京大学出版社
PEKING UNIVERSITY PRESS

内容简介

本书以从实践中归纳的典型工作任务入手，提炼出适合教师教学和学生训练的学习项目，任务明确，内容简练。本书以丰田卡罗拉和大众桑塔纳 3000 等典型轿车为主进行介绍，主要包括汽车拆装基本技能训练、汽车发动机总成的拆检及安装、汽车底盘总成的拆检及安装、汽车电气设备的拆检及电路检测、汽车整车维护等 5 个学习训练项目，具有很强的实用性和系统性。

本书既可作为高等职业院校汽车运用技术、汽车电子技术、汽车技术服务与营销、汽车检测与维修、汽车运用与维修专业的教学用书，也很适合汽车维修技术人员学习参考。

图书在版编目(CIP)数据

汽车拆装实训/詹远武主编. —北京：北京大学出版社，2013.8

(21 世纪全国高职高专汽车系列技能型规划教材)

ISBN 978-7-301-22988-0

Ⅰ. ①汽…　Ⅱ. ①詹…　Ⅲ. ①汽车—装配(机械)—高等职业教育—教材　Ⅳ. ①U472.4

中国版本图书馆 CIP 数据核字(2013)第 182741 号

书　　名：汽车拆装实训

著作责任者：詹远武　主编

策 划 编 辑：张永见

责 任 编 辑：张永见

标 准 书 号：ISBN 978-7-301-22988-0/TH・0364

出 版 发 行：北京大学出版社

地　　址：北京市海淀区成府路 205 号　100871

网　　址：http://www.pup.cn　新浪官方微博：@北京大学出版社

电 子 信 箱：pup_6@163.com

电　　话：邮购部 62752015　发行部 62750672　编辑部 62750667　出版部 62754962

印　刷　者：三河市北燕印装有限公司

经　销　者：新华书店

787 毫米×1092 毫米　16 开本　23.25 印张　548 千字

2013 年 8 月第 1 版　2013 年 8 月第 1 次印刷

定　　价：44.00 元

前　言

“汽车拆装实训”以“工学结合”人才培养模式为切入点，融“教、学、做”为一体，是高职院校汽车运用技术、汽车电子技术、汽车技术服务与营销、汽车检测与维修等汽车技术类专业学生的专业必修课程。本书紧密围绕高等职业技术教育人才培养目标和人才需求来确定内容，紧密联系现代汽车新技术的发展、结合当前职业教育的特点而编写。

编写过程中，本书以从实践中归纳的典型工作任务入手，提炼出适合教师教学和学生训练的学习项目，注重知识应用性和能力素质的培养，任务明确、内容简练。其中基础理论较为浅显，以够用为度；技能操作注重规范，实用性强，非常适合高职院校汽车运用技术专业学生的入门学习，也很适合企业维修人员作为自学用书。

本书共分汽车拆装基本技能训练、汽车发动机总成的拆检及安装、汽车底盘总成的拆检及安装、汽车电气设备的拆检及电路检测、汽车整车维护等 5 个学习训练项目。教学实践证明，通过实训教学，使书本知识紧密联系实际，学生易学、易懂、易记；通过实训教学，学生亲自动手拆装汽车，可以有效提高实践操作技能，促使学生实现“零距离”上岗。本书具有如下特点。

一是以学生学习为主体。融入课程教学设计新理念，以学习需求为基础，打破长期以来的理论与实践二元分离的局面，以任务为核心，实现理论与实践一体化教学。

二是以工作任务为驱动。结合当前职业教育改革新模式，以工作任务驱动，围绕职业工作需要，以就业为导向，以技能训练为中心，实现理论教学与技能训练有机结合。

三是以突出能力为目标。课程定位与目标、课程内容与要求、教学过程与评价都围绕职业能力的培养，涵盖职业技能考核要求，使学生在完成工作任务的过程中学习专业知识，培养学生的综合职业能力。

本书由浙江交通职业技术学院詹远武任主编，夏良耀和徐为人任副主编。其中，项目 1、项目 2 和项目 5 由詹远武编写，项目 3 由夏良耀编写，项目 4 由徐为人编写。全书由詹远武统稿。

本书由浙江交通职业技术学院金加龙副教授和浙江康桥汽车工贸集团售后服务部王惠灵部长任主审。金教授对书稿内容进行了全面、细致、认真的审阅，提出了许多宝贵意见；王部长对实操任务驱动、操作规范及“零距离”上岗要求等提出许多宝贵意见，在此表示衷心感谢。

本书在编写过程中，得到了浙江交通职业技术学院陈文华教授的大力支持和帮助，为本书的编写体例和内容做了大量工作；得到了浙江康桥丰田汽车销售服务有限公司余显涛服务经理和浙江全通汽车维修有限公司高华技术总监的大力协助，使教材内容实现了更好地与企业接轨；同时也参考了大量国内外技术资料，在此谨向本书参考资料的作者及关心、支持本书写作的同行们表示诚挚的谢意。

为了方便读者使用，本书配有 PPT 课件及视频资料，有需要的读者可登录浙江省高职高专汽车运用技术示范专业“汽车拆装实训”精品课程网站(http://qcczsx.jpkc.cc)免费下载。

由于编者水平有限，书中难免存在疏漏之处，恳请广大读者批评指正。

编　者
2013 年 1 月

目　　录

项目1

汽车拆装基本技能训练

任务目标

最终目标	能正确理解汽车拆装工艺的基本流程，掌握拆卸、检修、测量及安装零部件的操作要点及注意事项，掌握汽车维修中常用工量具及设备的使用方法
促成目标	(1) 熟悉汽车拆装工艺的基本流程 (2) 掌握拆卸、检修、测量及安装零部件的操作方法 (3) 掌握拆装常用仪器、设备、量具的正确使用方法 (4) 养成作业过程遵循并查阅维修手册或电路图的习惯 (5) 在作业过程中能够遵循5S理念，培养职业素养

引言

“汽车拆装实训”课程直接面向汽车售后服务市场的职业岗位，它以“汽车整车拆装”作为基本任务，教学内容主要包括汽车发动机、汽车底盘及汽车电气设备等部件总成从车上拆卸、分解、清洁、检查、组装、安装、调试及整车二级维护，汽车电路的检测分析，常见故障的诊断和排除。

通过任务驱动的项目活动，使学生在完成工作任务的过程中学习专业知识与技能，熟悉维修车间的工艺流程，学会维修基本工具、量具及设备的使用方法，培养诚实、守信、善于沟通与合作的劳动品质，为毕业实习及维修技能等级考证打下良好的基础，实现“零距离”上岗。

任务 1.1　汽车拆装工艺规范及现场管理

1.1.1　任务引入

怎么拆？怎么装？拆装、检修、测量的基本要领是什么？汽车拆装维修车间现场怎样管理？按照头脑风暴法收集汽车拆装工艺的作业关键点，借助脑图(Mind-Map)记录团队成员提出的想法，以脑图为基础提出问题，图 1.1 为汽车拆装工艺规范及维修现场管理信息收集图。

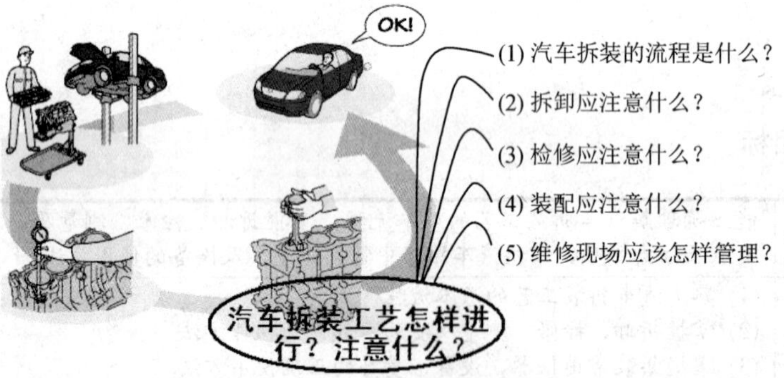

图 1.1　汽车拆装工艺规范信息收集

通过脑图展开讨论，明确主要任务，说明生产过程和工艺过程，学习基本原理知识，熟悉规范操作流程，掌握汽车拆装工艺规范及基本技能。

1.1.2　相关知识

1. 汽车拆装工艺流程

“汽车拆装实训”主要包括汽车发动机、汽车底盘及汽车电气设备等部件总成从车上拆卸、分解、清洁、检查、组装、安装、调试及整车二级维护，其工艺流程主要包括以下 4 个步骤。

(1) 确认问题/症状：确认是否发生故障，分析故障原因，确定某个总成是否需要大修。

(2) 拆卸/分解：把总成从汽车上拆卸下来，分解总成，以便进行检查、调整或修理。

(3) 清洁/检查：清洁已分解的部件，用合适的方法测量或检查，核实检查发现的问题是否是故障的原因。

(4) 装配/安装：参照维修手册，用正确的方法按程序进行组装；工作完成后，重新检查原始故障以确定故障是否被排除。

2. 5S 理念

5S 由 5 个词汇，即整理(Seiri)、整顿(Seiton)、清扫(Seiso)、清洁(Seiketsu)和素养(Shitsuke)的首字母构成，它是保持维修车间环境，实现轻松、快捷和可靠(安全)工作的关键点。

(1) 整理：将工作场所的所有物品区分为有必要与没有必要的，除了有必要的留下来以外，其他的都清除掉或放置在其他地方。

(2) 整顿：将留下来的必要物品定点定位放置，并放置整齐，必要时加上标识，以方便使用。

(3) 清扫：将工作场所及工作用的设备清扫干净，保持工作场所干净、亮丽。

(4) 清洁：这是一个努力保持整理、整顿和清扫状态的过程，目的是防止任何可能出现的问题的发生。

(5) 素养：使每位成员养成良好的习惯，并遵守规则做事，培养主动积极的精神。

3. 工作安全

始终安全工作，防止伤害的发生，始终使工作场地保持干净来保护自己和其他人免受伤害。

(1) 不要把工具或零件留在自己或者其他人有可能踩到的地方，应将其放置在工作架或工作台上，并养成好习惯。

(2) 立即清理干净任何飞溅的燃油、机油或者润滑脂，防止自己或者他人滑倒。

(3) 工作时不要采取不舒服的姿态，这不仅会影响工作效率，而且有可能会使自己跌倒和伤害到自己。

(4) 处理沉重的物体时要极度小心，防止跌落到脚上而使自己受伤。此外，如果试图举起一个对自己来说太重的物体，背部可能会受伤。

(5) 从一个工作地点转移到另外一个工作地点时，一定要走指定的通道。

(6) 不要在开关、配电盘或电动机等附近使用可燃物，因为它们容易产生火花，并造成火灾。

1.1.3 任务实施

1. 拆卸和安装部件时的检查要点

(1) 螺栓：当部件用多个螺栓安装时，遵照以下各点能防止损坏和事故(受伤)发生，也有助于自己顺利地完成工作，如图 1.2 所示。

(2) 塑性域螺栓：塑性域螺栓能提供加强的轴向张紧力和稳定性，在某些发动机中用做气缸盖螺栓和轴承盖螺栓，拧紧塑性域螺栓的方法不同于拧紧普通螺栓，如图 1.3 所示。

① 在螺丝上和螺栓头部的下面涂抹薄薄一层机油。

② 安装并用力均匀地上紧螺栓。

③ 给每一只螺栓作油漆标记。

④ 紧固螺栓到规定的角度。

⑤ 检查油漆标记的位置。

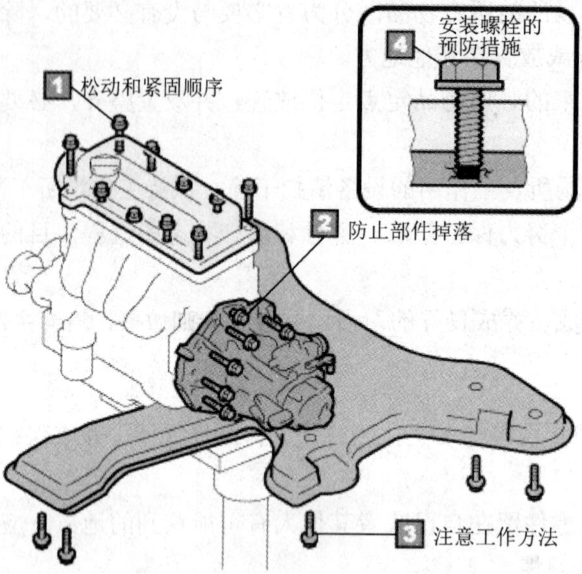

图 1.2 螺栓拆卸和安装要点

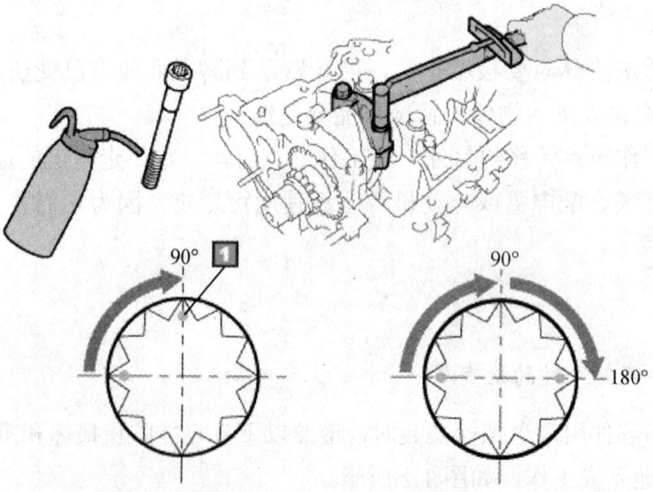

图 1.3 塑性域螺栓的紧固方法

(3) 密封填料/垫圈：为了防止漏油和漏水，一些部件如传动桥和油底壳的安装面就采用了密封填料和垫片。

① 拆卸黏合部件(油底壳密封填料)的方法：把 SST(油底壳密封刮刀)直插入油底壳、气缸体等的安装面→水平移动 SST 时要沿对角斜面敲击 SST→用 SST 尽可能地分开密封面，避免弄弯油底壳。

② 冲洗密封填料和垫片：为了得到最好的效果，把黏附在该部件上的老密封填料和垫片清除掉。清除方法：用油石、刮泥器和刷子清除掉尘土和老密封填料→用冲洗油辅助密封填料的拆卸→用清洁的汽油清洗残留油。

③ 涂抹密封填料：重新安装时，在全部表面均匀地涂抹一层密封填料，不要有任何间

隙。密封填料的位置和数量(厚度)有规定值，具体操作方法可参照维修手册。

(4) 压入零件：为了防止碰松，压入部件(如齿轮和传动桥离合器毂)的安装是很牢靠的，因此，选择的工具不适当或以错误的顺序操作将会损坏部件。

① 用滑锤：用爪钩住部件，大力拉紧滑锤，通过配重冲力拉出该部件，例如拆卸驱动轴，如图1.4所示。

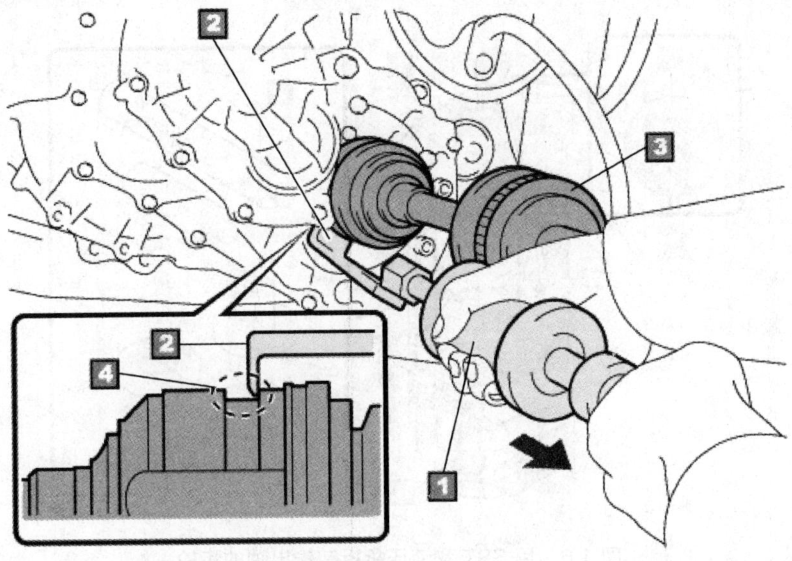

图1.4　用滑锤拆卸驱动轴

② 用拆卸器：固定拆卸器使其不倾斜，卡爪和螺栓左右对称→转动螺栓固定以免卡爪张开→用可调扳手夹住拆卸器，紧固中间螺栓便可拆卸分离。图1.5所示为用拆卸器拆卸横拉杆球接头。

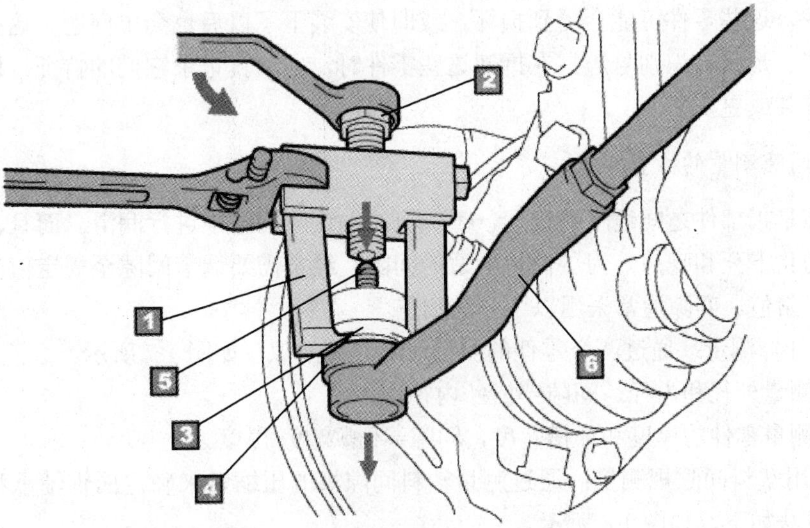

图1.5　拆卸器拆卸横拉杆球接头

1—SST(球头拉具)；2—中间螺栓；3—转向节；4—防尘罩；5—球形接头；6—横拉杆接头

③ 用SST和液压机：通过用SST紧固并顶住部件，然后用液压机把SST压进来拆卸分离部件。

注意

当液压机压力超过100kgf时，应停止操作，检查原因，如图1.6所示。

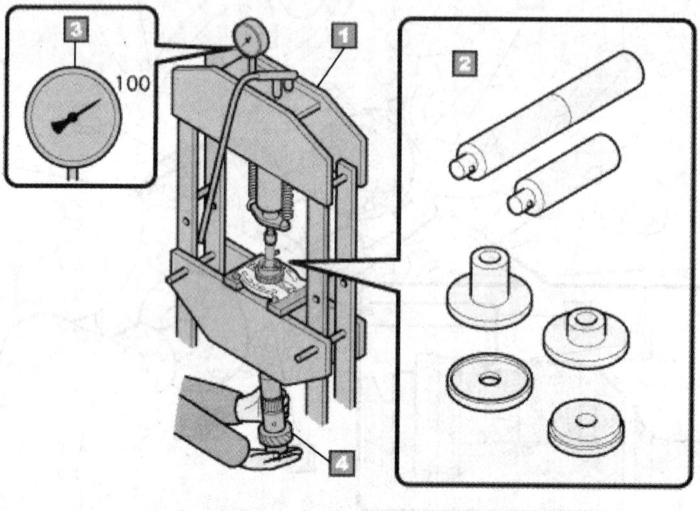

图1.6 用SST和液压机拆卸输出轴的齿轮

1—液压机；2—选择SST；3—超过100kgf；4—防止掉落

(5) 锁止螺母/锁止片：重新安装时，在转动的零件上要用锁止螺母或锁止片锁止以防松动。锁止时，将螺母的一部分卷边或者将锁止片折起来卡住螺栓，防止螺栓松开。

(6) 安装位置/方向：某些零件在安装时有规定的位置和方向。安装时如未严格地遵守这些要求，这些零件可能会受到损坏，或即使安装上了以后也会出问题。这些零件具有特殊的标记、形状、识别号等。在拆卸这些零件时，应认真记录它们的特征，以确保能够按照原样安装或更换。

2. 间隙测量的检查要点

间隙是指部件之间适度的空间，确保机油在这些间隙中进行润滑。而且，保持合适的间隙能防止卡死和噪声。为了保持合适的间隙，经常需要调节间隙至规定值或通过更换部件恢复正常值。间隙通常采用以下方法测得。

(1) 计算测量：通过两个零件的测量尺寸计算间隙，如图1.7所示。

① 测量外径和内径，间隙=外径-内径。

② 测量零件的厚度和环槽宽度，间隙=环槽宽度-厚度。

(2) 用塑料间隙规测量：通过测量塑料间隙规的压缩量来确定曲轴轴承和连杆轴承的间隙，方法如下，如图1.8所示。

① 清除检查区域和轴承端盖的所有油和灰尘。

② 截取一段塑料间隙规，使其适合轴承端盖的宽度。

③ 安装轴承端盖及锁止螺母。

④ 旋紧锁止螺母到规定的力矩。

⑤ 拆下轴承端盖。

⑥ 利用塑料间隙规刻度尺读出塑料间隙规的压差。

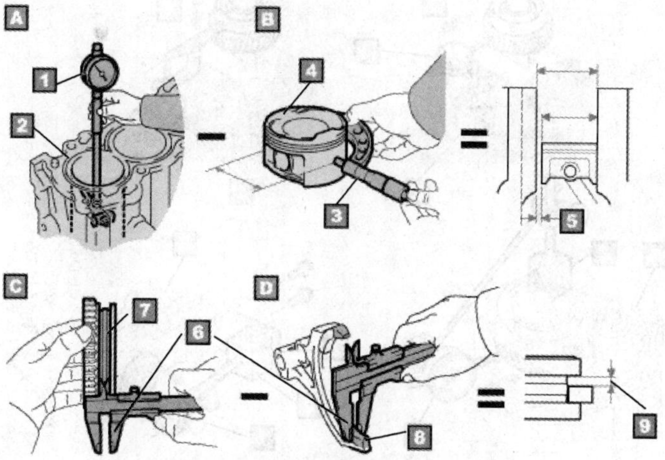

图 1.7　用计算测量的方法测间隙

A—内径；B—外径；C—环槽间隙；D—厚度

1—量缸表；2—气缸体；3—测微计；4—活塞；5—间隙；

6—游标卡尺；7—毂套；8—换挡拨叉；9—间隙

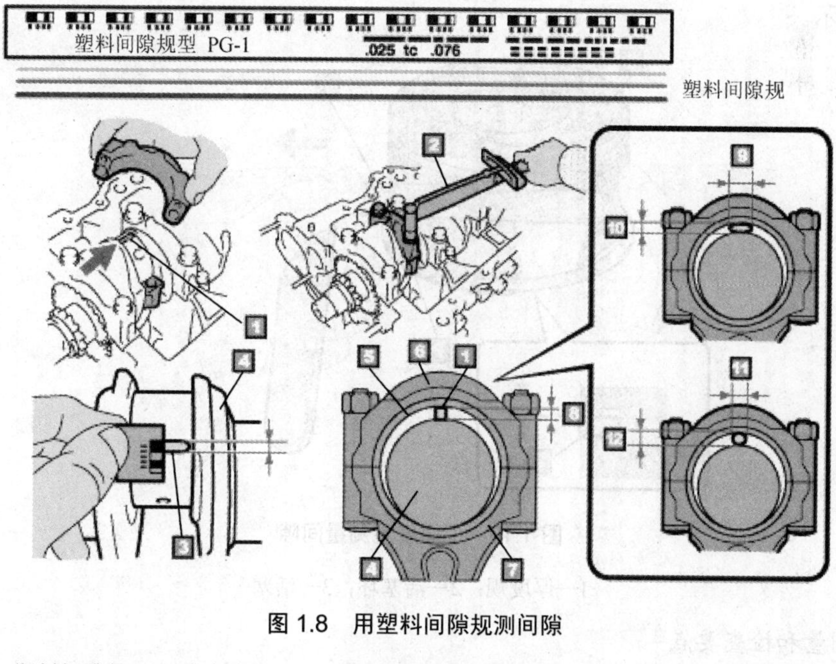

图 1.8　用塑料间隙规测间隙

1—塑料间隙规；2—扭矩扳手；3—塑料间隙规的最宽部分；4—曲轴；5—连杆轴承；6—连杆盖；7—连杆；8—油隙；9—增加；10—小间隙；11—减少；12—大间隙

(3) 用百分表测量间隙：把已组装的部件沿轴向或径向移动，根据百分表移动量测量间隙，如图 1.9 所示。

① 使百分表上悬起的测量端和被测部件成直角。

② 移动部件并测量间隙。

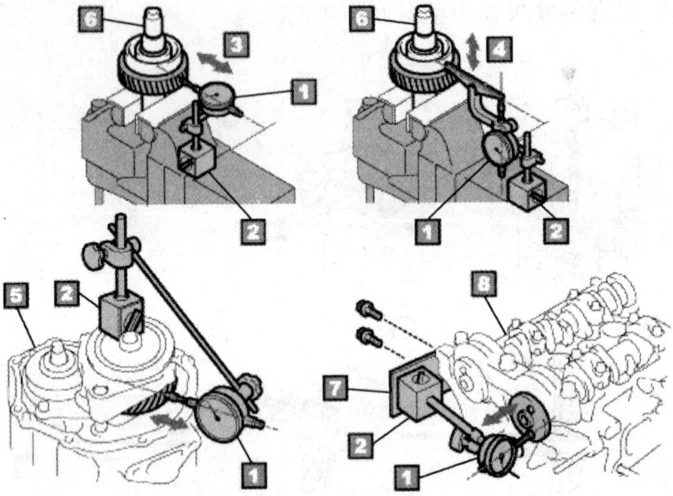

图 1.9　用百分表的方法测间隙

1—百分表；2—磁性底座；3—径向间隙；4—轴向间隙；
5—传动桥；6—传动桥的输出轴；7—钢板；8—缸盖

(4) 用厚度规测量间隙：把厚度规插入到环隙中，测量最大的插入厚度取得间隙，如图 1.10 所示。

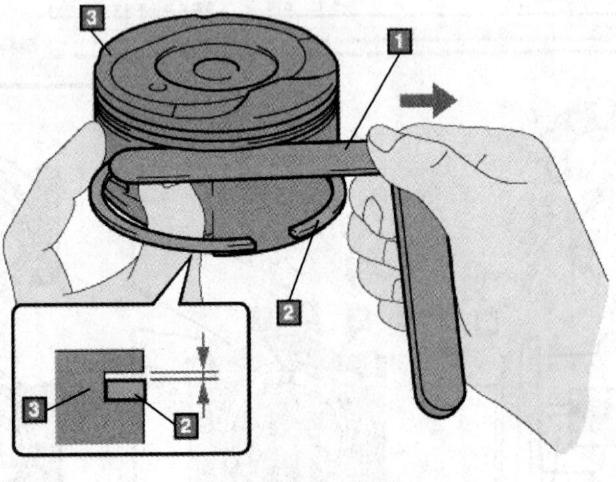

图 1.10　用厚度规测量间隙

1—厚度规；2—活塞环；3—活塞

3. 测量和检查要点

如果在车辆上安装的各部件不符合参考值尺寸，就可能发生异常噪声和过度磨损。下面介绍有关测量尺寸的内容。

(1) 测量阀弹簧的弯曲度：把弹簧放到平规上→将直角尺抵住弹簧→检查能否在转动弹簧时产生的最大间隙处放入有规定读数的厚度规，如图 1.11 所示。

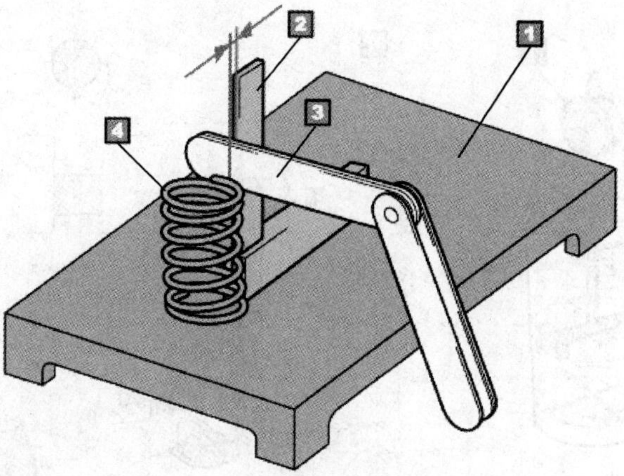

图 1.11　测量阀弹簧的弯曲度

1—平规；2—直角尺；3—厚度规；4—气门弹簧

(2) 测量长度和厚度：使用游标卡尺或者测微计测量长度和厚度。测量位置在滑动表面磨损最严重的地方。如果不只有一个测量值，就取最小值，如图 1.12 所示。

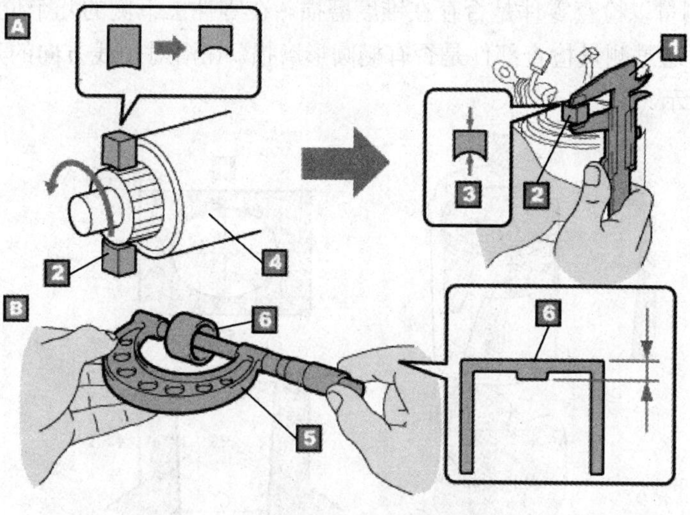

图 1.12　测量长度和厚度

A—长度；B—厚度

1—游标卡尺；2—起动机电刷；3—测量位置(磨损最大)；4—起动机；5—测微计；6—气门挺柱

(3) 测量内外直径：在通常情况下零件的磨损是不均匀的，因此在测量时要检查磨损度。磨损度可由锥度和椭圆度来表示。因此某些零件要求有特定的测量位置。

① 内径：使用游标卡尺、量缸表或者卡规来测量零件的内径。 如认为零件磨损不均匀，需在几个位置测量并读出最大值。

② 外径：使用游标卡尺或者测微计测量零件的外径。 如认为零件磨损不均匀，在几个位置测量并取出最小值，如图 1.13 所示。

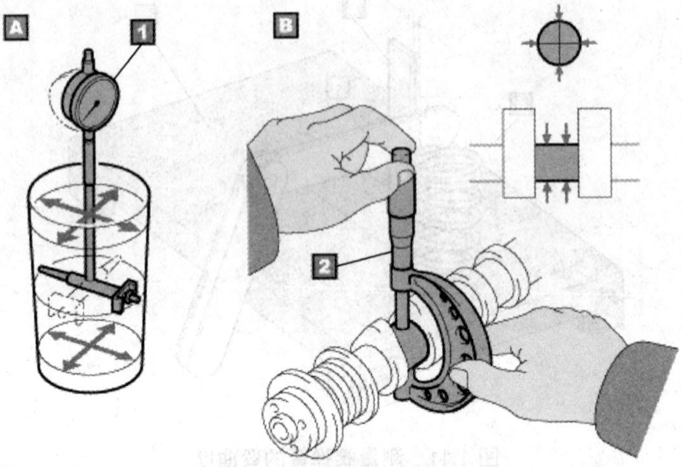

图 1.13　测量内外直径(一)

A—内径；B—外径

1—量缸表；2—测微计

③ 锥度：测量以检查零件是否存在锥度磨损。在零件上下侧的几个位置测量内径。

④ 椭圆度：通过测量检查部件是否有椭圆形磨损。在沿对角线方向的几个位置测量内径，如图 1.14 所示。

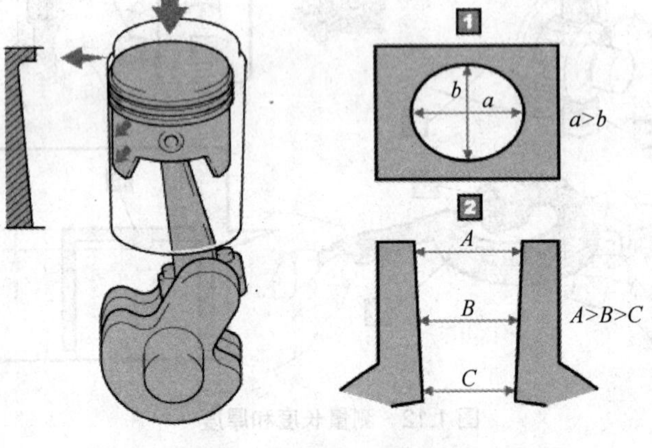

图 1.14　测量内外直径(二)

1—锥度；2—椭圆度

(4) 轴径向跳动量检查：如果轴有径向跳动，轴就会颠簸敲击，因而不能平滑转动和滑动，检查方法如下，如图 1.15 所示。

① 在平规上放一对 V 型块支撑两个轴颈。

② 将百分表的悬挂头垂直放在中央轴颈上，转动轴的同时测量跳动程度。

(5) 翘曲检查：如果部件的安装表面之间存在翘曲，该翘曲将导致液体泄漏或者气体泄漏，检查方法如下，如图 1.16 所示。

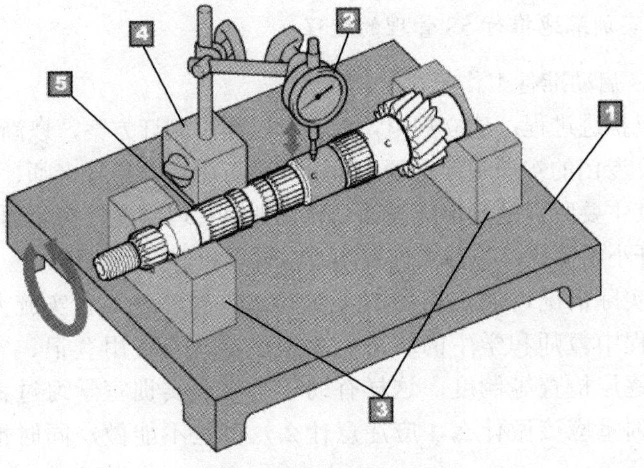

图 1.15　轴径向跳动量检查

1—平规；2—百分表；3—V 型块；4—磁力座；5—传动桥的输出轴

① 使用一个精密的直规和一个厚度规沿竖直、水平和对角线方向检查气缸体的 6 个位置。

② 以厚度规(极限值读数)能否放入部件与精密直规之间的间隙来检查是否有翘曲。

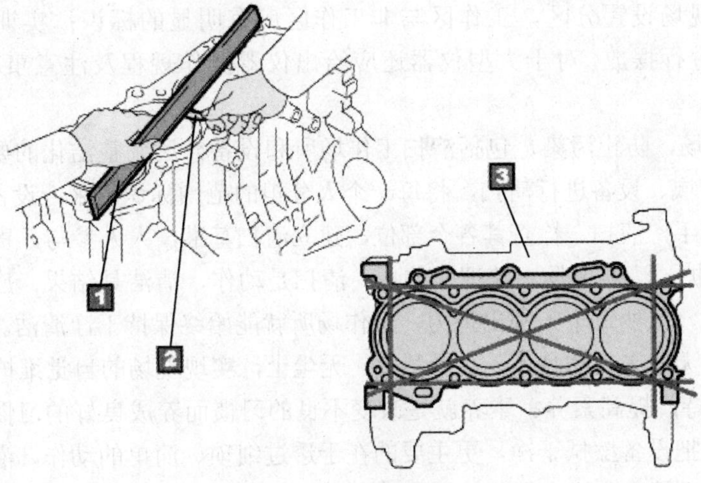

图 1.16　翘曲检查

1—直规；2—厚度规；3—气缸体

(6) 裂纹/损伤检查：通过目测或者染色渗透剂检查气缸体和气缸盖等上面是否有裂纹和损伤。使用染色渗透剂能够检测目测很难检查到的小裂纹。

染色渗透剂通过液体的毛细现象来检测表面裂纹。在这种检查中，要用到 3 种液体：渗透剂(红色)、洗涤液(蓝色)和显影剂(白色)。检查步骤如下。

① 清洁需要检查的区域。

② 喷洒并且干燥渗透剂(红色)。

③ 使用洗涤液清洁黏附在表面的渗透剂(蓝色)。

④ 喷洒显影剂(白色)，表面裂纹处呈现红色。

4. 汽车拆装实训基地推行5S管理的进程

1) 制订方案，启动准备工作

成立组织，以推进进程；建立规范，以有章可循；制订方案，以渐进实施。为了推行5S，学院应当成立专门的实训基地管理小组，成员可由实训指导老师、实训室管理人员或优秀学生组成。其主要职责是制定实施计划和实训室管理制度、对实训室重大事件进行决策、定期组织召开小组会议及进行实训室的日常管理和督查等工作。

针对实训室实际情况，制定相应的实训室 5S 管理规范和实施方案，加大宣传力度，明确授课过程中教师和学生的职责、大型仪器设备使用登记、安全卫生、损坏赔偿、违纪通报、逐层检查等制度，这样有助于学生在实训室学习过程中有标准可依，明确自己进入实训室应该做什么，应注意什么，哪些不能做，同时也有利于实训室管理人员的管理。

2) 注重实效，推行实施过程

(1) 依据用途，整理现场。根据制定规范的要求，彻底清理实训室内的物品，将有用的留下，无用的或暂时不用的放置在其他规定位置或丢弃，从而腾出更多的工作空间，为日常工作带来更大的便捷。

(2) 制作标识，整顿现场。为了明确实训室的功能，在每个实训室门口贴上相应的标签；在实训现场设置分区，工作区与非工作区应有明显的标识；实训室的所有物品按规定的位置进行摆放，对于大型仪器还应给出仪器操作规程及注意事项，并明确“责任人”。

(3) 清扫现场，防止污染，包括清扫工作场所和设备，达到整洁化的要求。在实施过程中，可以按区域、设备进行清扫，将每一个人分担的范围标识出来；设备的清扫、检查要从设备内部着手，清扫、检查其各个部位，建立清扫基准，人人参与，责任到人。

(4) 自觉维护，清洁现场。整理、整顿、清扫是动作，清洁是结果，应该制定清洁检查表和检查制度，只要每个人都出把力，工作场所就能始终保持干净清洁。窍门在于记住三“无”原则：无非必需物品、无乱堆乱放、无尘土，实现现场的自觉维护、清洁。

(5) 天天坚持，提高素养。素养就是改变不良的习惯而养成良好的习惯，希望师生学会将东西摆好，把设备擦拭干净，更主要的在于透过细琐、简单的动作，潜移默化地改变气质，将遵守各项规定作为自觉行动。

3) 建立机制，巩固实施效果

一时做好并不困难，而长期的坚持则要依赖于全体师生素养的提高。在5S活动推行过程中，通过具体的改善事例让师生切实体会到5S活动给大家带来的好处，使其自愿地去做；另一方面，在 5S 活动有一定的基础后，通过各种强化月(如目视管理强化月、礼貌活动强化月等)使得5S活动不断深化。

在推行期间，应对每一个阶段进行分析，及时发现推行中存在的问题，以便制定详细的措施予以改进，发现好的管理经验进行积累、推广；任何措施的执行都必须落实到具体人或岗位，避免出现“事前人人有责，事后谁都不负责”的现象，因此需要制定完善的检验标准、督查机制和奖惩制度，从而有效保障5S的推行，进而巩固实施效果。

任务1.2　汽修常用工量具及设备的使用

1.2.1　任务引入

在汽车拆装过程中会用到各种工具和测量仪器，这些工具有特殊的使用方法，只有使用得当才能保证工作安全和准确。怎样选用？怎样正确使用？在使用过程中需要注意什么？下面就将介绍汽车维修常用工具、量具和维修检测设备的规范使用问题。

1.2.2　相关知识

1. 了解正确的用法和功能

每件工具和测量仪器均有各自的功能和正确用法。如果用于规定之外的用途，工具或测量仪器会损坏，而且零件也会损坏或者导致工作质量降低。

2. 工具、量具等的正确选择

尺寸、位置和其他条件不同时，可以采用不同的工具松开螺栓。要根据零件形状和工作场地选择适合的工具。

3. 力争始终保持摆放有序

工具和测量仪器要放在容易拿到的位置，使用后要放回原来的正确位置，力争做到始终摆放有序。

4. 严格坚持工具的维护和管理

工具要在使用后立即清洁并在需要的位置涂油。如需要修理就要立即进行，这样工具就可以永远处于完好的状态。

1.2.3　任务实施

1. 选择工具

(1) 根据工作的类型选择工具：在汽车拆装维修中成套套筒扳手的使用比较普遍。如果由于工作空间限制不能使用成套套筒扳手，可按其顺序优先选用梅花扳手或开口扳手。

(2) 根据工作进行的速度选择工具：套筒扳手的用处在于它能旋转螺栓/螺母而不需要重新调整，因而可以迅速转动螺栓/螺母；套筒扳手可以根据所装的手柄以各种方式工作，如图1.17所示。

① 棘轮手柄适合在狭窄空间中使用。然而，由于棘轮结构的限制，它不可能获得很高的扭矩。

② 滑动手柄要求极大的工作空间，但它能提供最快的工作速度。

③ 旋转手柄在调整好手柄后可以迅速工作。但此手柄很长，很难在狭窄空间中使用。

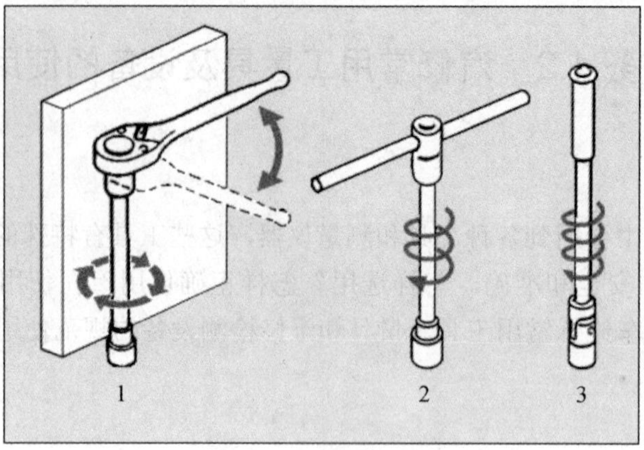

图 1.17　根据工作进行的速度选择工具

(3) 根据旋转扭矩的大小选用工具：如果最后拧紧或开始拧松螺栓/螺母需要大扭矩，那么就要使用允许施加大力的扳手。可以施加的力的大小取决于扳手柄的长度。手柄越长，用较小的力得到的扭矩越大；如果使用了超长手柄，就有扭矩过大的危险，螺栓就可能折断，如图 1.18 所示。

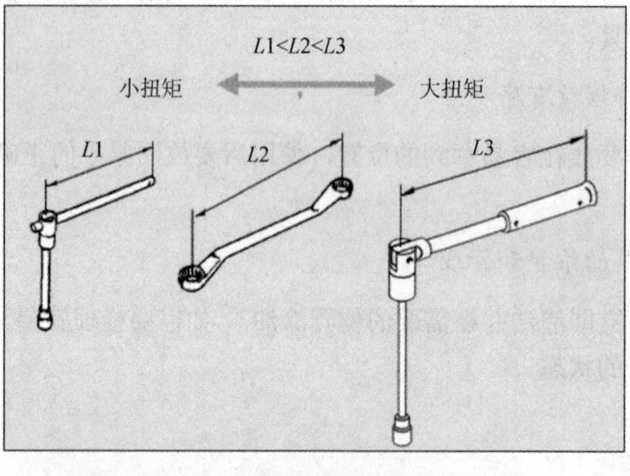

图 1.18　根据旋转扭矩的大小选用工具

(4) 使用工具操作时的注意事项如下所示。

① 工具的大小和应用：确保工具的直径与螺栓/螺母的头部大小合适；确保工具与螺栓/螺母完全配合。

② 注意用力强度：始终转动工具，以便拉动它；如果由于空间限制无法拉动工具，可用手掌推它，如图 1.19 所示。

③ 使用扭力扳手：最后始终用扭力扳手来拧紧，以便将其拧紧到标准值。

2. 套筒(成套套筒扳手)

该工具是由一套多规格的套筒和手柄及接杆等组成的多用途扳手。根据工作条件和螺栓/螺母的大小，选择不同的套筒和手柄后，可以轻松快速地拆下螺栓/螺母。

(1) 套筒：套筒的接口有大小两种规格，大的可以比小的获得更大的扭矩；套筒的深度有标准型和深型两种，深型主要用于螺栓突出的场合；套筒的钳口有六角和双六角之分，应根据螺栓/螺母的形式合理选用。如图 1.20 所示，套筒的大小尺寸有多种，应根据螺栓/螺母尺寸正确选择。

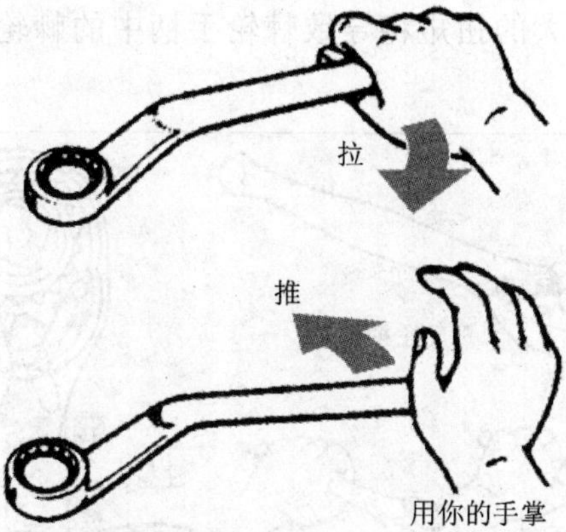

图 1.19　注意用力强度

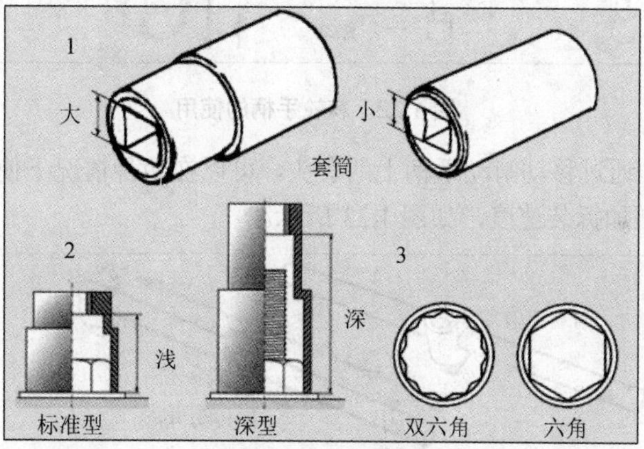

图 1.20　套筒的形式

(2) 加长杆：加长杆有长短之分，主要用于拆装装得太深不易接触的螺栓/螺母；也可用于将工具抬高，便于使用，如图 1.21 所示。

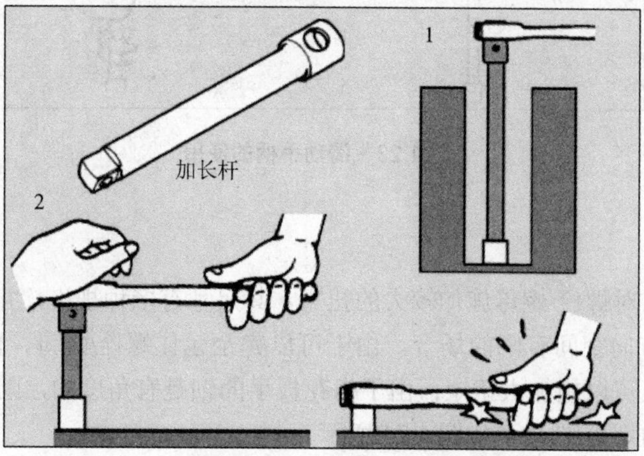

图 1.21　加长杆的使用

(3) 棘轮手柄：棘轮手柄又称为滑动手柄，需与套筒配合使用，可以在有限的空间里快速拆装螺栓/螺母。棘轮手柄可以调节旋向，在使用时要根据使用情况合理选择。在使用中切忌施加较大扭矩，大的扭矩将导致棘轮手柄中的棘轮棘爪机构损坏，如图 1.22 所示。

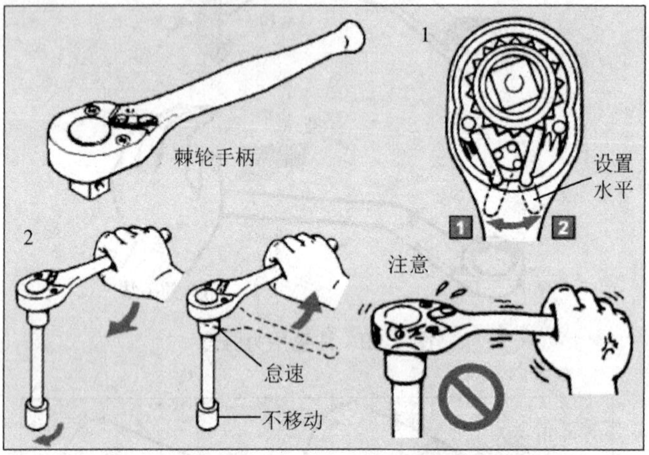

图 1.22　棘轮手柄的使用

(4) 滑动手柄：通过移动滑动手柄上的套头，可以在两种情况下使用：L 形——施加较大扭矩；T 形——增加拆装速度，如图 1.23 所示。

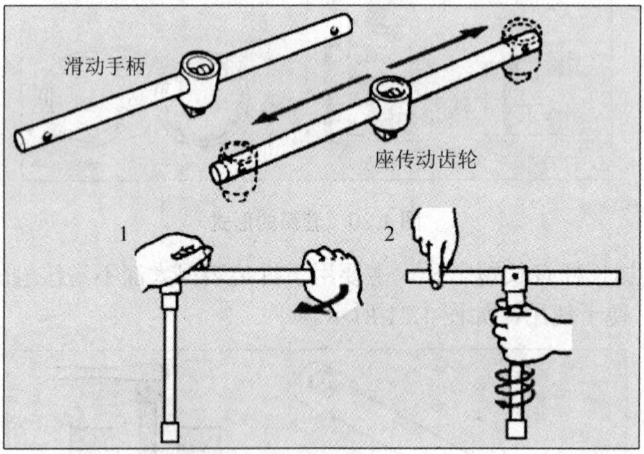

图 1.23　滑动手柄的使用

3. 梅花扳手

梅花扳手可以对螺栓/螺母施加较大的扭矩，其尺寸有多种规格，并且有长短之分，短型主要用于长度方向空间有限的场合。由于可以完全包住螺栓/螺母，因此没有损坏螺栓/螺母的可能，并且可以施加大扭矩；由于梅花扳手的轴是有角度的，因此可方便地用于拆装凹进或平面上的螺栓/螺母，如图 1.24 所示。

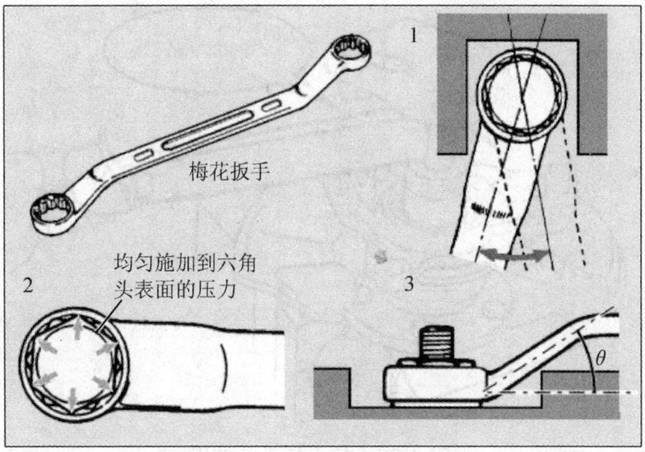

图 1.24　梅花扳手的使用

4. 开口扳手

开口扳手主要用于不能使用成套套筒扳手和梅花扳手拆装螺栓/螺母的场合。为了防止相对的零件转动，可以使用两个开口扳手，如拧松燃油管、调整前轮前束。因不能完全包住螺栓/螺母，所以不能施加较大的扭矩，不能用于最终的拧紧。不可在开口扳手上套接管子以增加扭矩，这会导致超大扭矩，损坏螺栓/螺母或开口扳手，如图 1.25 所示。

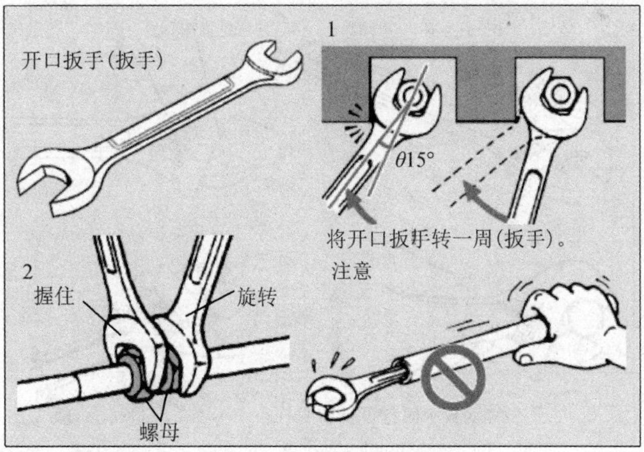

图 1.25　开口扳手的使用

5. 扭力扳手

扭力扳手主要用于最终按规定扭矩拧紧。通过旋转扭力扳手的手柄可以获得不同的扭力(上有刻度)，在扭力扳手的前部有调节旋向的装置，在使用前，调至规定扭力，并锁紧，再确认旋向后方可使用；在使用中，要坚持采用拉的姿势，如空间限制无法采用拉的姿势，则可采用手掌推的姿势，否则有可能造成严重伤害。扭力扳手的旋向调节和锁紧装置的形式因厂家不同而可能不同，如图 1.26 所示。

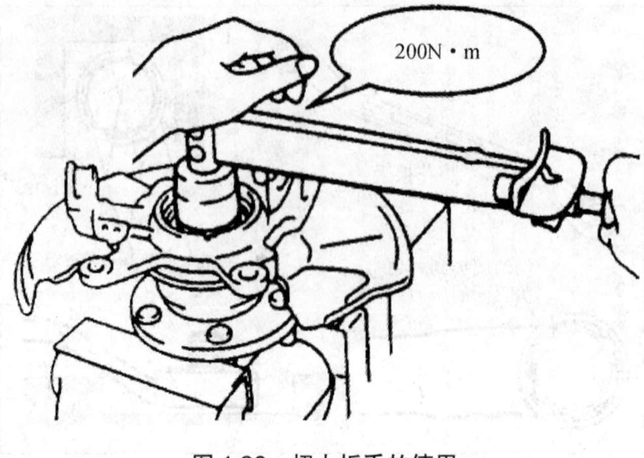

图 1.26 扭力扳手的使用

6. 活动扳手

活动扳手主要用于尺寸不规则的螺栓/螺母。通过调节螺杆可以改变开口的开度，一个活动扳手相当于多个开口扳手，在使用时，要调节钳口使之与螺栓/螺母头部之间无间隙。开口扳手不能施加大的扭矩。要使活动钳口沿旋转方向转动扳手，否则扭力将施加在调节螺杆上，使其损坏，如图 1.27 所示。

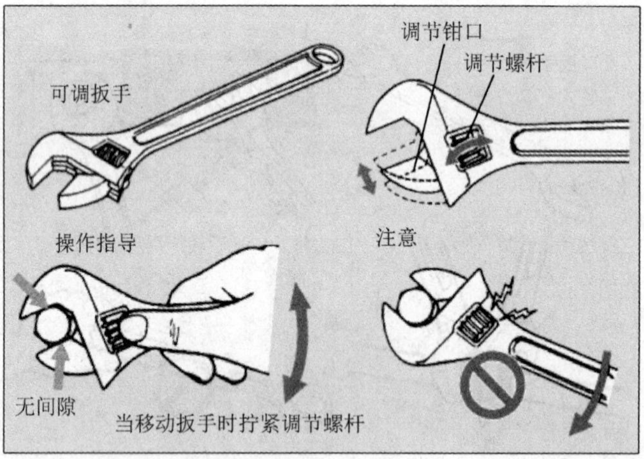

图 1.27 活动扳手

7. 钳子

(1) 尖嘴钳：尖嘴钳用于在密封的空间里操作或夹紧小零件。在钳子的颈部还有一组刀口，用于切割细导线或剥掉电线外面的绝缘层。

注意

不可在钳子头部施加大的力，这将导致钳口变形，如图 1.28 所示。

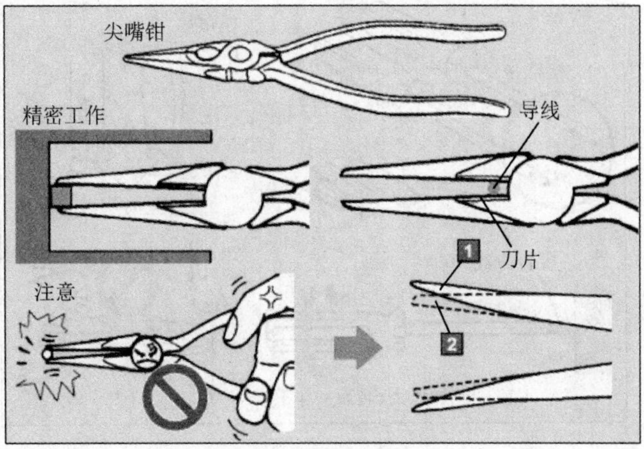

图 1.28　尖嘴钳的使用

(2) 鲤鱼钳：鲤鱼钳主要用于夹东西，如卡箍等，也可利用刀口剪断导线。通过改变支点的位置，可以调节钳口张开的程度，以实现不同的用途。在夹紧易损件时，需要对易损件做好防护，如在外面包裹防护布，如图 1.29 所示。

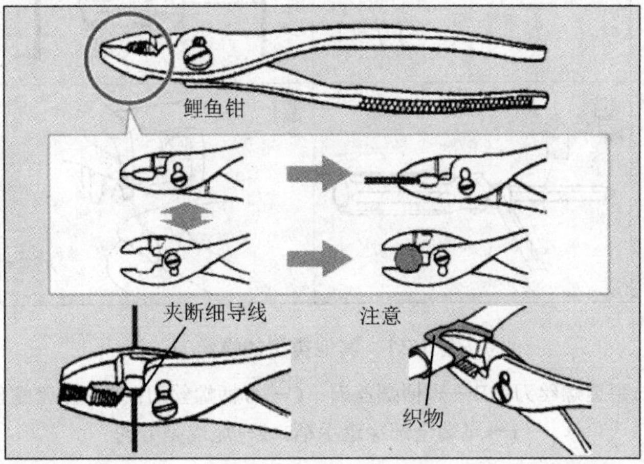

图 1.29　鲤鱼钳的使用

8. 螺丝刀

螺丝刀主要用于拆装螺钉，有十字(正型)和一字(负型)之分。在使用时，要选择与螺钉槽口尺寸相适合的螺丝刀，并要使螺丝刀与螺钉尾端保持直线，边用力边转动。切勿使用其他工具来增加螺丝刀上的扭矩，这将导致螺丝刀或螺钉损坏，如图 1.30 所示。虽然普通螺丝刀应用最为广泛，但穿透螺丝刀、短柄螺丝刀、方柄螺丝刀、精密螺丝刀也得到一定的应用，如图 1.31 所示。

9. 锤子

锤子主要用于敲击以拆装零部件，常用的有球头销锤子、塑料锤、检修锤。球头销锤子有铸铁头部；塑料锤主要用于通过振动拆卸零部件，同时可避免损坏零部件；检修锤主要用于通过敲击的声音和振动来检查螺栓的松紧度，如图 1.32 所示。

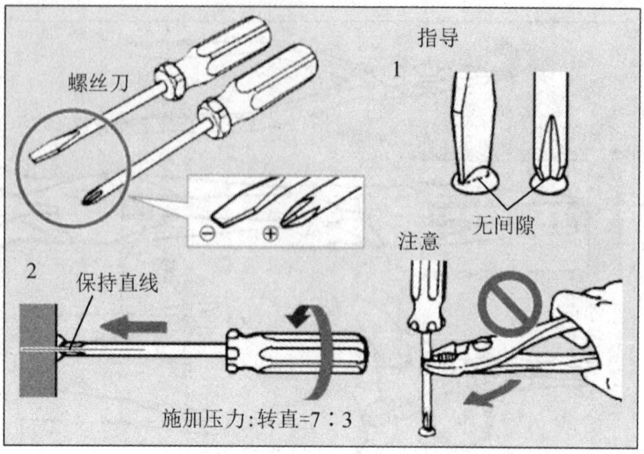

图 1.30　螺丝刀的使用

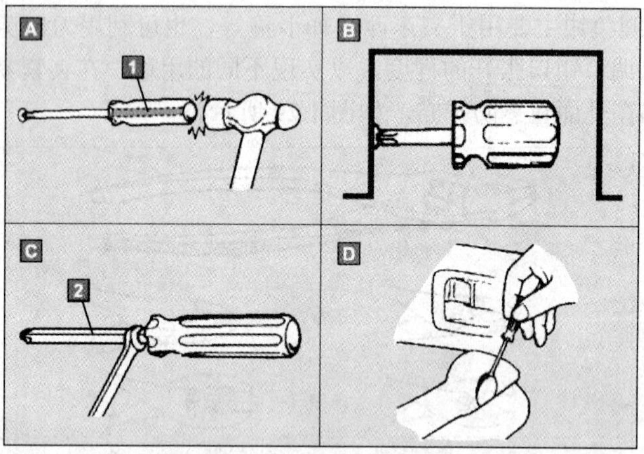

图 1.31　其他类型的螺丝刀

A—穿透螺丝刀；B—短柄螺丝刀；C—方柄螺丝刀；D—精密螺丝刀

1—尾端全部穿透手柄；2—尾端是方的

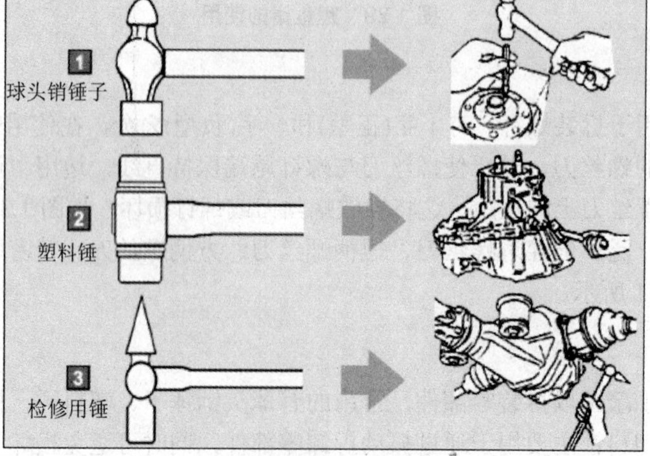

图 1.32　锤子的使用

10. 刮刀

刮刀主要用于拆卸汽缸盖、油底壳等各结合表面的液态密封胶及胶黏物表面上的其他东西。当在易于损坏的表面上使用时，刮刀应包裹胶带；切勿把手放在刀片前，以免被刀片伤害到，如图1.33所示。

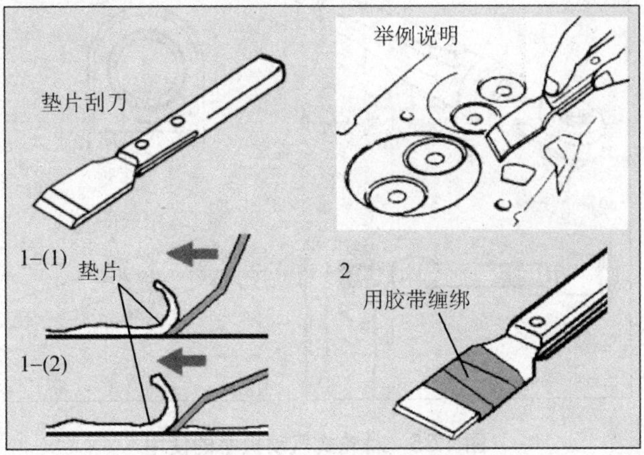

图1.33　刮刀的使用

11. 风动工具

风动工具是以压缩空气为动力源，用于快速拆装螺栓/螺母的工具。汽车维修企业为了提高生产效率，一般都配有该工具。目前使用比较多的是冲击式气动扳手和棘轮式气动扳手。

(1) 冲击式气动扳手：主要用于拆卸大扭矩的螺栓/螺母，俗称风炮，如图1.34所示。该工具的输出扭矩和旋转方向可以根据使用对象进行调整。冲击式气动扳手应与工具箱内的专用套筒扳手配合使用。专用的套筒扳手经过专门加工，能防止套筒从传动装置上松脱，同时为了使套筒在较大的冲击载荷下不致损坏，增大了套筒的壁厚，即加强型套筒。扭矩调整和旋转方向按钮的位置和形状因生产厂家不同而不同。

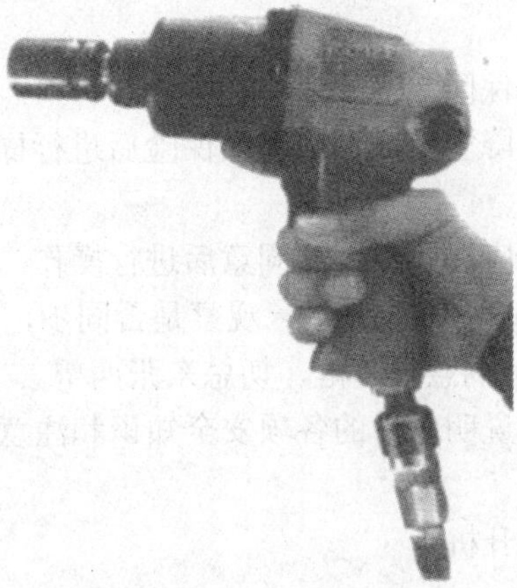

图1.34　冲击式气动扳手及其使用

(2) 棘轮式气动扳手：主要用于快速拆卸和安装小扭矩的螺栓/螺母，如图 1.35 所示。该风动工具可以改变旋向，但不可以对扭矩进行调整，可与套筒和加长杆配合使用。在使用时，要确保排风口不要对着螺栓、螺母、小零件、机油等。在没有气源的情况下使用，其使用方法与普通的棘轮扳手使用方法一致。

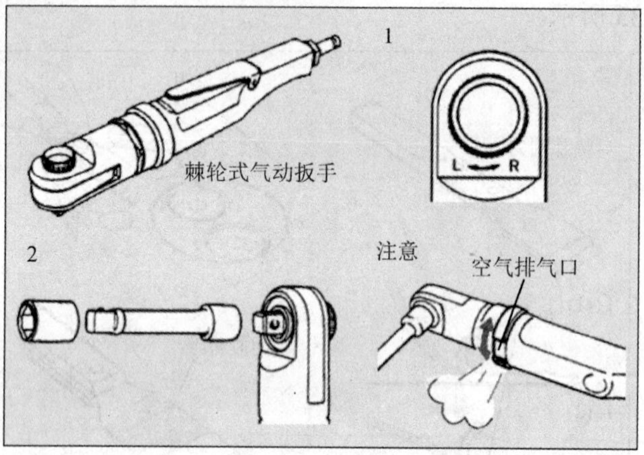

图 1.35　棘轮式气动扳手的使用

12. 举升设备的使用

举升机是汽车维修企业必备的设备之一，常用的有立柱式和剪式举升机。汽车维修企业的很多重大事故是由于举升机操作不当导致的，因此使用举升机时一定要遵守操作规范。

1) 立柱式举升机

立柱式举升机的结构如图 1.36 所示，操作方法如下。

(1) 上升时：

① 调整 4 个垫块高度一致，并预放托臂。

② 举升至即将接触车辆时，放置托臂(对准支撑点)。

③ 再次举升车辆，在稍稍接触车辆时，再次检查托臂。

④ 举升车辆至车轮刚离地面，检查车辆的稳定性(在车前后轻轻晃动车辆)。

⑤ 举升至操作位置停止并加保险。

(2) 下降时：

① 稍举升车辆，并解除保险。

② 下降至地面，如不下降至地面，应在加保险后进行操作。

(3) 注意事项：

① 在上升或下降时，都应在取得同伴同意后进行操作。

② 在上升或下降时，眼睛要注视车辆，观察是否同步，如发现异常，应停止举升或下降，并采取可靠措施，避免车辆意外坠落，切忌东张西望。

③ 认真学习和掌握使用说明书中的各项安全知识和注意事项并认真执行，严禁超载使用，并特别注意防止偏载。

④ 严禁使用带故障的举升机。

2) 剪式举升机

剪式举升机的结构如图 1.37 所示，其使用方法与注意事项跟立柱式举升机相同。不同之处是，举升前需放置好垫块，在车辆受力后再次检查垫块的放置，在举升至操作位置后，应锁止并关闭控制面板上的电源开关。

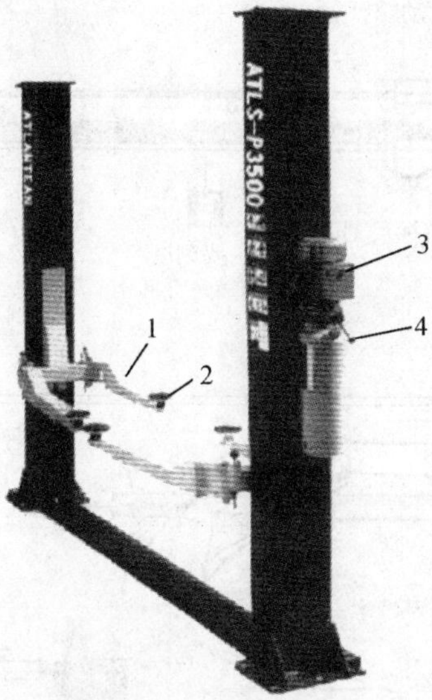

图 1.36　立柱式举升机

1—托臂；2—垫块；3—举升操作按钮；4—下降操作臂

图 1.37　剪式举升机

13. 游标卡尺的使用

1) 游标卡尺的结构

游标卡尺的量程有 0～150mm、200 mm、300 mm，测量精度有 0.02mm 和 0.05mm 两种，可以用来测量长度、外径、内径、深度，如图 1.38 所示。

2) 游标卡尺的使用

(1) 在测量前完全合上量爪，并检查卡尺间的“0”位是否对齐。

(2) 在测量时，轻轻地移动卡尺，使零件刚好放在量爪间。

(3) 一旦零件刚好放在量爪之间，用止动螺钉固定游标尺，以便更方便地读取测量值，如图 1.39 所示。

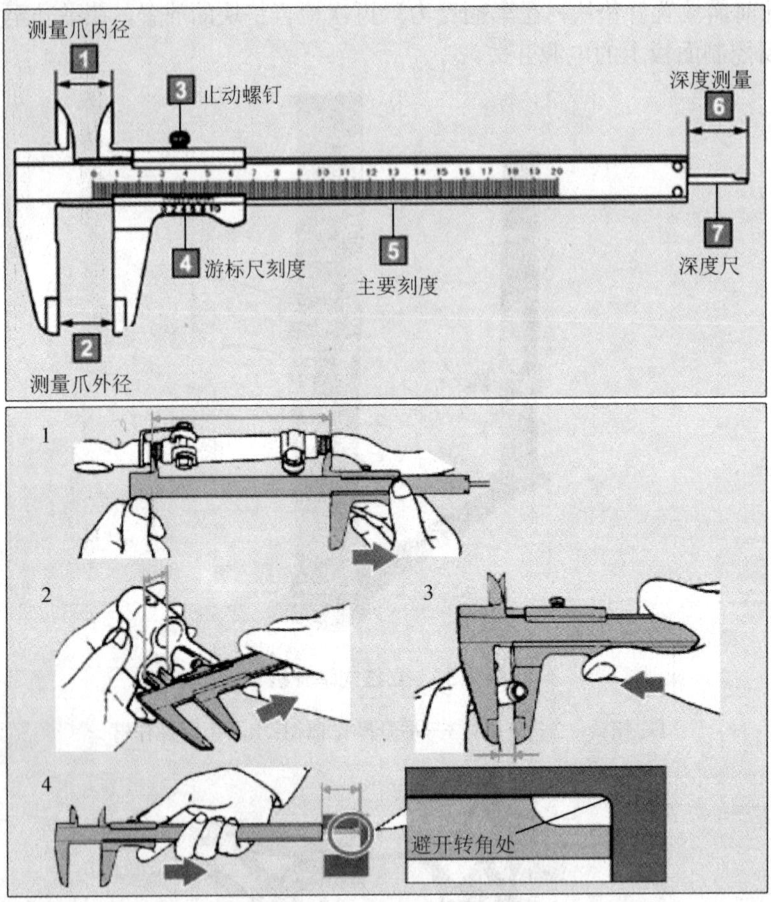

图 1.38　游标卡尺的结构

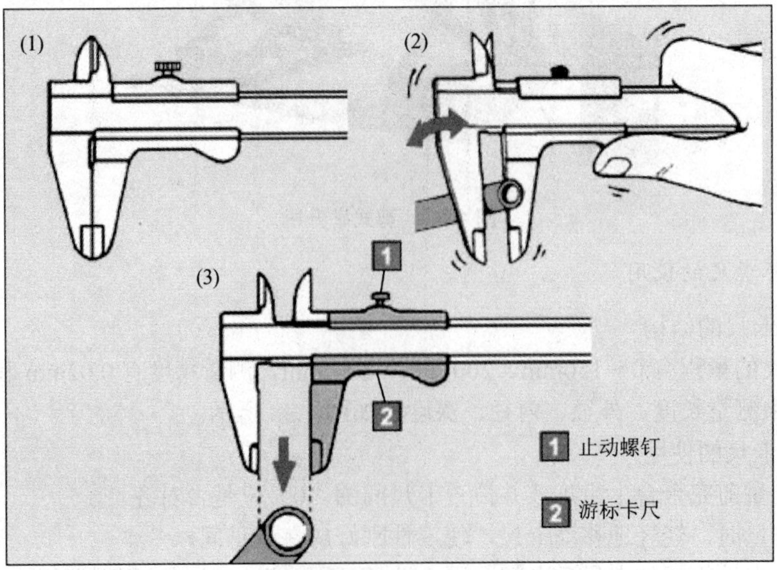

图 1.39　游标卡尺的使用

读数时，若测量值读数大于 1.0mm 时，读取主标尺刻度的数值，其位于游标“0”的左边，如图 1.40 所示，A 为 45mm；读数低于 1.0 mm 大于 0.05 mm 的数值时，读取游标尺的刻度与主测量刻度相对齐的点，例如 B 为 0.25mm。因此最终的测量值为：A+B=45mm+0.25mm=45.25mm。

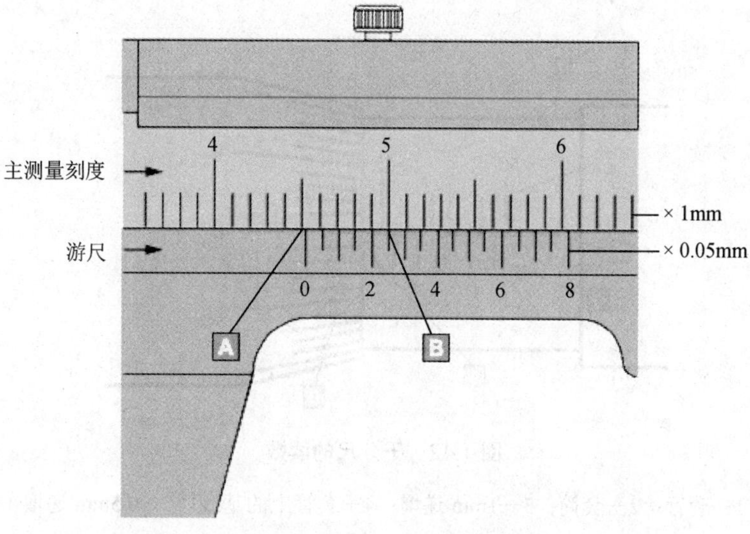

图 1.40　游标卡尺的读数

14. 千分尺的使用

千分尺的量程有 0～25mm、25～50mm、50～75mm、75～100mm 共 4 种，测量精度为 0.01mm，主要用于测量厚度与外径。千分尺由测毡 1、轴 2、锁销 3、螺钉 4、套筒 5 及棘轮定位器 6 组成，如图 1.41 所示。

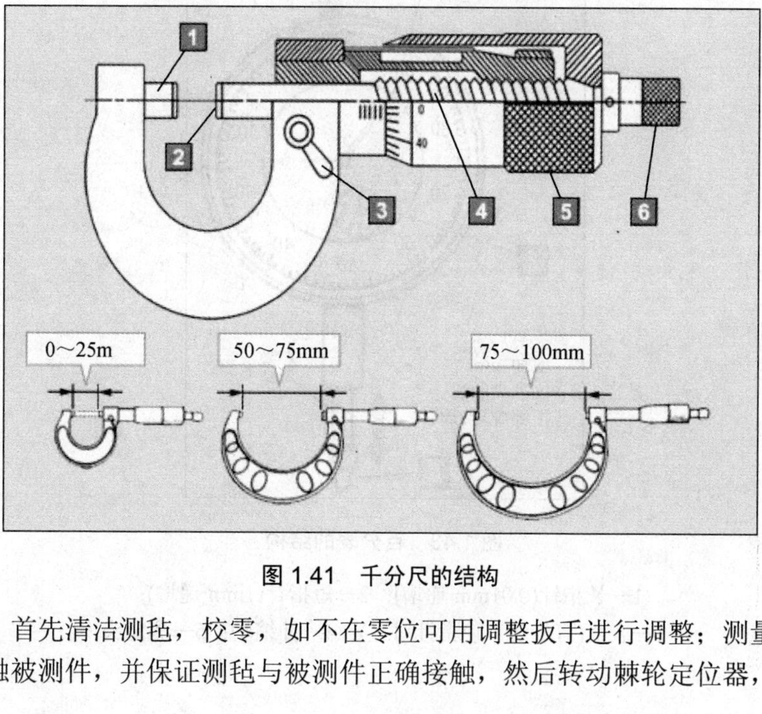

图 1.41　千分尺的结构

测量前，首先清洁测毡，校零，如不在零位可用调整扳手进行调整；测量时，旋转套筒直到轴轻触被测件，并保证测毡与被测件正确接触，然后转动棘轮定位器，直到空转几次后读取测量值。

读数时，首先读出在套管刻度上可以看见的最大值，例如图 1.42 中的 A=55.5mm；然后读出 0.5mm 以下 0.01mm 以上的值，即读取套筒上的刻度与套管上的刻度对齐点的数值，例如 B=0.45mm，因此最终的测量值为：A+B+估计值=55.5mm+0.45mm+0.000mm=55.950mm。

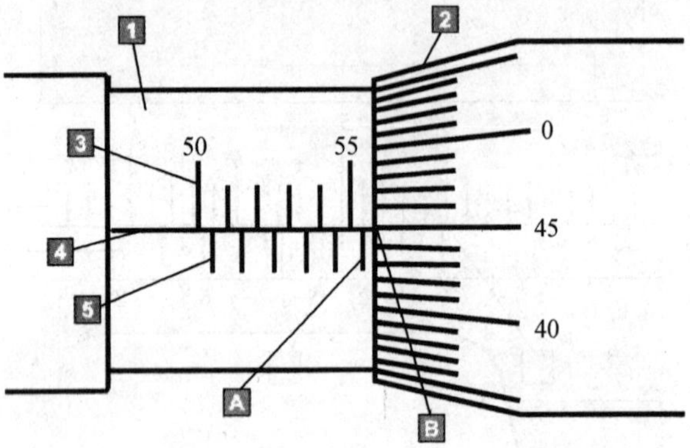

图 1.42 千分尺的读数

1—套管；2—套筒；3—1mm 递增；4—套管上的基线；5—0.5mm 递增

15. 百分表的使用

百分表主要用于测量轴的弯曲、端面圆跳动等，测量精度为 0.01mm，其结构如图 1.43 所示。

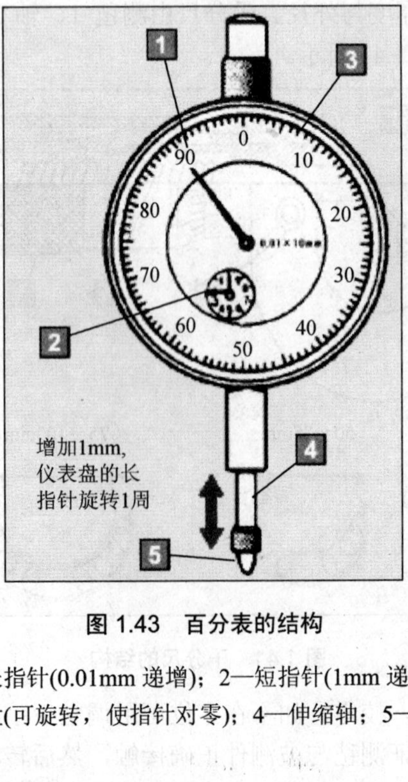

图 1.43 百分表的结构

1—长指针(0.01mm 递增)；2—短指针(1mm 递增)；
3—表盘(可旋转，使指针对零)；4—伸缩轴；5—测量头

测量时，将百分表与磁性表座相连，可以测量弯曲度、端面圆跳动；与内径测量杆相连，可以测量气缸内径。测量时，要使测量头垂直于被测面，并设置指针位于量程的中间位置，以提高灵敏度，如图1.44所示。

读数时，读取表盘指针在表盘内偏摆的最大刻度。如左右偏摆 7 个刻度，则偏差为0.07mm。

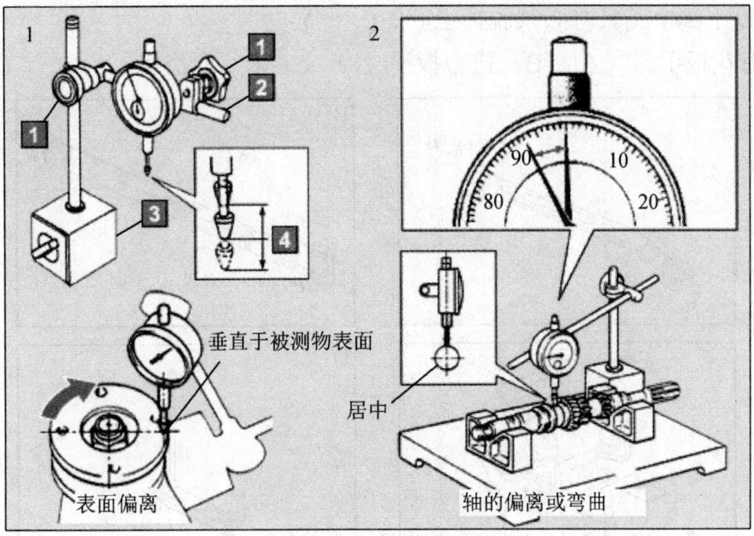

图1.44 百分表的使用

1—止动螺钉；2—臂；3—磁性支架；4—量程中心

项 目 小 结

通过本项目的学习，可以了解汽车拆装工艺规范，训练汽车维修基本技能及常用工具、量具和维修检测设备的使用方法及操作注意事项，为后续汽车发动机总成、汽车底盘总成、汽车电气设备的拆装检修及整车二级维护等技能训练奠定良好的基础。

应 知 测 试

选择题

1．以下是关于“技术员更佳工作的十项原则”的叙述，其中错误的一项是(　　)。

A．禁止在客户的车辆内吸烟

B．正确使用工具和设备

C．如果发现除预定工作之外的额外工作，应向服务顾问汇报

D．根据设想使用适当的工具执行操作

2．下列关于工作安全性的叙述中哪一项错误？(　　)

A．为了保护自己免受创伤或烧伤，尽可能不要把皮肤暴露在外

B．仅在指定区域丢弃汽油和机油

C．如果在危险情况下并未受伤，则没有必要汇报

D．由于维修场所不合适或工作人员不小心，出现事故

3．使用以下哪个工具时必须脱掉手套？(　　)

A．梅花扳手　　B．扭力扳手　　C．研磨机　　D．千斤顶

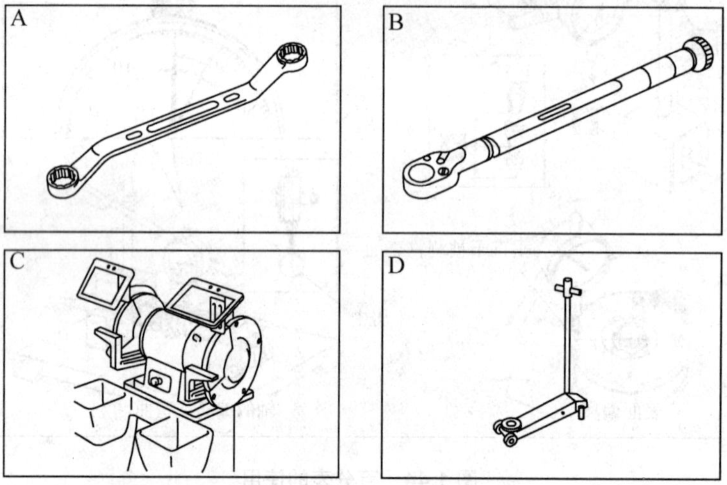

4．下列关于 5S 概念的叙述中哪一项正确？(　　)

A．不要丢弃任何零件、工具、维修手册或工作数据，而应将它们保存在某个地方

B．根据使用频率，有序存放零件、工具、维修手册和工作数据，以便使用

C．不经常使用的工具和测量仪器不需要保持干净

D．为了给客户留下好印象，维修接待区应保持干净。客户看不见的工作场所不需要保持干净

5．下列关于 5S 概念的叙述中哪一项错误？(　　)

A．SEITON(归类)是指区分需要和不需要的工具和零件，并将不需要的工具和零件放在不影响工作的工作区域

B．SEIRI(整理)是指丢弃不需要的工具和零件

C．SEISO(清洁)是指使工作现场的所有东西处于整洁状态，以便在任何时候都可以正常使用

D．SHITSUKE(自律)是指保持组织的 SEIRI、SEITON、SEISO 和 SEIKETSU 状态的过程

6．用规定扭矩最终拧紧时必须使用以下哪个工具？(　　)

A．开口扳手　　B．扭力扳手　　C．梅花扳手　　D．棘轮手柄

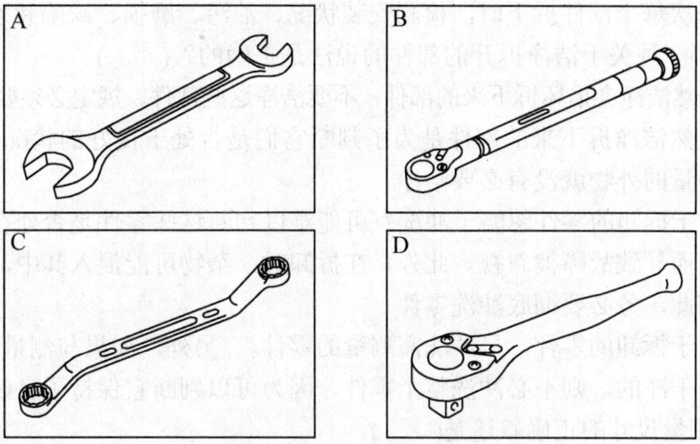

7. 下面有关使用塑料区螺栓的叙述中哪一个是正确的？(　　)

A. 再次使用一个塑料区螺栓时，测量螺栓的长度或者直径。如果仅有一项超过极限值，则再次使用所有的螺栓

B. 再次使用一个塑料区螺栓时，紧固前在其上面涂油脂，一定要参考修理手册

C. 紧固程序可能因发动机类型的不同而不同，因此一定要参考修理手册

D. 对于一个塑料区螺栓，将螺栓上紧至一个规定的扭矩，然后确保松开一点

8. 如图1.45所示，在下列螺旋测微器的测量值中，哪一个是正确的？(　　)

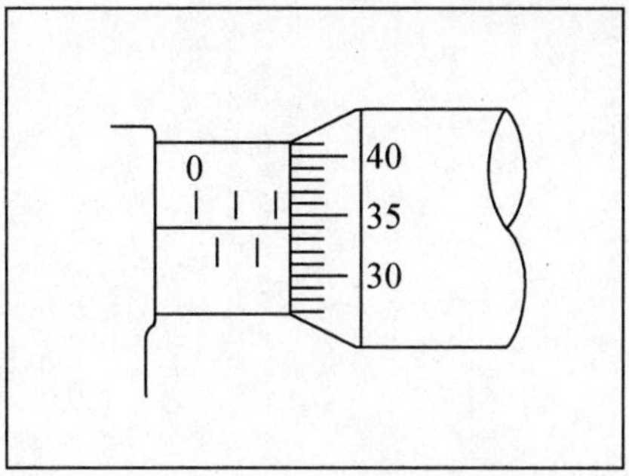

A. 2.840mm

B. 23.40mm

C. 2.340mm

D. 28.40mm

图1.45　题8图

9. 下列关于螺母和螺栓的叙述中哪一项正确？(　　)

A. 螺帽与开口销配合时，形成一个锁止机构

B. 槽形螺母本身就是一个锁止机构

C. 开口销不能重复使用

D. 塑性域螺栓不能重复使用

10. 关于拆卸时采取的预防措施，下面哪一种说法是正确的？(　　)

A. 为了高效地工作，所有部件一次分解，一起检测

B. 所有部件均要标明组装时的方向和位置以便记忆组装顺序

C. 分解时所有部件根据型号分类保管，以便正确组装。组装时，即使部件的组合改变也没问题(例如：拆卸气门时，把气门挺柱归类到气门挺柱相关部件组，气门弹簧归类到气门弹簧相关部件组，分组保管)

D．每次每个部件拆下时，检测安装状况、油污、磨损、缺陷和裂口等

11．下面哪一种关于洁净拆开的部件的说法是正确的？(　　)

A．既然洁净会损坏拆下来的部件，不要洁净这些部件，规定必须要洁净的部件除外

B．既然洁净拆下来的部件是为了判断它们是否处于良好的状况，如果存有非常小量的外物就没有必要洁净

C．对于拆卸的零件忽略了冲洗有可能难以判断这些零件是否处在良好的状态下，从而导致故障被忽视。此外，在拆卸时，杂物可能混入其中，从而影响性能。因此，务必要彻底冲洗零件

D．对于拆卸的零件，只冲洗需测量的零件。 另外，如果与测量仪表接触的部位是干净的，则不必冲洗整个零件，因为可以判断它保持了良好的状态

12．有关测量尺寸的正确叙述是(　　)。

A．当测量零件内径时，由于磨损是不均匀的，故需测量几个位置并计算平均值

B．在检查弹簧与平规是否成直角时，需用直角尺、测微计和平规测量

C．当用测微计测量活塞外径时，需测量几个部位并读取最小值

D．当检查椭圆磨损时，需测量最大直径和最小直径，只需在其圆周测量一次即可

项目 2

汽车发动机总成的拆检及安装

任务目标

最终目标	能正确理解发动机大修的流程，掌握发动机总成从车上拆下、分解、清洁、检修或更换、装配及试车的生产过程和操作规范
促成目标	(1) 熟悉发动机大修的基本流程 (2) 掌握如何从车上拆下发动机 (3) 掌握规范地分解发动机总成 (4) 掌握规范地清洁和检查部件 (5) 掌握规范地重新组装发动机 (6) 掌握规范地把发动机总成安装回车上并做最终检查 (7) 养成作业过程遵循并查阅维修手册或电路图的习惯 (8) 在作业过程中能够遵循 5S 理念，培养职业素养

引言

汽车发动机总成拆检及安装就是发动机大修，它是汽车维修工作中的重要作业，主要内容包括从车上拆下发动机、分解发动机、清洁和检查零部件、重新组装发动机，最后把发动机安装回车上及最终检查的全过程。

通过发动机总成拆装规范化实践训练，增强规范化操作意识，提高规范化操作水平，培养规范化操作习惯，掌握规范化操作技能，为实现“零距离”就业打下坚实基础，同时也为推进汽车维修行业的规范化进程注入新的活力。

任务 2.1　从车上拆卸发动机

2.1.1　任务引入

按照头脑风暴法收集从车上拆卸发动机总成作业的关键点，借助脑图记录团队成员提出的想法，以脑图为基础提出问题，图 2.1 为从车上拆卸发动机总成信息收集图。

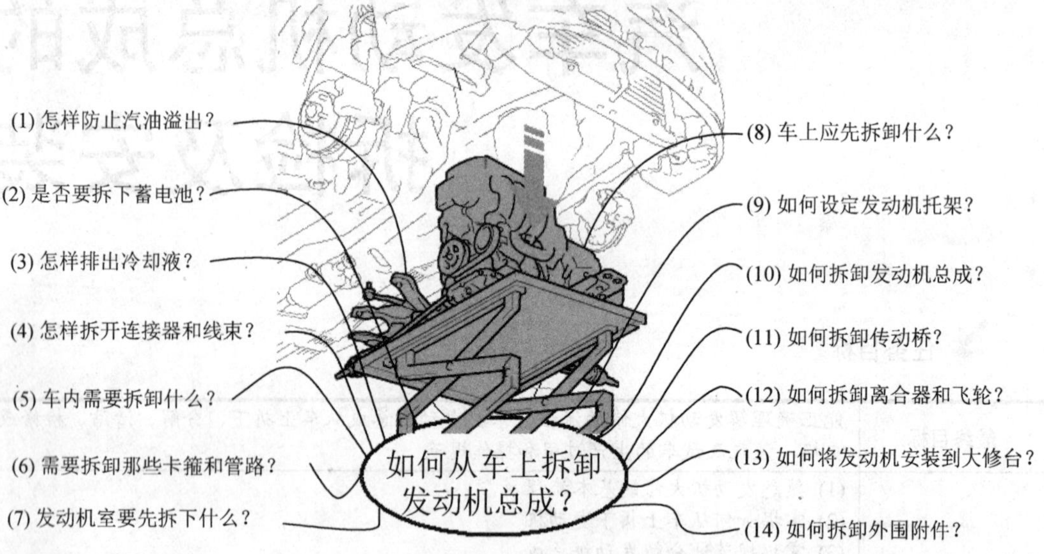

图 2.1　从车上拆卸发动机总成信息收集

通过脑图展开讨论，明确主要任务，说明生产过程和工艺过程，学习基本原理知识，熟悉规范的操作流程，掌握从车上拆卸发动机总成的基本技能。

2.1.2　相关知识

1. 进气系统的结构

燃油在发动机内燃烧时，需要一定数量的空气，进气系统向发动机提供其所需要的清洁空气。从车上拆卸发动机总成时，应先将进气系统的相关外围附件及管路拆掉，进气系统的结构如图 2.2 所示。

2. 燃油系统的结构

燃油系统向发动机提供混合气燃烧所需的燃油量，它主要由燃油箱、燃油泵、输油管、燃油滤清器、油压调节器、燃油分配管、喷油器等组成。发动机工作时，燃油被燃油泵从油箱中吸出，由喷油器在 ECU 控制作用下进行喷射。燃油管里的燃油压力需由压力调节器和脉冲缓冲器进行调节，以保持稳定的燃油喷射，燃油系统的结构如图 2.3 所示。

发动机停止运转后，燃油压力调节器关闭，燃油泵停止转动，单向阀迅速关闭，以维持燃油管路内的残余压力，这样更有助于使发动机重新起动。若没有残余压力，在高温时很容易出现气阻，使发动机重新起动变得很困难。因此，从车上拆卸发动机总成时应先卸掉残余油压。

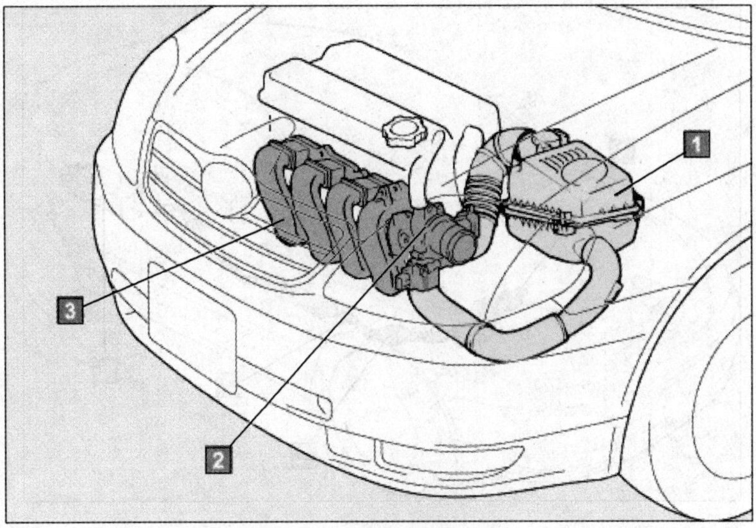

图 2.2　进气系统的结构

1—空气滤清器；2—节气门体；3—进气歧管

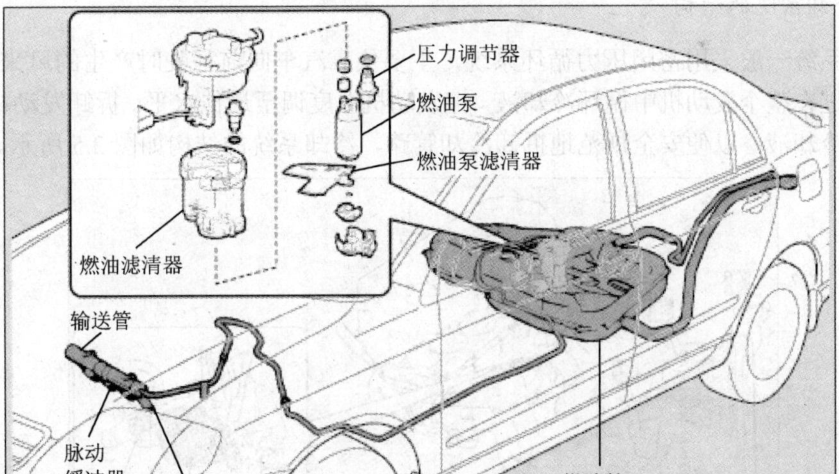

图 2.3　燃油系统的结构

3. 排气系统的结构

排气系统将发动机产生的废气排放到大气中，它采用两个球节使排气歧管与前管连接、前管与中间管连接，从而使结构简单且提高了可靠性。排气系统的结构如图 2.4 所示，它有以下几项功能。

(1) 通过改善发动机废气的排放性能，提高发动机效率。

(2) 通过清除有害成分清洁废气。

(3) 减少废气发出的爆炸声。

因此，从车上拆卸发动机总成也应先拆掉排气管等相关附件。

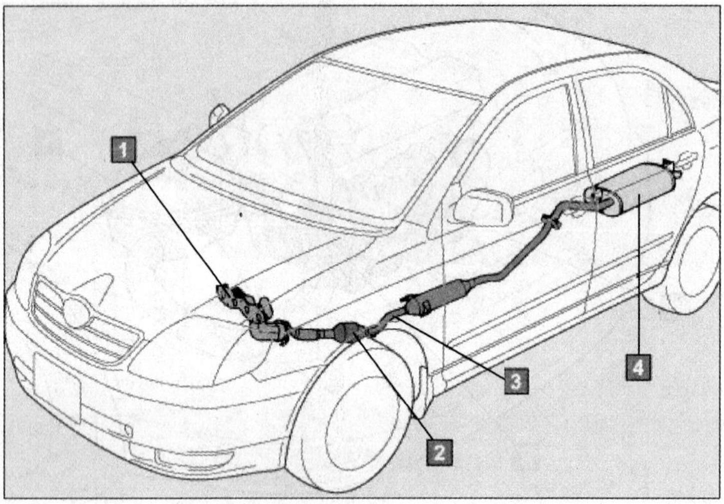

图 2.4　排气系统的结构

1—排气歧管；2—TWC(三元催化转换器)；3—排气管；4—消声器

4. 冷却系统的结构

冷却系统一般采用密闭压力循环系统，主要依靠汽车向前行驶时产生的风来冷却；冷却系统通过在整个发动机中循环冷却液，把发动机温度调至最佳水平。拆卸发动机总成时，要先排放冷却液，以便安全规范地拆卸冷却管路，冷却系统的结构如图 2.5 所示。

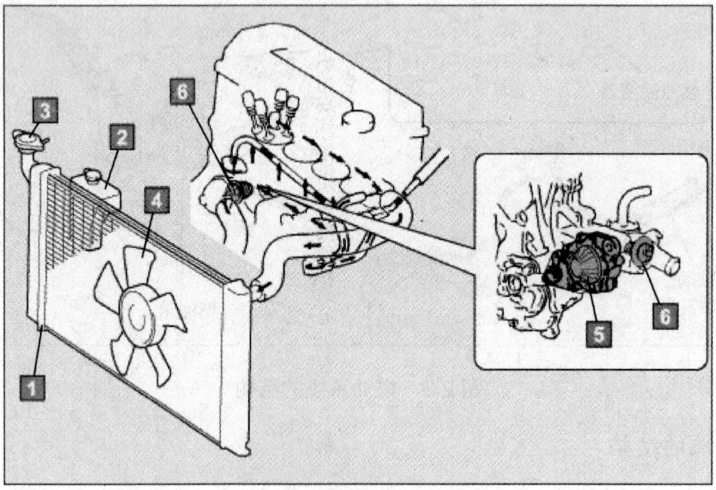

图 2.5　冷却系统的结构

1—散热器；2—储液罐；3—散热器盖；4—冷却风扇；5—水泵；6—恒温器

5. 电气系统的结构

汽车发动机室的电气装置很多，并有许多连接器和线束，空调系统还有高压和低压制冷管路。拆卸发动机总成时，需先断开连接器并拆卸相关线束，空调系统还需先拆卸空调压缩机并将其可靠地悬挂，其结构如图 2.6 所示。

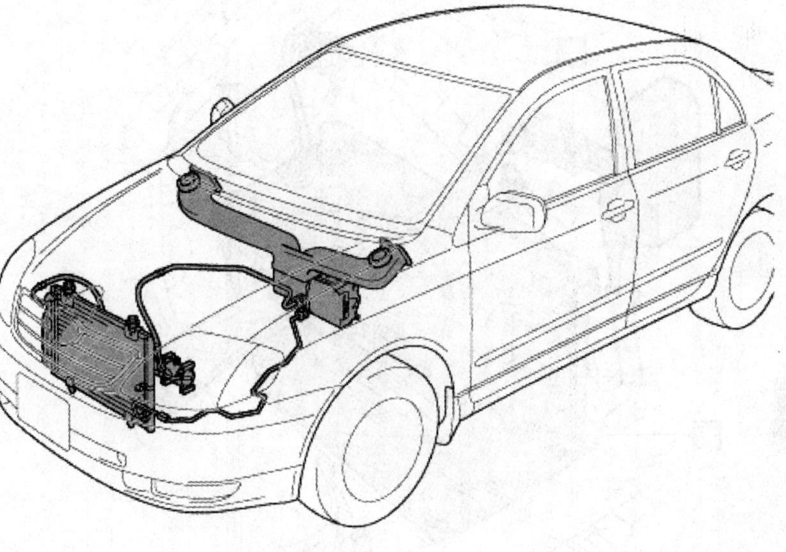

图 2.6　空调系统的结构

2.1.3　任务实施

从车上拆卸发动机总成的技能训练，一般按照下述程序进行：采取措施防止汽油溢出→拆下蓄电池→排出冷却液→拆开连接器和线束→拆卸车内总成→拆开卡箍和软管→拆开燃油管→拆卸发动机室零件→从车下拆卸零件→设定发动机托架→拆卸带传动桥的发动机→拆卸传动桥→拆卸离合器和飞轮→安装发动机大修台→拆卸进气、排气歧管、发动机线束、发电机。

1. 采取措施防止汽油溢出

即使在发动机已经停止之后，燃油管路残余压力仍然存在，以确保能轻松地重新起动发动机。拆开带燃油残余压力的燃油管非常危险，因此从车上拆卸发动机总成应该先卸掉残余油压。

怎样才能安全规范地卸掉燃油系统残余油压？

(1) 拆开燃油泵连接器：拆卸后座椅软垫→拆卸检修孔盖→拆开燃油泵连接器。

(2) 采取措施防止汽油溢出：①起动发动机(提示：当燃油泵连接器被拆开时，发动机依然能起动，但是因燃油泵停止工作使得燃油管内的压力逐渐减少，因此导致较少的燃油喷射，以致使发动机自动熄火)；②发动机自动停止以后，再次起动发动机并且确保其不能重新起动；③将点火开关转到 LOCK 位置。

2. 拆下蓄电池

(1) 拆开蓄电池电缆：拆开蓄电池电缆以前，需要将 ECU 等电子元件中存储的信息记录下来，主要包括诊断故障代码、无线电台选择情况、座椅位置(带记忆系统)和方向盘位置(带记忆系统)等。

(2) 拆下蓄电池：拆下蓄电池负极端子电缆→拆开蓄电池正极端子电缆→拆下蓄电池卡箍→拆下蓄电池，蓄电池外部连接情况如图 2.7 所示。

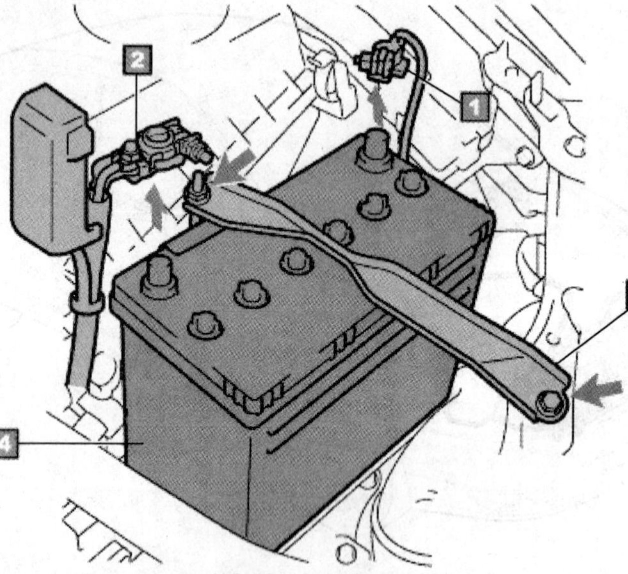

图 2.7　蓄电池外部连接情况

1—蓄电池负极端子电缆；2—蓄电池正极端子电缆；3—蓄电池卡箍；4—蓄电池

3. 排出冷却液

要拆卸发动机，就必须先拆开包含冷却液的软管，比如散热器软管和加热器软管。为此，冷却液需要提前排放，操作步骤如下。

(1) 用一块布盖住散热器盖，以使冷却液不会喷出。

(2) 旋转 45° 松开散热器盖，释放散热器内的压力。

(3) 再将散热器盖旋转 45°，并将其拆卸。

(4) 将冷却液回收罐放在散热器和发动机的排放塞下。

(5) 首先松开散热器的排放塞排放冷却液，然后再排放发动机中的冷却液。

注意

在发动机热机时，拆卸散热器盖很危险，因为冷却液会喷射而出。因此，拆卸散热器盖以前，应当等待发动机充分冷却下来。

4. 拆开连接器和线束

发动机有很多连接器，比如传感器连接器、开关连接器和执行器连接器等，这些连接器都与发动机线束相连。从发动机 ECU 和发动机室接线盒上的接头处(而非发动机上)拆开发动机线束，以便尽量减少拆开次数。

(1) 从下述部件上拆开发动机线束连接器，如图 2.8 所示：①发动机 ECU；②仪表板接线盒；③发动机室接线盒；④其他(主要包括接地线、起动机电缆、氧传感器等)。

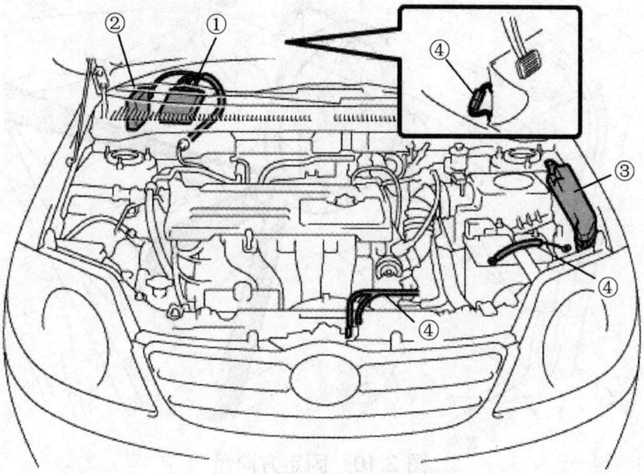

图 2.8 发动机线束连接器的布置

(2) 拉出发动机线束：拉出发动机线束以前，用线绳将其绑扎，拉出以后再将其松开，如图 2.9 所示。

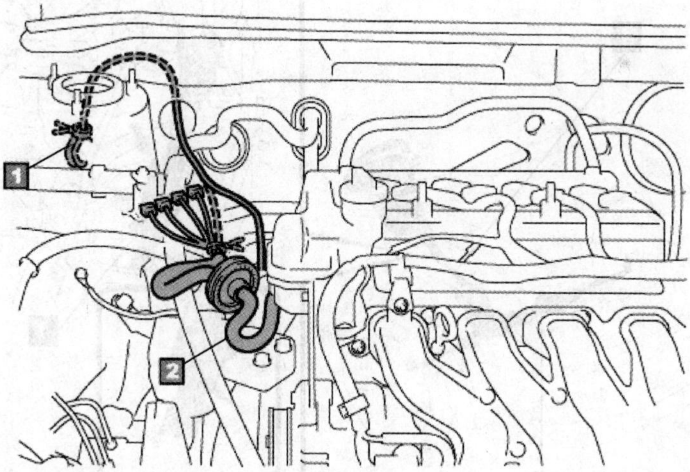

图 2.9 拉出发动机线束示意图

1—线绳；2—线束

5. 拆卸车内总成

对于 FF 车辆，从车上拆下发动机总成一般将发动机、传动桥、悬架梁等作为一个整体从车下拆卸，因此需要在驾驶室中拆分转向机和转向中间轴。

(1) 固定方向盘：通过将座椅安全带穿过方向盘，将方向盘固定，以防止空气囊的螺旋电缆断裂，如图 2.10 所示。

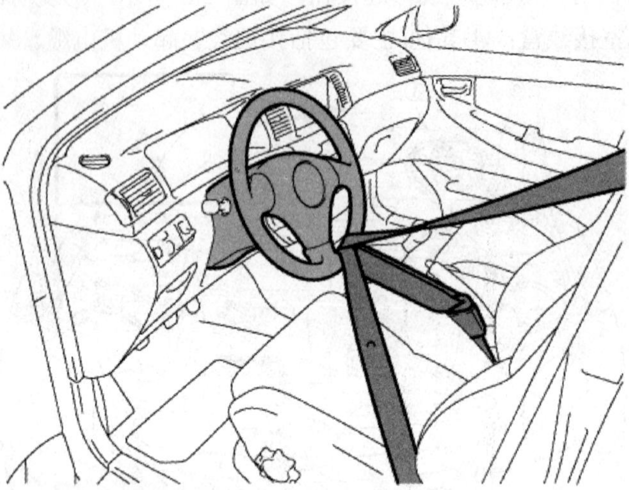

图 2.10 固定方向盘

(2) 拆开转向中间轴：拆开以前，在转向齿轮和转向中间轴上应做好装配标记，如图 2.11 所示。

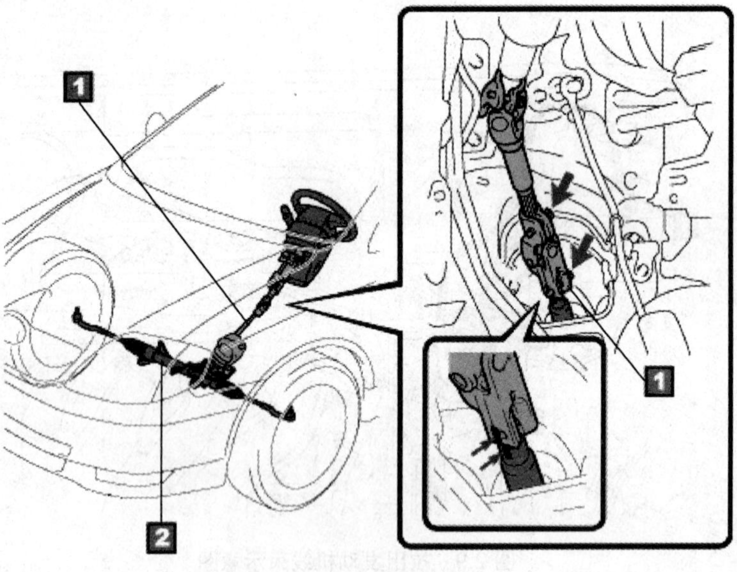

图 2.11 拆开转向中间轴

1—转向中间轴；2—动力转向机

6. 拆开卡箍和软管

冷却液软管、真空软管和其他软管等都与发动机相连。拆卸发动机前，必须拆开所有的软管(如图 2.12 所示)，主要包括：①制动助力器软管；②散热器软管；③加热器软管；④空气滤清器软管；⑤空气滤清器。

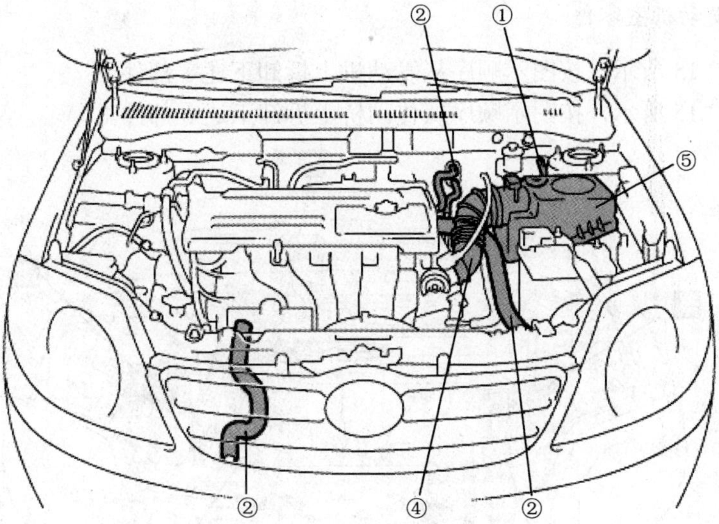

图 2.12　发动机室卡箍和软管示意图

注意

(1) 由于发动机内的冷却液不能完全排空，所以要从发动机上将散热器软管和加热器软管拆开，然后用一块布堵住每一个孔，以防止冷却液泄漏。

(2) 拆卸空气滤清器后，使用布块或者胶带将进风口盖住，以防止异物进入节气门体。如果异物进入了节气门体，便可能损坏阀门或者燃烧室。

7. 拆开燃油管

(1) 拆开燃油管：燃油管接头有几种不同的类型，必须使用各自恰当的方法将它们拆开。拆开时，因为燃油管中仍可能保持一定的燃油压力，因此要使用一块布盖住接头后再将其拆卸。

① 快速接头类型(如图 2.13 所示)，使用 SST(专用维修工具)进行拆卸。

② 管接头类型，为了防止管线或部件扭曲，应将部件的一端固定，然后再拆开接头，如图 2.14 所示。

(2) 防止燃油泄漏：拆开后，使用一个塑料袋盖住管道，以防止燃油泄漏和异物进入。

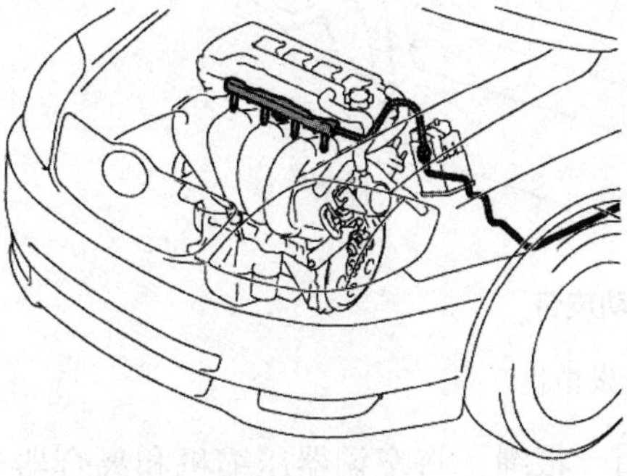

图 2.13　快速接头类型的燃油管接头

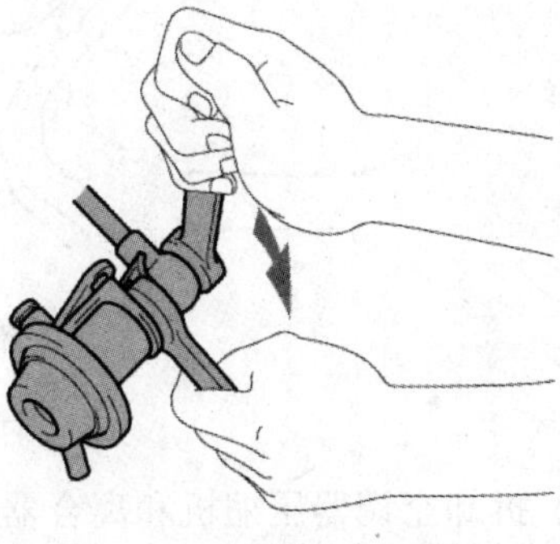

图 2.14　管接头类型的燃油管接头

8. 拆卸发动机室零件

(1) 如图 2.15 所示，按图示顺序从发动机上拆卸下述零部件。

(2) 如图 2.15 所示，按图示顺序从传动桥上拆卸下述零部件。

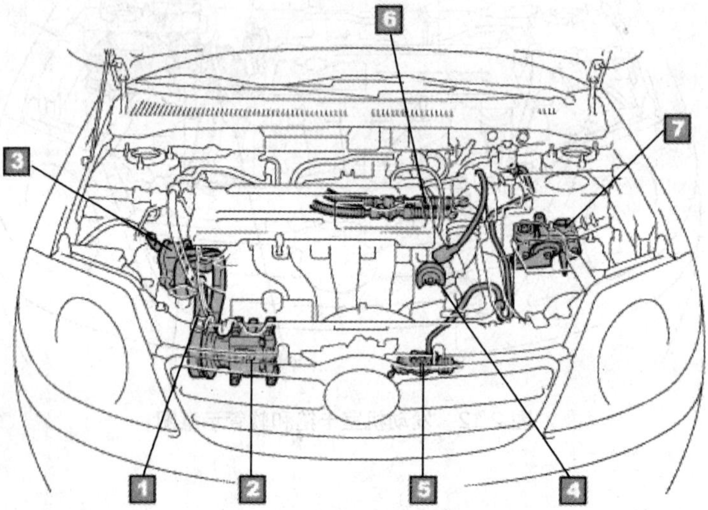

图 2.15　拆卸发动机室零件

1—传动皮带；2—空调压缩机；3—发动机支承固定螺栓(仅松开)；4—加速踏板拉索；
5—离合器分离泵；6—换挡和选挡拉索；7—通过螺栓和螺母固定的发动机安装件(仅松开)

(3) 拆卸传动皮带：松开发电机安装螺栓并拆卸皮带，如图 2.16 所示。移动发电机时要小心，注意不能拉传动皮带。

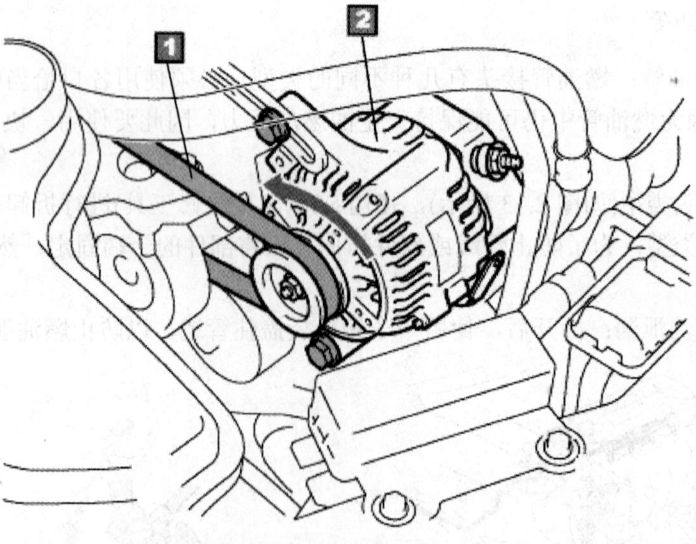

图 2.16　拆卸传动皮带

1—传动皮带；2—发电机

(4) 拆卸空调器压缩机和离合器分离泵：使用一根绳子将空调器压缩机和离合器分离泵拴住，以免它们阻碍发动机和传动桥的拆卸，如图 2.17 所示。拆卸空调器压缩机和离合器分离泵时要小心，应避免管道变形。

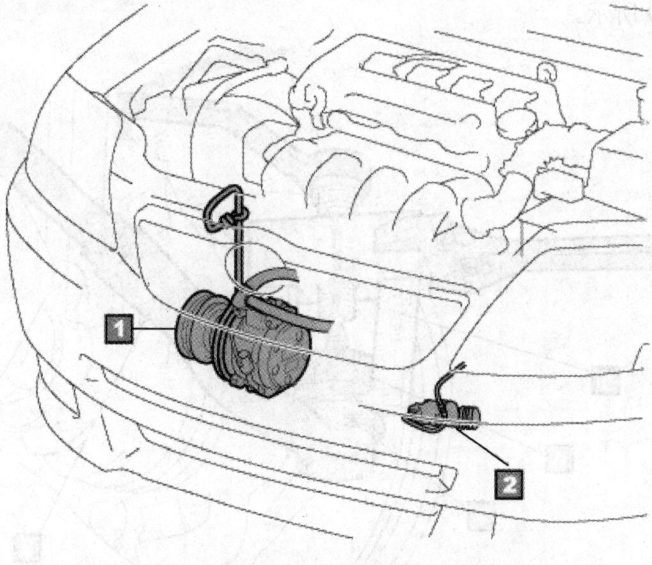

图 2.17　拆卸空调器压缩机和离合器分离泵

1—空调器压缩机；2—离合器分离泵

(5) 拆开换挡和选挡拉索：拆卸卡箍和垫圈，然后从传动桥上拆开换挡和选挡拉索。拆卸时，注意不要使用过大的力作用在换挡和选挡拉索上，如图 2.18 所示。

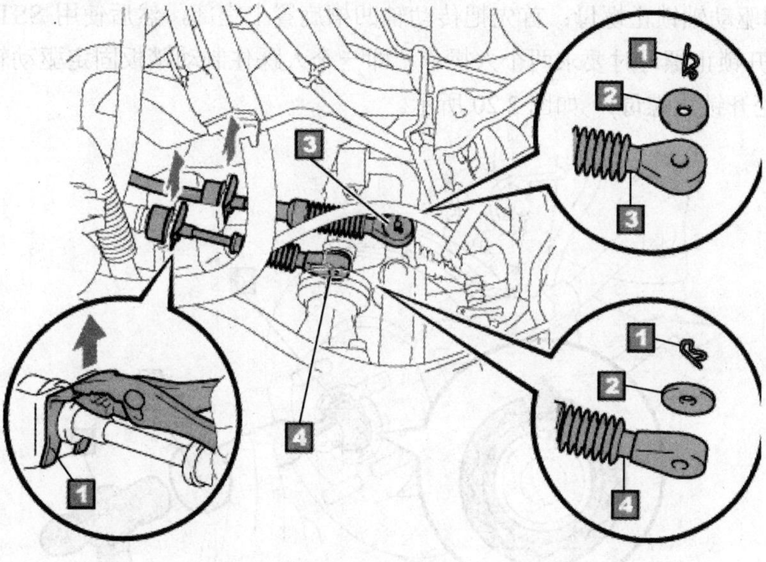

图 2.18　拆开换挡和选挡拉索

1—卡箍；2—垫圈；3—选挡拉索；4—换挡拉索

9. 从车下拆卸零件

(1) 拆卸排气管：拆卸排气管螺栓和螺母以前，应使用锈渗透剂浸泡它们。拆卸时，需要两个人配合起来进行拆卸，重新安装排气管时，必须使用新的垫圈和螺母。

(2) 拆分横拉杆接头：拆卸开口销和槽顶螺母，然后使用 SST 将横拉杆端头从转向节上脱离，如图 2.19 所示。

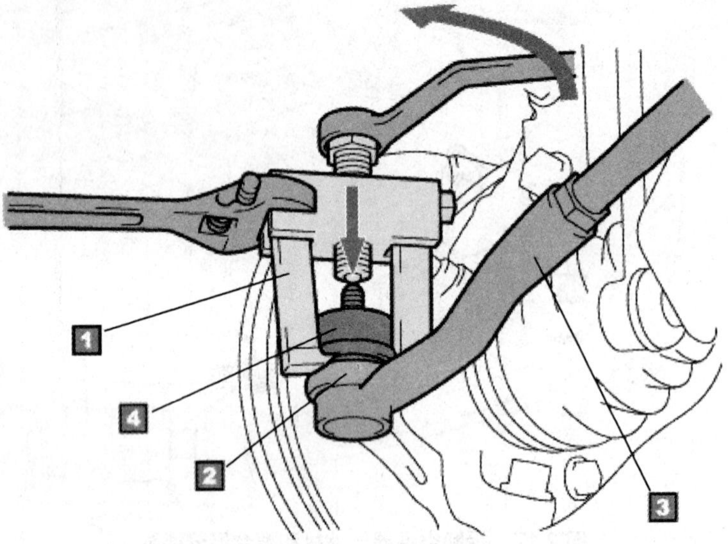

图 2.19　拆分横拉杆接头

1—SST(球节拉具)；2—防尘罩；3—横拉杆接头；4—转向节

(3) 拆卸驱动轴锁止螺母：首先把传动轴凹槽旋置上空部，然后使用 SST 和锤子松开锁止螺母(松开锁止螺母时要求两个人操作，即一个人踩住制动踏板固定驱动轴，而另一个人使用工具松开锁止螺母)，如图 2.20 所示。

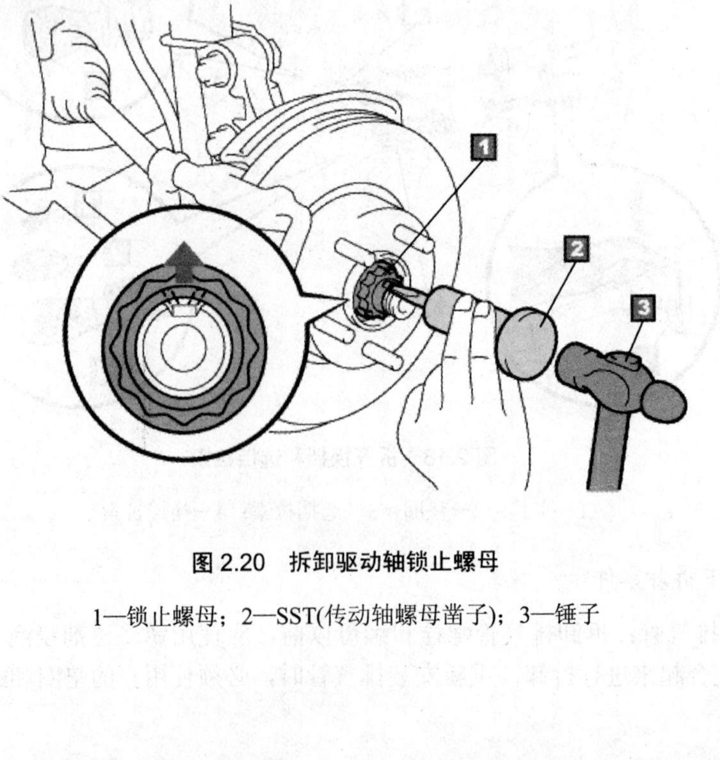

图 2.20　拆卸驱动轴锁止螺母

1—锁止螺母；2—SST(传动轴螺母凿子)；3—锤子

(4) 拆卸驱动轴步骤如下。

① 从车桥轮毂上拆卸下臂。

② 从减振器上拆开横向杆稳定杆铰接。

③ 轻轻地将车桥轮毂往外拉时，使用一把塑料锤轻轻地敲驱动轴使之脱离卡扣，然后将驱动轴从车桥轮毂上拆开，如图 2.21 所示。

④ 使用绳子将驱动轴悬挂于发动机上、传动桥上或者悬架梁上。

图 2.21　拆卸驱动轴

10. 设定发动机托架

设定发动机托架并拆开悬架梁和发动机安装件，然后拆下发动机、传动桥和悬架梁的整体件。

(1) 举升车辆：举升车辆，以便在发动机下设置发动机托架。

(2) 设定发动机托架：将发动机托架升起到刚碰到油底壳为止→使用发动机托架附件，支撑发动机油底壳、传动桥和悬架梁→拆卸发动机安装螺栓，如图 2.22 所示。

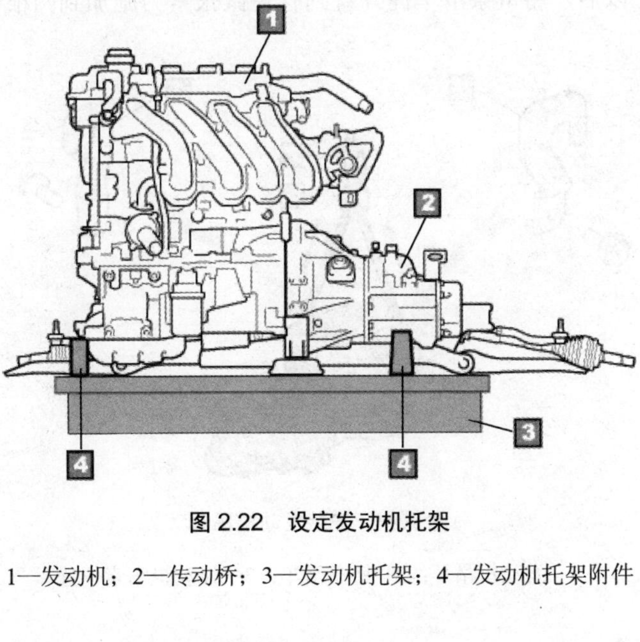

图 2.22　设定发动机托架

1—发动机；2—传动桥；3—发动机托架；4—发动机托架附件

11. 拆卸带传动桥的发动机

(1) 拆卸悬架梁安装螺栓(提示：如果发动机不使用发动机托架托起来，发动机的重量将由螺栓支承，从而便会使螺栓的拆卸很困难)。

(2) 将发动机、传动桥、悬挂元件等作为一个整体件从车下拆卸，如图 2.23 所示。

拆卸过程中要注意以下几方面。

① 保证所有的电线和管道都被拆开。

② 通过小心缓慢下降拆卸发动机，避免与车身接触。

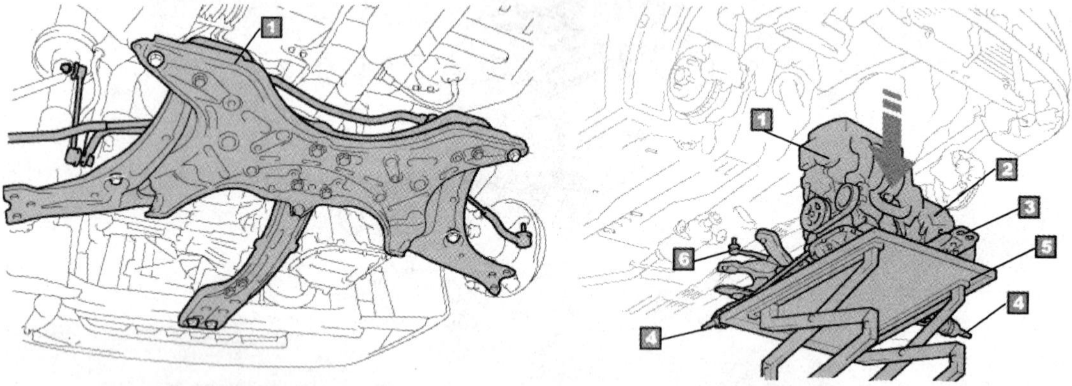

(a) 拆卸悬架梁安装螺栓　　(b) 从车上拆卸发动机、传动桥等整体件

图 2.23　拆卸带传动桥的发动机

1—悬挂横梁和中间横梁

1—发动机；2—传动桥；3—悬架梁；4—驱动轴；5—发动机托架

12. 拆卸传动桥

(1) 安装发动机吊耳，在发动机吊耳上安装发动机吊索装置，然后将链条滑车连接到发动机吊索装置上以后，将链条滑车提升直到有轻微张紧力施加到两根链条上，如图 2.24 所示。

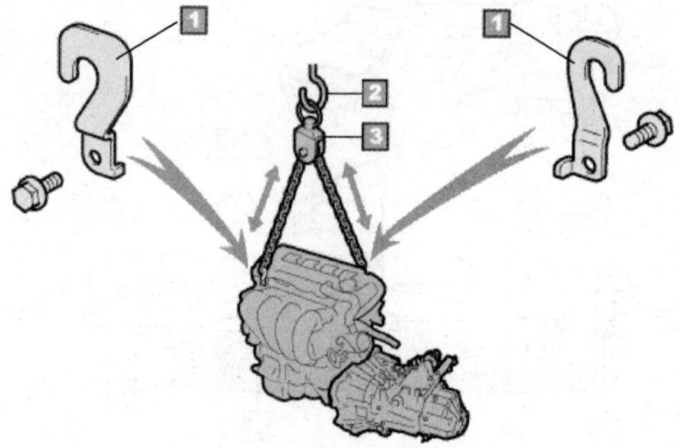

图 2.24　安装发动机吊耳

1—发动机吊耳；2—链条滑车；3—发动机吊索位置

(2) 降下发动机：将带传动桥总成的发动机从吊钩上下降到工作台上→使用提升板附件支撑传动桥→拆卸动力转向叶轮泵。

(3) 拆卸传动桥：拆卸发动机和传动桥安装螺栓→用一把平头螺丝刀插入发动机和传动桥之间的空隙，然后通过平头螺丝刀轻撬松开输入轴装置→通过轻轻地摇晃发动机，从传动桥上拆卸发动机，如图 2.25 所示。

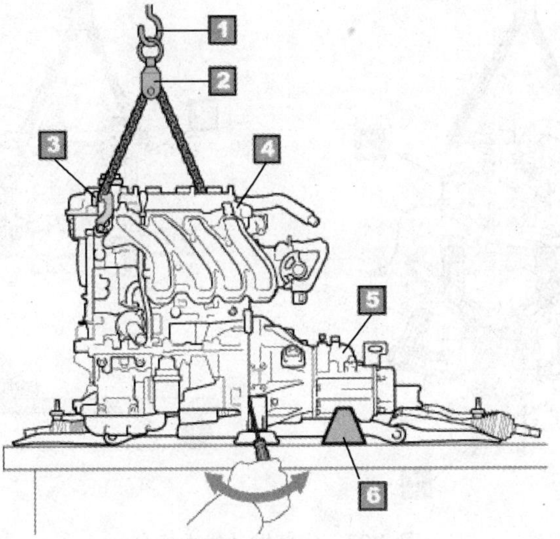

图 2.25　拆卸传动桥

1—链条滑车；2—发动机吊索位置；3—发动机吊耳；4—发动机；5—传动桥；6—提升板附件

13. 拆卸离合器和飞轮

(1) 在离合器壳和飞轮上做好装合标记。

(2) 在曲轴皮带轮上安装 SST 固定曲轴。

(3) 拆卸离合器壳和离合器盘。

(4) 拆卸飞轮，如图 2.26 所示。

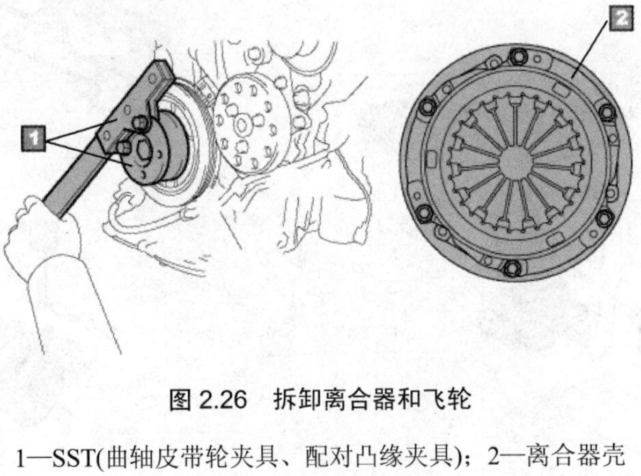

图 2.26　拆卸离合器和飞轮

1—SST(曲轴皮带轮夹具、配对凸缘夹具)；2—离合器壳

14. 安装发动机大修台

(1) 临时将大修台安装在气缸体的传动桥固定螺栓孔位置：安装时，大修台的左、右

臂安装应对称，重心应当尽量降低。

(2) 把发动机安装在大修台上：使发动机和大修台水平，然后上紧螺栓。

(3) 牢固上紧发动机固定螺栓后拆卸链条滑车，如图 2.27 所示。

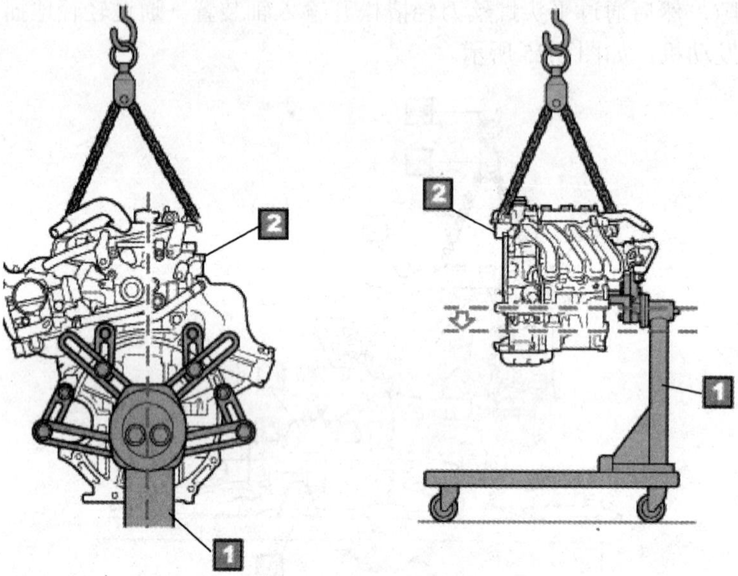

图 2.27　安装发动机大修台

1—大修台；2—发动机

15. 拆卸进气歧管、排气歧管、发动机线束、发电机

(1) 拆卸进气歧管、排气歧管：松开固定进气歧管和排气歧管的螺栓和螺母，顺序为由外到内，然后拆下歧管。

(2) 拆卸发动机线束：从发动机上松开所有的发动机连接器和卡箍，如图 2.28 所示。

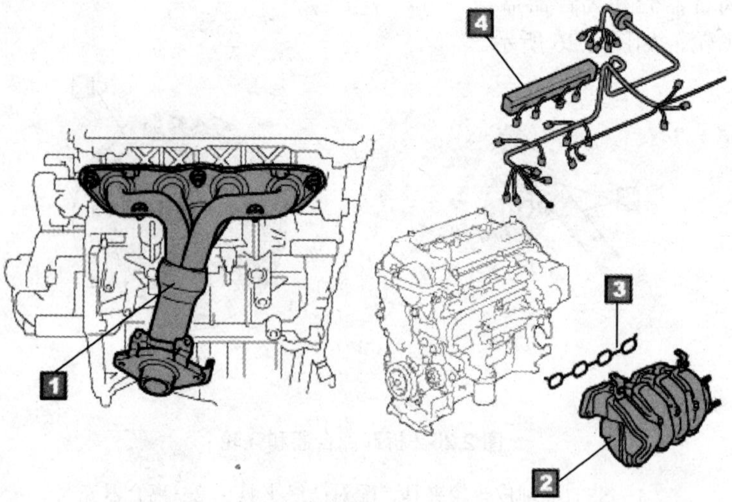

图 2.28　拆卸进气歧管、排气歧管、发动机线束

1—排气歧管；2—进气歧管；3—垫片；4—发动机线束

(3) 拆卸发电机：松开发电机安装螺栓并拆卸传动皮带，然后松开所有的发电机安装螺栓，并拆卸发电机，如图 2.29 所示。

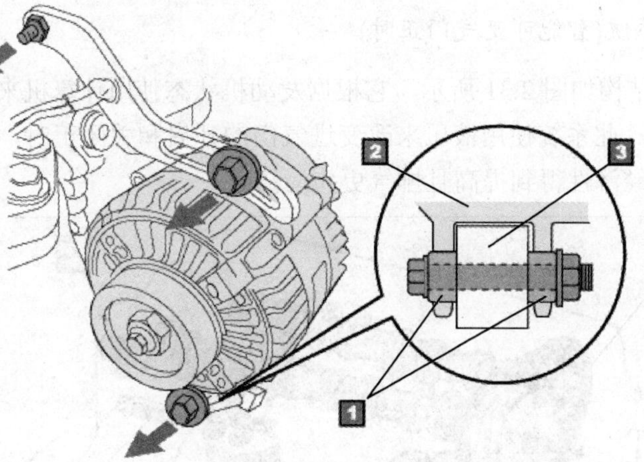

图 2.29　拆卸发电机

1—套环；2—发电机；3—支架(发动机侧)

任务 2.2　分解发动机总成

2.2.1　任务引入

按照头脑风暴法收集分解发动机总成作业的关键点，借助脑图(Mind-Map)记录团队成员提出的想法，以脑图为基础提出问题，图 2.30 所示为分解发动机总成作业的关键点，其中核心任务是拆卸正时链条和凸轮轴以及分解气缸盖和气缸体。

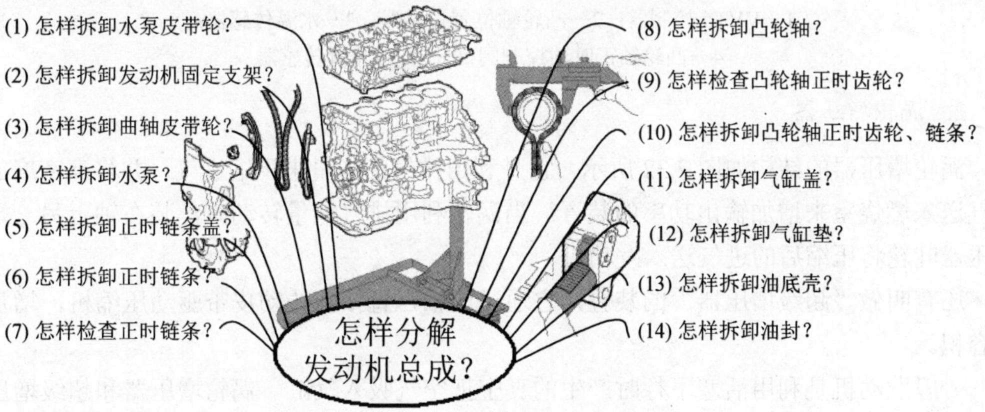

图 2.30　分解发动机总成信息收集

通过脑图展开讨论，明确主要任务，认知生产过程和工艺过程，学习基本原理知识，熟悉规范操作流程，掌握分解发动机总成的基本技能。

2.2.2 相关知识

1. VVT-i 系统(智能可变气门正时)

VVT-i 系统结构如图 2.31 所示，它根据发动机状态使用计算机来最优地控制进气门的开启和关闭正时。此系统使用液压来改变进气门的开启和关闭正时，使进气效率、扭矩、功率输出和燃油经济性得到提高且排气更为清洁。

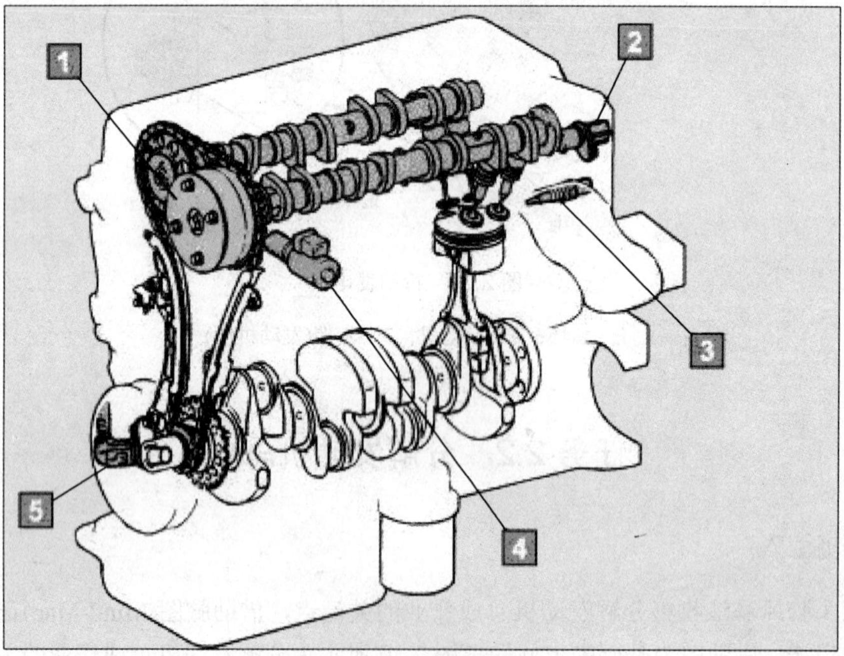

图 2.31 VVT-i 系统结构

1—VVT-i 控制器；2—凸轮轴位置传感器；3—水温传感器；
4—凸轮轴正时油控制阀；5—曲轴位置传感器

2. 涡轮增压器

涡轮增压器的结构如图 2.32 所示，它是利用排气的能量来压缩进气，并将高密度的混合气送入燃烧室来增加输出功率的装置。当涡轮利用排气能量转动时，装在轴上另一端的增压器叶轮将压缩后的进气送入发动机。

还有叫做“超级增压器”的装置，它通过曲轴，直接由传动皮带驱动压缩机，增加进气容积。

一般发动机是利用活塞下行时产生的真空把空气吸入气缸。涡轮增压器和超级增压器是一种空气泵，用来把空气压进气缸，增加进气的空气质量。由于涡轮增压器或超级增压器的作用，进气管内产生比大气压高的压力(增压压力)，使进气在加压下进入气缸。因此进入气缸的空气质量增加。

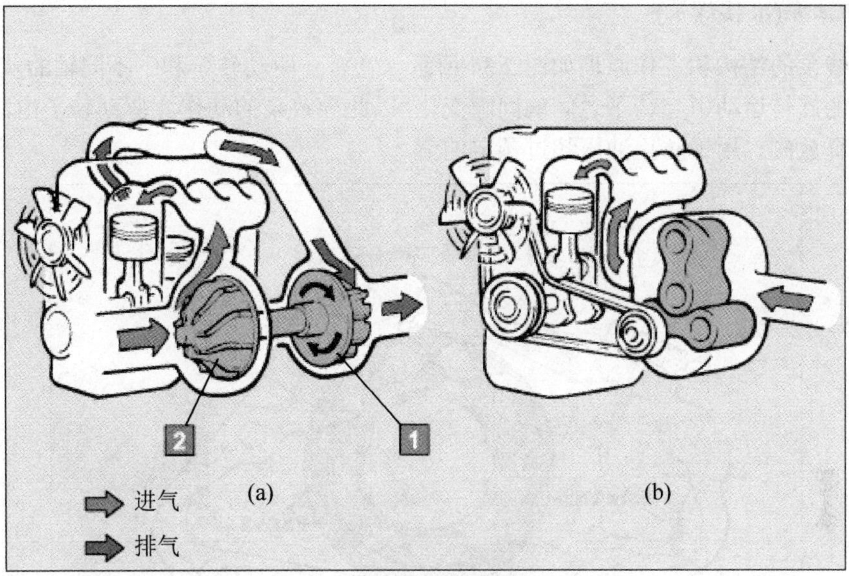

图 2.32　涡轮增压器

(a) 涡轮增压器；(b) 超级增压器

1—涡轮；2—泵轮

3. ETCS-i(电子节气门智能控制系统)

ETCS-i 的结构如图 2.33 所示，它将加速踏板操作转换成电气信号，使用一只 ECU(电子控制单元)根据驾驶状况来控制节气门控制阀的开、关。 因此没有连接加速踏板与节气门控制阀的油门拉索。

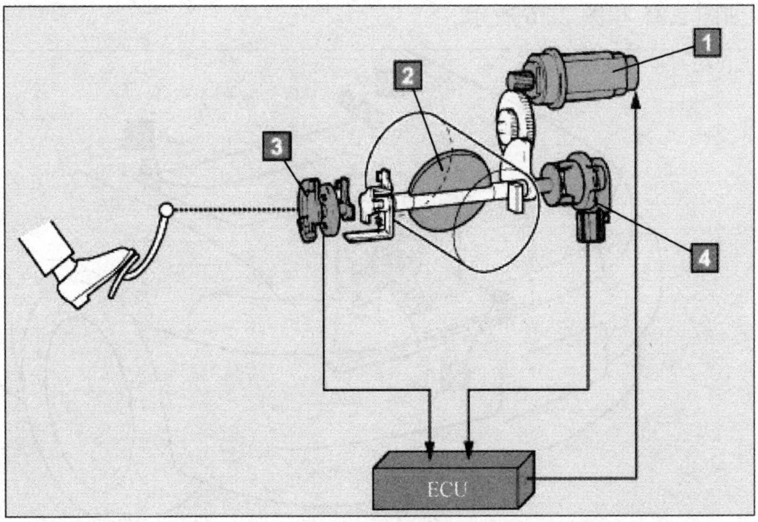

图 2.33　ETCS-i(电子节气门智能控制系统)

1—节气门控制器马达；2—节气门；3—加速跳板位置传感器；4—节气门位置传感器

4．机油泵(次摆线泵)

次摆线泵的结构和工作原理如图 2.34 所示，它有一驱动转子和一不同轴的从动转子。这些转子的旋转运动引起转子之间的间隙变化，以此导致泵的动作。驱动转子由曲轴驱动，泵中设有释放阀，用于防止油压超过预定的值。

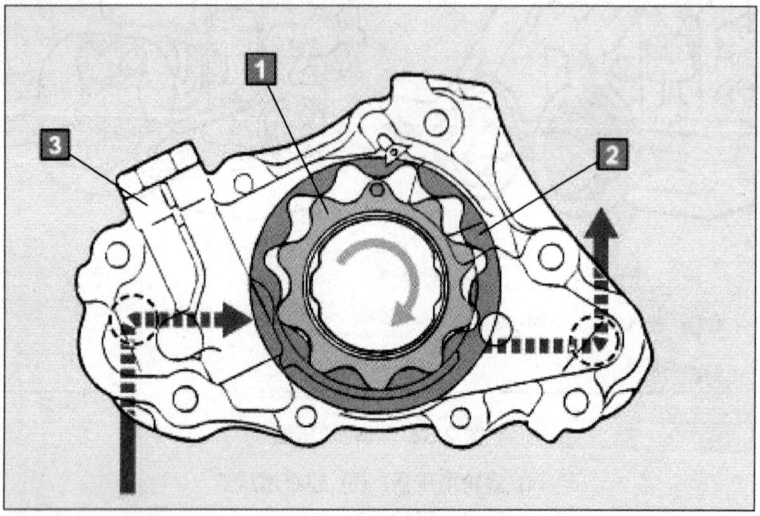

图 2.34　机油泵(次摆线泵)

1—驱动转子；2—从动转子；3—溢流阀

5．冷却风扇

冷却风扇将大量空气引入散热器，以便提高冷却效果，常见的结构类型有 3 种，其结构和工作原理如图 2.35 和图 2.36 所示。

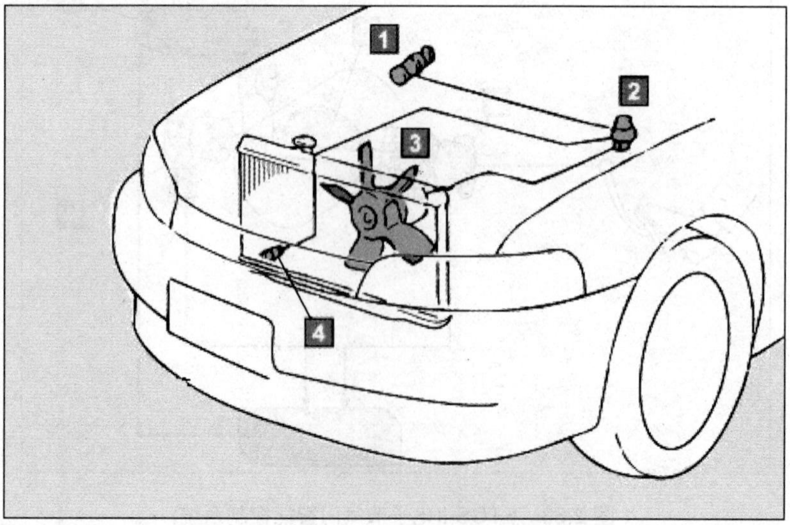

图 2.35　电动冷却风扇系统

1—点火开关；2—继电器；3—冷却风扇；4—水温开关

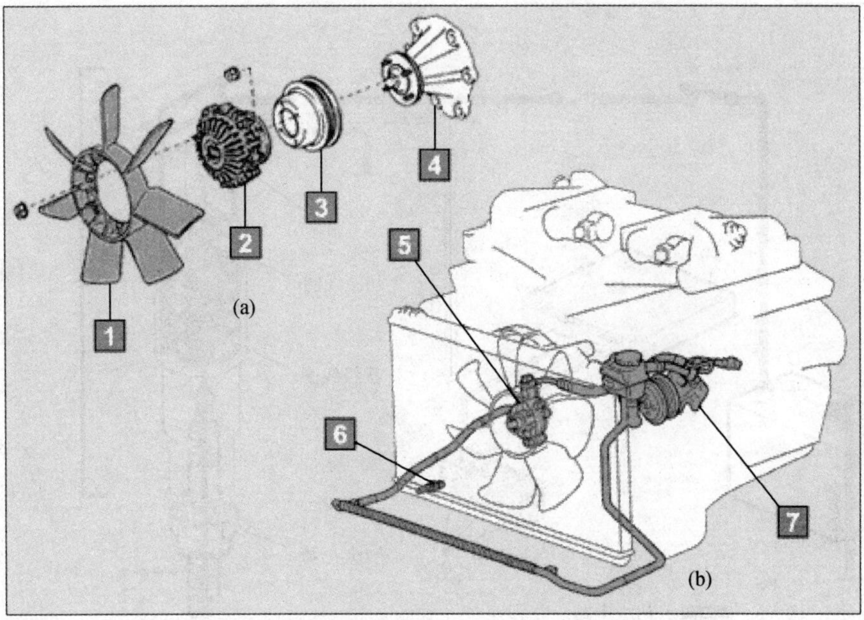

图 2.36　冷却风扇系统

(a) 带液力耦合器的冷却风扇；(b) 电控的液力冷却风扇系统

1—冷却风扇；2—液力耦合器；3—皮带轮；4—水泵；5—液压马达；6—水温传感器；7—液压泵

(1) 利用电动冷却风扇系统检测冷却液温度，并只有在水温高的时候控制运行风扇。

(2) 带液力耦合器的冷却风扇用传动皮带驱动，并用硅油液力离合器转动风扇。在冷却液温度低时降低旋转速度。

(3) 电控的液力冷却风扇系统用液压马达驱动风扇。ECU(电子控制单元)调节流入液压马达的液体来控制风扇的转速，且需经常保持散热器有一合适的散热空气量。

6. 点火系统

点火系统用点火线圈产生的高电压来产生火花，点燃已经被压缩的空气-燃油混合气。空气-燃油混合气在气缸内被压缩和点燃，燃烧时产生发动机的推动力。由于自感和互感，点火线圈将产生点火所必需的高电压。初级线圈产生几百伏的电压，次级线圈产生几万伏的电压。点火系统的基本结构和工作原理如图 2.37 所示。

7. 电子燃油喷射(EFI)系统

EFI 系统的基本控制过程如图 2.38 所示，它使用各种传感器探测发动机和车辆的运行工况。根据来自这些传感器的信号，ECU 计算喷油量并驱动喷油器以喷射合适的燃油量。

在正常驾驶中，为达到理论空燃比，保证适当的功力输出、燃油消耗量和废气排放水平，发动机 ECU 通过各种传感器探测工作状况并修正喷油量以便随时匹配最佳空气-燃油混合气。

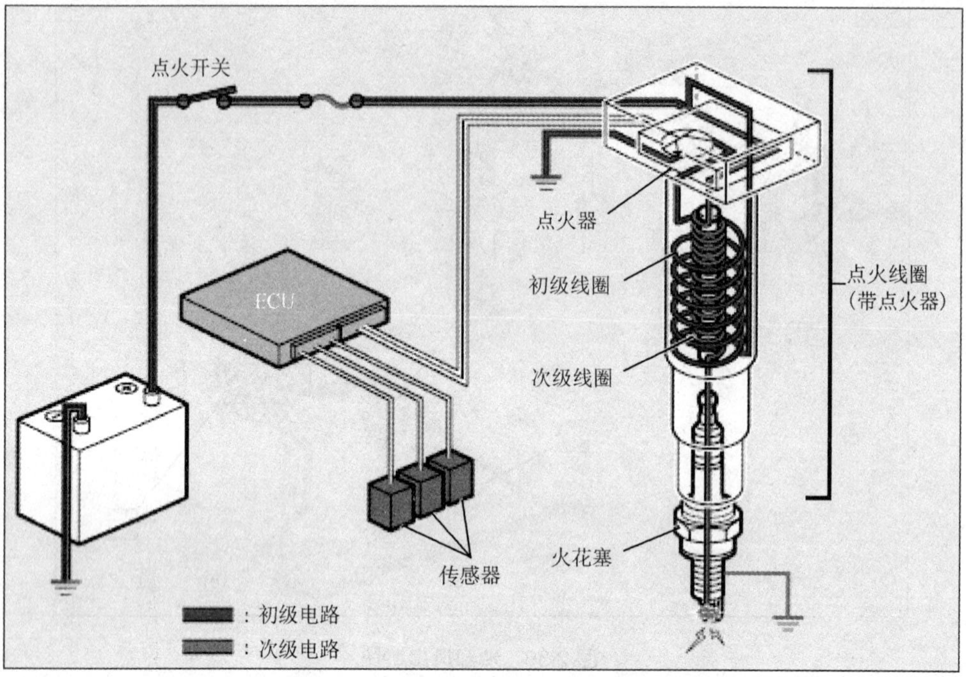

图 2.37 点火系统基本结构和工作原理

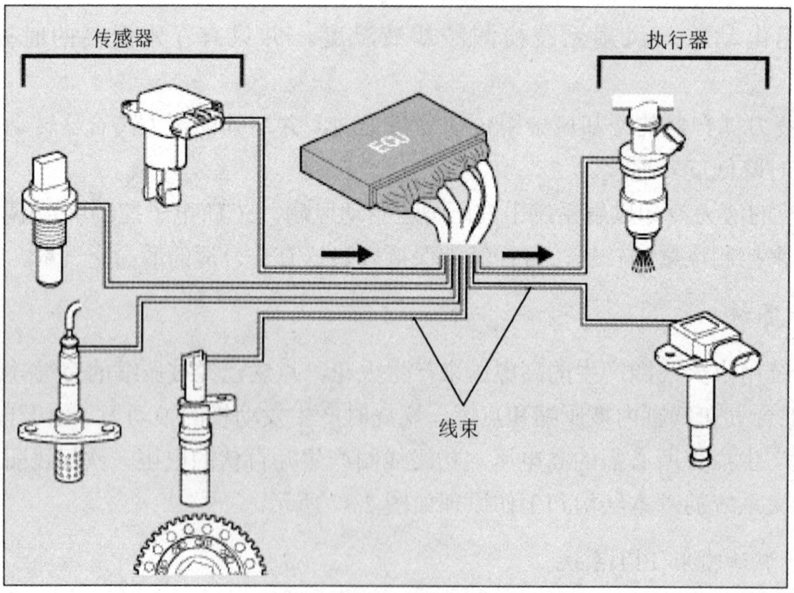

图 2.38 EFI 系统的基本控制过程

8. 塑性域螺栓

塑性域螺栓的使用与工作特性如图 2.39 所示，它常用在气缸盖或轴承盖组件的部位，以获得稳定的螺栓轴向拉紧力。首先把螺栓紧固到弹性区域，然后，按规定的扭矩来扭紧螺栓。在弹性区域，螺栓的转动角度和螺栓的轴向拉紧力成正比增加。如果螺栓的张力在紧固扭矩范围内，为增强在弹性区域螺栓承受力，可以通过螺纹、法兰盘或垫圈增加螺栓的韧性。在塑性区域，紧固扭矩对螺栓的轴向拉紧力的变化微乎其微。塑性区域紧固需使用规定的工具，来减少由于螺栓的紧固扭矩的不均匀，而产生的螺栓轴向拉紧力的波动。螺栓的张力越大时，螺栓的拉紧力越稳定。

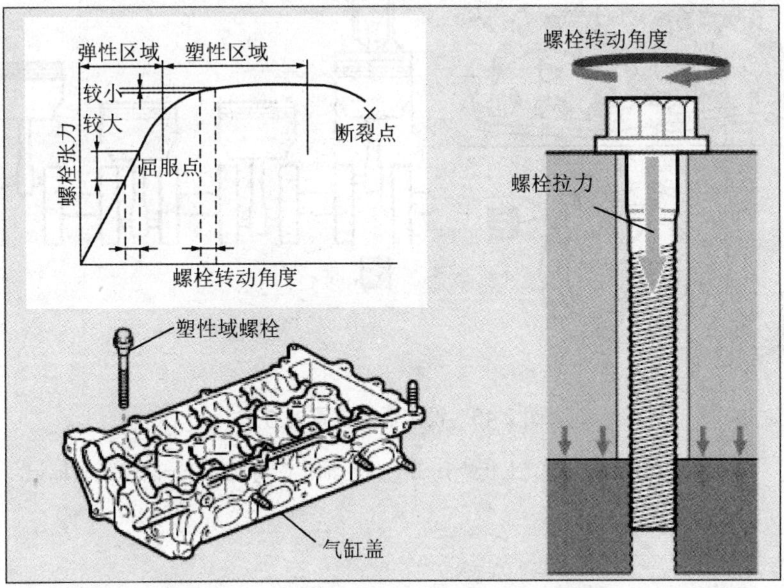

图 2.39　塑性域螺栓的使用与工作特性

2.2.3　任务实施

分解发动机总成的技能训练，一般按照下述程序进行：拆卸水泵皮带轮→拆卸发动机固定支架→拆卸曲轴皮带轮→拆卸水泵→拆卸正时链条盖→拆卸正时链条→检查正时链条→拆卸凸轮轴→检查凸轮轴正时齿轮→拆卸凸轮轴正时齿轮、链轮→拆卸气缸盖→拆卸气缸垫→拆卸油底壳→拆卸油封；然后分解与检查气缸盖、气缸体。

1. 拆卸曲轴皮带轮

(1) 设定活塞位置：设定活塞位置的方法如图 2.40 所示，将曲轴带轮的正时标记设置为 0，将一号气缸设置为压缩 TDC(上止点)，以便使凸轮轴的正时标记朝上。

提示

记录下该点，以便使随后的拆卸和重新组装更加容易。

(2) 拆卸曲轴皮带轮：拆卸曲轴皮带轮的方法如图 2.41 所示，使用 SST，固定曲轴皮带轮并拆卸螺栓；然后再使用 SST，拆卸曲轴皮带轮。

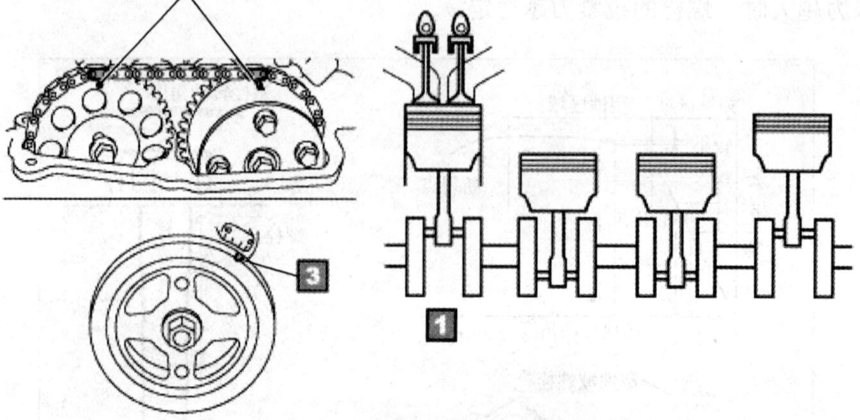

图 2.40　设定活塞位置的方法

1——号气缸压缩 TDC(上止点)；2—凸轮轴正时标记；3—曲轴正时标记

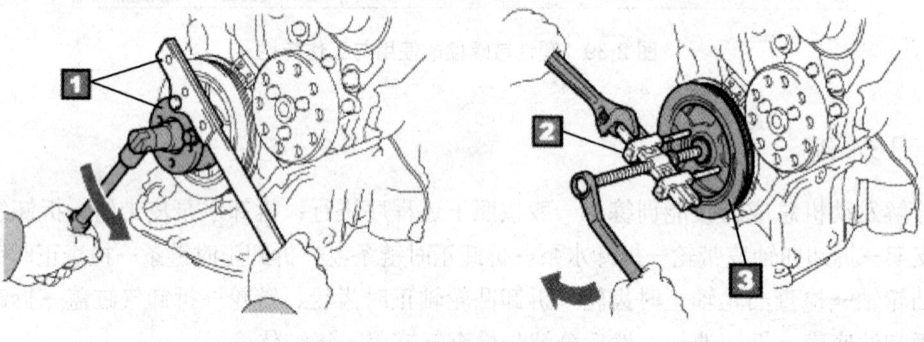

图 2.41　拆卸曲轴皮带轮方法

1—SST(曲轮皮带轮夹具、配对凸缘夹具)；2—SST(拉器 C 固定)；3—曲轴皮带轮

2. 拆卸正时链条盖

(1) 拆卸气缸盖罩以及衬垫。

(2) 拆卸正时链条盖：首先拆卸所有的螺栓和螺母，然后在链条盖和气缸及气缸体之间插入一把平头螺丝刀，撬起链条盖，如图 2.42 所示。

3. 拆卸正时链条

(1) 拆卸链条张紧器(自动张紧器)：链条张紧器的柱塞设计成通过棘轮机构仅允许柱塞弹出，而不允许将其缩回。因此移动止动板，释放棘轮机构，按入柱塞，然后松开正时链条，如图 2.43 所示。

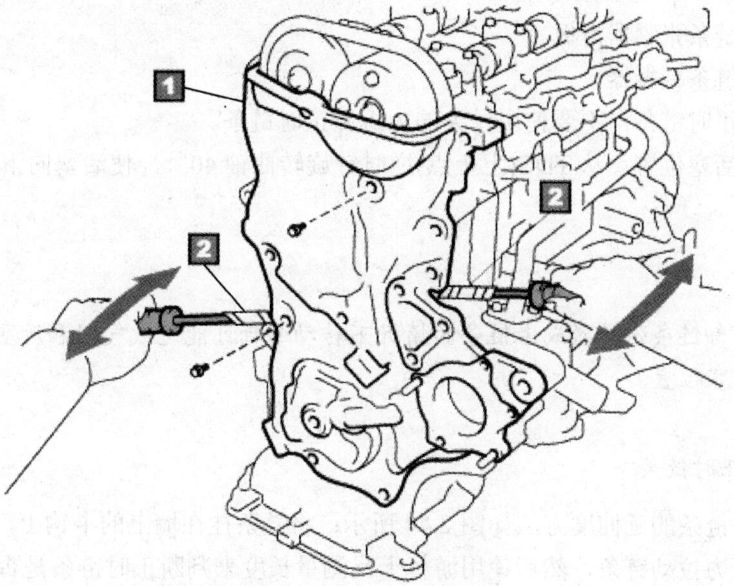

图 2.42　拆卸正时链条盖

1—正时链条盖；2—胶带

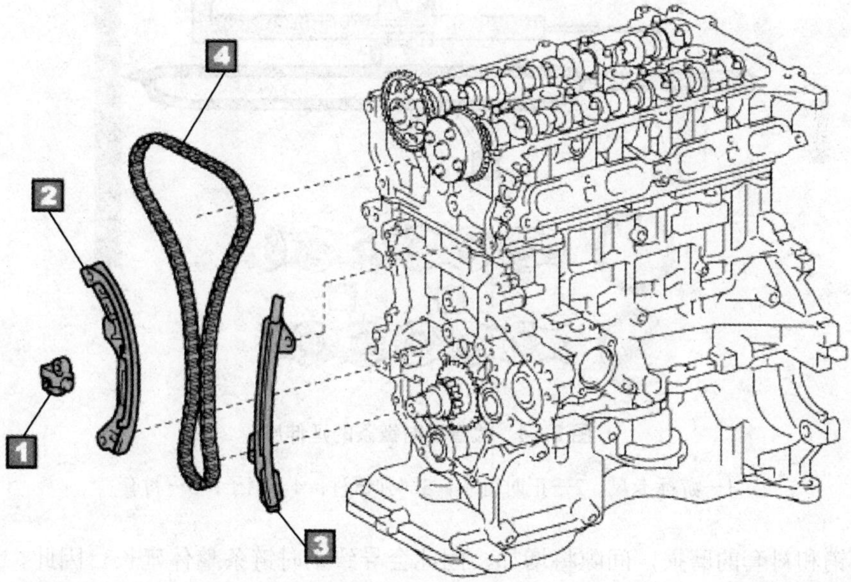

图 2.43　拆卸正时链条

1—链条张紧器；2—链条张紧器滑板；3—链条减振器；4—正时链条

注意

正时链条张紧时拆卸链条张紧器，将会造成链条张紧器弹出，导致伤亡，因此拆卸前确保释放正时链条张紧力。

(2) 拆卸链条张紧器滑板。

(3) 拆卸链条减振器。

(4) 拆卸正时链条：不要使用过大的力拆卸正时链条。

(5) 设定活塞位置：从 TDC(上止点)逆时针旋转曲轴 40°，使活塞向下移动。

提示

因为在拆卸链条张紧器或者链条的情况下转动曲轴可能造成气门和活塞相互干扰，所以必须降低活塞位置。

4. 检查正时链条

检查正时链条的延伸度方法如图 2.44 所示：将链条挂在墙上的卡钩上，通过一个弹簧秤施加一个恒力拉动链条，然后使用游标卡尺测量长度来判断正时链条是否正常。

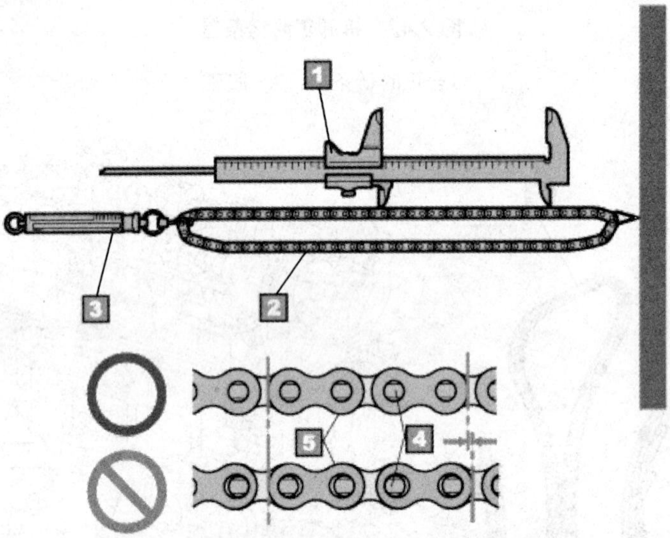

图 2.44 检查正时链条的延伸度

1—游标卡尺；2—正时链条；3—弹簧秤；4—销子；5—衬套

由于销和衬套的磨损，间隙将增加，因此会导致正时链条整体延长。因此，通过测量正时链条的长度，可以判断其是否可以被再次使用。

提示

如果测量值超过规定的值，便不能获得正确的气门正时，因此需要更换链条；规定值请参照维修手册。

5. 拆卸凸轮轴

(1) 设置凸轮轴位置：设置凸轮轴位置及拆卸凸轮轴如图 2.45 所示，以便气门弹簧力均匀地施加到凸轮轴上，并且可以水平地拆卸凸轮轴。

提示

凸轮轴固定位置因发动机类型的不同而不同。更多详情，请参照维修手册。

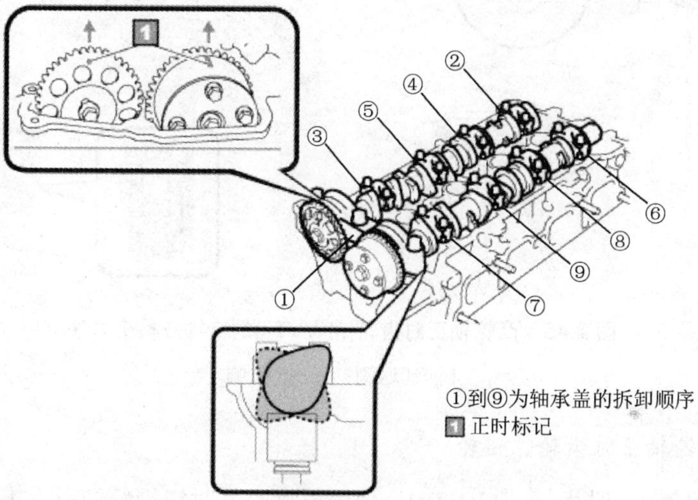

图 2.45　设置凸轮轴位置及拆卸凸轮轴

(2) 拆卸凸轮轴：均匀松开和拆卸轴承盖固定螺栓几次→拆卸轴承盖和凸轮轴→按照气缸序号摆放已经拆卸的轴承盖。

提示

拆卸轴承盖固定螺栓的顺序因发动机类型的不同而不同。更多详情，请参照维修手册。

6. 检查凸轮轴正时齿轮(带 VVT-i)

凸轮轴正时齿轮(带 VVT-i)的结构及检查方法如图 2.46 所示，当发动机停止时，锁销将通过弹簧力锁住叶片和外壳。发动机起动时，油压将被施加到锁销并将其释放。为此，需要检查锁销的锁定、解锁动作。

对于一个锁销，将发动机压力施加在延迟侧便可解锁。检查时，使用压缩空气代替发动机油压。

(1) 将压缩空气同时施加在提前侧和延迟侧，可防止当锁销被释放时正时齿轮突然移动。

(2) 减少延迟侧的压缩空气，并将正时齿轮向提前侧移动。提前侧和延迟侧之间的压缩空气的压差，将使正时齿轮向提前侧移动。

(3) 当凸轮轴正时齿轮到达最提前的位置时，断开正时延迟侧空气压力，然后，断开正时提前侧空气压力。

(4) 锁销解锁后，保证正时齿轮能够通过手在最延迟端侧以外的任何位置平滑转动。

(5) 将正时齿轮转到最延迟侧，以确保其锁定。

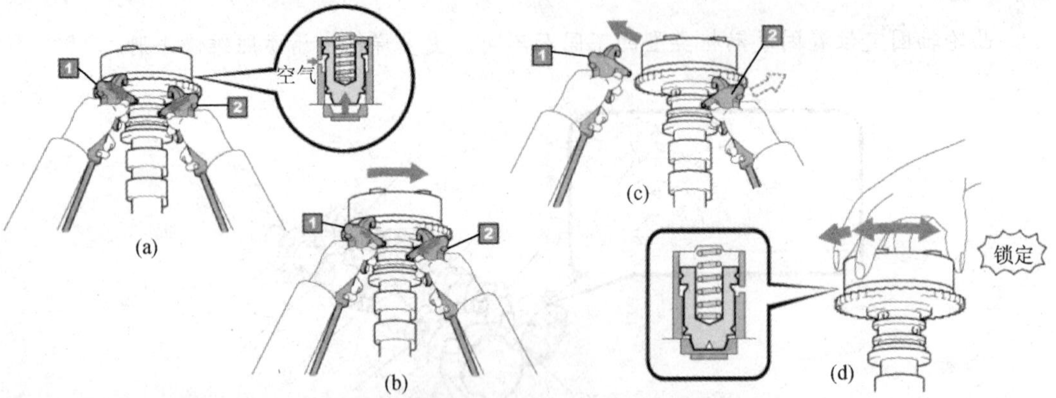

图 2.46　凸轮轴正时齿轮(带 VVT-i)的结构及检查方法

1—延迟侧；2—提前侧

7. 拆卸凸轮轴正时齿轮、链轮

(1) 拆卸凸轮轴正时齿轮(带 VVT-i)：使用压缩空气对锁销解锁→将正时齿轮转到最提前侧→拆卸凸缘螺栓，以便拆卸正时齿轮，如图 2.47 所示。

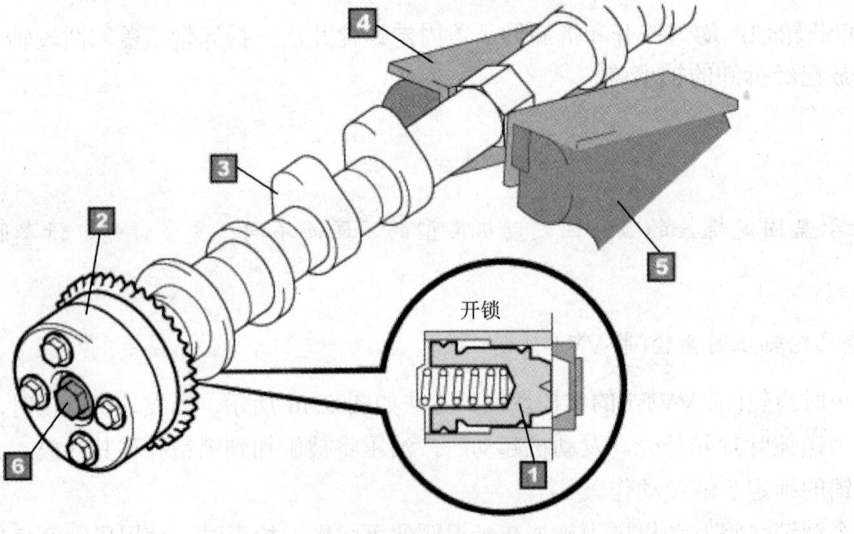

图 2.47　拆卸凸轮轴正时齿轮(带 VVT-i)

1—锁销；2—凸轮轴正时齿轮(带 VVT-i)；3—凸轮轴；4—铝板；5—台钳；6—凸缘螺栓

注意

如果凸缘螺栓在锁销仍然被锁定时拆卸，水平力便被施加在锁销上，从而可能损坏锁销。

(2) 拆卸凸轮轴正时链轮(不带 VVT-i)：在台钳上垫上铝片将凸轮轴夹紧→拆卸凸轮轴正时链轮(不带 VVT-i)。

8. 拆卸气缸盖

(1) 拆卸气缸盖螺栓：从外往内分 2～3 次松开并拆卸气缸盖固定螺栓，如图 2.48 所示。

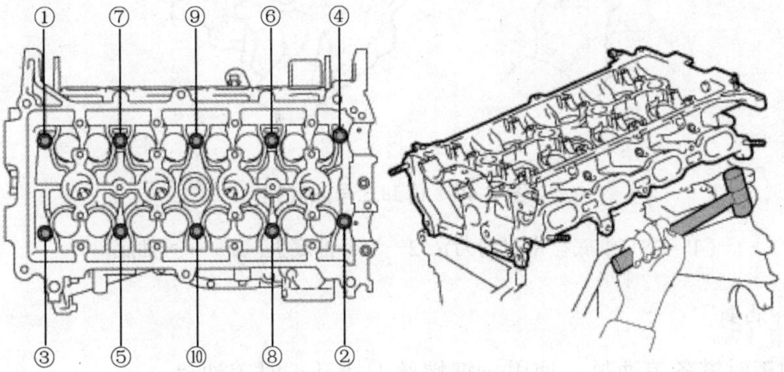

①到⑩为盖固定螺栓的拆卸顺序

图 2.48　拆卸气缸盖螺栓

(2) 拆卸气缸盖：使用一把塑料锤子轻敲肋部，以便拆卸气缸盖。

提示

当盖被拆卸后，水和油将从水套和油孔中流出。因此，将被拆卸的盖放在一个工作台或者一个拆卸盘上时，在台或者盘上放一块布，让它将油吸收掉，以便保持工作区域清洁。

9. 拆卸油底壳

(1) 拆卸二号油底壳：油底壳使用密封胶密封，因此需要使用 SST 拆开密封胶，如图 2.49 所示。

注意

拆卸二号油底壳以前，不要倒置发动机，否则，留在油底壳上的淤泥和金属微粒便可能进入活塞和气缸，从而损坏气缸的内壁。所以，在油底壳拆卸以前不要倒置发动机。

(2) 拆卸一号油底壳：倒置发动机，使用一个平头螺丝刀，通过在气缸体和一号油底壳之间撬起一号油底壳将其拆卸。

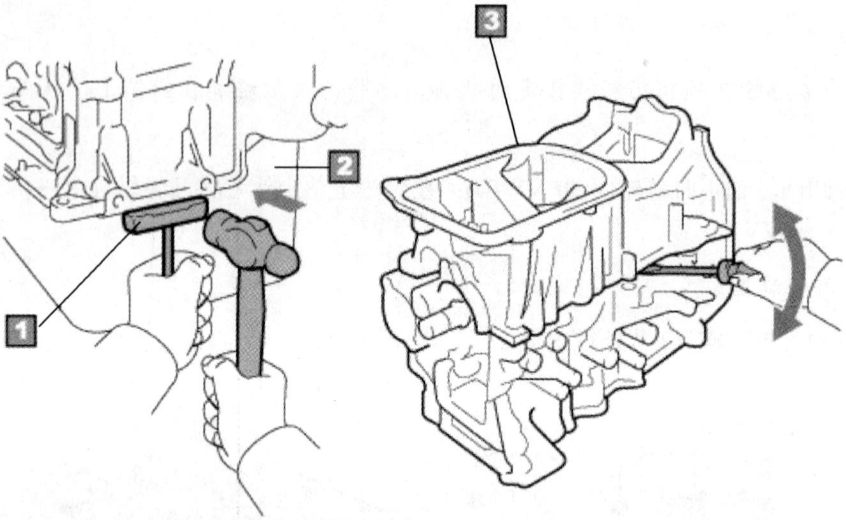

图 2.49　拆卸二号油底壳

1—SST(没底盘密封切刀)；2—二号油底盘；3—一号油底盘

10. 拆卸油封

(1) 拆卸正时链条盖油封：使用一把螺丝刀撬开正时盖油封。

注意

放一块布在正时链条盖上，以防止损坏，如图 2.50 所示。

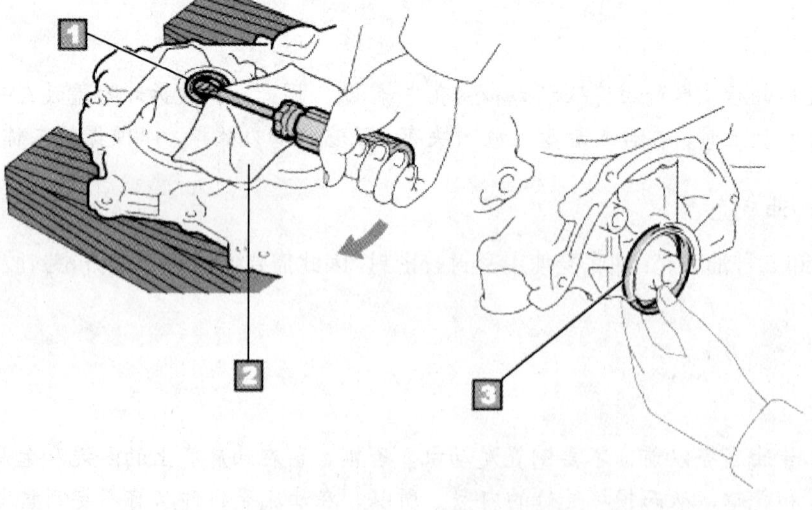

图 2.50　拆卸正时链条盖油封

1—正时链条盖油封；2—布条；3—发动机后油封

(2) 拆卸发动机后油封：从曲轴上拆卸发动机后油封。

11. 检查链条张紧器

如果链条张紧器有故障，就不可能再将张紧力施加到正时链条上，从而造成正时链条变松和打滑，从而可能进一步损坏气门机构。

(1) 升起棘轮爪时，检查柱塞能否通过手指移动。

(2) 当将棘轮爪回位后，检查柱塞是否锁定，如图 2.51 所示。

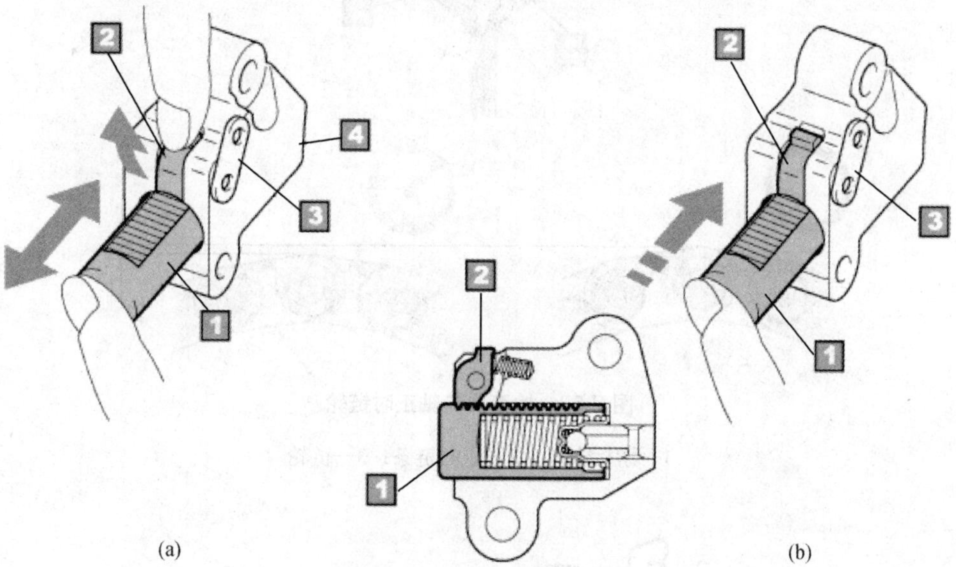

图 2.51　检查链条张紧器

1—柱塞；2—棘轮爪；3—止动板；4—链条张紧器

提示

确保柱塞能够无阻力平滑地移动；如果张紧器发生故障，需将其更换。

12. 检查凸轮轴正时链轮

链轮的磨损发生在链轮齿之间，链轮磨损造成链条紧靠在链轮上，当链条安装在链轮上时便会减少链条的外径。所以，将链条安装到链轮上，然后通过测量链条的外径来判断链轮是否正常，如图 2.52 所示。

继续使用磨损的链轮可能造成啮合消失或者因为松的链条而打滑，从而可能导致气门机构的损坏。

13. 检查链条张紧器滑板和减振器

滑板和减振器与正时链条接触的区域会磨损。如果磨损，正时链条便开始振动，此时，张紧器不能向正时链条施加合适的张紧力，从而造成正时链条变松和打滑；可能还会进一步损坏气门机构，检查链条张紧器滑板和减振器如图 2.53 所示。

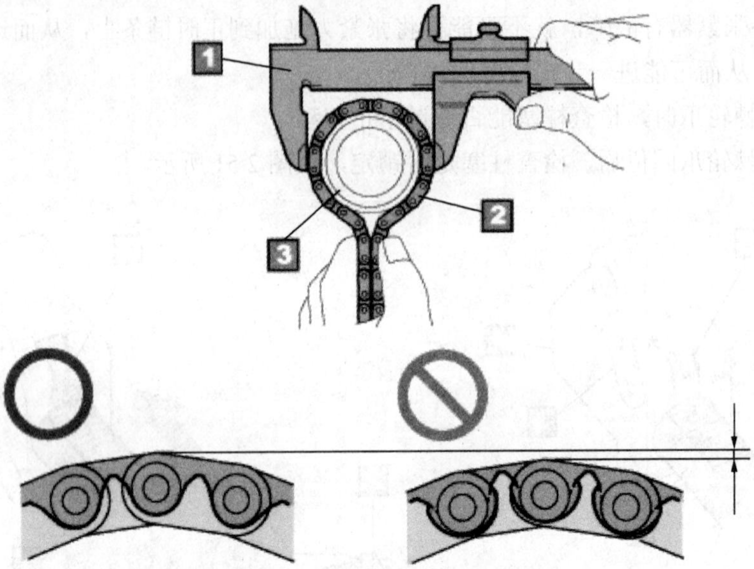

图 2.52　检查凸轮轴正时链轮

1—游标卡尺；2—正时链条；3—链轮

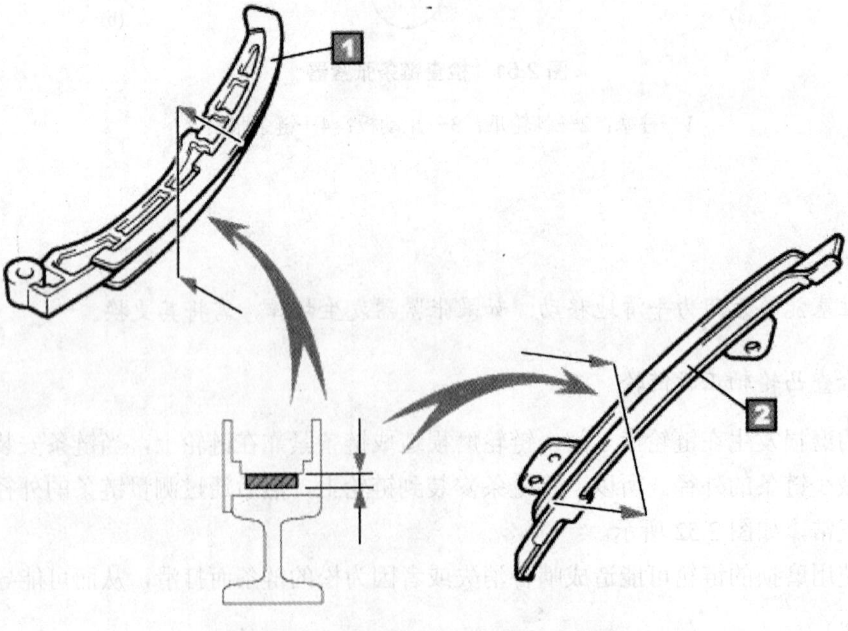

图 2.53　检查链条张紧器滑板和减振器

1—链条张紧器滑板；2—链条减振器

14. 检查气缸盖固定螺栓

气缸盖将使用塑性域螺栓安装，因为这些螺栓每使用一次便会变长，测量各螺栓的长度和外径以便判断其能否再次使用，检查气缸盖固定螺栓如图 2.54 所示。

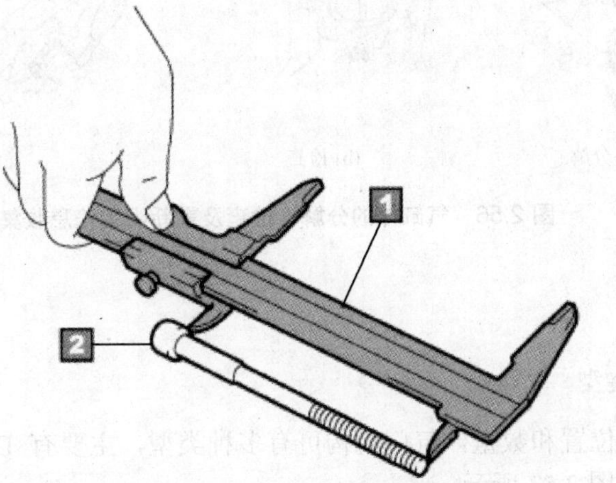

图 2.54　检查气缸盖固定螺栓

1—游标卡尺；2—气缸盖螺栓

任务 2.3　气缸盖和气缸体检修

2.3.1　任务引入

气缸盖和气缸体的分解、检查及重新组装是发动机总成大修作业的关键点，借助脑图记录团队成员提出的想法，以脑图为基础提出问题，图 2.55 和图 2.56 为气缸盖和气缸体检修信息收集图。

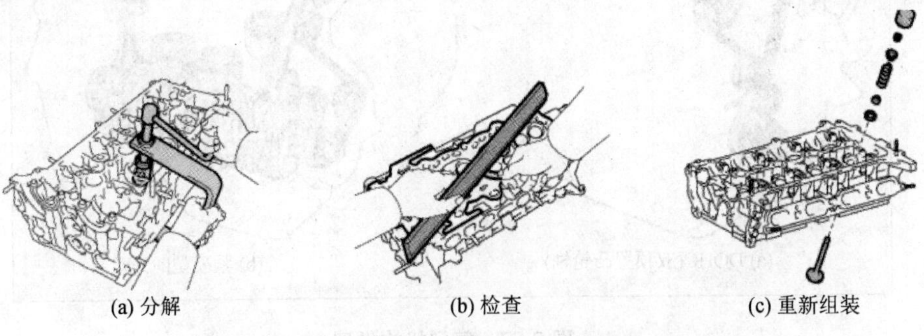

(a) 分解　(b) 检查　(c) 重新组装

图 2.55　气缸盖的分解、检查及重新组装信息收集

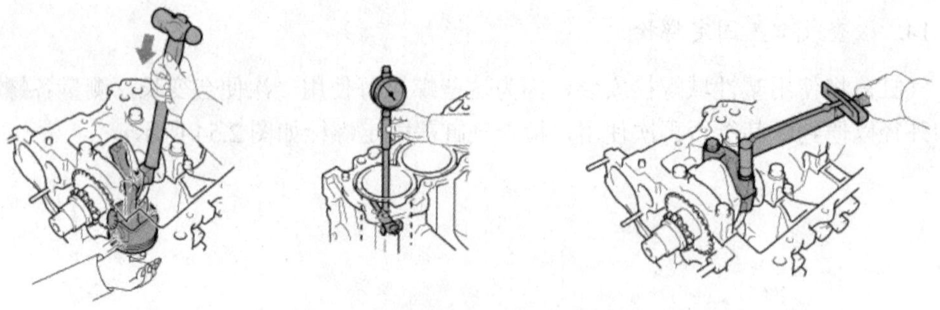

(a) 分解　　(b) 检查　　(c) 重新组装

图 2.56　气缸体的分解、检查及重新组装信息收集

2.3.2　相关知识

1．气门机构类型

根据凸轮轴的位置和数量，气门机构可有多种类型，主要有 DOHC(双顶置凸轮轴)和紧凑型 DOHC，如图 2.57 所示。

(1) DOHC(双顶置凸轮轴)：此类型含有两个凸轮轴，每个凸轮轴直接推动气门，保证气门的精确运动。

(2) 紧凑型 DOHC：此类型含有两个凸轮轴，其中一个凸轮轴受一组齿轮所推动。此气缸缸盖构造比常规型 DOHC 做得更简单和紧凑。

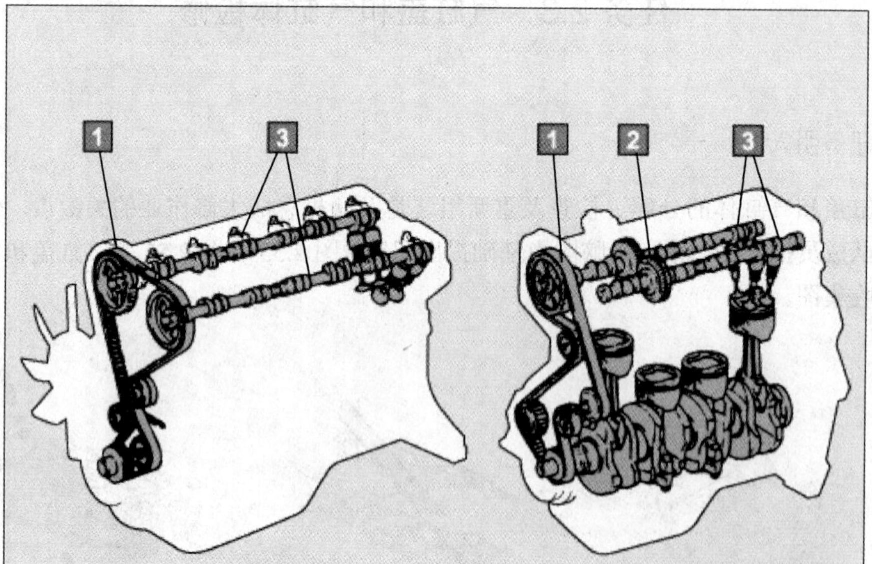

(a) DOHC(双顶置凸轮轴)　　(b) 紧凑型DOHC

图 2.57　气门机构类型

1—正时皮带；2—剪式齿轮；3—凸轮轴

2. 蛇形传动皮带

蛇形驱动系统使用单根带 V 型加强筋的皮带来带动交流发电机、水泵、动力转向泵和空调压缩机，如图 2.58 所示。

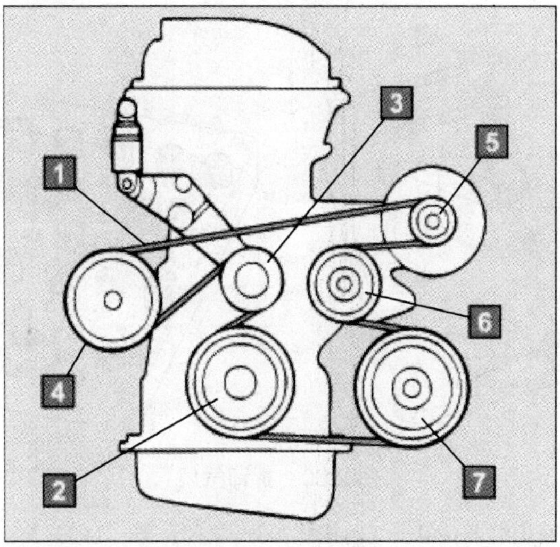

图 2.58　蛇形传动皮带

1—带 V 型加强筋的皮带；2—曲轴皮带轮；3—惰轮(自动张紧器)；
4—动力转向泵皮带轮；5—发电机皮带轮；6—水泵皮带轮；7—空调压缩机皮带轮

2.3.3　任务实施

1. 气缸盖的分解、检查及重新组装

(1) 拆卸气门挺杆：用手拆卸气门挺杆并按安装位置摆放于纸上，如图 2.59 所示。

注意

不要使用钳子，因为使用它们可能损坏气门挺杆。

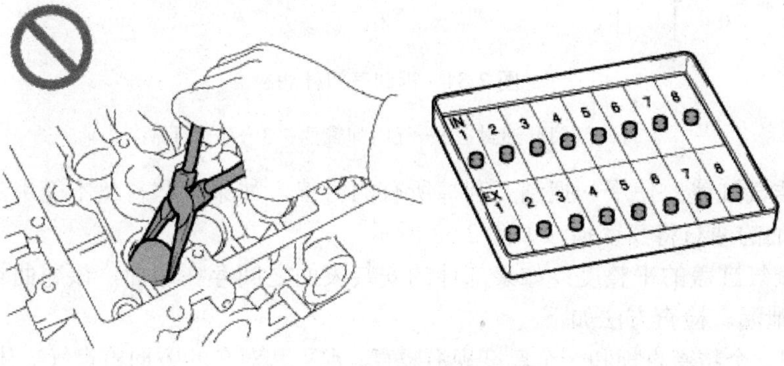

图 2.59　拆卸气门挺杆

(2) 拆卸气门：设置 SST，使其与气门和气门弹簧座底部在同一直线上→上紧 SST，使其压缩弹簧并拆卸两块气门锁片→松开 SST，拆卸气门弹簧座和气门弹簧，然后将气门朝燃烧室的方向往外拉拆卸气门→拆卸气门挺杆和其他相应部件按安装位置摆放于纸上，如图 2.60 所示。

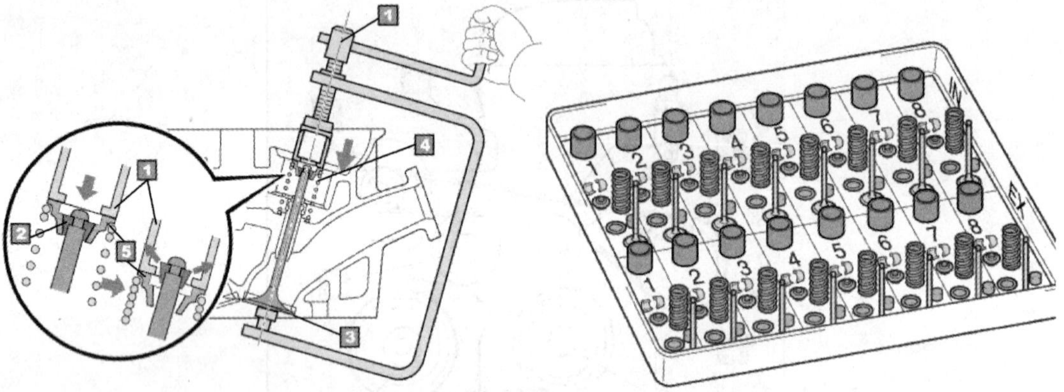

图 2.60　拆卸气门

1—SST(气门弹簧压缩器)；2—气门铁片；3—气门；4—气门弹簧；5—气门弹簧座

(3) 拆卸气门杆油封：使用尖嘴钳钳住油封底部的金属部分，然后拆卸油封，并使用一把螺丝刀，撬起气门弹簧座，然后使用一个磁性手柄，提升气门弹簧座，如图 2.61 所示。

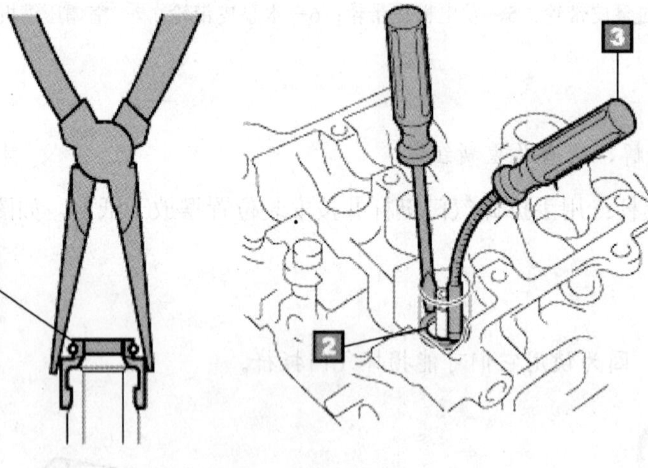

图 2.61　拆卸气门杆油封

1—气门杆油封；2—气门弹簧座；3—磁性手柄

(4) 清洁气缸盖：使用一把刮刀刮掉所有的衬垫。如果有些衬垫不能用刮刀刮掉，应使用一块涂油的油石将其锉掉，如图 2.62 所示。

(5) 检查气缸盖的平整度：如果部件的安装表面之间存在翘曲，该翘曲将导致液体泄漏或者气体泄漏。检查方法如下。

① 使用一个精密直规和一个厚度规沿竖直、水平和对角线方向检查气缸体的 6 个位置。

② 以厚度规(极限值读数)能否放入部件与精密直规之间的间隙来检查是否有翘曲，如图 2.63 所示。

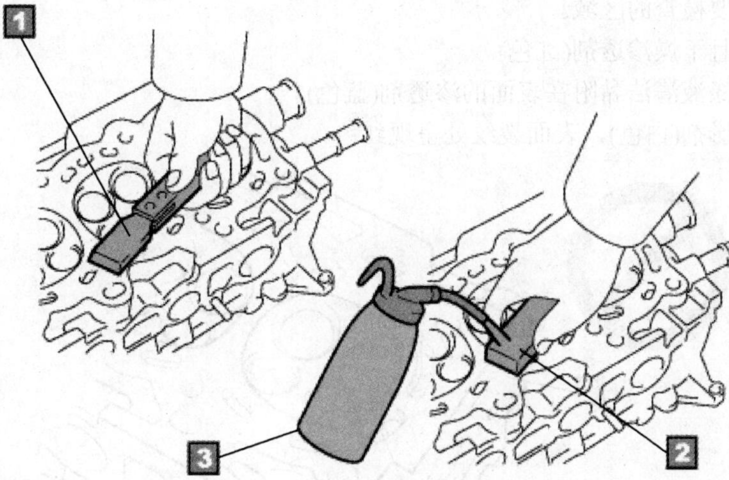

图 2.62　清洁气缸盖

1—刮刀；2—油石；3—机油

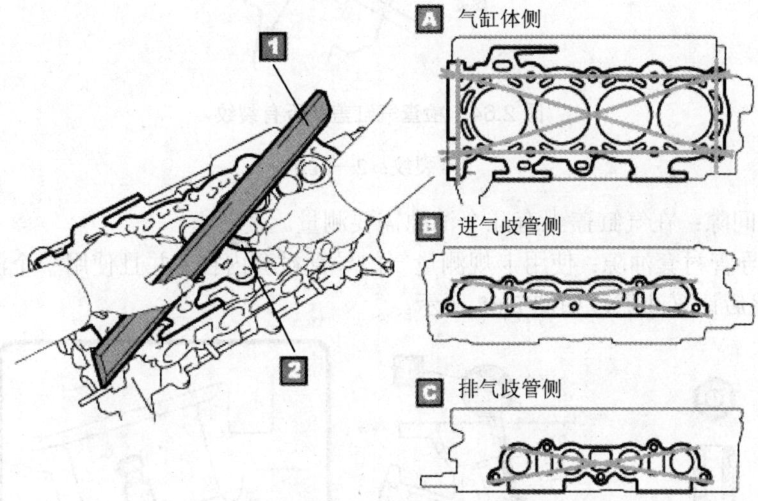

图 2.63　检查气缸盖的平整度

1—精度直尺；2—厚度规

注意

如果有任何翘曲超过极限值，则更换相关的部件。

(6) 检查气缸盖是否有裂纹：通过目测或者染色渗透剂检查气缸体和气缸盖等表面是否有裂纹和损伤。 染色渗透剂能够检测目测很难检查到的小裂纹，它利用液体的毛细现象来检测表面裂纹。在这种检查中，要用到 3 种液体：渗透剂(红色)、洗涤液(蓝色)和显影剂(白色)。检查方法如图 2.64 所示。

① 清洁需要检查的区域。

② 喷洒并且干燥渗透剂(红色)。

③ 使用洗涤液清洁黏附在表面的渗透剂(蓝色)。

④ 喷洒显影剂(白色)，表面裂纹处呈现红色。

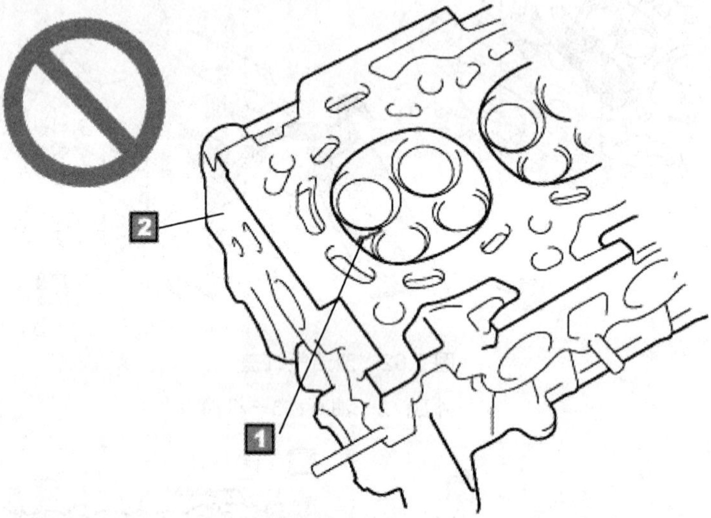

图 2.64　检查气缸盖是否有裂纹

1—裂纹；2—缸盖

(7) 检查间隙：在气缸盖上有几个油隙需要测量。

① 气门导管衬套油隙：使用卡规测量气门导管衬套内径，并且使用一个测微计测量气门杆外径，然后计算油隙，如图 2.65 所示。

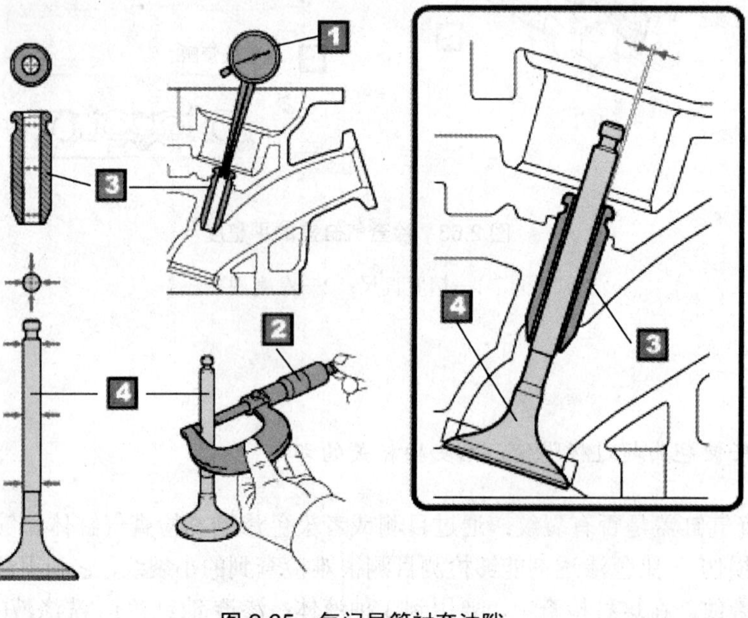

图 2.65　气门导管衬套油隙

1—卡规；2—测微计；3—气门导管衬套；4—气门

② 气门挺杆油隙：使用卡规测量气门挺杆孔内径，并且使用一个测微计测量气门挺杆外径，然后计算油隙，如图 2.66 所示。

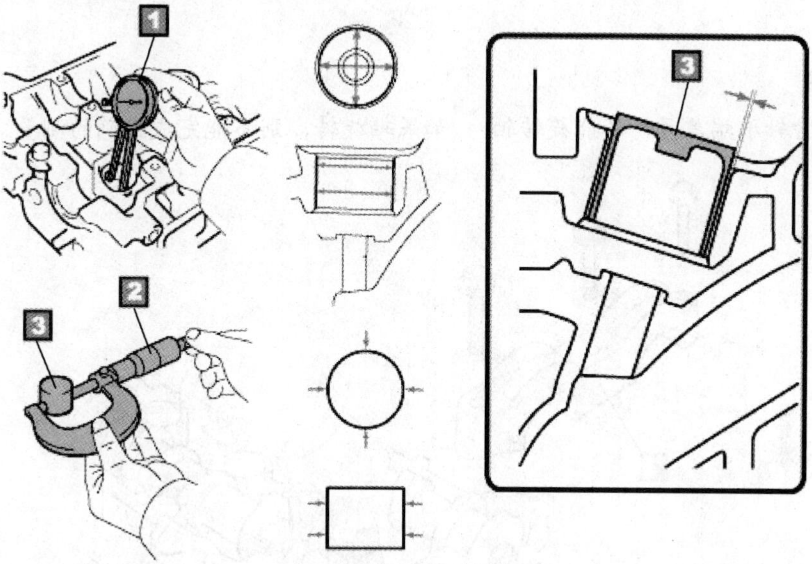

图 2.66　气门挺杆油隙

1—卡规；2—测微计；3—气门挺柱

③ 凸轮轴轴向间隙：使用一个百分表和平头螺丝刀测量轴向间隙，如图 2.67 所示。

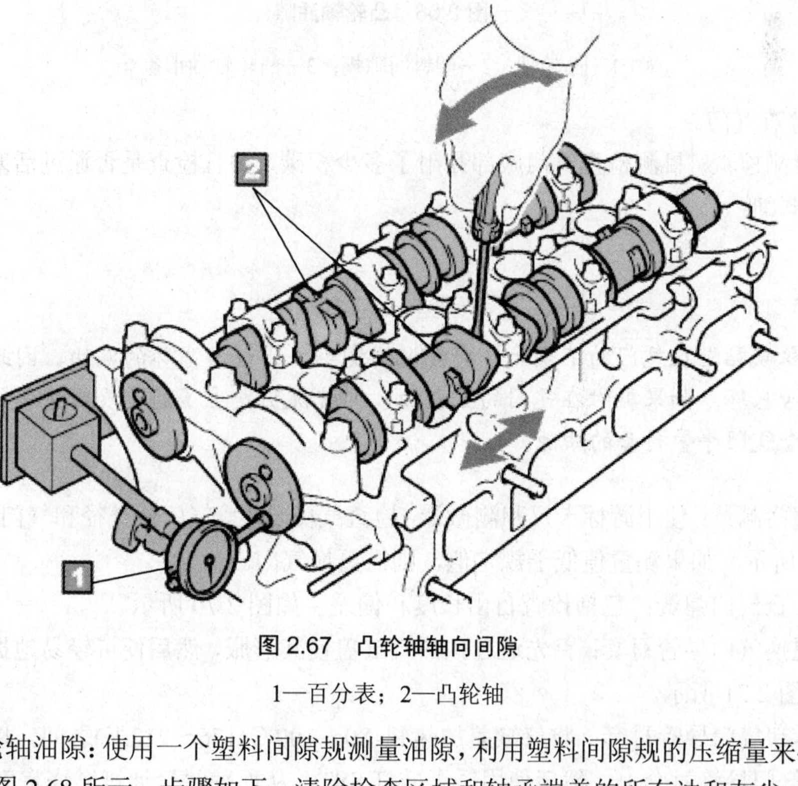

图 2.67　凸轮轴轴向间隙

1—百分表；2—凸轮轴

④ 凸轮轴油隙：使用一个塑料间隙规测量油隙，利用塑料间隙规的压缩量来确定间隙，检查方法如图 2.68 所示。步骤如下：清除检查区域和轴承端盖的所有油和灰尘→截取一段

塑料间隙规，使其适合轴承端盖的宽度→安装轴承端盖及锁止螺母→旋紧锁止螺母到规定的力矩→拆下轴承端盖→利用塑料间隙规刻度尺读出塑料间隙规的压差。

注意

当上紧轴承端盖时，不能旋转轴。 如果轴旋转，则不能完成正确的测量。

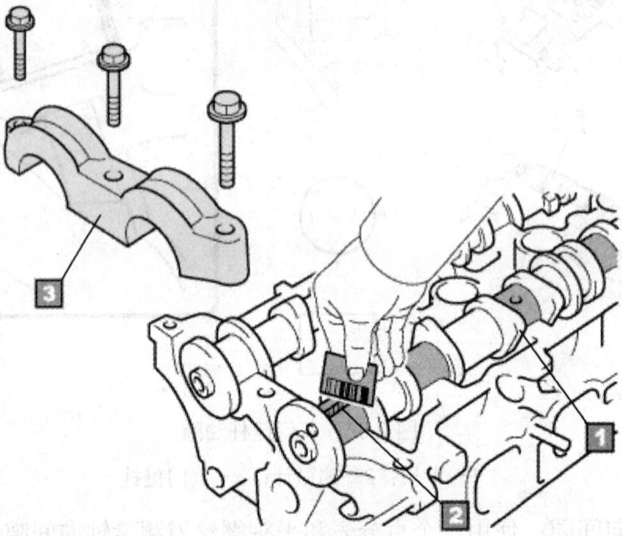

图 2.68　凸轮轴油隙

1—凸轮轴；2—塑料间隙规；3—凸轮轴轴承盖

(8) 检查气门。

① 目测检查：目测检查气门底部黏附了多少积碳，并且检查是否通过活塞环或者气门导管衬套漏油。

提示

如果积碳黏附在气门的下表面，那就说明发生了通过活塞环的漏油，因此需要检查活塞间隙和活塞环；如果黏附在气门的上表面，那就说明发生了通过气门导管衬套漏油，因此需要检查气门导管衬套的油隙。

② 气门测量：使用游标卡尺和测微计，检查气门长度、气门杆外径和气门头边缘厚度，如图 2.69 所示。如果测量值低于规定值，则需更换气门。

③ 检查气门弹簧：包括检查自由长度和偏差，如图 2.70 所示。

④ 更换气门导管衬套：首先通过预热气缸盖使其膨胀，然后便可轻易地拆卸气门导管衬套，如图 2.71 所示。

a. 拆卸气门导管衬套：将气缸盖加热到 80～100℃(176～212℉)之间，以便拆卸；将 SST 放在气门导管衬套上，然后使用锤子敲打 SST，从而使衬套通过燃烧室敲出。

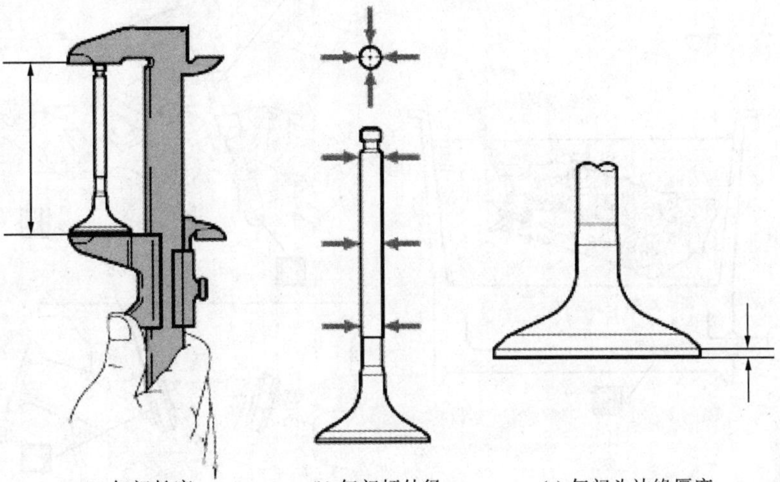

(a) 气门长度　　(b) 气门杆外径　　(c) 气门头边缘厚度

图 2.69　气门测量

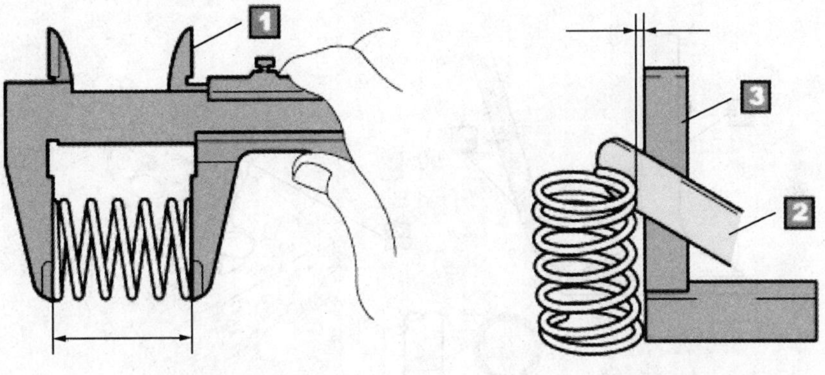

(a) 检查自由长度　　(b) 检查偏差

图 2.70　检查气门弹簧

b．敲入气门导管衬套：将气缸盖加热到 80～100℃(176～212℉)之间；使用锤子从气缸盖上面将 SST 固定的气门导管衬套敲进气缸盖。

c．清理毛刺：使用一把铰刀，清理气门导管衬套里面的毛刺。

(9) 检查气门座。

① 检查气门和气门座之间的接触面：在气门表面周围薄薄地涂成普鲁士蓝(或铅白)→将气门推入气门座→检查黏贴在气门表面的普鲁士蓝(或铅白)→检查接触宽度和接触位置，如图 2.72 所示。如果气门座上的接触宽度太大，积碳将很容易粘附在气门上并降低密封性；相反，如果气门座上的接触宽度太小，将会导致不均匀的磨损从而在气门周围形成一个坡度。

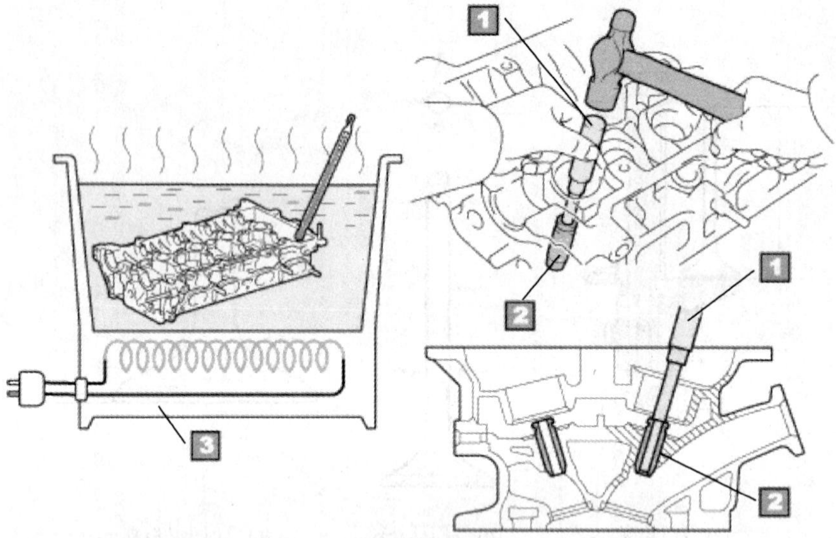

图 2.71　更换气门导管衬套

1—SST(气门导管衬套的拆卸和更换)；2—气门导管衬套；3—加热器

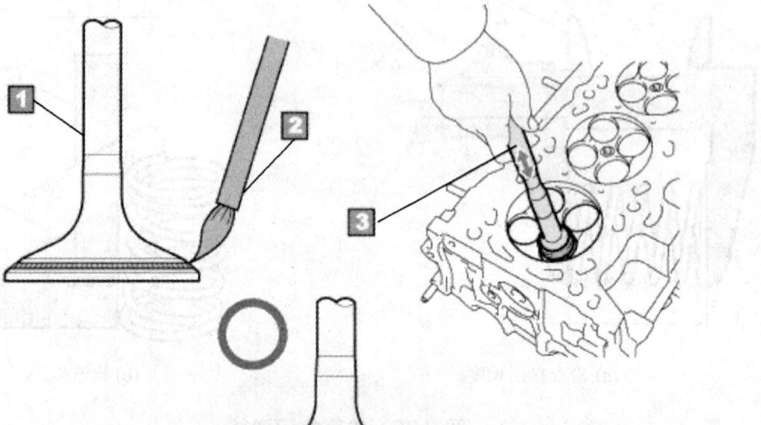

图 2.72　检查气门和气门座之间的接触面

1—气门；2—普鲁士蓝(或铅白)；3—手工研磨

② 修理气门座：气门座铰刀的角度可以因为气门的类型或接触位置的不同而改变；根据规定值校正气门接触宽度，如图 2.73 所示。

注意

铰削气门座时，每次停止都应处在不同位置；气门被压在气门座上后，不要反向转动气门；修整气门座时，检查气门接触位置和接触宽度；为了不将表面修整成凹槽或梯级，修整接近完成时要逐渐减少力。

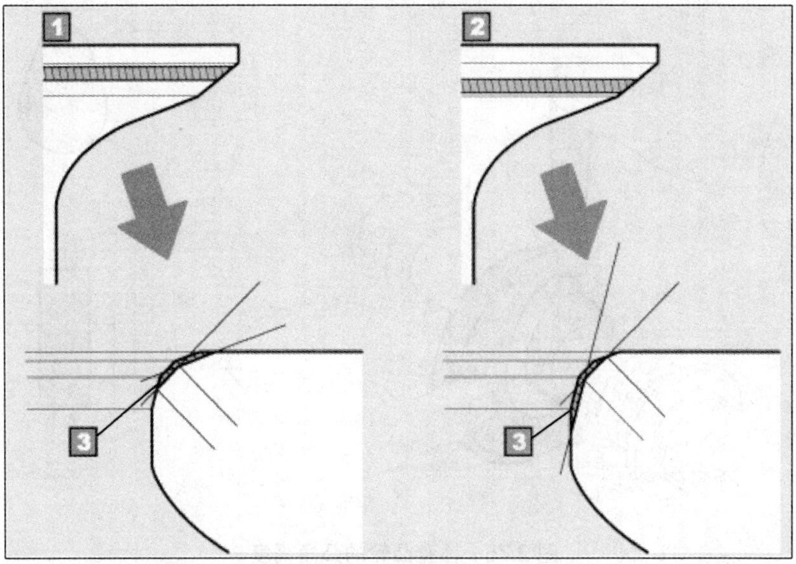

图 2.73　修理气门座

1—气门座太高；2—气门座太低；3—气门座切割位置

(10) 检查凸轮轴。

① 检查凸轮轴摆度：将凸轮轴放在 V 型铁上，并且使用一个百分表测量其偏移，如图 2.74 所示。

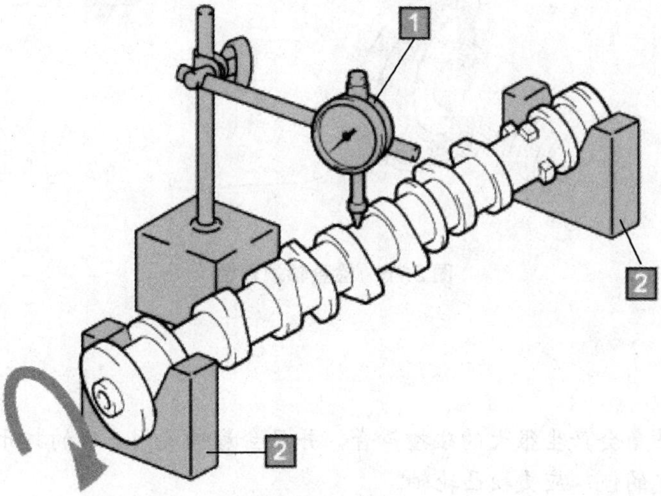

图 2.74　检查凸轮轴摆度

1—百分表；2—V 型铁

② 检查凸轮的凸角高度：使用测微计测量凸轮凸角的最高点，如图 2.75 所示。

③ 检查轴颈直径：使用测微计测量轴颈直径，如图 2.76 所示。

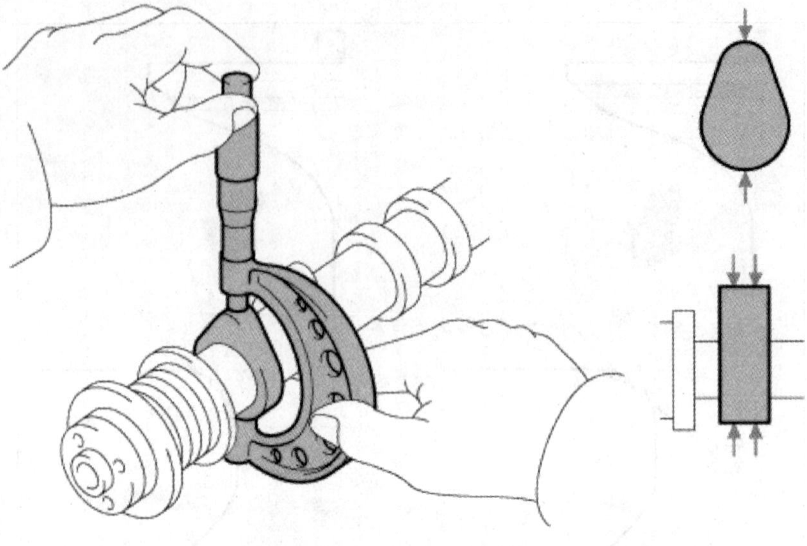

图 2.75　检查凸轮的凸角高度

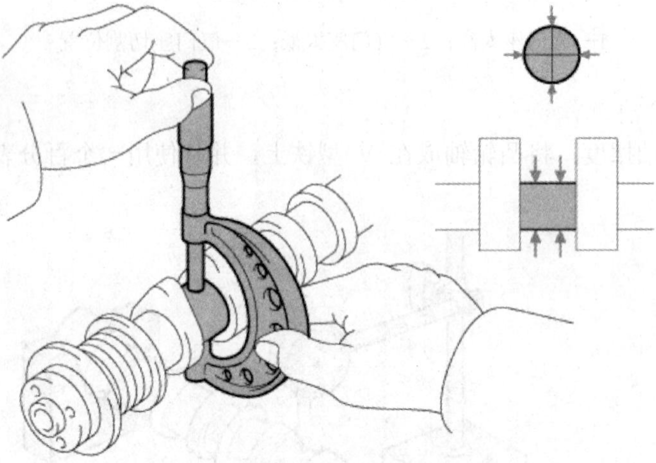

图 2.76　检查轴颈直径

提示

磨损凸轮的凸角会产生很大的碰撞声音，并且会影响气门正确的打开和闭合正时；如果测量值超过规定的值，应更换凸轮轴。

(11) 气缸盖重新组装。

① 安装气门杆油封：首先安装气门弹簧座，然后安装气门杆油封，如图 2.77 所示。

a．用适量的发动机机油涂抹气门杆油封的唇部。

b．将气门杆油封固定到 SST 上。

c．将气门杆油封直接推入气门导管衬套中。

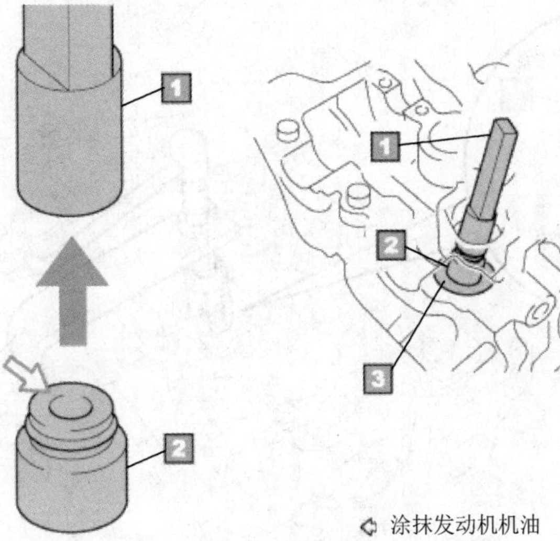

图 2.77　安装气门杆油封

1—SST(气门杆油封更换装置)；2—气门杆油封；3—弹簧座

注意

进气侧与排气侧的气门杆油封颜色不一样，反向安装可能导致故障；气门杆油封不能再次使用，要保证每次使用一个新的气门杆油封。

② 安装气门：按照顺序安装，将气门安装到原拆卸位置，如图 2.78 所示。

a．使用适量的机油涂在气门杆上，然后将杆从燃烧室插入气门导管衬套中。

b．确保气门能够平滑移动。

c．安装气门弹簧和气门弹簧座。

d．设置 SST，使其与气门位于同一直线上。

e．上紧 SST 直到气门锁片安装好。

提示

为防止气门锁片滑落，在气门锁片内部涂上薄薄一层油脂，然后将其安装在气门内。

f．拆卸 SST。

g．利用废弃的气门，使用塑料锤轻轻地敲击，检查气门是否安装到位。

③ 安装气门挺柱。

2．气缸体分解、检查及重新组装

(1) 检查间隙：拆卸气缸体以前应检查连杆轴向间隙、连杆油隙、曲轴轴向间隙。

① 连杆轴向间隙：用一种百分表测量轴向间隙，如图 2.79 所示。

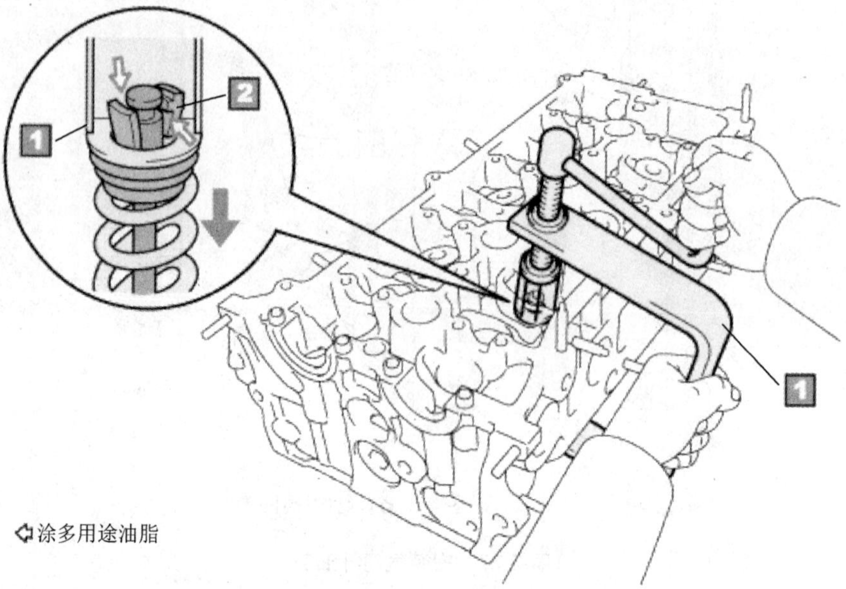

图 2.78　安装气门

1—SST(气门弹簧压缩器)；2—气门锁片

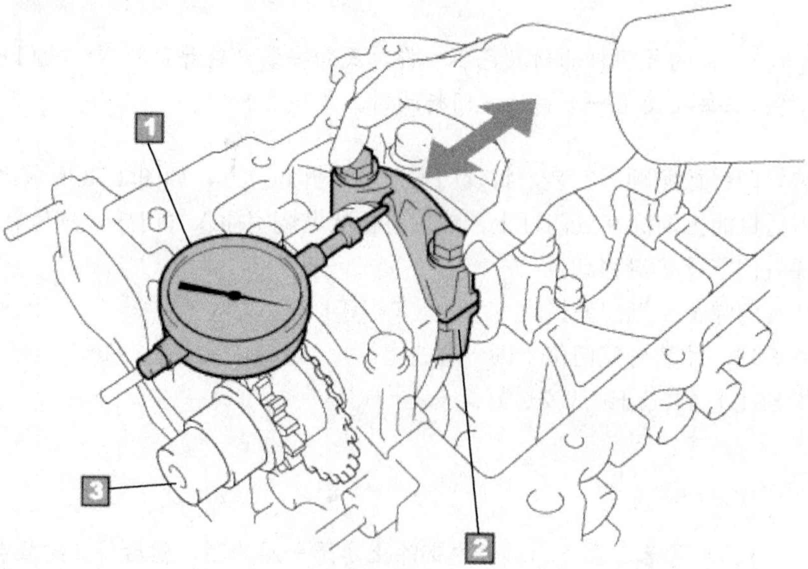

图 2.79　检查连杆轴向间隙

1—百分表；2—连杆；3—曲轴

② 连杆油隙：使用一个塑料间隙规测量油隙，如图 2.80 所示。

③ 曲轴轴向间隙：拆卸连杆和活塞以后，检查曲轴轴向间隙。检查时，使用百分表和平头螺丝刀测量轴向间隙，如图 2.81 所示。

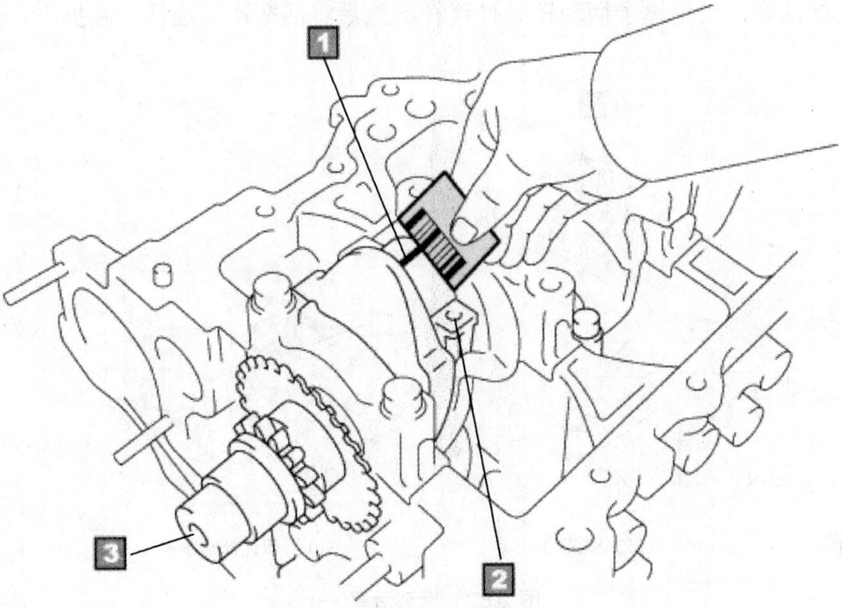

图 2.80　检查连杆油隙

1—塑料间隙规；2—连杆；3—曲轴

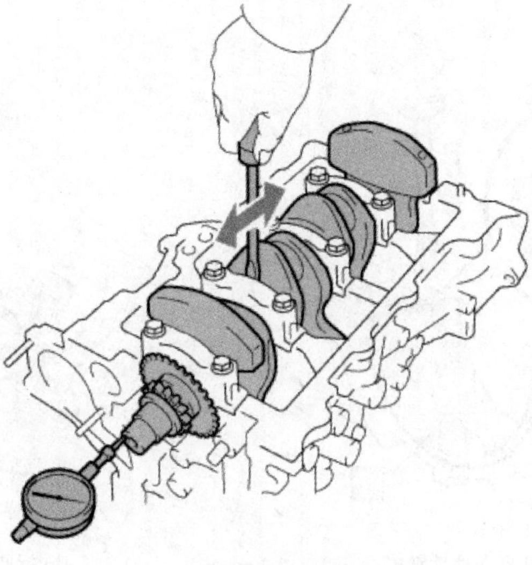

图 2.81　检查曲轴轴向间隙

(2) 拆卸活塞。

① 从气缸内壁清除积碳：如果积碳积聚，活塞环便会黏附积碳，并且在清除积碳时会损坏活塞环。

② 拆卸连杆轴承盖：如果拆卸轴承盖有困难，将两只已经被拆卸的螺栓放在螺栓孔内，并且在拆卸轴承盖时沿轴向推动螺栓，如图 2.82 所示。

③ 拆卸连杆轴承：将一把平头螺丝刀小心地插入轴承盖的狭缝(剖面图 *A*)中，然后通过使用螺丝刀将轴承往外撬进行拆卸。

④ 拆卸活塞：使用锤子柄轻轻敲打连杆，然后将活塞连同连杆一起拆下，如图 2.83 所示。

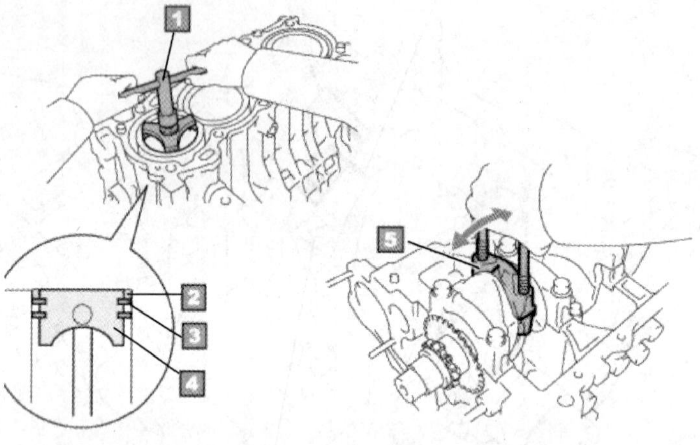

(a) 从气缸内壁清除积碳　　(b) 拆卸连杆轴承盖

图 2.82　拆卸活塞(一)

1—倒角绞刀；2—积炭；3—活塞环；4—活塞；5—轴承盖

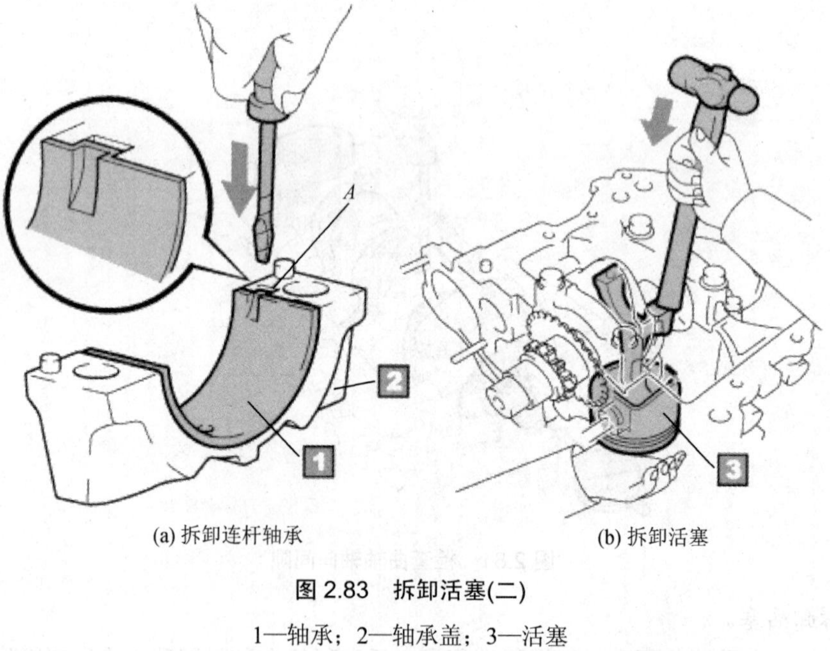

(a) 拆卸连杆轴承　　(b) 拆卸活塞

图 2.83　拆卸活塞(二)

1—轴承；2—轴承盖；3—活塞

(3) 拆卸曲轴。

① 拆卸曲轴轴承盖：按照从外到内的顺序拆卸曲轴轴承盖螺栓，如图 2.84 所示。如果轴承盖不能轻易被拆卸，在螺栓孔上插入两只已经被拆卸的螺栓，并且在拆卸轴承盖时沿轴向推动螺栓。

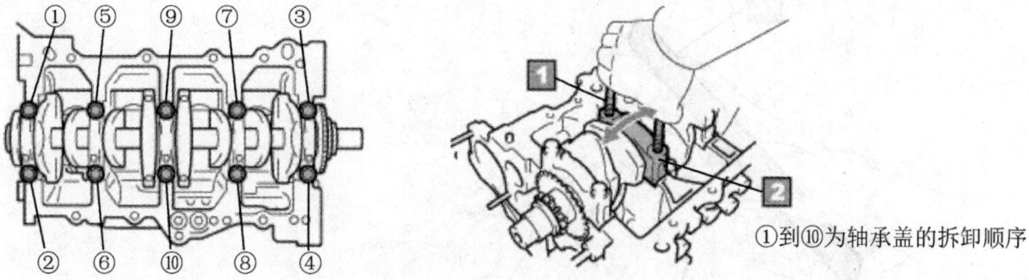

图 2.84　拆卸曲轴轴承盖

1—轴承盖螺栓；2—轴承盖

② 拆卸曲轴：通过从上面直接往外抬拆卸曲轴。

③ 拆卸轴承：将一把平头螺丝刀小心地插入轴承盖的狭缝中，然后通过使用螺丝刀将轴承往外撬进行拆卸。

(4) 拆开活塞。

① 拆卸活塞环：使用一个活塞环扩张器，将活塞环平整地与扩张器的座面接触，依次拆卸一号和二号活塞环，然后用手拆卸刮油环。

② 拆卸活塞销：将活塞径直放入 SST 中，使用一个液压机将 SST 往里推并拆卸活塞销，如图 2.85 所示。

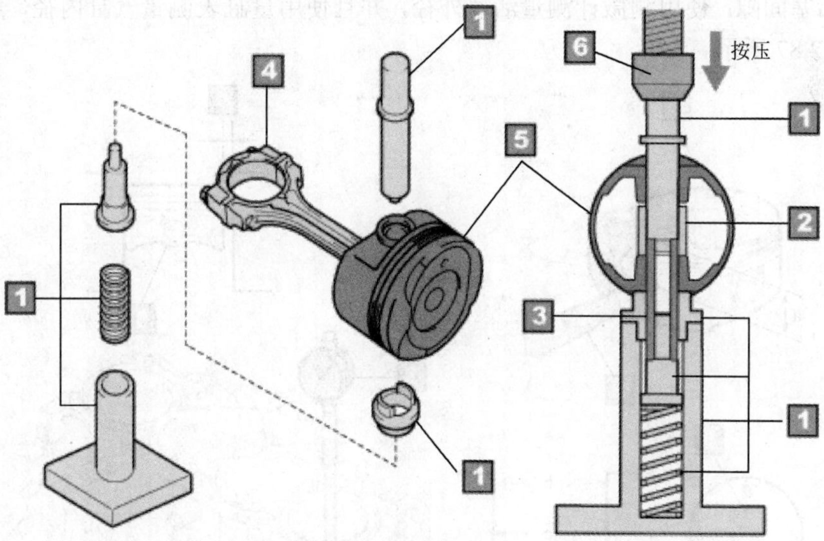

图 2.85　拆卸活塞销

1—SST(活塞销拆卸工具和更换工具)；2—连杆；3—活塞销；4—轴承盖；5—活塞；6—液压机

(5) 检查气缸体的平直度：使用一个厚度规和一个精密刀尺，检查气缸体的平直度，如图 2.86 所示。

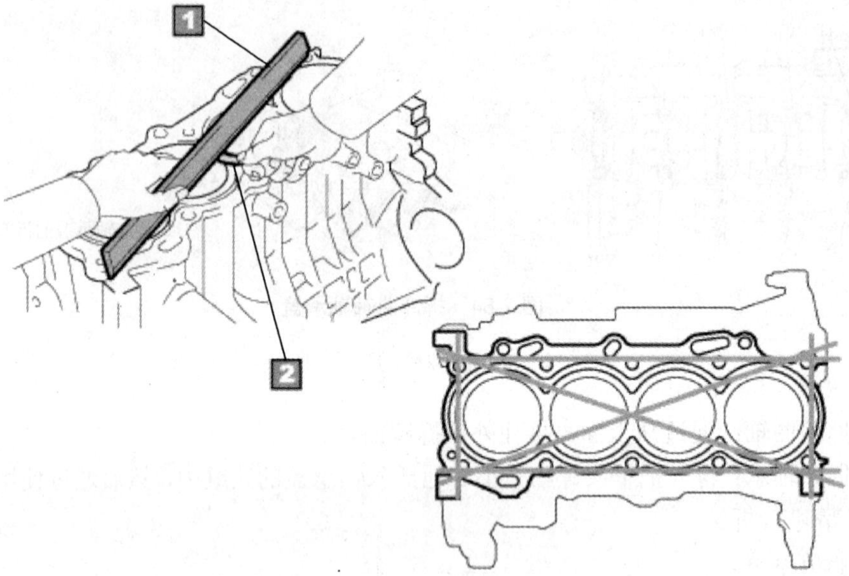

图 2.86 检查气缸体的平直度

1—精密刀尺；2—厚薄规

(6) 检查间隙：主要包括活塞间隙、活塞销间隙和曲轴油隙。

① 活塞间隙：使用测微计测量活塞外径，并且使用量缸表测量气缸内径，然后计算间隙，如图 2.87 所示。

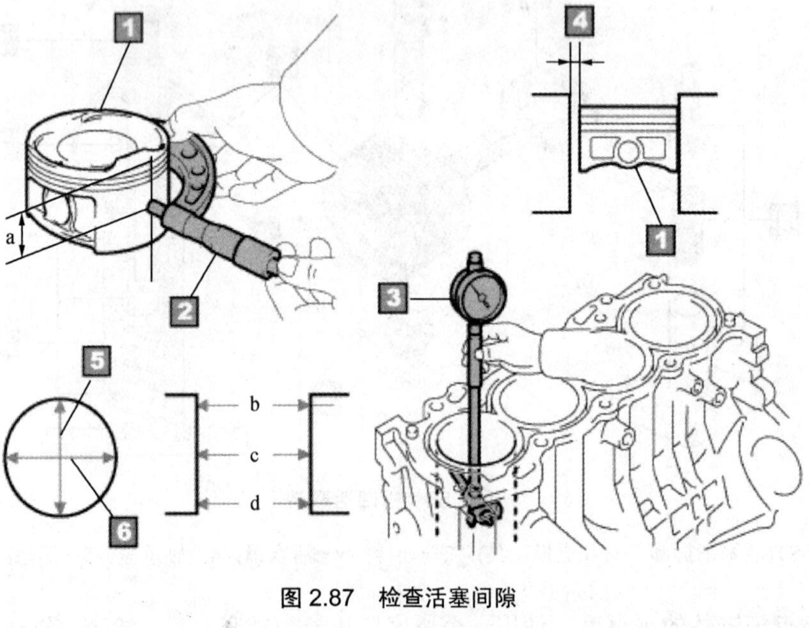

图 2.87 检查活塞间隙

1—活塞；2—测微计；3—量缸表；4—活塞间隙；5—推力方向；6—轴向

② 活塞销间隙：使用测微计测量活塞销外径，并且使用卡规测量活塞销孔内径，然后计算间隙，如图 2.88 所示。

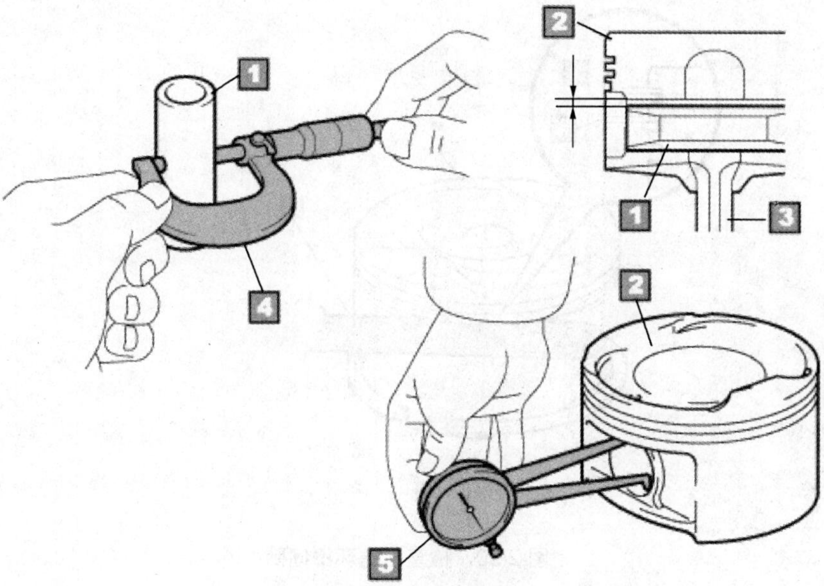

图 2.88　检查活塞销间隙

1—活塞销；2—活塞；3—连杆；4—测微计；5—卡规

③ 曲轴油隙：使用一个塑料间隙规测量油隙，如图 2.89 所示。

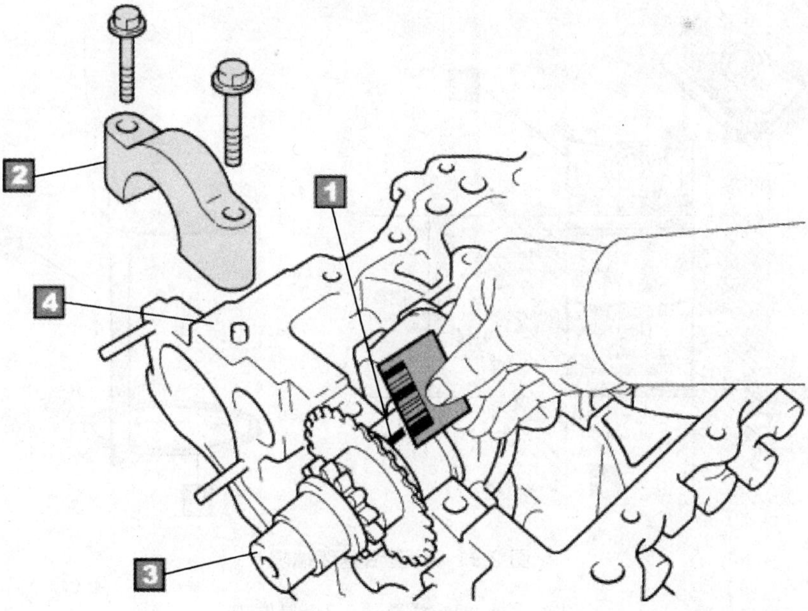

图 2.89　检查曲轴油隙

1—塑料间隙规；2—曲轴轴承盖；3—曲轴；4—气缸体

(7) 检查活塞和活塞环。

① 活塞环槽间隙(也称侧隙或边隙)：使用一个厚度规测量活塞环与活塞环槽之间的间隙，如图 2.90 所示。

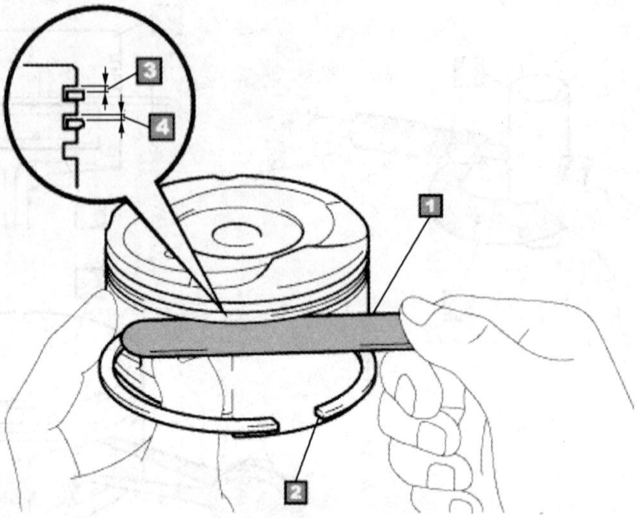

图 2.90　检查活塞环槽间隙

1—厚度规；2—拆卸活塞环；3— 一号活塞环槽间隙；4—二号活塞环槽间隙

② 活塞环端隙：使用活塞将活塞环推入气缸中，保持活塞环水平，然后使用一个厚度规在规定的位置，即活塞环磨损最少的位置，进行测量，如图 2.91 所示。

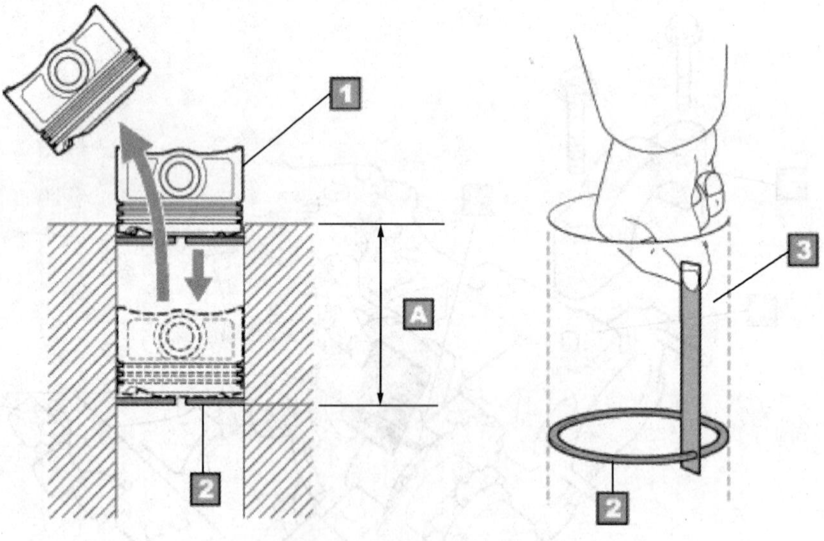

图 2.91　检查活塞环端隙

1—活塞；2—活塞环；3—厚度规

(8) 检查轴承盖固定螺栓：如果将塑性域螺栓用做轴承盖固定螺栓，每使用一次便会变长，所以需要测量各螺栓的长度和外径，以便判断其能否再次使用，如图 2.92 所示。

(9) 检查曲轴。

① 检查轴跳动：将曲轴放在 V 型铁上，并且使用百分表测量轴跳动，如图 2.93 所示。

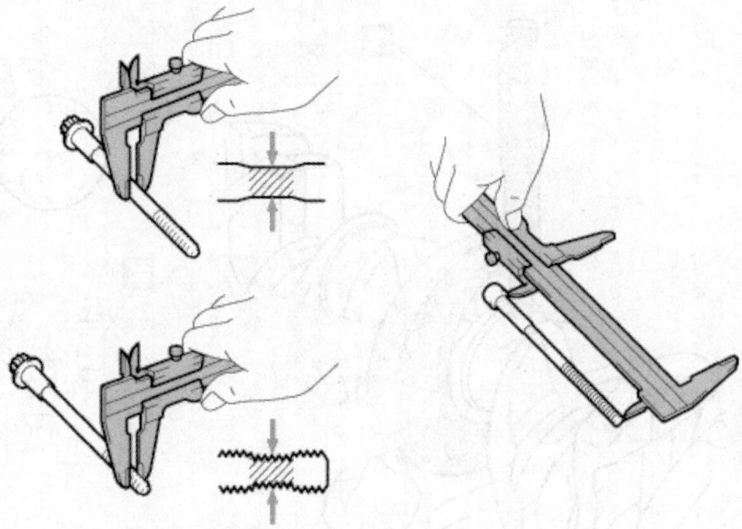

图 2.92　检查轴承盖固定螺栓

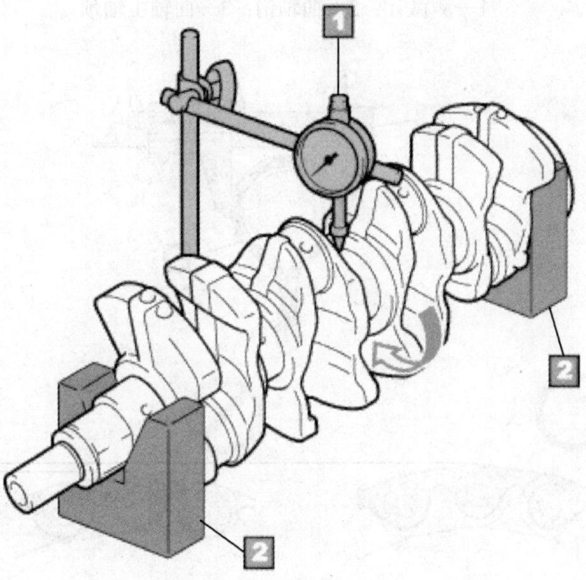

图 2.93　检查轴跳动

1—百分表；2—V 型铁

② 曲轴主轴颈和曲柄销直径测量：使用测微计测量轴颈直径，如图 2.94 所示。

③ 检查正时链轮磨损：使用游标卡尺测量正时链轮外径，如图 2.95 所示。链轮磨损造成链条紧靠在链轮上使其外径减小，因此，通过将链条安装到链轮上，然后测量链条的外径来判断链轮是否正常。

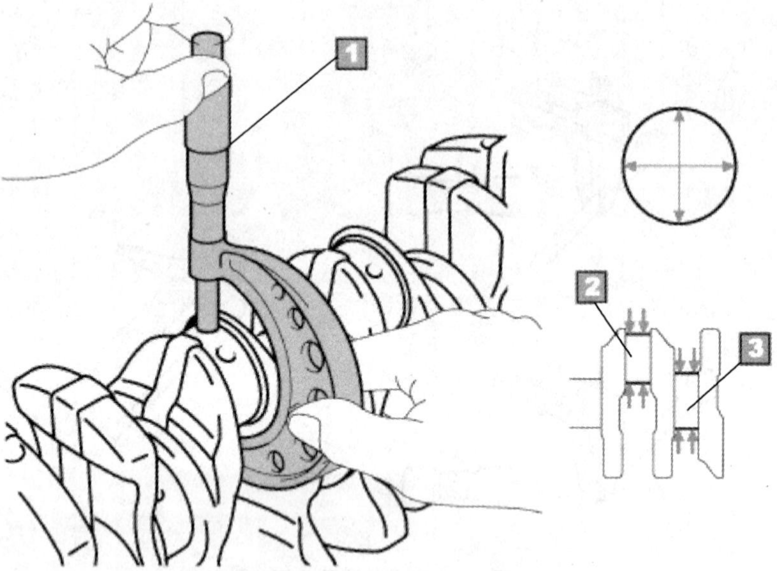

图 2.94　曲轴主轴颈和曲柄销直径测量

1—测微计；2—曲轴销；3—曲轴主轴颈

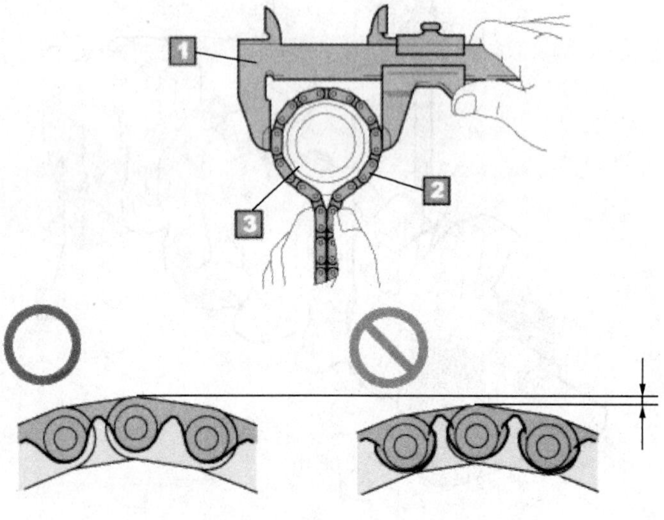

图 2.95　检查正时链轮磨损

1—游标卡尺；2—正时链条；3—正时链轮

(10) 气缸体重新组装。

① 安装曲轴。

a．在轴承盖和气缸体上安装轴承和止推垫圈。

b．在轴承表面涂上发动机机油。

c．将曲轴放在气缸体上。

d．上紧轴承盖安装螺栓至规定扭矩，并按维修手册再紧固至规定角度。

e．曲轴装配之后，应确保能够用手转动它。

② 组装活塞：将活塞和连杆的向前标记对准，然后将活塞、活塞销和连杆固定到 SST 中，再用液压机推动 SST，使活塞销、活塞及连杆组装成一体，如图 2.96 所示。

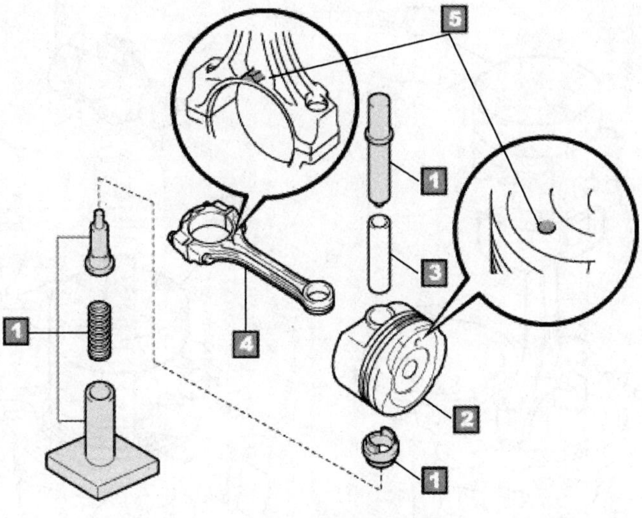

图 2.96　组装活塞

1—SST(活塞销拆卸工具和更换工具)；2—活塞；3—活塞销；4—连杆；5—向前标记

③ 安装活塞环：用手安装刮油环，将活塞环平整地放在活塞环扩张器座上，然后按照二号、一号的顺序安装活塞环，如图 2.97 所示。

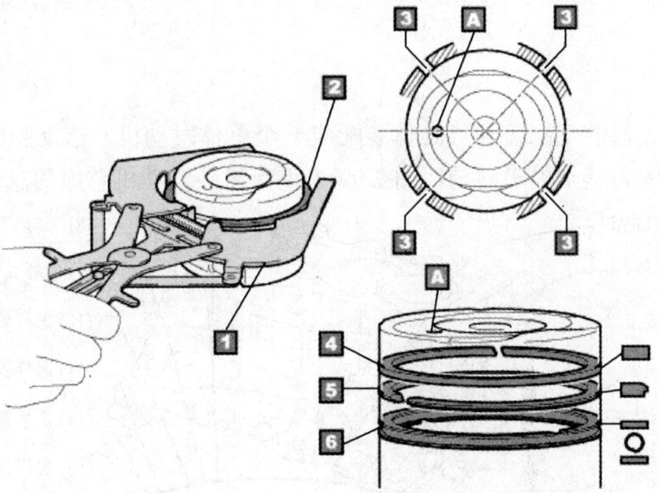

图 2.97　安装活塞环

1—活塞环扩张器；2—活塞环；3—活塞环端隙；
4—一号活塞环；5—二号活塞环；6—刮油环；7—向前标记

④ 安装活塞：定位气缸体并保持安装面竖直朝上，用活塞环压缩器收紧活塞环，通过锤柄轻轻敲打将活塞从气缸顶部推入，其定位向前标记应当朝向发动机的前面，在轴承盖

和连杆上安装连杆轴承，然后在轴承表面涂上发动机机油，安装连杆轴承盖并按规定上紧螺栓，如图 2.98 所示。

每次装配一个活塞时，转动曲轴，确保其能够自由转动，然后继续装配活塞。

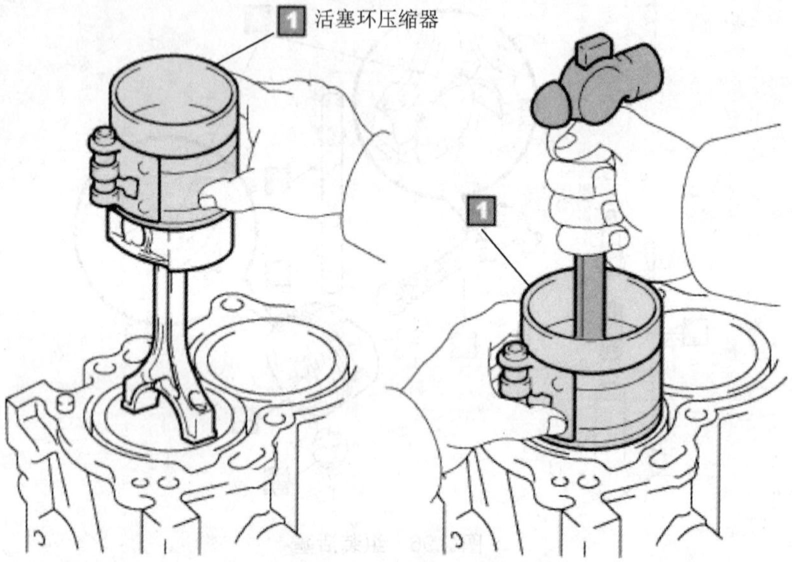

图 2.98 安装活塞

任务 2.4 重新组装发动机总成

2.4.1 任务引入

如何将经过大修的气缸盖和气缸体装配成一个单体发动机？借助脑图记录团队成员提出的想法，以脑图为基础提出问题，图 2.99 为重新组装发动机总成信息收集图。

图 2.99 重新组装发动机总成信息收集

通过脑图展开讨论，明确主要任务，认知生产过程和工艺过程，学习基本原理知识，熟悉规范的操作流程，掌握重新组装发动机总成的基本技能。

2.4.2　相关知识

1. 螺栓安装需知

当部件用多个螺栓安装时，遵照以下各点能防止损坏和事故(受伤)，从而顺利地完成工作任务。

(1) 松动和紧固顺序：遵循规定的顺序，每次均匀、少许地松动和紧固螺栓以防变弯。

① 矩形部件(如气缸盖)：拆卸时，从外侧向内侧松动螺栓；安装时，从内侧向外侧紧固螺栓。

② 圆柱形部件(如离合器壳)：以对角线方向每次少许松动和紧固螺栓。

③ 盖(如轴承盖)：拆卸时，从外侧向内侧松动螺栓；安装时，从内侧向外侧紧固螺栓。

(2) 防止部件掉落的措施：发动机和传动桥等重部件安装时，用多只高扭矩螺栓。拆卸和安装这些部件时，要防止掉落，如图 2.100 所示。

① 拆卸传动桥时，不要一次拆掉所有的螺栓，而是一旦松动就要暂时紧固螺栓。

② 以上方法能防止在松动最后的螺栓时，传动桥被掉落。

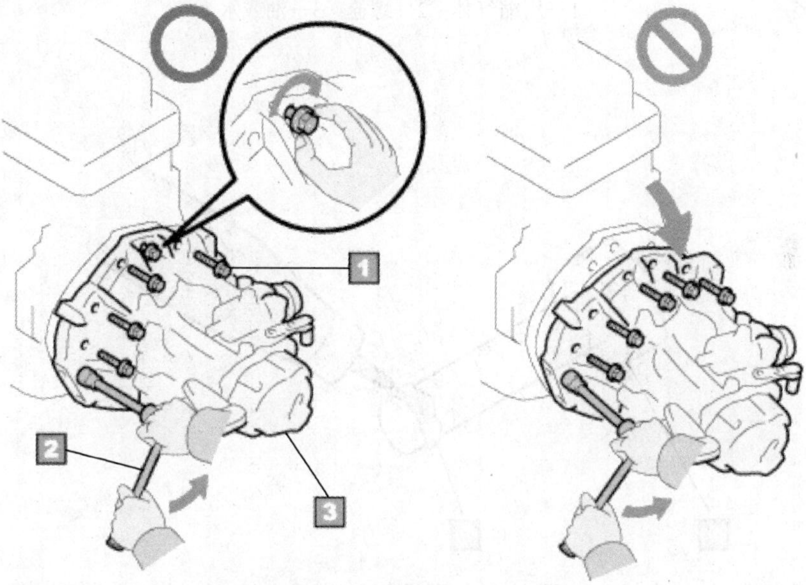

图 2.100　螺栓拆卸安装防止部件掉落的措施

1—螺栓；2—松动最后的螺栓；3—传动桥

(3) 安装螺栓的预防措施：紧固螺栓时，必须检查螺栓孔内是否有液体，例如水或油；如果螺栓在此状况下紧固，液压变高，将会损坏部件，如图 2.101 所示。

2. 螺栓黏合剂

为防止松动，一些螺栓要涂抹黏合剂。螺栓再次使用时，要洁净螺栓并涂抹锁紧黏合剂。

(1) 洁净：用钢丝刷洁净螺栓，然后用压缩空气吹去残余的黏合剂；用洁净油除去黏附在螺栓孔内的锁止黏合剂，然后用压缩空气吹去残余的锁止黏合剂。

(2) 紧固(重新涂抹锁紧黏合剂)：螺栓洁净后，给整个表面涂一层黏合剂，如图 2.102 所示。

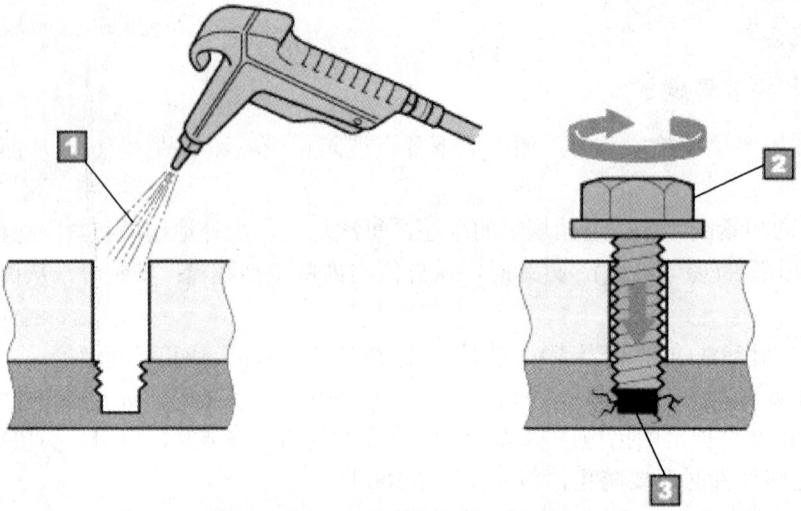

图 2.101　安装螺栓的预防措施

1—压缩气体；2—螺栓；3—油或水

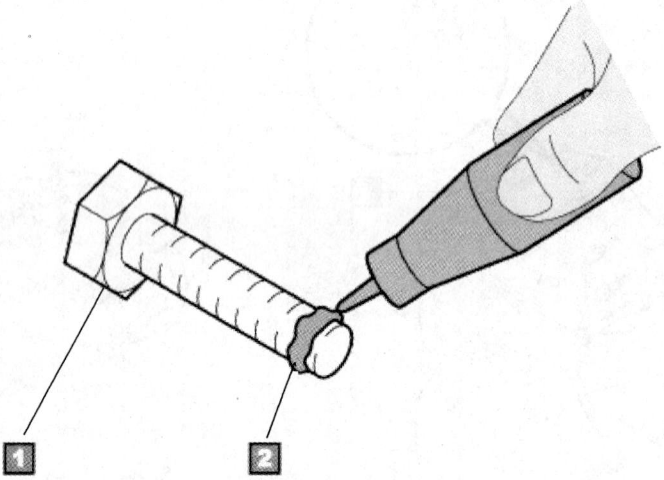

图 2.102　重新涂抹锁紧黏合剂

1—螺栓；2—黏合剂

3. 密封填料

1) 密封填料和垫片的清洁方法

为得到最好安装效果，需要把黏附在该部件上的老密封填料和垫片清除干净，方法如图 2.103 所示。

(1) 用油石、刮泥器和刷子清除掉尘土和老密封填料。

(2) 用冲洗油或清洁的汽油清除残余的密封填料。

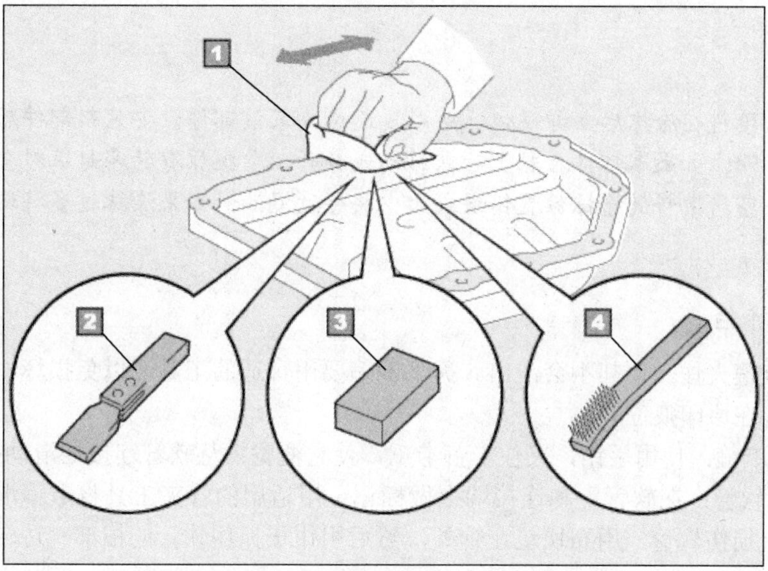

图 2.103　密封填料和垫片的清洁方法

1—布；2—刮刀；3—油石；4—刷子

注意

小心不要使涂有密封剂的表面造成任何的弯曲或损坏；涂有密封剂的表面上如有任何油或异物，将不利于紧密粘接并导致漏油。

2) 涂抹密封填料

在全部表面均匀地涂抹一层密封填料，不要有任何间隙。密封填料的位置和数量(厚度)有规定值，如图 2.104 所示。

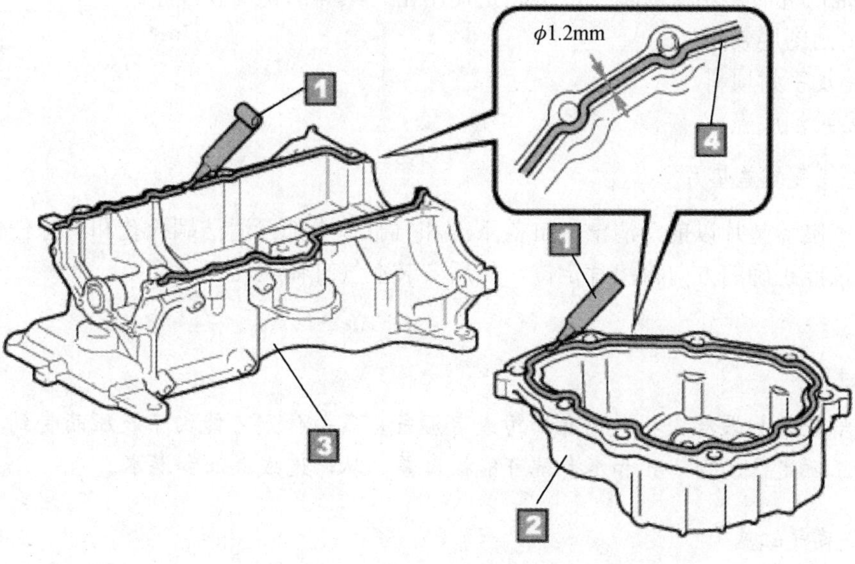

图 2.104　涂抹密封填料

1—密封填料；2—变速器壳盖；3—一号油底壳；4—涂抹密封填料

注意

一些密封填料在涂抹后立即硬化，所以要迅速安装该部件；安装新部件后，至少两个小时内不要加油；如果零部件在粘上后需移动或分开，要把原有的密封填料全部清除并重新涂抹；如果密封填料的涂抹位置错误或太少将导致漏油；如果涂抹过多将堵塞油路和过滤器。

4. 软管/卡箍

软管用卡箍夹住，使其不会滑出。拆下卡箍要用合适的工具，以免损坏；安装软管或卡箍，要安装在原印痕位置。

(1) 拆卸卡箍：使用手钳，夹住卡箍卡爪，使它变宽；从软管连接处滑动拆下卡箍。

(2) 脱开软管：在软管上和连接端上做标记；用适用的管夹工具将卡箍滑动到软管的中间；为防止损伤软管，用布块包在管外，然后用钳子抓住软管的根部一边转动一边将其拆下。

(3) 连接软管：冲洗软管和连接件；对齐软管上的匹配标记并将卡箍放至原印痕处。

2.4.3 任务实施

重新组装发动机总成一般按照下述程序进行：安装油底壳→安装缸垫→安装气缸盖→安装油封→安装凸轮轴正时齿轮/链轮→安装凸轮轴→安装正时链条→安装正时链条盖→安装曲轴皮带轮→安装水泵→安装水泵皮带轮→检查气门间隙→调整气门间隙→安装气缸盖罩。

1. 安装油底壳

安装油底壳时使用密封填料，下述是使用密封填料的说明和程序。

(1) 清洁图层表面。

(2) 施加密封填料。

(3) 安装油底壳。

2. 安装气缸盖垫片

安装气缸盖垫片以前，清洁气缸盖下部和气缸体上部；清洁螺栓孔和清除任何油污或者湿气；按照正确的方向将垫片定位，然后安装在气缸体上。

注意

安装螺栓时如果螺栓孔内仍有油污或者湿气，气缸体则可能由于液压而受到损坏；如果垫片未正确定位，则油孔和水套就可能被覆盖，从而造成漏油和漏水。

3. 安装气缸盖

将气缸盖和气缸体的锁销对准使气缸盖安放入位，然后按照规定顺序和扭矩上紧气缸盖螺栓，如图 2.105 所示。

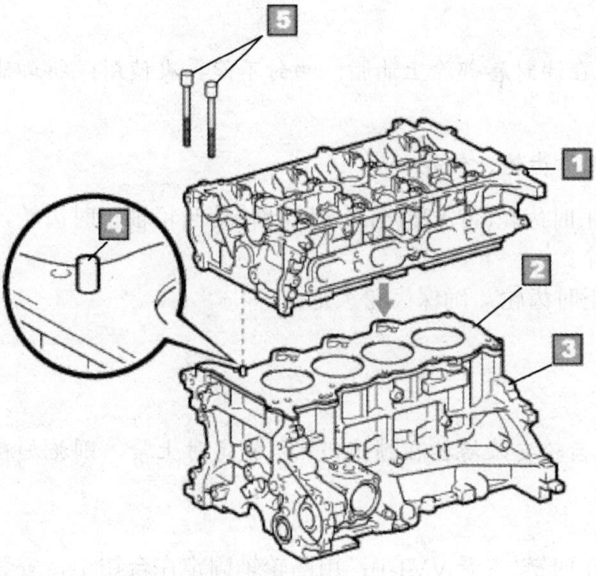

图 2.105　安装气缸盖

1—气缸盖；2—缸垫；3—气缸体；4—锁销；5—气缸盖螺栓

4. 安装油封

在发动机后部油封挡圈和正时链条盖上安装油封；安装时，将 SST 靠紧油封，然后使用锤子将 SST 轻轻地敲入油封中，如图 2.106 所示。

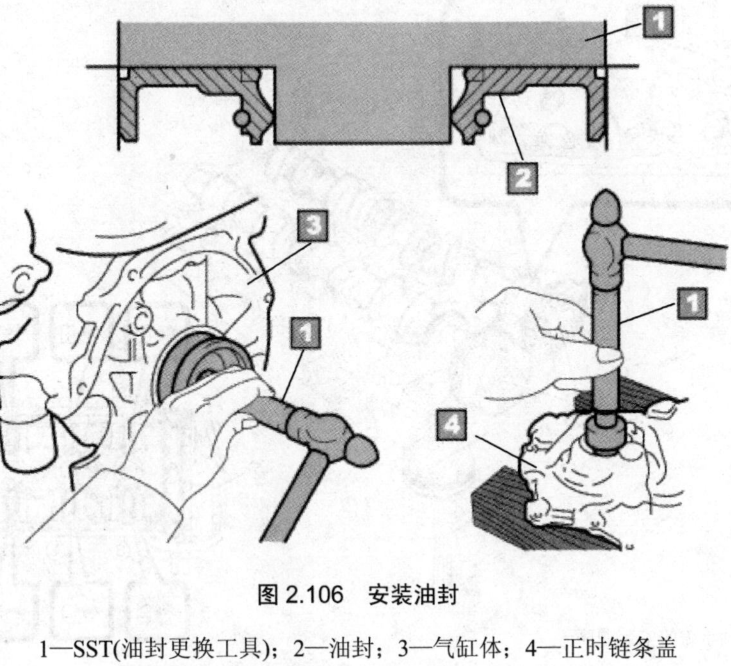

图 2.106　安装油封

1—SST(油封更换工具)；2—油封；3—气缸体；4—正时链条盖

提示

敲入油封以前，在油封唇部涂上油脂；油封不能再次使用；拆卸油封后，确保使用新的更换。

5. 安装凸轮轴正时齿轮、链轮

(1) 安装凸轮轴正时齿轮(带 VVT-i)：逆时针转动凸轮轴正时齿轮，对准凸轮轴锁销。

① 上紧凸缘螺栓。

② 顺时针转动正时齿轮，确保齿轮锁定。

注意

如果凸轮轴正时齿轮安装螺栓在锁销仍然被锁定时上紧，则施加在锁销上的水平力可能损坏锁销。

(2) 安装凸轮轴正时链轮(无 VVT-i)：用凸轮轴固定在台钳上，安装凸轮轴正时链轮。

6. 安装凸轮轴

(1) 从一号气缸 TDC(上止点)逆时针旋转曲轴大约 40°，使活塞向下移动。

(2) 将凸轮轴放在气缸盖上，以便使凸轮轴尽可能水平。

(3) 分多次均匀上紧凸轮轴轴承盖安装螺栓，每次上紧一点。 上紧顺序可能因发动机类型的不同而不同，具体参照维修手册，如图 2.107 所示。

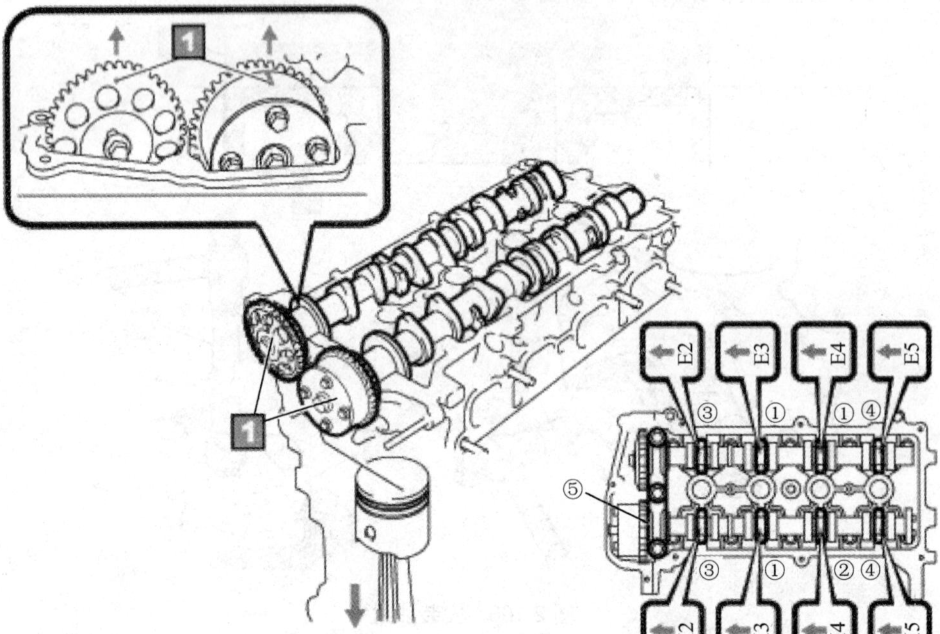

①到⑤为轴承盖的安装顺序

图 2.107 安装凸轮轴

1—正时标记

7. 安装正时链条

(1) 设定正时标记位置：将进气和排气正时链轮设定于一号气缸 TDC(上止点)压缩后20°，将曲轴正时标记设定于一号气缸 TDC(上止点)压缩后 20°。

(2) 安装正时链条减振器。

(3) 安装正时链条：按照顺序将链条放在凸轮轴和曲轴链轮上，同时从正时链条减振器侧拉链条，如图 2.108 所示。

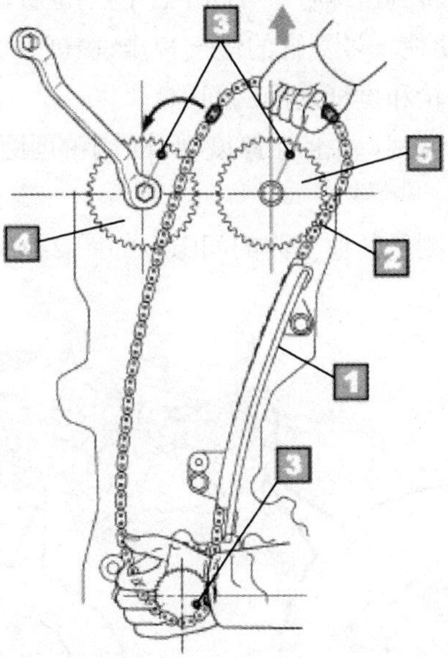

图 2.108　安装正时链条

1—链条减振器；2—正时链条；3—正时标记；4—排气凸轮轴正时链轮；5—进气凸轮轴正时链轮

提示

为了防止排气凸轮轴弹回，使用扳手转动它并将之设定在链条的标记位置；如果链条和链轮轮齿有一点偏移，转动凸轮轴进行校正。

(4) 检查正时标记定位：安装链条张紧器和链条张紧器滑板后，顺时针转动曲轴两周，确保曲轴皮带轮正时标记对准。

8. 安装正时链条盖

安装正时链条盖时使用密封填料，下述是使用密封填料的说明和程序。

(1) 清洁图层表面。

(2) 施加密封填料。

(3) 安装正时链条盖。

9. 检查气门间隙

(1) 气门间隙检查的目的：如果气门间隙过大，气门的异常碰撞声便会变大；如果气门间隙太小，在发动机预热后，气门的热膨胀将可能造成气门撞击凸轮，并且造成气门关闭不严。

(2) 检查气门间隙。

① 转动曲轴将一号气缸转到压缩行程 TDC(上止点)位置。将曲轴皮带轮正时标记和正时链条盖正时标记对准，以便使一号气缸的进气和排气气门同时关闭。

② 气门关闭时，测量凸轮和挺杆之间的间隙。

③ 在间隙中插入一个厚度规，并且在厚度规以最小的阻力被径直拉出时，阅读该厚度规上的厚度值。

④ 转动曲轴一周，然后测量其他气门的间隙，如图 2.109 所示。

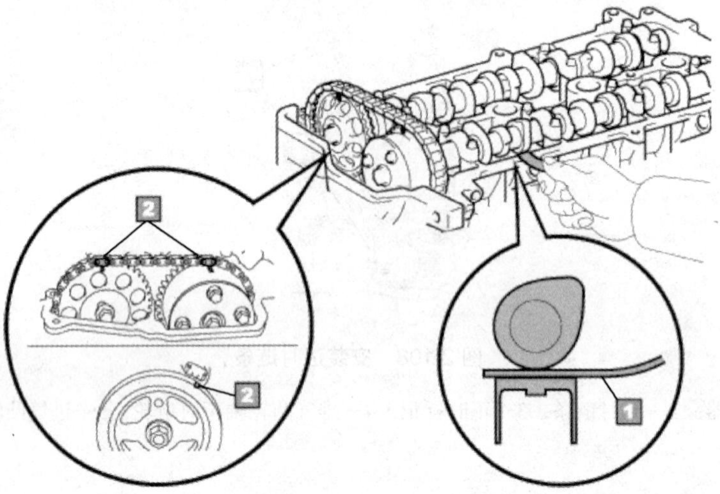

图 2.109 检查气门间隙

1—厚度规；2—正时标记

10. 调整气门间隙

气门间隙的调整方法因发动机类型的不同而不同，其中更换内垫片类型和更换挺杆类型时，需要拆卸凸轮轴更换垫片或挺杆后进行调整；更换外垫片类型则不需通过拆卸凸轮轴而直接更换垫片进行调整，如图 2.110 所示。

(1) 测量气门间隙。

(2) 拆卸磨损的外垫片(挺杆)，如图 2.111 所示。

(3) 测量垫片(挺杆)厚度：使用测微计测量各垫片(挺杆)的厚度，如图 2.112 所示。

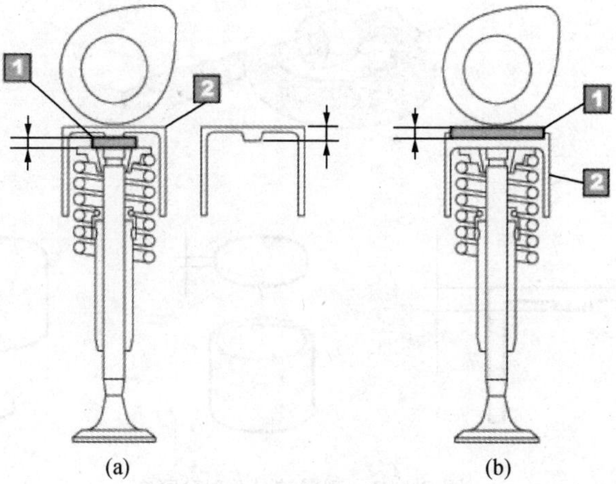

图 2.110　气门间隙的调整方法

(a) 内垫片类型和要求更换挺杆的类型；(b) 外垫片类型

1—垫片；2—气门挺柱

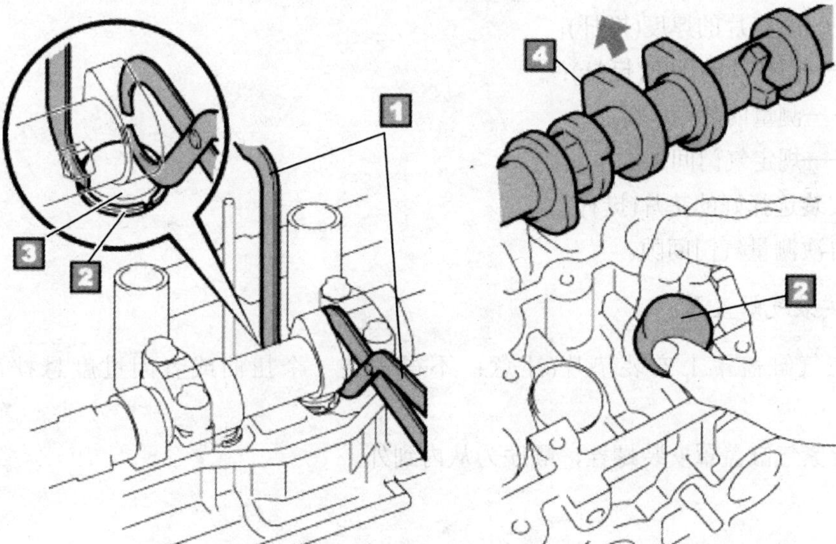

图 2.111　拆卸磨损的外垫片(挺杆)

(a) 需拆卸凸轮轴更换垫片类型(挺杆)；(b) 仅使用 SST 更换垫片类型(挺杆)

1—SST(气门间隙调整工具箱)；2—挺杆；3—垫片；4—凸轮轴

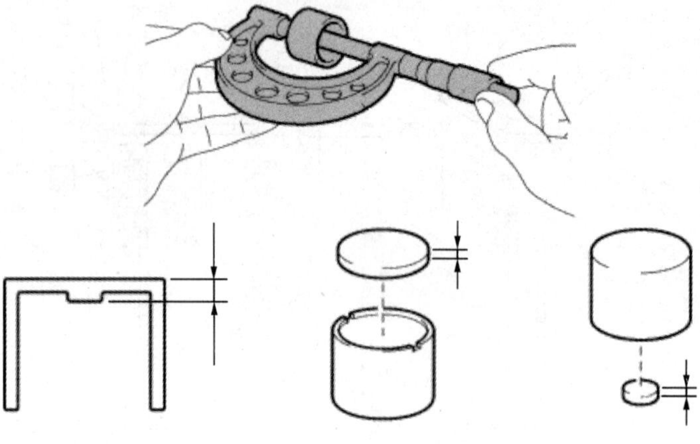

图 2.112　测量垫片(挺杆)厚度

(4) 选择垫片(挺杆)：用测量的气门间隙(A)和使用的垫片(挺杆)的厚度(T)计算，选择新垫片(挺杆)的厚度，计算公式：

$$N = T + (A - B)$$

式中：N——新垫片的厚度(挺杆)；

T——旧垫片的厚度(挺杆)；

A——测量的气门间隙；

B——规定气门间隙的气门。

(5) 安装选择好的垫片(挺杆)。

(6) 再次测量气门间隙。

11. 安装气缸盖罩

(1) 在气缸盖罩上安装垫片(注意：不得安装一个扭曲或者因过度悬挂而变形的垫片)。

(2) 上紧气缸盖罩安装螺栓，顺序为从内到外。

任务 2.5　安装发动机总成及调试

2.5.1　任务引入

将发动机、传动桥、悬架梁等作为一个整体从车底安装到车上是发动机大修作业重要步骤，安装情况直接影响汽车的性能状况，借助脑图记录团队成员提出的想法，以脑图为基础提出问题，图 2.113 为安装发动机总成及调试信息收集图。

通过脑图展开讨论，明确主要任务，认知生产过程和工艺过程，学习基本原理知识，熟悉规范的操作流程，掌握安装发动机总成及调试的基本技能。

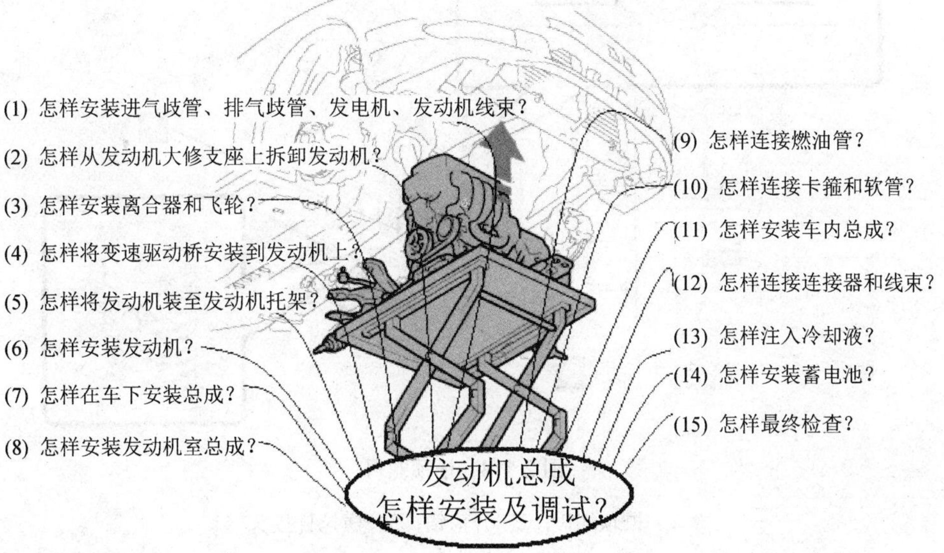

图 2.113　安装发动机总成及调试信息收集

2.5.2　相关知识

1. 连接器

车辆的电气部件通过连接器连接，因此，当拆卸和安装电气零部件时，需要断开连接器。因为连接器有不同的类型，因此要用合适的方法拆卸每种不同的连接器。

(1) 断开连接器的连接：在可靠地使锁销脱离啮合后，分开连接器；当很难断开连接时，朝向连接安装一侧的方向推动连接器，就容易解开连接器的锁定。

(2) 连接连接器：牢固地接合连接器直到听到一个“咔嗒”的声音(锁住)。

2. 槽顶螺母

槽顶螺母是安装在诸如转向连杆机构等活动零件上的螺母，以防止松开；它有一个有槽的特殊结构，供开口销穿过来锁住螺母，如图 2.114 所示。

(1) 拆卸：将弯曲的开口销弄直，从槽顶螺母中将其拉出，拆下槽顶螺母。

(2) 安装：将槽顶螺母旋紧至规定力矩，将螺栓的通孔和螺母的通孔沿旋紧方向对齐，插入开口销，将开口销较长的一端放在上面，将其弯曲来固定。

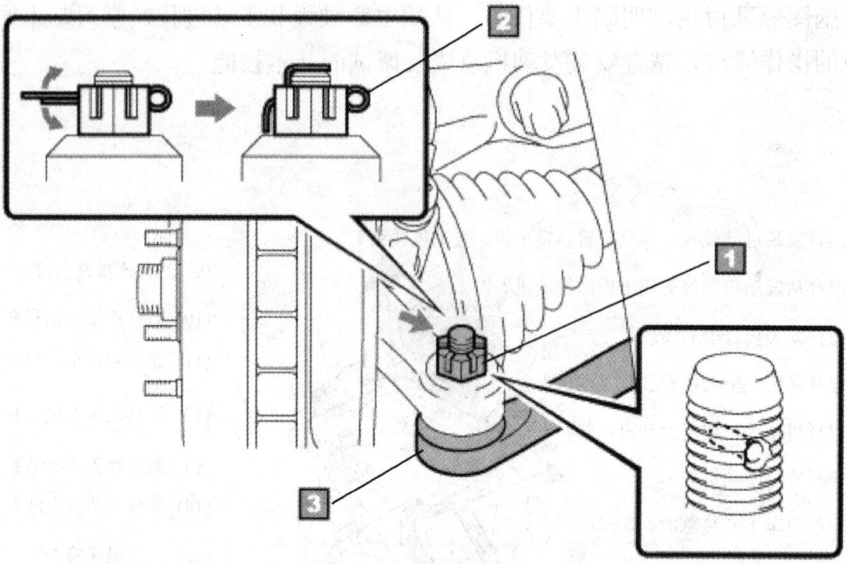

图 2.114 槽顶螺母

1—槽顶螺母；2—开口销；3—横拉杆接头

2.5.3 任务实施

安装发动机总成及调试的技能训练，一般按照下述程序进行：安装进气和排气歧管、发电机、发动机线束→从发动机大修支座上拆卸发动机→安装离合器和飞轮→将变速驱动桥安装到发动机上→将发动机装至发动机托架→安装发动机→在车下安装总成→安装发动机室总成→连接燃油管→连接卡箍和软管→安装车内总成→连接连接器和线束→注入冷却液→安装蓄电池→最终检查。

1. 安装进气和排气歧管、发动机线束、发电机

(1) 安装进气和排气歧管：使用一个新的垫片并将歧管安装在气缸盖上，安装和上紧歧管螺栓和螺母，顺序为从内到外。

(2) 安装发动机线束：在发动机上安装发动机线束连接器和卡箍，如图 2.115 所示。

(3) 安装发电机：将滑动套环套入直到表面与支架对齐(装配侧)，然后临时安装发电机贯穿螺栓(A)，接着临时安装螺栓(B)，如图 2.116 所示。

2. 从发动机大修支座上拆卸发动机

(1) 将吊索装置连接到发动机吊耳上。

(2) 安装发动机吊索装置后，提升链条滑轮直到两根链条上施加有较小的张紧力。

(3) 从大修支座上拆卸发动机，如图 2.117 所示。

3. 安装离合器和飞轮

(1) 安装飞轮：在曲轴皮带轮上安装 SST(专用维修工具)固定曲轴，然后安装飞轮并上紧安装螺栓，如图 2.118 所示。

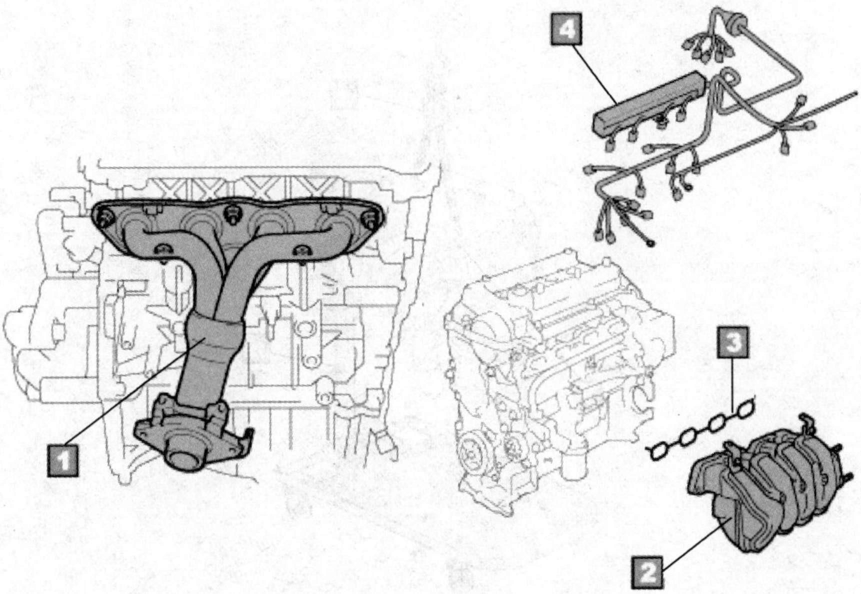

图 2.115　安装进气和排气歧管、发动机线束

1—排气总管；2—进气歧管；3—垫片；4—发动机线束

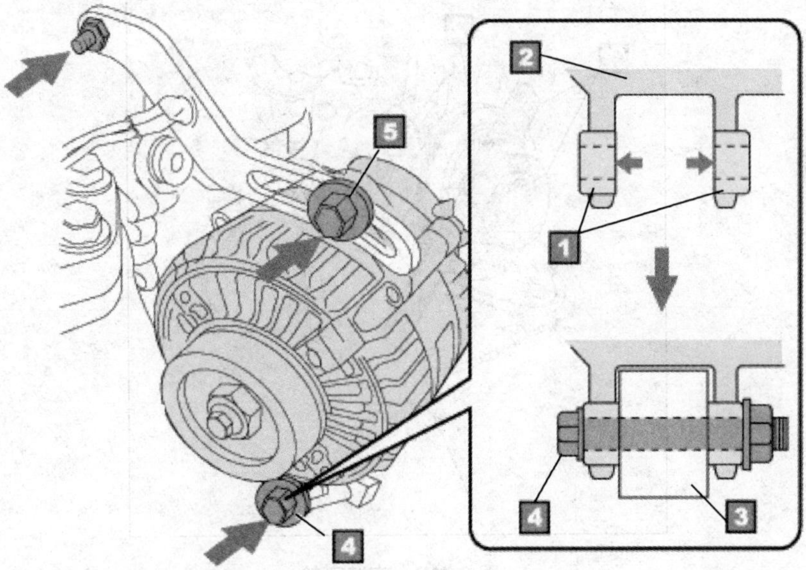

图 2.116　安装发电机

1—套环；2—发电机；3—支架(发动机侧)；4—贯穿螺栓(A)；5—螺栓(B)

(2) 安装离合器：将 SST 插入离合器盘中，然后再将其插入飞轮中，对准飞轮和离合器壳上的装合标记，并且临时安装离合器壳，通过上下、左右地摇动 SST，对准离合器盘和飞轮中心，然后上紧离合器壳的安装螺栓。

4. 将变速驱动桥安装到发动机上

(1) 将花键润滑脂抹在传动桥输入轴上。

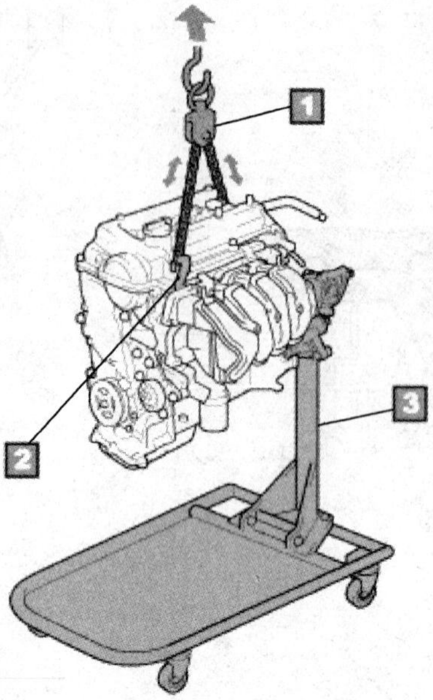

图 2.117 从发动机大修支座上拆卸发动机

1—发动机吊索装置；2—发动机吊耳；3—大修支座

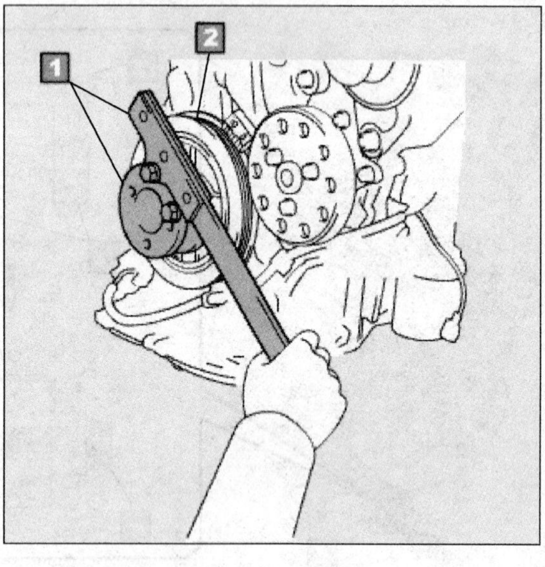

图 2.118 安装飞轮

1—SST(曲轴皮带轮夹具、配对凸缘夹具)；2—曲轴皮带轮

(2) 将离合器盘花键与传动桥的输入轴对准，并在发动机上安装传动桥。

提示

如果花键未校准，则旋转曲轴校准位置。

(3) 安装和上紧发动机和传动桥安装螺栓。

(4) 安装动力转向叶轮泵，如图 2.119 所示。

5. 将发动机装至发动机托架上

使用附件调整发动机传动桥悬架梁，作为一个整体将其放入车下，适当调整安装位置和角度，然后将其放在发动机升降机上。

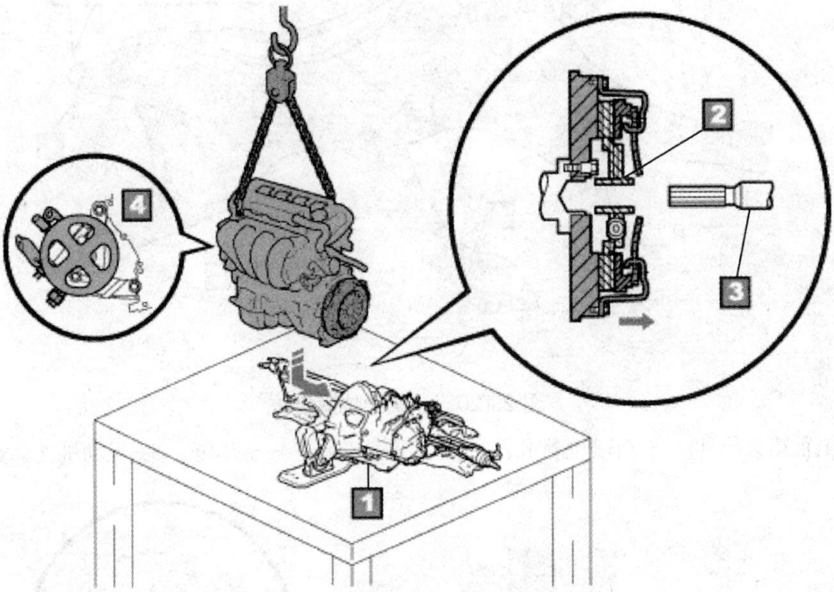

图 2.119 将变速驱动桥安装到发动机上

1—传动桥；2—离合器盘；3—传动桥输入轴；4—动力转向叶轮泵

注意

如果通过附件支撑到发动机油底壳会使其变形，因此需要确保支撑在发动机油底壳的凸缘部件上。

6. 安装发动机

(1) 安装发动机：举升发动机的同时注意线束和管道不要钩在其他位置或者与车身接触，检查发动机安装位置和悬架梁安装位置时，在车上安装发动机。

(2) 悬架梁位置定位：将 SST 插入车身和悬架梁的基准孔中，然后用手上紧所有螺栓，在发动机支架上临时安装和用手上紧安装螺栓，最后完全上紧悬架梁安装螺栓到规定的扭矩，如图 2.120 所示。

7. 在车下安装总成

将拆卸的部件安装在原来的位置：主要包括驱动轴、横拉杆端头、排气管和稳定器。

提示

先用手上紧螺栓和螺母后，再用工具上紧，防止部件滑落。

(1) 安装驱动轴：轻轻将轮毂朝车外拉，对准传动轴和轮毂的花键，然后将传动轴插入轮毂中，将下悬臂连接到车桥轮毂，安装 ABS 转速传感器，如图 2.121 所示。

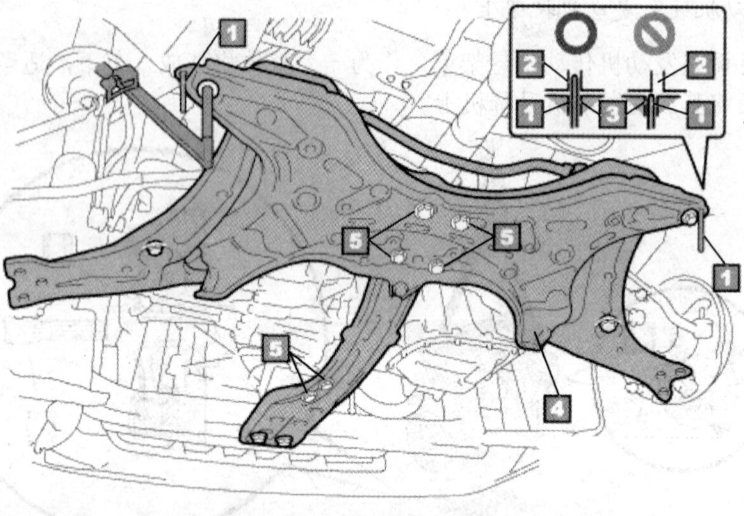

图 2.120　悬架梁位置定位

1—SST(前横梁导具)；2—车身基准孔；3—悬架梁基准孔；4—悬架梁；5—发动机支架安装螺栓

图 2.121　安装驱动轴

1—驱动轴立槽

(2) 安装传动轴锁止螺母：上紧锁止螺母时需要两个人，一人踩住制动踏板，另一位拧紧锁止螺母，以便保证它们能被牢固固定；驱动轴凹槽面向顶部，使用一把凿子和一把锤子锁紧新的锁止螺母，如图 2.122 所示。

(3) 安装横拉杆端头：将横拉杆端头插入转向节，按照规定的扭矩，拧紧槽顶螺母，然后用新开口销固定螺母。

(4) 安装排气管。

① 使用游标卡尺，测量压缩弹簧的自由长度。如果该值超出标准，则更换新弹簧。

② 将新的垫片安装在排气管上。如果使用压缩弹簧的排气管的垫片不能与管道自然分离，那么它可以再次使用。如果再次使用，注意不要损坏。

③ 将排气管的孔和排气歧管的孔对准，然后使用螺栓固定。通常，排气管的螺母不可再次使用，如图 2.123 所示。

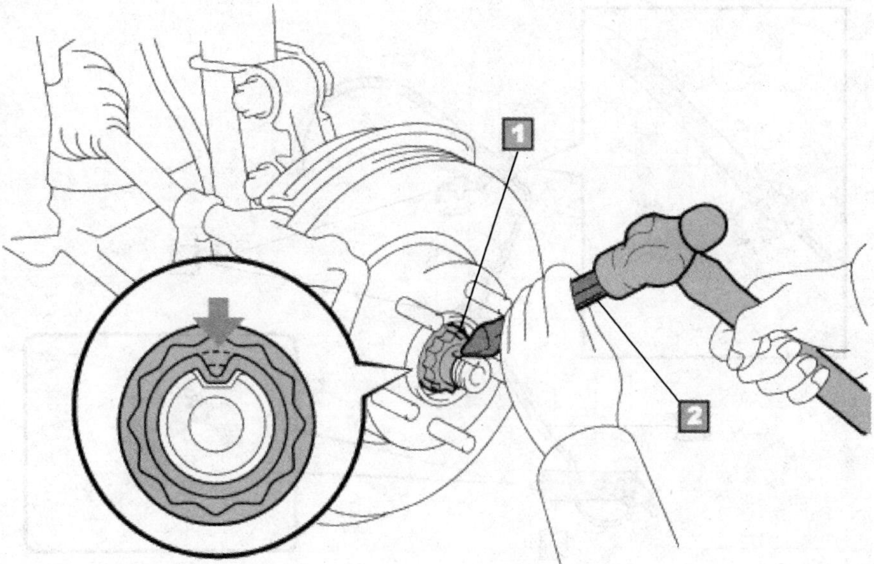

图 2.122　安装传动轴锁止螺母

1—新的锁止螺母；2—凿子

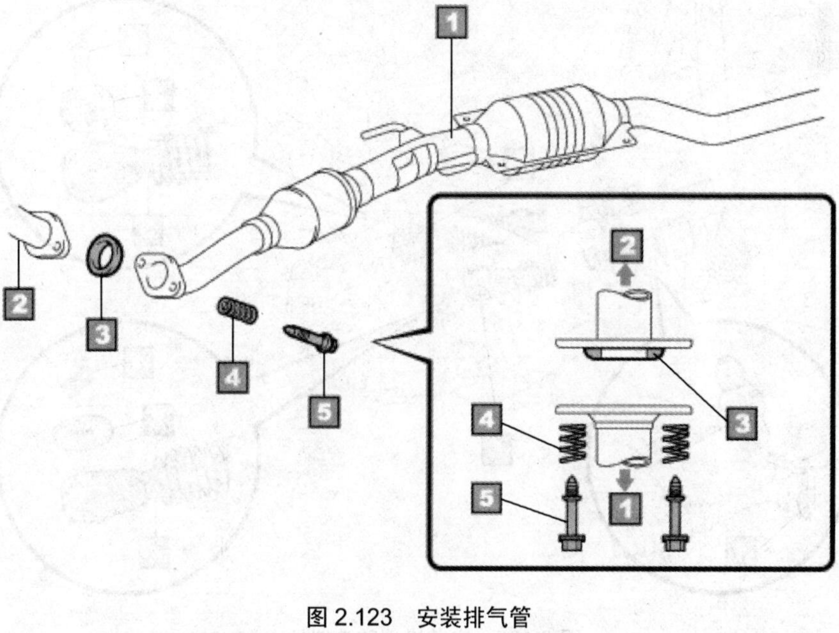

图 2.123　安装排气管

1—安装排气管；2—排气歧管；3—垫片；4—压缩弹簧；5—螺栓

8. 安装发动机室总成

(1) 安装空调压缩机。

(2) 安装离合器分离泵：安装分离泵，同时轻微压缩推杆，切勿使挠性软管管路弯曲，如图 2.124 所示。

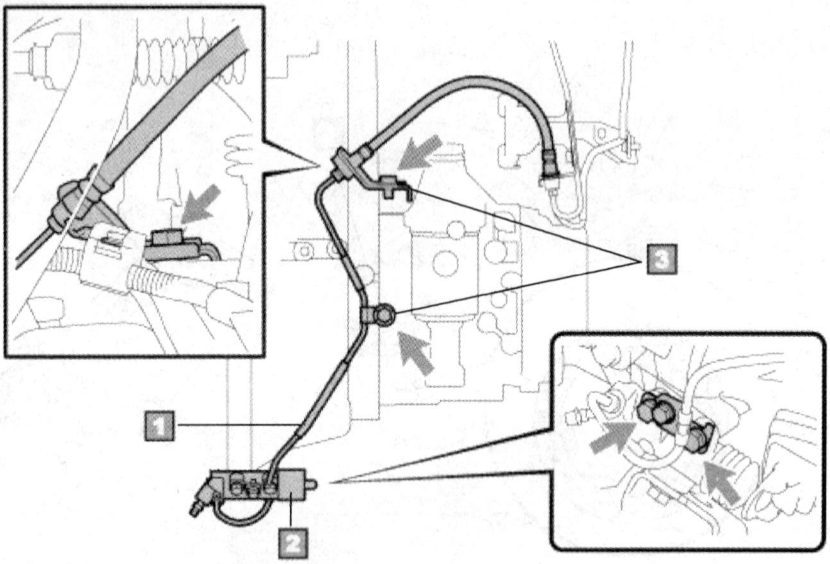

图 2.124　安装离合器分离泵

1—离合器挠性软管管路；2—离合器分离泵；3—夹箍

(3) 安装换挡和选挡拉索：使换挡杆和选挡拉索连接传动桥，用卡扣紧固，如图 2.125 所示。

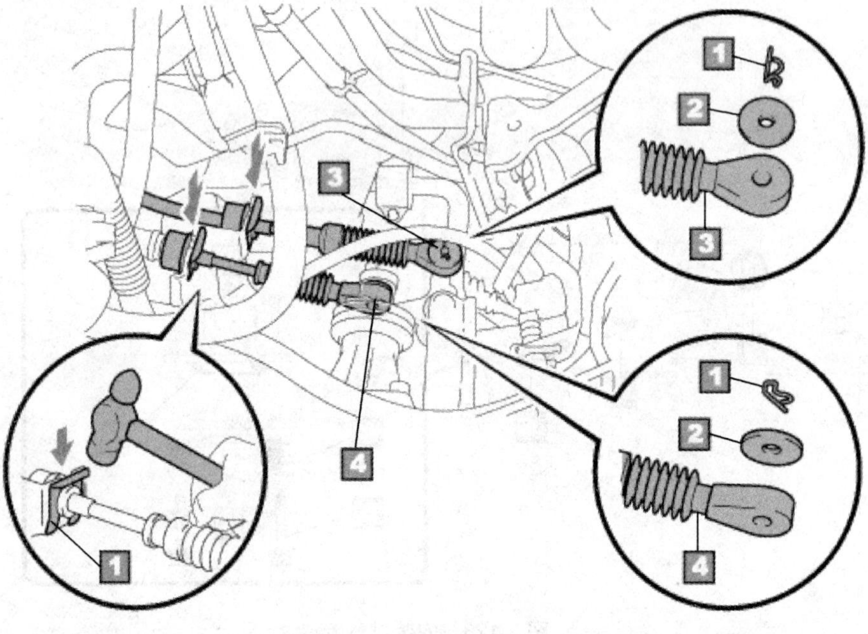

图 2.125　安装换挡和选挡拉索

1—卡扣；2—垫圈；3—选挡拉索；4—换挡拉索

(4) 安装传动皮带。

(5) 通过螺栓和螺母上紧(完全上紧)发动机安装螺栓。

9. 连接燃油管

10. 连接卡箍和软管

(1) 连接软管：连接软管以前使用空气枪清洁空气滤清器总成，然后正确将软管连接到其原拆卸位置的底座上，如图 2.126 所示。

(2) 安装卡箍。

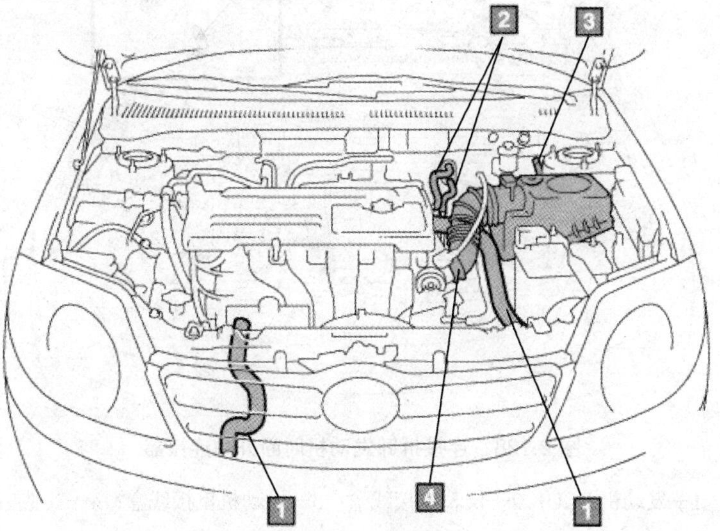

图 2.126 连接软管

1—散热器软管；2—加热器软管；3—制动助力器软管；4—空气滤清器软管

11. 安装车内总成

安装转向中间轴，确保方向盘和转向器处于中心位置；然后将转向中间轴与转向齿轮的装合标记对准并连接；最后将螺栓拧紧紧固到位，如图 2.127 所示。

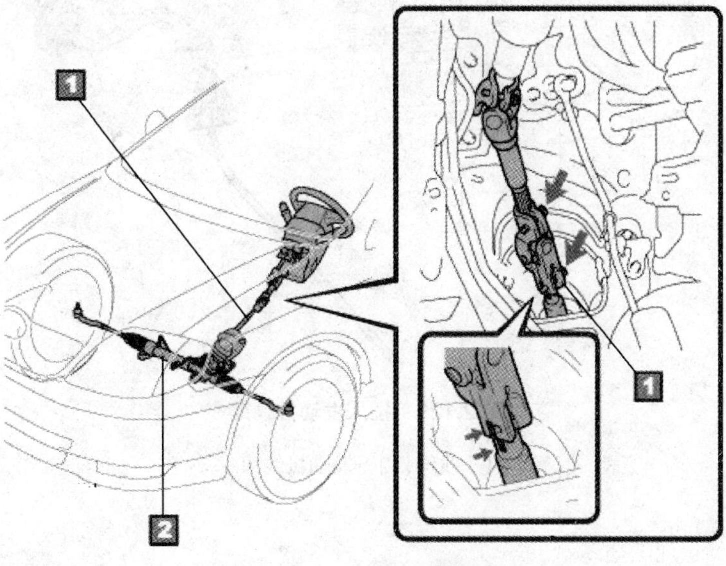

图 2.127 安装转向中间轴

1—动力中间轴；2—动力转向齿轮

12. 连接连接器和线束

(1) 连接拆卸发动机时断开的连接器：主要包括发动机 ECU、仪表板接线盒、发动机室接线盒及其他，如图 2.128 所示。

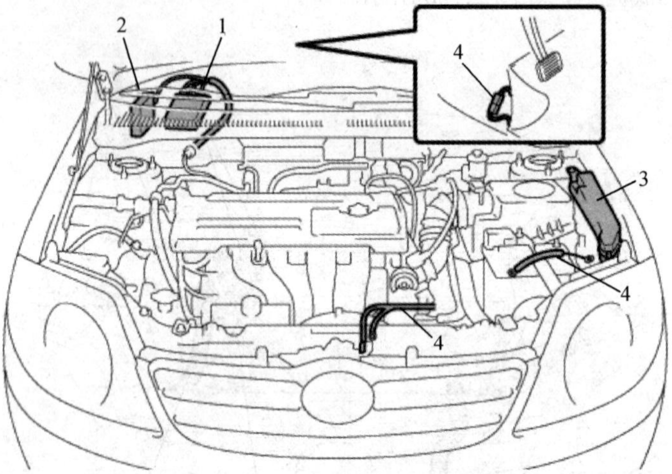

图 2.128 连接拆卸发动机时断开的连接器

1—发动机 ECU；2—仪表板接线盒；3—发动机室接线盒；4—其他

(2) 拉入发动机线束：拆卸期间将发动机线束绑扎，然后从发动机室内部拉入发动机线束；安装孔环，将发动机线束连接器连接到发动机 ECU 和仪表板接线盒中，如图 2.129 所示。

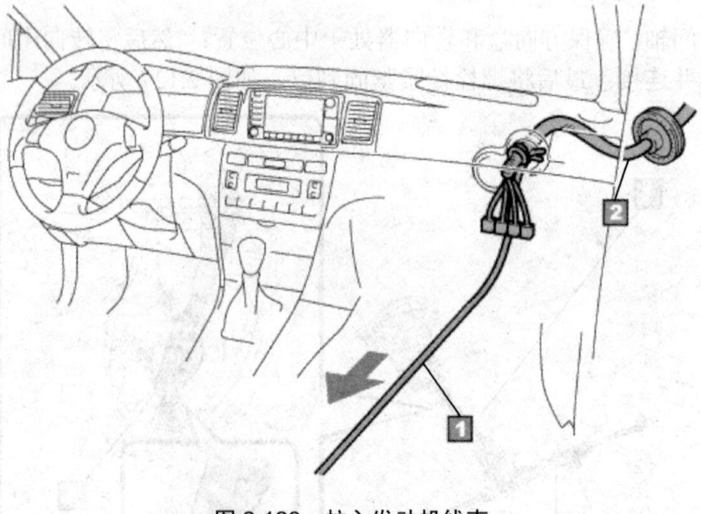

图 2.129 拉入发动机线束

1—线绳；2—发动机线束

13. 注入冷却液

(1) 注入冷却液以前，保证排放塞(散热器)和排放螺栓(发动机缸体)已经上紧。

(2) 将加热器的温度设置为最高。

(3) 在散热器加入口中注入冷却液。

(4) 在储液箱中注入冷却液至满的标记。

(5) 安装散热器盖。

14. 安装蓄电池

检查蓄电池端子位置，然后安装蓄电池，最后将蓄电池桩头紧固。

15. 最终检查

1) 发动机起动前检查

(1) 确认连接器被连接到拆卸期间所贴的标签上显示的位置。

(2) 轻轻拉动各连接器，检查其是否松脱；保证没有螺栓或者螺母松动。

(3) 检查是否有总成或零件丢失在托盘、工作台上或者其周围而没有安装。

(4) 检查所有的卡箍是否安装在正确的位置。

(5) 检查是否有冷却液或者发动机机油从软管及管道接头处泄漏。

(6) 检查发动机中注入的机油是否达到油位表的 F 标记。

(7) 检查传动皮带是否安装在正确的位置上。

(8) 检查传动皮带张紧力是否合适。

(9) 检查发动机起动时是否有异常声音(嗒嗬声或者刮擦声)。

(10) 连接燃油泵连接器，使用故障诊断仪操作燃油泵，检查是否漏油。

2) 发动机起动后检查

(1) 起动发动机并进行下述检查：检查发动机起动是否容易、检查发动机起动后是否有异常声音(例如嗒嗒声或者磨损声)、检查是否漏油、检查是否有机油或者冷却液泄漏、检查是否漏气、检查是否有异常的发动机振动。

(2) 使用发动机性能检测仪和 CO/HC 测试仪检查发动机转速、点火时间和排气浓度。

3) 检查冷却液：完成发动机预热后，停止发动机并且等待冷却液完全冷却。冷却液完全冷却后，检查散热器和水箱中的冷却液液位。必要时，向散热器中注入冷却液，同时达到储液箱中的 F 标记。

4) 行驶检查

(1) 起动车辆时，检查拆卸过的部件周围是否有异常噪声。

(2) 加速和减速或者实施制动时，检查是否有异常噪声。

5) 行驶后检查

检查油量和泄漏、燃油泄漏及冷却液泄漏等情况。

6) 恢复车辆信息

所有的检查都已经完成后，恢复已经记录下的下述车辆信息：选择收音机频道、时钟、方向盘位置(带有记忆系统)和座椅位置(带有记忆系统)等。

项目小结

本项目通过循序渐进的5个工作任务，从完成任务角度出发，结合企业生产实例讲解拆装过程、检修过程及安装调试等知识，从而全面认识发动机大修作业规范及流程，为后续学习及编制项目作业计划奠定良好基础。

应知测试

选择题

1．下列关于从车上拆卸发动机的说法哪一个是正确的？(　　)

A．为了防止前空气囊总成(驾驶员侧)的螺旋电缆出现开路，要保证在拆开转向机和中间轴之前，拆开螺旋电缆

B．拆开燃油管时，不释放燃油压力可能造成燃油大量喷出。这是非常危险的

C．燃油管上使用的快速接头可以不使用工具或者SST拆开

D．通过以锐角折叠一根水软管或者电缆，并且使用一根绳子或者类似物绑扎，防止其干扰发动机的拆卸

2．下列关于将发动机装到车上的说法哪一个是正确的？(　　)

A．安装排气管时，即使衬垫未损坏，也要保证使用一个新的进行更换

B．如果连接一根水管时，很难将其插入散热器中，那么使用发动机机油进行润滑

C．连接燃油软管的快速接头后，保证快装接头完全按照检查程序进行连接

D．连接一根水软管时，只要未使用软管夹将其固定以前偏离印痕，便会造成漏水

3．下列关于发动机大修程序的说法哪一个是正确的？(　　)

A．对于一个进气歧管衬垫，检查其是否损坏或者弯曲，如果没有则再次使用

B．对于排气歧管安装螺栓和螺母，按顺序从一号气缸侧将其松开

C．进气、排气歧管必须使用塑料区螺栓安装

D．均匀地上紧进气歧管安装螺栓和螺母，顺序为从中间向两端，一次上紧一点。最终按照同样的顺序将螺栓和螺母上紧到规定的扭矩

4．下列关于1NZ-FE发动机大修程序的说法哪一个是正确的？(　　)

A．将发动机放到大修支架以前，拆卸飞轮(或者齿圈)

B．将发动机放在大修支架上时，考虑到拆除发动机盖后的重量平衡将发动机放在稍高一点的位置

C．拆卸油底壳时，转动发动机使底朝上，从而提高工作效率

D．进行发动机大修时，只要先将发动机置于大修支架，然后翻转发动机将其完全拆下，那么发动机里的机油和冷却液在大修期间不会流出

5．下图表示的是气缸盖翘曲的检查，其中正确表示测量位置的插图是(　　)。

A.

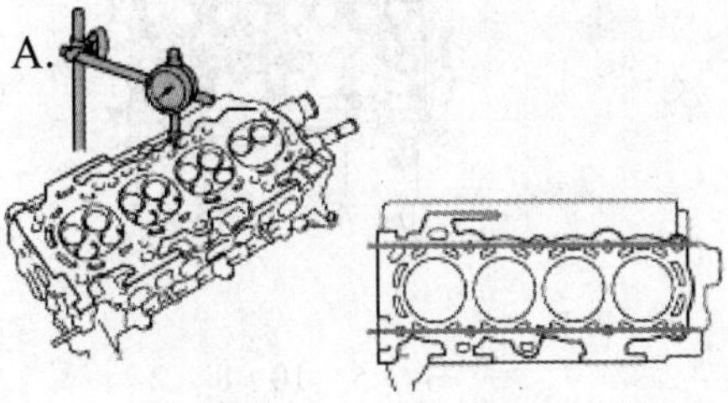

B.

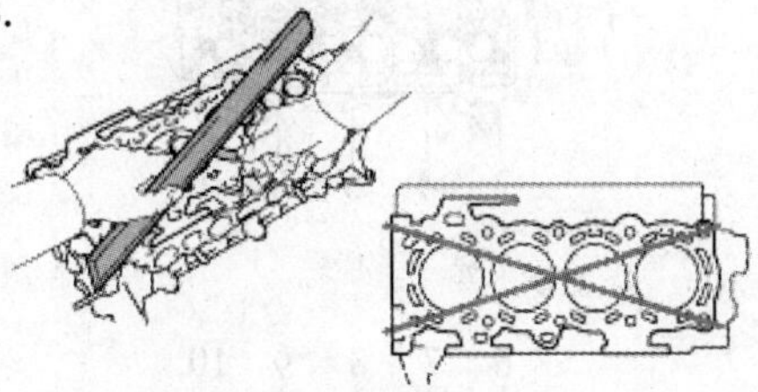

C.

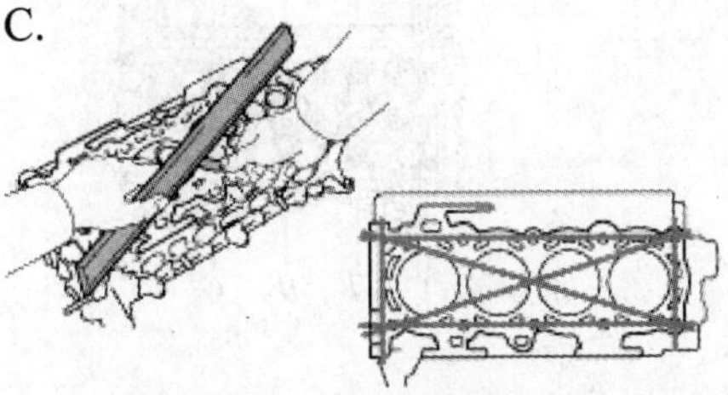

D.

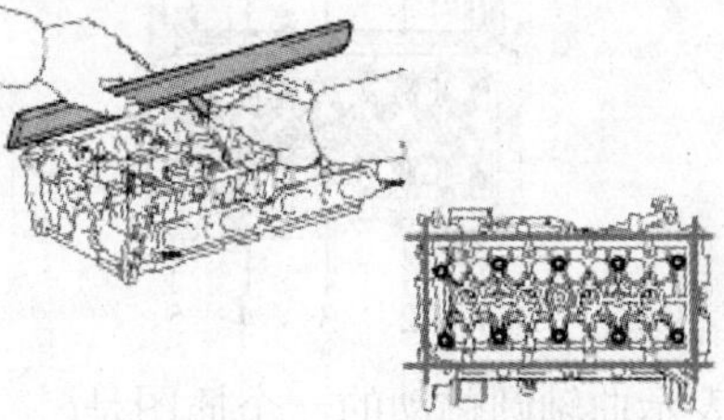

6．下列有关塑性域螺栓使用说法哪一个是正确的？(　　)

A．再次使用一个塑性域螺栓时，测量螺栓的长度或者直径。 如果仅有一项超过极限值，则再次使用所有的螺栓

B．再次使用一个塑性域螺栓时，紧固前去除上面油脂，以便维持紧固精度

C．紧固程序可能因发动机类型的不同而不同，因此，一定要参考修理手册

D．对于塑性域螺栓，将螺栓上紧至一个规定的扭矩，然后确保要放松一点

7．下列关于发动机总成的测量的说法哪一个是正确的？(　　)

A．为了检查凸轮轴圆跳动，使用 V 型块支撑其两端，然后在中心或者靠近中心最近的地方测量轴颈

B．对于气缸盖翘曲来说，检查上表面和歧管安装表面。 如果测量值超过规定的值，就必须更换气缸盖

C．为了检查一个凸轮轴的凸轮顶部高度，使用一个游标卡尺测量凸轮顶的最低位置

D．为了检查曲轴上的正时链轮的磨损，应当使用游标卡尺测量正时链轮的外表面

8．下列关于曲轴的使用说法哪一种是正确的？(　　)

A．通常，一个曲轴的轴承上刻有一个表示安装位置的标记

B．安装一个曲轴后，测量曲轴的轴向间隙，并且判断其是否处于良好的状态。 如果测量值大于规定值，通过将轴承盖向推力方向移动，调整其安装位置

C．如果发现曲轴上有弯曲，使用一把塑料锤子轻轻敲击进行校正

D．一个曲轴上的轴承盖必须按照拆卸时相同的位置和相同的方向进行安装

9．对于用 10 个气缸盖螺栓紧固的气缸盖，正确表示螺栓上紧顺序的插图是(　　)。

A.

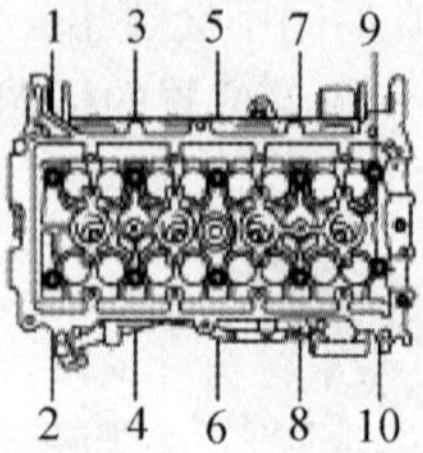

B.

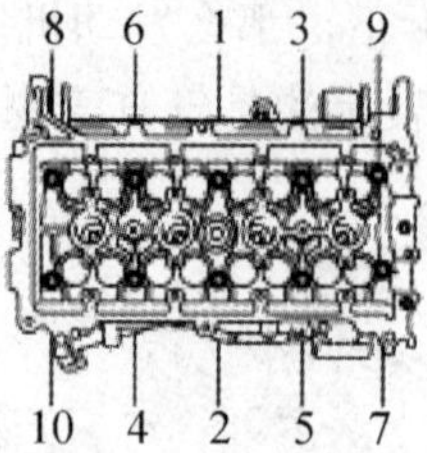

C.

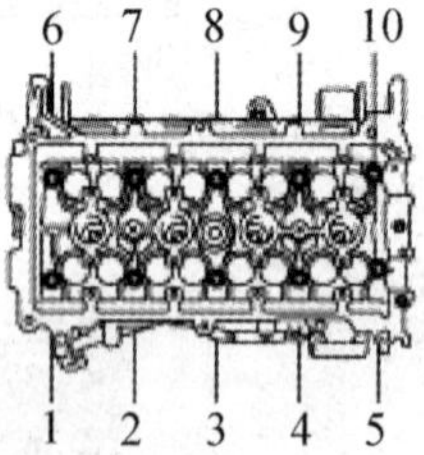

D.

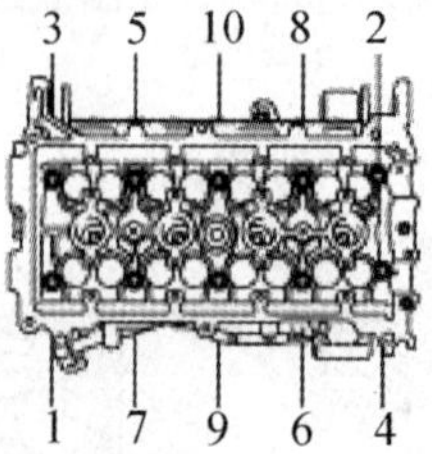

10．表示曲轴圆跳动的一个插图是(　　)。

A.

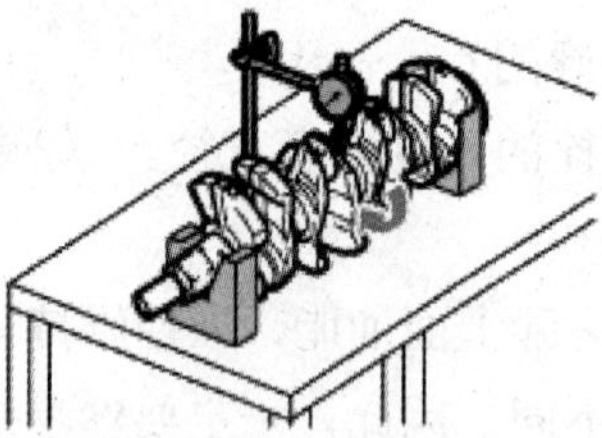

B.

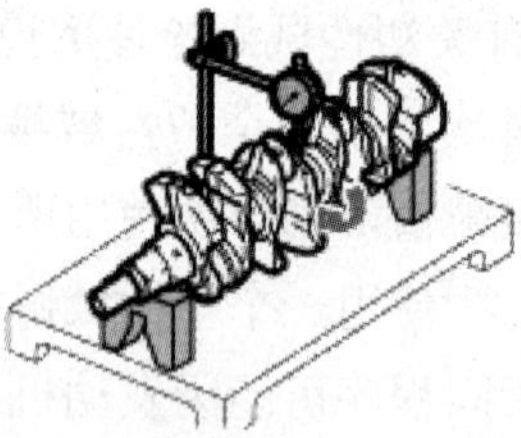

C.

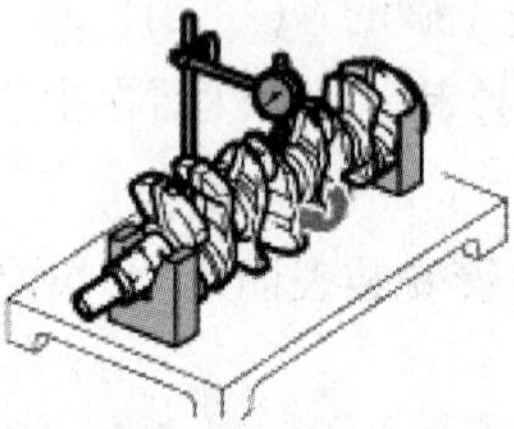

D.

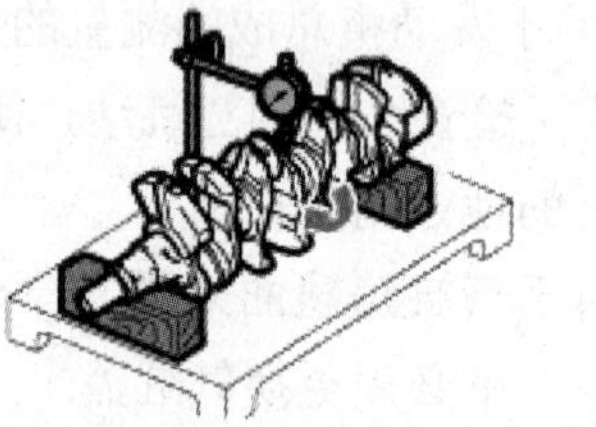

11．下列关于曲轴安装的说法哪一个是正确的？(　　)

A．仅在曲轴的轴承表面上抹发动机机油，并且安装

B．在曲轴的轴承表面上抹发动机机油，在后表面上抹硅油，然后安装

C．仅在轴承的后表面上抹发动机机油，然后安装

D．在轴承的两个表面上都抹发动机机油，然后安装

12．测量活塞间隙所用的合适的工具组合是(　　)。

A．厚度规和直尺　　　　B．量缸表和测微计

C．量缸表和百分表　　　　D．百分表和游标卡尺

13．对于 1NZ-FE 发动机，关于在气缸上安装活塞的说法正确的一个是(　　)。

A．活塞没有安装方向和位置规定，便可能安装于一号气缸或者四号气缸内

B．在活塞环压缩器内涂发动机机油，防止损坏活塞环或者活塞

C．所有的活塞环端隙必须对准进行安装

D．安装连杆轴承前，必须将发动机机油涂在连杆的轴承安装表面上

14．下列关于 1NZ-FE 发动机的活塞环的说法哪一个是正确的？(　　)

A．为免压缩压力泄漏，最好得到一较小活塞环端隙

B．因为一号和二号压缩环的形状相同，所以没有特别规定安装位置

C．在气缸顶部测量一个活塞环端隙

D．对于刮油环，其在活塞上的安装位置有特别规定

15．安装气缸盖时，下列关于清洁螺栓孔目的的答案中最适合的是(　　)。

A．如果在螺栓孔内有油或水时紧固螺栓，它便会通过摩擦热使油燃烧，造成极大的危险

B．如果在螺栓孔内有油或水时紧固螺栓，它便会造成锈蚀

C．如果在螺栓孔内有油或水时紧固螺栓，它便会压缩油或者水，然后使气缸体破裂

D．如果在螺栓孔内有油或水时紧固螺栓，它便会造成螺栓在下一次断裂

16．如图 2.130 所示，下列有关汽车汽油发动机的四行程工作原理的说法，哪种是正确的？(　　)

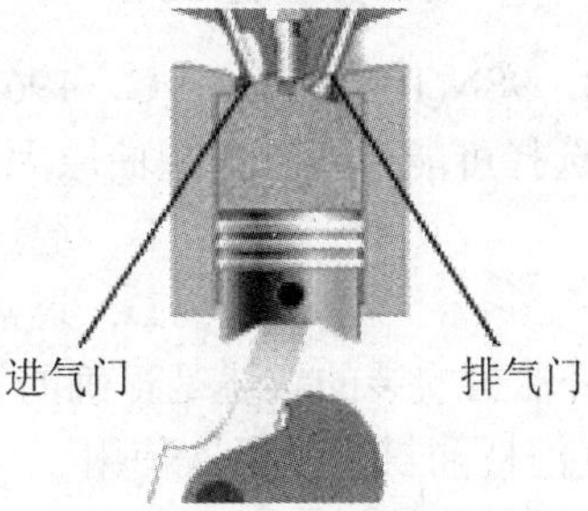

图 2.130　题 16 图

A．在进气行程中，进气门关闭并且排气门打开

B．在压缩行程中，进气门关闭并且排气门关闭

C．在燃气行程中，进气门打开并且排气门关闭

D．在排气行程中，进气门打开并且排气门打开

17．以下是关于汽油发动机的零部件的一些说法，哪种是正确的？(　　)

A．活塞的线性运动通过连杆被转换成曲轴的旋转运动

B．传送皮带通过皮带轮滑轮传输凸轮轴的旋转运动以驱动交流发电机

C．传动链条是通过皮带轮来向曲轴传送凸轮轴的旋转运动

D．油泵是由皮带传送的曲轴的旋转运动驱动的

18．以下是关于汽油发动机润滑油系统的一些说法，哪种是正确的？(　　)

A．油泵是由传动皮带驱动的，将油泵入发动机的各个部分

B．油压开关可检测泵入发动机的机油的速度

C．机油滤清器包括一个释放阀以防止由于滤清器阻塞而使发动机机油停止流动

D．机油粗滤器安装在发动机循环管路的末端以过滤机油中较大的杂质

19．以下是关于柴油机特性的一些说法，哪种是正确的？(　　)

A．柴油发动机的压缩比一般来说比汽油发动机的压缩比低

B．假如气缸的工作容积相同，柴油发动机车辆一般来说比汽油发动机车辆轻
C．与汽油发动机不同，柴油发动机的喷射系统只以机械方式工作
D．与汽油发动机不同，柴油发动机没有点火系统

20．图 2.131 显示的是用直尺测量皮带张紧力。下列图示中箭头位置上的压下的力量数值中哪一个是正确的？(　　)

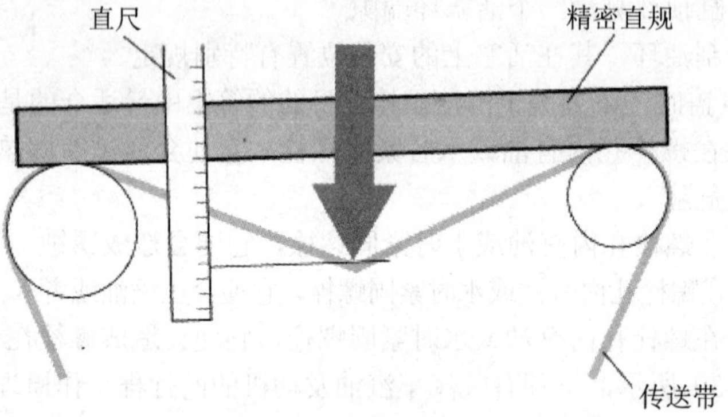

图 2.131　题 20 图

A．9.8N(1kgf)　　B．98N(10kgf)　　C．196N(20kgf)　　D．490N(50kgf)

21．从 A 到 D 4 个选项中选择可能为气缸盖翘曲原因的故障的正确编号是(　　)。
A．过冷　　B．通过活塞环漏油
C．连接轴承卡住　　D．过热

22．下面哪一个有关气门杆油封安装的叙述是正确的？(　　)
A．仅针对进气侧，气门杆油封可以再次使用
B．进气侧的气门杆油封与排气侧相同
C．安装一个气门油封时，在油嘴上涂上油脂，防止通过气门导管衬套漏油
D．拆卸气门杆油封后，保证使用一个新的油封更换，并使用 SST 进行安装

23．下面哪一个有关曲轴的操作的叙述是正确的？(　　)
A．通常，曲轴的轴承上刻一个表示安装位置的标记
B．安装曲轴后，测量曲轴的止推间隙，并且判断其是否处于良好的状态。 如果测量值大于规定值，通过将轴承盖向推力方向移动，调整其安装位置
C．如果发现曲轴有弯曲，使用一把塑料锤子轻轻敲击进行校正
D．曲轴上的轴承盖必须按照拆卸时相同的位置和相同的方向进行安装

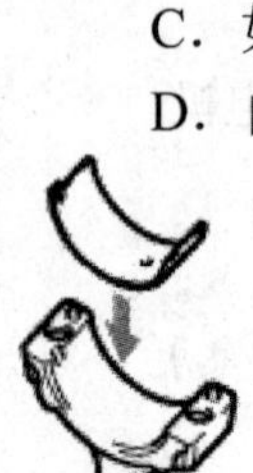

图 2.132　题 24 图

24．如图 2.132 所示，下面哪一个有关曲轴的安装的叙述是正确的？(　　)
A．仅在曲轴的轴承表面上抹发动机机油，并且安装
B．在曲轴的轴承表面上抹发动机机油，在某表面上抹硅油，然后安装
C．仅在轴承的后表面上抹发动机机油，然后安装
D．在轴承的两个表面上都抹发动机机油，然后安装

项目3

汽车底盘总成的拆检及安装

任务目标

最终目标	能正确理解和掌握汽车底盘各总成的结构和工作原理，掌握汽车底盘各总成的拆卸、分解与检修的技术要求和操作规范
促成目标	(1) 熟悉汽车底盘各总成检修的基本流程 (2) 掌握如何从车上拆下汽车底盘各总成 (3) 掌握规范地拆装汽车底盘各总成 (4) 掌握规范地清洁和检查部件 (5) 养成作业过程遵循并查阅维修手册或电路图的习惯 (6) 在作业过程中能够遵循5S理念，培养职业素养

引言

汽车底盘总成的拆装主要介绍了汽车传动系统、行驶系统、转向系统和制动系统的功用、工作原理和检修的工作过程。通过学习，可以全面了解汽车底盘的基本构成和维修规范，综合应用基础课程所学的知识，对汽车机械部分的构成、电器和电路的工作原理等有深刻的了解和掌握。本课程的学习要注重理论联系实际，提高动手能力。培养对汽车的兴趣和爱好，为后续专业课程的深入学习和今后的工作打下基础。

任务 3.1　传动系统的拆装与检修

3.1.1　任务引入

按照头脑风暴法收集如何从车上拆卸传动系统部件作业的关键点，借助脑图记录团队成员提出的想法，以脑图为基础确定问题，图 3.1 为从车上拆卸离合器总成和手动传动桥大修的信息收集图。

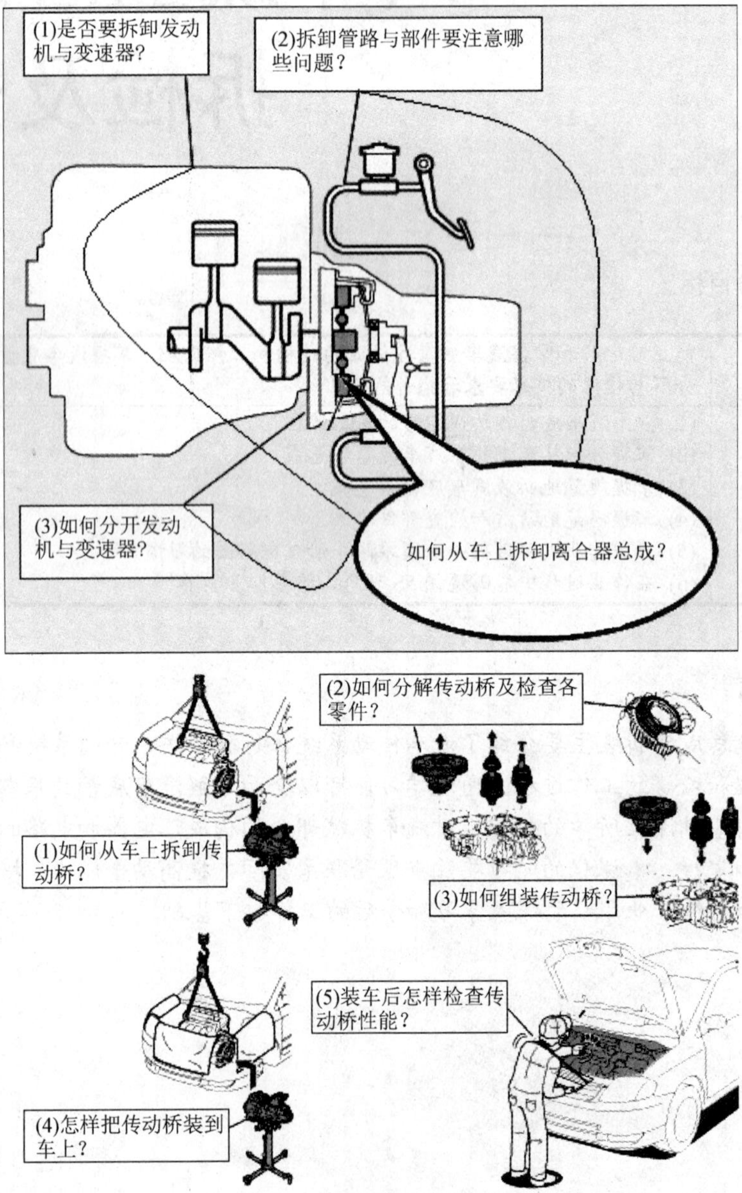

图 3.1　从车上拆卸离合器总成和手动传动桥大修的信息收集

通过脑图展开讨论，明确主要任务，认知生产过程和工艺过程，学习基本原理知识，熟悉规范的操作流程，掌握从车上拆卸离合器总成和手动传动桥大修的基本技能。

3.1.2 相关知识

1. 汽车离合器的功用

汽车离合器位于发动机和手动传动桥(手动变速器)之间并通过操作离合器踏板来连接和切断发动机的动力，并可逐渐地将来自发动机的动力传送到驱动轮以便稳定起动汽车并在驾驶汽车过程中根据各种条件稳定地换挡。所以，离合器的功用概括地说主要有以下 3 点。

(1) 平顺接合动力，保证汽车平稳起步。

(2) 临时切断动力，保证换挡时工作平顺。

(3) 防止传动系统过载。

根据传递力的介质不同，离合器可以分为机械式、摩擦式、液力式、电磁式，见表 3-1。

表 3-1 离合器的类型、工作原理及用途

类　型	工作原理	用　途
机械式离合器	机械运动传递动力	机械设备
摩擦式离合器	动力元件结合产生摩擦，传递动力	汽车离合器、双离合器、摩托车离合器
液力式离合器	液力流动产生的动能	汽车液力变矩器
电磁式离合器	通过线圈通、断电产生的磁力变化来控制离合器的接合与分离	汽车空调压缩机

2. 摩擦式离合器的组成

离合器分为主动部分、从动部分、压紧机构和操纵分离机构 4 部分，由压盘、从动盘(或称为摩擦盘)、飞轮、离合器分离轴承、分离叉、分离拉杆和离合器壳体组成。其中，主动部分、从动部分和压紧机构是保证离合器处于结合状态并传递动力的基本结构，分离机构和操纵机构是保证使离合器分离的装置。典型摩擦式离合器的组成如图 3.2 所示。

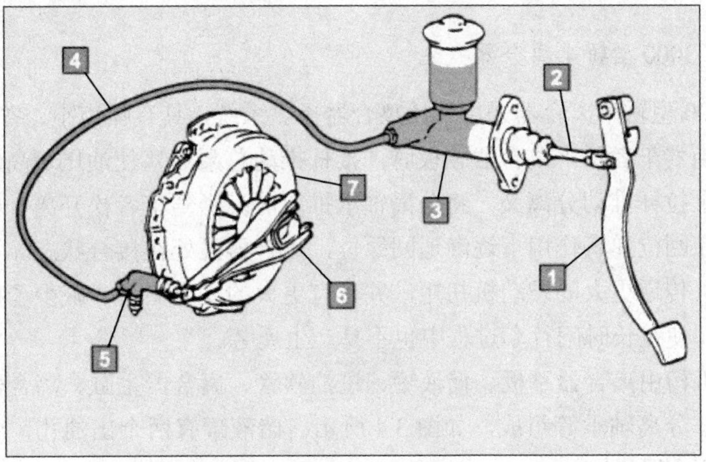

图 3.2 典型摩擦式离合器的组成

1—离合器踏板；2—推杆；3—总泵；4—液压软管；5—分泵；6—分离叉；7—离合器盖

(1) 主动部分包括飞轮后平面、压盘总成，是动力输入装置。

(2) 从动部分包括从动盘、变速器第一轴，是动力输出装置。

(3) 压紧机构主要是压紧弹簧，使离合器压盘能及时与从动盘结合。

(4) 操纵分离机构是指使离合器分离的装置，包括分离杠杆、拉杆调解叉、分离叉、分离轴承等，是从离合器踏板到分离杠杆之间的零部件。

3. 离合器的工作原理

(1) 接合状态：离合器处于接合状态时，压紧弹簧将压盘、飞轮及从动盘互相压紧。发动机转矩经飞轮及压盘通过摩擦面的摩擦力矩传递到从动盘，再经变速器输入轴向传动系输入。

(2) 分离过程：踏下踏板时，离合器分泵向前移动带动分离叉向前移动，分离叉内端则通过分离轴承推动分离杠杆内端向前移动，分离杠杆外端依靠安装在离合器盖上的支点拉动压盘向后移动，使其在进一步压缩压紧弹簧的同时，解除对从动盘的压力，于是离合器的主动部分处于分离状态而中断动力的传递，如图 3.3 所示。

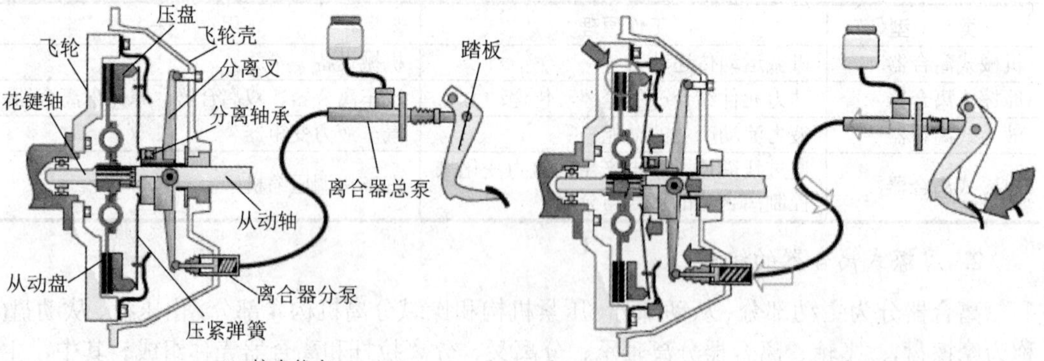

(a) 接合状态　　(b) 分离状态

图 3.3　离合器的工作过程

4. 桑塔纳 3000 型轿车离合器概述

桑塔纳 3000 型轿车离合器采用液压离合器操纵系统，具有噪声小、省力、平稳、布置方便的特点。当驾车者踩下离合器踏板时，推杆推动总泵活塞使油压增高，通过软管进入分泵，迫使分泵拉杆推动分离叉，将分离轴承推向前；当驾车者松开离合器踏板时，液压解除，分离叉在回位弹簧作用下逐渐退回原位，离合器又处在接合状态。该系统同机械式离合器相比，可传递更大的发动机扭矩，并具有更大的安全储备，减少了操纵所需的踏板力，使驾驶员即使在长时间行车过程中也不易产生疲劳。

液压操纵机构由离合器踏板、储液罐、进油软管、离合器主缸、离合器工作缸、油管总成、分离叉、分离轴承等组成，如图 3.4 所示。储液罐有两个出油孔，分别把制动液供给制动主缸和离合器主缸。

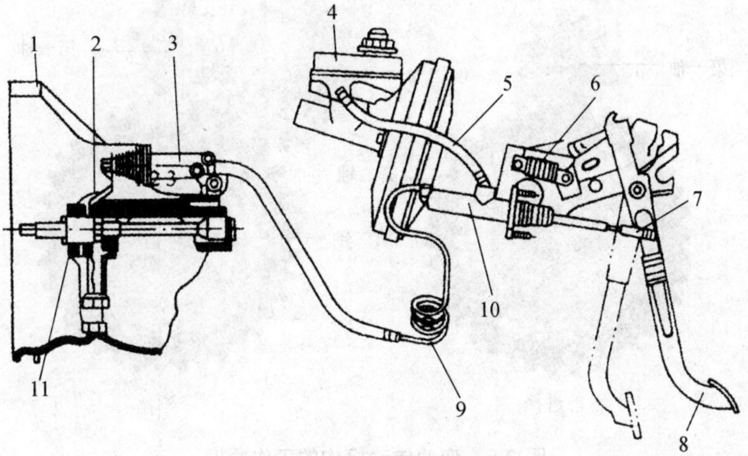

图 3.4　离合器液压操纵机构

1—变速器壳体；2—分离板；3—离合器工作缸；4—储液罐；5—进油软管；6—助力弹簧；7—推杆接头；8—离合器踏板；9—油管总成；10—离合器主缸；11—分离轴承

5. 变速器的功用与类型

(1) 变速器的功用：①改变传动比，从而改变传递给驱动轮的转矩和转速；②实现倒车；③利用空挡中断动力的传递。

(2) 变速器的组成：①变速传动机构；②变速操纵机构。

(3) 变速器的类型：①按传动比变化方式的不同，变速器可分为有级式、无级式和综合式 3 种。②按换挡操纵方式的不同，变速器可分为手动操纵式、自动操纵式和半自动操纵式 3 种。

6. 变速器的变速传动机构

1) 有级式变速器变速传动机构的组成、工作原理和常见的换挡方式

(1) 变速传动机构的组成：变速传动机构主要由齿轮、轴及变速器壳体等零部件组成。

(2) 变速传动机构的工作原理：利用不同齿数的齿轮对相互啮合，以改变变速器的传动比；通过增加齿轮传动的对数，以实现倒挡。

在前进挡时，动力由第一轴直接传给第二轴，只经过一对齿轮传动，两轴转动方向相反。倒挡时，动力由第一轴传给倒挡轴、再由倒挡轴传给第二轴，经过两对齿轮传动，第一轴与第二轴转动方向相同。变速传动机构的工作原理如图 3.5 所示。

(3) 常见的换挡方式：利用滑动齿轮换挡、利用接合套换挡和利用同步器换挡。

2) 两轴式变速器

两轴式变速器变速传动机构主要由第一轴(即动力输入轴)、第二轴(即动力输出轴)、倒挡轴、各挡齿轮及变速器壳体所构成。两轴是指汽车前进时，传递动力的轴只有第一轴和第二轴。图 3.6 为桑塔纳 2000 轿车采用的两轴式变速器。

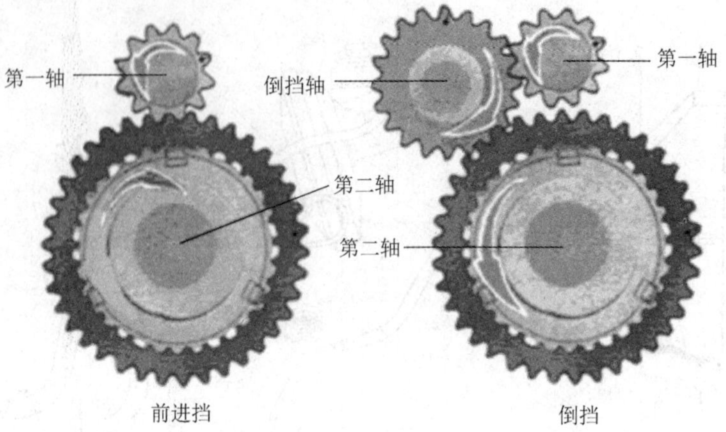

图 3.5　变速传动机构的工作原理

3) 三轴式变速器

三轴是指汽车前进时，传递动力的轴有第一轴、中间轴和第二轴，直接挡除外。

4) 防止自动跳挡的措施

利用接合套换挡的变速器，由于接合套与齿圈的接合长度较短，同时汽车行驶时需要经常换挡，频繁拨动接合套将使齿端发生磨损。汽车行驶中可能会因振动等原因造成接合套与齿圈脱离啮合，即发生自动跳挡。通过以下结构措施可以防止自动跳挡。

① 接合套和接合齿圈的齿端制成倒斜面。

② 花键毂齿端的齿厚切薄。

③ 接合套的齿端制成凸肩。

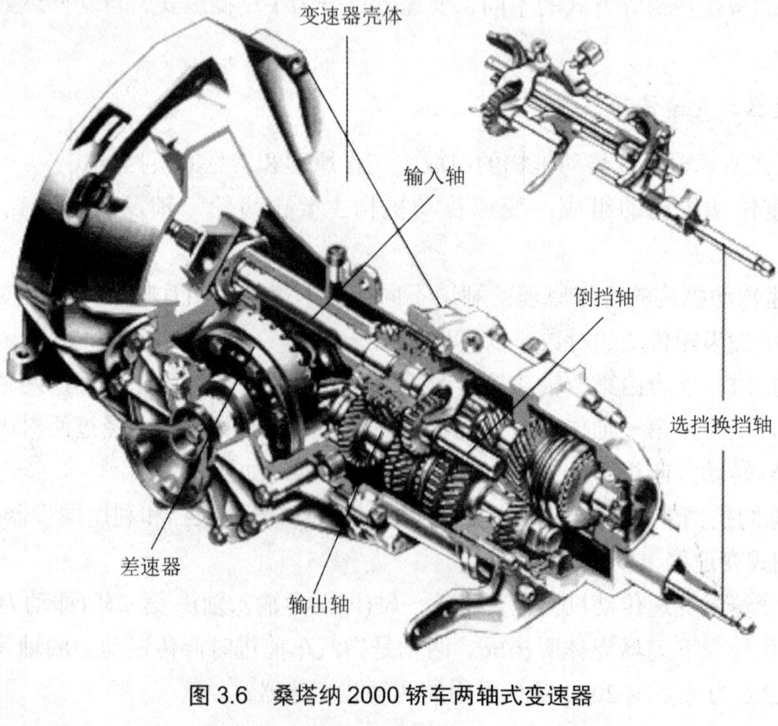

图 3.6　桑塔纳 2000 轿车两轴式变速器

7. 同步器

同步器是利用摩擦原理实现同步的，现代汽车上广泛使用的是惯性式同步器，可以从结构上保证待啮合的接合套与接合齿轮的花键齿在达到同步之前不可能接触，可以避免齿间冲击和噪音。同步器分为锁环式惯性同步器、锁销式惯性同步器和自行增力式同步器。

8. 变速器操纵机构

1) 直接操纵机构

(1) 选挡换挡机构由变速杆、拨块、拨叉轴和拨叉等组成，作用是完成换挡的基本动作。

(2) 操纵机构的安全装置是保证变速器在任何情况下都能准确、安全、可靠地工作。主要由自锁装置、互锁装置和倒挡锁组成。

2) 远距离操纵机构

当变速器在汽车上的布置离驾驶员座位较远时，需要在变速杆与拨叉轴之间加装一套传动机构或辅助杠杆，实现对变速器的远距离操纵。此时，操纵机构由外部操纵机构和内部操纵机构两部分构成。

3.1.3　任务实施

1. 桑塔纳 3000 型轿车离合器总成从车上的拆装与检修

1) 离合器的拆卸与分解

(1) 首先拆下变速器。

(2) 用专用工具 10-201 将飞轮固定，如图 3.7 所示，然后逐渐将离合器盖的固定螺栓对角拧松，取下离合器盖总成，并取下离合器从动盘。

(3) 按一定顺序分解离合器各部件，如图 3.8 所示。

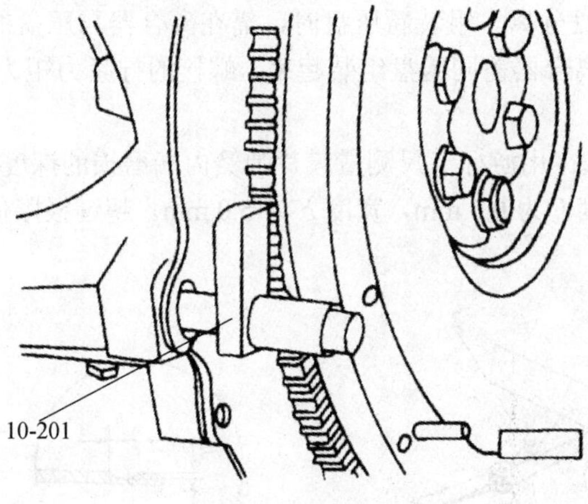

图 3.7　固定飞轮

(4) 拆卸主缸。

① 取下离合器踏板与主缸推杆叉的连接销轴。

② 从主缸上拧下进油管和出油管接头。

③ 拧下主缸固定螺栓，拉出主缸。

在解体离合器主缸前，应排净主缸中的制动液。主缸分解过程是：取下防尘罩，用螺钉旋具或挡圈钳拆下挡圈，拉出主缸推杆、压盖和活塞。

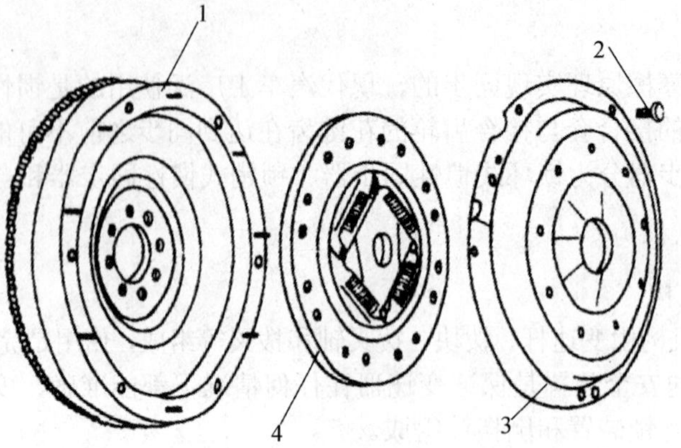

图 3.8 离合器压盘和从动盘

1—飞轮；2—六角螺栓或圆柱头螺栓拧紧力矩(25 N·m)；
3—压盘(最大翘曲度 0.2 mm)；4—从动盘(弹簧保持架朝向压盘)

(5) 拆卸工作缸。

① 拧下工作缸进油管接头，再拆下工作缸固定螺栓，即可拉出工作缸。

② 工作缸的分解过程是：拉出工作缸推杆，拆下防尘罩，然后用压缩空气将工作缸活塞从缸筒内压出来。

2) 离合器的检修

(1) 压盘的检查：离合器压盘平面度不应超过 0.2 mm，检查方法可用直尺放平后以塞尺测量，如图 3.9 所示。如果超过规定值应更换压盘。

更换压盘的方法如下：用台钻除掉传动片与离合器盖连接的铆钉头，然后用冲子冲出铆钉，使离合器盖与压盘分离。组装新压盘时，需在离合器与压盘的接触面上涂上一薄层润滑脂，用专用螺栓将离合器盖同压盘组装起来。螺栓的拧紧力矩为 14.7～21.6 N·m，拧紧后铆住螺母。

(2) 膜片弹簧的检修：用游标卡尺测量膜片弹簧内端磨损的深度和宽度，如图 3.10 所示。磨损的极限值：深度 h 为 0.6 mm，宽度 b 为 5.0 mm。超过极限值，应更换离合器盖总成或膜片弹簧。

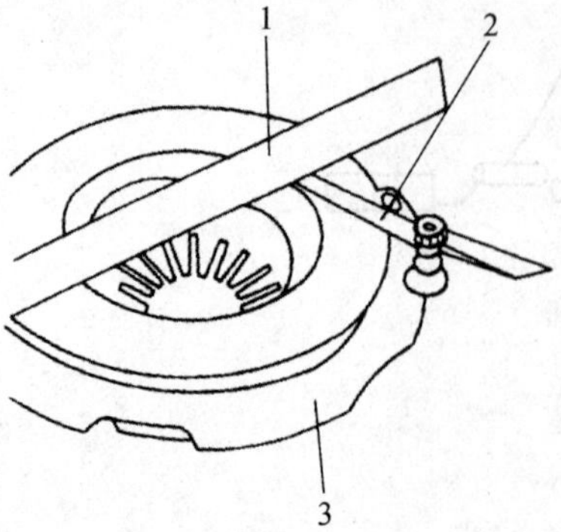

图 3.9 压盘平面度的检查

1—直尺；2—塞尺；3—离合器盖

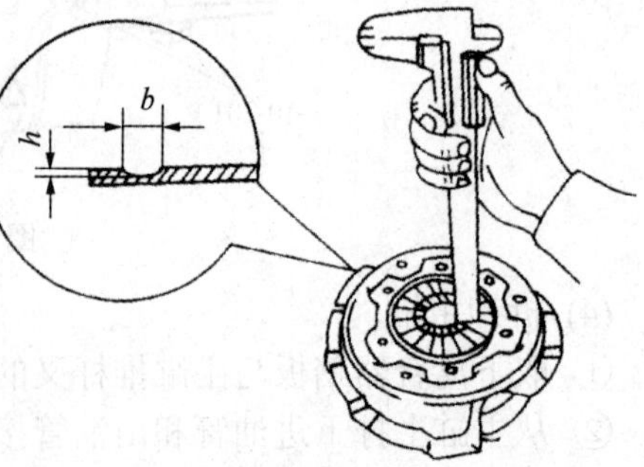

图 3.10 膜片弹簧内端磨损的检查

如图 3.11 所示，用一个塞尺和专用工具测量膜片弹簧的弯曲变形。弹簧内端应在同一平面内，弹簧内端和专用工具之间的间隙不能超过 0.5 mm，如果过大则必须调整。调整时用专用工具将弹簧弯曲到正确的对准位置，如图 3.12 所示，调整后再测量一次，直到符合要求为止。

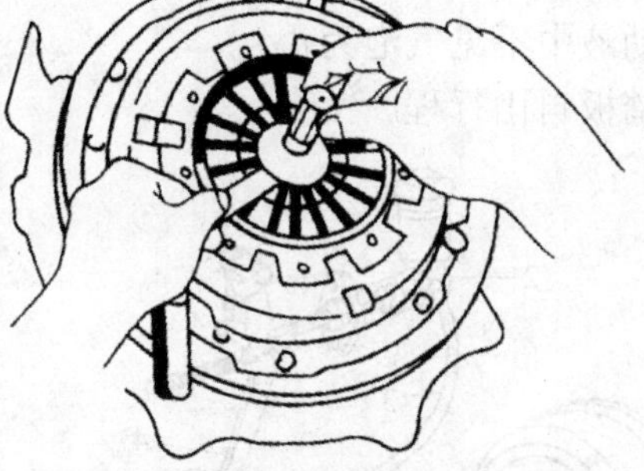

图 3.11　膜片弹簧弯曲变形的测量

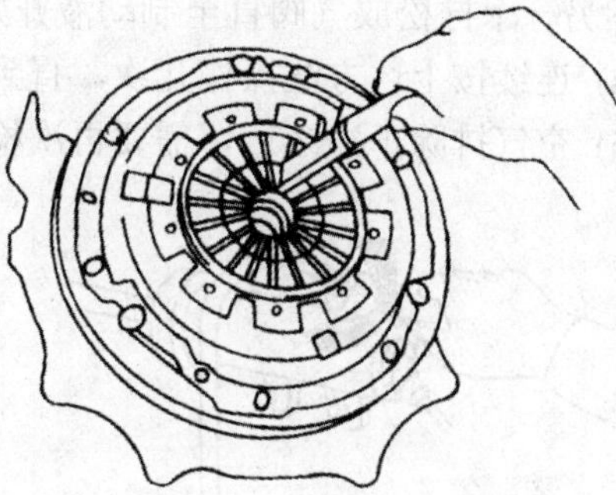

图 3.12　膜片弹簧的调整

(3) 分离轴承的检查：分离轴承的检查如图 3.13 所示，固定内缘转动外缘，同时在轴向施加压力，如有卡滞或明显间隙，则应更换分离轴承。由于该轴承是永久润滑而不需要加注润滑油，当出现脏污时用干净抹布擦净即可，出现异响无法消除时必须更换。

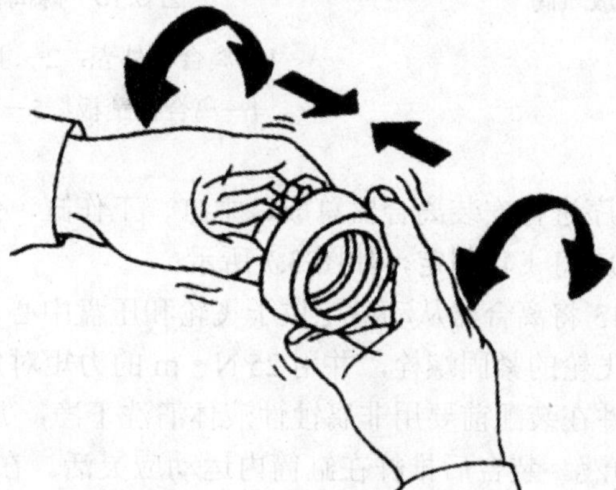

图 3.13　分离轴承的检查

(4) 主缸和工作缸的检修：主缸和工作缸是离合器液压操纵机构的主要部件，其工作性能的好坏直接影响离合器的工作性能。当出现缸筒内壁磨损超过 0.125 mm、活塞与缸筒的间隙超过 0.20 mm、皮圈老化及回位弹簧失效等情况时，应更换相应零件。

3) 液压操纵机构放空气

离合器液压操纵机构在经过检修之后，管路内可能进入空气，在添加制动液时也可能使液压系统中进入空气。空气进入后，由于缩短了主缸推杆行程即踏板工作行程，从而使离合器分离不彻底。因此，液压系统检修后或怀疑液压系统进入空气时，就需要排除液压系统中的空气，如图 3.14 和图 3.15 所示。

排除空气的方法如下。

(1) 用千斤顶顶起汽车，然后用支架将汽车支住。将主缸储液罐中的制动液加至规定高度。

(2) 在工作缸的放气阀上安装一软管，接到一个盛有制动液的容器内。

(3) 排空气需要两个人配合工作，一人慢慢地踩离合器踏板数次，感到有阻力时踩住不动，另一个拧松放气阀直至制动液开始流出，然后再拧紧放气阀。

(4) 连续按上述方法操作几次，直到流出的制动液中不见气泡为止。

(5) 空气排除干净之后，需要再次检查及调整踏板自由行程。

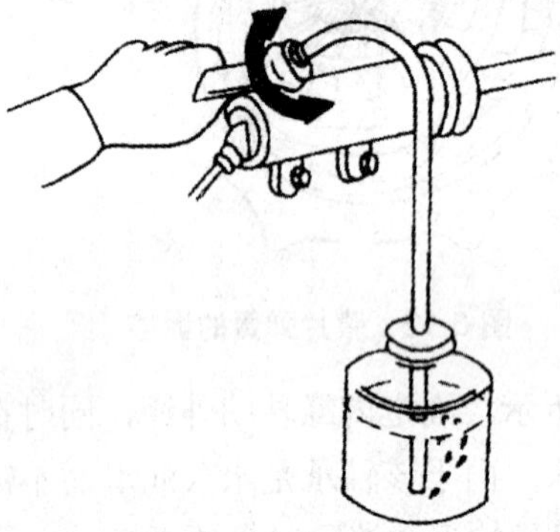

图 3.14　工作缸的放气阀

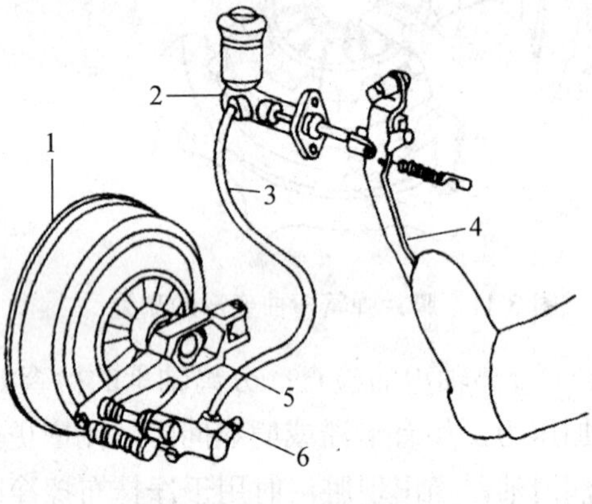

图 3.15　踩离合器踏板数次

1—离合器外壳；2—主缸；3—挠性软管；
4—离合器踏板；5—分离叉；6—工作缸

4) 离合器安装

按照与拆卸相反的顺序进行安装离合器总成、主缸、工作缸，但应注意以下事项。

(1) 用专用工具 10-201 将飞轮固定，如图 3.7 所示。

(2) 用专用工具 10-213 将离合器从动盘定位于飞轮和压盘中心。

(3) 装上离合器盖与飞轮的紧固螺栓，并用 25 N·m 的力矩对角逐渐旋紧。

(4) 主缸和工作缸零件在装配前要用非腐蚀性液体清洗干净，并在活塞、皮碗、皮圈、缸套等零件上涂一层制动液。装合后推杆在缸筒内运动应灵活。在放松(不工作)位置时，主缸皮碗和活塞头部应位于进油孔和补偿孔之间，两孔都开放。工作缸上带有塑料支承环，安装时外表面要涂上一层薄薄的润滑油，工作缸推杆末端也要涂上润滑脂润滑。

(5) 安装离合器工作缸时，需要用一个适应的杠杆克服弹簧的弹力，将其压向变速器壳相应的孔中后，方能将固定螺栓旋入。

2. 花冠轿车 C50 手动传动桥从车上的拆装与检修

1) 拆卸传动桥

传动桥的拆卸如图 3.16 所示，主要步骤如下。

(1) 拆下蓄电池。

① 拆开蓄电池电缆：拆开蓄电池电缆以前，需要将 ECU 等电子元件中存储的信息记录下来，主要包括诊断故障代码、无线电台选择情况、座椅位置(带记忆系统)和方向盘位置(带记忆系统)等。

② 拆下蓄电池：首先拆下蓄电池负极端子电缆→然后拆开蓄电池正极端子电缆→拆下

蓄电池卡箍→最后拆下蓄电池。

(2) 拆卸发动机引擎盖。

拆卸发动机引擎盖需要 3 人配合完成：一人在前面支撑发动机盖，其他两人在左边支撑发动机盖，同时松开螺栓，拆卸方法如图 3.17 所示。在拆卸的过程中要注意用布遮盖车身、引擎盖，以防止碰撞或擦伤挡风玻璃、引擎盖或车身。

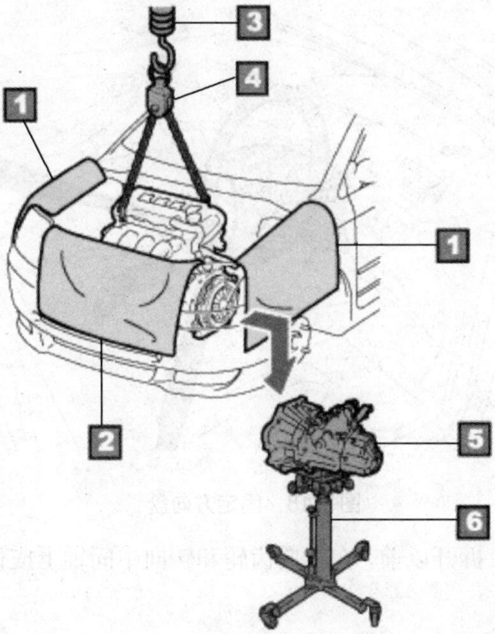

图 3.16　传动桥拆卸

1—翼子板护垫；2—中网护垫；3—链动滑轮；4—发动机起吊装置；5—传动桥；6—变速器千斤顶

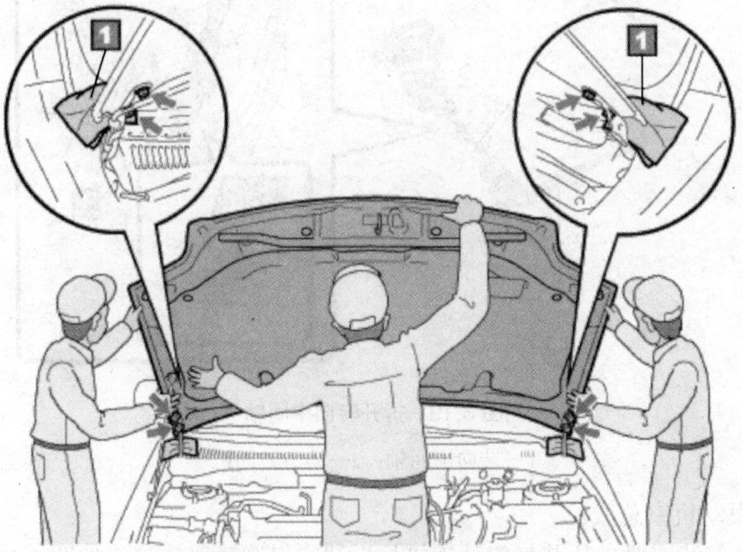

图 3.17　发动机引擎盖拆卸

(3) 拆卸车内总成。

对于FF车辆，从车上拆下传动桥总成时一般将发动机、传动桥、悬架梁等作为一个整体件从车下拆卸，因此需要在驾驶室拆分转向机和转向中间轴。

① 固定方向盘：通过将座椅安全带穿过方向盘，将方向盘固定，以防止空气囊的螺旋电缆断裂，如图3.18所示。

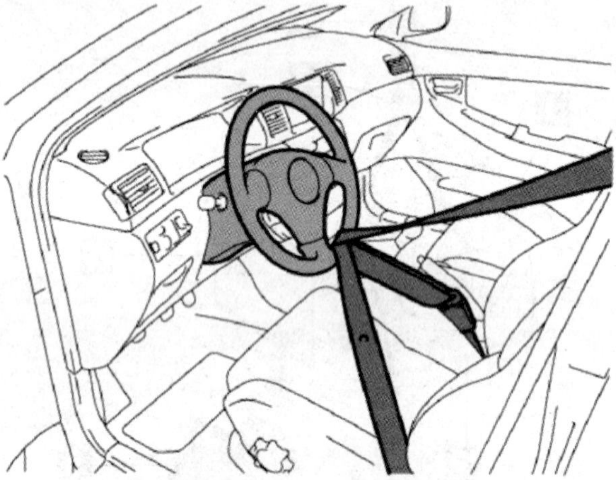

图 3.18　固定方向盘

② 拆开转向中间轴：拆开以前，在转向齿轮和转向中间轴上应做好装配标记，如图3.19所示。

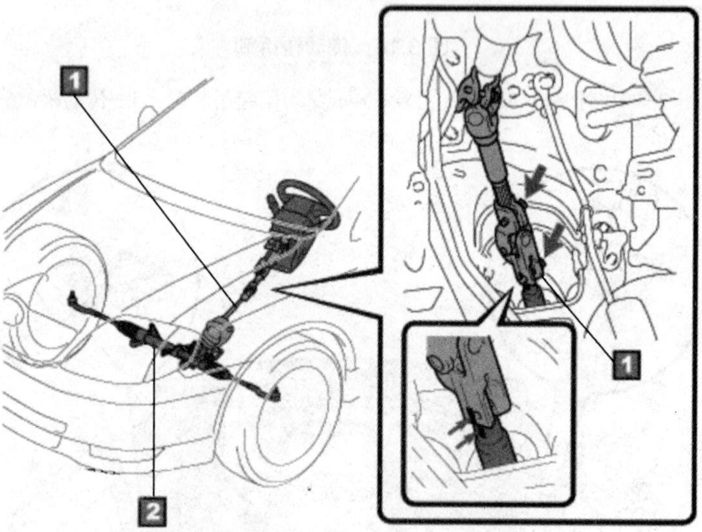

图 3.19　拆开转向中间轴

1—转向中间轴；2—动力转向机

(4) 拆卸发动机室总成。

① 拆卸空气滤清器：从节气门体连接处拆卸空气滤清器软管，如图3.20所示。

注意

拆卸空气滤清器后，用布或胶带遮盖进气口通路，以防止外来杂物侵入节气门体。如果异物侵入节气门体，则会损坏阀门或燃烧室。

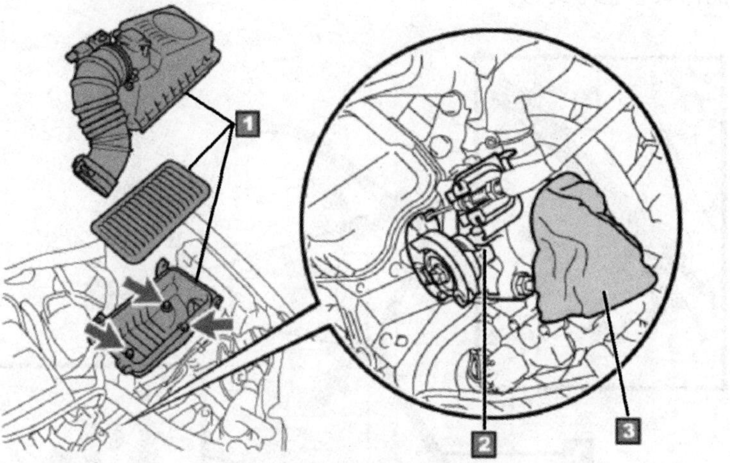

图 3.20　空气滤清器拆卸

1—空气滤清器；2—节气门体；3—布

② 拆卸起动机：拆卸螺母，然后断开起动机电缆和连接器。

注意

断开起动机电缆，以免损坏起动机 B 端子的螺纹区域。拆卸起动机安装螺栓，然后拆卸起动机，如图 3.21 所示。

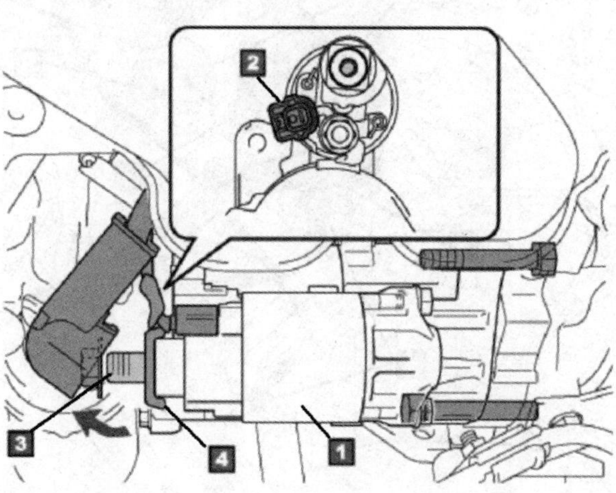

图 3.21　起动机拆卸

1—起动机；2—连接器；3—B 端子；4—起动机电缆

③ 拆卸离合器分离泵：拆卸柔性软管管路卡箍，然后将分离泵连同管路卡箍一起从传动桥上拆卸，如图 3.22 所示。

注意

切勿使挠性软管管路变形。

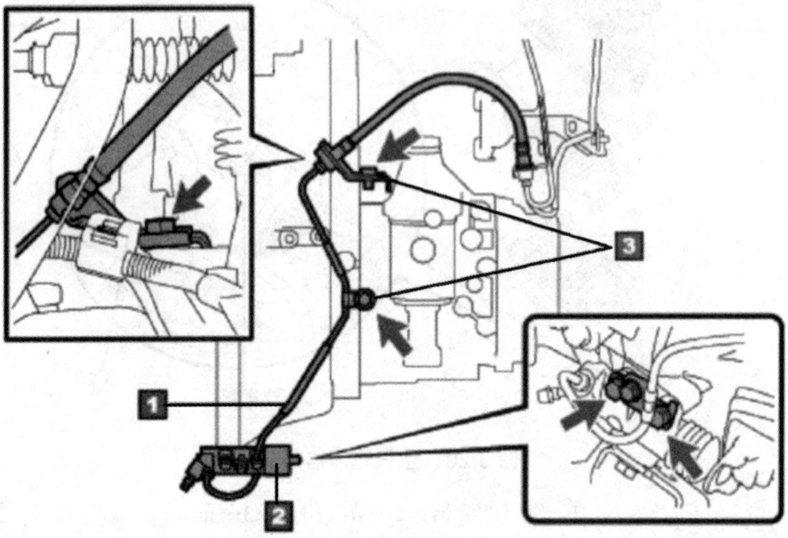

图 3.22　离合器分离泵拆卸

1—离合器挠性软管管路；2—离合器分离泵；3—夹轨

④ 拆开线束和连接器：从传动桥分离线束和连接器，如图 3.23 所示。

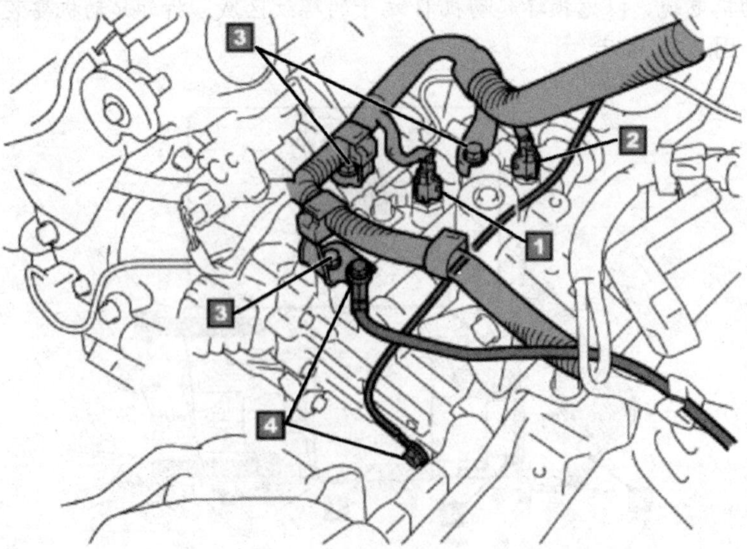

图 3.23　线束和连接器拆开

1—备用灯开关；2—速度传感器；3—线束夹；4—接地

⑤ 拆掉换挡和选挡控制拉索：拆卸卡箍和垫圈，然后从传动桥上拆开换挡和选挡拉索，如图 3.24 所示。

注意

拆卸时，不要使用过大的力作用在换挡和选挡拉索上，否则可能造成换挡和选挡拉索弯曲；不要让夹头弹出。拆卸传动桥时，使用绳索将断开的拉索固定在一旁；为了重新安装时便于识别，应在断开的换挡和选挡拉索上做好标记。

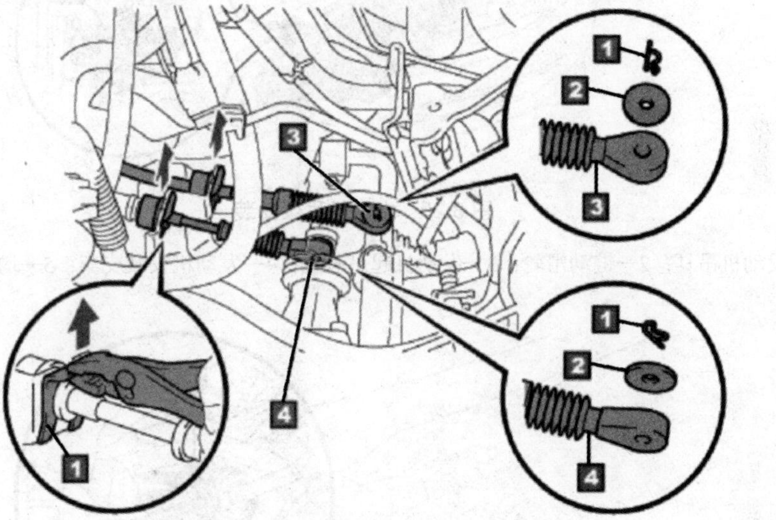

图 3.24　换挡和选挡控制拉索拆卸

1—卡扣；2—垫圈；3—选挡拉索；4—换挡拉索

⑥ 安装发动机吊架：在发动机上安装发动机吊耳，然后通过发动机吊索将它们连接到链动滑轮。利用链上的张紧力，拆卸贯穿螺栓，安装发动机吊耳，如图 3.25 所示。

注意

如果链动滑轮升起过高，车辆可能从起重机上落下，非常危险；如果链条用力不均匀，发动机将明显倾斜，也非常危险。

(5) 从车辆下部拆卸总成。

① 传动桥油排放：拆卸排放塞之前，松开加注口塞；将废油收集器放置在尽可能接近排放塞的高度，然后将齿轮油排放到废油收集器中。

② 断开动力转向管路：在横梁下面放置一个废油收集器，使用 SST，从转向器断开进油管和回流管，如图 3.26 所示。排干液体后，用塑料袋遮盖转向器和管路，以防止灰尘和异物侵入。

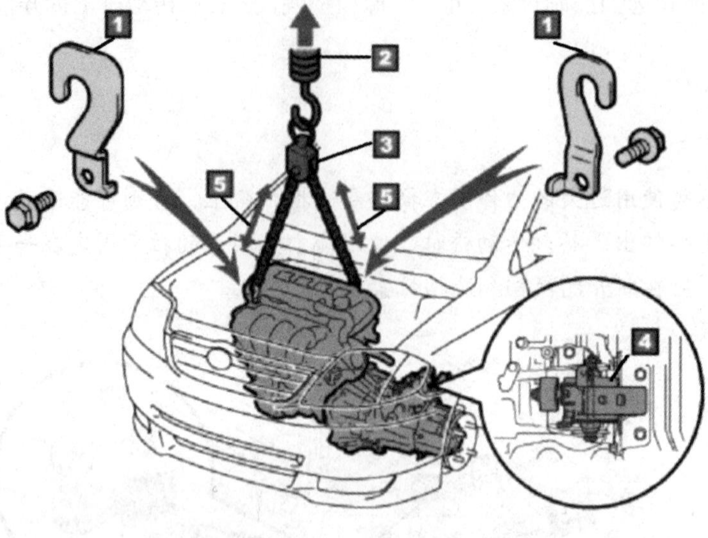

图 3.25 发动机吊架安装

1—发动机吊耳；2—链动滑轮；3—发动机起吊装置；4—发动机安装支架；5—均匀张紧力

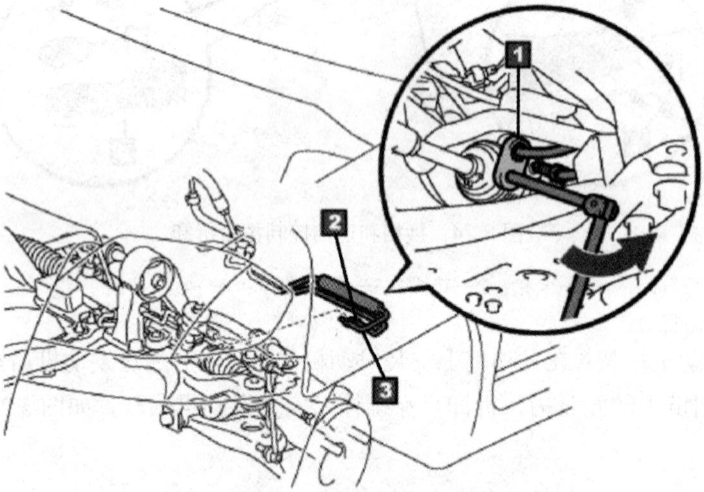

图 3.26 断开动力转向管路

1—SST(管接头螺母扳手)；2—压力进给管；3—回流管

③ 分离横拉杆端头：拆卸开口销和槽顶螺母，然后使用 SST 将横拉杆端头从转向节上脱离，如图 3.27 所示。

注意

如果 SST 抵着防尘罩进行拆卸可能会损坏防尘罩。

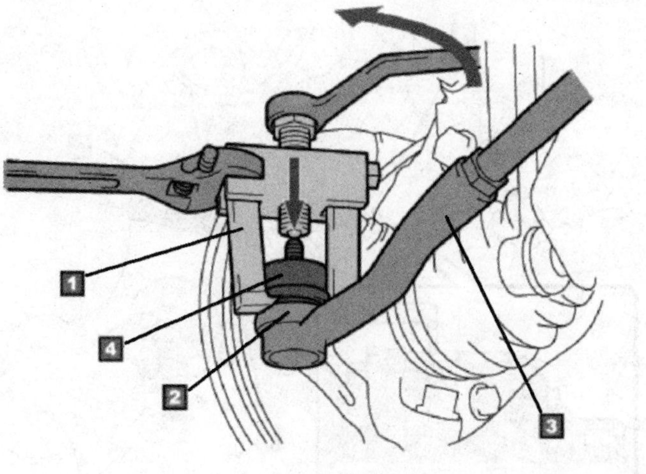

图 3.27　分离横拉杆端头

1—SST(球头拉具)；2—防尘罩；3—横拉杆端头；4—转向节

④ 拆卸驱动轴锁止螺母：首先把传动轴凹槽旋置上空部，然后使用 SST 和锤子松开锁止螺母(松开锁止螺母时要求两个人操作，即一个人踩住制动踏板固定驱动轴，而另一个人使用工具松开锁止螺母)，如图 3.28 所示。

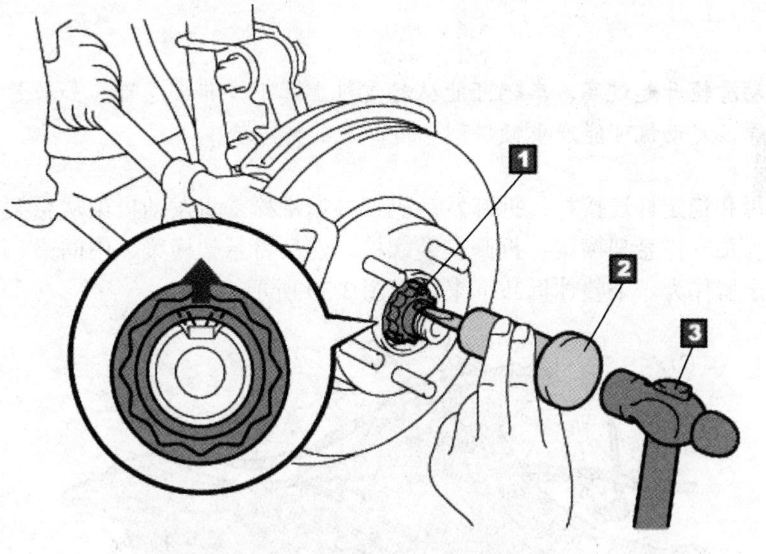

图 3.28　拆卸驱动轴锁紧螺母

1—锁止螺母；2—SST(传动轴螺母凿子)；3—锤子

⑤ 拆卸驱动轴：从车桥轮毂上拆卸下臂→从减振器上拆开横向杆稳定杆铰接→轻轻地将车桥轮毂往外拉时，使用一把塑料锤轻轻地敲驱动轴使之脱离卡扣，然后将驱动轴从车桥轮毂上拆开→使用 SST，拉出驱动轴，如图 3.29 所示。

注意

用 SST 爪钩住驱动轴凹槽(卡爪脱钩可能损坏驱动轴护套)，拆卸时需要两名工作人员配合作业，尽量水平放置驱动轴以便于拆卸。

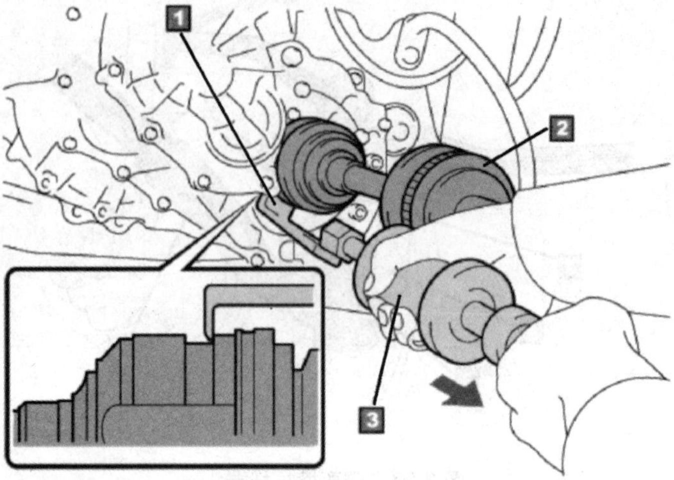

图 3.29　拆卸驱动轴

1—SST(驱动轴拆卸工具附件)；2—驱动轴；3—SST(差速器半轴齿轮轴拉具)

⑥ 拆卸悬架交叉杆和中心构件：升起链动滑轮直到产生轻微张紧力。

注意

如果链动滑轮升起过高，车辆可能从起重机上落下，非常危险。如果悬吊装置左右链条张紧力不等，发动机可能严重倾斜到一边，也非常危险。

拆卸螺母和稳定杆连接杆；拆卸发动机架螺帽螺栓，将发动机架从悬架横梁分离；使用变速器千斤顶支撑悬架横梁；拆卸安装螺栓，然后将悬架横梁、中间梁、下横臂、动力转向机和稳定器作为一个整体拆卸下来，如图 3.30 所示。

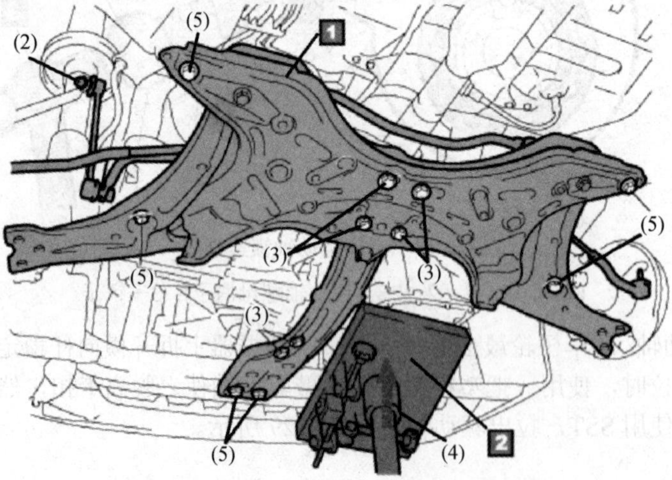

图 3.30　拆卸悬架交叉杆和中心构件

1—悬架横梁和中间梁；2—变速器千斤顶

然后放低变速器千斤顶，同时检查悬架横梁不要妨碍车身。

注意

使用绳索将横梁拴紧到变速器千斤顶，避免横梁落下。临时安装横梁螺栓，以便显示安装位置。

(6) 拆卸传动桥。

① 使用变速器千斤顶支撑传动桥，调整千斤顶角度和连接件，防止传动桥摇摆，如图 3.31 所示。

注意

如果变速器千斤顶升起过高，车辆可能从举升机上落下，非常危险。检查发动机起吊装置是否在发动机吊耳上正确悬吊，悬吊是否适度拉紧。

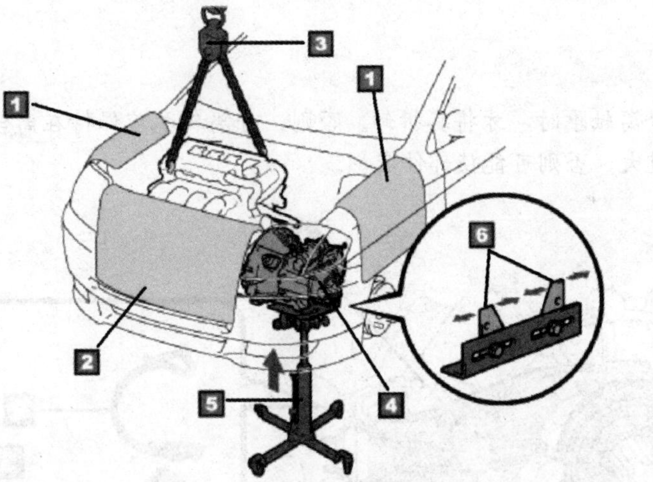

图 3.31　千斤顶支撑传动桥

1—翼子板护垫；2—中网护垫；3—发动机起吊装置；4—传动桥；5—变速器千斤顶；6—附件

② 拆卸传动桥安装螺栓，将平头螺丝刀插入发动机肋部，用螺丝刀撬动，脱开传动桥。

注意

脱开传动桥之前，确保发动机起吊装置的两条链子已经拉紧。

③ 用力拉传动桥，同时小心摆动，将它从发动机脱离。

注意

强烈摇动传动桥可能损坏输入轴或离合器盘。

④ 慢慢放下变速器千斤顶，同时确保传动桥不妨碍车身。

注意

使用绳索将传动桥拴紧到变速器千斤顶，避免传动桥落下。

2) 分解传动桥

分解传动桥时先拆卸变速器壳周围的全部部件，然后取下箱体，拆卸输入轴、输出轴和差速器；再使用测量仪器测量传动桥部件的磨损程度，并更换出现过度磨损的任何部件，主要步骤如下。

(1) 拆卸离合器分离叉和分离轴承。

① 拆卸离合器分离叉：向前拉动离合器分离叉，从分离叉座脱离离合器分离叉，然后将带分离轴承的离合器分离叉从前传动桥壳(离合器外壳)拆卸。

② 拆卸分离轴承：从离合器分离叉拆卸分离轴承，如图 3.32 所示。分离轴承卡扣的方向很重要，拆卸分离轴承之前，确保记录正确位置。

提示

需要更换分离轴承时，才将其拆卸。否则，分离轴承应保持在离合器分离叉上。避免轴承卡扣用力过大，否则可能使部件变形。

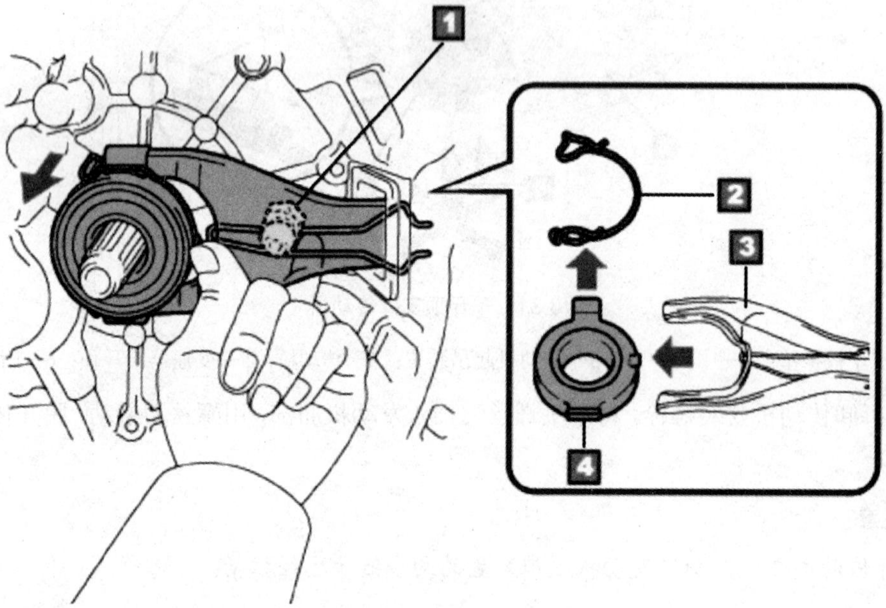

图 3.32 拆卸离合器分离轴承

1—离合器分离叉支撑件；2—轴承夹头；3—离合器分离叉；4—分离轴承

(2) 稳定手动传动桥。

通过在前传动桥壳下面放置木块，将传动桥稳定在工作架上。

注意

这样可以防止破坏箱体装配面和传动桥壳油封。

(3) 拆卸换挡和选挡拉杆轴。

① 检查空挡位置：将换挡和选挡拉杆轴设置在空挡位置。

提示

除非换挡和选挡拉杆轴设定在空挡位置，否则不能拆卸。

② 拆卸换挡和选挡拉杆轴：按照对角线松开螺栓，轮流稍微旋转每个螺栓。然后直着拉换挡和选挡拉杆轴，将其从传动桥拆卸。

(4) 拆卸变速器壳罩。

① 拆卸变速器壳罩螺栓：拆卸变速器壳罩螺栓时，均匀松开，按照对角线顺序松开并且拆卸螺栓。

② 拆卸变速器壳罩：因变速器壳罩采用密封填料黏合到变速器壳上，所以在拆时首先用塑料锤敲击壳罩肋线，松开壳罩，然后拆卸变速器壳罩，如图 3.33 所示。

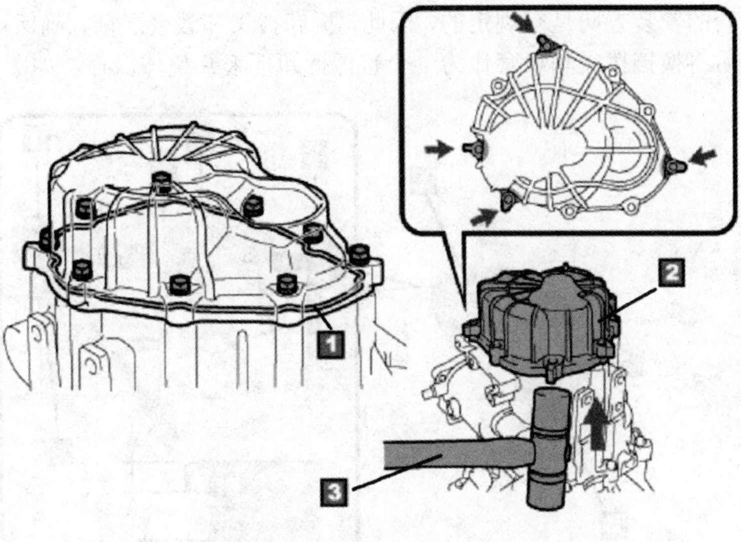

图 3.33　变速器壳罩拆卸

1—密封填料；2—变速器壳罩；3—塑料锤

(5) 拆卸输出轴锁止螺母。

① 解除输出轴锁止螺母的锁止状态：使用锤子和凿子，解除锁止状态。

② 锁紧输出轴：要松开输出轴锁止螺母，需要将两个齿轮啮合在一起以防止旋转。用螺丝刀上下滑动 2 个换挡拨叉轴，使其啮合实现锁紧输出轴，如图 3.34 所示。

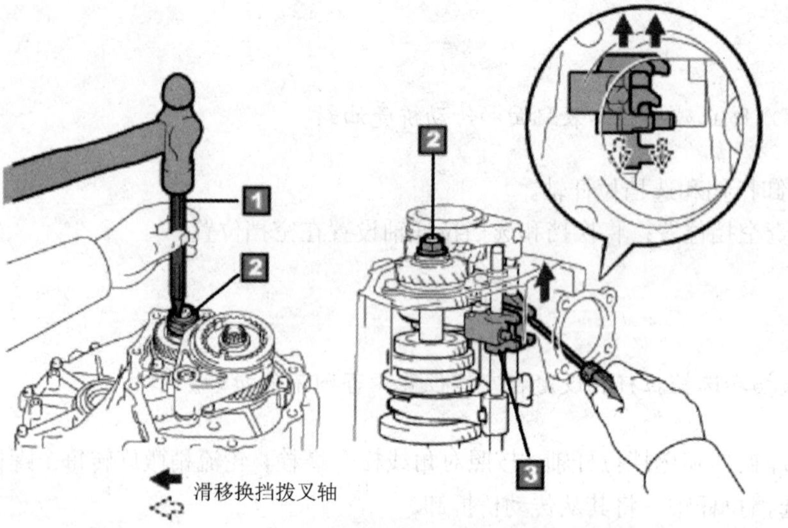

图 3.34 输出轴锁止螺母拆卸

1—凿子；2—输出轴锁止螺母；3—换挡拨叉轴

③ 拆卸输出轴锁止螺母：由于输出轴锁止螺母的扭矩比较大，如果要拆卸必须由两个人协助工作。输出轴螺母拆卸后，使用螺丝刀将换挡拨叉轴滑动到空挡位置。

(6) 拆卸 3 号换挡拨叉和毂套。

拨叉和毂套的安装方向是有规定的，因此，拆卸拨叉和毂套之前，确保记录正确位置。拆卸螺栓，然后将换挡拨叉和毂套作为一个整体拆卸下来并整体保存，如图 3.35 所示。

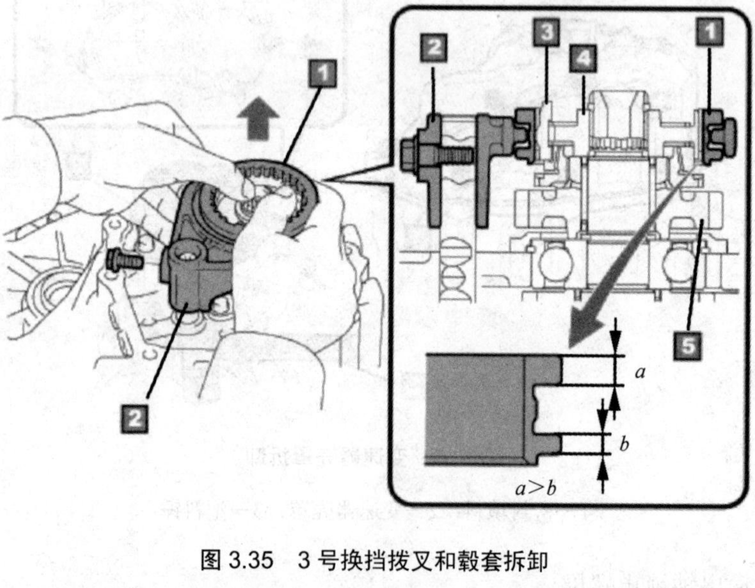

图 3.35 3 号换挡拨叉和毂套拆卸

1—毂套；2—3 号换挡拨叉；3—换挡键；4—离合器毂；5—5 挡齿轮

(7) 检查齿轮间隙。

分解传动桥以前，使用百分表测量齿轮间隙。如果没有合适的齿轮间隙，齿轮将不能完全润滑；如果间隙太大，齿轮将脱开啮合而且零件将会发出异常噪音。

5 挡齿轮间隙检查如图 3.36 所示。

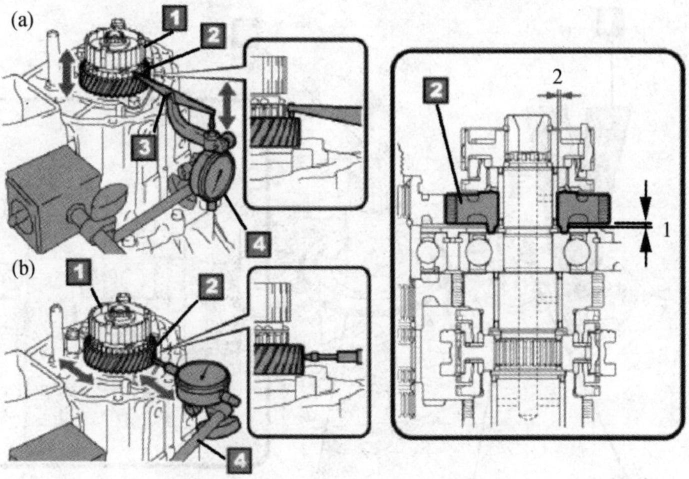

图 3.36　齿轮间隙检查

(a) 测量轴向间隙；(b) 测量径向间隙

1—离合器毂；2—5 挡齿轮；3—杠杆式探针；4—千分表

(8) 拆卸卡环。

卡环的形状和位置不同，其拆卸的方法也不同。

① 使用穿透螺丝刀和锤子，拆卸离合器毂卡环和换挡拨叉轴卡环，如图 3.37 所示。

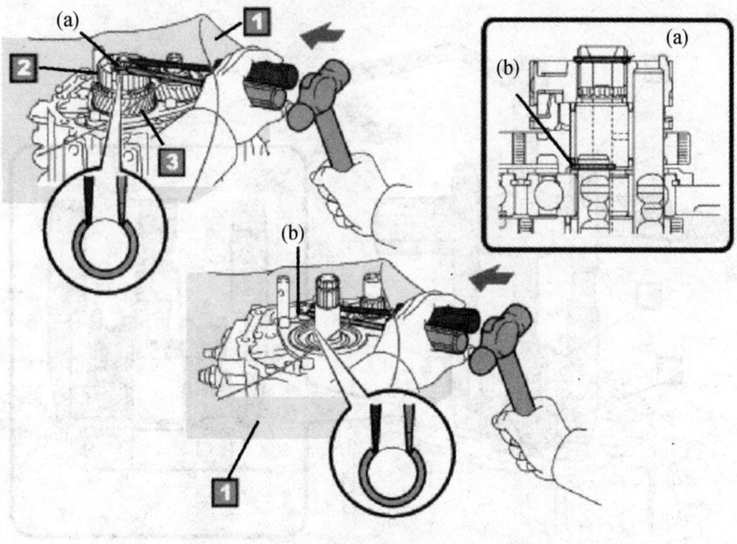

图 3.37　穿透螺丝刀和锤子拆卸卡环

(a) 离合器毂卡环；(b) 换挡拨叉轴卡环

1—布；2—离合器毂；3—5 挡齿轮

② 使用卡环钳，拆卸输入轴和输出轴卡环，如图 3.38 所示。

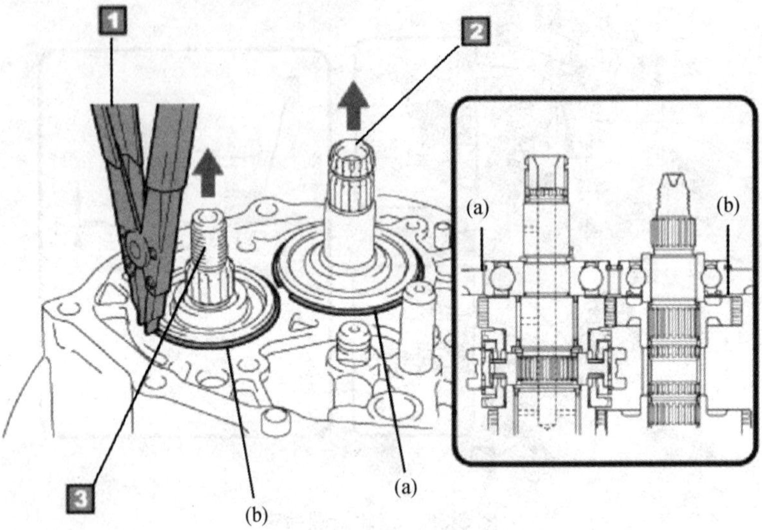

图 3.38　卡环钳拆卸卡环

(a) 输入轴卡环；(b) 输出轴卡环

1—卡环钳；2—输入轴；3—输出轴

(9) 拆卸离合器毂和齿轮。

① 拆卸 5 挡齿轮和离合器毂：使用 SST 拆卸离合器毂、同步器锁环和 5 挡齿轮，如图 3.39 所示。

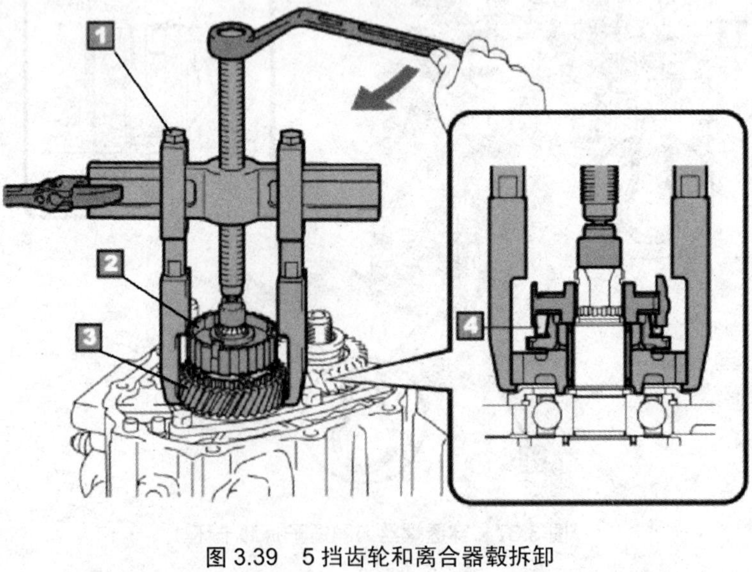

图 3.39　5 挡齿轮和离合器毂拆卸

1—SST(拉具 B 组件)；2—离合器毂；3—5 挡齿轮；4—同步器锁环

② 拆卸 5 挡从动齿轮：使用 SST 拆卸 5 挡从动齿轮，如图 3.40 所示。安装 SST 时注意将左右桥臂均匀地靠近齿轮，以防止卡爪会分开。

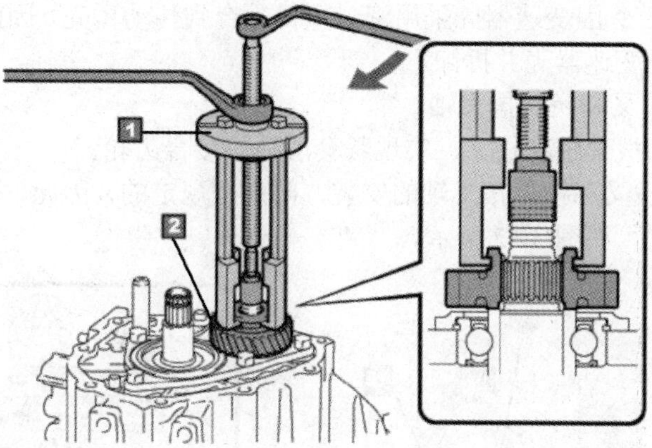

图 3.40　5 挡从动齿轮拆卸

1—SST(拉具 A 组件)；2—5 挡从动齿轮

(10) 分解离合器毂。

① 检查位置：离合器毂和换挡键的安装方向是有规定的，因此，分解此装置前，应确保仔细记录这些位置。

② 拆卸键簧：用布遮盖离合器毂，以便防止键簧和换挡键旋转到外面，然后用平头螺丝刀撬开键簧。

(11) 拆卸换挡锁止球和锁止球总成。

① 使用六角扳手，将换挡锁止塞和锁止球从变速器壳上拆卸：换挡锁止塞(1 挡和 2 挡齿轮)、换挡锁止塞(3 挡和 4 挡齿轮)、换挡锁止塞(5 挡和倒挡齿轮)和锁止球总成，如图 3.41 所示。

② 使用磁棒，拆卸弹簧座、弹簧和换挡制动球。

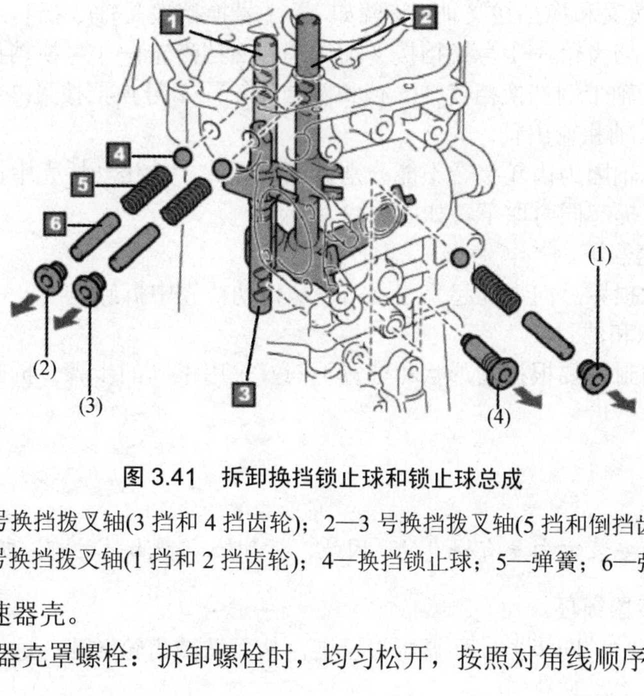

图 3.41　拆卸换挡锁止球和锁止球总成

1—2 号换挡拨叉轴(3 挡和 4 挡齿轮)；2—3 号换挡拨叉轴(5 挡和倒挡齿轮)；
3—1号换挡拨叉轴(1 挡和 2 挡齿轮)；4—换挡锁止球；5—弹簧；6—弹簧座

(12) 拆卸变速器壳。

① 拆卸变速器壳罩螺栓：拆卸螺栓时，均匀松开，按照对角线顺序松开螺栓。

② 拆卸变速器壳：因变速器壳采用密封填料黏合到传动桥壳，因此首先用塑料锤敲击变速器壳肋部，松开变速器壳并拆卸。

(13) 拆卸换挡拨叉和换挡拨叉轴。

换挡杆推动换挡拨叉轴和拨叉，实现毂套滑动，接合齿轮。

① 检查位置：拨叉和换挡拨叉轴的安装方向是有规定的，因此，分解此装置前，应确保仔细标注这些位置，如图 3.42 所示。

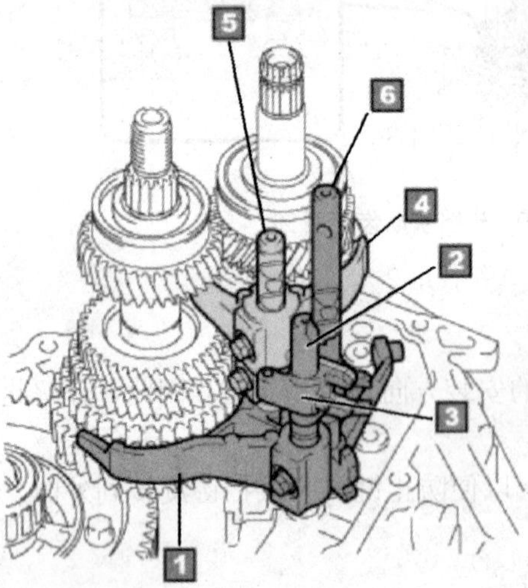

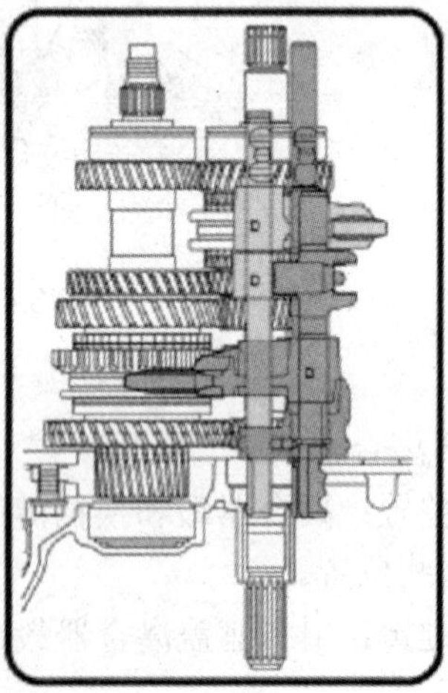

图 3.42 拨叉和换挡拨叉轴的安装方向

1—1号换挡拨叉(1挡和 2挡齿轮)；2—1号换挡拨叉轴(1挡和 2挡齿轮)；
3—1号换挡拨叉头(3挡和 4挡齿轮)；4—2号换挡拨叉(3挡和 4挡齿轮)；
5—2号换挡拨叉轴(3挡和 4挡齿轮)；6—3号换挡拨叉轴(5挡和倒挡齿轮)

② 拆卸换挡拨叉和换挡拨叉轴，步骤如下：2 号换挡拨叉轴(3 挡和 4 挡齿轮)→1 号换挡拨叉轴(3 挡和 4 挡齿轮)→1 号换挡拨叉轴(1 挡和 2 挡齿轮)→1 号换挡拨叉(1 挡和 2 挡齿轮)→3 号换挡拨叉轴带倒挡换挡拨叉(5 挡和倒挡齿轮)→2 号换挡拨叉(3 挡和 4 挡齿轮)。

(14) 拆卸输入轴和输出轴。

输入轴与输出轴因为齿轮接合不能分别拆卸，因此，从传动桥壳中拆卸输入轴与输出轴时，应将其一起提起同时取下，如图 3.43 所示。

(15) 拆卸差速器箱。

为了防止轴承损坏，向上提起差速器箱，从传动桥壳中拆卸。

(16) 拆卸轴承和油封。

拆卸轴承和油封，要根据其形状和位置不同，采用不同的步骤。拆卸轴承时，滚子上不要有任何承载。

注意

轴承和油封的安装方向是有规定的，因此，拆卸轴承和油封之前，应记录其正确位置。

(17) 检查同步器锁环。

当换挡杆运转时，同步器锁环靠压齿轮锥，从而增减齿轮转速。这样，可以避免换挡齿轮发生旋转差动。齿轮锥和锁环之间摩擦会磨损同步器锁环内壁。当磨损增加时，齿轮之间间隙减小，从而会导致同步器锁环滑动，齿轮不能平滑啮合。

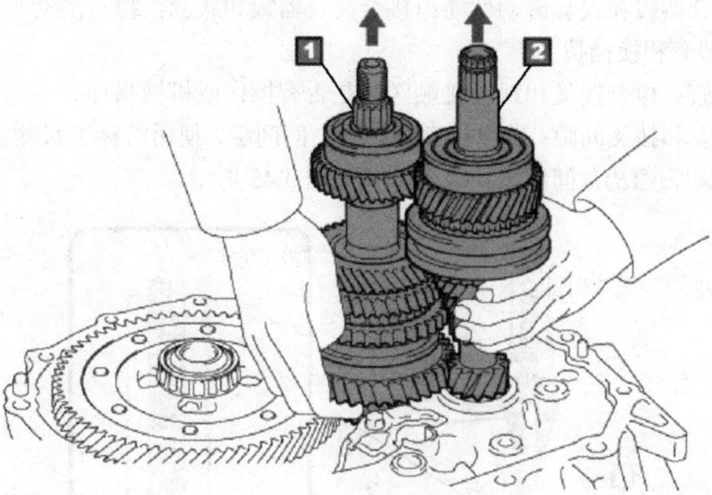

图 3.43　拆卸输入轴和输出轴

1—输出轴；2—输入轴

① 目测检查同步器锁环：确保同步器锁环内表面凹槽没有磨损，同时也要确保同步器锁环内表面没有擦伤或机械损坏。

② 测量同步器锁环与齿轮之间的间隙：用手按压齿轮和同步器锁环；保持按压的同时，用厚度规测量整个外圈的间隙。

③ 检查同步器锁环运行：用手按压同步器锁环以便与齿轮锥装在一起，然后确保用力转动时，同步器锁环不滑动。

同步器锁环检查如图 3.44 所示。

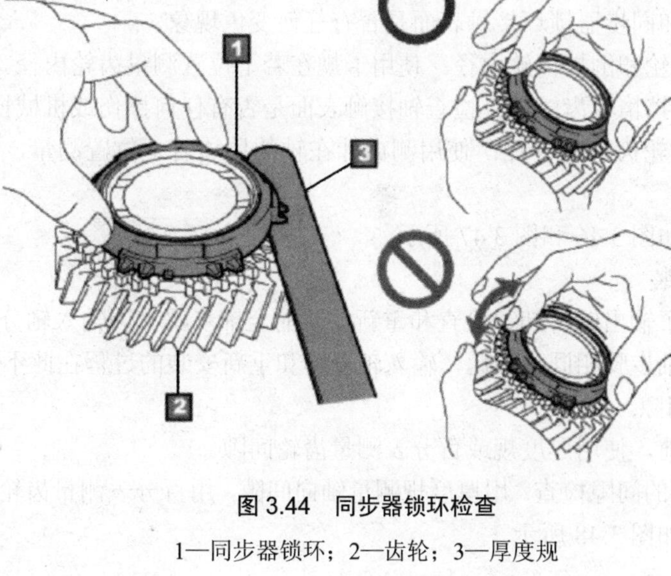

图 3.44　同步器锁环检查

1—同步器锁环；2—齿轮；3—厚度规

(18) 检查离合器毂和毂套。

① 目测检查：检查离合器毂和离合器毂套花键是否有擦伤或任何机械损坏。

② 检查离合器毂和毂套滑动性能：接合离合器毂和毂套，检查滑动是否顺畅。

(19) 检查毂套和换挡拨叉。

① 目测检查：检查拨叉和毂套接触区域是否有擦伤或机械损坏。

② 测量毂套和拨叉间隙：计算毂套和拨叉之间间隙，使用游标卡尺测量若干位置的毂套宽度(A)和拨叉厚度(B)，间隙(C)=(A)−(B)，如图 3.45 所示。

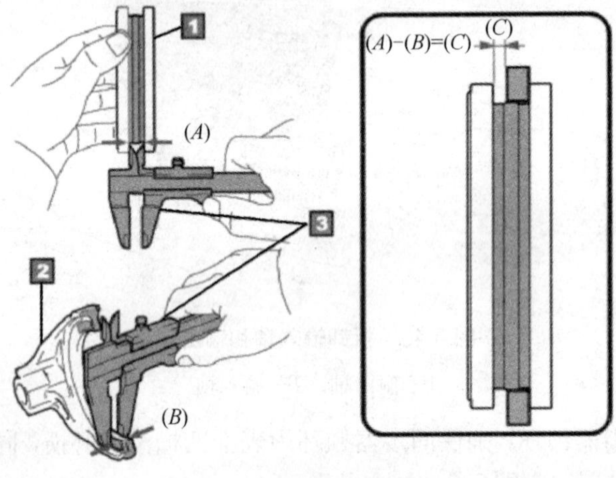

图 3.45　毂套和换挡拨叉检查

1—毂套；2—换挡拨叉；3—游标卡尺

(20) 检查齿轮和轴。

轴承将齿轮连接到轴，当齿轮内径和轴外径磨损时，径向间隙变大。这样，齿轮很难正确接合并且会导致异常噪声。

① 目测检查 5 挡齿轮和倒挡惰轮：检查齿轮花键和轴接触表面是否有任何擦伤或机械损坏。检查齿轮锥和同步器锁环接触表面是否有任何变色现象。

② 测量 5 挡齿轮和倒挡惰轮内径：使用卡规在若干位置测量齿轮内径。

③ 目测检查倒挡惰轮齿轮轴：检查轴接触表面是否有任何擦伤或机械损坏。

④ 测量倒挡惰轮齿轮轴外径：使用测微计在轴的周边若干位置测量，以便测量轴的外径。

齿轮和轴检查如图 3.46 和图 3.47 所示。

3) 输出轴的拆装

以下主要介绍了输出轴拆卸、检查和重新安装的全部步骤，因输入轴分解和重新安装步骤实质上与输出轴步骤相同，因此，输入轴分解和重新安装的过程在此不再赘述。

(1) 检查齿轮间隙。

分解输出轴以前，使用厚度规或百分表测量齿轮间隙。

① 第 1 挡齿轮的间隙检查：用厚度规测量轴向间隙，用百分表测量齿轮和轴之间的径向间隙，检查方法如图 3.48 所示。

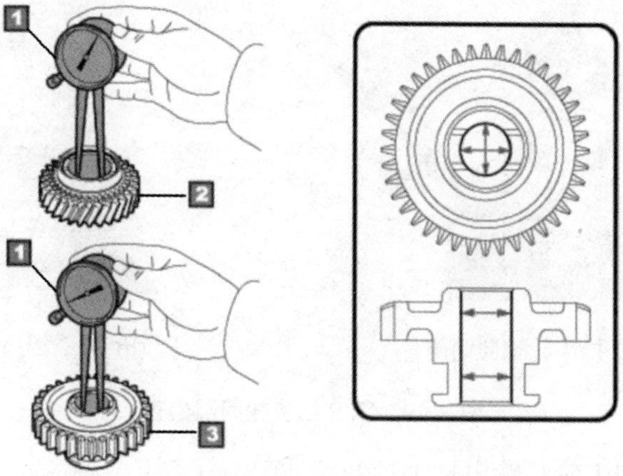

图 3.46　齿轮检查

1—卡规；2—5 挡齿轮；3—倒挡惰轮齿轮

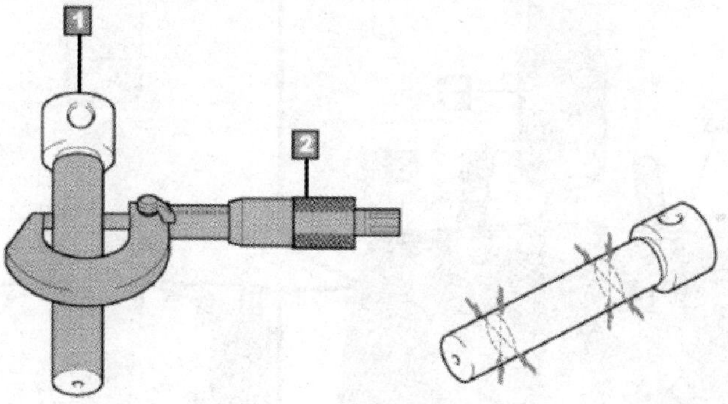

图 3.47　轴检查

1—倒挡惰轮齿轮轴；2—测微计

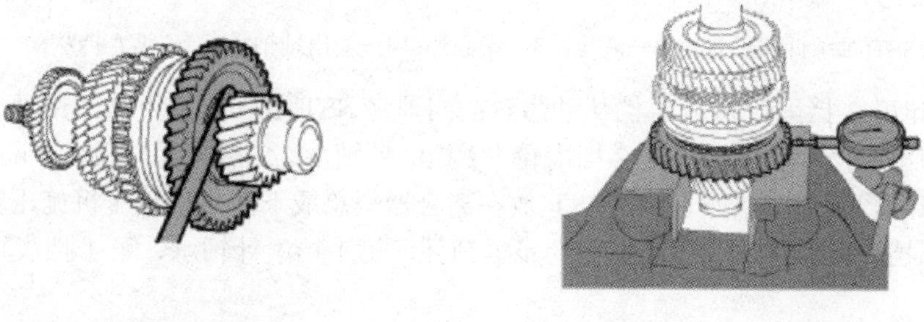

(a) 第 1 挡齿轮轴向间隙　　(b) 第 1 挡齿轮径向间隙

图 3.48　第 1 挡齿轮间隙检查

② 第 2 挡齿轮的间隙检查：用百分表测量轴向间隙，用百分表测量齿轮和轴之间的径向间隙，检查方法如图 3.49 所示。

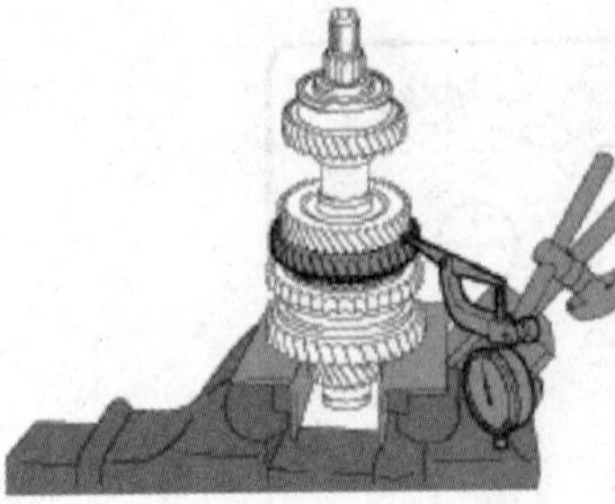

(a) 第 2 挡齿轮轴向间隙

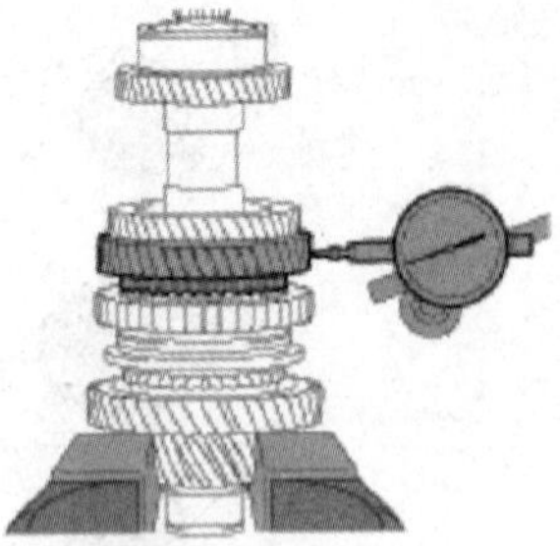

(b) 第 2 挡齿轮径向间隙

图 3.49　第 2 挡齿轮间隙检查

(2) 将离合器毂和齿轮从输出轴上拆卸。

① 拆卸第 4 挡从动齿轮：将 SST 放在齿轮下面，用液压机施压输出轴，拆卸输出轴轴承和第 4 挡从动齿轮及输出齿轮隔圈，如图 3.50 所示。

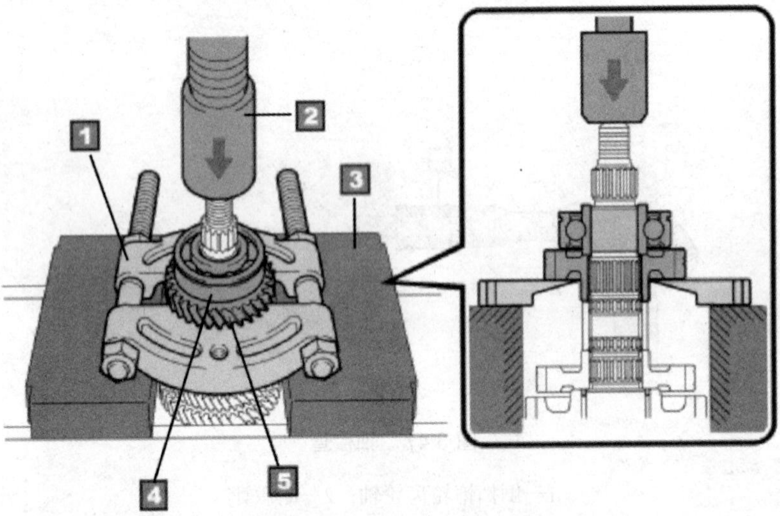

图 3.50　拆卸第 4 挡从动齿轮

1—SST(轴承拆卸工具)；2—液压；3—铁心片；4—输出轴轴承；5—第 4 挡从动齿轮

② 拆卸第 2 挡齿轮和第 3 挡从动齿轮：同理将 SST 放在齿轮下面，用液压机施压输出轴，拆卸第 3 挡从动齿轮、第 2 挡齿轮、2 挡滚针轴承、2 挡同步器锁环、隔圈、卡环。

③ 拆卸第 1 挡齿轮：同理将 SST 放在离合器毂总成下面，用液压机施压输出轴，拆卸 1 挡和倒挡离合器毂总成、第 1 挡同步器锁环、第 1 挡滚针轴承、第 1 挡齿轮。

注意

拆卸齿轮分离输出轴。当拆卸齿轮时，确保用手支撑输出轴，防止轴下落。

(3) 分解离合器毂。

① 检定毂套和离合器毂位置：毂套和离合器毂的位置设置是有规定的，因此，拆卸部

件之前，确保记录这些设置。

② 拆卸毂套：用布遮盖离合器毂总成，以防止键簧和换挡键旋转到外面。

(4) 检查输出轴。

当轴摆度增加时，轴颈外径因磨损而减小，这样，齿轮很难正确接合并且会导致异常噪声；在极端环境下，齿轮还将损坏。

① 目测检查轴颈：检查是否有擦伤、损坏或褪色。

② 测量跳动：将轴放在V型块上。当轴转动时，用百分表测量轴跳动，如图3.51所示。

③ 测量外径：使用测微计在若干环形位置测量每个轴颈的外径。

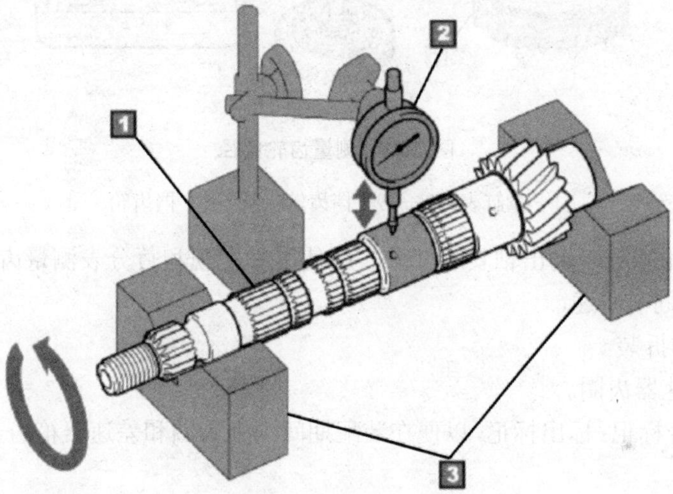

图3.51　检查轴跳动

1—输出轴；2—百分表；3—V型块

(5) 检查齿轮。

当齿轮内径和轴外径磨损时，径向间隙变大。这样，齿轮很难正确接合并且会导致异常噪声。

① 目视检查1挡和2挡齿轮：检查轴接触表面是否有任何擦伤或机械损坏；检查同步器锁环锥和齿轮锥接触表面是否有任何变色现象。

② 测量1挡和2挡齿轮内径：使用量缸表在若干位置测量齿轮内径，如图3.52所示。

(6) 检查同步器锁环、离合器毂和毂套、毂套和换挡拨叉：同步器锁环、离合器毂和毂套、毂套和换挡拨叉的检查方法同前所述，在此不再重复。

(7) 重新组装离合器毂：重新安装毂套和离合器毂，同时，仔细检查位置是否正确；然后将换挡键、键簧连接到离合器毂上。

(8) 将离合器毂和齿轮安装在输出轴上。

在轴上安装时，仔细记录每个部件的位置和方向(注意：旋转齿轮，将换挡键对准同步器锁环凹槽；重新安装之前，用齿轮油涂抹齿轮的滑动部分)。设定并连接SST，然后使用液压机，压入离合器毂、齿轮和轴承。压进这些部件后，检查每个齿轮旋转是否平稳。

安装的步骤与拆卸的顺序相反，具体操作在此不再详述。

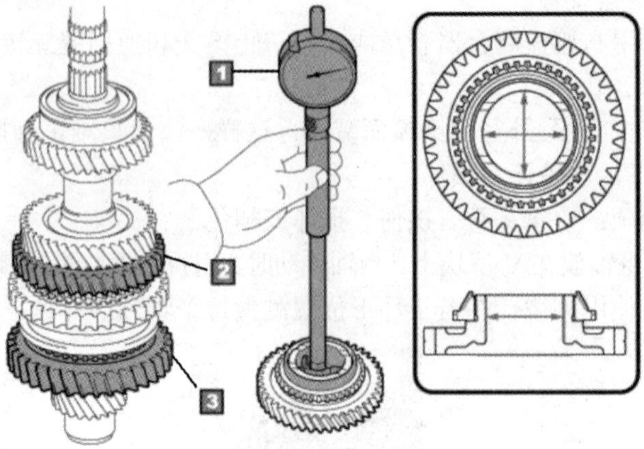

图 3.52　测量齿轮内径

1—量缸表；2—第 2 挡齿轮；3—第 1 挡齿轮

(9) 检查齿轮间隙：输出轴安装好后，应使用厚度规和百分表测量齿轮的径向和轴向间隙，测量方法同前所述。

4) 差速器的拆装

(1) 拆卸差速器齿圈。

① 标出装合标记：标出标记，以便在装配期间识别齿圈和差速器箱的正确位置和方向，如图 3.53 所示。

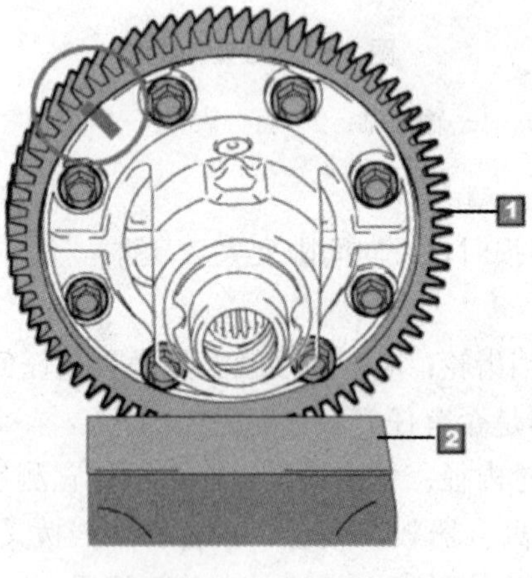

图 3.53　标出装合标记

1—齿圈；2—铝板

② 拆卸齿圈定位螺栓：为了不移动齿圈，用台钳将齿圈夹紧在铝板之间，夹紧齿圈时，当心不要夹紧螺栓；拆卸螺栓时，为了平均分配张紧力，按照对角线顺序，依次均匀松开，拆卸每个螺栓。

③ 拆卸齿圈：从台钳上取下差速器箱，用塑料锤轻轻敲击整个齿圈表面以便拆卸齿圈，然后拆卸齿轮，如图 3.54 所示。

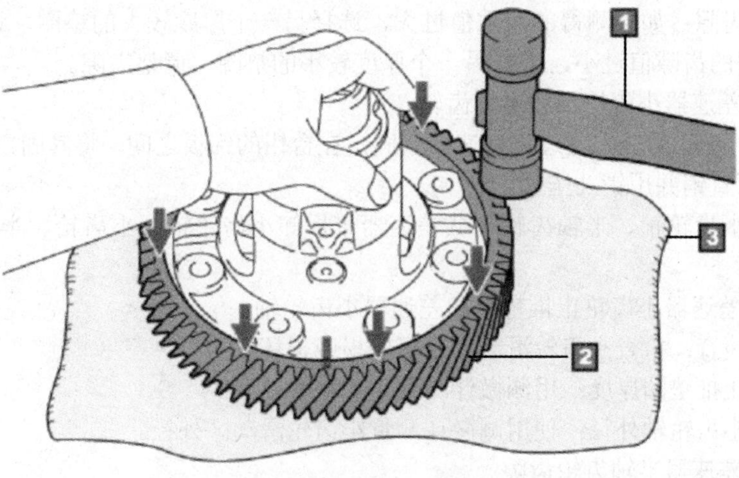

图 3.54　拆卸齿圈

1—塑料锤；2—齿圈；3—布

注意

使用塑料锤时不要只敲打齿圈的一个部分；另外为避免齿圈意外坠落损坏，用保护布或类似软性材料遮盖齿轮。

(2) 检查差速器半轴齿轮齿隙。

① 测量齿隙：为了使齿轮平稳转动，轮齿之间要有缝隙，该缝隙叫做齿隙。分解差速器箱以前，使用百分表测量齿隙；测量时，将测量齿轮的一侧固定，然后测量另一侧的移动量，至少在 3 个位置上测量齿隙，测量方法如图 3.55 所示。

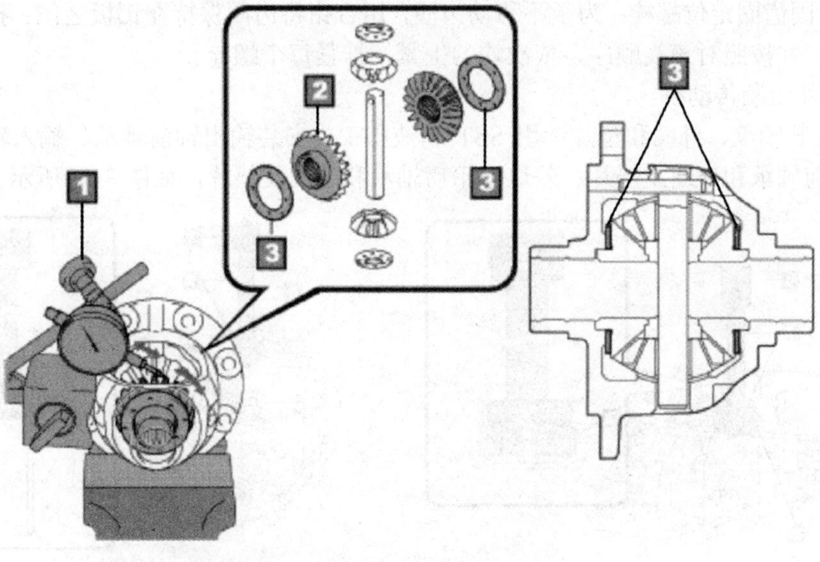

图 3.55　半轴齿轮齿隙测量

1—百分表；2—半轴齿轮；3—止推垫圈

② 调整齿隙：如果测得的齿隙值过大，选择另一个厚度较大的垫圈，调整齿隙。同样，如果测得的齿隙值过小，选择另一个厚度较小的垫圈，调整齿隙。

(3) 拆卸差速器小齿轮轴和半轴齿轮。

① 拆卸直销：首先，通过将差速器箱固定在台钳的铝板之间，将其固定；再使用凿子和锤子，取下直销并用销冲压紧。

② 拆卸小齿轮轴、半轴齿轮：从差速器箱拆卸小齿轮轴、小齿轮、半轴齿轮和止推垫圈。

(4) 检查差速器小齿轮止推垫圈和差速器小齿轮轴。

① 目测检查：检查小齿轮滑动件是否磨损或损坏。

② 测量止推垫圈厚度：用测微计测量止推垫圈厚度。

③ 测量小齿轮轴外径：使用测微计测量小齿轮滑动区外径。

(5) 调节差速器半轴齿轮齿隙。

① 重新组装差速器箱：将半轴齿轮和止推垫圈安装在差速器箱上(提示：选择与分解期间测量厚度相同的垫圈)；将小齿轮和止推垫圈安装在差速器箱上；通过转动小齿轮将差速器箱孔对准小齿轮孔，以便插入小齿轮轴。

② 测量与调整半轴齿轮齿隙：首先，将差速器箱固定在台钳的铝板之间，将其固定；随后测量齿隙，如果测得的齿隙不同于规定值，选择另一个止推垫圈来调整齿隙，具体测量与调整方法同前所述。

③ 安装直销：将差速器箱夹紧在台钳的铝板之间，将其固定；使用销冲和锤子将直销压入，然后用凿子凿击直销周围。

(6) 安装差速器齿圈。

① 加热齿圈：使用加热器将齿圈加热到 90～110℃。

② 安装齿圈：清洗差速器齿圈，然后对齐两个装合标记，将差速器齿圈和螺栓快速安装在差速器箱上。

③ 紧固齿圈定位螺栓：为了不移动齿圈，用台钳将齿圈保持在铝板之间；拧紧螺栓时均匀上紧，并按照对角线顺序，依次均匀上紧，拧紧每个螺栓。

5) 重新组装传动桥

(1) 安装轴承、外圈和垫片：用 SST 和液压工具安装输出轴前轴承、输入轴前轴承、差速器箱前轴承和外圈及垫片、差速器箱后轴承和外圈及垫片，如图 3.56 所示。

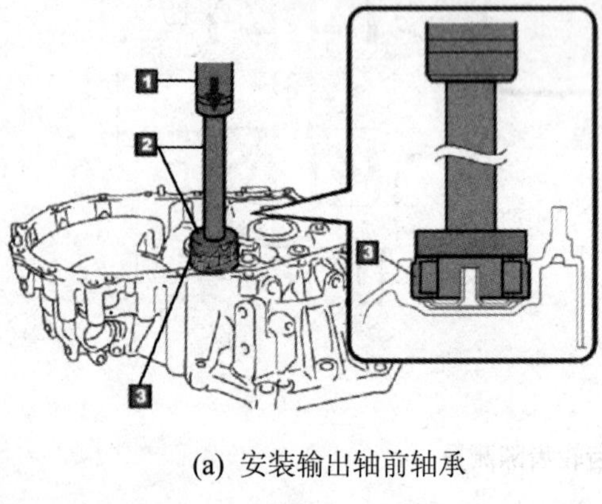

(a) 安装输出轴前轴承

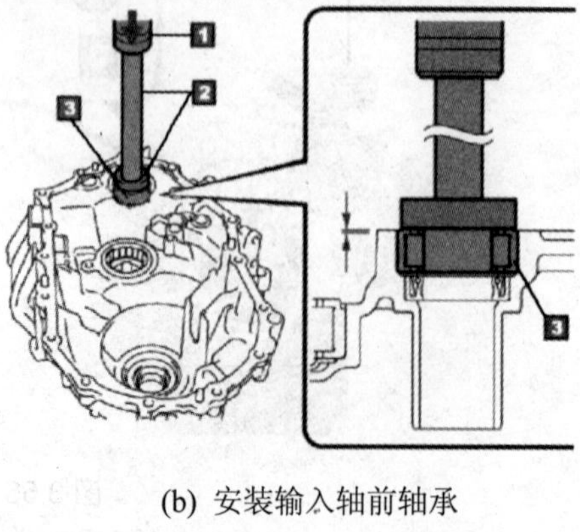

(b) 安装输入轴前轴承

图 3.56 安装轴承、外圈和垫片

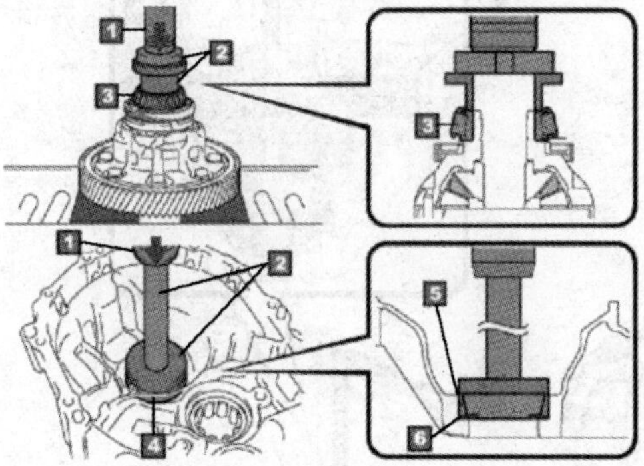

(c) 安装差速器箱前轴承、外圈和垫片

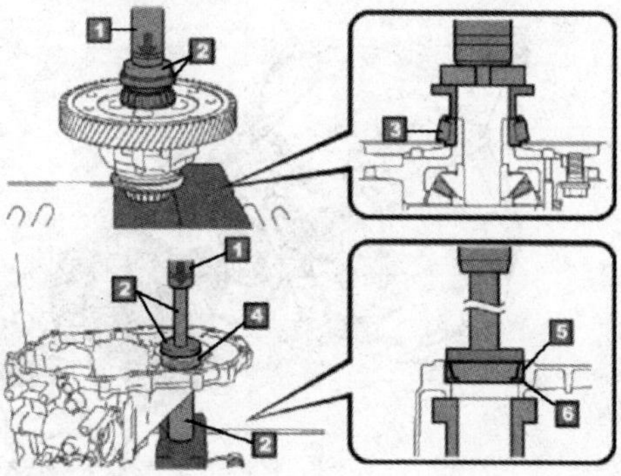

(d) 安装差速器箱后轴承、外圈和垫片

图 3.56　安装轴承、外圈和垫片(续)

1—液压；2—SST(手柄和更换工具)；3—轴承；4—轴承外圈和垫片；5—轴承外圈；6—垫片

(2) 安装油封：用 SST 和锤子安装前传动桥壳油封、变速器壳油封、传动桥壳油封，如图 3.57 所示。

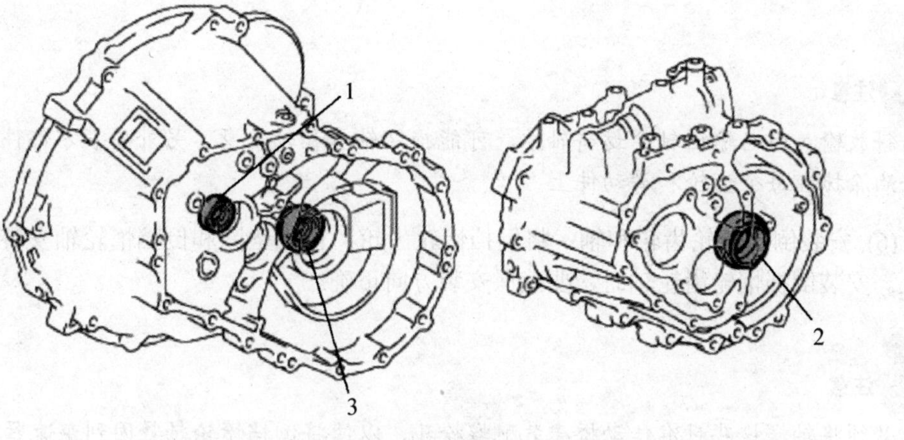

图 3.57　安装油封

1—传动桥壳油封；2—变速器壳油封；3—传动桥壳油封

(3) 调节差速器侧轴承预紧力：差速器箱使用锥形滚柱轴承，锥形滚柱轴承施加预紧力，以稳定轴承和箱体，防止振动。

① 测量预紧力：把差速器箱、变速器壳和传动桥壳安装好，使用 SST 和扭矩扳手，测量差速器侧轴承预紧力(起动时)，如图 3.58 所示。

② 调节预紧力：如果测量值超过标准值，使用 SST 拆卸前后轴承外圈和垫片，选择新的垫片，重新安装外圈和垫片，反复多次，直到预紧力值在标准值范围内。

(4) 安装反向限制销：在箱体上安装时，仔细检查反向限制销方向和位置；使用销冲和锤子，插入开槽销。清洗插塞，涂抹锁定黏合剂；然后将插塞安装在箱体上。

(5) 安装输入轴和输出轴：首先接合齿轮，然后将它们对准差速器齿圈，将轴径直放。

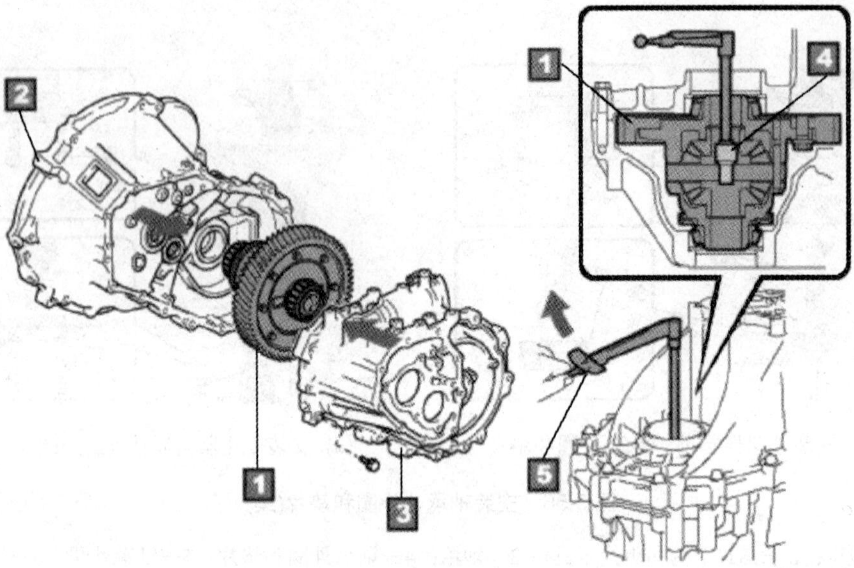

图 3.58　预紧力测量

1—差速器箱；2—传动桥壳；3—变速器壳；4—SST (差速器预紧力转换接头)；5—扭矩扳手

注意

斜放输入轴与输出轴会妨碍轴承，可能损坏轴承和轴本身。另外安装零部件以前，将齿轮油涂抹在每个齿轮和滑动件上。

(6) 安装倒挡惰轮齿轮和轴：将倒挡惰轮齿轮、止推垫圈和倒挡惰轮轴安装在传动桥壳上。安装倒挡惰轮齿轮轴时，要确保安装方向正确。

注意

必须将轴螺栓孔对准传动桥壳装配螺栓孔，以便将倒挡惰轮轴紧固到变速器壳上。

(7) 安装换挡拨叉和换挡拨叉轴。

① 检查部件方向：换挡拨叉和换挡拨叉轴都有确定的方向，因此，安装部件之前，确保记录正确方向，如图 3.59 所示。

② 安装换挡拨叉和换挡拨叉轴：安装换挡拨叉和换挡拨叉轴时按照下面的顺序：1 号换挡拨叉(1 挡和 2 挡齿轮)、2 号换挡拨叉(3 挡和 4 挡齿轮)、1 号换挡拨叉轴(1 挡和 2 挡齿轮)、3 号换挡拨叉轴带倒挡换挡拨叉(5 挡和倒挡齿轮)、1 号换挡拨叉轴(3 挡和 4 挡齿轮)和 2 号换挡拨叉轴(3 挡和 4 挡齿轮)。

③ 安装换挡拨叉螺栓：清洗螺栓并使用锁紧黏合剂，然后安装和拧紧螺栓。

(8) 安装变速器壳：使用刮刀清洁壳体装配面，然后连续移动密封填料填装装配面，直径大约 1.2 mm。确保变速器壳的安装方向正确，对齐锁销和螺栓孔，将其安装在一起。清洗螺栓并使用锁紧黏合剂，然后装上并拧紧变速器壳螺栓。

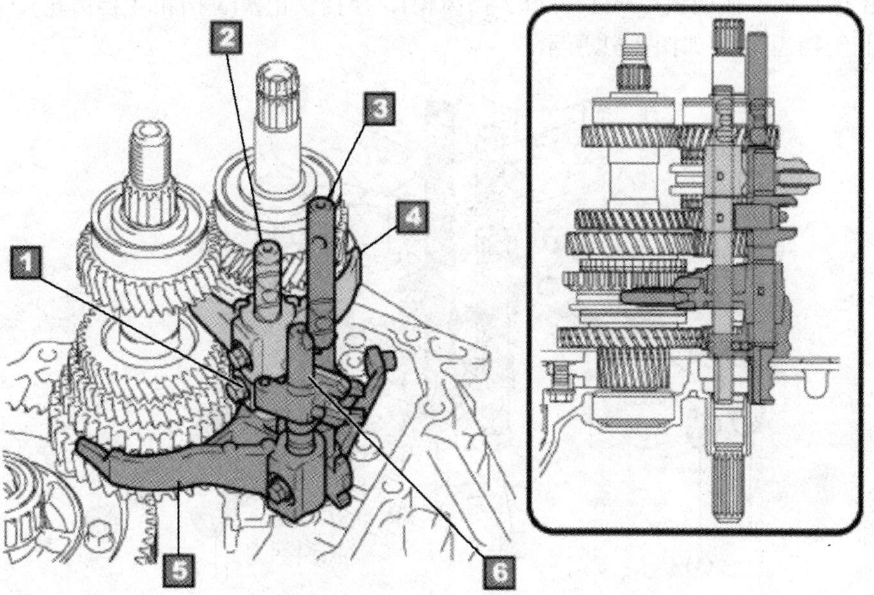

图 3.59　安装换挡拨叉和换挡拨叉轴

1—1 号换挡拨叉头(3 挡和 4 挡齿轮)；2—2 号换挡拨叉轴(3 挡和 4 挡齿轮)；
3—3 号换挡拨叉轴(5 挡和倒挡齿轮)；4—2 号换挡拨叉(3 挡和 4 挡齿轮)；
5—1 号换挡拨叉(1 挡和 2 挡齿轮)；6—1 号换挡拨叉轴(1 挡和 2 挡齿轮)

(9) 安装倒挡惰轮轴螺栓：清洗倒挡惰轮轴螺栓并使用锁紧黏合剂，使用新的垫片将其安装在变速器壳上，如图 3.60 所示。

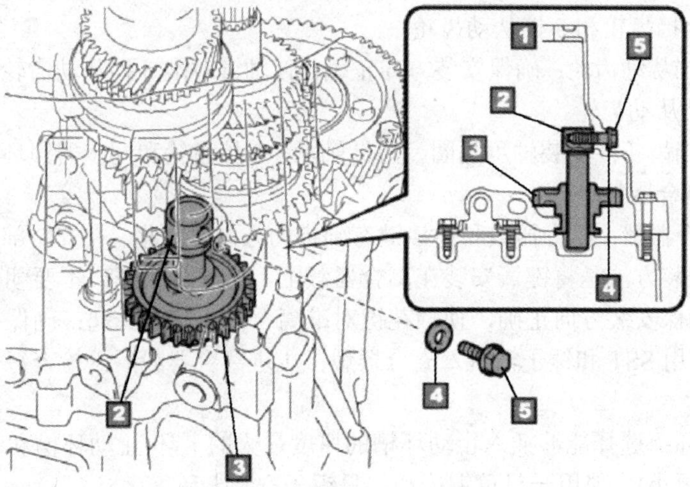

图 3.60　安装倒挡惰轮轴螺栓

1—变速器壳；2—倒挡惰轮齿轮轴；3—倒挡惰轮齿轮；4—新垫片；5—倒挡惰轮齿轮轴螺栓

(10) 安装换挡制动球和锁止球总成：将换挡制动球、弹簧和弹簧座安装在变速器壳上。清洗换挡锁止塞并使用锁紧黏合剂。使用六角扳手，将以下插塞和锁紧球拧紧在变速器壳上：锁止球总成、换挡锁止塞(1 挡和 2 挡齿轮)、换挡锁止塞(3 挡和 4 挡齿轮)、换挡锁止塞(5 挡和倒挡齿轮)，如图 3.61 所示。

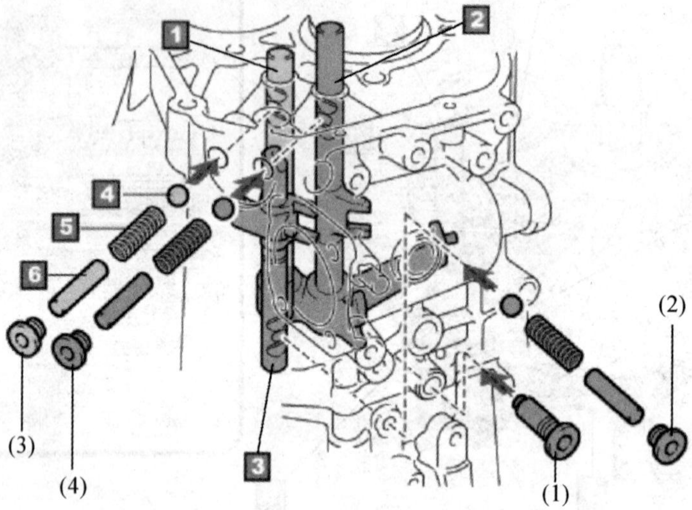

图 3.61　安装换挡制动球和锁止球总成

1—2 号换挡拨叉轴(3 挡和 4 挡齿轮)；2—3 号换挡拨叉轴(5 挡和倒挡齿轮)
3—1 号换挡拨叉轴(1 挡和 2 挡齿轮)；4—换挡制动球；5—弹簧；6—弹簧座

(11) 安装卡环：因卡环形状和位置的不同，安装步骤也有所不同。用卡环钳安装输入轴卡环和输出轴卡环。

(12) 安装轴承挡圈：检查挡圈方向是否正确，将螺栓孔对准变速器壳，安装轴承挡圈。清洗螺栓并使用锁紧黏合剂，然后安装和拧紧轴承挡圈螺栓。

(13) 安装 5 挡齿轮和 5 挡从动齿轮

① 安装 5 挡从动齿轮：确保安装方向正确，使轴键对准 5 挡从动齿轮安装在一起；使用 SST 压入 5 挡从动齿轮。

② 安装 5 挡齿轮：安装轴承隔圈、滚针轴承、5 挡齿轮和同步器锁环。

(14) 安装离合器毂。

① 安装离合器毂：离合器毂和换挡键有确定的方向，因此，在安装部件之前，确保记录这些设置。安装方法是将键簧安装在离合器毂上，2 键簧的开口不要朝向相同的方向，固定换挡键；确保安装方向正确，使轴花键对准离合器安装在一起；确保换挡键对准同步器锁环键槽；使用 SST 和锤子，压入离合器毂；压进离合器毂后，检查每个齿轮旋转是否平稳。

② 安装卡环：选择能够插入止动环槽的厚度最大的卡环(止动环槽和卡环之间间隙应该是 0.1 mm 或更小)，使用一只黄铜棒和一只锤子安装卡环。

(15) 检查齿轮间隙：用厚度规或百分表测量齿轮间隙，检查方法同前所述。

(16) 安装换挡拨叉和毂套。

① 安装换挡拨叉和毂套：确保拨叉和毂套的安装方向正确，将毂套与拨叉组合，将它们安装在离合器毂和换挡拨叉轴上；然后将螺栓安装在换挡拨叉轴上。注意当安装毂套时，应该直线小心安装，使离合器毂的换挡键不脱离。

② 安装换挡拨叉螺栓：清洗拨叉螺栓，涂抹锁紧黏合剂；安装和拧紧换挡拨叉螺栓。

(17) 安装输出轴锁止螺母。

① 锁紧输出轴：要拧紧新的输出轴锁止螺母，需要将两个齿轮啮合在一起以防其旋转。通过用螺丝刀上下滑动 2 个换挡拨叉轴可以达到此目的。

② 安装锁止螺母：由于需要强大扭矩，所以此任务应该由两个人执行，并使用新的锁止螺母紧固轴。

③ 锁紧锁止螺母：使用锤子和凿子，锁紧锁止螺母。

(18) 安装变速器壳罩：使用刮刀清洁整个壳罩装配面；将密封填料连续涂在装配面上，填料直径大约 1.2 mm；确保变速器壳的安装方向正确，用锁销对准螺栓孔安装在一起；清洗螺栓并使用锁紧黏合剂，然后拧紧螺栓。

(19) 安装换挡和选挡拉杆轴：将换挡杆和选挡杆轴移至空挡位置，确保换挡拨叉轴处于空挡位置；使用新的垫片并安装；清洗螺栓并使用锁紧黏合剂，然后安装和拧紧螺栓，如图 3.62 所示。

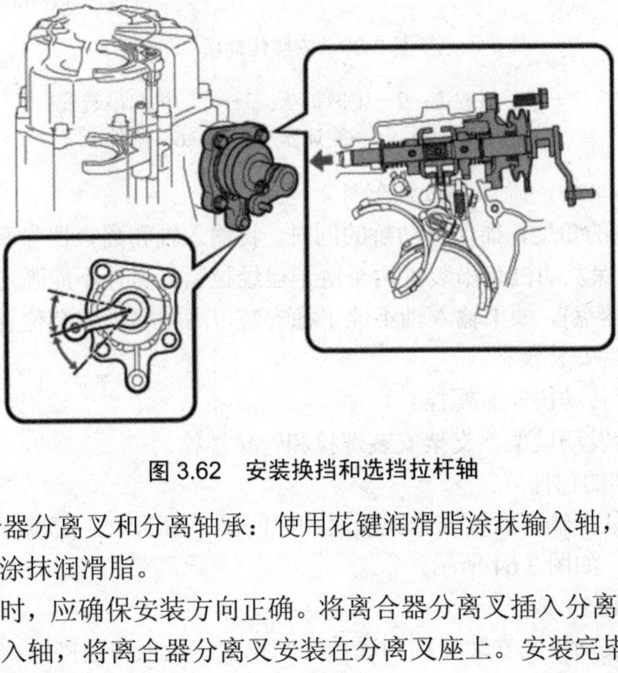

图 3.62　安装换挡和选挡拉杆轴

(20) 安装离合器分离叉和分离轴承：使用花键润滑脂涂抹输入轴，在离合器分离叉和离合器分离轴承上涂抹润滑脂。

安装分离轴承时，应确保安装方向正确。将离合器分离叉插入分离轴承，与卡扣啮合。将分离轴承穿过输入轴，将离合器分离叉安装在分离叉座上。安装完毕后检查离合器分离叉和轴承运转是否平滑。

6) 安装传动桥总成

(1) 把传动桥安装到车上：举升车辆，从车辆下面安装传动桥、悬架等构件，如图 3.63 所示。

① 使用花键润滑脂涂抹输入轴。

② 将传动桥安装在变速器千斤顶上，调整千斤顶和连接件的角度，使传动桥保持水平。

注意

使用细绳，将传动桥固定到变速器千斤顶，以防止传动桥坠落。

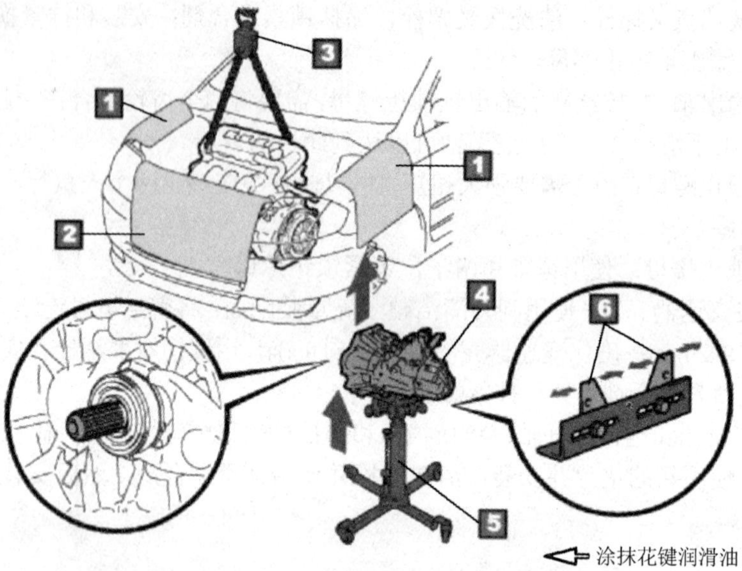

图 3.63　安装传动桥

1—翼子板护垫；2—中网护垫；3—发动机起吊装置；
4—传动桥；5—变速器千斤顶；6—附件

③ 慢慢顶起传动桥，确保不接触车身。

④ 调整传动桥的角度，摇动传动桥的同时，将输入轴和离合器盘配合在一起，然后安装传动桥(注意：确保发动机起吊装置两个链子已经拉紧。另外不能强烈摇动传动桥，以免损坏输入轴和离合器盘)。如果输入轴不能平稳安装，离合器盘安装位置则可能不正确，应插入 SST，检查圆盘安装状态。

⑤ 安装和拧紧传动桥安装螺栓。

⑥ 安装和拧紧发动机架、支架安装螺栓和管穿螺栓。

(2) 安装车下部的部件。

举升车辆后，从车辆下面安装悬架横梁和中间梁、驱动轴、横拉杆端头、动力转向管路、传动桥油塞等，如图 3.64 所示。

(3) 安装发动机室总成。

降下车辆并在发动机室安装换挡和选挡控制拉索、线束和连接器、离合器分离泵、起动机、空气滤清器等。

(4) 安装车辆内部总成。

安装转向中间轴，确保方向盘和转向机处于中心位置，然后将转向中间轴对准转向机标记并连接，将螺栓紧固到位。

(5) 安装发动机引擎盖。

安装发动机引擎盖之前，用布遮盖车身，以防止碰撞或擦伤挡风玻璃或车身。一人在前面支撑发动机引擎盖，其他两人在左右侧支撑发动机引擎盖，同时拧紧螺栓。

(6) 安装蓄电池。

检查蓄电池端子位置，安装蓄电池并用蓄电池夹固定，然后将蓄电池电缆连接到蓄电池，用螺母固定。

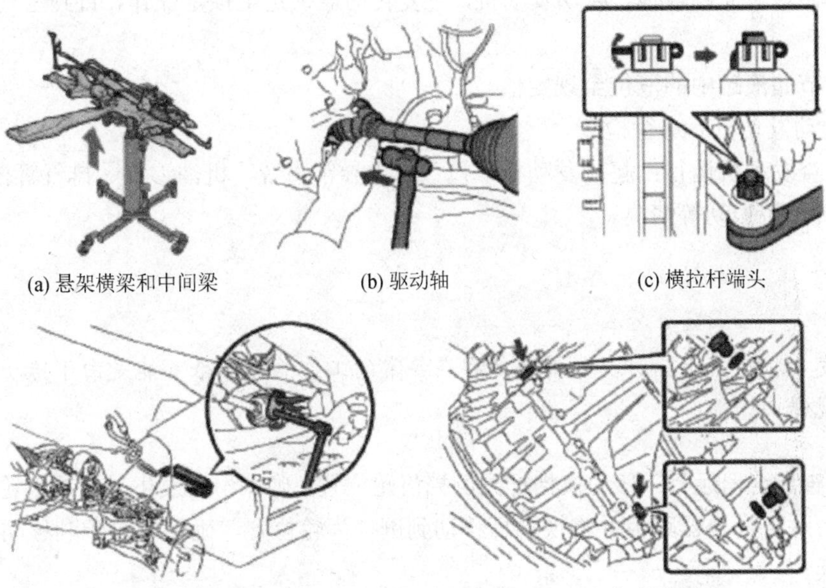

(a) 悬架横梁和中间梁　(b) 驱动轴　(c) 横拉杆端头

(d) 动力转向管路　(e) 传动桥油塞

图 3.64　安装车下部的部件

(7) 起动发动机前进行检查。

① 检查部件安装状态：确保所有断开的连接器已经正确连接；轻轻拉动每个连接器，检查是否脱落；使用梅花扳手按螺栓拧紧方向转动，以检查松动的螺栓和螺母；确保底座或工作架上没有遗留的总成或配件没有安装。

② 检查安装软管和管路：确保所有断开的软管和管路已经正确连接；确保所有卡箍已经安装到位；使用梅花扳手检查松动螺栓和螺母；确保任何软管或管接头没有机油渗漏。

③ 检查离合器分离泵运行：为了确保分离泵运行，需要两个人。一人踩踏离合器踏板，另一人检查分离泵运行。如果出现故障，检查分离泵和离合器导管的安装状态，检查是否发生损坏。

④ 检查传动桥换挡操作：踩踏离合器踏板，操作换挡杆。确保换挡杆能够平稳移动，换挡杆可以顺利地达到每个换挡位置。如果出现故障，检查换挡和选挡拉索的安装状态。

⑤ 检查车轮定位：从车辆拆卸悬架梁时，检查车轮定位。检查步骤请参阅维修手册。

(8) 排放动力转向液管路中的气体。

如果动力转向液管路已经断开，按照下列说明从液体管路中排放空气。

① 添加动力转向液。

② 升高车辆直到轮胎离地。

③ 发动机停止的情况下，执行转向盘锁定至锁定操作若干次，同时，添加转向液，重复操作直到储液罐气泡消失。如果在发动机运转的情况下执行上述操作，液体将冒出，气泡将流入转向机，从而导致花费许多时间才能将空气完全排除。

④ 向储液罐充添液体，起动发动机，重复转向盘锁定至锁定操作，直到空气从储液罐释放。

⑤ 调节储液罐中的液位至规定值。

(9) 起动发动机后进行检查。

① 检查发动机运行：起动发动机，检查有无异常声音、机油渗漏、排气管排气泄漏、发动机和传动桥振动等情况。

注意

起动发动机后若干分钟，如果仍然存在异常的工作响声，很可能是由于传动桥在重新安装时出现错误。

② 检查离合器运行：移动换挡杆到倒挡齿轮位置，确保不会发生异常的齿轮噪声；停止车辆后，踩下离合器踏板并将换挡杆移动到倒挡齿轮位置，确保可以顺利移动，不产生异常齿轮噪声。

(10) 驾驶时检查。

驾驶车辆并进行以下检查：当驾驶时，将换挡杆放在每个挡位，确保没有异常的工作响声或异常的齿轮噪声；转弯时，检查差速器是否发出异常噪声。

注意

如果异常的工作响声持续，很可能是由于传动桥在重新安装时出现错误。

(11) 驾驶后检查。

驾驶后，通过检查下列项目，检查车辆和传动桥重新安装时是否出现错误：确保接头处于正确连接状态；确保导管的正确安装状态；确保每个部分没有机油渗漏；确保动力转向液液位。

通过上述检查后，按照断开蓄电池电缆之前记录的以下车辆信息进行还原：选择收音机频道、时钟设置、方向盘位置(带有记忆系统)、座椅位置 (带有记忆系统)等。

任务 3.2　行驶系统的拆装与检修

3.2.1　任务引入

按照头脑风暴法收集如何从车上拆卸行驶系统总成作业的关键点，借助脑图记录团队成员提出的想法，以脑图为基础提出问题，图 3.65 为从车上拆卸行驶系统总成的信息收集图。

通过脑图展开讨论，明确主要任务，认知生产过程和工艺过程，学习基本原理知识，熟悉规范的操作流程，掌握从车上拆卸行驶系统总成的基本技能。

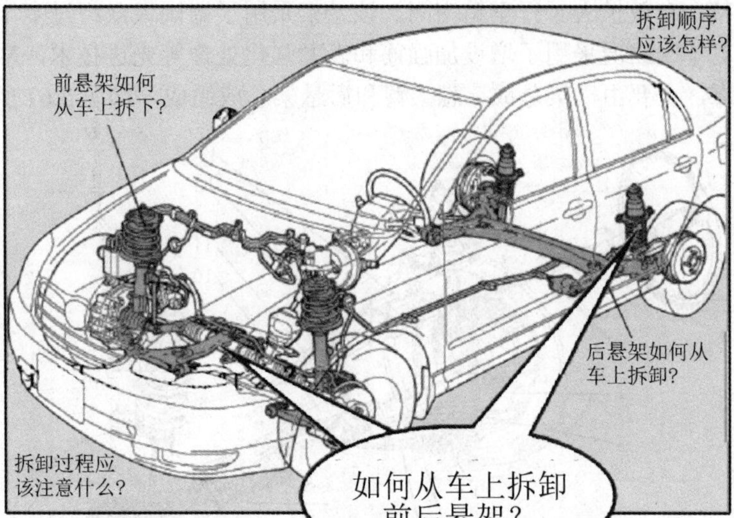

图 3.65　从车上拆卸行驶系统总成的信息收集

3.2.2　相关知识

1. 汽车行驶系统的功用

(1) 接受传动系统传来的发动机转矩并产生驱动力。

(2) 承受汽车的总重量，传递并承受路面作用于车轮上的各个方向的反力及转矩。

(3) 缓冲减振，保证汽车行驶的平顺性。

(4) 与转向系统协调配合工作，控制汽车的行驶方向。

2. 行驶系统的组成和类型

(1) 行驶系统的组成：车架、车桥、悬架、车轮(或履带)。

(2) 行驶系统的类型：轮式、半履带式、全履带式、车轮履带式。

3. 桑塔纳 3000 型轿车行驶系统的技术特性和结构特点

1) 前桥及前悬架

桑塔纳 3000 型轿车采用前轮驱动、独立悬架的结构形式。前桥与前悬架由前悬架总成、副车架和下摇臂组成，如图 3.66 所示。

前悬架总成上端通过减振器支柱座与车身连接，下端通过左、右下摇臂与固定在车身上的副车架连接，从而达到固定前轮的作用。车轮轴承壳(转向节)通过球头销连接下摇臂，通过下摇臂安装球头销的长孔来调整车轮外倾角。为减小转弯时车辆的倾斜度，在副车架与下摇臂之间装有一根横向稳定杆。

2) 后桥及后悬架

桑塔纳3000型轿车后桥采用纵向横臂扭杆梁式结构又称复合式悬架机构(独立式+非独立式)。该悬架在单纵臂式独立悬架的基础上增设了横向 V 形断面横梁，起到稳定器的作用，不但大大提高了扭转刚度，增强了其极限抗冲击能力，确保了良好的操纵稳定性，同时也使车身地板平整，有效扩大了行李箱空间。该悬架采用了德国大众经过多年优化的成熟专利技术，并针对中国路况采用了增设加强筋和表面强化处理等先进技术，悬架结构布置紧凑，更安全可靠，主要由横梁总成、悬架臂和后悬架总成组成，如图 3.67 所示。

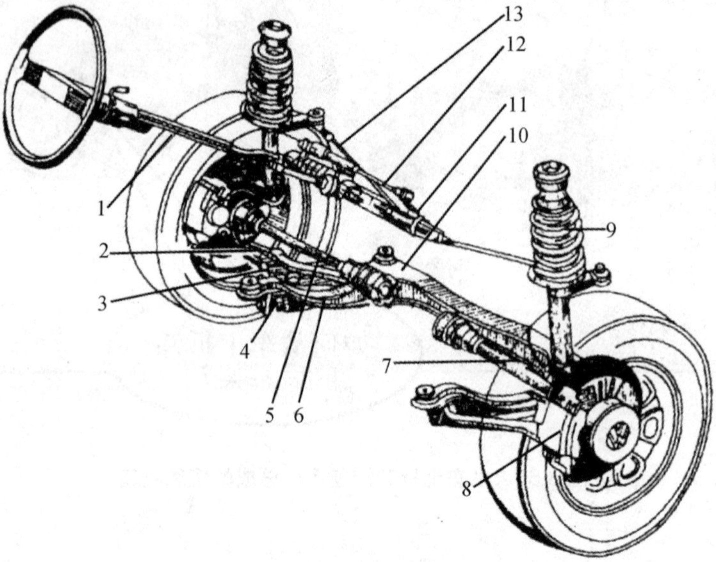

图 3.66　前桥与前悬架结构

1—安全转向柱；2—车轮与下摇臂的连接螺栓；3—下摇臂；4—下摇臂橡胶轴承；5—稳定杆；6—副车架；7—传动轴(半轴)；8—前轮制动钳；9—减振器支柱；10—副车架前橡胶支承；11—动力转向装置；12—转向减振器；13—横拉杆(可调整)

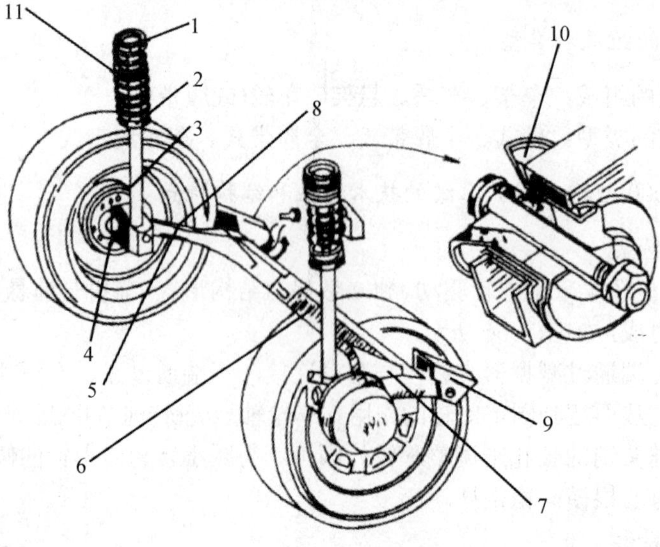

图 3.67　后桥及后悬架

1—支承杆座；2—减振器支柱；3—减振器；4—轮毂短轴；5—悬架臂；6—横梁；7—内加强肋；8—外加强复板；9—带橡胶金属支承的支承座；10—橡胶金属支承；11—螺旋弹簧

3) 车轮及轮胎

桑塔纳 3000 型轿车与普通桑塔纳轿车相比，增大了前后制动器的尺寸，采用了 14 in (355.6 mm)车轮总成[普通桑塔纳轿车为 13 in(330.2 mm)]，相应轮胎尺寸、轮辋尺寸、车轮定位参数等也不相同，因此两种轿车的车轮是不能混用的。

桑塔纳系列轿车车轮总成主要由轮胎、轮辋和轮辐 3 部分组成，其次还包括车轮螺栓、气门嘴、车轮装饰罩、平衡块及夹子。

4) 车轮定位

桑塔纳 3000 型轿车由于前后桥分别采用独立式悬架和扭杆式半独立式悬架，因此需要“四轮定位”。这样既可以满足汽车较好的平顺性要求，又可以保证车轮自动回正。前后轮的定位参数见表 3-2。

表 3-2　前后轮的定位参数

前　　轮	参　　数	后　　轮	参　　数
总前束(空载)	8′±8′ (0～1.6 mm)	外倾 左右间最大允差	−1° 40′±20′30′
外倾(轮胎正前方) 左右间最大允差	−15′±15′10′	总前束(在规定的倾角里) 定位最大允差	25′±15′25′
主销后倾(不可调整)	1° 30′±30′		

3.2.3　任务实施

1. 前桥及前悬架的拆装与检修

1) 前桥及前悬架的拆装

(1) 前悬架总成的拆卸。

桑塔纳 3000 型轿车前桥及前悬架分解，如图 3.68 所示；前悬架总成的分解，如图 3.69 所示。

① 取下车轮装饰罩。

② 旋下轮毂与传动轴的紧固螺母(拧紧力矩 230 N・m)，如图 3.70 所示。

注意

车轮必须着地。

③ 卸下垫圈，拧松车轮紧固螺母(拧紧力矩 110 N・m)，拆下车轮。

④ 旋下制动钳紧固螺栓(拧紧力矩 70 N・m)，如图 3.71 所示，然后取下制动盘。

⑤ 取下制动软管支架，并用铁丝将制动钳固定在车身上(如图 3.71 中上部箭头所示)。

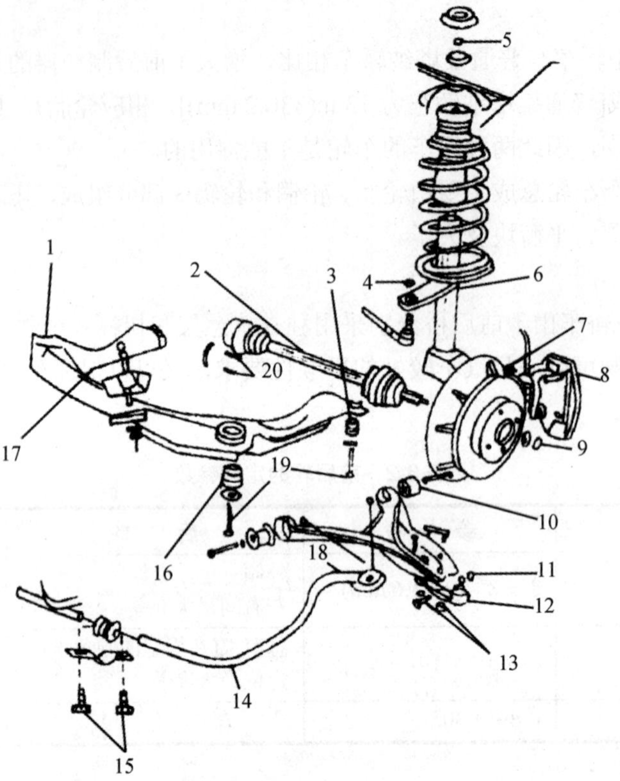

图 3.68　前桥及前悬架分解

1—副车架；2—传动轴；3—副车架后橡胶支承；4—螺母(拧紧力矩 30N·m)；
5、18—自锁螺母(拧紧力矩 60N·m)；6—减振器支柱；7、19—螺栓(拧紧力矩 70N·m)；
8—制动钳；9—自锁螺母(拧紧力矩 230N·m)；10—下摇臂下支座；11—自锁螺母(拧紧力矩 50N·m)；
12—球头销；13—自锁螺母(拧紧力矩 65N·m)；14—横向稳定杆；15—螺栓(拧紧力矩 25N·m)；
16—副车架前橡胶支承；17—自锁螺母(拧紧力矩 40N·m)；20—螺栓(拧紧力矩 45N·m)

注意

不要损坏制动软管。

⑥ 拆下球头销紧固螺栓(如图 3.71 中下部箭头所示)，压下转向横拉杆接头(拧紧力矩 30 N·m)，如图 3.72 所示。

⑦ 拧下横向稳定杆的紧固螺栓(拧紧力矩 25 N·m)，如图 3.73 所示。

⑧ 拆下传动轴(VL 节)与轮毂的固定螺母。

⑨ 向下撬压前悬架下摇臂，从车轮轴承壳内拉出传动轴，或利用两个固定车轮凸缘上的螺孔，将压力装置 V.A.G1389 固定在轮毂上，用液压装置从轮毂中拉出传动轴，如图 3.74 所示。拆下传动轴后，卸下压力装置。

⑩ 取下盖子，支撑减振器支柱下部或者沿反方向固定。旋下活塞杆的螺母，用内六角扳手阻止活塞杆的转动，如图 3.75 所示。

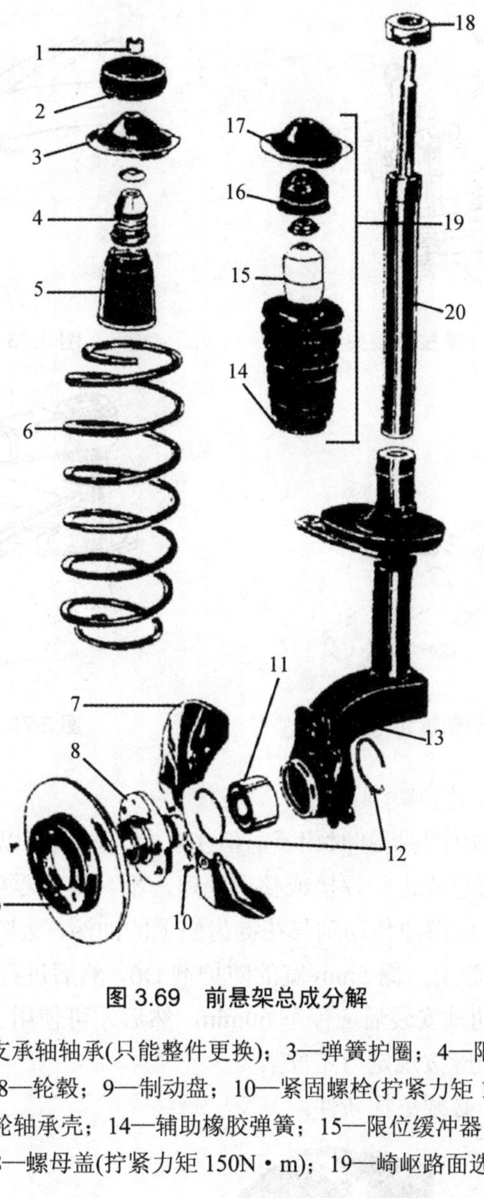

图 3.69　前悬架总成分解

1—开槽螺母；2—悬架支承轴轴承(只能整件更换)；3—弹簧护圈；4—限位缓冲器；5—护套；6—螺旋弹簧；7—挡泥板；8—轮毂；9—制动盘；10—紧固螺栓(拧紧力矩 10N・m)；11—车轮轴承；12—卡簧；13—车轮轴承壳；14—辅助橡胶弹簧；15—限位缓冲器；16—波纹管盖；17—弹簧护圈带通气孔；18—螺母盖(拧紧力矩 150N・m)；19—崎岖路面选装件(M103)；20—减振器

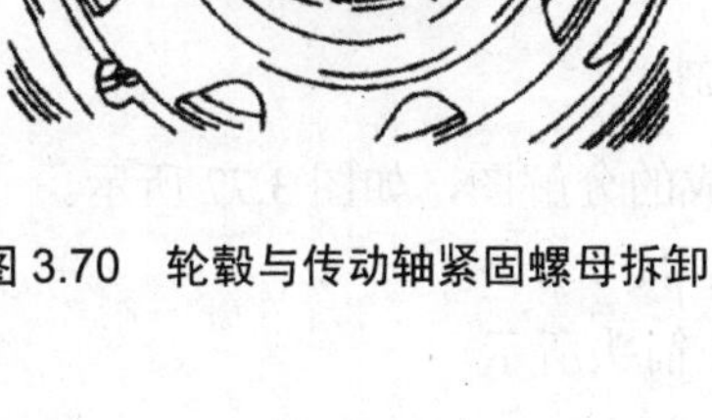

图 3.70　轮毂与传动轴紧固螺母拆卸

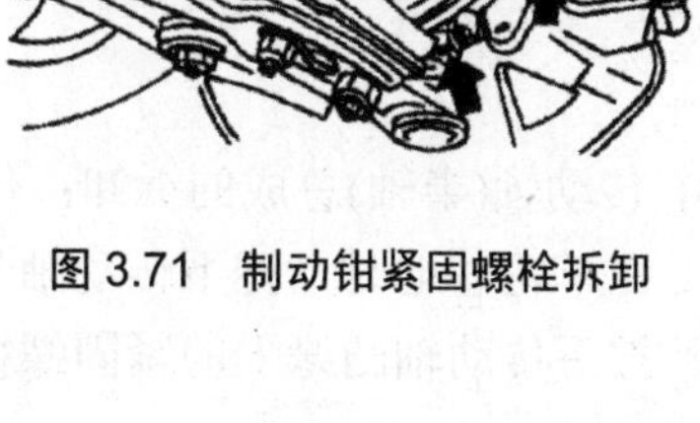

图 3.71　制动钳紧固螺栓拆卸

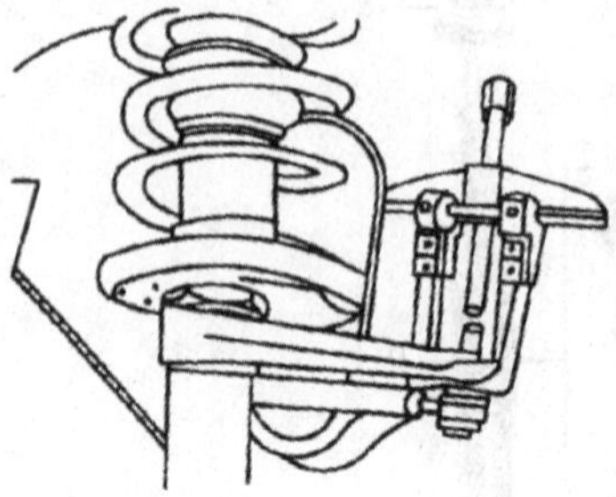

图 3.72　压下转向横拉杆接头

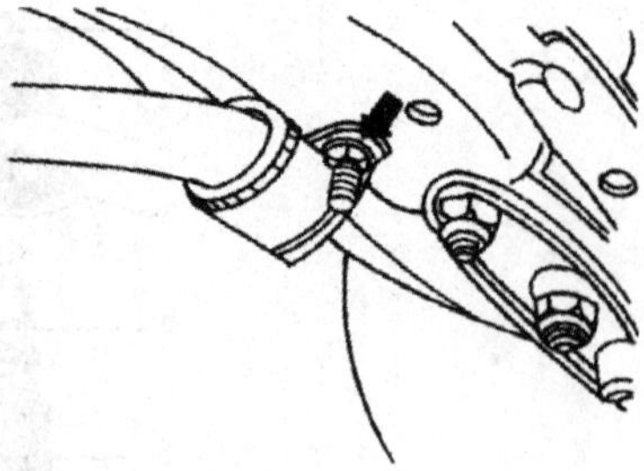

图 3.73　横向稳定杆拆卸

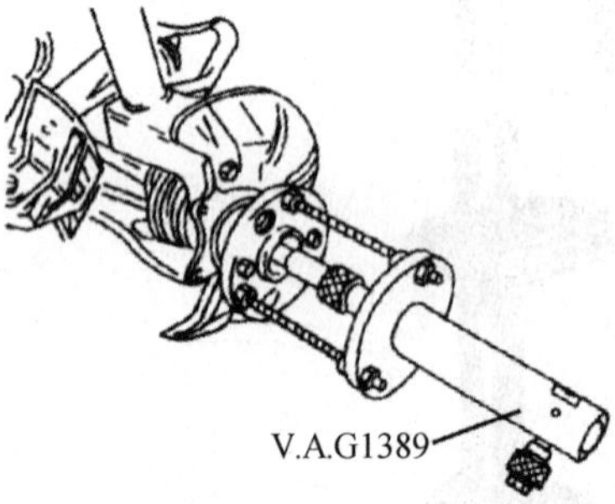

图 3.74　传动轴拆卸

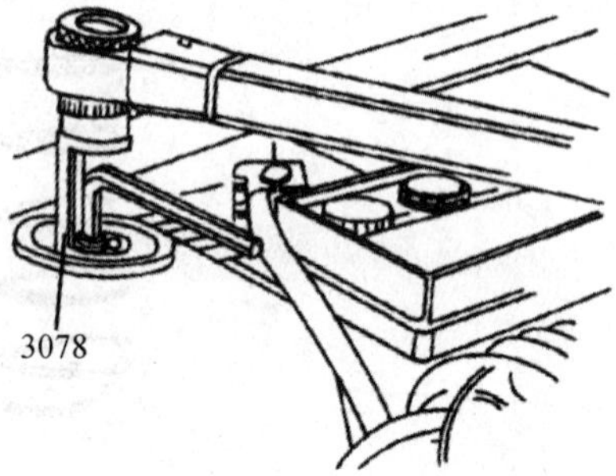

图 3.75　活塞杆螺母拆卸

(2) 前悬架总成的安装。

前悬架总成安装的顺序与拆卸时相反，但在安装时应注意以下事项。

① 不允许对前悬架总成进行焊接或整形处理，不合格的零部件总成应进行更换。

② 安装传动轴时，应擦净传动轴与花键齿面上的油污，去除防护剂的残留物。在外万向节(RF 节)花键齿面上涂上一圈 5mm 宽的防护剂 D6，然后进行传动轴装配，如图 3.76 所示。涂防护剂 D6 的传动轴安装后应停车 60min，然后才可使用。

③ 所有螺栓和螺母应按规定力矩拧紧。

④ 所有自锁螺母，必须更换新件。

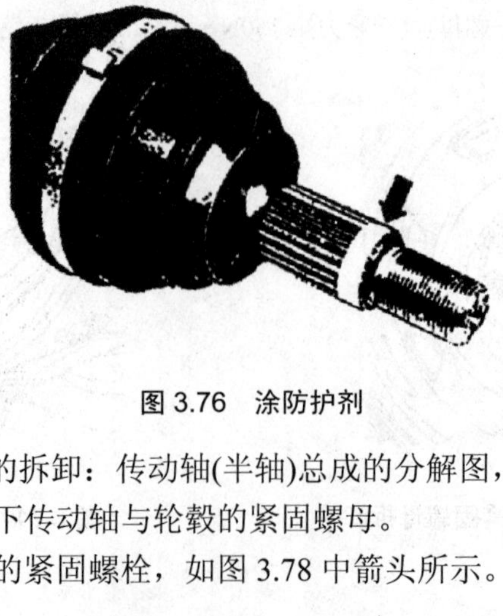

图 3.76　涂防护剂

(3) 传动轴(半轴)总成的拆卸：传动轴(半轴)总成的分解图，如图 3.77 所示。

① 在车轮着地时，拧下传动轴与轮毂的紧固螺母。

② 拧下传动轴凸缘上的紧固螺栓，如图 3.78 中箭头所示。

③ 将传动轴与凸缘分开。

④ 从车轮轴承壳内拉出传动轴，或者利用压力装置 V.A.G1389 拉出传动轴。

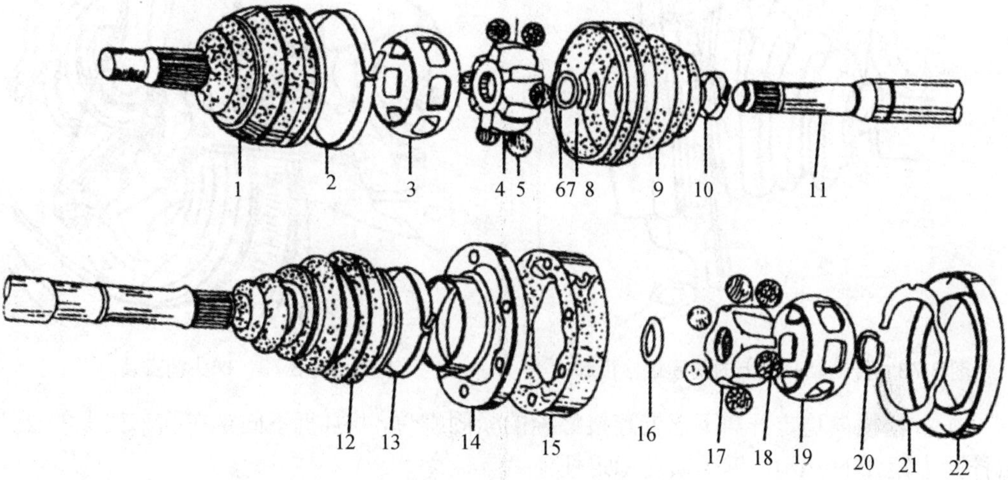

图 3.77　传动轴总成结构

1—RF 节外星轮；2、10、13—夹箍；3—RF 节球笼；4—RF 节内星轮；5、18—钢球；6、20—锁圈；7—中间挡圈；8、16—碟形座圈；9、12—橡胶护套；11—花键轴；14—VL 节护盖；15—VL 节外星轮；17—VL 节内星轮；19—VL 节球笼；21—密封垫片；22—塑料护罩

注意

拆卸传动轴时，轮毂绝对不能加热，否则会损坏车轮轴承，原则上应使用拉具。拆掉传动轴后，应装上一根连接轴来代替传动轴，以防止移动卸掉传动轴的车辆时，损坏前轮轴承总成。

(4) 传动轴(半轴)总成的安装。

① 擦净传动轴和花键上的油污，涂上锂基润滑脂。

② 在外万向节(RF 节)的花键上涂上一圈 5mm 的防护剂 D6，然后装上传动轴花键套。涂防护剂后的传动轴安装后应停车 60min，然后才可使用汽车。

③ 如图 3.79 所示，将球头销重新装配在原位置，并拧紧螺母。在安装球头销时，不能损坏波纹管护套。

④ 必要时检查前轮外倾角。

⑤ 车轮着地后，拧紧轮毂固定螺母。

(5) 副车架、下摇臂和横向稳定杆的拆卸。

① 拧下副车架与车身固定的前支承橡胶垫螺栓(拧紧力矩 70N·m)，拆下副车架下摇臂与横向稳定杆组合件。

② 拧松下摇臂与副车架连接橡胶轴承的连接螺栓的紧固螺母(拧紧力矩 60N·m)，拆卸下摇臂。

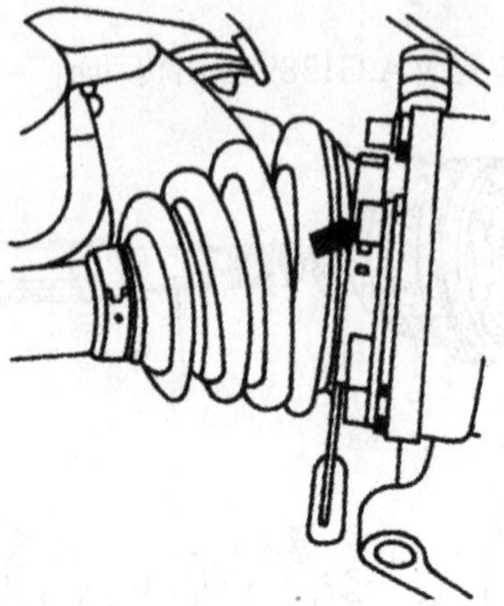

图 3.78　传动轴凸缘上的紧固螺栓拆卸

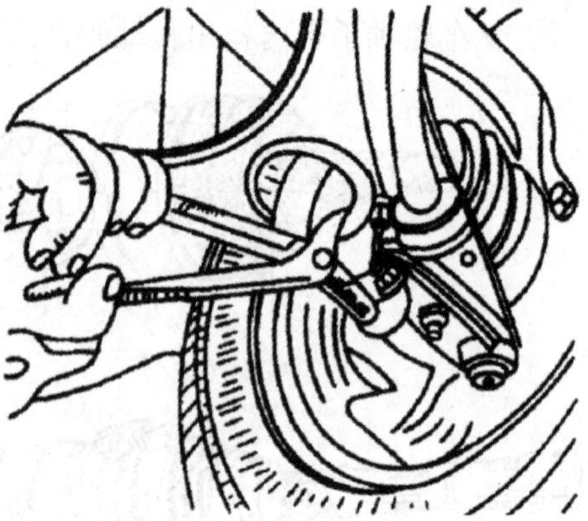

图 3.79　球头销安装

③ 拧松横向稳定杆与下摇臂连接螺栓的紧固螺母，并且拆下固定在副车架上的支架螺栓(拧紧力矩 25N·m)，拆下横向稳定杆。

④ 用专用工具压出副车架前后 4 个橡胶支承，如图 3.80 和图 3.81 所示。

⑤ 用专用工具压出下摇臂两端的橡胶支承，如图 3.82 所示。

(6) 副车架、下摇臂和横向稳定杆的安装。

① 用专用工具压入下摇臂橡胶支承，如图 3.83 所示。

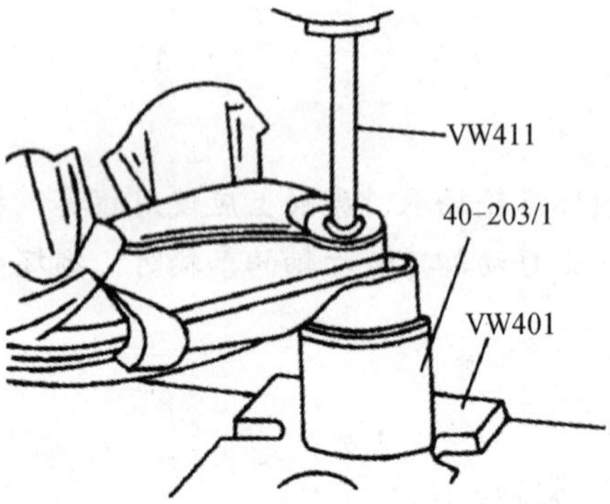

图 3.80　副车架前端橡胶支承拆卸

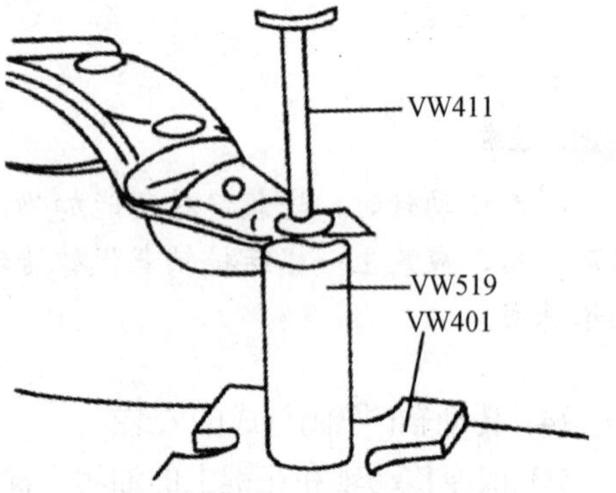

图 3.81　副车架后端橡胶支承拆卸

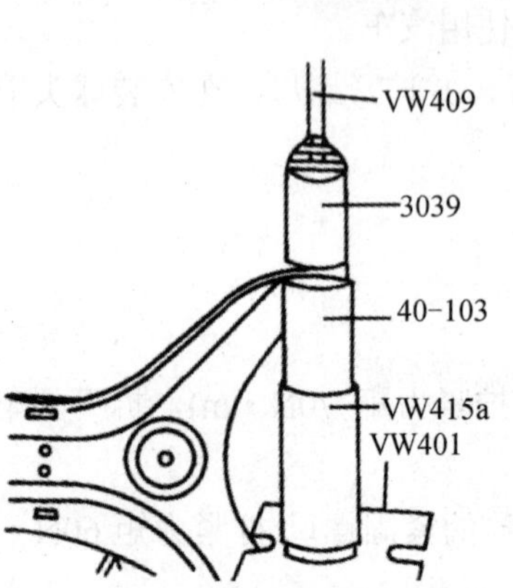

图 3.82　下摇臂两端橡胶支承拆卸

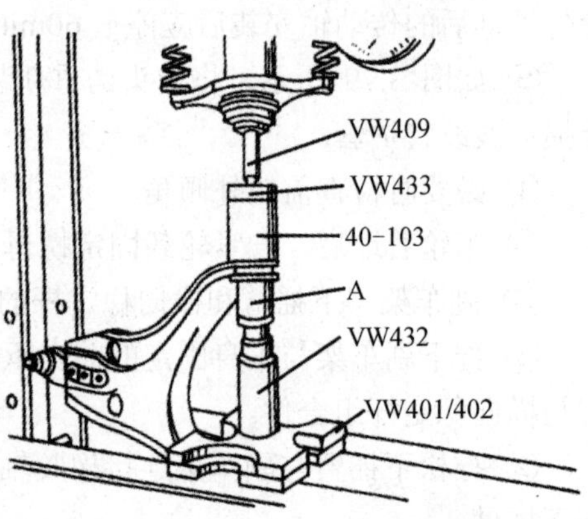

图 3.83　下摇臂橡胶支承安装

② 用专用工具压入副车架前后端 4 个橡胶支承，如图 3.84 和图 3.85 所示。

③ 安装横向稳定杆，其正确位置是弯管向下弯曲。

如果安装位置不留出适当的余量，那么卡箍就很难装在橡胶垫支座上。正确的安装方法是先装上较松的卡箍，然后进行短距离试车，这时橡胶支座就会自动滑入规定的位置，然后用 25N·m 的力矩固定螺栓。进一步进行调整时应将车辆开到举升台上，然后紧固稳定杆。

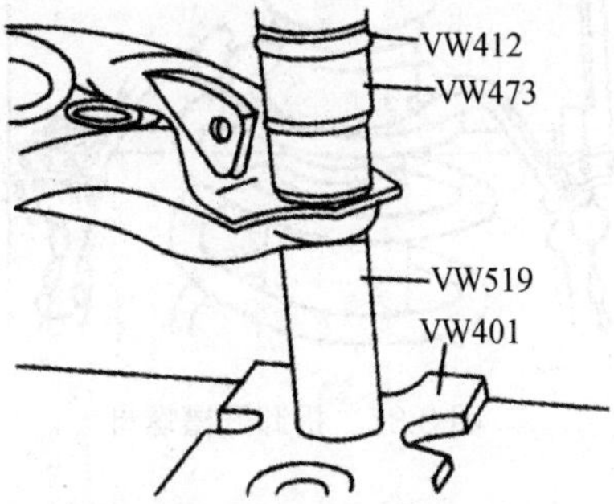

图 3.84　副车架前端橡胶支承安装

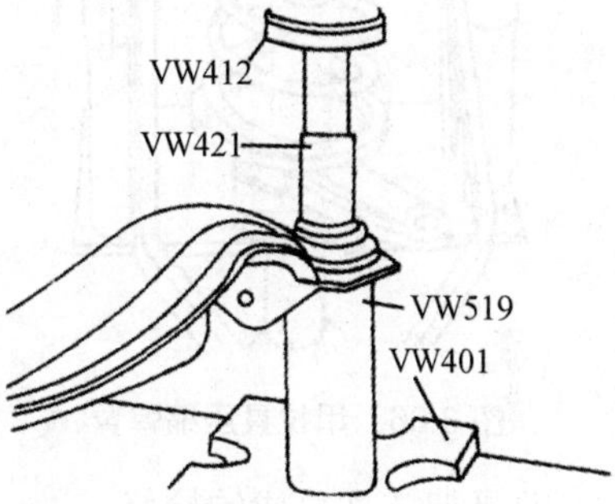

图 3.85　副车架后端橡胶支承安装

④ 拧紧固定下摇臂与副车架的连接螺栓螺母(拧紧力矩 60N·m)。

⑤ 发动机悬架安装之后，发动机悬架内部要用防腐剂进行处理。

⑥ 副车架安装固定在车身上，其固定螺栓按车辆行驶方向拧紧顺序为后左、后右、前左、前右，拧紧力矩为 70N·m。

⑦ 安装之后，副车架内部必须进行防腐处理。如果要装一个新的副车架，在前悬架下摇臂安装之后，在新的副车架内部必须用防护蜡进行处理。

注意

凡用过的自锁螺母，必须全部更换新件，不允许反复使用拆下的旧螺母。有规定拧紧力矩的螺母，必须按规定值拧紧，不得过紧或过松。

2) 前桥及前悬架的检修

(1) 减振器的检查和更换。

在车辆行驶过程中，如减振器发出异常的响声，则说明该减振器已损坏，必须更换。一般减振器是不进行修理的，如有很小的渗油现象不必调换，如漏油多可通过拉伸和压缩减振器来检查渗油现象。漏出的减振器油不能再加入减振器内重新使用，漏油的减振器不能再使用。

更换减振器的方法如下。

① 用拉具压住弹簧座圈，压缩压紧弹簧，如图 3.86 所示。如果没有专用工具 V.A.G1403，可用专用工具 VW340 代替。

② 松开开槽螺母，放松弹簧，可以用扳手 A 阻止活塞杆的转动，以便松开螺母，如图 3.87 所示。

③ 拆卸减振器，如图 3.88 所示。

④ 按照拆卸相反的顺序安装减振器。

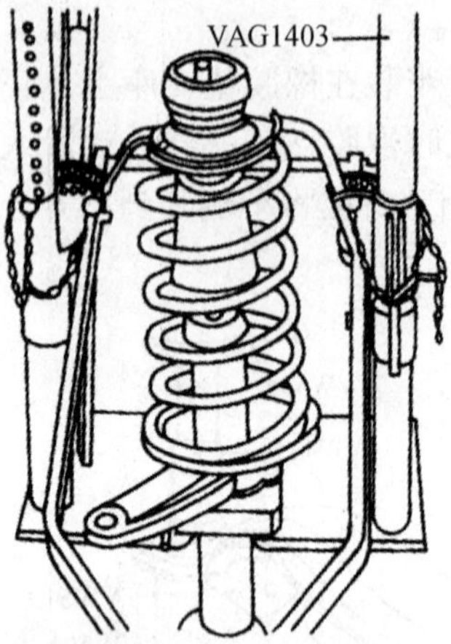

图 3.86　用拉具压缩弹簧

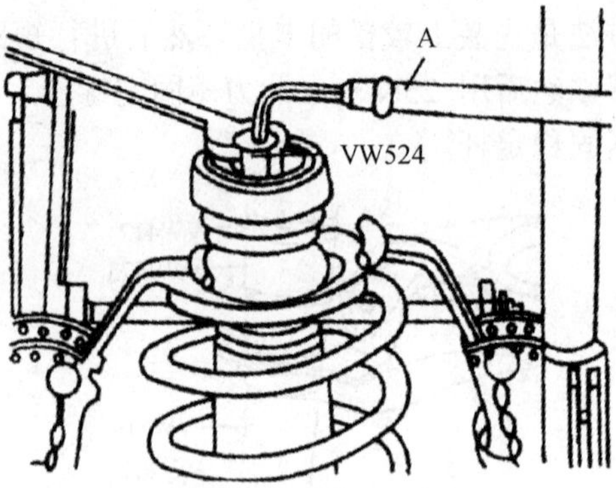

图 3.87　拆卸开槽螺母

(2) 前悬架支柱总成的检修。

① 拆下制动盘。

② 拆下挡泥板。

③ 压出轮毂，如图 3.89 所示。

注意

压出轮毂时，车轮轴承有可能被损坏。

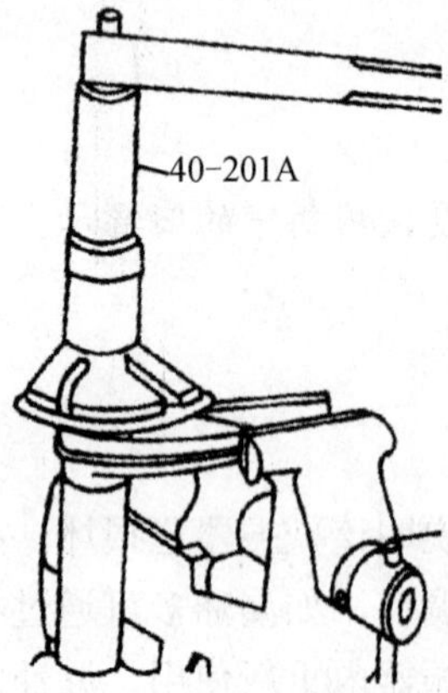

图 3.88　拆卸减振器

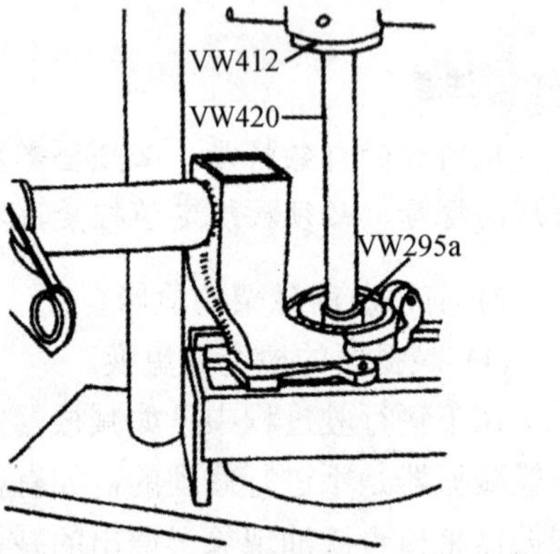

图 3.89　拆卸轮毂

④ 拆下两侧弹簧挡圈，压出车轮轴承，如图 3.90 所示。

⑤ 拉出轴承内圈，如图 3.91 所示。

注意

只能使用带箍圈的拉具，拉具上的钩子表面在使用前要用砂纸打磨一下。

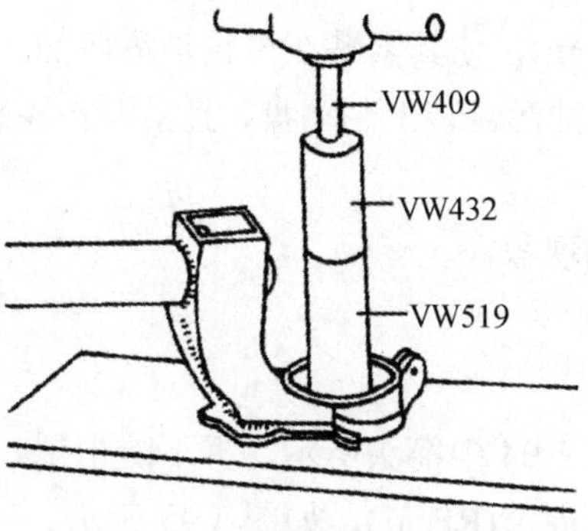

图 3.90　拆卸车轮轴承

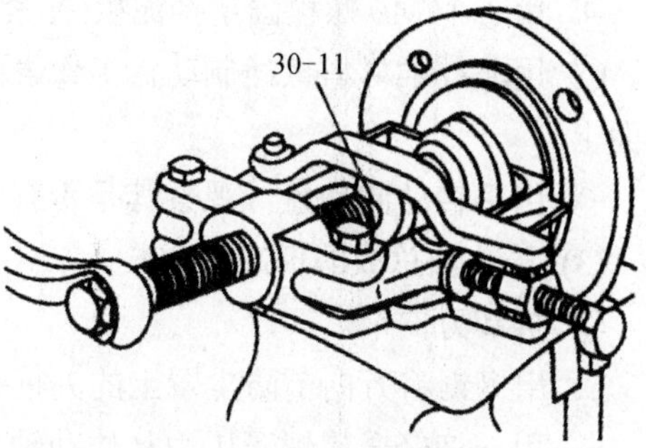

图 3.91　拉出轴承内圈

检查：在零件全部解体后，应进行清洗、检查，必要时测量。如有下列情况，必须更换新件。

① 制动盘工作面严重磨损，超出规定，或表面出现裂纹。

② 挡泥板严重扭曲变形。

③ 轮毂花键松旷，磨损严重。

④ 弹簧挡圈失效。

⑤ 车轮轴承损坏(注意：需要更换整套轴承)。

⑥ 前悬架支柱件任何一条焊缝出现裂纹或严重变形。

安装及调整如下。

① 先装外弹簧挡圈，在车轮轴承座涂上润滑脂，然后压入轴承，压至极限位置，最后装上内弹簧挡圈，如图 3.92 所示。

② 调整内、外弹簧挡圈开口的位置，使其相差 180°；然后转动轴承内圈，观察其是否正常。

③ 在轮毂花键和轴承颈上涂上润滑脂，然后压入轴承内，如图 3.93 所示。

注意

压入轮毂时，专用工具 VW519 只能顶住内轴承的内圈。

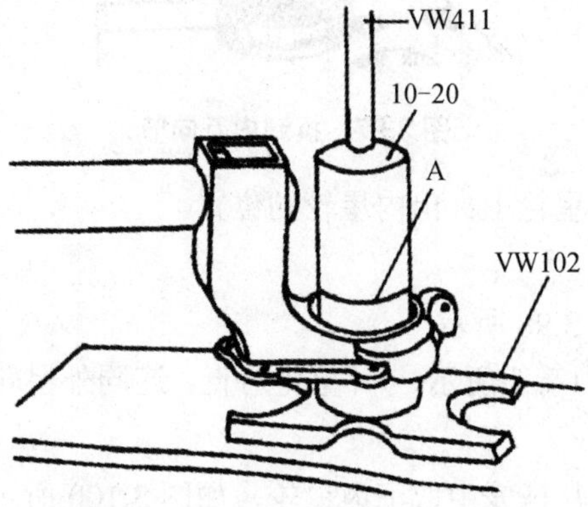

图 3.92　将轴承 A 压至极限位置

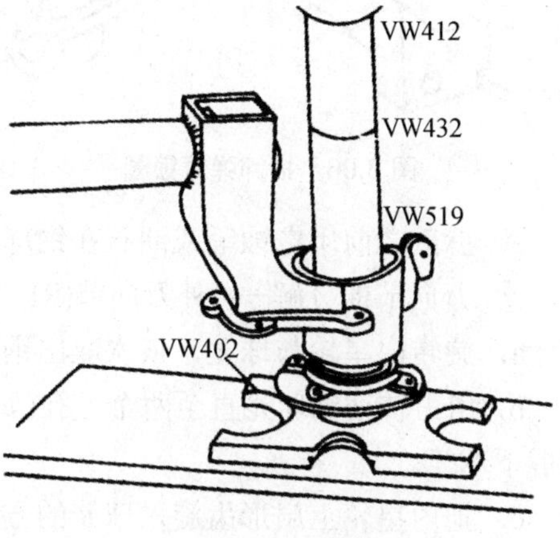

图 3.93　压入轮毂

④ 用 3 个 M6 螺栓固定挡泥板(拧紧力矩 10N·m)，使其紧贴在车轮轴承座的凸缘上。

⑤ 用非纤维材料擦净制动盘工作表面，不能有油污。装上制动盘，且紧贴在轮毂的接合面上。

⑥ 用手转动制动盘，观察其是否有卡滞或异响现象。

(3) 传动轴总成的拆卸与安装。

① 拆卸万向节。

a．用钢锯将万向节防尘罩上的夹箍锯开，如图 3.94 中箭头所示，拆下防尘罩。

b．用一把轻金属锤子用力从传动轴上敲下外万向节(RF 节)，如图 3.95 所示。

c．拆卸弹簧锁圈，如图 3.96 所示。

d．压出内万向节(VL 节)，如图 3.97 所示。

图 3.94　拆卸万向节防尘罩

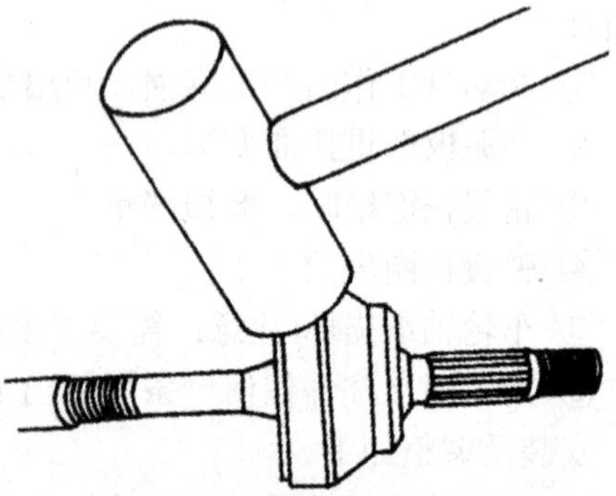

图 3.95　拆卸外万向节

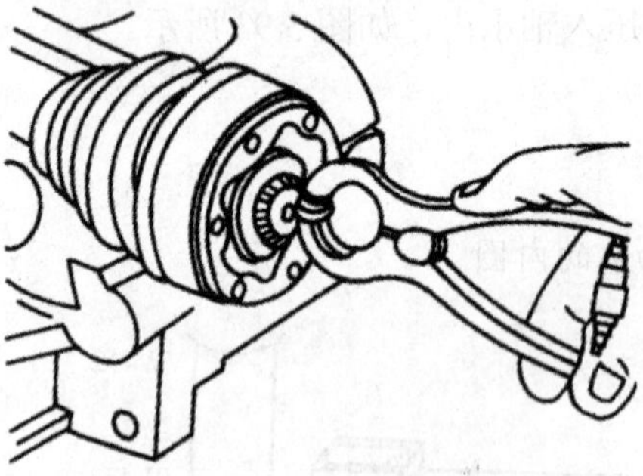

图 3.96　拆卸弹簧锁圈

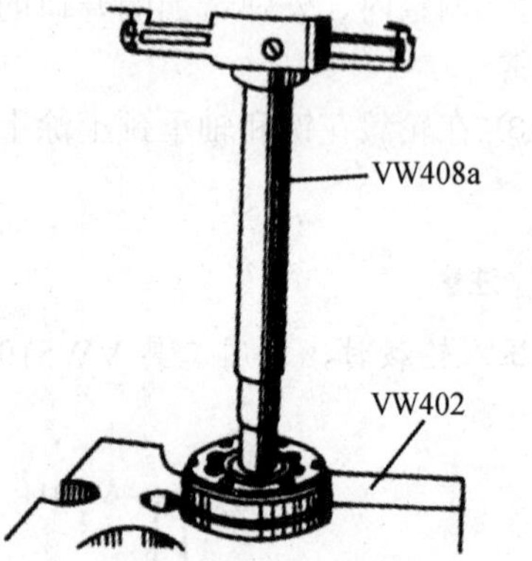

图 3.97　拆卸内万向节

e．拆散之前用电蚀笔或油石在钢球球笼和外星轮上标出内星轮的位置。

② 万向节的分解——外万向节(RF 节)。

a．旋转内星轮与球笼，依次取出钢球，如图 3.98 所示。

b．用力转动钢球笼直至两个方孔(如图 3.99 中箭头所示)与外星轮对直，连同外星轮一起拆下球笼。

c．把内星轮上扇形齿旋入球笼的方孔，然后从球笼中取下内星轮，如图 3.100 所示。

图 3.98　取出钢球

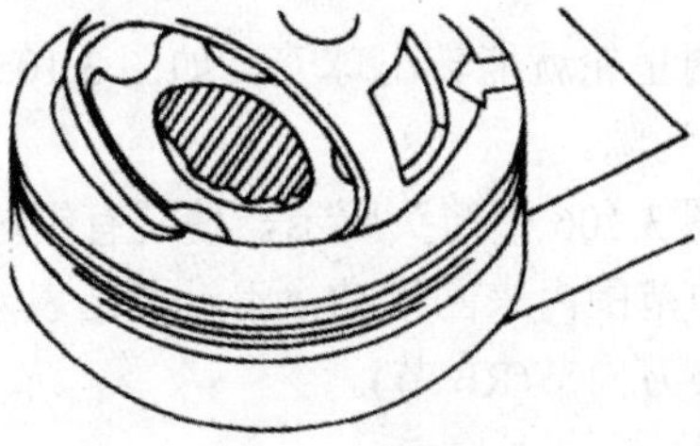
图 3.99　球笼拆卸

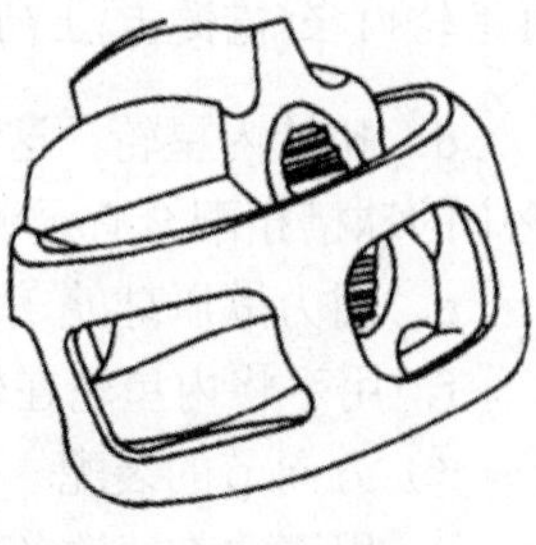
图 3.100　内星轮拆卸

③ 万向节的分解——内万向节(VL 节)。

a．转动内星轮与球笼，按图 3.101 中箭头所示方向压出球笼里的钢球。

注意

内星轮与壳体是一起选配的不能互换。

b．从球槽上面(如图 3.102 中箭头所示)取出球笼里的内星轮。

④ 检查零部件。

a．检查外星轮、内星轮、球笼及钢球有无凹陷与磨损。

b．各万向节处的 6 颗钢球要求一定的配合公差，并与内星轮一起成为一组配合件。

c．如果万向节间隙已经明显过大，万向节必须更换。如果万向节呈光滑无损或者能看到钢球的运转，则不必更换万向节。

d．检查防尘罩是否破裂、挡圈和座圈是否失效，否则应予以更换。

⑤ 万向节的装配——内万向节(VL 节)。

a．对准凹槽将内星轮嵌入球笼，内星轮在球笼内的位置无关紧要。

b．将钢球压入球笼(如图 3.103 所示)，并注入 G6 润滑脂 90g。

c．将带钢球与球笼的外星轮垂直装入壳体，如图 3.104 所示。

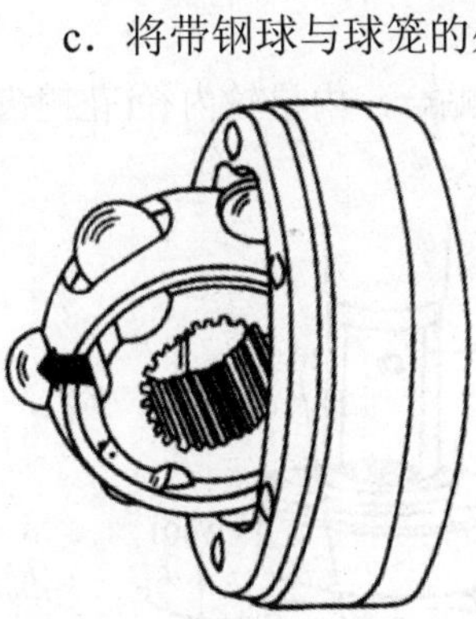
图 3.101　钢球取出

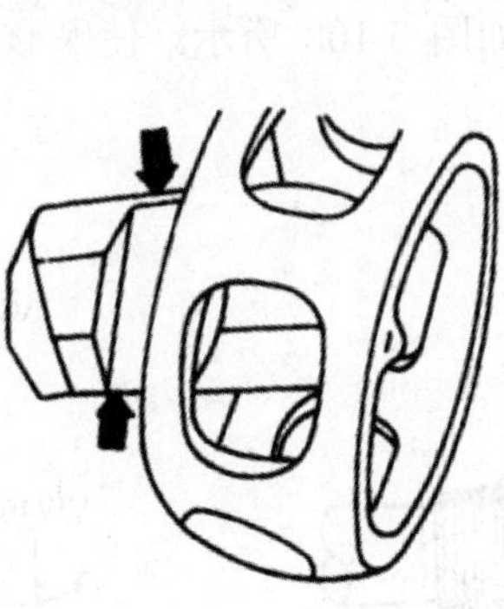
图 3.102　内星轮取出

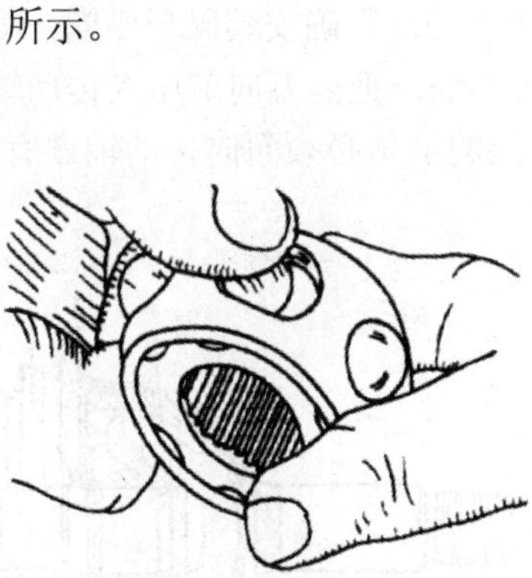
图 3.103　钢球压入球笼

注意

旋转之后，外星轮上的宽间隔α应对准内星轮上的窄间隙 b，转动球笼以便嵌入到位；

内星轮内径(花键齿)上的倒角必须对准外星轮的大直径端。

d．扭转内星轮，这样内星轮就能转出球笼，如图 3.105 中箭头所示，使钢球在与外星轮中的球槽相配合有足够的间隙。

e．用力揿压球笼，如图 3.106 中箭头所示，使装有钢球的内星轮完全转入外星轮内。

f．用手将内星轮在轴向范围内来回推动，滑动灵活表示装配正确。

⑥ 万向节的装配——外万向节(RF 节)。

a．用清洗剂清洗各部件。

b．将 G6 润滑脂总量的一半(45g)注入万向节内。

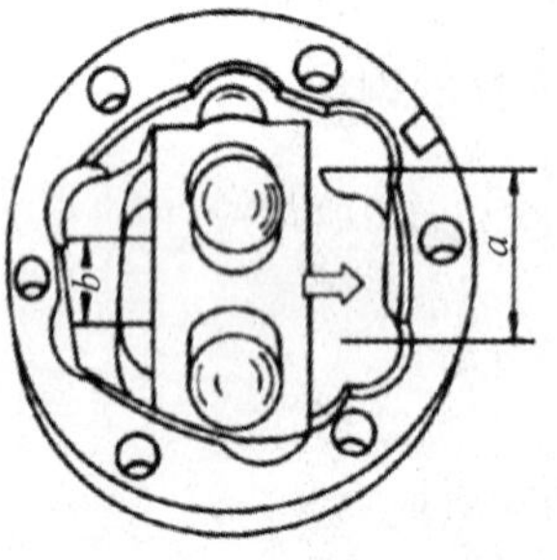

图 3.104　球笼装入壳体

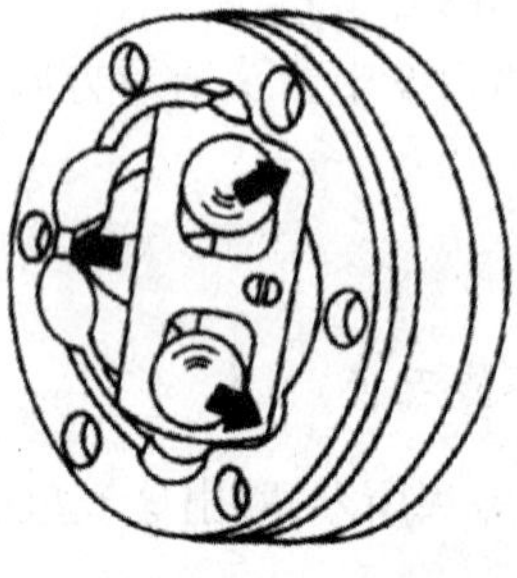
图 3.105　内星轮转出球笼

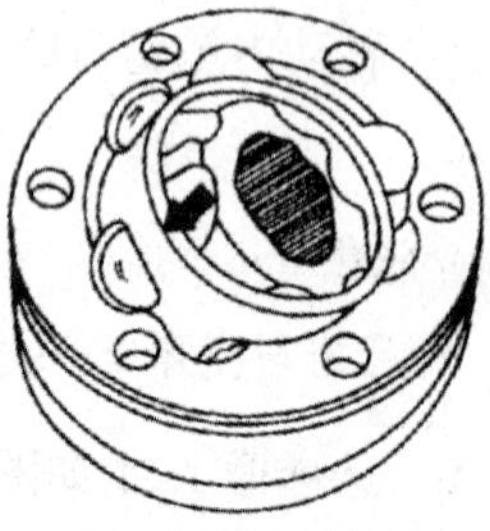
图 3.106　内星轮装入外星轮内

c．将球笼连同内星轮一起装入外星轮中。

d．对角交替地压入钢球，必须保持内星轮在球笼以及外星轮内的原先位置。

e．将弹簧锁圈装入内星轮。

f．将剩余的润滑脂压入万向节。

g．用手将内星轮在轴向范围内来回推动，检查安装是否正确。

⑦ 安装内、外万向节。

a．在传动轴上安装防护罩。

b．正确安装碟形座圈，如图 3.107 所示。

c．把内万向节压入传动轴，如图 3.108 所示。使碟形座圈贴合，内星轮内径(花键齿)上的倒角必须面向传动轴靠肩。

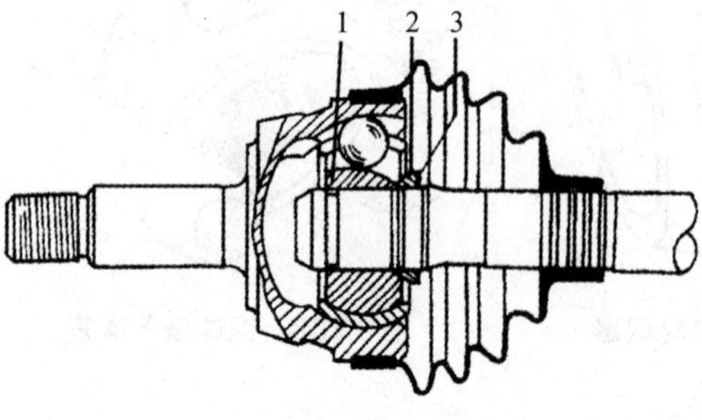

图 3.107　碟形座圈和中间挡圈的安装位置

1—弹簧锁圈；2—中间挡圈；3—碟形座圈

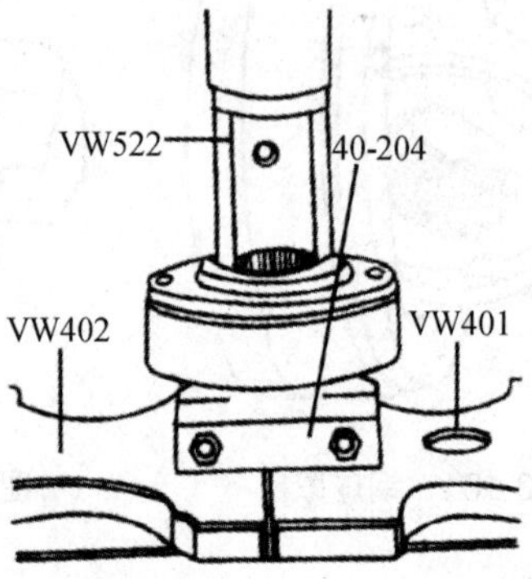

图 3.108　万向节压入传动轴

d．安装弹簧锁圈。

e．装上外万向节。

f．在万向节上安装防尘罩时，防尘罩经常要受到挤压。因而在防尘罩内部产生一定真空，从而在车辆行驶中产生一个内吸的折痕(如图 3.109 中箭头所示)。因此在安装防尘罩小口径之后，要稍微充点气，使压力平衡，不产生皱褶。

g．用夹箍夹住防尘罩，如图 3.110 所示。所用新式钳子型号为 V.A.G1275。

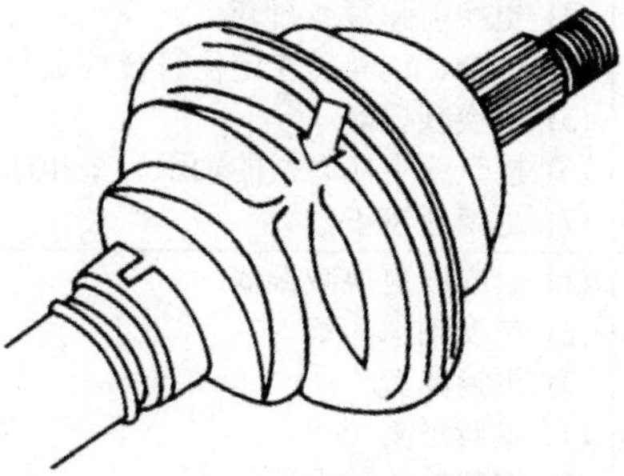

图 3.109　防尘罩充气

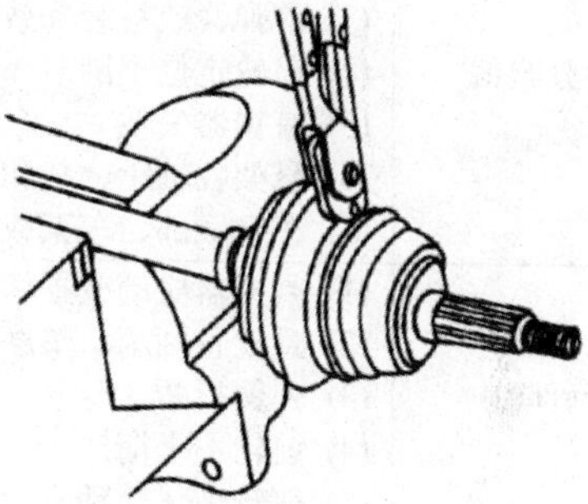

图 3.110　防尘罩夹箍夹紧

(4) 检修副车架、下摇臂与横向稳定杆。

副车架、下摇臂和稳定杆拆卸下来后，主要检查各部位橡胶支承是否损坏，检查零件是否变形、各焊接部位是否有脱焊或裂纹产生。若橡胶轴承损坏，则更换新件；若副车架零件和下摇臂变形和脱焊，也必须更换，不允许对副车架和下摇臂进行焊接或整形处理。

需要更换橡胶支承，可按以下方法进行。

① 更换下摇臂橡胶支承压出下摇臂橡胶支承(如图 3.82 所示)，将新的橡胶支承用螺栓与导向杆紧固成一体，如图 3.111 所示。然后在支承表面涂上一层润滑脂，再将其压入下摇臂(如图 3.83 所示)。当轴套压入深度达 3/4 左右时，拆下导向管 3039，然后，继续小心地将轴套压入最终固定位置。

② 更换副车架前后橡胶支承：按图 3.80 和图 3.81 所示压出前后橡胶支承，按图 3.84 和图 3.85 所示压入前后橡胶支承。

③ 更换横向稳定杆橡胶支承：按图 3.112 和图 3.113 所示压出、压入横向稳定杆橡胶支承。

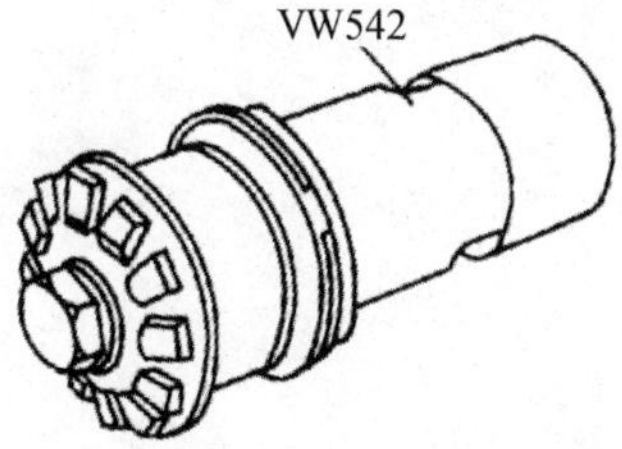

图 3.111　橡胶支承与导向杆紧固

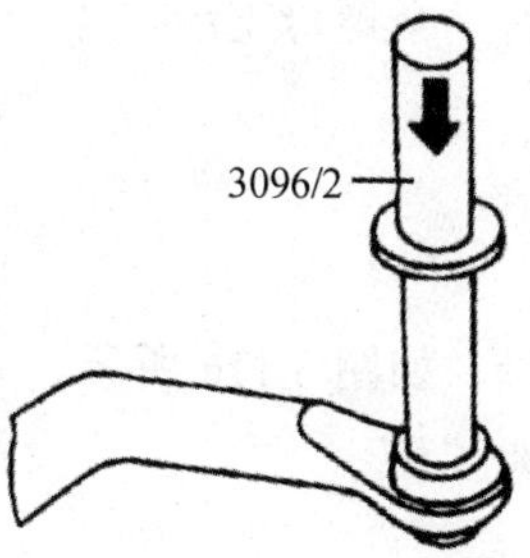

图 3.112　压出横向稳定杆橡胶支承

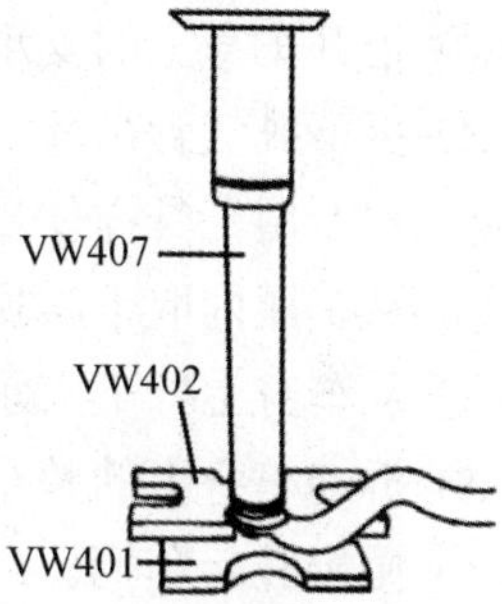

图 3.113　压入横向稳定杆橡胶支承

3) 前桥及前悬架常见故障及排除

桑塔纳3000型轿车前桥及前悬架常见故障与排除见表3-3。

表3-3　前桥及前悬架常见故障与排除

故障现象	原　因	排除方法
汽车行驶跑偏	(1) 两侧轮胎气压不等 (2) 前制动器分离不彻底 (3) 前弹簧或衬套失效 (4) 前轮定位不准 (5) 减振器失效 (6) 悬架各轴承、垫和球头销磨损过大 (7) 车身底部、车架或摆臂变形	(1) 调整轮胎气压 (2) 检修调整前制动器 (3) 更换前弹簧或衬套 (4) 检查、调整前轮定位符合规定 (5) 更换减振器 (6) 检查或更换磨损的轴承、垫和球头销 (7) 更换或校正
汽车行驶噪声	(1) 减振器松动或损坏 (2) 悬架各轴承、垫磨损严重或松动 (3) 弹簧折断 (4) 前轮不平衡 (5) 前轮轴承松动	(1) 紧固或更换减振器 (2) 更换轴承、垫 (3) 更换弹簧 (4) 重新平衡 (5) 调整前轮轴承
转弯时车身倾斜	(1) 横向稳定杆松动 (2) 弹簧、支承座变形或弹力过软 (3) 减振器损坏 (4) 主销后倾角过大	(1) 紧固横向稳定杆 (2) 更换或校正支承座、弹簧 (3) 更换减振器 (4) 调整主销后倾角
汽车摆振	(1) 轮胎气压低或各胎气压不等 (2) 前轮定位不准 (3) 横向稳定杆失效 (4) 车轮不平衡 (5) 轮毂轴承松动 (6) 转向器调整不当或机件磨损过大	(1) 调整气压 (2) 调校前轮定位 (3) 更换横向稳定杆 (4) 平衡车轮 (5) 调整轮毂轴承 (6) 调整转向器

2. 后桥及后悬架的拆装与检修

1) 后桥及后悬架的拆装

后桥及后悬架的分解图，如图3.114所示。

(1) 拆卸。

① 将驻车制动拉索从拉杆上吊出(如图3.115所示)，必要时脱开制动蹄。

② 分开桥梁上的制动软管。

③ 松开车身上的支承座，仅留一个螺母支承。

④ 拆下排气管吊环。

⑤ 用专用工具撑住后桥横梁。

⑥ 从车厢内取下减振器盖板。

⑦ 从车身上拧下支承杆座螺母，如图3.116所示。

⑧ 拆卸车身上的整个轴承支架。

⑨ 慢慢升起车辆。

⑩ 将驻车制动拉索从排气管上拉出，将后桥及悬架从车身底下移出。

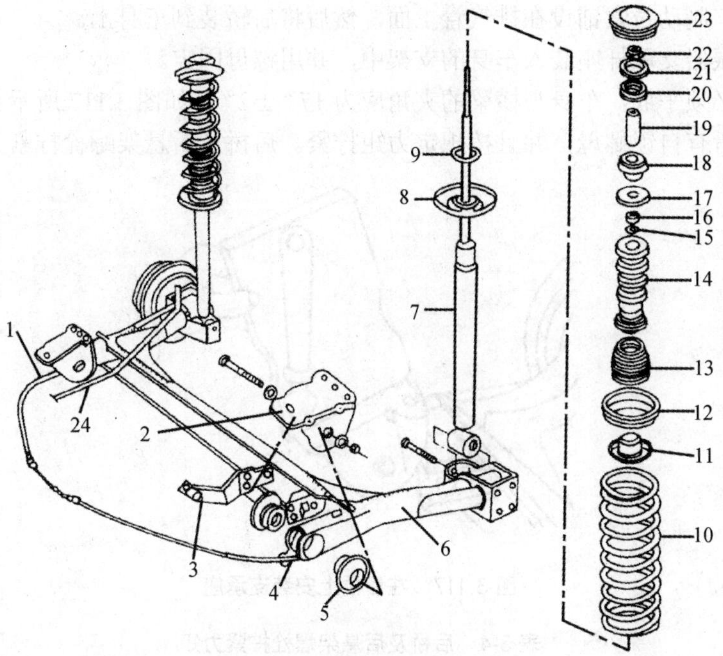

图 3.114　分解后桥和后悬架

1—驻车制动拉索套管(固定弹簧钩在车身上)；2—支承座；3—调节弹簧支架；4—驻车制动拉索支架；5—橡胶金属支承；6—后悬架臂；7—减振器；8—下弹簧座圈；9、17—垫圈；10—螺旋弹簧；11—护盖；12—上弹簧座；13—波纹橡胶管；14—缓冲块；15—锁圈；16—隔圈；18—下轴承环(橡胶件)；19—隔套；20—上轴承环；21—衬盘(隔圈)；22—自锁螺母(拧紧力矩 35 N·m)；　23—塞盖；24—制动软管

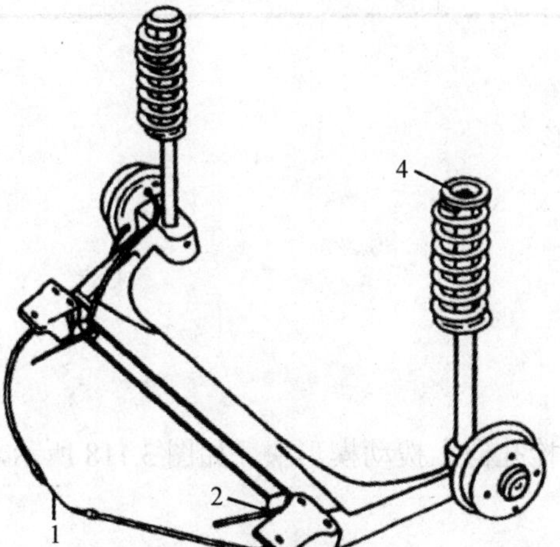

图 3.115　拆装后桥总成

1—驻车制动拉索；2—制动软管；
3—支承座；4—支承杆座螺母

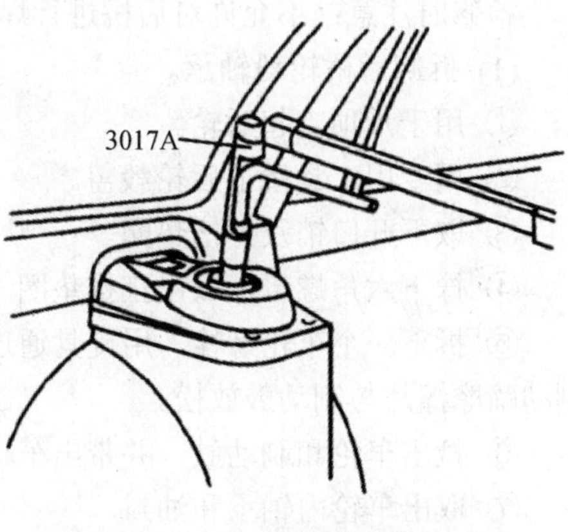

图 3.116　拆卸减振器支承杆座螺母

(2) 安装。

后桥及后悬架的安装可按与拆卸相反的顺序进行，但应注意以下事项。

① 将驻车制动拉索铺设在排气管上面，然后将后轿装到车身上。

② 将减振器支承杆座装入车身的支架中，并用螺母固定。

③ 横梁必须平放，车身与横梁的夹角应为 17° ±2°，如图 3.117 所示。

④ 更换所有自锁螺母，并且按规定力矩拧紧。后桥及后悬架螺栓拧紧力矩见表 3-4。

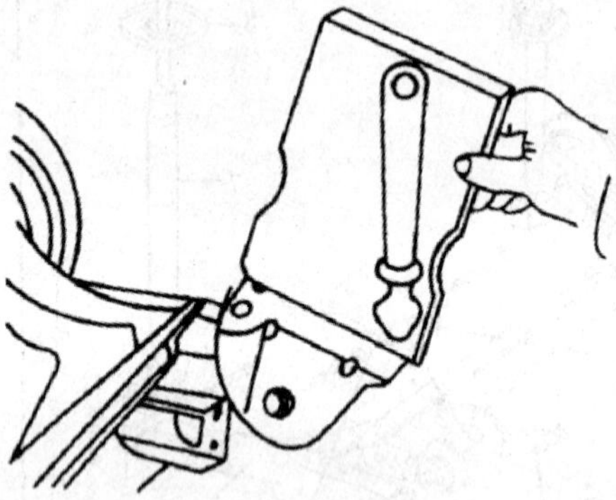

图 3.117　在后桥上安装支承座

表 3-4　后桥及后悬架螺栓拧紧力矩

项　　目	力矩/N・m
减振器下端至后桥固定螺母	70
减振器上端与车身固定螺母	35
支承座与车身固定螺母	45
橡胶金属支承固定螺栓	70
制动底板固定螺母	60
车轮固定螺栓	90

2) 后桥及后悬架的检修

检修时注意：不允许对后桥进行焊接和整形。

(1) 拆卸后桥轮毂轴承。

① 用千斤顶支起后轮。

② 用专用工具撬下后轮毂盖。

③ 取下开口销及开槽垫圈。

④ 拧下六角螺母，取出止推垫圈。

⑤ 拆下一个车轮螺栓，用旋具通过车轮螺栓孔向上拨动楔形块，如图 3.118 所示，使制动蹄摩擦片与制动鼓放松。

⑥ 拉出车轮和制动鼓，并带出车轮外轴承。

⑦ 取出车轮内轴承和油封。

⑧ 用铜冲头敲出内、外轴承外圈。

(2) 检修后桥轮毂轴承。

① 检查内、外轴承的磨损和变形情况，如果有损坏，应更换新件。内轴承型号：L45449/L45410，外轴承型号：LM11749/LM11710，油封型号：32150/6416。

② 如果制动鼓表面磨损严重或端面圆跳动大于 0.2 mm，则应更换制动鼓。

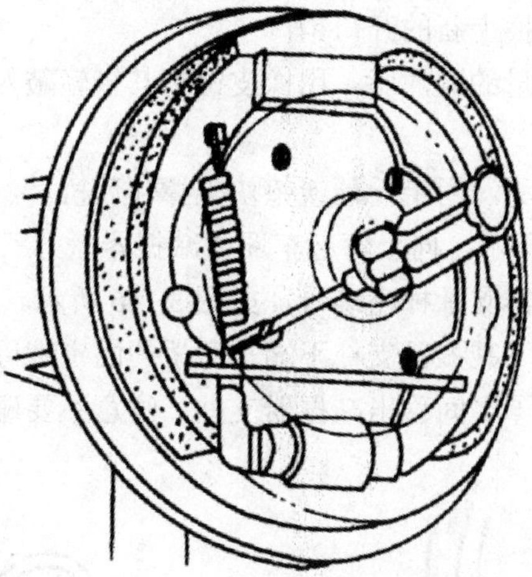

图 3.118　用旋具向上拨动楔形块

③ 检查后轮毂短轴的弯曲程度，用游标卡尺和直尺沿圆周方向测量直尺和轴颈的距离，如图 3.119 所示。至少测量 3 点，比较各次测得的读数，不得超过 0.25 mm，否则应更换短轴。

(3) 安装及调整。

① 用专用工具将车轮内、外轴承外圈压入制动轮毂，如图 3.120 和图 3.121 所示。

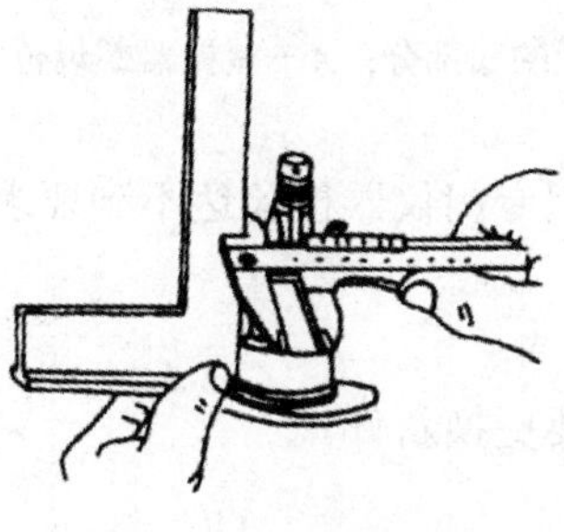

图 3.119　短轴检查

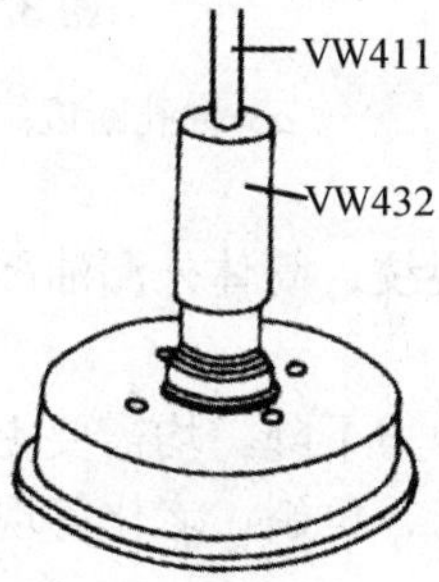

图 3.120　压入外轴承的外圈

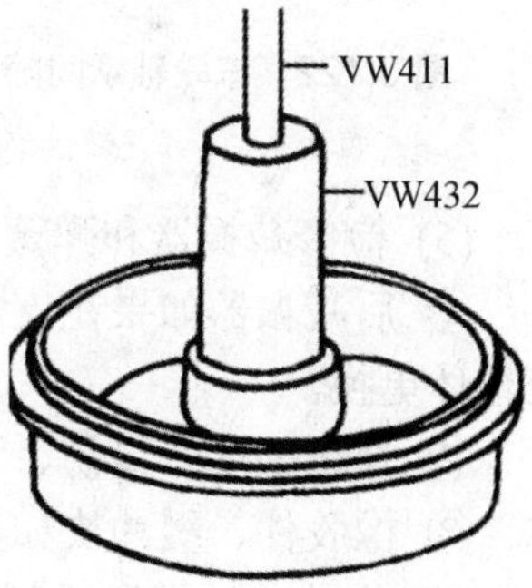

图 3.121　压入内轴承的外围

② 在轮毂短轴上放上油封，用橡胶锤均匀地敲入。测量油封凸出制动鼓小端面的高度，应为 1.10～1.15mm。

③ 在内、外轴承上涂抹适量的锂基润滑脂，轮毂内腔也注入一定量的润滑脂。内轴承用手推入至轮毂短轴上，外轴承装入制动鼓内。

④ 将制动鼓装入。

注意

不能使制动鼓内表面沾上油脂，如果沾上油脂，应用砂纸打磨干净。

⑤ 装上外轴承和止推垫圈，拧上六角螺母。

⑥ 调整车轮轴承间隙，正确的间隙是用一字形旋具在手指的加压下. 刚好能够拨动止推垫圈，如图 3.122 所示；也可以用专用工具调整，轴承间隙为 0.01～0.05mm。

⑦ 装上开槽垫圈，并换上新的开口销。

⑧ 在轮毂盖内加入适量的润油脂，用橡皮锤将其轻轻敲入。

(4) 拆卸减振器和弹簧。

① 将车辆在地面上停稳，用千斤顶或垫块支撑住后桥。

② 如图 3.123 中箭头所示，向上弯起车厢内减振器上方三角形底搁板。

③ 从车身上拧下减振器支承杆座螺母，如图 3.116 所示。

④ 慢慢抬高车辆，拧下减振器支柱下端与后桥的固定螺母。

⑤ 小心地从车轮与轮罩之间移出减振器支柱，注意不要碰坏弹簧和轮罩上的油漆。

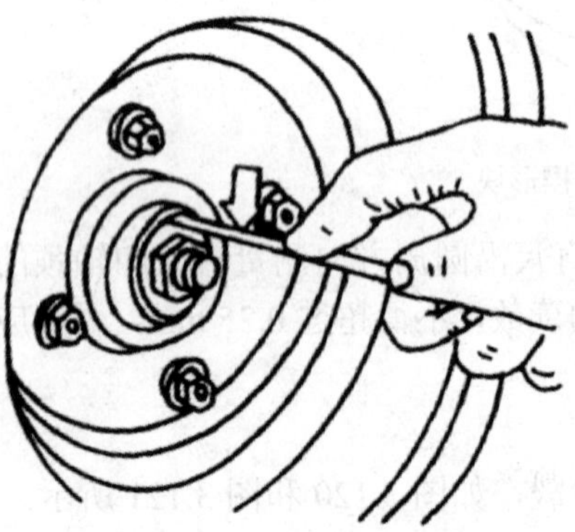

图 3.122 车轮轴承间隙的调整

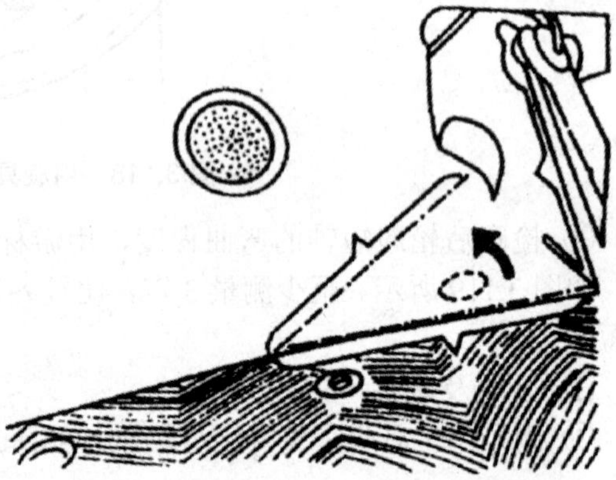

图 3.123 三角形底搁板(车架水平时)

a—冲孔断边；*b*—缩短了的底部分；*A*—减振器螺母位置

(5) 检修减振器和弹簧。

① 后减振器如果在支承处有裂纹、筒体外漏油严重，或用专门仪器检验达不到要求，应整体更换。

② 弹簧如果有损伤、裂纹或弹力下降，均需要更换新件。

③ 橡胶件、缓冲块如果有损伤、龟裂、老化等现象，也要更换新件。

(6) 安装减振器和弹簧。

按照拆卸相反的顺序进行安装，但应注意：支架上的自锁螺母拧紧力矩为 35N·m，减振器支承上的螺母拧紧力矩为 60～70N·m，最后应将后隔板两边用黏带封住。

(7) 拆卸悬架臂支承。

① 车辆着地，支撑起后桥。

② 拆下一侧后桥与车身连接的支承座，如图 3.115 所示。

③ 用分离工具将橡胶金属支承逐一拉出，如图 3.124 和图 3.125 所示。

(8) 检修悬架臂支承。

金属橡胶支承不能进行修理，如果有松动、裂纹、损伤、破裂等现象，均需要更换新件。

(9) 安装悬架臂支承。

① 装入新的两半橡胶金属支承(如图 3.126 所示)，并使两半橡胶金属支承扇形体和沟槽相互嵌在一起。

② 如有可能，用电动工具将橡胶金属支承压入到正确位置(如图 3.127 所示)；其安装深度应为 a=61.6～62.6mm，如图 3.128 所示。

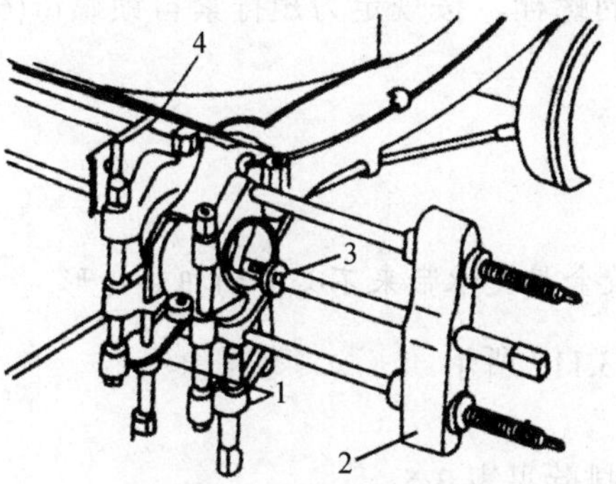

图 3.124　拆卸橡胶金属支承

1—分离工具(KuKK017/1)；2—拉具(KuKK018/1)；
3—顶杆螺栓(ϕ12mm×120mm)；
4—桥形支承(30-211A)

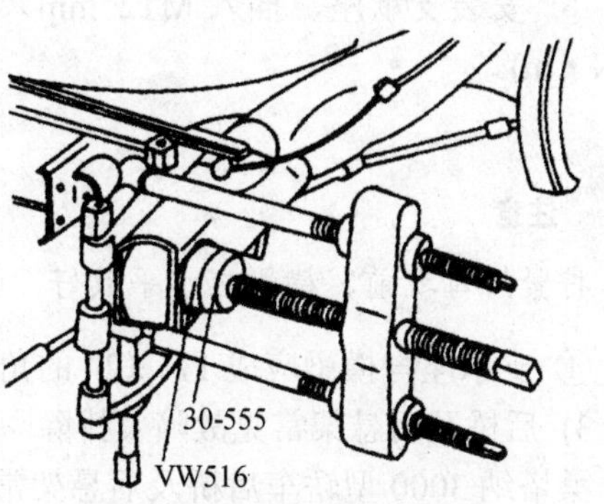

图 3.125　拉出橡胶金属支承的另一半

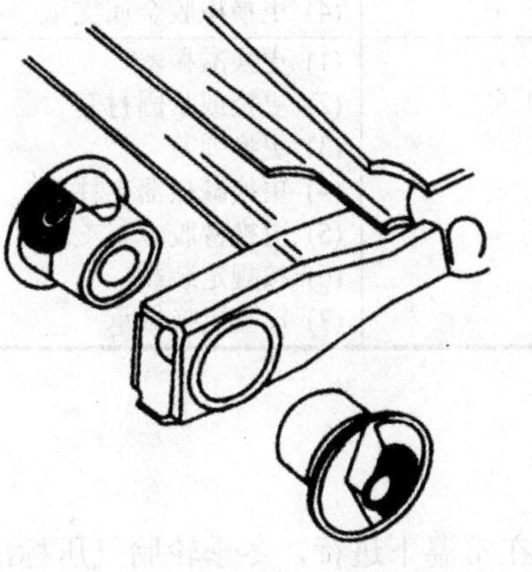

图 3.126　橡胶金属支承的安装位置

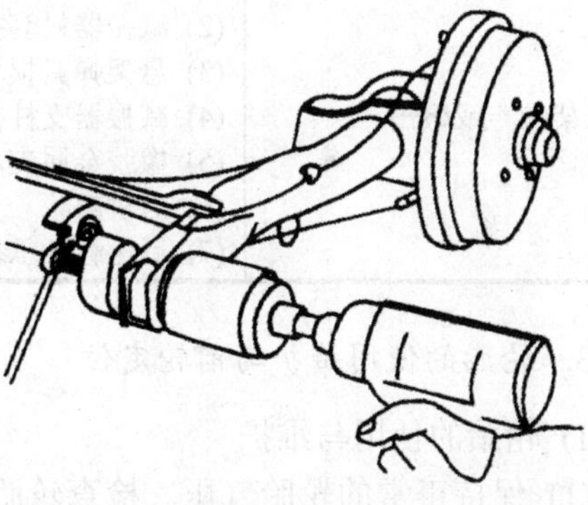

图 3.127　将橡胶金属支承压到正确位置

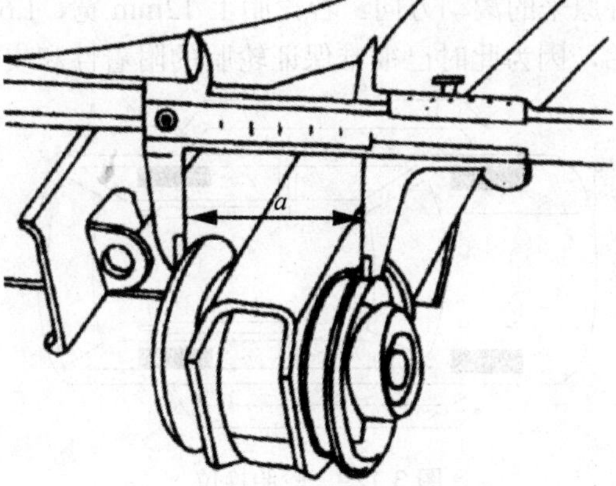

图 3.128　测量支承套的安装深度

③ 安装支承座，插入 M12 mm×100 mm 的螺栓，按规定力矩拧紧自锁螺母(60～70 N·m)。

注意

拧紧螺母之前，横梁应水平放好，以免给橡胶金属支承带来不必要的扭曲变形。

④ 支承座与横梁应成 17°±2° 的角度，如图 3.117 所示。

3) 后桥及后悬架常见故障及排除

桑塔纳 3000 型轿车后桥及后悬架常见故障与排除见表 3-5。

表 3-5　后桥与后悬架常见故障与排除

故障现象	原　因	排除方法
行驶跑偏	(1) 悬架弹簧损坏或变软 (2) 悬架臂变形 (3) 后桥移位或桥梁变形 (4) 橡胶金属支承损坏	(1) 更换弹簧 (2) 更换悬架臂 (3) 检查、校正桥梁 (4) 更换橡胶金属支承
后悬架噪声或敲击声	(1) 减振器损坏 (2) 减振器衬套损坏或固定不良 (3) 悬架弹簧损坏 (4) 减振器支柱损坏 (5) 橡胶金属支承损坏 (6) 后桥超载 (7) 后轮毂轴承损坏	(1) 更换减振器 (2) 更换或紧固衬套 (3) 更换弹簧 (4) 更换减振器支柱 (5) 更换橡胶金属支承 (6) 按规定装载 (7) 检查更换轴承

3. 轮胎的使用维护与前轮定位

1) 轮胎的使用与维护

(1) 保持正常的轮胎气压。检查轮胎气压时应在常温下进行，冬季轮胎气压标准应增高 20 kPa。

(2) 应使轮胎磨损均匀。如果发现前轮比后轮磨损大，为了保证安全，应按图 3.129 所示进行轮胎换位，并保持原来的滚动方向。若轮胎上 12mm 宽、1.6 mm 深的磨损指示条已经磨去，应立即更换轮胎，因为此时已很难保证轮胎的附着性和安全性。

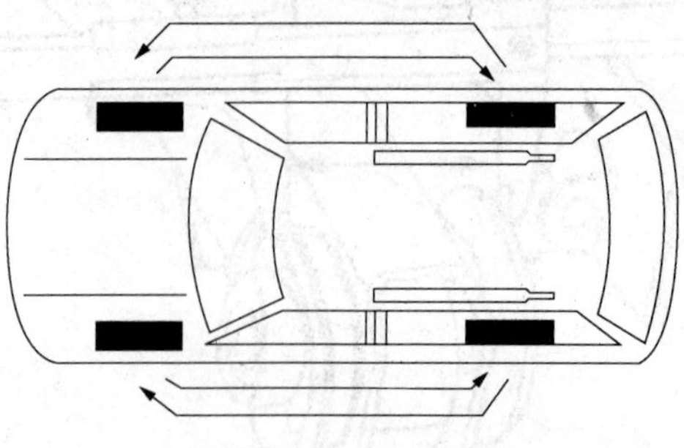

图 3.129　轮胎换位

(3) 轮胎更换时应成对更换，并且花纹深的轮胎应装在前轮；同一轴应使用同种规格和同种花纹的轮胎；轮胎与轮辋必须配套使用。拆装时要用轮胎拆装机，不许对轮辋进行敲击和使用撬棒，以防轮辋变形和破坏气密性；从安全的角度出发，装上新的无内胎轮胎时应同时装上新的橡胶气门嘴。

(4) 新换的轮胎或修理过的轮胎必须进行动平衡试验方可装车。如不平衡可以通过轮辋两侧边缘上安放的平衡块来调整不平衡量，要求轮辋边缘上的不平衡量小于 80g。

(5) 车轮及车轮螺栓是相互配对的。调整不同规格的车轮，必须采用长度及锥度合适的螺栓，因为车轮螺栓会影响车轮的紧固程度及制动系统功能。保证车轮螺栓的紧固力矩为 110N·m。

(6) 保证正确的车轮定位，防止轮胎异常磨损。经常检查轮胎气压及磨损情况，剔除嵌在轮胎花纹内的异物。

2) 车轮定位的检查和调整

车轮定位不仅影响车轮的磨损程度，同时还对操纵稳定性和行车安全产生影响。因此，除了平时经常检查车轮定位外，在车桥拆装后和轮胎发生异常磨损、车辆的操纵稳定性变坏时，必须检查和调整车轮定位。

桑塔纳 3000 型轿车的后轮定位不可以调整，只有前轮定位可以调整，下面介绍前轮定位的检查和调整。

(1) 检查准备。

检查前轮定位前，车辆应先满足以下条件，否则检查结果无效。

① 汽车停放在水平场地或专用检测台上，车轮在直线行驶位置且无负载。

② 轮胎气压符合规定。

③ 车轮平衡，悬架活动自如。

④ 转向系调整正确。

⑤ 前悬架弹簧无过大的间隙和损坏。

(2) 前轮定位的调整。

① 前轮外倾角：前轮外倾角是指车轮平面与垂直平面(纵向)之间的夹角，当前轮外倾角不正确时，轮胎会出现单边磨损(吃胎)。另外，如果外倾角过大，则高速时车身晃动会加剧，转向发“飘”，不易掌握；如果外倾角过小，转向太沉，回位不良，左右轮外倾角差值过大，会使汽车侧滑跑偏，轮胎磨损不匀。

检查：可采用水准仪对前轮外倾角进行动态测量。水准仪如图 3.130 所示。

将车轮对准正前方，利用装有轮辋或轮盘上的固定支架，如图 3.131 所示，将水准仪安装在与车轮平面垂直的平面内，如图 3.132 所示。此时水准仪的倾角读数即为车轮外倾角。若读数在 0° 与车轮的另一侧时，为车轮正外倾；若读数在 0° 与车轮之间时，为车轮负外倾；当测量值与标准值不符时，应予以调整。

调整：调整前轮外倾角时车轮应着地，通过球头销在下摇臂长孔中的位移来调整。

a. 松开下摇臂球头销的固定螺母。

b. 把外倾调整杆 40-200 插入图 3.133 中箭头所示的孔中。调整左侧时，从后面插入调整杆；调整右侧时，应从前面插入调整杆。

c. 横向移动球头销，直至达到外倾角值。

d. 紧固螺母并再次检查外倾角值，需要时重新进行调整。

e. 必要时调整前束。

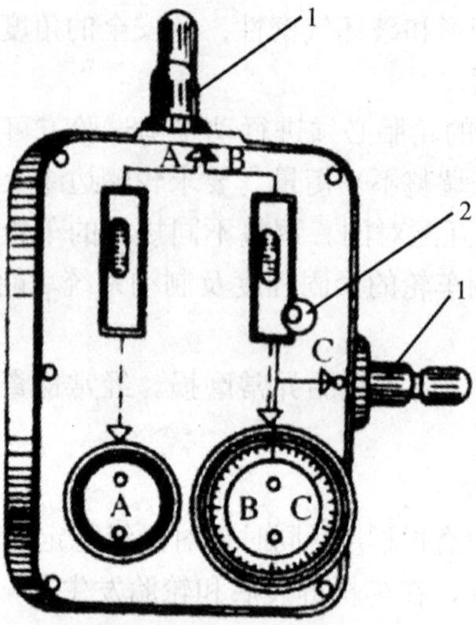

图 3.130　水准仪

1—插销；2—调整螺钉

A—外倾角刻度表及相应插销；B—倾角刻度表及相应插销；C—内倾角刻度表及相应插销

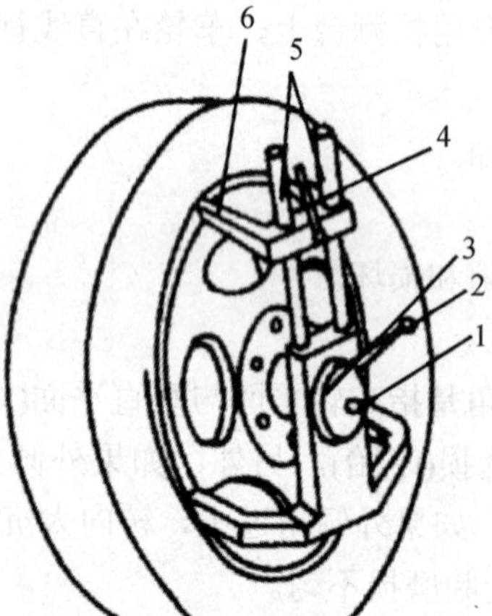

图 3.131　车轮定位仪器固定支架

1—支承轴；2—固定手柄；3—调节手轮；4—高度调整手柄；5—立柱；6—偏心夹

② 前束：为了消除车轮外倾角向外侧滑的影响，汽车两个前轮的旋转平面不是平行的，而是前端略向内束。车轮后端中心线距离与前端中心线距离之差称为前束，此差值为正时称为正前束，为负时称为负前束。如前束不当，会出现高速摆振和明显的单侧磨损。

检查：将车轮停放在水平的硬实地面上，顶起前轮，使车轮能平稳回转，在轮胎周向花纹对称中心画线，然后拆下千斤顶，使车轮恢复稳定状态，并使车轮处于直行位置。

使用前束尺测量时，前束尺的指针高度与轮胎中心高度相同，如图 3.134 所示。在车轮的前侧，使前束尺的左右指针与轮胎中心的画线对准，测出宽度；然后将前束尺移到车轮后侧，以同样方法测出宽度；两次测量结果之差，即为车轮前束。

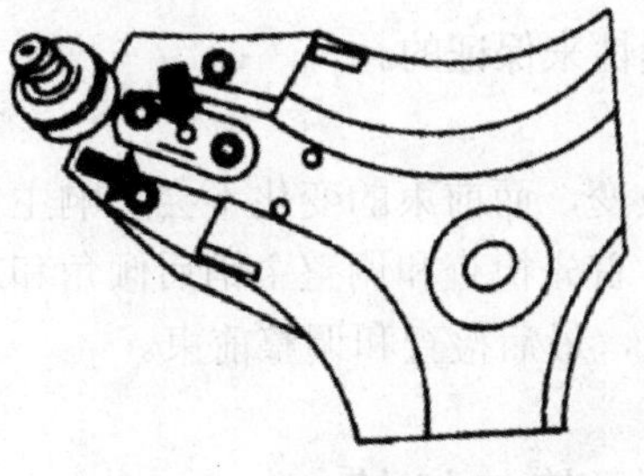

图 3.132　测量车轮外倾角

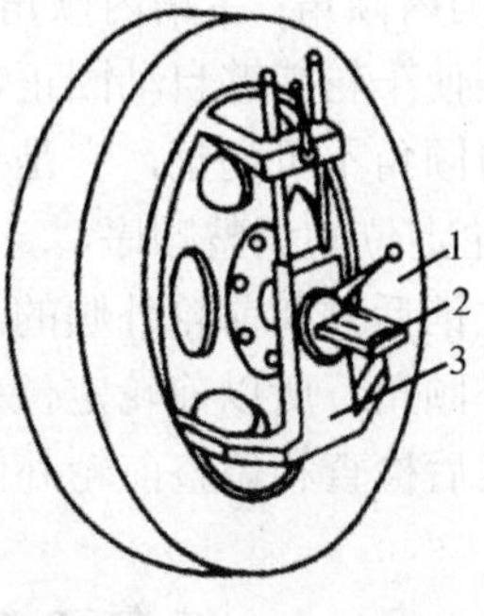

图 3.133　插入外倾调整杆

1—被测车轮；2—水准仪；3—固定支架

调整：调整前束除使用光学测量仪外，还需要专用工具 3075。调整前束是通过改变两侧转向横拉杆的长度来实现的。

a．将转向器置于中间位置。

b．拧出转向中间轴盖上的螺栓。

c．将带有挂钩 B 的专用工具安置在左转向横拉杆的紧固螺母上，如图 3.135 所示。

d．用提供的螺钉将做衬垫的间隔件固定到标有 C 记号的转向器孔中。

注意

不得使用一般螺钉，因为一般螺钉太短，会碰坏转向盘的螺纹。

e．总前束值分为两半，分别在左、右转向横拉杆上调整。

f．固定转向横拉杆。

g．必要时调整转向盘。

h．拆下专用工具 3075，重新拧紧转向中间轴盖上的螺栓，拧紧力矩为 20 N・m。

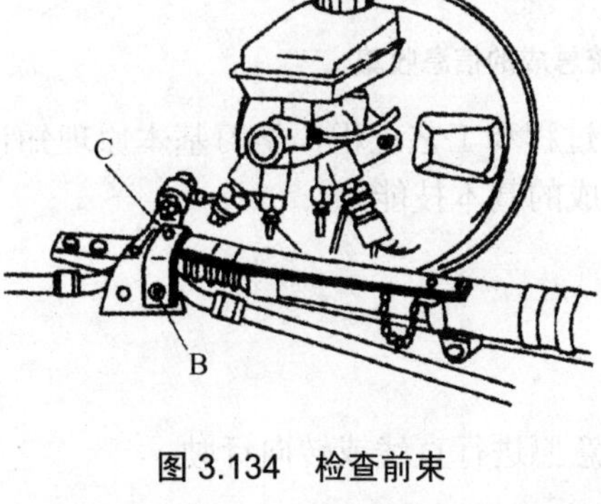

图 3.134　检查前束

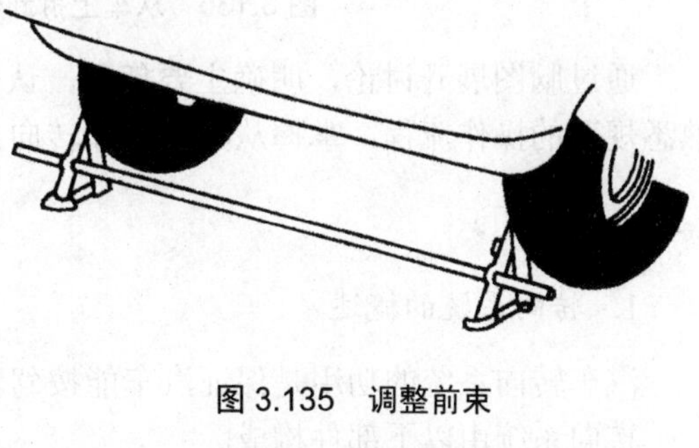

图 3.135　调整前束

③ 主销后倾角：主销后倾角是指主销(旋转中心)中心线与通过车轮的中心线在纵向平面内所形成的夹角。它的主要作用是当车轮受到外力作用而使汽车偏离行驶方向时，使车轮能够自动回正。

桑塔纳 3000 型轿车主销后倾角是不能调整的。

④ 主销内倾角：主销内倾角是指在横向平面内主销中心线上部向内倾斜的角度。它的主要作用是使车轮能够自动回正，并使转向操纵轻便。

主销内倾角不可调整，它是靠前轮外倾角的正确性来保证的。

3) 前轮定位的调整顺序

由于主销后倾和前轮外倾的改变会引起前束的改变，而前束的变化不会影响主销后倾角和前轮外倾角，所以前轮定位的检查和调整顺序：首先检查和调整主销后倾角和左右轮的差值，然后检查和调整前轮外倾角和左右轮的差值，最后检查和调整前束。

任务 3.3　转向系统的拆装与检修

3.3.1　任务引入

按照头脑风暴法收集如何从车上拆卸转向系统总成作业的关键点，借助脑图记录团队成员提出的想法，以脑图为基础提出问题，图 3.136 为从车上拆卸转向系统总成的信息收集图。

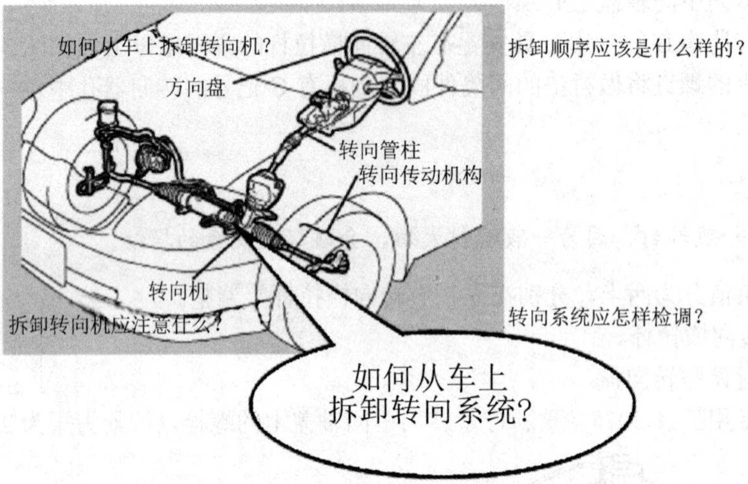

图 3.136　从车上拆卸转向系统总成的信息收集

通过脑图展开讨论，明确主要任务，认知生产过程和工艺过程，学习基本原理知识，熟悉规范的操作流程，掌握从车上拆卸转向系统总成的基本技能。

3.3.2　相关知识

1. 转向系统的概述

汽车转向系统的功用是保证汽车能按驾驶员的意愿进行直线或转向行驶。

转向系统由以下部件构成。

(1) 方向盘：进行转向操纵。

(2) 转向管柱：连接方向盘和转向机。

(3) 转向机：变换来自方向盘的转向扭矩和旋转方向，把它们通过转向传动机构传送到车轮并使车辆转向。

(4) 转向传动机构：转向传动机构是一种杆和臂的组合件，通过这些杆和臂把转向机的运动传送给前左右车轮。

2. 电动倾斜和电动伸缩式转向柱

(1) 电动倾斜操作：通过操作向上或向下开关来操纵倾斜马达，从而使倾斜蜗轮蜗杆传动装置和倾斜蜗杆轴就开始转动并且滑动套滑动，与连杆件连接的转向管柱向上或向下倾斜。

(2) 电动伸缩机构工作原理：通过操作左或右开关来操纵伸缩机构马达。伸缩蜗轮蜗杆传动装置开始转动，并且滑动管向前或向后滑动。

3. 动力转向系统

动力转向系统是兼用驾驶员体力和发动机(或电动机)的动力作为转向能源的转向系统。动力转向系统是在机械转向系统的基础上加设一套转向助力装置而形成的，动力转向系统结构如图 3.137 所示。

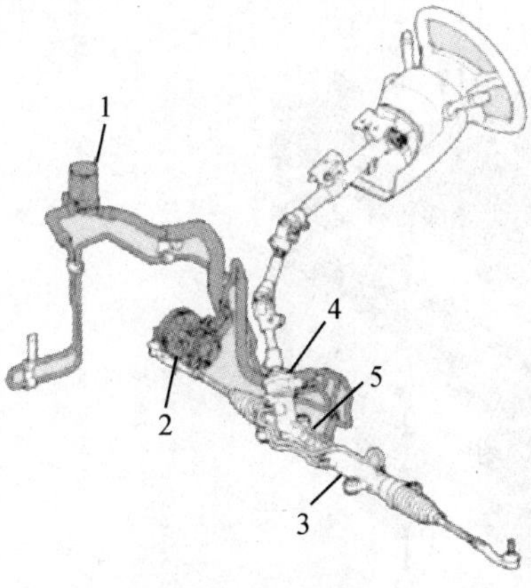

(a) 液压式动力转向

1—储油罐；2—叶轮泵；3—动力缸；
4—控制阀；5—转向机壳体

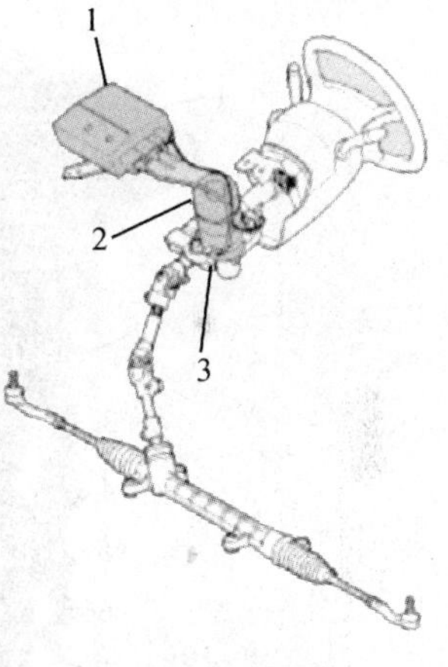

(b) 电动式动力转向

1—EPS ECU；2—直流电动机；3—力矩传感器

图 3.137　动力转向系统结构

4. 齿轮齿条式转向器

齿轮齿条式转向器是以齿轮和齿条传动作为传动机构，适合与麦弗逊式独立悬架配用，常用于轿车、微型货车和轻型货车。

目前，轿车普遍采用的都是齿轮齿条式转向器，其基本组成如图 3.138 所示。

5. 循环球式转向器

循环球式转向器中一般有两级传动副，第一级是螺杆螺母传动副，第二级是齿条齿扇传动副。其常用于各种轻型和中型货车，也用于部分轻型越野汽车。

转向螺杆转动时，通过钢球将力传给转向螺母，使螺母沿轴向移动。同时，在螺杆、螺母和钢球间的摩擦力矩作用下，所有钢球便在螺旋管状通道内滚动，形成“球流”。循环球式转向器结构如图 3.139 所示。

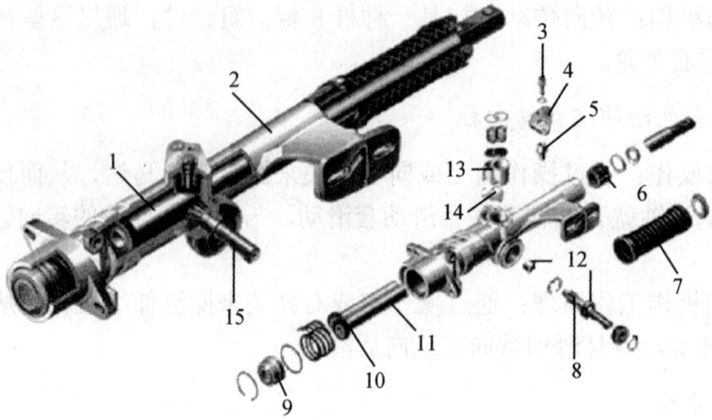

图 3.138　齿轮齿条式转向器

1—转向齿条；2—转向器壳；3—调整螺钉；4—盖板；5—调整螺钉座；6—衬套；7—防尘护罩；8—转向齿轮；9—挡盖；10—挡块；11—转向器壳；12—轴承；13—压块；14—压块衬片；15—转向齿轮

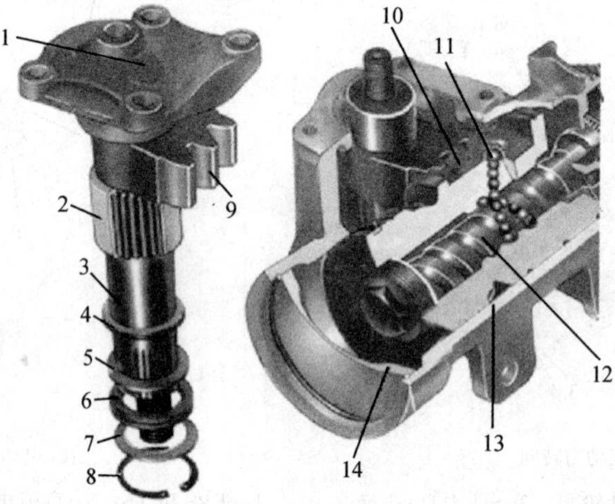

图 3.139　循环球式转向器结构

1—侧盖；2—轴承；3—摇臂轴；4—单唇油封；5—支承挡圈；6—双唇油封；7—支承挡圈；8—弹簧卡环；9—齿扇；10—转向螺母；11—钢球；12—转向螺杆；13—转向器壳；14—壳体端盖

6. 四轮转向系统

汽车的四轮转向(简称 4WS)是指汽车在转向时，4 个车轮都可相对车身主动偏转，使之起到转向作用，以改善汽车的转向机动性能。

按照后轮转向机构控制和驱动方式的不同，四轮转向可分为机械式、液压式、电控机械式、电控液压式和电控电动式等几种类型。目前使用最广泛的 4WS 系统为电控液压式，主要用于前轮采用液压助力转向系统的汽车中。电动四轮转向系统布置如图 3.140 所示。

7. 线控转向系统

线控转向系统用传感器记录驾驶员的转向意图和车辆的行驶状况，通过数据线将信号传递给车载电脑，电脑据此做出判断并控制液压激励器来提供相应的转向力，使转向轮偏转相应角度实现转向。线控转向系统的组成如图 3.141 所示。

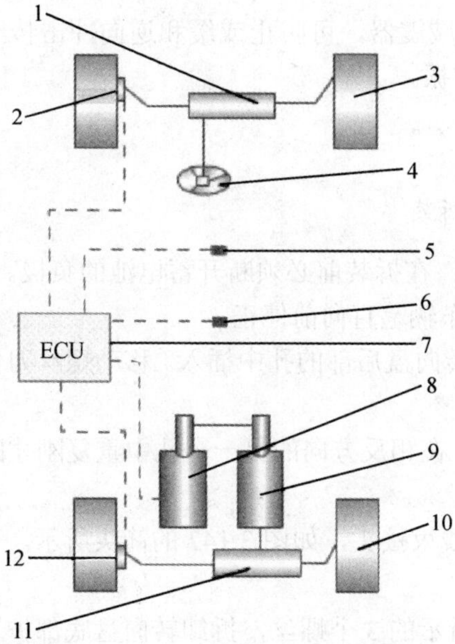

图 3.140　电动四轮转向系统布置

1—前轮转向机构；2—前轮转角传感器；3—前车轮；4—转向盘；
5—车速传感器；6—横摆角速度传感器；7—电控单元；8—步进电动机；
9—减速机构；10—后车轮；11—后轮转向机构；12—后轮转角传感器

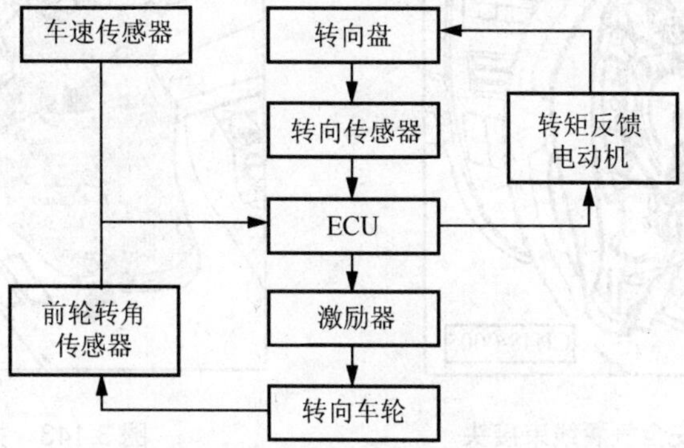

图 3.141　线控转向系统组成

8. 桑塔纳 3000 型轿车转向系统的结构特点

(1) 为了整个转向系统有更好的被动安全性，桑塔纳 3000 型轿车采用了伸缩式转向管柱，在整车发生碰撞时，转向管柱上下部分自动脱开，能够减小驾驶员受到的转向盘的冲击力，同时在转向盘上增加安全气囊。

(2) 桑塔纳 3000 型轿车采用液压动力转向系统，该系统可以协助驾驶者轻松进行转向操控，工作时无噪声，而且还能够吸收来自不平路面的冲击。

(3) 液压泵为叶片泵，寿命长，防内渗漏性能好，保证流量性能的稳定性。齿轮齿条式转向机构简单，转向传动机构简化，不需要转向摇臂和转向直拉杆。

(4) 可逆式转向器可以反馈路面情况，有利于汽车转向结束后转向轮和转向盘自动回正。具有自动补偿间隙机构保证齿条齿轮之间的间隙为零，保证转向精确性与灵敏性。

(5) 转向系统采用转向减震器，可防止或缓和逆向冲击传给转向盘，并消除或减轻转向系统的振动和转向轮的摆振。

3.3.3 任务实施

1. 转向柱与转向盘的拆装

(1) 拆卸和安装转向盘：在拆装前必须断开蓄电池的负极。

① 转动方向盘，直到车辆笔直向前停正。

② 用一个螺丝刀，从转向盘后部的孔中插入。移动螺丝刀使安全气囊的凸耳从弹簧夹上脱出。

③ 转动转向盘 180°，在相反方向的另一个孔中重复刚才的工作，脱开另一个安全气囊的凸耳。

④ 断开安全气囊上的线束接头，如图 3.142 的箭头所示。

⑤ 拆下安全气囊。

⑥ 松开图 3.143 箭头所示的 3 个螺丝，拆卸转向盘底部护罩。

⑦ 断开安全气囊的插头连接。

⑧ 松开转向盘紧固螺母，拆下转向盘。

⑨ 以相反顺序进行安装。

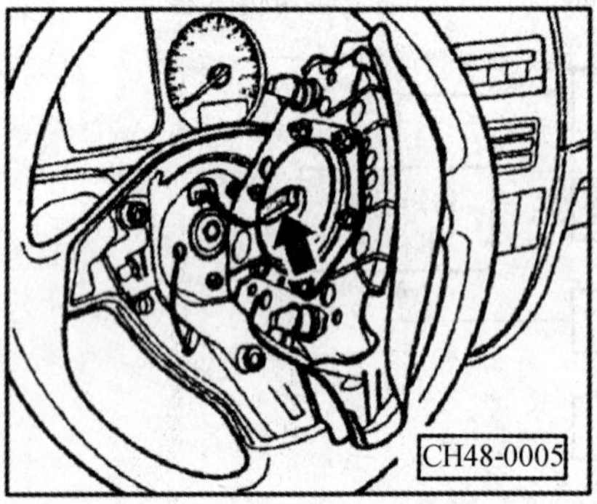

图 3.142 断开安全气囊线束接头

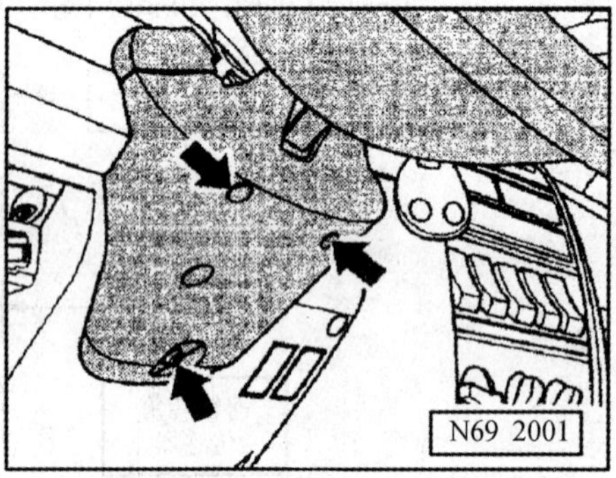

图 3.143 拆卸 3 个螺丝

(2) 拆卸和安装转向柱开关。

① 拆卸转向盘。

② 拆卸转向盘上盖板。

③ 拆卸如图 3.144 箭头所示的 3 个螺钉。

④ 拔下转向开关线束的插头，如图 3.145 中的箭头所示。

⑤ 拆卸转向柱开关。

⑥ 安装与拆卸顺序相反。

(3) 拆卸和安装转向盘锁壳。

① 拆卸转向盘。

② 拆卸转向柱开关。

③ 使用专用工具拉出转向柱上的套筒，如图 3.146 中的箭头所示。

图 3.144　拆卸 3 个螺钉

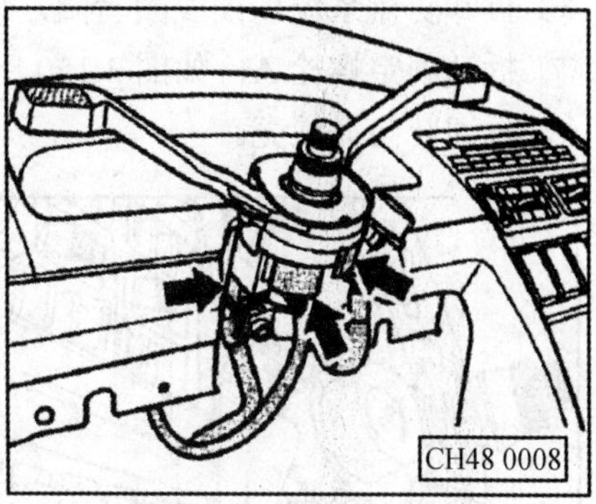

图 3.145　拔下插头

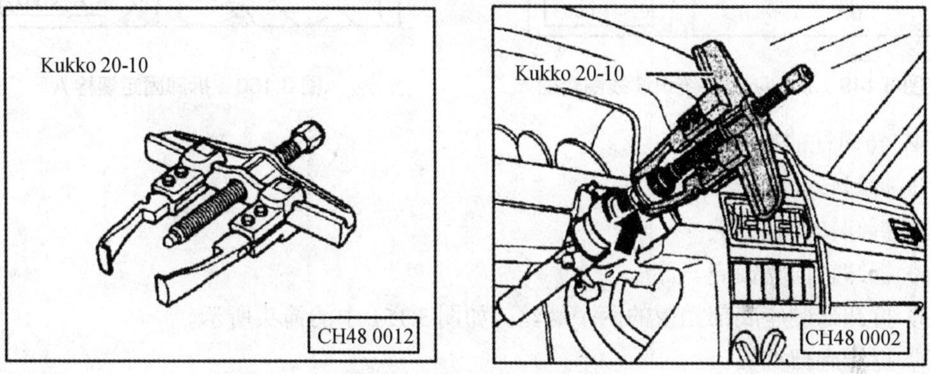

图 3.146　专用工具及拆卸

④ 拆下弹簧垫圈，如图 3.147 中的箭头所示。

注意

用钳子转动后，向上拉出并更换。

⑤ 拔下点火开关线束，如图 3.148 中的箭头所示。

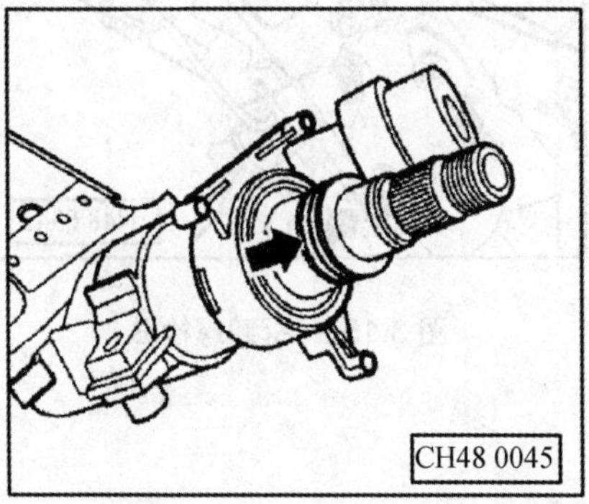

图 3.147　拆卸弹簧垫圈

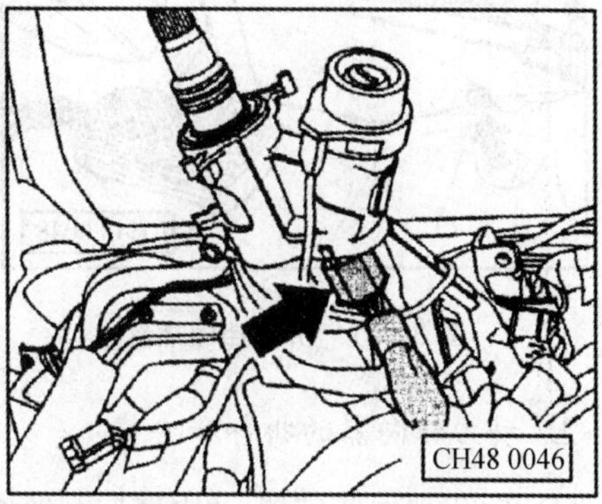

图 3.148　拆卸点火开关线束

⑥ 拆卸防盗系统识读线圈套圈，如图 3.149 中的箭头所示。

⑦ 拆卸固定螺栓 A，如图 3.150 中的箭头所示。

⑧ 拆卸转向盘锁壳。

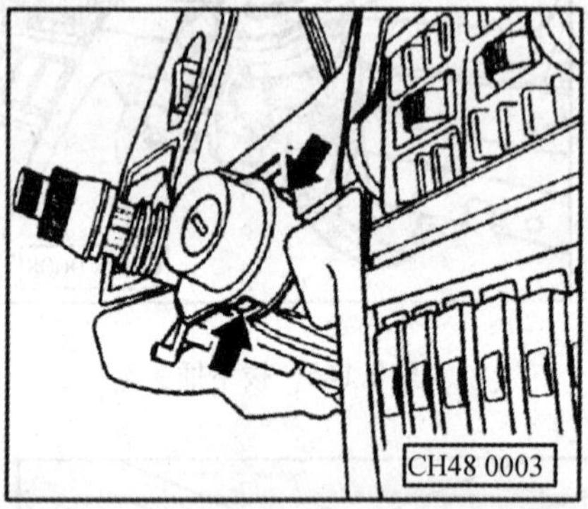

图 3.149 拆卸防盗系统识读线圈套圈

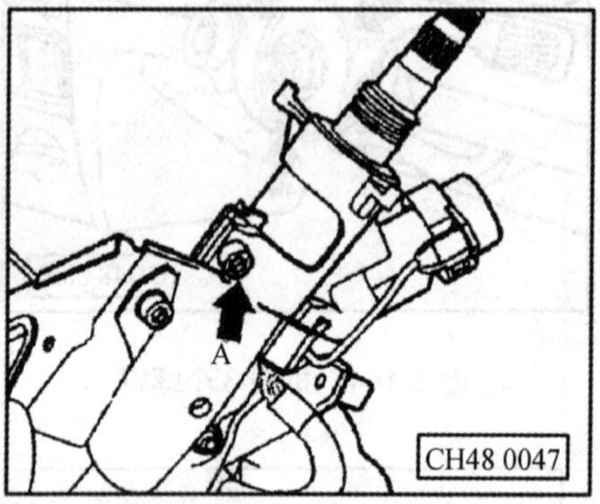

图 3.150 拆卸固定螺栓 A

(4) 转向柱的拆装。

① 拆卸转向盘。

② 拆卸转向柱开关。

③ 拆卸转向盘锁壳。

④ 拆卸驾驶座底部挡板的两个螺丝，如图 3.151 中的箭头所示。

⑤ 拆卸底部挡板。

⑥ 如图 3.152 所示，先拆卸左侧螺栓 B，然后用 8.5mm 的钻头钻开右侧螺栓 B。

⑦ 松开固定转向柱柔性万向节与转向机之间的螺栓连接，如图 3.153 所示。

⑧ 拆卸转向柱。

⑨ 以相反顺序进行安装。

图 3.151 拆卸挡板螺丝

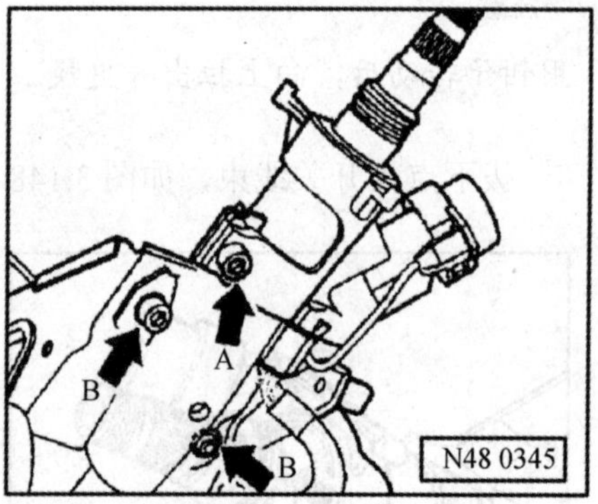

图 3.152 拆卸螺栓 B

2. 动力转向器的拆卸和安装

(1) 拆卸动力转向器(动力转向系统结构如图 3.154 所示)。

① 支撑起车辆，排放转向液压油。

图 3.153　松开螺栓连接

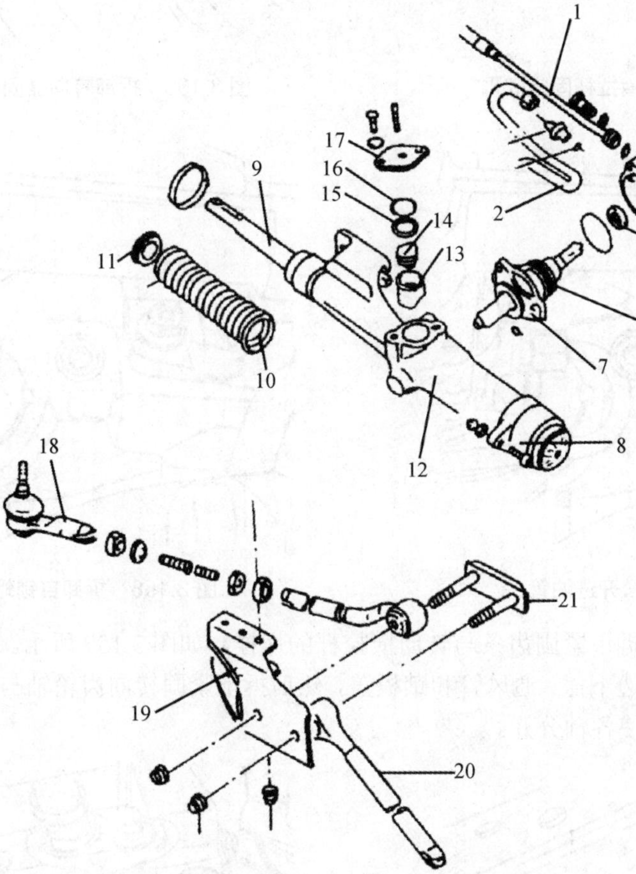

图 3.154　动力转向系统结构

1—进油管；2—回油管；3—阀体罩壳；4—密封圈；5—轴承；6—转向齿轮；7—连接盖；8—密封罩；9—齿条；10—防尘罩；11—固定环；12—转向器壳；13—压块；14—补偿弹簧；15—补偿垫片；16—密封压座；17—压盖；18—右转向横拉杆；19—转向支架；20—左转向横拉杆；21—连接件

② 拆下转向横拉杆的固定螺母，如图 3.155 所示。

③ 拆下左前轮罩处的转向器固定螺栓，如图 3.156 所示。

④ 松开在转向器分配阀外壳上的进油管，如图 3.157 所示。

⑤ 拆下后横板上固定转向器的自锁螺母(左侧)，如图 3.158 所示。

图 3.155　拆卸横拉杆固定螺母

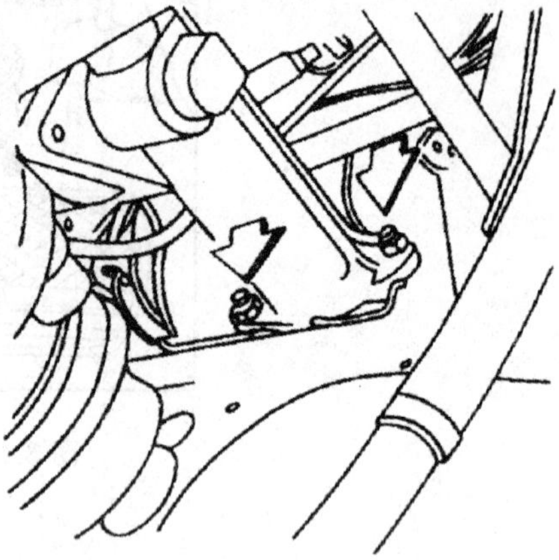
图 3.156　拆卸转向器固定螺栓

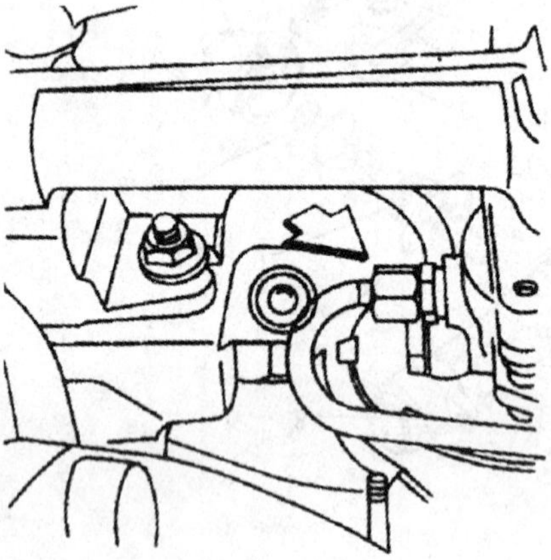
图 3.157　松开进油管

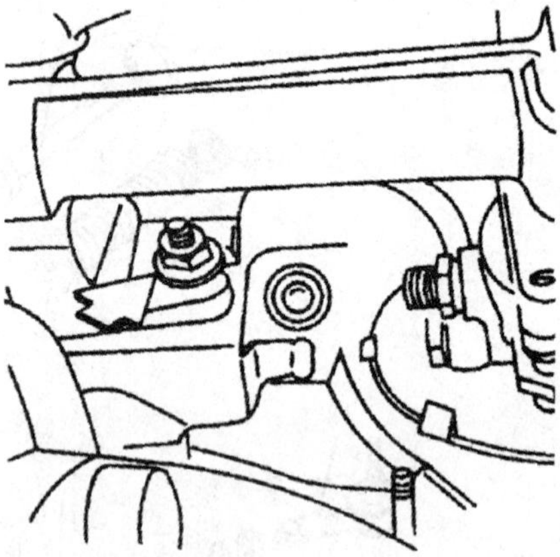
图 3.158　拆卸自锁螺母

⑥ 把车辆放下，拆下紧固齿条与转向横拉杆的螺栓，如图 3.159 所示。

⑦ 拆卸仪表板侧边下盖、通风管和踏板盖，然后拆下紧固转向齿轮轴与联轴节的螺栓(如图 3.160 所示)，并使各轴分开。

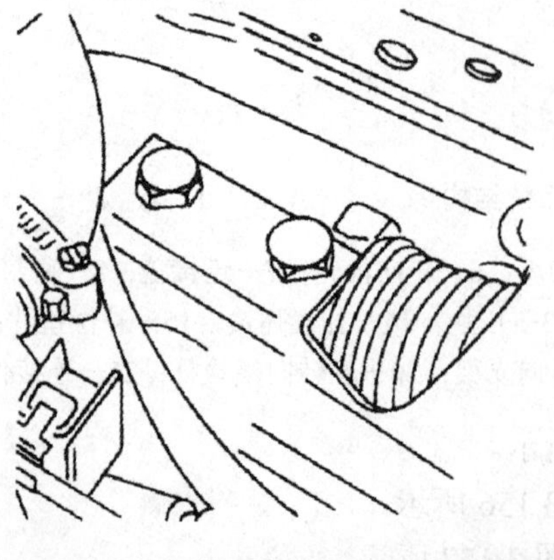
图 3.159　拆卸紧固齿条与转向横拉杆螺栓

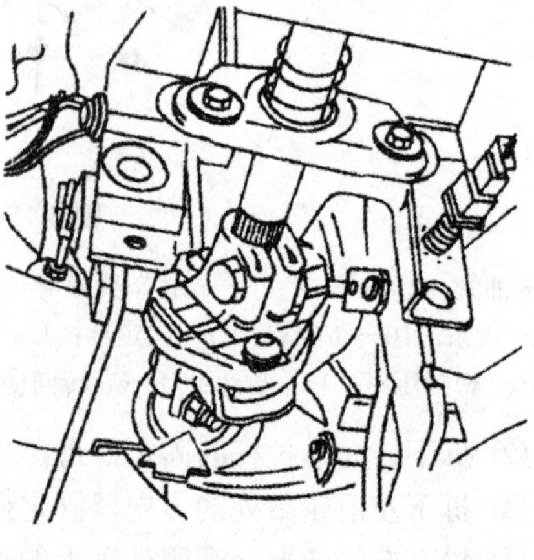
图 3.160　拆卸紧固齿轮轴与联轴节螺栓

⑧ 拆卸防尘套。

⑨ 从车厢内部拆下固定转向器分配阀外壳上回油管的泄放螺栓，如图 3.161 所示；拆下后横板上固定转向器的自锁螺母，如图 3.162 所示。

⑩ 拆下转向器。

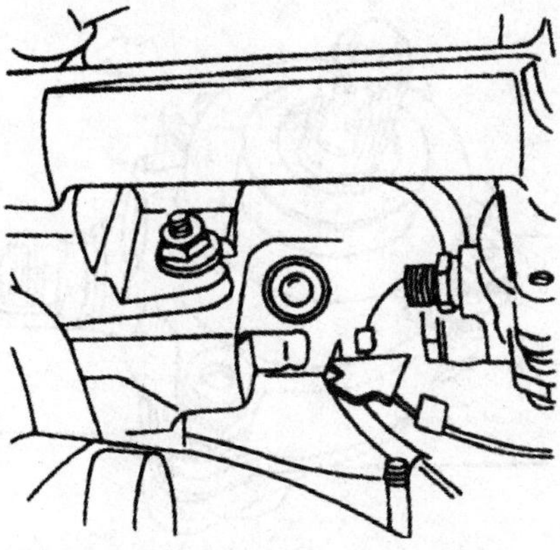

图 3.161　拆卸回油管泄放螺栓

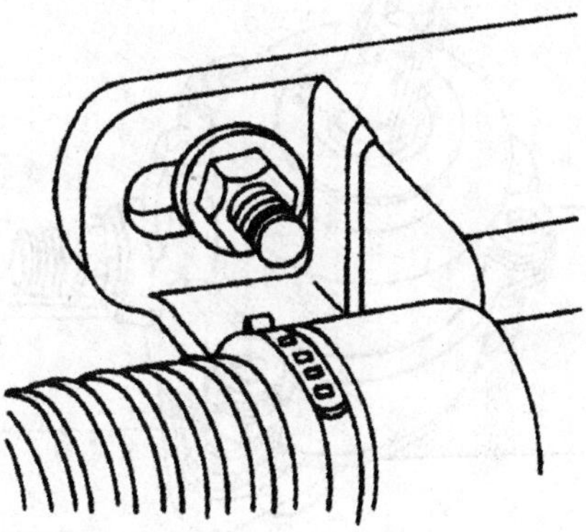

图 3.162　拆卸自锁螺母

(2) 动力转向器的安装。

注意

液压泵和转向器分配阀上固定泄放螺栓的密封圈只要被拆卸，就必须更换。

① 在后横板上安装转向器，自锁螺母不必完全拧紧。

② 支撑起车辆，然后在液压泵上安装进油管和回油管，使用新的密封圈，并用 40 N・m 的力矩拧紧螺栓。

③ 安装左前轮罩上的转向器固定螺栓，并用 20N・m 的力矩拧紧螺母；安装在后横板上固定转向器的自锁螺母，并且用 40N・m 的力矩拧紧螺母。

④ 把进油管固定在转向器分配阀外壳上。

⑤ 把车辆放下，然后用 40N・m 的力矩拧紧在后横板上固定转向器的自锁螺母；安装转向横拉杆支架固定螺栓，并用 45N・m 的力矩拧紧。

⑥ 从车厢内把回油管安装在转向器分配阀外壳上。

⑦ 安装防尘套，连接联轴节，安装固定螺栓并用 25N・m 的力矩拧紧；安装踏板盖、通风管和仪表板盖。

⑧ 向储油罐内注入液压油，直至标有 MAX 处。

注意

绝不要再使用排出的液压油。

⑨ 举升起车辆，在发动机停止的情况下转动转向盘数次，以便把系统中存在的空气排出。补充液压油，达到储液罐标有 MAX 处。

⑩ 起动发动机，完全向左和右转动转向盘，观察油面高度，一直操作到油面稳定在标有 MAX 处为止。

(3) 转向齿轮轴密封圈的更换。

① 拆卸动力转向器。

② 把转向器固定在台虎钳上，并拆下转向齿轮轴的锁销，如图 3.163 所示。

③ 拆下转向器分配阀总成，如图 3.164 所示。

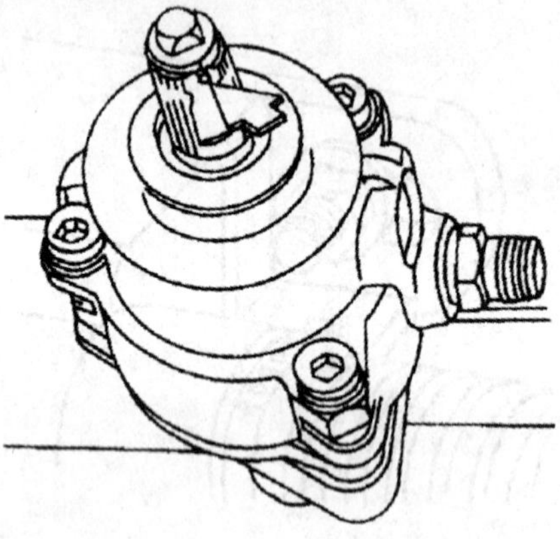

图 3.163　拆卸转向齿轮轴的锁销

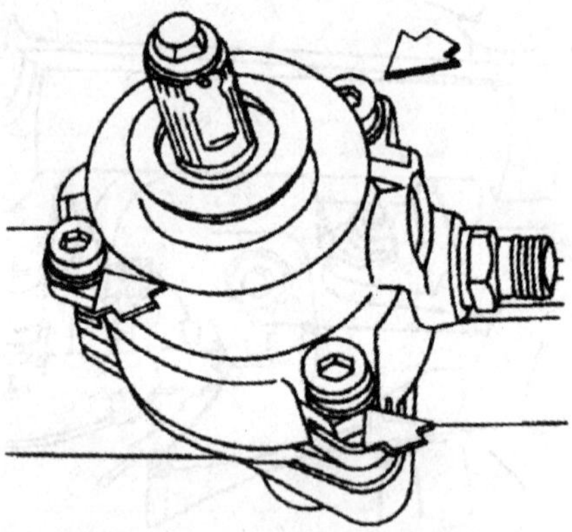

图 3.164　拆卸转向器分配阀总成

④ 拆卸转向器分配阀外壳的密封圈，如图 3.165 所示。

⑤ 使用专用工具 VW065 和塑料榔头，把新的密封圈安装在转向器分配阀外壳上，如图 3.166 所示。

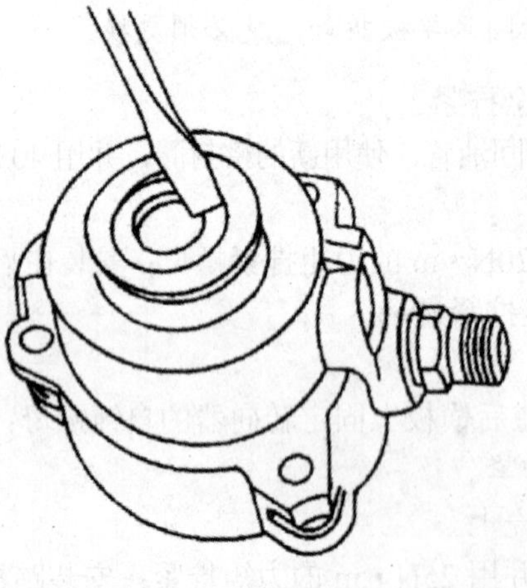

图 3.165　转向器分配阀外壳的密封圈拆卸

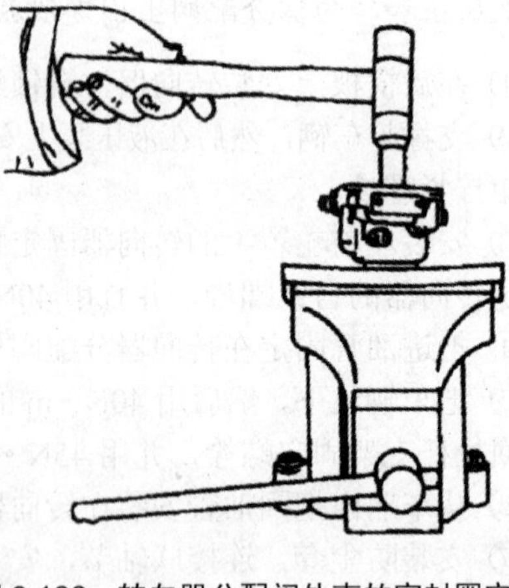

图 3.166　转向器分配阀外壳的密封圈安装

3. 液压泵的更换

液压泵(叶片泵)及其附件如图 3.167 所示。

(1) 拆卸。

① 支撑起车辆。

② 拆下液压泵上回油管和进油管的泄放螺栓，如图 3.168 所示，排放液压油。

③ 拆下液压泵前支架上的张紧螺栓，如图 3.169 所示。

④ 拆下液压泵后支架上的固定螺栓，如图 3.170 所示。

⑤ 松开液压泵中心支架上的固定螺母和螺栓，如图 3.171 所示。

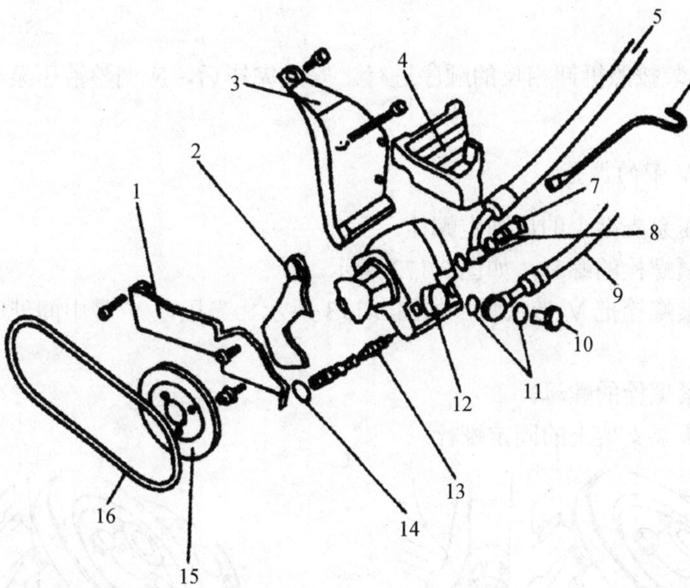

图 3.167 叶片泵及其附件

1—夹紧夹板；2—前摆动夹板；3—支架；4—后摆动夹板；5—至分配阀套；
6—支架；7—管接头螺栓；8—更换密封环；9—进油管；10—管接头螺栓；
11—更换密封环；12—叶片泵；13—限压阀和溢流阀；14—密封环；15—带轮；16—V带

⑥ 把液压泵同定在台虎钳上，拆卸V带轮和中间支架。

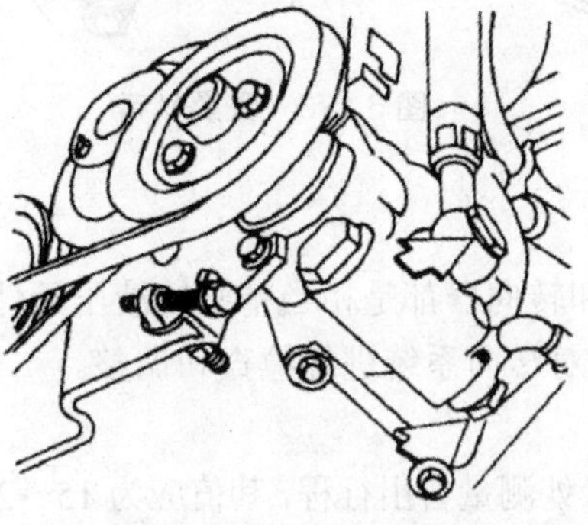

图 3.168 拆卸泄放螺栓

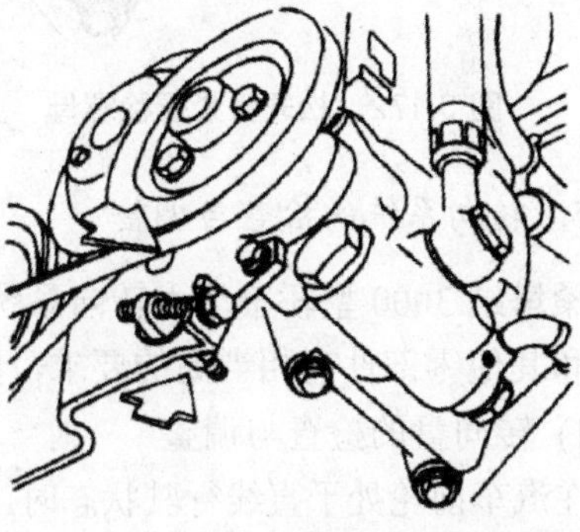

图 3.169 拆卸前支架上张紧螺栓

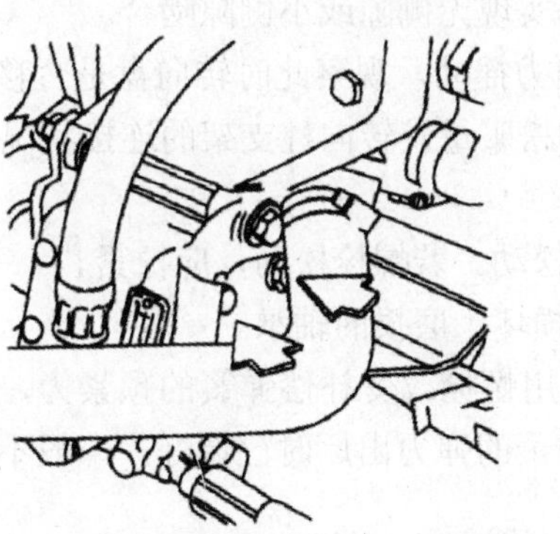

图 3.170 拆卸后支架上固定螺栓

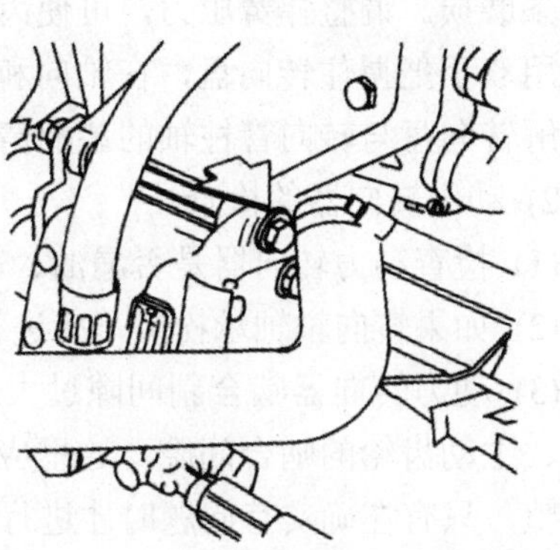

图 3.171 拆卸中心支架上螺母和螺栓

(2) 安装。

液压泵的安装按照拆卸相反的顺序进行。安装完毕后，应调整液压泵 V 带的张紧度，并加注液压油。

4. 液压泵 V 带的调整

① 松开液压泵支架上的后固定螺栓。

② 松开张紧螺栓的螺母，如图 3.172 所示。

③ 通过张紧螺栓把 V 带张紧，如图 3.173 所示。当压在 V 带中间处时，有 10mm 的挠度为合适。

④ 拧紧张紧螺栓的螺母。

⑤ 拧紧液压泵支架上的固定螺栓。

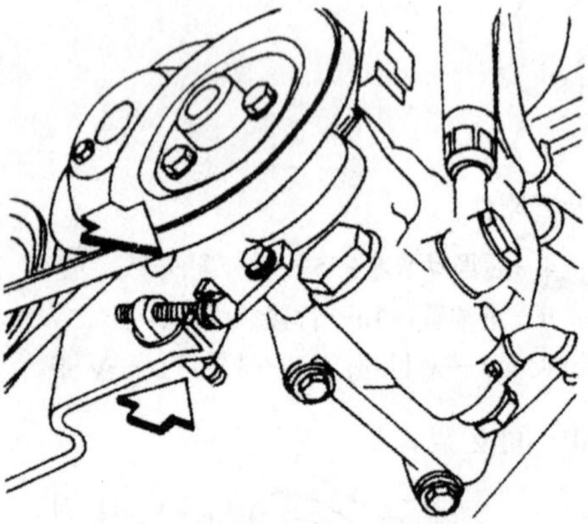

图 3.172 松开张紧螺栓螺母

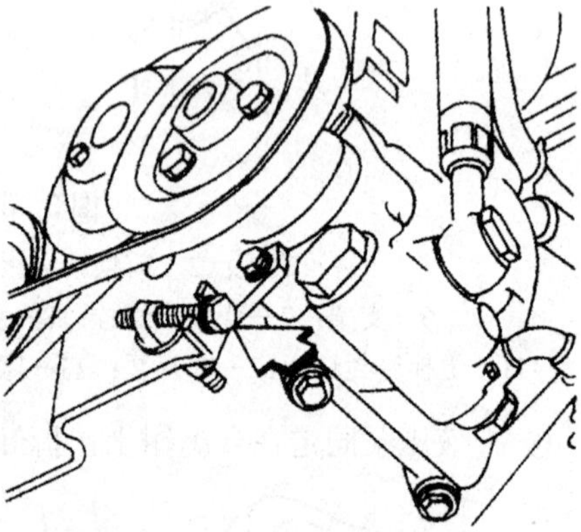

图 3.173 张紧 V 带

5. 转向系统的检查与调整

桑塔纳 3000 型轿车动力转向系统中的液压泵和转向器都是相当精密的液压元件，对液压油和其他零部件有相当高的要求，因此，应定期对转向系统进行检查和调整。

1) 转向盘的检查与调整

在汽车前轮处于直线行驶状态时，在转向盘边缘处测量自由行程，其值应为 15～20 mm。当自由行程过大时，说明动力转向器齿轮与齿条啮合间隙偏大，或各连接处松旷，或齿轮和齿条磨损。调整弹簧压力，可使齿条微量变形，实现无侧隙或小侧隙啮合。

用双手把握住转向盘，在轴向和直角方向上用力摇动，观察此时转向盘是否移出，由此了解转向盘与转向管柱轴的装配情况、主轴承的松旷量及转向柱支架的连接状况。

2) 动力转向器的检查

(1) 检查动力转向器是否漏油、盖板螺栓是否松动。若螺栓松动，应拧紧。

(2) 如果转向轴轴承松旷，应进行调整或更换损坏、磨损的轴承。

(3) 动力转向器啮合副间隙过大或过小时，利用螺栓改变补偿弹簧的预紧力，可调整齿条、主动齿轮的啮合间隙。这里应注意，补偿弹簧的弹力出厂时已调好，一般不需要另行调整，只有在确实有问题时才进行调整。

(4) 转向轴如有龟裂，应采用磁性探伤法进行检查。

3) 液压油的检查与更换

(1) 液面高度的检查。

使发动机怠速运转，反复将转向盘从一侧极限位置转到另一侧极限位置，以提高液压温度，使油温达到 40～80℃左右。

这时检查储油罐内油量，油面应在储油罐的 MAX 处。油量不足时，在检查各部位无泄漏后，按规定牌号补充液压油至 MAX 处。

(2) 液压系统的排气。

检查液面高度，必要时添加液压油；使发动机怠速运转，反复使转向盘从左极限位置转至右极限位置，直至储油罐内无气泡和泡沫为止。如液面有下降，应继续添加液压油直至达到规定液面高度(MAX 处)为止。

(3) 液压油的更换。

a．顶起汽车前桥，从储油罐及回流管中排出液压油。

b．使发动机怠速运转，一方面排油，另一方面将转向盘转到极限位置，直至液压油排净。

c．添加液压油。

d．排净液压系统中的空气。

4) 液压泵的检查

液压泵(叶片泵)泵送压力的检查方法如下。

(1) 将压力表装到连接在阀体和软管之间的压力管中。

(2) 起动发动机。如果需要，向储油罐中补充液压油。

(3) 急速关闭截止阀(不超过 5min)，并读出压力数值。泵送压力额定值为 6.8～8.2 MPa。

如果没有达到额定数值，应检查限压阀和溢流阀是否完好。如不正常，应更换限压阀和溢流阀或者叶片泵。

5) 系统的密封性检查

起动发动机，将转向盘分别向左、向右两侧转至极限位置，在瞬间将其固定，以至在转向系统中产生额定压力。此时用目测法检查转向系统各管路、阀类连接处的密封性，如有渗漏应更换密封件。

6. 转向系统常见故障与排除

桑塔纳 3000 型轿车动力转向系统常见故障与排除见表 3-6。

表 3-6　转向系统常见故障与排除

故障现象	原　因	排　除
转向盘自由行程过大	(1) 齿轮与齿条啮合间隙过大 (2) 球头磨损严重配合松旷 (3) 横拉杆与支架配合松旷	(1) 调整 (2) 检查调整 (3) 检查调整
转向沉重	(1) 齿轮和齿条啮合间隙过小 (2) 转向轴轴承损坏或预紧力过大 (3) 转向横拉杆弯曲或球头销配合过紧 (4) 液压泵 V 带松弛 (5) 储油罐油面过低 (6) 液压泵压力不足 (7) 限压阀黏结	(1) 检查和调整啮合间隙 (2) 更换或调整轴承 (3) 校正横拉杆或更换球头销 (4) 调整 V 带张紧度 (5) 补充液压油至规定高度 (6) 检修液压泵 (7) 检修限压阀，必要时更换

续表

故障现象	原　因	排　除
转向沉重	(8) 内、外泄漏过大 (9) 液压系统内有空气	(8) 找出泄漏处，修理或更换零件 (9) 排除空气
转向盘抖动	(1) 液压系统缺油或有空气 (2) 齿轮和齿条配合间隙过大 (3) 前轮不平衡 (4) 轮胎压力不相等或气压值不符合规定 (5) 悬架弹簧弹性不足或断裂 (6) 减振器损坏 (7) 转向横拉杆接头松动 (8) 轮毂轴承松动	(1) 加足液压油或排除空气 (2) 调整配合副啮合间隙 (3) 换位或检修 (4) 按规定气压充气 (5) 更换弹簧 (6) 更换减振器 (7) 更换或紧固转向横拉杆 (8) 紧固或重新调整轮毂轴承松紧度
液压泵有杂音	(1) 储油缸油面低 (2) 进油管堵塞 (3) 液压泵内零件磨损严重 (4) V 带轮摆动 (5) 液压泵 V 带太松	(1) 加足液压油 (2) 清理或更换 (3) 更换磨损的零件 (4) 紧固或更换 V 带轮 (5) 调整 V 带松紧度

任务 3.4　制动系统的拆装与检修

3.4.1　任务引入

按照头脑风暴法收集如何从车上拆卸制动系统总成作业的关键点，借助脑图记录团队成员提出的想法，以脑图为基础提出问题，图 3.174 为从车上拆卸制动系统总成的信息收集图。

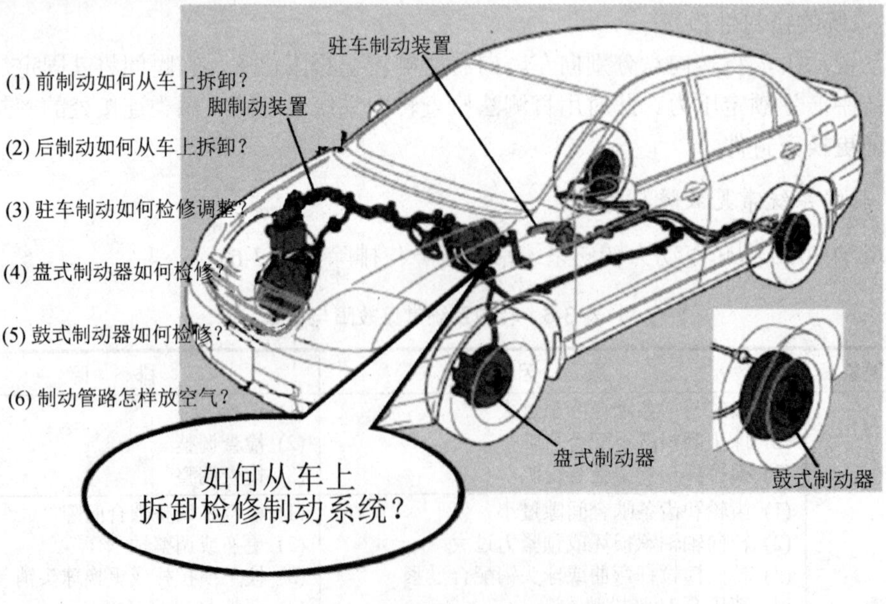

图 3.174　从车上拆卸制动系统总成的信息收集

通过脑图展开讨论，明确主要任务，认知生产过程和工艺过程，学习基本原理知识，熟悉规范的操作流程，掌握从车上拆卸检修制动系统的基本技能。

3.4.2　相关知识

1. 汽车制动系统的概述

驾驶员能根据道路和交通情况，利用装在汽车上的一系列专门装置，迫使路面在汽车车轮上施加一定的与汽车行驶方向相反的外力，对汽车进行一定程度的强制制动。这种可控制的对汽车进行制动的外力称为制动力，用于产生制动力的一系列专门装置称为制动系统。因此，制动系统的功用是减速停车、驻车制动。

2. 汽车制动系统的类型

制动系统有两种类型。脚踏制动系统是在车辆行驶中使用的主要制动系统，它有鼓式制动和盘式制动两种，通常是用液压力或气压力来操纵；驻车制动系统是在停车时使用的，驻车制动系统是通过钢丝绳之类的东西操纵后轮制动，使车辆不会移动。

3. 制动系统的工作原理

在人力作用下，制动蹄对制动鼓作用一定的制动摩擦力矩即制动器制动力矩 M_μ，在 M_μ 的作用下，车轮将对地面作用一个向前的力 F_μ，地面对车轮作用一个向后的反作用力 F_B，F_B 即为地面对车轮的制动力，如图 3.175 所示。

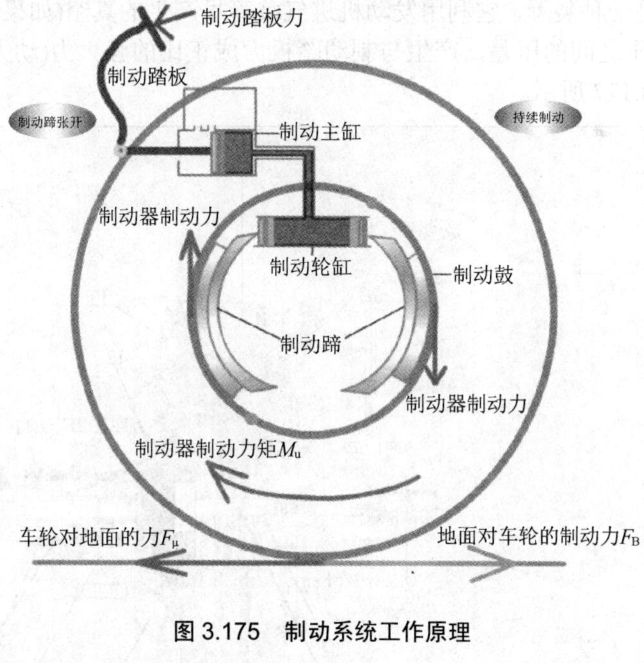

图 3.175　制动系统工作原理

4. 制动系统的基本组成

(1) 供能装置——包括供给、调节制动所需能量以及改善传能介质状态的各种部件。其中产生制动能量的部分称为制动能源。人的肌体也可作为制动能源。

(2) 控制装置——包括产生制动动作和控制制动效果的各种部件，如制动踏板、制动阀等。

(3) 传动装置——包括将制动能量传输到制动器的各个部件，如制动主缸和制动轮缸等。

(4) 制动器——产生制动摩擦力矩的部件。

较为完善的制动系统还具有制动力调节装置、报警装置、压力保护装置等附加装置。制动系统的基本组成如图 3.176 所示。

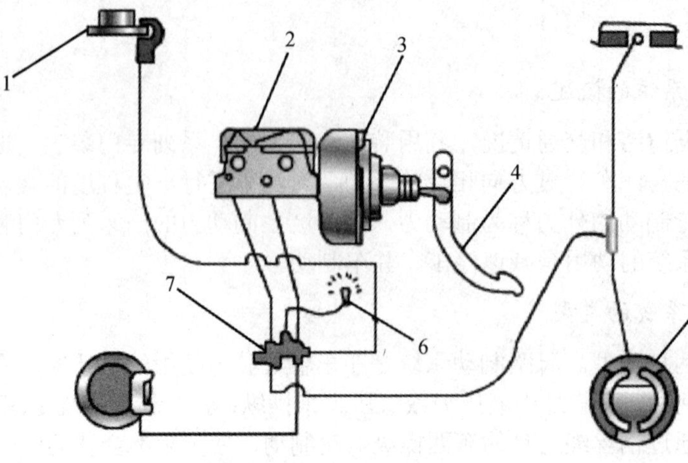

图 3.176　汽车制动系统的组成

1—前轮盘式制动器；2—制动主缸；3—真空助力器；4—制动踏板机构；
5—后轮鼓式制动器；6—制动警示灯；7—制动组合阀

5．制动助力器

制动助力器是一种装置，它利用发动机进气歧管里产生的真空(如果是柴油发动机，则是真空泵)与大气压之间的压差，产生与制动踏板力成正比的强大力(动力助力)来操纵制动器，其结构如图 3.177 所示。

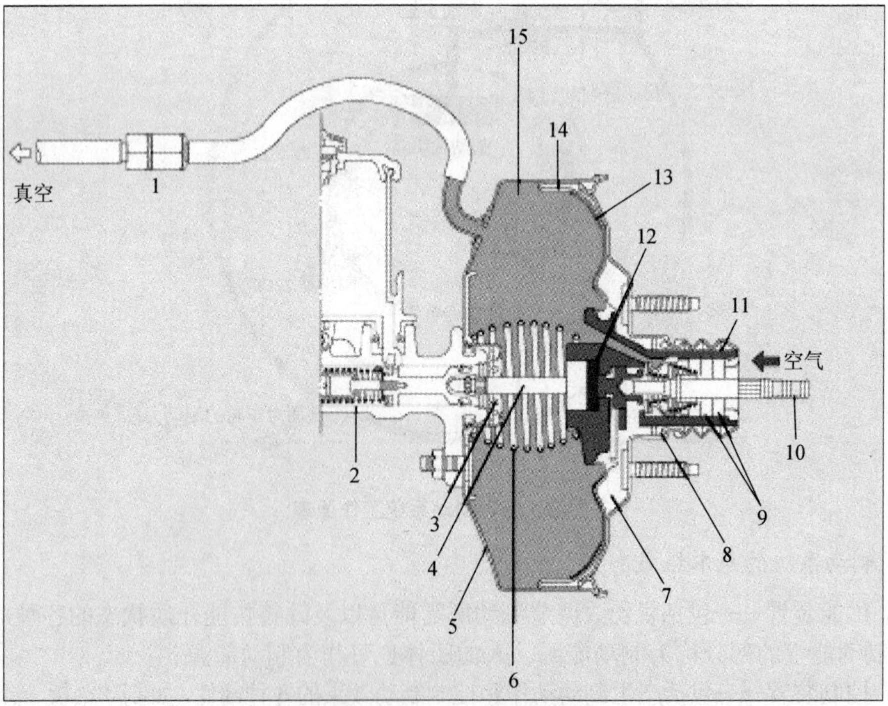

图 3.177　制动助力器的结构组成

1—单向阀；2—制动总泵；3—密封；4—推杆；5—助力器壳体；
6—膜片弹簧；7—变压室；8—阀体密封；9—空气滤洁器；10—阀操纵杆；
11—阀体；12—反作用盘；13—助力器活塞；14—膜片；15—恒压室

6. 防抱死制动系统(ABS)

在紧急制动过程中，为防止发生轮胎抱死和失去转向能力的现象，最有效的措施是反复踩下和释放制动踏板。但是，在紧急制动过程中，没有时间这样做。防抱死制动系统(ABS)用计算机来测定制动过程中 4 只轮胎的制动情况并能自动地压下和释放制动器，其结构组成如图 3.178 所示。

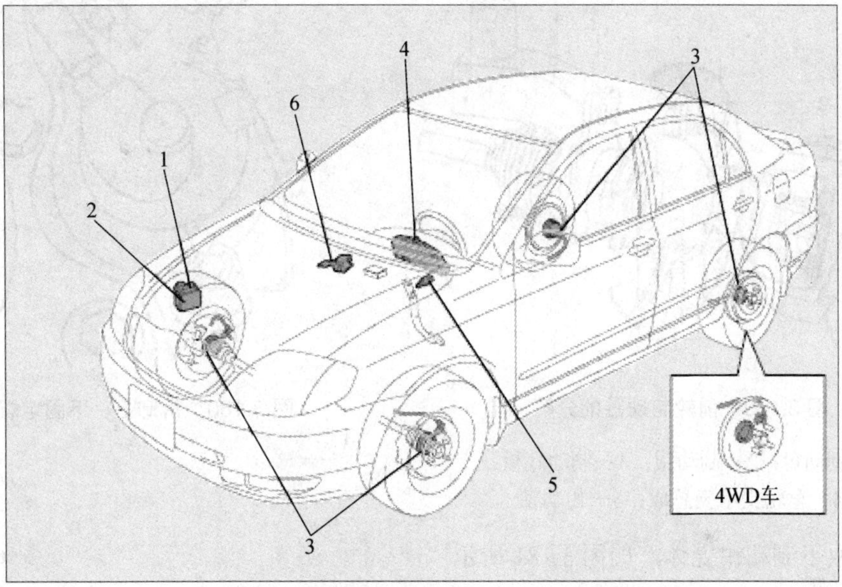

图 3.178 防抱死制动系统(ABS)结构组成

1—防滑控制制动 ECU；2—制动执行器；3—速度传感器；
4—组合仪表(内置警告灯)；5—停车灯开关；6—减速传感器

7. 牵引力控制系统(TRC)

在滑溜路面等起步或加速状态下把加速踏板踩下太多时，产生的过大转矩会使驱动轮打滑，导致车辆丧失起步、加速的能力和转向控制。牵引力控制系统(TRC)会在踩下加速踏板时，自动控制驱动轮的制动液压，并通过切断燃油实现控制发动机的输出动力，从而确保车辆的起步、加速能力和转向控制。

8. 车辆稳定性控制系统(VSC)

防抱死制动系统(ABS)和牵引力控制系统(TRC)主要用来稳定制动操作和加速操作，而车辆稳定性控制系统(VSC)则确保车辆转向和方向稳定性。

该系统检测在滑溜路面上突然转向和侧滑情况，然后对个别车轮和发动机提供最佳的制动控制，从而使前后轮打滑减少。

3.4.3 任务实施

1. 前轮制动器的拆装与检查

前轮制动器的分解图，如图 3.179 所示。

1) 拆卸与分解

(1) 松开车轮固定螺母(拧紧力矩 110 N·m)，拆下车轮。

(2) 拆去制动摩擦块上、下定位弹簧。

(3) 用内六角扳手拧松并拆卸上、下固定螺栓，如图 3.180 箭头所示。

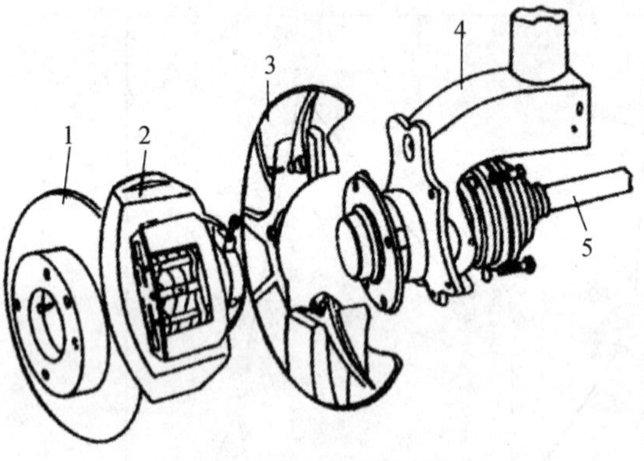

图 3.179　前轮制动器的分解

1—制动盘；2—制动钳；3—制动底板；
4—车轮支承壳总成；5—传动轴

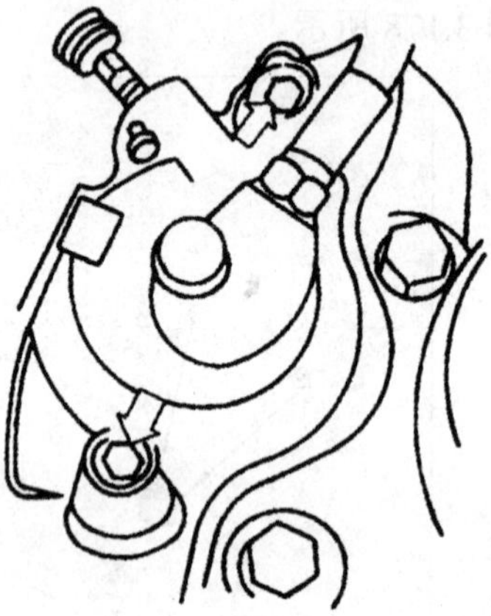

图 3.180　拆卸上、下固定螺栓

(4) 取下制动钳壳体，如图 3.181 所示。

(5) 从支架上拆下制动摩擦块。

(6) 把制动钳活塞压回到制动钳壳体内，如图 3.182 所示。在压回活塞之前，应先从制动液储液罐中抽出一部分制动液，以免活塞压回时，引起制动液外溢而腐蚀车身油漆。

(7) 当需要检修活塞时还需继续分解：在活塞对面垫上木板，用压缩空气从放气螺钉孔中把活塞压出气缸；用旋具小心地从缸筒中取出密封圈。

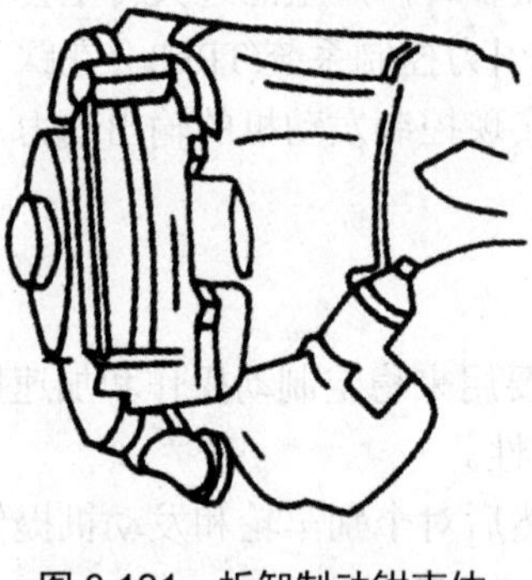

图 3.181　拆卸制动钳壳体

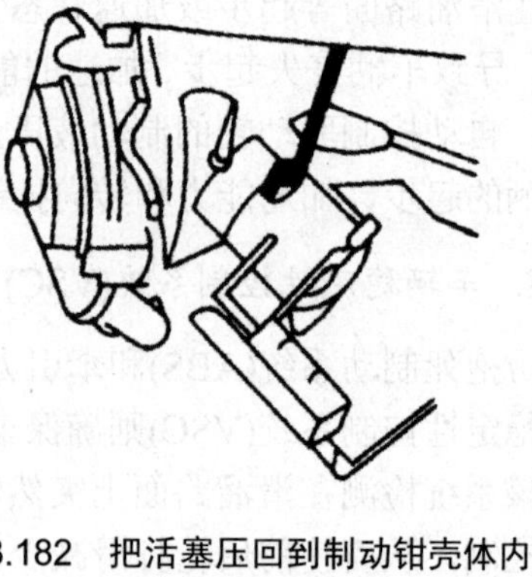

图 3.182　把活塞压回到制动钳壳体内

2) 检查

(1) 制动盘的检查：制动盘不应有裂纹或凸凹不平现象，端面跳动量不应超过 0.06 mm。如跳动量超过标准或有凸凹不平的现象，可进行切削加工，但加工后的厚度不应低于 17.8 mm。制动盘的正常厚度为 20 mm，如图 3.183 所示。

如制动盘的磨损量超过标准，应更换制动盘。更换制动盘时，同一轴上两个制动盘必须同时更换，以确保左、右两轮的制动力相等。

(2) 摩擦块的检查：当汽车行驶 25 000km 或者摩擦块的厚度(包括底板)小于 7mm 时，说明摩擦块已磨损到极限，必须更换新的摩擦块。

(3) 制动钳的检查：检查活塞和缸筒间隙。如果间隙大于 0.15 mm 时或缸筒壁有较深划痕，应更换制动钳总成。

3) 安装

(1) 将活塞装入制动钳缸筒内，安装密封圈和防尘套时应注意：带外密封唇边的防尘套应先用旋具将内密封唇边掀入制动钳壳体的槽口内，然后再用专用工具将活塞压入缸筒内。

(2) 装入新的摩擦块。

(3) 安装制动钳壳体，用 70 N·m 的力矩拧紧固定螺栓。

(4) 安装摩擦块上、下定位弹簧，如图 3.184 中的箭头所示。

(5) 安装后，应进行制动释放空气，并使摩擦块正确就位。

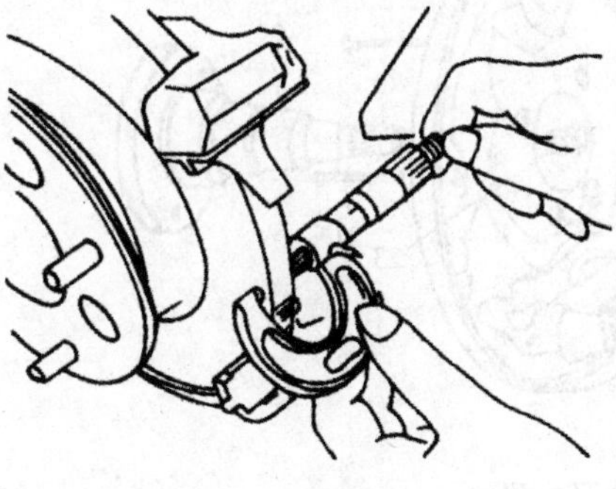

图 3.183　测量制动盘厚度

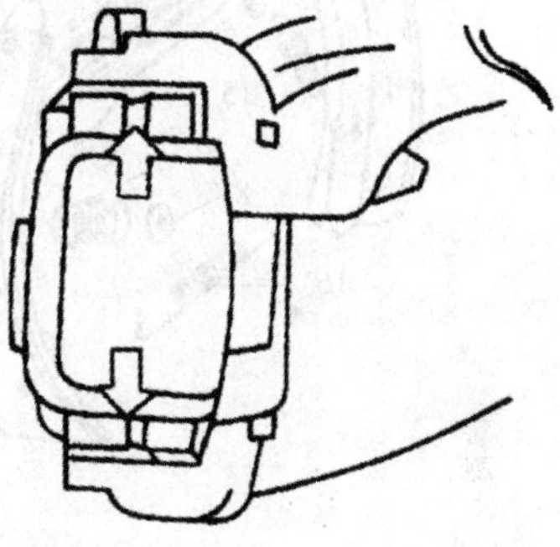

图 3.184　安装上、下定位弹簧

2. 后轮制动器的拆装与检查

后轮制动器的分解图，如图 3.185 所示。

1) 拆卸与分解

(1) 用千斤顶支撑起后轮，拧松车轮固定螺母(拧紧力矩 110 N·m)，拆下车轮。

(2) 用专用工具 VW637/2 拆下轮毂盖，如图 3.186 所示，取下开口销和开槽垫圈，旋下后车轮轴承上的六角螺母，取出止推垫圈。

(3) 用旋具通过制动鼓螺孔向上拔动楔形块(如图 3.187 所示)，使制动蹄与制动鼓放松，拉出制动鼓。

(4) 用尖嘴钳拆下制动蹄保持弹簧及弹簧座圈。

(5) 借助旋具、撬杆或用手从下面的支架上提起制动蹄，取出下回位弹簧。

(6) 用钳子拆下制动杆上的驻车制动拉索，然后卸下制动蹄，如图 3.188 所示。

(7) 把带压力杆的制动蹄卡紧在台虎钳上，拆下定位弹簧，取下制动蹄，如图 3.189 所示。

(8) 如有必要，拆下制动轮缸并分解，如图 3.190 所示。

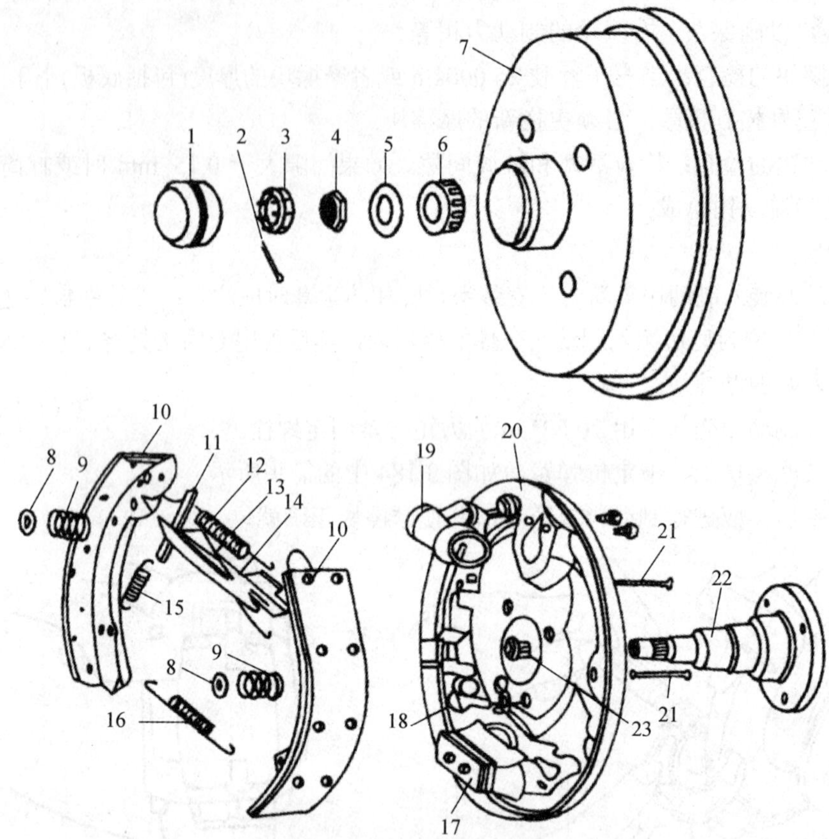

图 3.185　后轮制动器分解

1—轮毂盖；2—开口销；3—开槽垫圈；4—调整螺母；5—止推垫圈；6—轴承；7—制动鼓；8—弹簧座；9—弹簧；10—制动蹄；11—楔形件；12—回位弹簧；13—上回位弹簧；14—压力杆；15—用于楔形件回位弹簧；16—下回位弹簧；17—固定板；18—螺栓(拧紧力矩 60 N・m)；19—后制动轮缸；20—制动底板；21—定位销；22—后轮毂短轴；23—观察孔橡胶塞

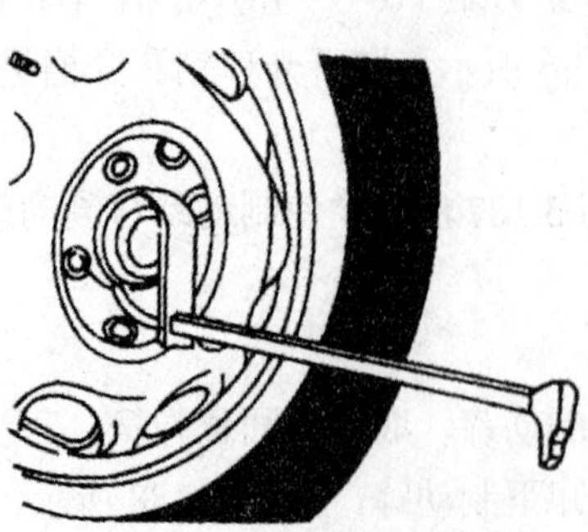

图 3.186　拆下轮毂盖

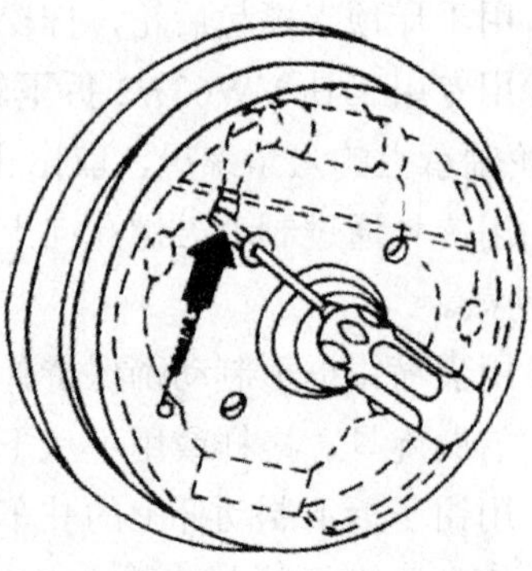

图 3.187　拨动楔形块

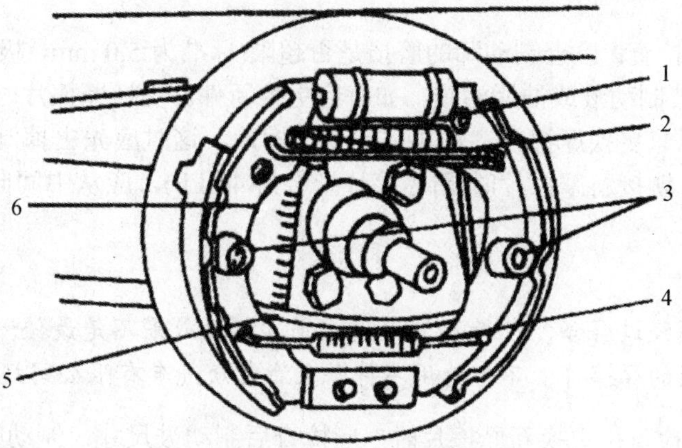

图 3.188　拆卸制动蹄

1—上回位弹簧；2—压力杆；3—弹簧及座圈；4—下回位弹簧；
5—驻车制动拉索；6—用于楔形块的回位弹簧

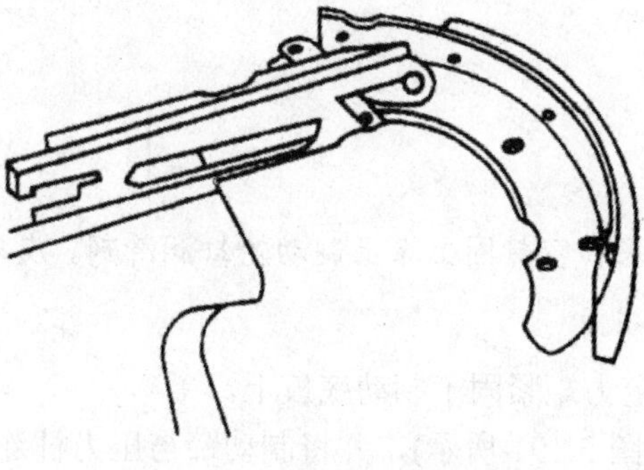

图 3.189　拆卸制动蹄定位弹簧

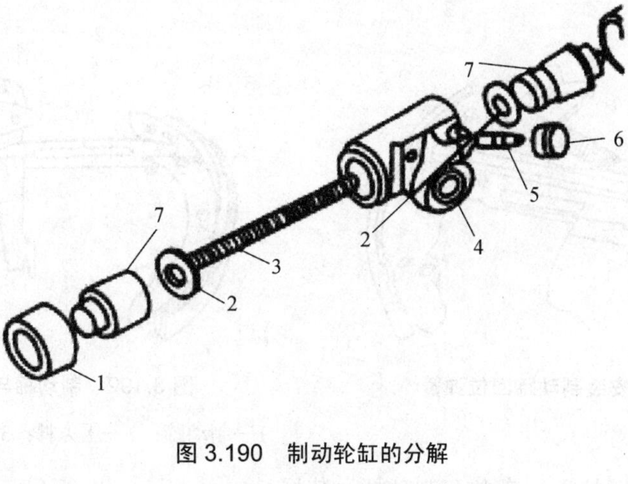

图 3.190　制动轮缸的分解

1—皮碗；2—密封圈(安装时涂上制动液)；3—弹簧；4—车轮制动器轮缸外壳；
5—放气阀；6—防尘罩；7—活塞(安装时涂上制动液)

2) 检查

(1) 摩擦片的检查：检查制动蹄的磨损是否超限(标准为 5.0 mm，极限为 2.5 mm，均不包括底板)，有无被制动液或油脂污损，如有应更换新件。更换摩擦片时，可以连同制动蹄一起更换，也可以只更换摩擦片。如果仅更换摩擦片，这时应先去掉制动摩擦片上的旧铆钉及孔中的毛刺。铆接新摩擦片时(新摩擦片型号为 46IFF)，应从中间向两端铆接。

注意

新摩擦片必须经过磨合，在行驶 200km 之前，制动效果不是最佳；同一轴上应安装型号和质量等级相同的摩擦片；不可选用不符合上海大众汽车有限公司规定的制动摩擦片。

(2) 制动鼓的检查：更换新摩擦片时，应检查后制动鼓尺寸，制动鼓内径为 200mm，磨损极限值为 201mm。摩擦表面径向圆跳动量为 0.05 mm，车轮端面圆跳动量为 0.20 mm。如果超过规定标准时，应更换新件。

(3) 制动轮缸的检查：检查橡胶皮碗是否完好，轮缸有无泄漏。如果制动轮缸出现划痕或锈蚀，则应调换整个制动轮缸。

3) 安装

(1) 装配制动轮缸。

注意

装配时要注意，在活塞和密封圈上涂上制动轮缸润滑剂，皮碗不得有磨损及膨胀现象。装配后应检查其密封性。

(2) 将制动轮缸按规定力矩紧固于制动底板上。

(3) 装上回位弹簧(如图 3.191 所示)，并将制动蹄与压力杆连接好；装上楔形块，凸出一边朝向制动底板。

(4) 将另一带有驻车制动杆的制动蹄装到压力杆上，如图 3.192 所示；然后装入回位弹簧。

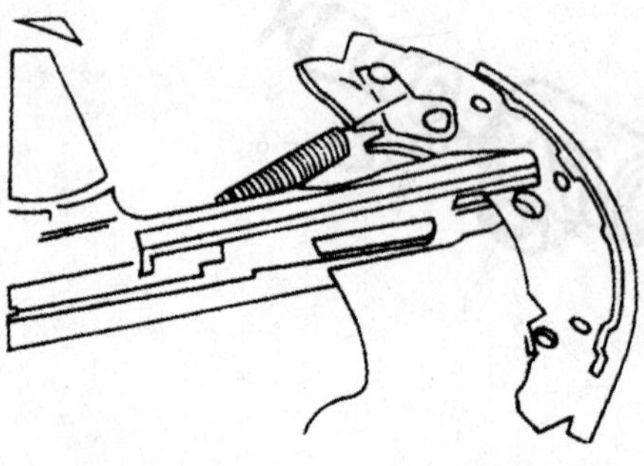

图 3.191　安装制动蹄回位弹簧

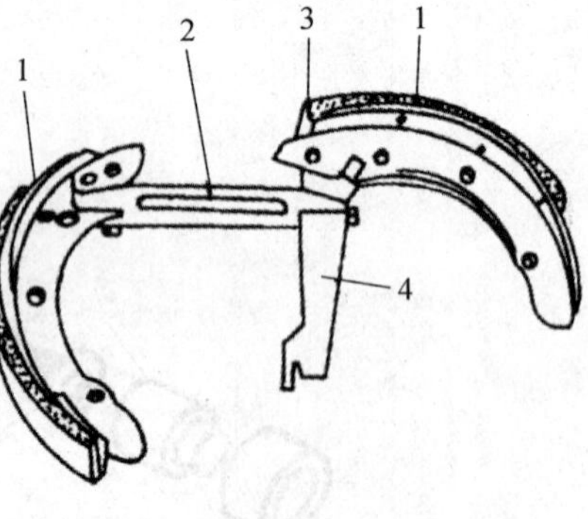

图 3.192　制动蹄与压力杆装配

1—制动蹄；2—压力杆；3—销轴；4—制动杆

(5) 将驻车制动拉索，在驻车制动杆上装好。

(6) 将制动蹄装上制动底板，靠住制动轮缸。

(7) 装入下回位弹簧，提起制动蹄，装到下面的支架中。

(8) 装楔形块的回位弹簧、制动蹄回位弹簧和座圈。

(9) 装入制动鼓以及后轮轴承和螺母，检查调整后轮轴承间隙。

(10) 用力踩制动踏板，使后轮制动蹄能正确就位。

3. 驻车制动器

驻车制动装置由驻车制动操纵机构和驻车制动器两部分组成。驻车制动操纵机构的分解，如图 3.193 所示。驻车制动器与行车制动装置共用制动器，驻车制动是由钢丝拉索驱动的，作用于后轮。驻车制动杆的自由行程为两个齿。

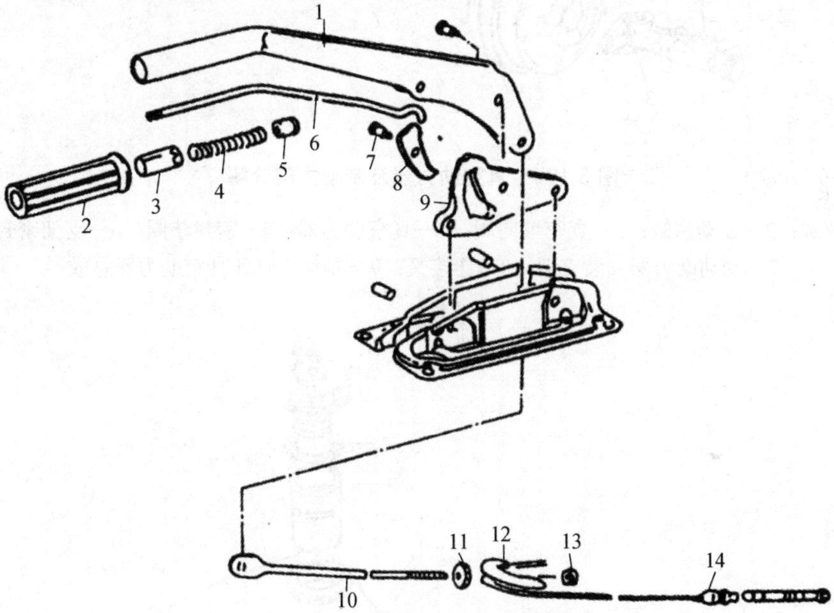

图 3.193　驻车制动操纵机构分解

1—驻车制动杆；2—制动手柄套；3—旋钮；4—弹簧；5—弹簧套筒；6—棘轮杆；7—销轴；8—棘轮掣子；9—扇形齿；10—拉杆；11—限位板；12—调整拉杆；13—螺母；14—驻车制动拉索

4. 真空助力器及制动主缸

1) 拆卸与分解

(1) 拆卸制动踏板与真空助力器压杆连接叉的锁片和销，如图 3.194 所示。

(2) 拆卸制动主缸上的 4 根连接硬管，如图 3.195 所示。

注意

用容器收集制动液。

(3) 拆卸真空助力器安装支架的固定螺栓，为了拆卸方便，一般将制动主缸与真空助力器一起从车下拆卸下来。

(4) 分解真空助力器前，应在前后壳体上做上标记，以便于装配。然后按顺序依次拆下膜片弹簧、推杆、膜片总成及前壳体密封件等，如图 3.196 所示。

(5) 桑塔纳 3000 型轿车的制动主缸不允许进行分解和修理。若有损坏，应更换总成。制动主缸虽然有不同的生产厂家，但总成之间可以互换，储液罐也可单独更换。

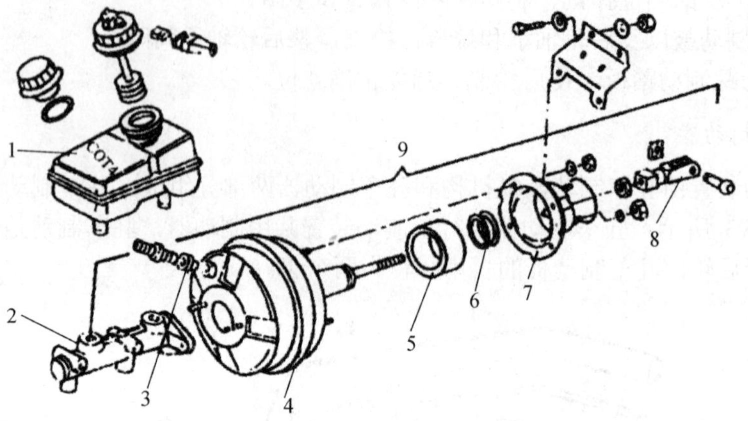

图 3.194　真空助力器及制动主缸分解

1—储液罐；2—制动主缸；3—真空单向阀；4—真空助力器；5—密封垫圈；6—支架密封圈；7—制动助力器安装支架；8—连接叉；9—制动主缸和真空助力器总成

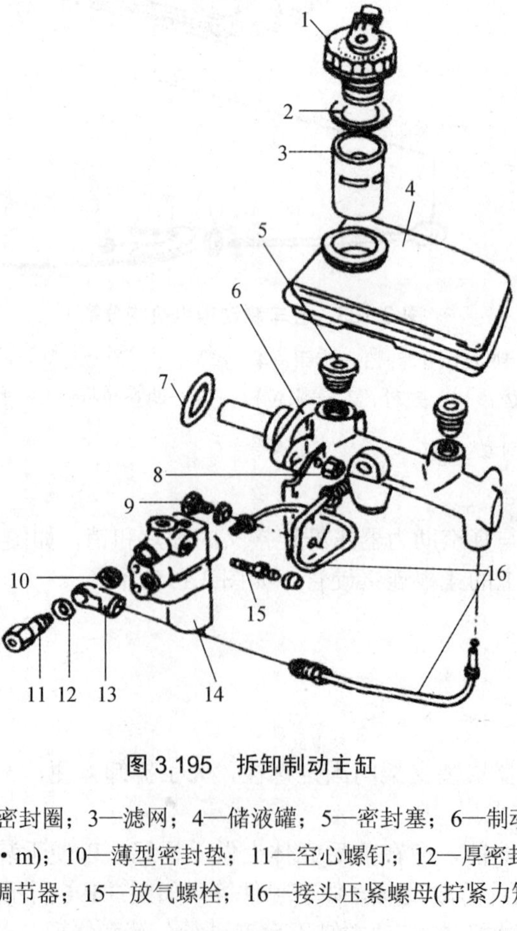

图 3.195　拆卸制动主缸

1—锁紧盖；2、7—密封圈；3—滤网；4—储液罐；5—密封塞；6—制动主缸；8—支架；9—螺栓(拧紧力矩 25N·m)；10—薄型密封垫；11—空心螺钉；12—厚密封垫；13—油管接头；14—制动力调节器；15—放气螺栓；16—接头压紧螺母(拧紧力矩 25N·m)

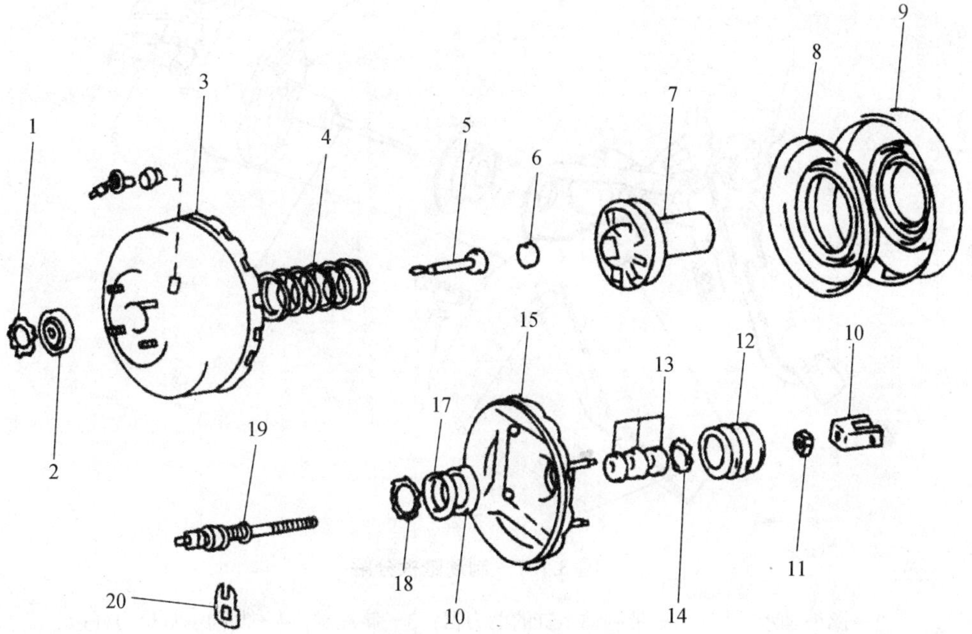

图 3.196　真空助力器分解

1—圆形环；2—前壳体密封体；3—前壳体；4—膜片弹簧；5—后推杆；6—橡胶块；7—阀体；8—膜片隔板；9—膜片；10—连接叉；11—锁紧螺母；12—防尘套；13—空气滤清器毡圈；14—圆形环；15—后壳体；16—后轴体密封环；17—轴承；18—圆形环；19—压杆；20—止动键

2) 检查

检查真空助力器之前，清洗所有金属零件。橡胶制品用酒精或制动液清洗干净，禁止用汽油清洗。

(1) 检查阀和阀座，如有破裂或沟槽，应更换阀体。

(2) 检查推杆和压杆，如磨损应予更换或涂镀修复。

(3) 检查壳体和膜片，如有破裂或老化应更换真空助力器总成。

(4) 前后密封件如有泄漏，必须更换。

3) 安装

真空助力器及制动主缸的安装应按拆卸相反的顺序进行，但应注意以下几点。

(1) 安装前，旋转真空助力器压杆上的连接叉，如图 3.196 所示。

(2) 加注制动液至 MAX 处，然后进行制动系统放空气并补充制动液至规定值。

5. 制动系统的检查和调整

1) 制动踏板自由行程的检查和调整

制动踏板分解如图 3.197 所示。检查制动踏板自由行程时，用手轻轻压下踏板，直到手感明显变重时，测出这段行程，其值应不大于 45mm。如果不符合规定，可松开制动主缸助力器上推力杆上的螺母，通过旋动叉头来调整推力杆长度，从而调整制动踏板自由行程，且保证踏板有效行程 135 mm，总行程不小于 180mm(如图 3.198 所示)。

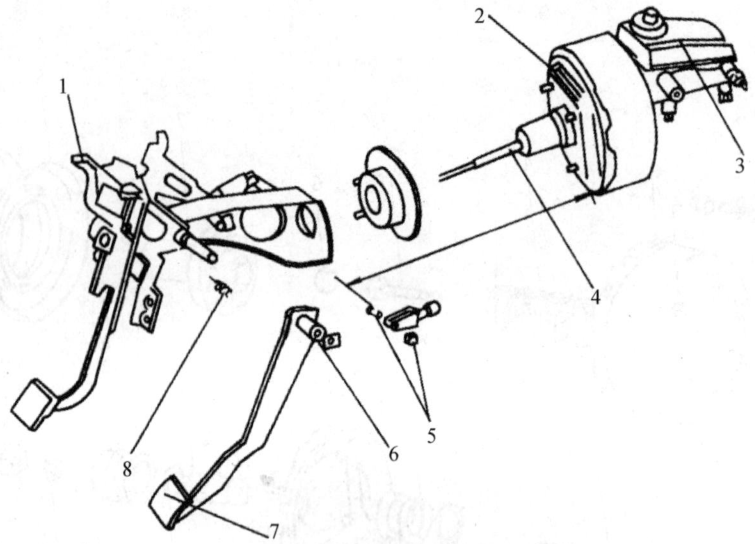

图 3.197　制动踏板分解

1—踏板轴承支架；2—带制动主缸的助力器；3—储液罐；4—制动主缸推力杆；
5—销子和锁片；6—支承轴套；7—制动踏板；8—回位弹簧

2) 驻车制动杆自由行程的检查和调整

驻车制动杆自由行程为驻车制动杆移动两个齿，当放松手制动时，两后轮都能自由转动。如不符合要求，可按下述方法进行调整。

(1) 松开驻车制动杆。

(2) 用力踩一下制动踏板。

(3) 把驻车制动杆拉紧两个齿。

(4) 拧紧调整螺母(图 3.199 中的箭头所示)，直到用手不能旋转两个被制动的后车轮为止。

(5) 松开驻车制动杆，两后车轮能旋转自如即为调整合适。

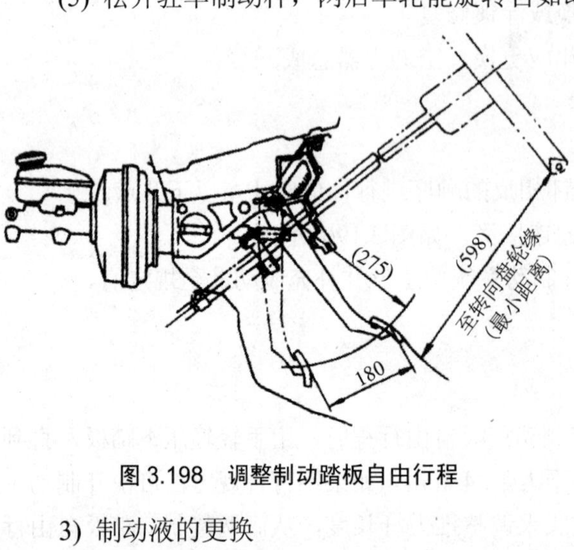

图 3.198　调整制动踏板自由行程

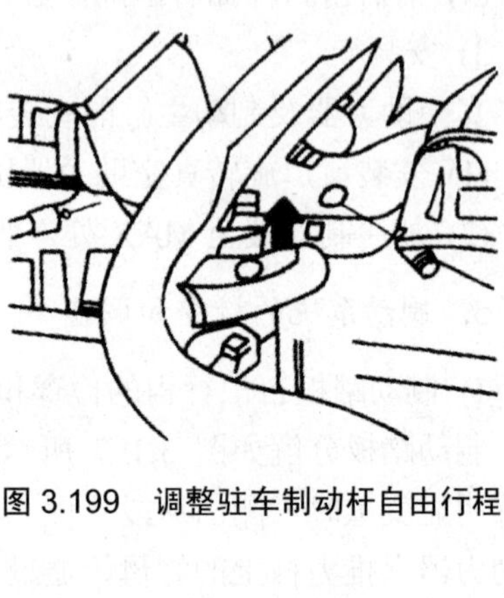

图 3.199　调整驻车制动杆自由行程

3) 制动液的更换

每两年或行驶 5 万千米应更换制动液，所用的制动液型号是 N052 7660。

注意

①制动液有毒性和强腐蚀性，不可与油漆接触；②制动液具有吸湿性，可以吸收周围空气中的水分，因此要将它存放在密封的容器里。

制动液储液罐位于发动机罩内制动主缸上方，制动液罐表面刻有 MAX 和 MIN 的标记，应注意检查液面高度。正常工作时，液面应始终保持在 MAX 和 MIN 标记之间，汽车制动摩擦片磨损而自动调节，因而引起制动液面略有下降是完全正常的。若短时间内出现制动液面显著下降或低于 MIN 标记，则可能是制动系统有渗漏故障，应立即检查，故障排除后方可使用。桑塔纳 3000 型轿车配有制动装置警告灯，一旦储液罐内液面过低，制动装置警告灯将自动报警。

4) 制动系统的放气

制动系统检修、更换制动液之后，或者感觉到制动无力且有弹性时，需要对制动系统进行放气。放气时可以使用专用的 VW1238-1 型制动液充放机，也可以人工进行放气。

(1) 使用专用工具放气：接通 VW1238-1 型制动液充放机→按规定顺序打开放气螺钉，如图 3.200 所示→排出制动钳和制动轮缸中的气体→用专用的容器盛放排出的制动液。

制动系统放气顺序如下：右后车轮制动轮缸→左后车轮制动轮缸→右前车轮制动钳→左前车轮制动钳。

(2) 人工放气如下。

① 将一根软管一端接到放气螺钉上，一端插入容器中，如图 3.201 所示。

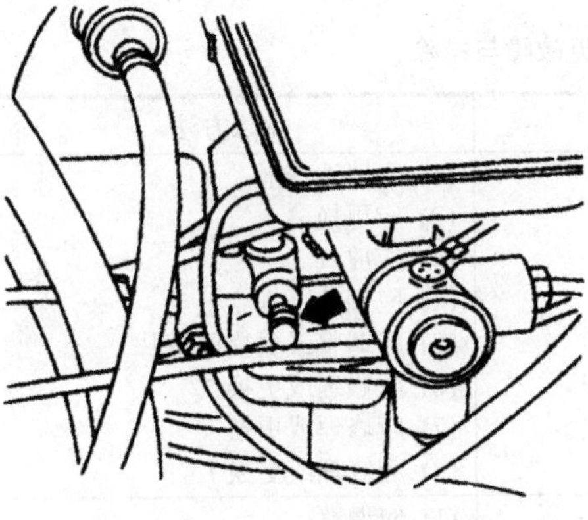

图 3.200　制动系统放气(一)

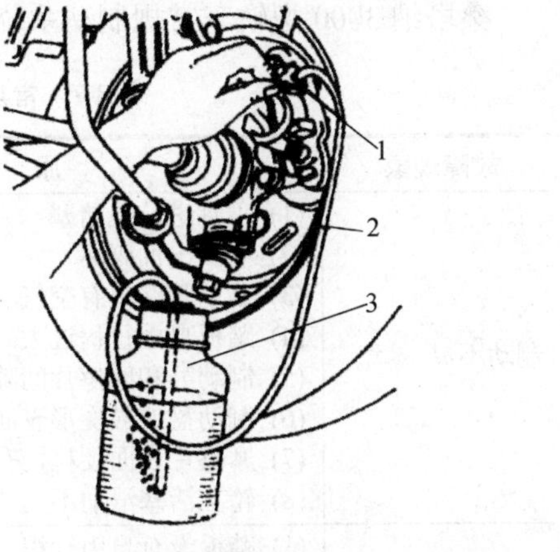

图 3.201　制动系统放气(二)

1—放气管；2—放气螺钉；3—透明容器(装 1/2 制动液)

② 一人用力迅速踩下并缓慢放松制动踏板，如此反复数次后，踩下制动踏板，并保持一定高度使之不动。

③ 另一人拧松放气螺钉，管路中空气随制动液顺着胶管排出制动系统，排出空气后再将放气螺钉拧紧。

④ 重复上述步骤多次，直至胶管流出的制动液无气泡为止。

⑤ 取下胶管，套上防尘罩。

⑥ 观察储液罐制动液面高度，必要时添加制动液。

制动系统放气的原则是先远后近，人工放气与专用工具放气的顺序是相同的。

5) 制动器及制动管路的检查

前轮制动器摩擦片的磨损情况，可以通过车轮轮辐上的观察孔进行检查(如图 3.202 所示)，当摩擦块磨损到极限时(包括底板 7mm)，必须更换。后轮制动器摩擦片的磨损情况，可以通过制动底板上的观察孔进行检查(如图 3.203 所示)，当磨损超过极限时，必须更换。

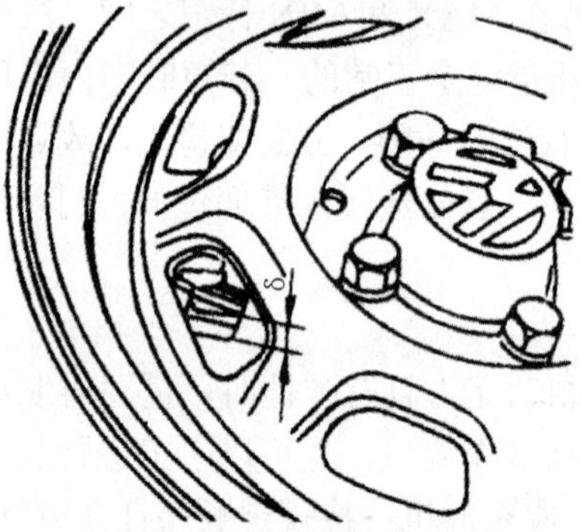

图 3.202　检查前轮摩擦块的厚度

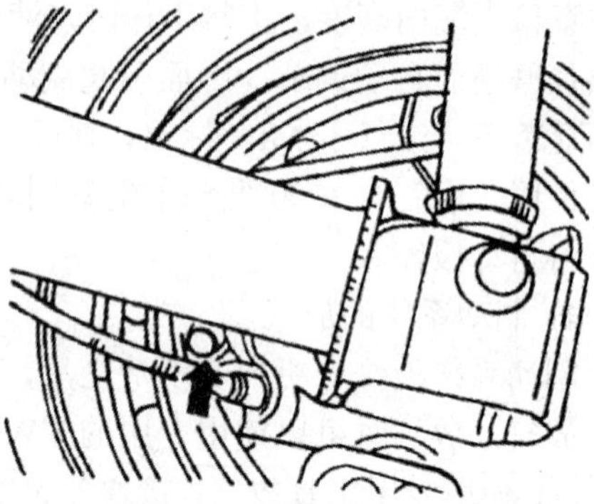

图 3.203　检查后轮摩擦片的厚度

检查制动管路是否损伤、漏油，硬管是否有凹瘪，软管是否老化，管接头是否松动，以及管路固定处是否松脱、碰撞。

6. 常规制动系统常见故障与排除

桑塔纳 3000 型轿车常规制动系统的常见故障与排除见表 3-7。

表 3-7　常规制动系统的常见故障与排除

故障现象	原　因	排除方法
制动不灵	(1) 主缸进油孔堵塞 (2) 主缸出油阀坏 (3) 制动管路内有空气 (4) 踏板自由行程过大 (5) 制动鼓和摩擦片间隙过大 (6) 制动盘或鼓变形表面不平，接触不良 (7) 摩擦片表面硬化，有油，铆钉外露 (8) 轮缸活塞滑动不良	(1) 应清洗疏通 (2) 应更换 (3) 应放气 (4) 应调整至规定值 (5) 应调整或更换摩擦片 (6) 应修理或更换 (7) 应修理或更换 (8) 应修理或更换
制动发“咬”	(1) 踏板没有自由行程 (2) 踏板回位不良 (3) 主缸活塞皮碗发胀 (4) 轮缸皮碗发胀、活塞卡 (5) 蹄片与鼓/盘的间隙过小，回位弹簧力差 (6) 制动间隙自动调整装置不良 (7) 驻车制动装置回位不良 (8) 制动鼓和盘变形过大	(1) 应调整 (2) 应及时修整 (3) 应更换皮碗 (4) 应更换、清洗或修理 (5) 应调整或更换 (6) 应拆开检修 (7) 应及时修整 (8) 应修理、更换
制动跑偏	(1) 左右蹄片与鼓/盘的间隙不等 (2) 单边蹄片有油，烧结失效 (3) 制动蹄回位弹簧衰损或装配不良	(1) 应调整一致 (2) 应修理或更换 (3) 应更换或修整

续表

故障现象	原　因	排除方法
制动跑偏	(4) 左右摩擦片型号、厂家不同 (5) 轮缸内有空气、油管堵住或活塞卡住 (6) 左右轮胎气压和磨损不同 (7) 前轮定位不良 (8) 悬架弹簧衰损或减振器不良	(4) 应更换同一厂家的产品 (5) 应及时修理 (6) 应调整或更换 (7) 应调整至规定值 (8) 应更换
制动失效	(1) 制动主缸内缺油 (2) 主缸皮碗损坏 (3) 制动管破裂或接头漏油 (4) 踏板推杆等连接机构脱落	(1) 应加油后放气 (2) 应更换 (3) 应更换或紧固 (4) 应修整
制动液泄漏	(1) 管接头处渗漏 (2) 管路因摩擦破漏 (3) 制动主缸渗漏 (4) 制动轮缸渗漏	(1) 应拆卸更换 (2) 应拆换后加保护套 (3) 更换密封件 (4) 更换密封件

项 目 小 结

本项目通过循序渐进的 4 个工作任务，从完成任务角度出发，结合企业生产实例讲解拆装过程、检修过程及安装调试等知识，从而全面认识汽车底盘传动系统、行驶系统、转向系统和制动系统重要部件拆装检修的作业规范及流程，为后续学习及今后就业奠定良好的基础。

应 知 测 试

选择题

1．如图 3.204 所示，下面关于拆卸传动桥的说法正确的是(　　)。

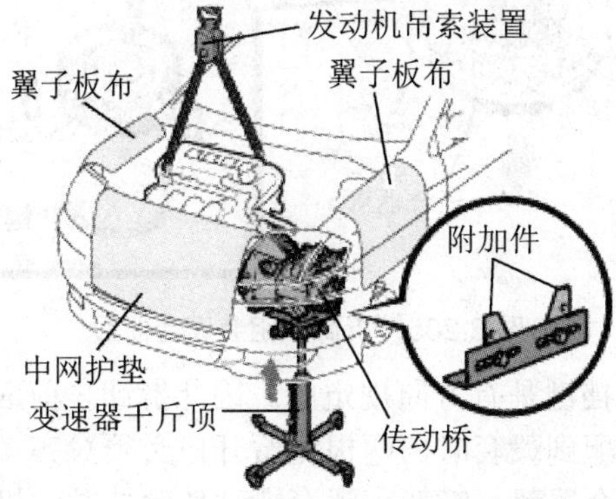

图 3.204　拆卸传动桥

A．脱开传动桥和发动机之前，确保发动机起吊装置左右链系适度变形

B．当拆卸传动桥时，强烈晃动传动桥，将它从发动机上分离

C．使用变速器千斤顶支撑传动桥时，展开变速器千斤顶附件，以便能够将传动桥从发动机上轻易拆卸，设定变速器千斤顶，以便使传动桥可以在变速器千斤顶上转动

D．通过锁销和输入轴将传动桥与发动机相啮合。因为其难以拆卸，所以将平头螺丝刀插入传动桥和发动机之间，然后小心分离传动桥

2．对于 Corolla Aug．2000 NZE 12#_系列，使用 SST 拆卸驱动轴时，以下驱动轴爪钩挂位置正确的是(　　)。

A. 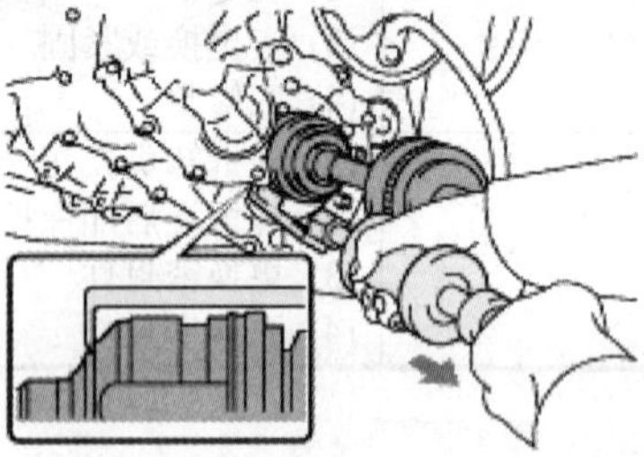
B. 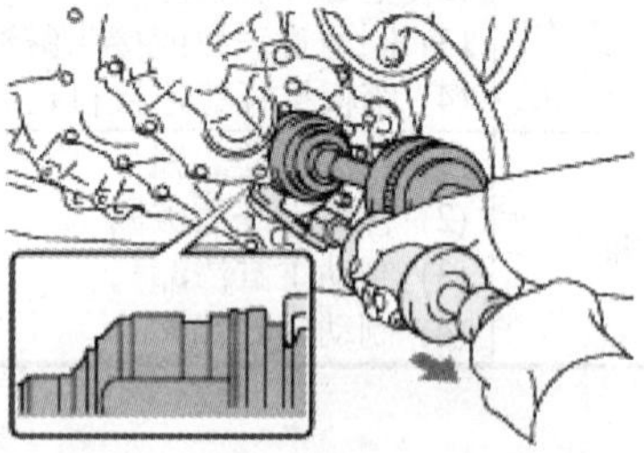

C. 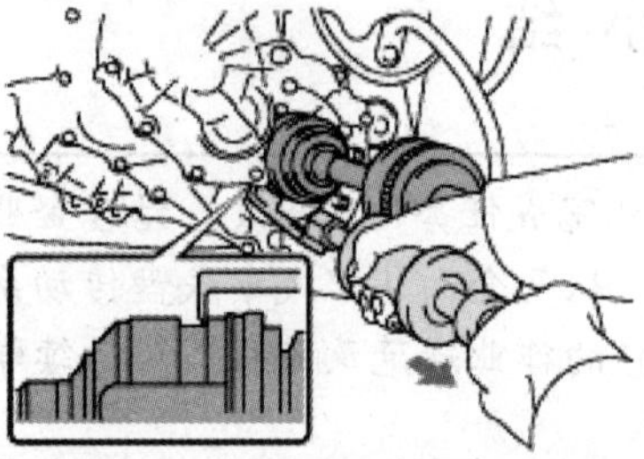
D. 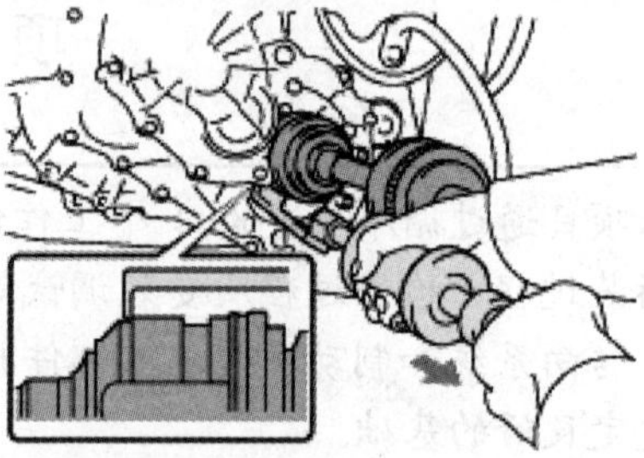

3．如图 3.205 所示，下面关于拆卸和组装离合器毂的说法正确的是(　　)。

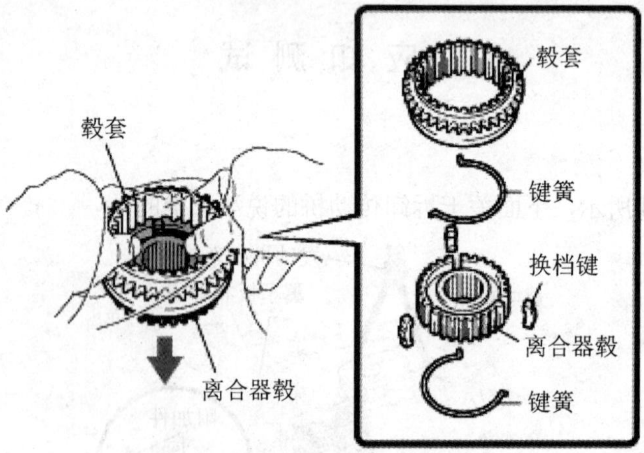

图 3.205　拆卸和组装离合器毂

A．离合器毂和换挡键是有方向规定的。因此拆卸之前应该检查方向是否正确

B．将卡环键簧装配到毂套时，两根键簧开口必须对齐

C．装配时，向离合器毂、键簧和毂套滑动件涂抹发动机机油

D．切勿拆卸键簧，因为一旦拆卸，就不能重新安装

4．图 3.206 说明了同步器锁环的操作检查。用手按压同步器锁环、连接锥、以下哪个语句是对的？这个语句说明当向同步器锁环转动方向用力时，同步器锁环的操作。(　　)

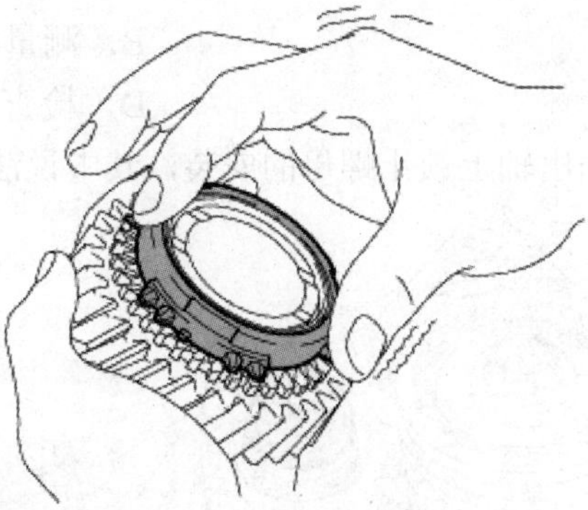

图 3.206　同步器锁环的操作检查

A．同步器锁环平稳转动

B．同步器锁环只向一方转动，不能向另一方转动

C．同步器锁环不转动

D．同步器锁环只能转动 360°，不能超出

5．如图 3.207 所示，下面关于拆卸差速器齿圈的说法正确的是(　　)。

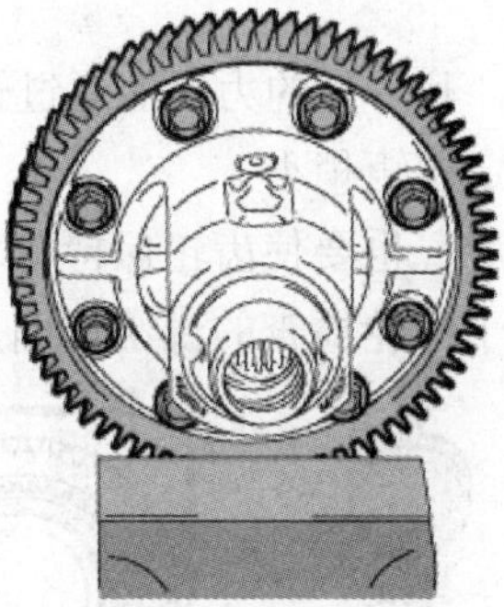

图 3.207　拆卸差速器齿圈

(1) 拆卸之前，做出标记，以便不改变齿圈和差速器箱的装配位置和方向

(2) 当松开齿圈定位螺栓时，按照对角线方向均匀松开齿圈定位螺栓

A．只有(1)正确　　　　B．只有(2)正确

C．(1)和(2)正确　　　　D．(1)和(2)不正确

6．如图 3.208 所示，以下关于检查的图例，正确的是(　　)。

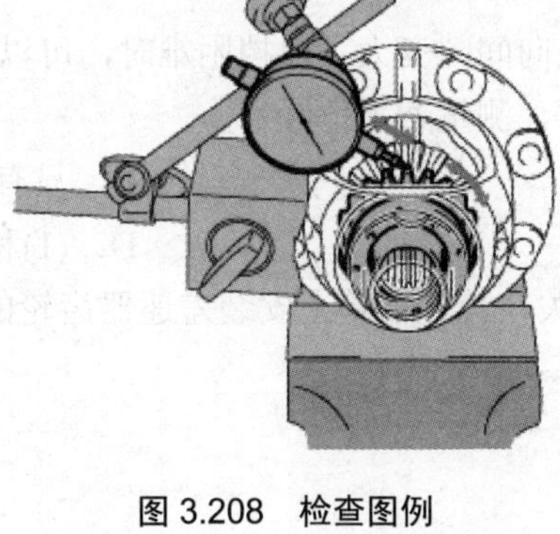

图 3.208　检查图例

A．测量轴向间隙　　　　　　B．测量径向间隙

C．测量齿隙　　　　　　　　D．检查齿轮滑动

7．图 3.209 说明了在输出轴上锁止螺母的安装，其中说法最恰当的是(　　)。

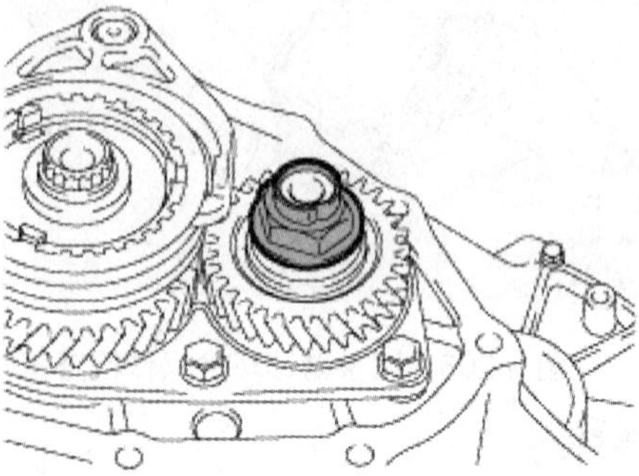

图 3.209　在输出轴上锁止螺母的安装

A．对于输出轴锁止螺母，可以再次使用分解期间拆卸的锁止螺母

B．当安装锁止螺母时，通过使输出轴齿轮保持在双锁状态来保持住输出轴，以便使输出轴不发生转动

C．对于输出轴锁止螺母，其拧紧的力要比通过输出轴自身旋转的拧紧力大，所以螺母拧紧的力要比规定扭矩稍小

D．即便在安装锁止螺母后，也要使齿轮保持在双锁状态

8．如图 3.210 所示，下面关于齿轮检查的说法正确是(　　)。

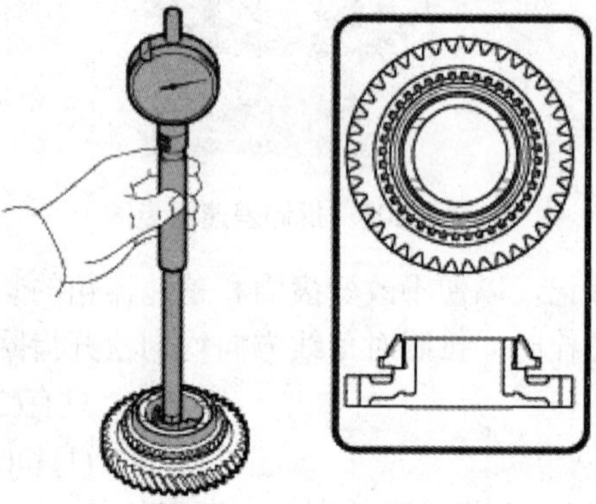

图 3.210　齿轮检查

(1) 当齿轮内径磨损、径向间隙变大、换挡困难时，可以听到齿轮噪声

(2) 当测量齿轮内表面时，测量若干位置

A．只有(1)正确　　　　　　B．只有(2)正确

C．(1)和(2)正确　　　　　　D．(1)和(2)不正确

9．如图 3.211 所示，有关在差速器箱上安装差速器齿轮的步骤中，描述正确的一个是(　　)。

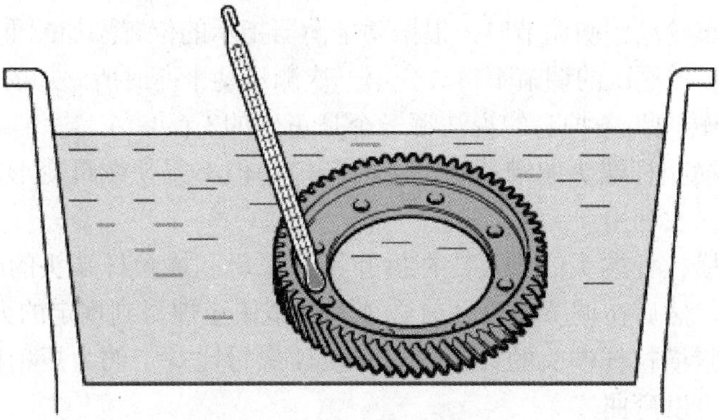

图 3.211　安装差速器齿轮

A．冷却差速器齿轮-20～0℃，以便进行安装

B．车间温度保持在 20～40℃来安装

C．加热差速器环齿轮 90～100℃，以进行安装

D．加热差速器环齿轮 140～160℃，以进行安装

10．如图 3.212 所示，以下哪一种适用于涂覆手动传动桥的传动桥壳和变速器壳的壳体配合表面？(　　)

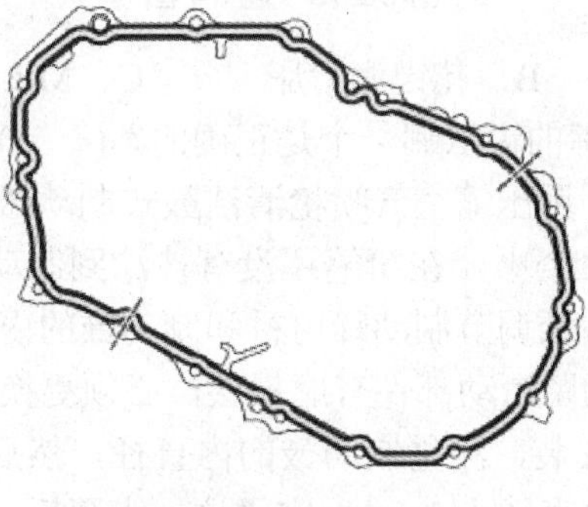

图 3.212　题 10 图

A．机油　　　B．密封填料　　　C．MP 润滑脂　　　D．底漆

11．下列有关更换驱动轴护套的说法哪一个是正确的？(　　)

A．当把横拉杆端头从转向节分离时，通过用锤子敲击横拉杆端头将其分离

B．当把驱动轴从传动桥上拆下时，一个人支撑驱动轴，另外一个人用 SST 拆卸驱动轴

C．当拆卸三脚头球节时，通过敲击滚柱而拆卸三脚头球节滚柱

D．当把润滑脂涂到外侧球节时，将新的润滑油涂到旧的润滑油上即可

12．下列关于车轮动平衡调节的说法哪一个是正确的？(　　)

A．如果车轮动平衡可以调节，即使发现车胎有很明显的跳动也不会有问题

B．在车上动平衡的调节中，当根据动平衡器所指示的位置和重量添加配重时，切勿触碰到在离车调节中安装的配重

C．对于车轮动平衡调节，为了获得与驾驶中相同的状况，不要将残留在车轮上的淤泥等拆卸

D．进行车轮动平衡调节时，根据动平衡器指示的位置添加配重，然后再次检查并调节，但这次的调节不得改变第一次测量动平衡时所添加的配重位置和重量

13．下列关于转向齿条护套的说法哪一个是正确的？(　　)

A．拆下横拉杆端头的槽顶螺母上的开口销但不得使螺母变形，因为这些螺母可以被二次利用

B．对于横拉杆端头的安装，在拆卸锁止螺母和横拉杆端头的时候必须对齐配合记号，然后在调节前束之前必须先旋紧锁止螺母到规定的力矩

C．在旋紧横拉杆端头的锁止螺母时，让螺母比规定的力矩稍稍松一些，这样横拉杆可以弯曲

D．在齿条端头上安装转向齿条护套时，在螺丝的周围缠上保护带以防止对护套造成损害

14．如图 3.213 所示，可涂到制动总泵活塞皮碗上的润滑脂的类型是(　　)。

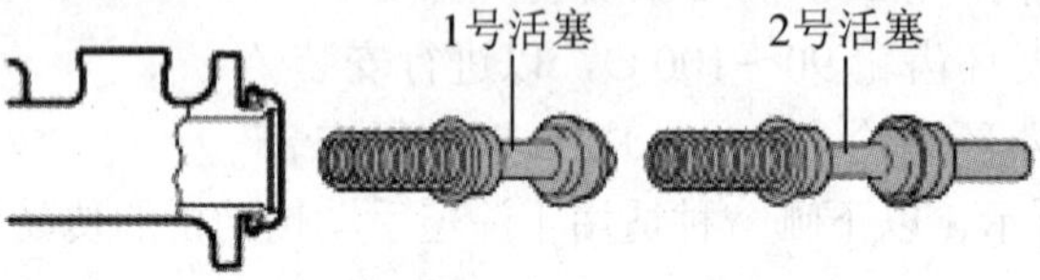

图 3.213　题 14 图

A．橡胶润滑脂　　B．花键润滑脂　　C．MP 润滑脂　　D．底盘润滑脂

15．下列关于更换制动蹄的说法哪一个是正确的？(　　)

A．拆下制动鼓后，用压缩空气喷枪清洁鼓式制动器内的灰尘

B．在敲击状况的检查中，在粉笔还没有被涂到制动蹄内衬和制动鼓内衬的接触表面上时，用砂纸调节制动蹄内衬和制动鼓的内衬

C．若背板上的制动蹄滑动部件有磨损层，必须更换新的滑动部件

D．对于制动鼓的安装，测量制动鼓的内直径，然后调节内直径使后蹄片的最大直径比制动鼓内直径小 1mm。完成这一步骤后，安装制动鼓

16．下面哪一个有关差速器半轴齿轮齿隙的叙述是正确的？(　　)

A．即使没有齿隙齿轮也会旋转。

B．齿隙防止齿轮被咬死和产生噪音。

C．欲测量齿隙，只要用百分表测量一个部位即可。

D．当半轴齿轮齿隙很大时，可更换为一个厚垫片来调整。

17．如图 3.214 所示，以下哪个关于手动传动桥的语句是对的？(　　)

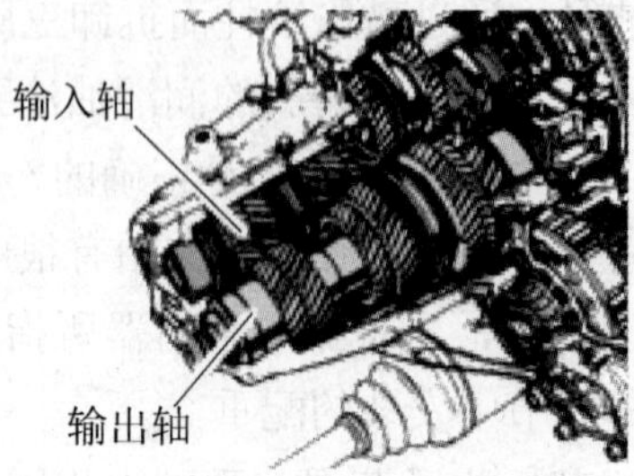

图 3.214　手动传动桥

A．手动传动桥改变动力传输装置的接合、脱离和齿轮的啮合

B．手动传动桥通过变矩器传输发动机的动力

C．不管换挡杆的位置如何，手动传动桥的输入轴和输出轴以相同速度旋转

D．手动传动桥的输入轴和输出轴总是以相同方向旋转

18．如图 3.215 所示，以下哪个关于差速器的语句是对的？(　　)

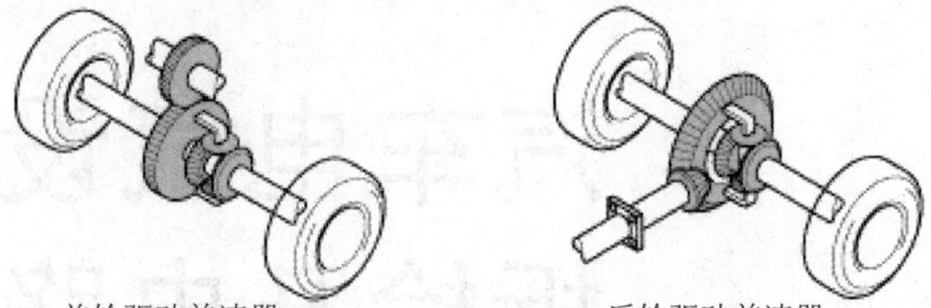

前轮驱动差速器　　后轮驱动差速器

图 3.215　差速器

A．差速器的减速功能是为了保证车辆的平稳拐弯

B．差速器的差速功能是调整在车辆转弯行驶时左右轮的旋转差别

C．前轮驱动车辆的差速器是由传动轴驱动的

D．差速器提高了变速器的旋转速度并将其传给车轮

19．在以下的插图中，麦弗逊支撑型悬架是(　　)。

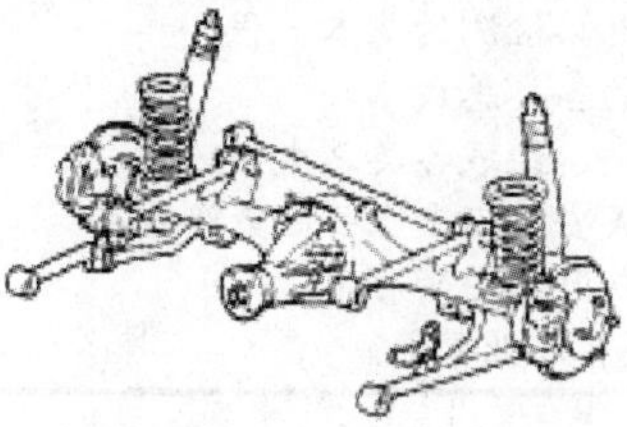

A.

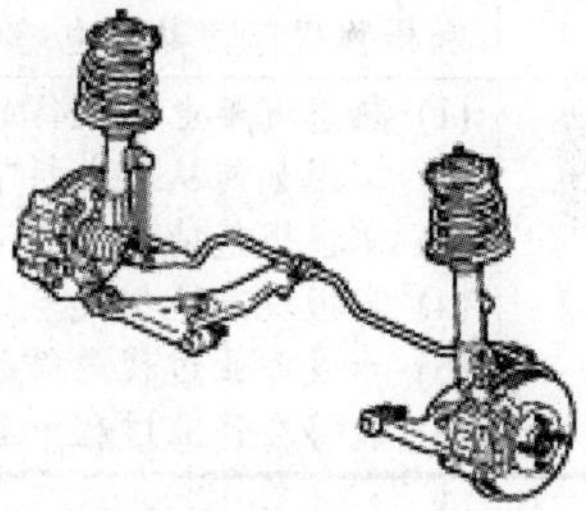

B.

C.

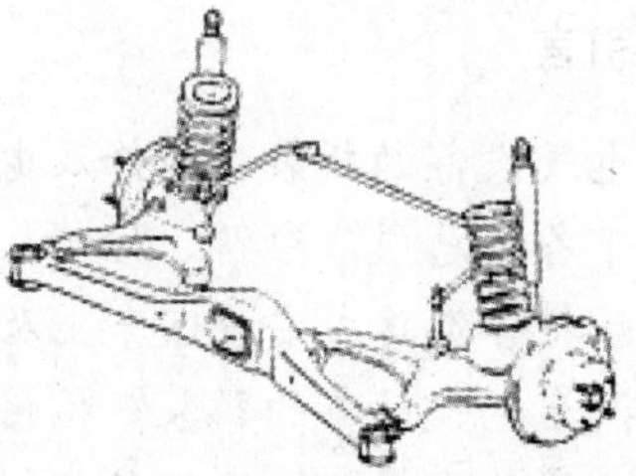

D.

20．以下哪个关于制动器的语句是对的？(　　)

A．盘式制动器是利用盘式制动器衬块夹紧制动器盘时产生的摩擦来停止车轮的转动的

B．鼓式制动器是利用盘式制动器衬块夹紧制动器盘时产生的摩擦来停止车轮的转动的

C．驻车制动器通过机械方式锁住前轮

D．制动器总泵增加了用于制动的力，与作用于制动踏板的力无关

项目4

汽车电气设备的拆检及电路检测

任务目标

最终目标	能正确理解汽车电气设备的拆装、检修及电路检测的流程，掌握从车上拆下发电机总成、起动机总成、空调压缩机及其分解、清洁、检修或更换、装配及试车的过程和操作规范，熟悉电路检测及常见故障诊断的基本方法
促成目标	(1) 熟悉汽车电气设备的拆装、检修及电路检测的基本流程 (2) 掌握如何从车上拆下汽车电气设备的各类总成 (3) 掌握规范地分解、清洁、检修或更换、组装各类总成 (4) 掌握规范地把汽车电气设备各类总成安装回车上并做最终检查 (5) 养成作业过程遵循并查阅维修手册或电路图的习惯 (6) 能够在作业过程中遵循5S理念，培养职业素养

引言

汽车电气设备的拆装、检修及电路检测是汽车维修工作中的常见作业，主要内容包括从车上拆下各类总成，分解、检修、重新组装或更换各类总成，检测电路及诊断排除常见故障，最后把各类总成安装回车上及最终检查的全过程。

通过汽车电气设备的拆装、检修及电路检测规范化实践训练，增强规范化操作意识，提高规范化操作水平，培养规范化操作习惯，掌握规范化操作技能，为实现“零距离”就业打下坚实基础，同时也为推进汽车维修行业的规范化进程注入新的活力。

任务 4.1　充电系统的部件拆装及电路检测

4.1.1　任务引入

按照头脑风暴法收集从车上拆卸发电机总成及电路检测作业的关键点，借助脑图记录团队成员提出的想法，以脑图为基础确定提出问题，图 4.1 为从车上拆卸发电机总成及电路检测信息收集图。

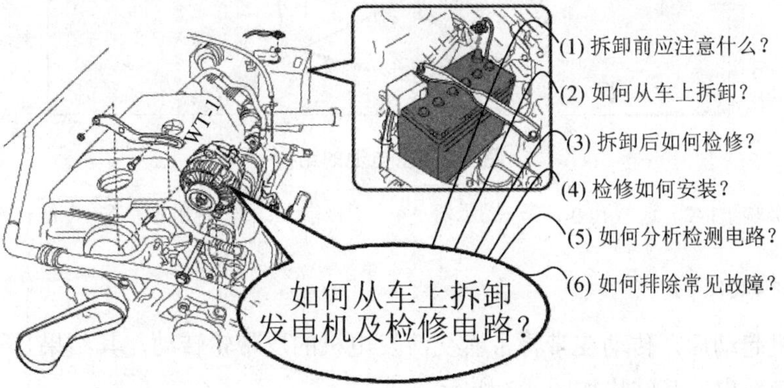

图 4.1　从车上拆卸发电机总成及电路检测信息收集

通过脑图分析讨论，明确主要任务，说明生产过程和工艺过程，学习基本原理知识，熟悉规范操作流程，掌握从车上拆卸发电机总成及进行电路检测的基本技能。

4.1.2　相关知识

1. 充电系统概述

汽车的电源有两个：蓄电池和发电机，发动机启动时，由蓄电池供电；发动机达到某一转速后，由发电机供电。发电机在向用电设备供电的同时，也给蓄电池充电，以补充蓄电池在使用中所消耗的电能。发电机供电时要采用电压调节器来保持其输出电压的稳定。汽车的充电系统如果发生故障，蓄电池将无法得到及时有效的电能补充，在短时间内就会亏电，最后发动机将因为断电而熄火且无法重新启动。

2. 蓄电池的结构

蓄电池为可再充电型电源，当发动机停止运行时，可以作为电源使用；当发动机运转时，它会储存多余的电能。蓄电池的结构如图 4.2 所示。

当处理蓄电池时，必须采取下列预防措施。

(1) 充电时远离明火，因为此时有氢气排出。

(2) 电解液应远离身体、衣服和车身，因为其中含有硫酸。

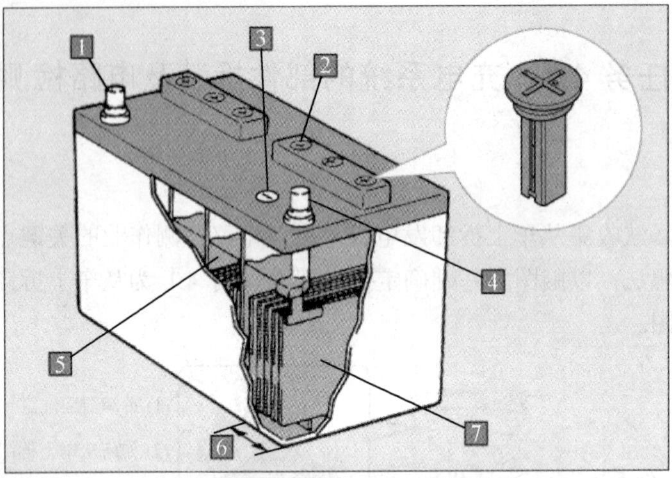

图 4.2　蓄电池的结构

1—负极端子；2—通气孔塞；3—提示器；4—正极端子；5—电解液；6—电池；7—极板

3. 发电机的结构

当发电机起动后，传动皮带将带着交流发电机的皮带轮转动，其结果是转子转动，使定子线圈感应发电，其结构如图 4.3 所示。

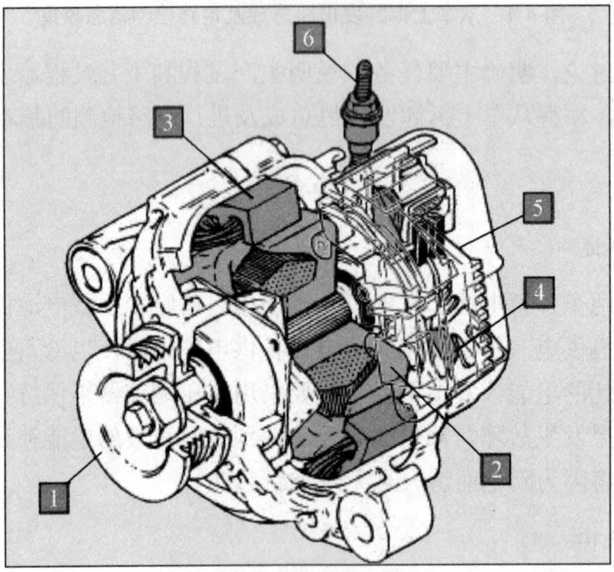

图 4.3　发电机的结构

1—带轮；2—转子线圈；3—定子线圈；4—整流器(二极管)；5—IC 调节器；6—“B”端子

4. 放电警告灯

放电警告灯也称为“充电指示灯”，当交流发电机或其电路因某种原因不能发电时，放电警告灯将亮起，以警示蓄电池处于放电状态，如图 4.4 所示。

图 4.4　放电警告灯

4.1.3　任务实施

1. 从车上拆卸发电机总成

1) 断开蓄电池负极(−)端子电缆

拆开蓄电池电缆以前，需要将 ECU 等电子元件中存储的信息记录下来，主要包括诊断故障代码、无线电台选择情况、座椅位置(带记忆系统)和方向盘位置(带记忆系统)等。

然后拆下蓄电池：拆下蓄电池负极电缆→拆开蓄电池正极电缆→拆下蓄电池卡箍→最后拆下蓄电池，蓄电池外部连接情况如图 4.5 所示。

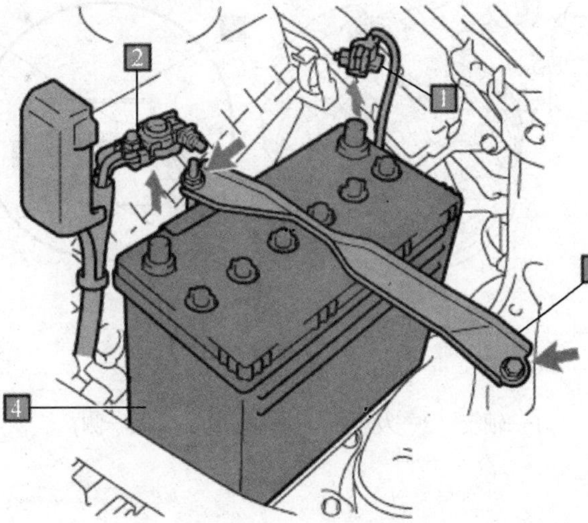

图 4.5　蓄电池外部连接情况

1—蓄电池负极端子电缆；2—蓄电池正极端子电缆；3—蓄电池卡箍；4—蓄电池

2) 脱开发电机电缆和连接器

拆卸发电机电缆定位螺母，断开发电机电缆，然后断开发电机连接器，如图 4.6 所示。

3) 拆卸发电机

(1) 拧松发电机安装螺栓 然后拆卸传动皮带。

(2) 拆卸所有的发电机安装螺栓，然后拆卸发电机，如图 4.7 所示。

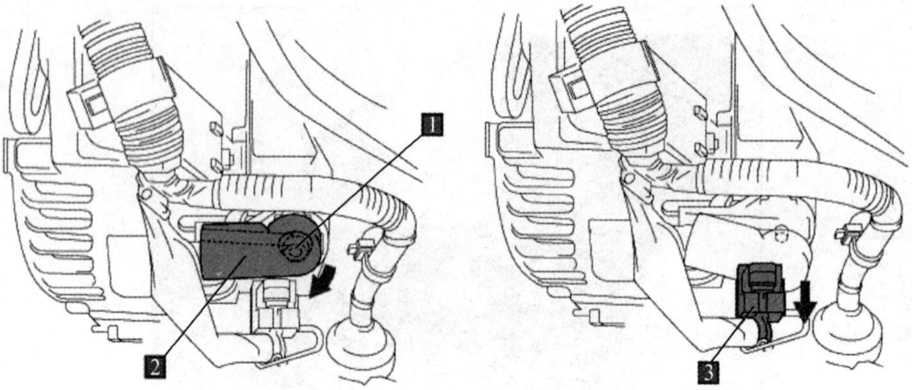

图 4.6　脱开发电机电缆和连接器

1—定位螺母；2—发电机电缆；3—发电机连接器

提示：

由于发电机的安装零件带有用于定位的轴套，所以连接紧密，因此通过上下摇动发电机来进行拆卸。

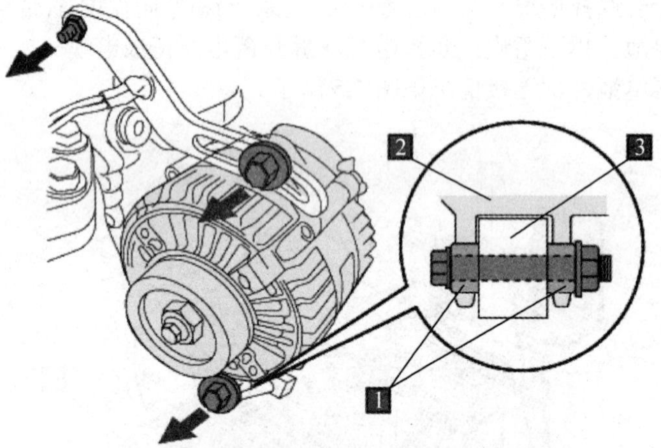

图 4.7　拆卸发电机

1—轴套；2—发电机；3—托架(发动机一侧)

2. 分解发电机

1) 拆卸发电机皮带轮

(1) 在皮带轮轴的末端安装 SST1-A 和 SST1-B，然后将 SST1-A 和 SST1-B 拧紧到指定力矩 39.2 N·m，将 SST1-A 固定在皮带轮轴上，如图 4.8(a)所示。

(2) 将 SST2 卡到台钳上，然后在 SST1-A 和 SST1-B 安装到发电机上的情况下，将皮带轮锁止螺母装入 SST 的六角部分，如图 4.8(b)所示。

(3) 将 SST1-A 顺时针旋转来拧松皮带轮锁止螺母，从 SST2 上拆卸发电机，然后使 SST1-B 保持不动的同时，顺时针旋转 SST1-A 来使它自身旋松，然后从发电机上拆卸 SST1-A 和 SST1-B，拆卸皮带轮螺母和发电机皮带轮，如图 4.8(c)所示。

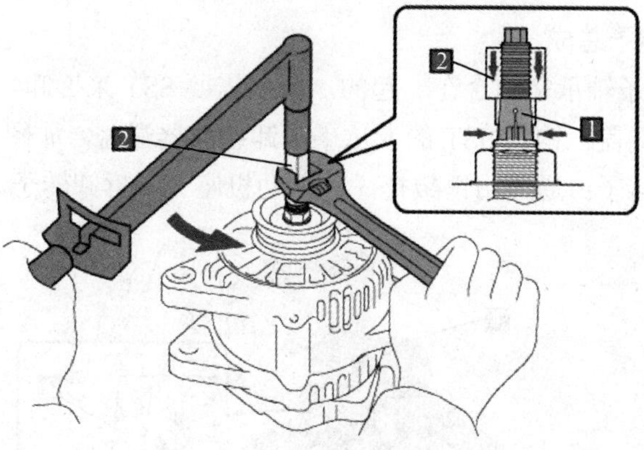

(a)

1—SST1-A(发电机转子轴扳手-A)；2—SST1-B(发电机转子轴扳手-B)

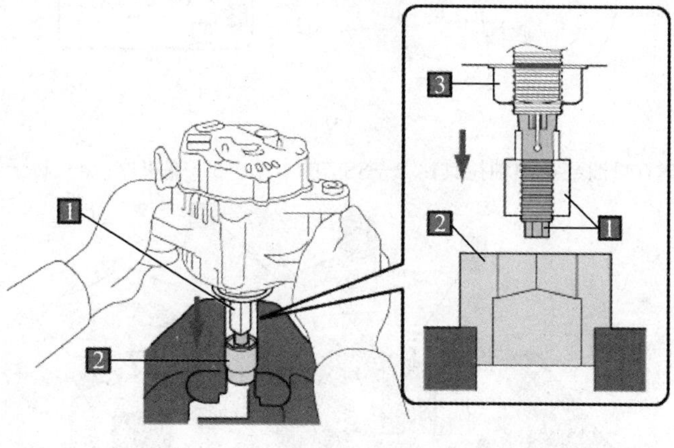

(b)

1—SST1(发电机转子轴扳手)；2—SST2(发电机皮带轮定位螺母扳手)；3—皮带轮锁止螺母

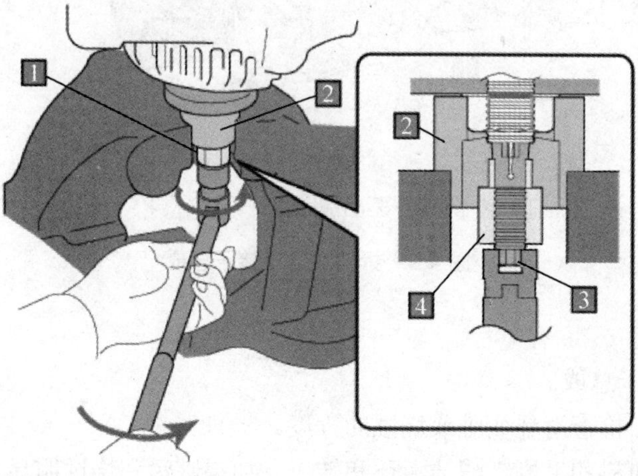

(c)

1—SST1(发电机转子轴扳手)；2—SST2(发电机皮带轮定位螺母扳手)；
3—SST1-A(发电机转子轴扳手-A)；4—SST1-B(发电机转子轴扳手-B)

图 4.8　拆卸发电机皮带轮

2) 拆卸发电机转子总成

由于端机座和转子轴承是结合在一起的，所以需要 SST 来拆卸。

(1) 拆卸整流器端盖：钩住 SST 的卡爪来拆卸整流器端盖，如图 4.9(a)所示。

(2) 拆卸发电机转子：通过用锤敲打，从主动机座一端拆卸转子，如图 4.9(b)所示。

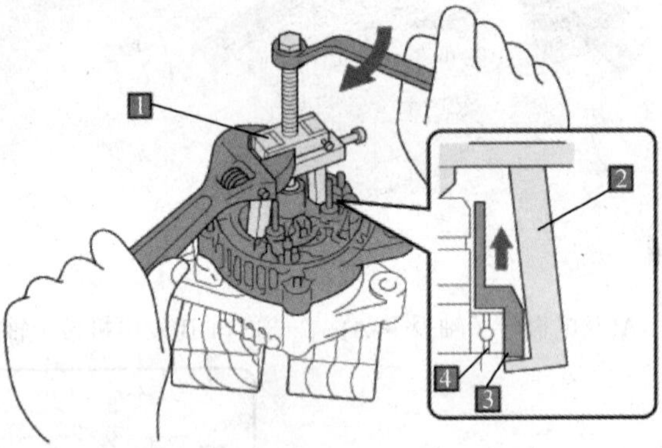

(a)

1—SST(喷油泵花键轴拉具)；2—SST 的卡爪；3—端机座；4—转子轴承

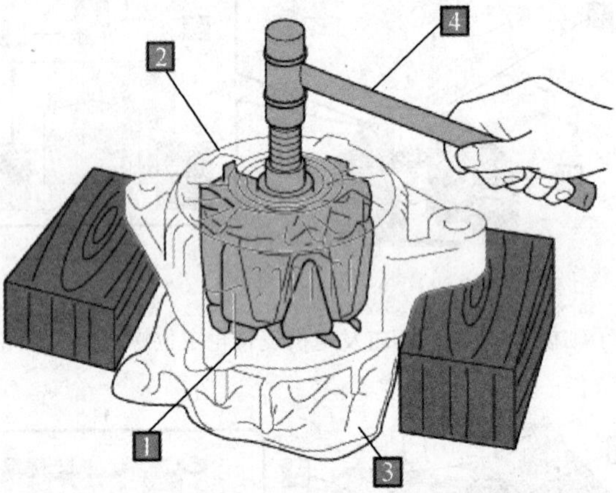

(b)

1—转子；2—驱动端盖；3—布料；4—锤

图 4.9　拆卸发电机转子总成

3. 检查发电机

检查发电机转子总成。

(1) 目视检查：检查滑环变脏或烧蚀的程度。

(2) 清洗：用布料和毛刷，清洁滑环和转子。如果脏污和烧蚀明显，应更换转子总成。

(3) 检查滑环之间是否导通：使用万用表，检查滑环之间是否导通，如图 4.10 所示。

(4) 检查滑环和转子之间的绝缘性：用万用表检查滑环和转子之间的绝缘性，如图 4.11 所示。

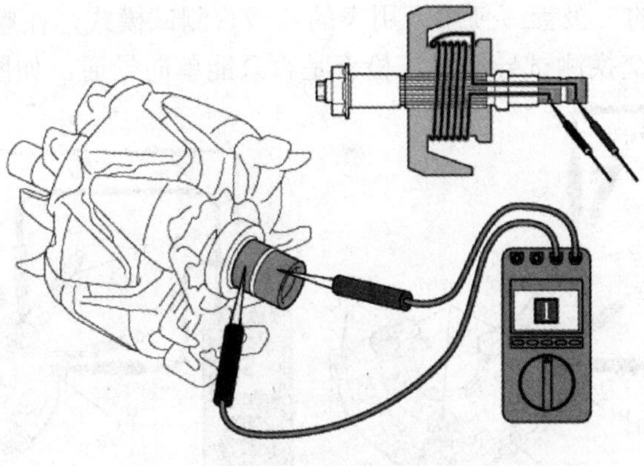

图 4.10　检查滑环之间是否导通

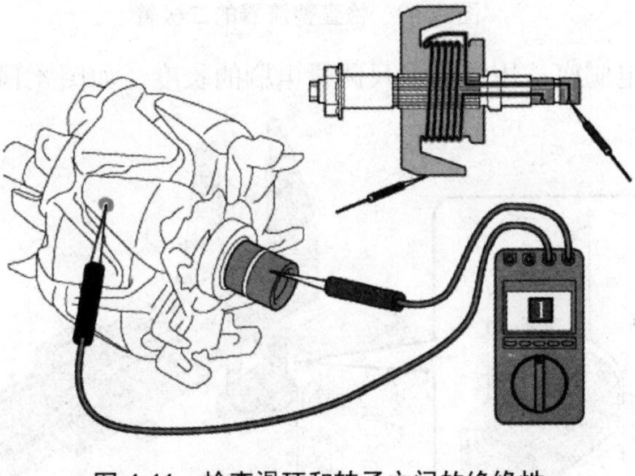

图 4.11　检查滑环和转子之间的绝缘性

(5) 测量滑环：用游标卡尺测量滑环的外径，如图 4.12 所示。

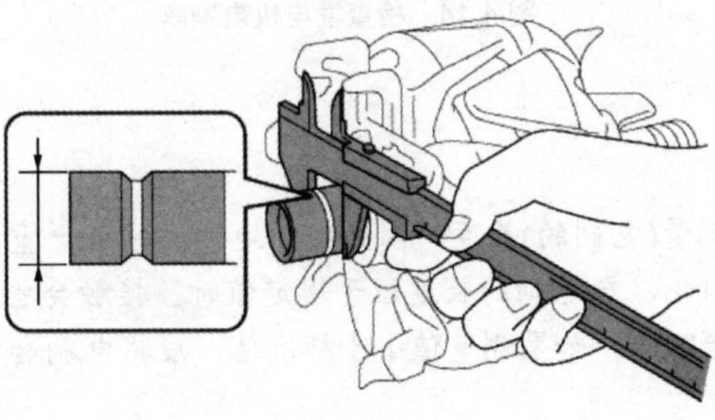

图 4.12　测量滑环外径

提示

如果测量值超过规定的磨损极限，应更换转子。旋转时滑环和电刷接触，使电流产生流动，因此，当滑环的外径小于规定值时，滑环和电刷之间的接触不良，有可能影响电流环流的平稳。

(6) 检查整流器的二极管：使用万用表的二极管测试模式，在整流器的端子 B 和端子 P1 到 P4 之间测量；交换测试导线时，检查是否只能单向导通，如图 4.13 所示。

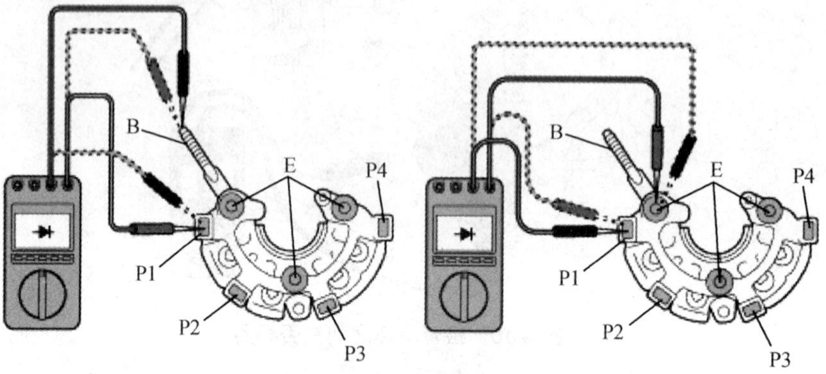

图 4.13 检查整流器的二极管

(7) 检查发电机电刷座：用游标卡尺测量电刷的长度，如图 4.14 所示。

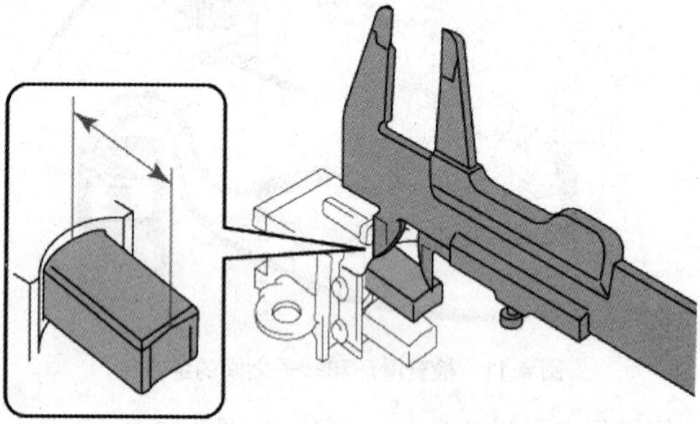

图 4.14 检查发电机电刷座

提示

应在电刷的中部测量(电刷的)长度，因为这个地方磨损最严重。滑环接触电刷，当自身旋转时接通电流。因此，当电刷的长度短于规定值时，接触会恶化，影响电流的流动，引起发电机的发电性能下降。如果测量值小于标准值，应将电刷和电刷座一起更换。

4. 组装发电机

(1) 安装发电机转子总成：将转子安装到驱动端盖，如图 4.15 所示。

(2) 安装整流器端盖：用液压机将整流器端盖压到驱动端盖内，如图 4.16 所示。

注意

将 29mm 套筒扳手放在端机座的中心，这样液压机不会压到转子轴；套筒扳手的尺寸可能会随着发电机型号的不同而不同。

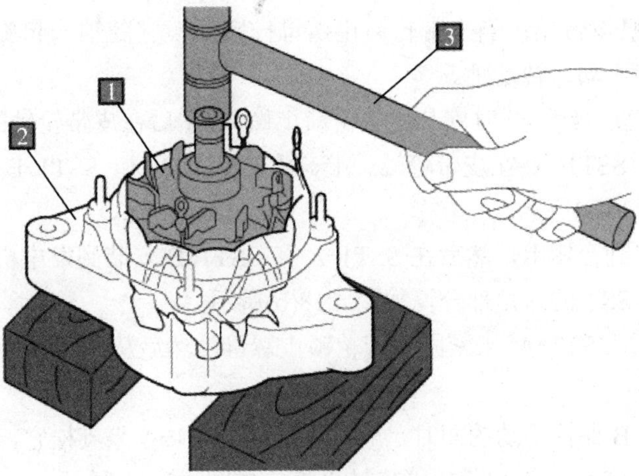

图 4.15　安装发电机转子总成

1—转子；2—驱动端盖；3—锤

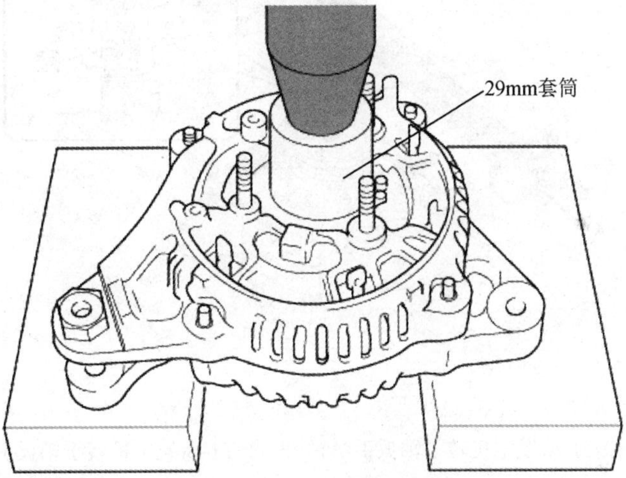

图 4.16　安装整流器端盖

(3) 安装发电机电刷座总成。

① 安装发电机电刷座：尽可能使用最小的平头螺丝刀，将电刷压入电刷座，将电刷座安装到端机座内，如图 4.17 所示。

② 目视检查：拉出螺丝刀，目视检查电刷是否碰撞到滑环。

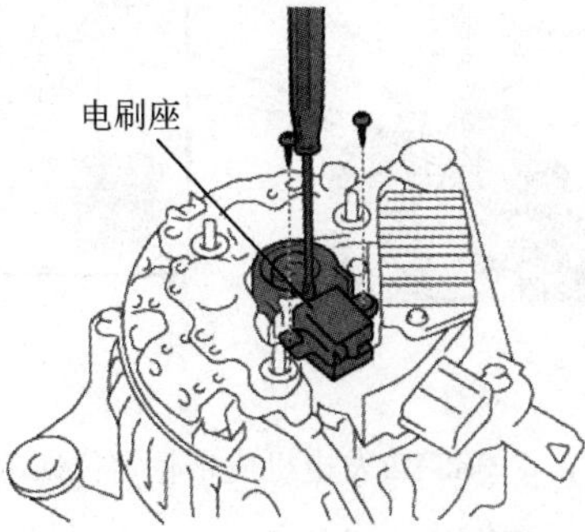

图 4.17　安装发电机电刷座总成

(4) 安装发电机皮带轮：当皮带轮锁止螺母拧紧后，它随轴一起旋转。拧紧螺母时，使 SST 和螺母保持不动，转动轴。

① 安装发电机皮带轮，暂时安装皮带轮锁止螺母，然后在皮带轮轴的末端安装 SST1-A 和 SST1-B，使用 SST1-A 在皮带轮轴一端，将 SST1-A 和 SST1-B 拧紧到指定的力矩 39.2N · m，如图 4.18(a)所示。

② 将 SST2 卡到台钳上，然后在 SST1-A 和 SST1-B 安装到发电机上的情况下，将皮带轮锁止螺母装入 SST 的六角部分，如图 4.18(b)所示。

③ 逆时针旋转 SST1-A 来紧固皮带轮锁止螺母，然后从 SST2 上拆卸发电机，如图 4.18(c)所示。

④ 使用 SSTI-B 保持不动的同时，顺时针旋转 SST1-A 来旋松它，然后从发电机上拆卸 SST1-A 和 SST1-B，确认皮带轮能旋转平稳，如图 4.18(d)所示。

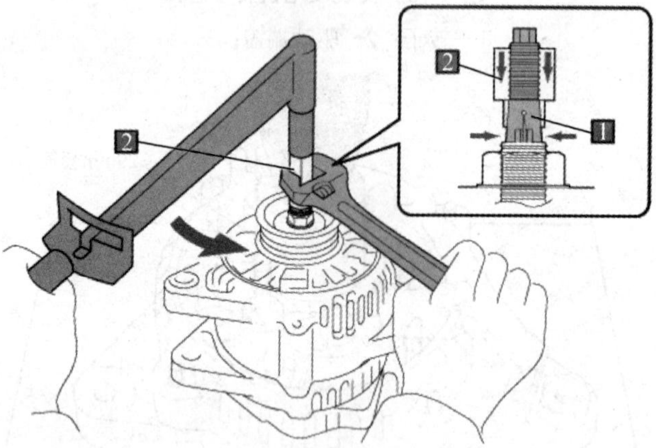

(a)

1—SST1-A(发电机转子轴扳手-A)；2—SST1-B(发电机转子轴扳手-B)

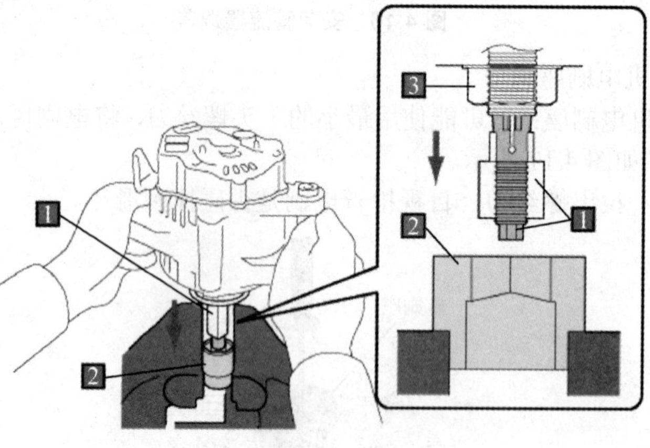

(b)

1—SST1(发电机转子轴扳手)；2—SST2(发电机皮带轮定位螺母扳手)；3—皮带轮锁止螺母

图 4.18 安装发电机皮带轮

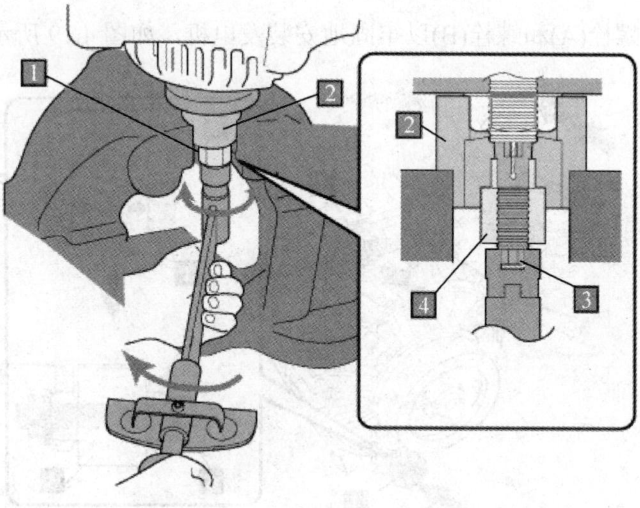

(c)

1—SST1(发电机转子轴扳手)；2—SST2(发电机皮带轮定位螺母扳手)；
3—SST1-A(发电机转子轴扳手-A)；4—SST1-B(发电机转子轴扳手-B)

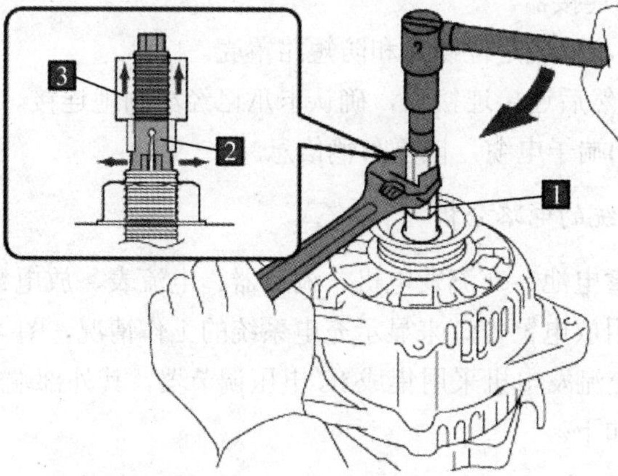

(d)

图 4.18　安装发电机皮带轮(续)

1—SST1(发电机转子轴扳手)；2—SST1-A(发电机转子轴扳手-A)；3—SST1-B(发电机转子轴扳手-B)

5. 安装发电机

(1) 安装发电机。

① 滑动轴套直到表面和托架平齐(管接头一端)。

② 初步安装发电机，使它通过贯穿安装螺栓(A)。

③ 初步安装螺栓(B)。

④ 安装传动皮带。

⑤ 通过用锤子的手柄等物体移动发电机来调整皮带的张紧度。

⑥ 拧紧安装螺栓(A)和螺栓(B)以牢固地安装发电机，如图 4.19 所示。

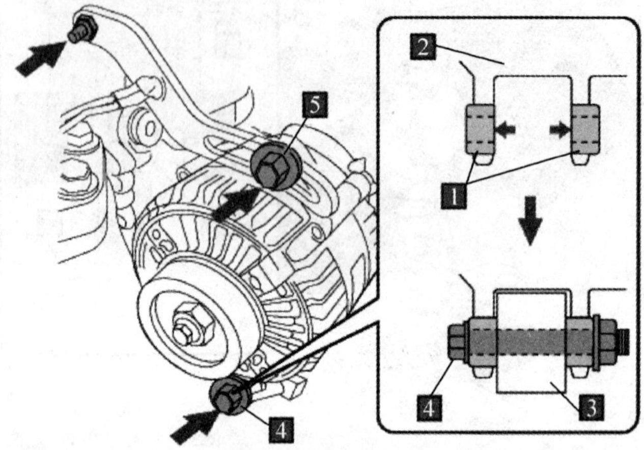

图 4.19　安装发电机

1—轴套；2—发电机；3—托架(发动机一侧)；4—贯穿螺栓(A)；5—螺栓(B)

(2) 连接发电机电缆和连接器。

① 连接发电机的电缆，安装定位螺母和防短路罩壳。

② 握住连接器主体，然后连接连接器，确认卡爪已经牢固地连接。

(3) 连接蓄电池负极(-)端子电缆，恢复车辆信息。

6. 丰田卡罗拉充电系统的电路分析

汽车充电系统电路由蓄电池、交流发电机、调节器、电流表、放电警告灯等组成。

现代汽车大部分都采用放电警告灯来显示充电系统的工作情况，图 4.20 是丰田卡罗拉充电系统的电路图，该车交流发电机采用集成 IC 电压调节器，其外部端子用 B、S、L、IG 符号表示，其代表的含义如下。

B——发电机输出端子；

S——调节器的电压检测端子；

L——放电警告灯连接端子；

IG——连接至点火开关。

1) 集成 IC 调节器的输出控制(正常工作过程)

(1) 当点火开关为 ON，发动机停机时：蓄电池电压施加在 IG 端子上，M·IC 线路被触发，Tr1 开到 ON，使转子线圈允许电场电流通过。在这种情况下并没有发电，因此调节器通过将 Tr1 开到 ON 和 OFF，尽可能减少电池的放电。此时，端子 P 处的电压为 0 伏，并且 M·IC 检测到这一情况，并将信号发送到 Tr2，点亮放电警告灯，如图 4.21 所示。

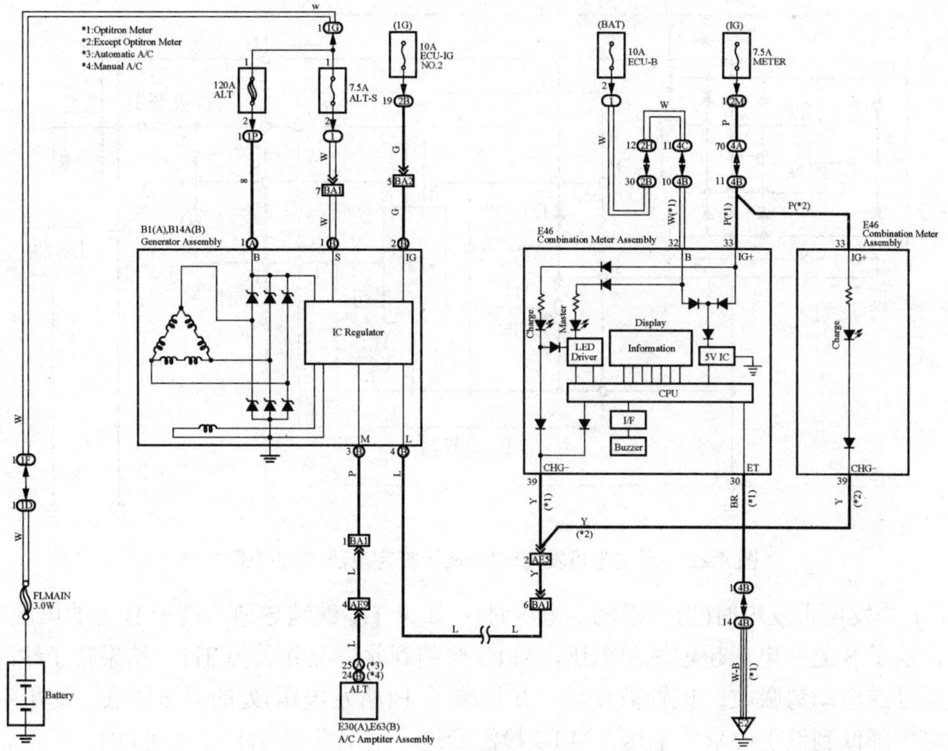

图 4.20　丰田卡罗拉轿车充电系统电路图

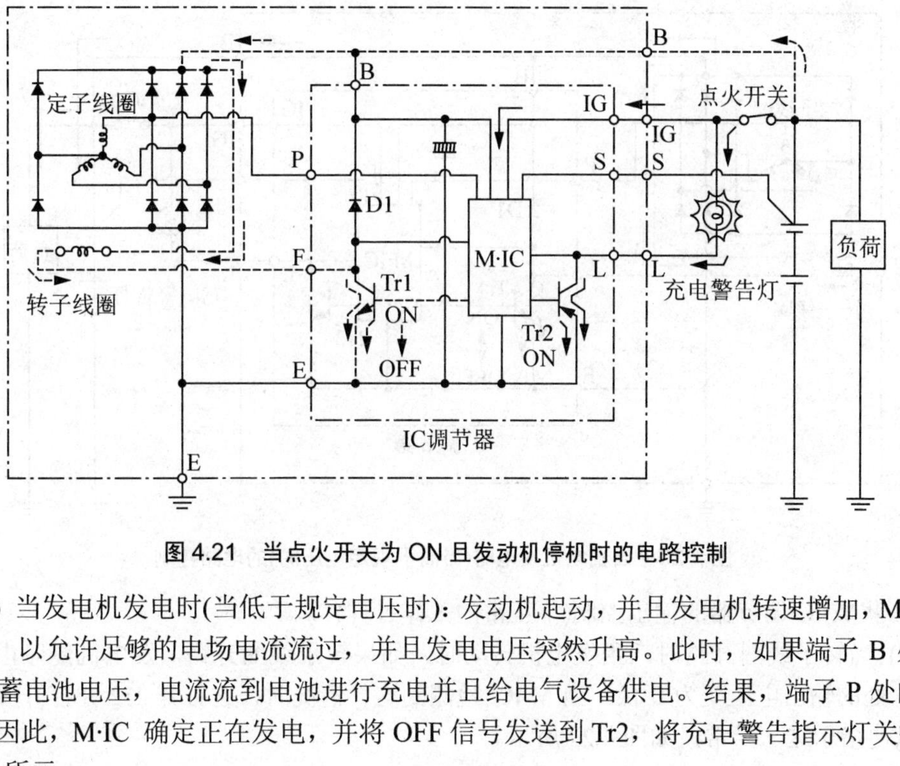

图 4.21　当点火开关为 ON 且发动机停机时的电路控制

(2) 当发电机发电时(当低于规定电压时)：发动机起动，并且发电机转速增加，M·IC 打开 Tr1，以允许足够的电场电流流过，并且发电电压突然升高。此时，如果端子 B 处的电压超过蓄电池电压，电流流到电池进行充电并且给电气设备供电。结果，端子 P 处的电压增加。因此，M·IC 确定正在发电，并将 OFF 信号发送到 Tr2，将充电警告指示灯关掉，如图 4.22 所示。

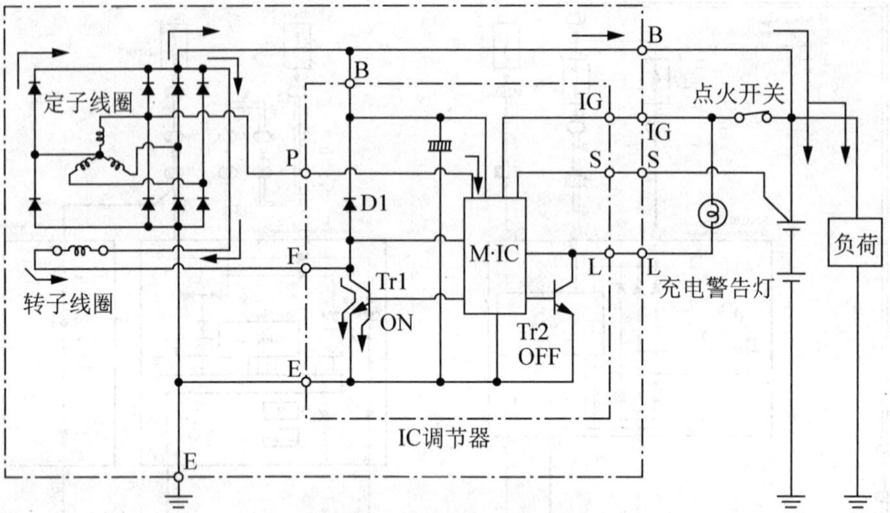

图 4.22　当发电机发电时(当低于规定电压时)的电路控制

(3) 当发电机发电时(当高于规定电压时)：如果 Tr1 继续导通，端子 B 处的电压增加。然后，端子 S 处的电压超过规定电压，M·IC 检测到此情况并关掉 Tr1。结果转子线圈的磁场电流经逆电动势吸收二极管被衰减，并且端子 B(所发电压)处的电压降低。如果端子 S 处的电压降低到低于要求的电压，M·IC 检测到这一情况并将 Tr1 打开到 ON。从而，转子线圈的磁场电流增加，端子 B 处的电压(所发电压)也增加。IC 调节器通过重复上述操作将端子 S 处的电压(蓄电池端子电压)调节为恒定电压(调节好的电压)，如图 4.23 所示。

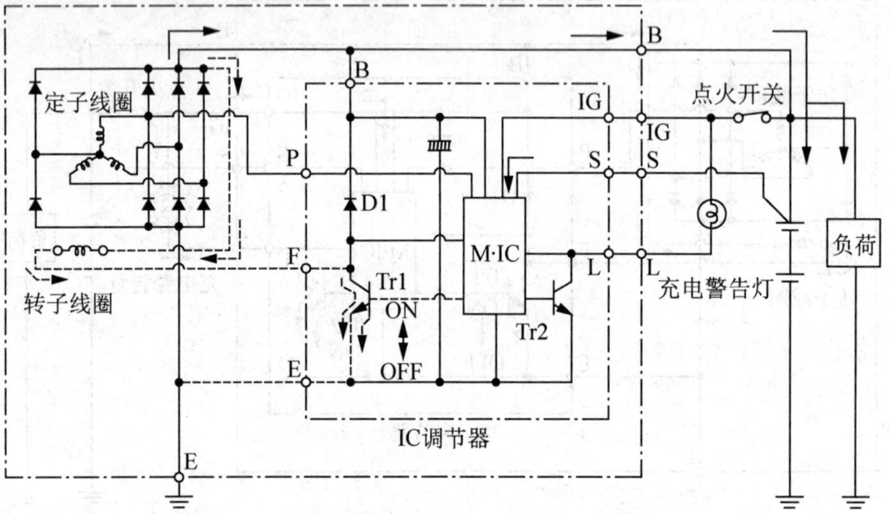

图 4.23　当发电机发电时(当高于规定电压时)的电路控制

2) 集成 IC 调节器的输出控制(不正常的工作过程)

(1) 当转子线圈开路时：当发电机转动时，如果转子线圈开路，发电机便停止发电，端子 P 处的输出电压变为 0 伏。当 M·IC 检测到这一情况时，它打开 Tr2 并打开放电警告灯，以便指示这一异常，如图 4.24 所示。

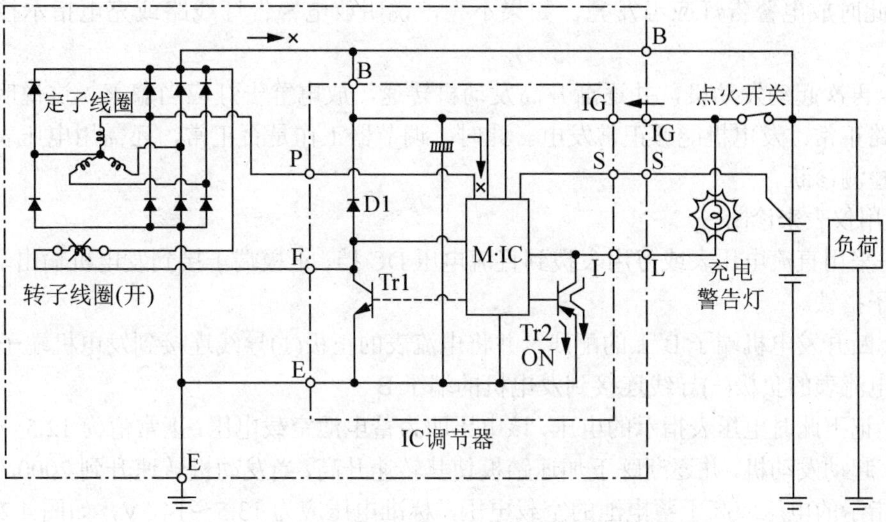

图 4.24　当转子线圈开路时的电路控制

(2) 当转子线圈短路时：当发电机转动时，如果转子线圈发生短路，终端 B 处的电压直接施加到端子 F，并有大电流。当 M·IC 检测到此情况时，关掉 Tr1 进行保护，同时打开 Tr2 以便打开放电警告灯指示异常发生，如图 4.25 所示。

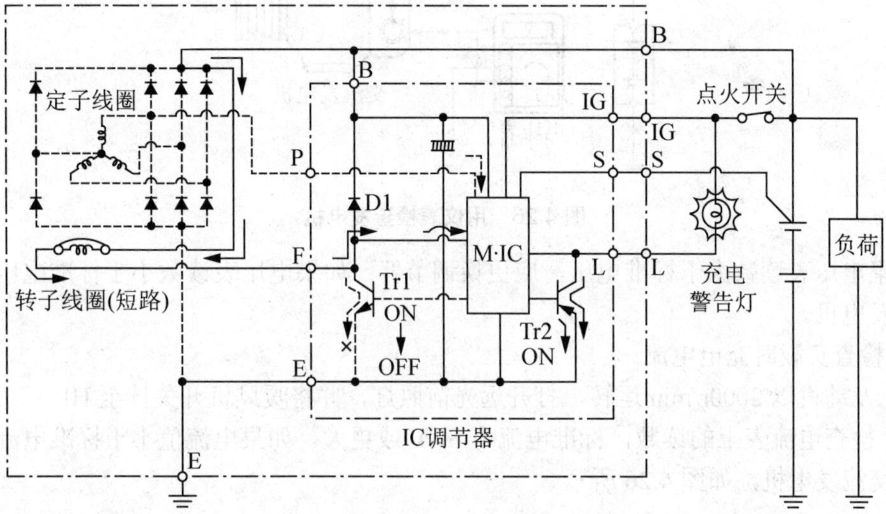

图 4.25　当转子线圈短路时的电路控制

7. 丰田卡罗拉充电系统故障诊断的基本方法

1) 放电警告灯诊断

丰田卡罗拉轿车装备有放电警告灯，可利用放电警告灯来诊断充电系统有无故障，方法如下。

(1) 首先预热发动机，起动发动机后，使其怠速或将发电机转速控制在 1200r/min 左右运转 10min，然后断开点火开关，使发动机停止运转。

(2) 接通点火开关(将点火开关转到 ON 位，并不起动发动机)，观察放电警告灯是否发亮。此时放电警告灯应当发亮，如果不亮，说明放电警告灯线路或充电指示控制器有故障。

(3) 再次起动发动机，并逐渐升高发动机转速，放电警告灯应当熄灭，这说明放电警告灯线路正常，发电机能够正常发电。此时，调节器工作是否正常，还需用电压表或万用表进行检测诊断。

2) 用仪表来诊断

(1) 采用直流电压表或万用表拨到直流电压 DC 挡，正极端子接到发电机输出端子(B)，负极端子搭铁。

(2) 断开发电机端子 B 上的配线，并将电流表的正极(+)导线连接到发电机端子 B 上的配线，电流表的负极(−)导线连接到发电机的端子 B。

(3) 记下此时电压表指示的电压，该电压即为蓄电池空载电压，正常值为 12.5～12.9 V。

(4) 起动发动机，并逐渐踩下加速踏板使其转速升高，当发动机转速升到 2000r/min 时，电压表指示的电压应高于蓄电池的空载电压，标准电压应为 13.5～14.5V，如图 4.26 所示。

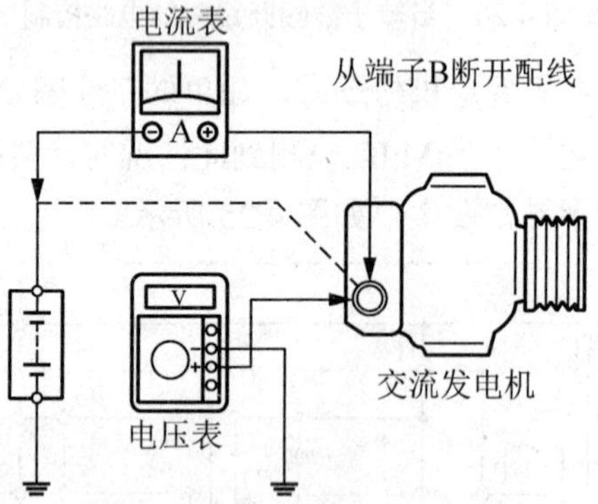

图 4.26 用仪表检查发电机

如果电压表读数大于标准电压，应更换调节器；如果电压表读数小于标准电压，应检查交流发电机。

3) 检查负载时充电电流

(1) 发动机以 2000r/min 运转，打开远光前照灯，并将暖风机开关拧至 HI。

(2) 检查电流表上的读数，标准电流为 30A 或更大。如果电流值小于标准电流，则应该修理交流发电机，如图 4.26 所示。

任务 4.2 起动系统的部件拆装及电路检测

4.2.1 任务引入

按照头脑风暴法收集从车上拆卸起动机总成及电路检测作业的关键点，借助脑图记录团队成员提出的想法，以脑图为基础确定提出问题，图 4.27 为从车上拆卸起动机总成及电路检测信息收集图。

通过脑图分析讨论，明确主要任务，说明生产过程和工艺过程，引导学生学习基本原理知识，熟悉规范操作流程，掌握从车上拆卸起动机总成及电路检测的基本技能。

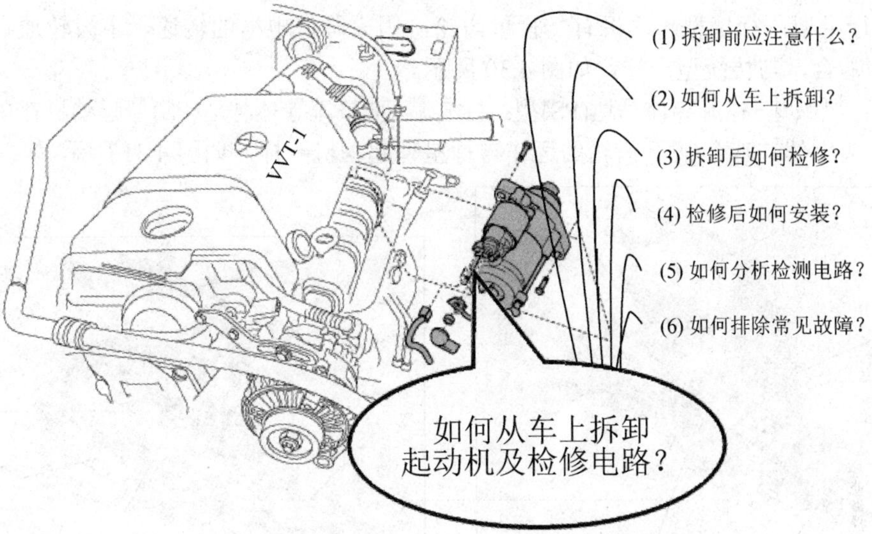

图 4.27　从车上拆卸起动机总成及电路检测信息收集

4.2.2　相关知识

1. 起动系统概述

汽车发动机从静止到工作状态，必须依靠外力驱动来实现。起动系统的作用就是通过起动机将蓄电池的电能转化为机械运动来起动发动机。发动机起动后，起动机就立即停止工作。起动机是起动系统的核心部件，起动机一般由直流电动机、传动结构和控制装置三大部分组成。

2. 起动机的类型

(1) 减速型：减速型起动机使用一台紧凑的高速马达，通过减速齿轮降低电枢的转速来增加转动力矩，其电磁开关的动铁芯直接推动与它在同一轴上的小齿轮，并使它与齿圈啮合，如图 4.28 所示。

(2) 传统型：传统型起动机的小齿轮与电枢在同一轴上并以相同的转速旋转，连接到电磁开关插入件上的驱动杆推动小齿轮并使它与齿圈啮合，如图 4.29 所示。

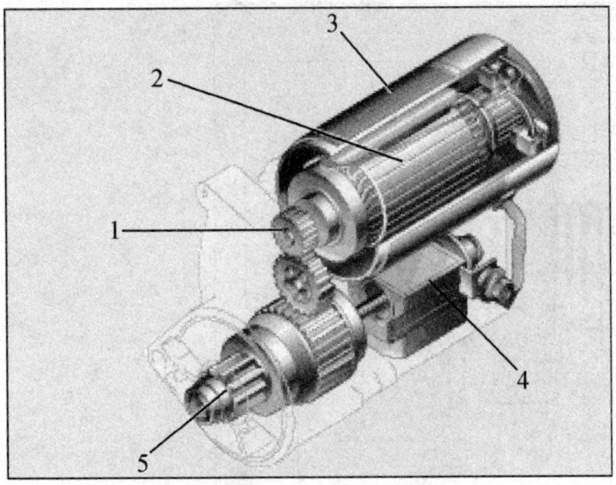

图 4.28　减速型起动机

1—主动齿轮；2—电枢；3—轭铁；
4—电磁开关；5—小齿轮

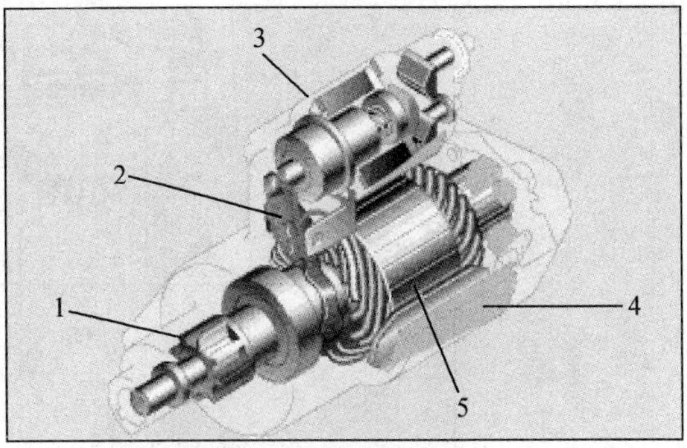

图 4.29　传统型起动机

1—小齿轮；2—驱动杆；3—电磁开关；
4—支架；5—电枢

(3) 行星型：行星型起动机有一行星齿轮，用来降低电枢的转速，小齿轮通过传动杆与齿圈相啮合，与传统型一样，如图 4.30 所示。

(4) 行星减速-整流导体马达(PS)型：行星减速-整流导体马达(PS)型起动机在磁场线圈中使用永久磁体，啮合/脱开齿轮的运作与行星型起动机一样，如图 4.31 所示。

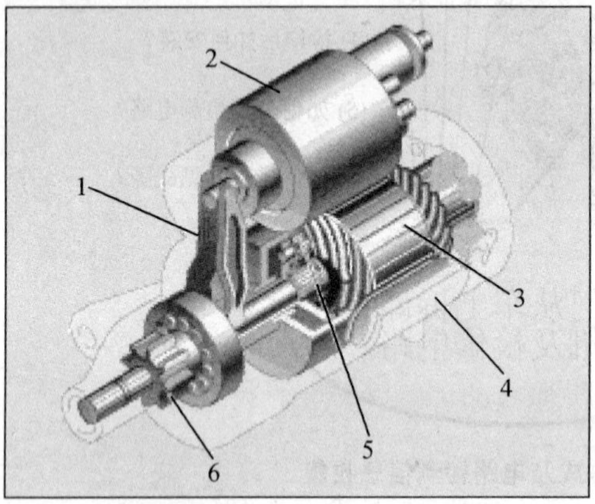

图 4.30　行星型起动机

1—驱动杆；2—电磁开关；3—电枢；
4—支架；5—行星齿轮；6—小齿轮

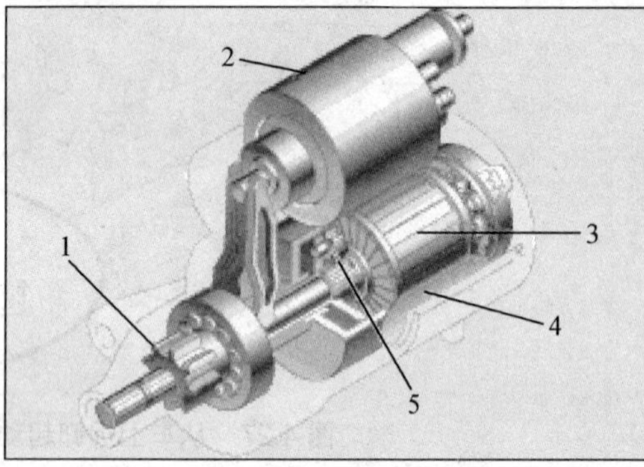

图 4.31　行星减速-整流导体马达(PS)型

1—小齿轮；2—电磁开关；3—电枢；
4—永久磁体；5—行星齿轮

3. 起动机的工作原理

起动机通过使小齿轮和飞轮齿圈啮合而起动发动机。

(1) 起动发动机时：当点火开关旋到“起动”位置时，电流流进牵引线圈和保持线圈，活动铁芯移动，通过驱动杆带动小齿轮滑动并使小齿轮和齿圈啮合。同时，流过励磁线圈的电流使马达旋转，这种旋转运动传递给小齿轮、齿圈和飞轮以使发动机曲轴转动，如图 4.32 所示。

(2) 发动机起动后：当点火开关从“起动”位置释放时，流进牵引线圈的电流方向改变并使小齿轮返回到原始位置。当电流停止流入励磁线圈时，则起动机停止旋转，如图 4.33 所示。

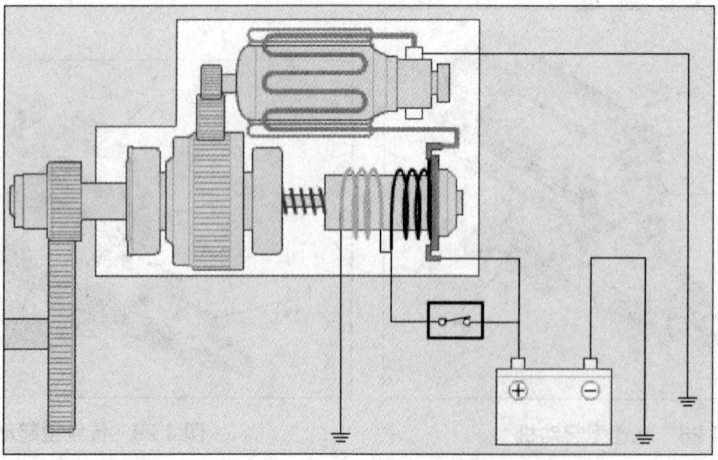

图 4.32　起动机的工作原理(起动发动机时)

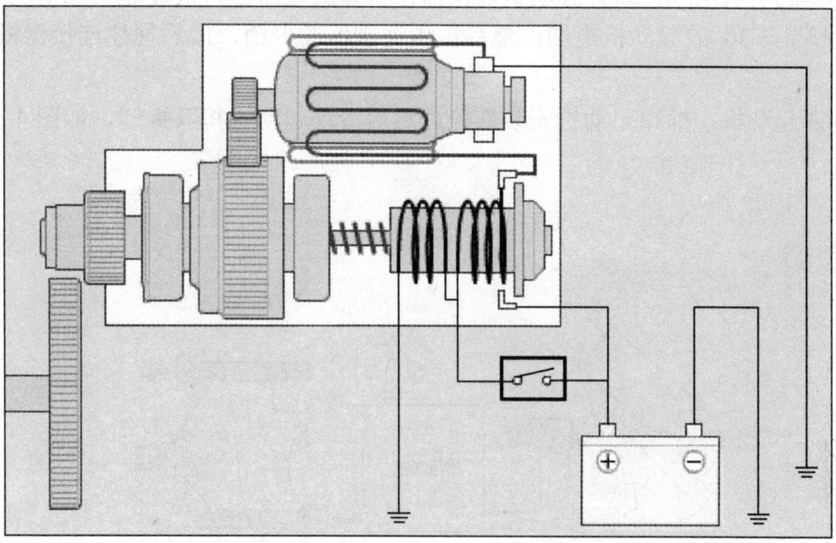

图 4.33　起动机的工作原理(发动机起动后)

4.2.3　任务实施

1. 从车上拆卸起动机总成

(1) 断开蓄电池负极(−)端子电缆：拆开蓄电池电缆以前，需要将 ECU 等电子元件中存储的信息记录下来，主要包括诊断故障代码、无线电台选择情况、座椅位置(带记忆系统)和方向盘位置(带记忆系统)等。

然后拆下蓄电池：首先拆下蓄电池负极端子电缆→拆开蓄电池正极端子电缆→拆下蓄电池卡箍→最后拆下蓄电池，蓄电池外部连接情况如图 4.34 所示。

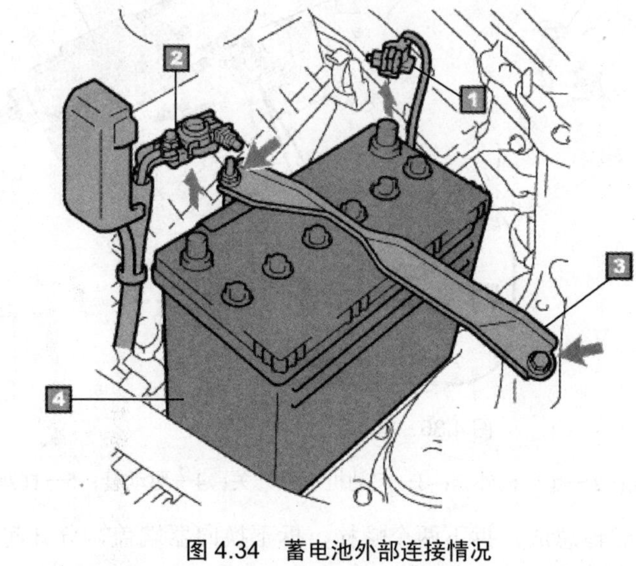

图 4.34　蓄电池外部连接情况

1—蓄电池负极端子电缆；2—蓄电池正极端子电缆；3—蓄电池卡箍；4—蓄电池

(2) 拆卸起动机电缆，断开起动机连接器：拆卸防短路盖，拆卸起动机电缆定位螺母，断开起动机端子 30 的起动机电缆；然后按压连接器的卡销，最后握住连接器机身断开连接器。

(3) 拆卸起动机：拆卸起动机安装螺栓，然后滑动起动机将其拆卸，如图 4.35 所示。

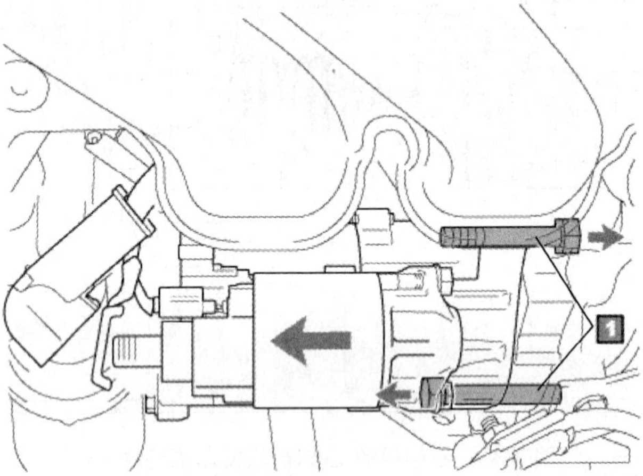

图 4.35　拆卸起动机

2. 分解起动机

(1) 拆下起动机电磁开关。

① 断开引线，拆下定位螺母并断开引线。

② 拆下起动机电磁开关：拆下两颗螺母并将起动机电磁开关拉到后侧，向上拉起动机电磁开关的顶端，从驱动杆中取出柱塞钩，然后拆下电磁开关，如图 4.36 所示。

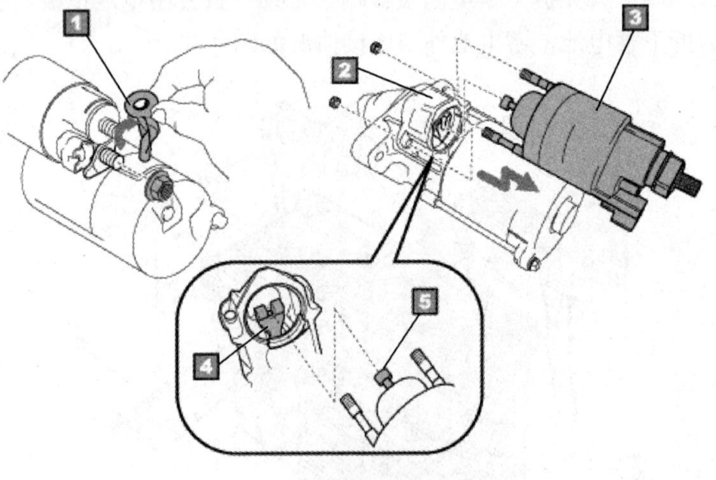

图 4.36　拆下起动机电磁开关

1—引线；2—起动机外壳；3—起动机电磁开关；4—驱动杆；5—柱塞钩

(2) 拆下起动机磁轭总成：拆下两个螺栓，拆下换向器端盖，分开起动机外壳和起动机磁轭，拆下驱动杆，如图 4.37 所示。

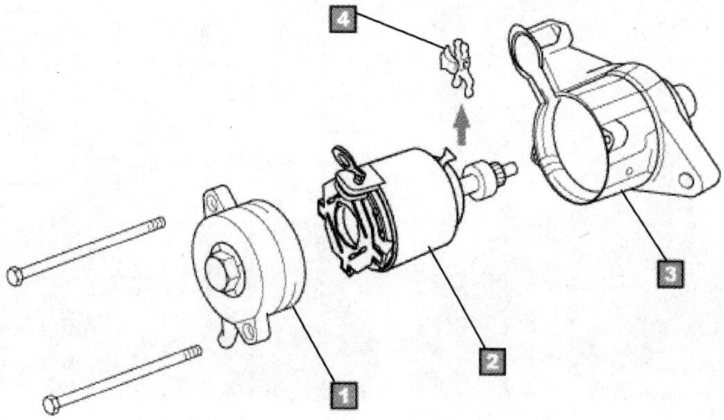

图 4.37　拆下起动机磁轭总成

1—端盖；2—起动机磁轭；3—起动机外壳；4—驱动杆

(3) 拆下起动机电刷弹簧。

① 用台钳将电枢轴固定在两块铝板或者布之间，释放卡销并取下板(注意：用手指向上扳卡销，然后慢慢拆下板，否则电刷弹簧可能会弹出)。

② 用平头螺丝刀(或其他工具)压住弹簧，然后拆下电刷，从电刷座绝缘体拆下电刷弹簧，最后拆下电刷座绝缘体，如图 4.38 所示。

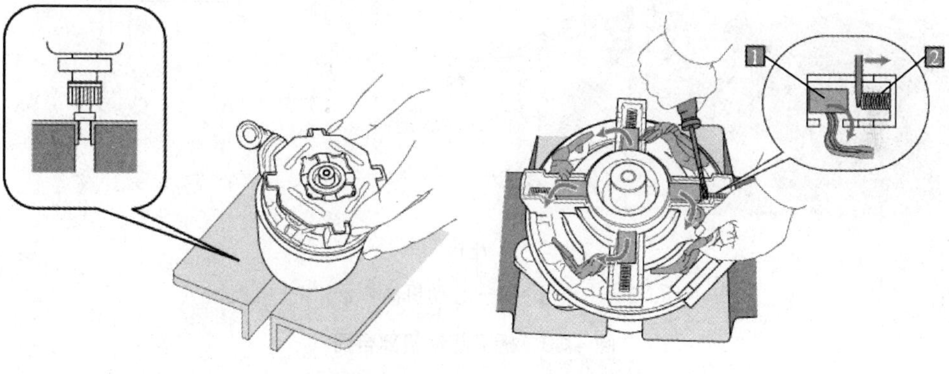

图 4.38　拆下起动机电刷弹簧

(4) 拆下起动机离合器。

① 从起动机磁轭拆下起动机电枢总成，然后用台钳将电枢轴固定在两块铝板或布之间。

② 用平头螺丝刀轻敲止动环，使其向下滑动，如图 4.39(a)所示。

③ 用平头螺丝刀打开卡环的开口，拆下卡环；从电枢轴拆下止动环和起动机离合器，如图 4.39(b)所示。

3. 检查起动机

(1) 检查起动机电枢总成。

① 目测检查：检查电枢线圈和换向器变脏的程度或是否烧坏。

② 清洁：用抹布或者刷子清洁电枢总成。

③ 起动机电枢绝缘和导通检查：换向器和电枢铁芯之间的绝缘情况检查如图 4.40(a)所示；换向器片之间的导通情况检查如图 4.40(b)所示。

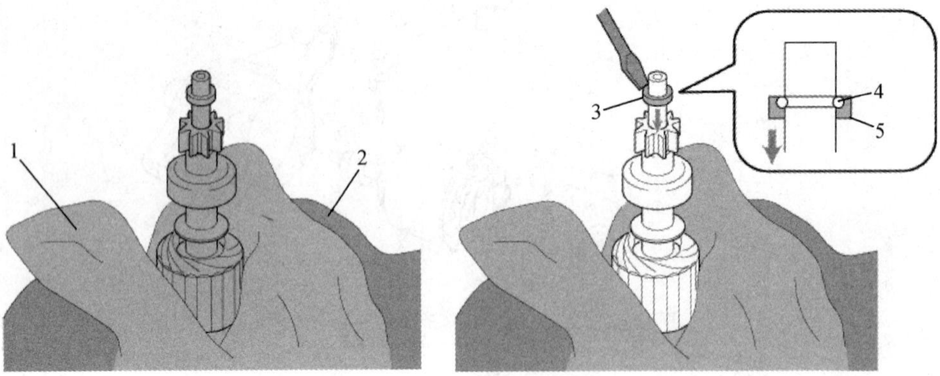

(a)

1—布；2—台钳；3—止动环；4—卡环；5—止动环

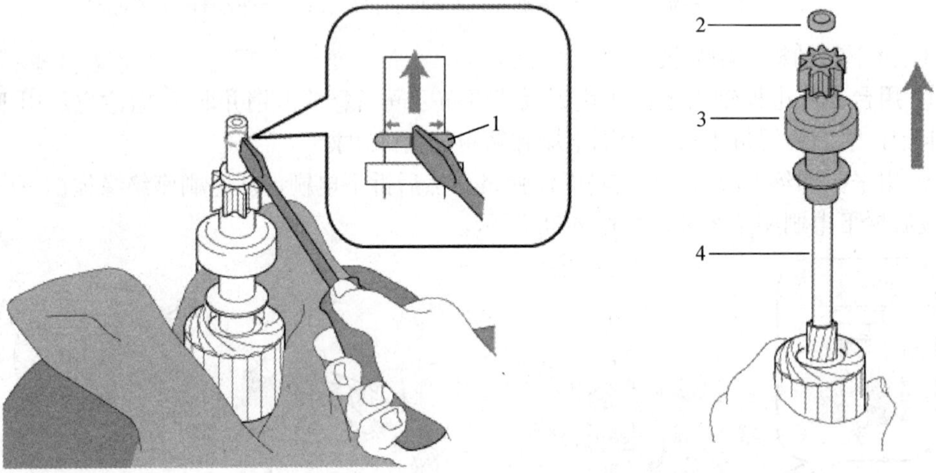

(b)

1—卡环；2—卡动环；3—起动机离合器；4—电枢轴

图 4.39　拆下起动机离合器

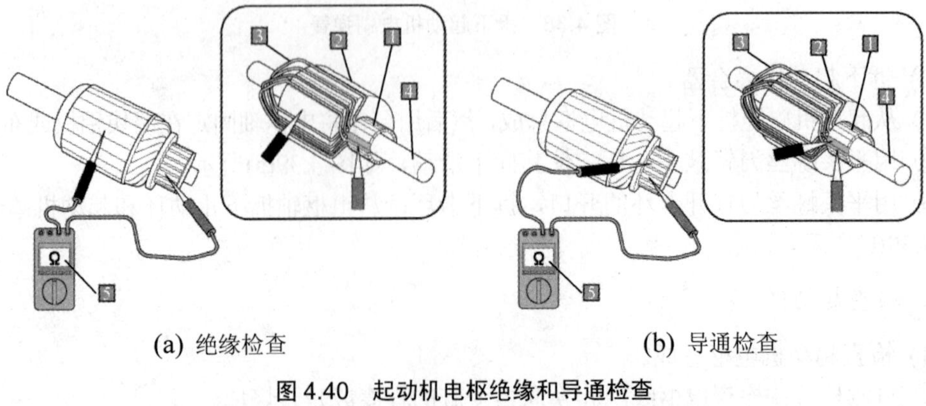

(a) 绝缘检查　　　　(b) 导通检查

图 4.40　起动机电枢绝缘和导通检查

1—换向器；2—电枢铁芯；3—电枢线圈；4—电枢轴；5—导通

④ 换向器圆跳动检查：用百分表检查换向器的跳动情况，如图 4.41 所示。若换向器的跳动量过大，将引起换向器与电刷的接触不良，可能会导致起动机无法运转。

⑤ 检查换向器的外径：由于换向器在转动时要与电刷接触，因此会引起磨损。若磨损过度，必将引起接触不良；是否磨损过度可以通过用游标卡尺测量换向器的外径来确定，如图 4.42 所示。

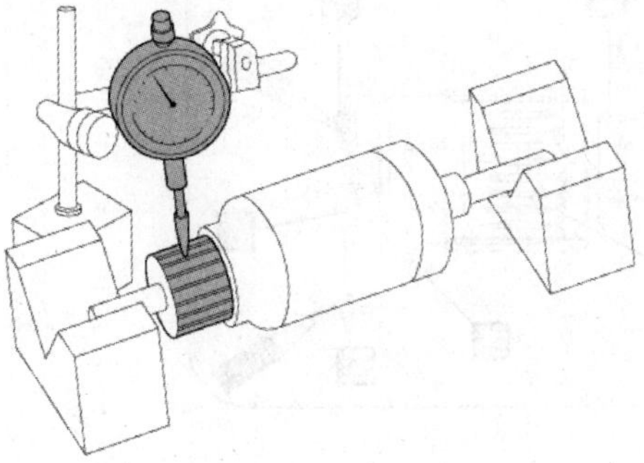

图 4.41　换向器圆跳动检查

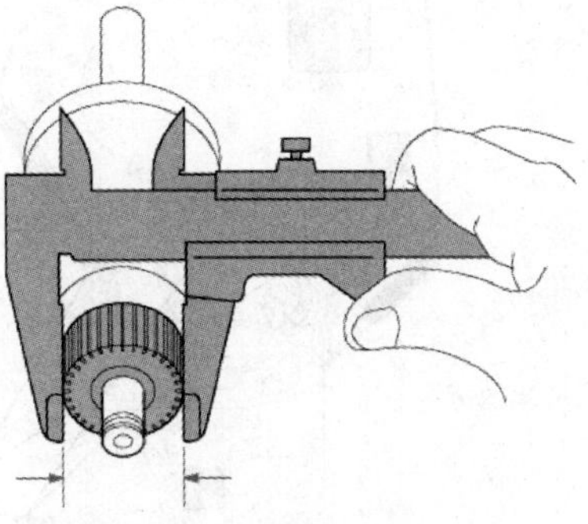

图 4.42　检查换向器的外径

⑥ 检查凹槽深度：用游标卡尺的深度杆测量换向器片之间的深度，如图 4.43 所示。

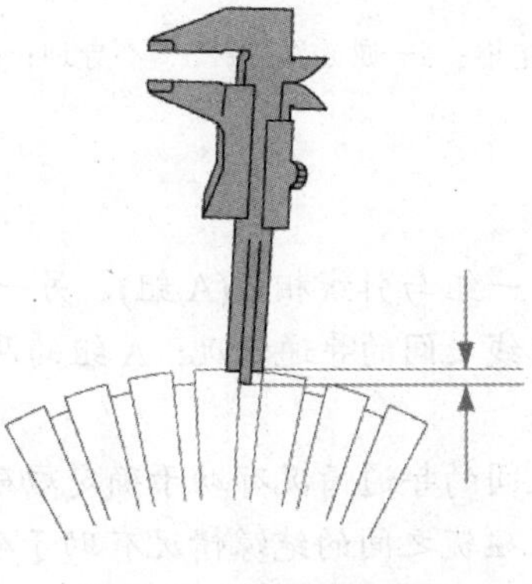

图 4.43　检查凹槽深度

(2) 检查励磁线圈。

① 导通检查：用万用表检查电刷引线(A 组)和引线之间的导通情况，如图 4.44 所示。

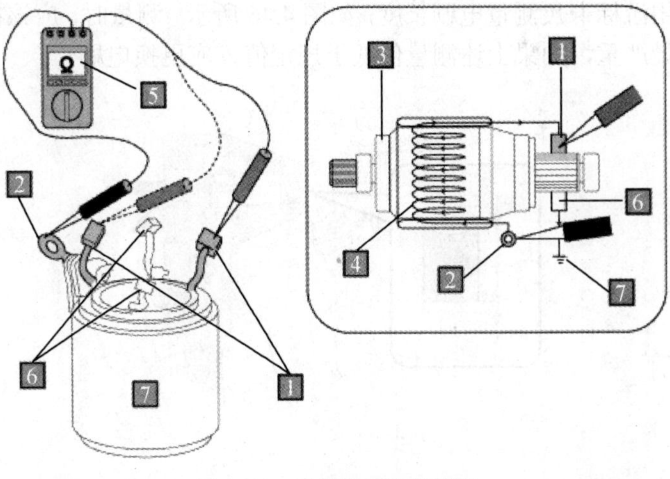

图 4.44　励磁线圈导通检查

1—电刷引线(A 组)；2—引线；3—电枢；4—励磁线圈；5—导通；6—电刷引线(B 组)；7—起动机磁轭

② 绝缘检查：用万用表检查电刷引线(A组)和起动机磁轭之间的绝缘情况，如图4.45所示。

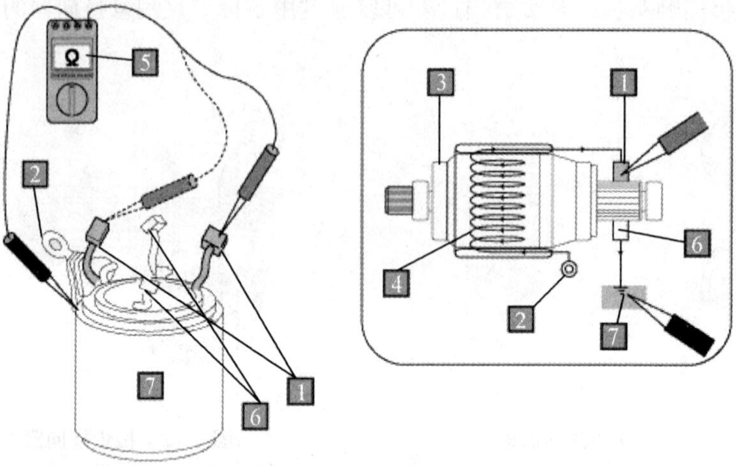

图 4.45 励磁线圈绝缘检查

1—电刷引线(A组)；2—引线；3—电枢；4—励磁线圈；5—不导通；6—电刷引线(B组)；7—起动机磁轭

提示

a. 电刷引线由两组组成：一组与引线相连(A组)，另一组与起动机磁轭相连(B组)。

b. 检查引线和所有电刷引线之间的导通情况：A组的两根电刷引线导通，B组的两根电刷引线不导通。

c. 检查电刷引线和引线之间的导通情况有助于确定励磁线圈中是否发生开路。

d. 检查电刷引线和起动机磁轭之间的绝缘情况有助于确定励磁线圈中是否发生短路。

(3) 检查电刷。

电刷被弹簧压在换向器上，如果电刷磨损程度超过规定限度，弹簧的夹持力将降低，与换向器的接触将变弱，这会使电流的流动不畅，起动机可能因此而无法转动。

清洁电刷并用游标卡尺测量电刷长度，如图4.46所示。测量时，应该在电刷中部测量，因为此部分磨损最严重，如果上述测量值低于规定值，应更换电刷。

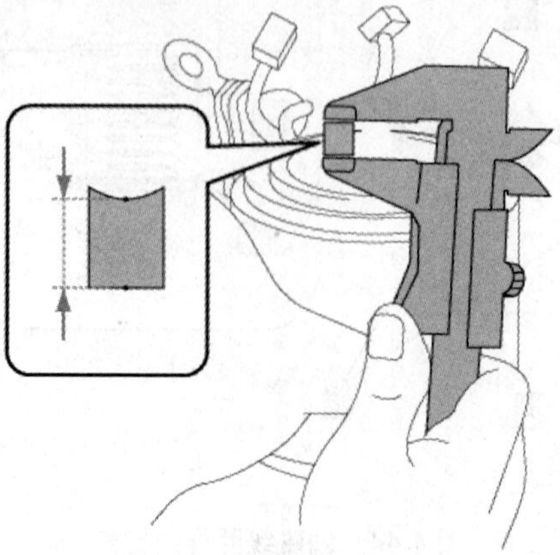

图 4.46 检查电刷

(4) 检查起动机离合器。

用手转动起动机单向离合器，检查是否处于闭锁状态，如图 4.47 所示。单向离合器仅向一个旋转方向传送扭矩，在另一个方向，单向离合器只是空转，不会传送扭矩。

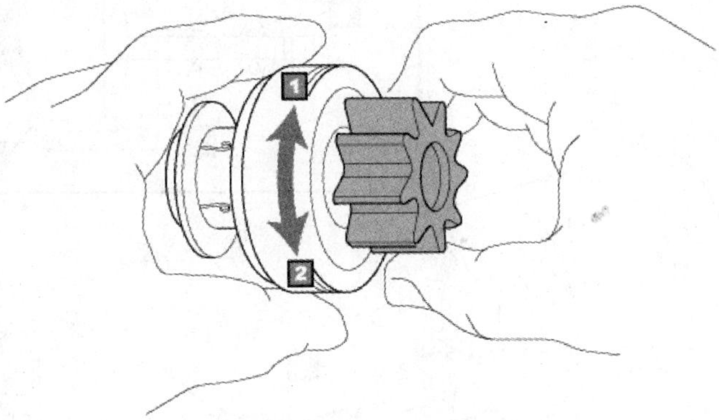

图 4.47　检查起动机离合器分总成

(5) 检查起动机电磁开关。

① 检查起动机电磁开关的操作：用手指按住柱塞，松开手指之后，检查柱塞是否很顺畅地返回到其原来的位置，如图 4.48 所示。

由于开关在柱塞中，如果柱塞无法顺畅地返回到其原始位置，开关的接触将变弱，可能导致起动机无法打开或关闭，因此，若柱塞的运行不正常，应更换起动机电磁开关。

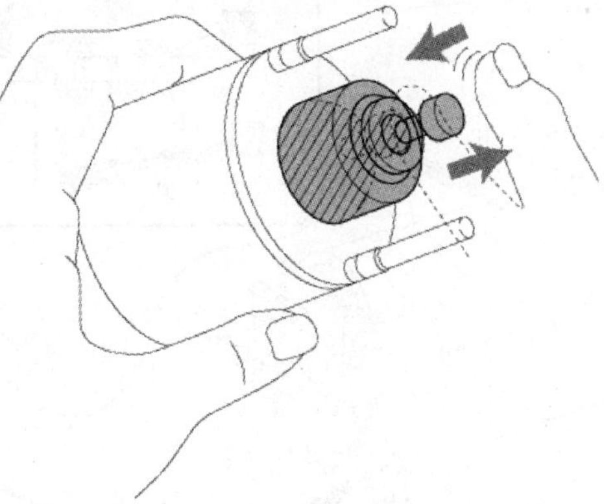

图 4.48　检查起动机电磁开关的操作

② 检查起动机电磁开关的导通情况。

a. 检查端子 50 和端子 C 之间的导通情况(牵引线圈的导通检查)，如图 4.49 所示。

b. 检查端子 50 和开关体之间的导通情况(保持线圈的导通检查)，如图 4.50 所示。

4. 重新组装起动机

(1) 安装起动机离合器：在起动机离合器花键上涂一些润滑脂，将起动机离合器安装到电枢轴上；然后将止动环安装到轴上，较小的内径应指向下方，将卡环对齐轴上的凹槽，用台钳拧紧，将其固定在轴上；接着抬起起动机离合器，将其保持在该位置，然后用塑料锤敲打轴，将卡环装入止动环中，如图 4.51 所示。

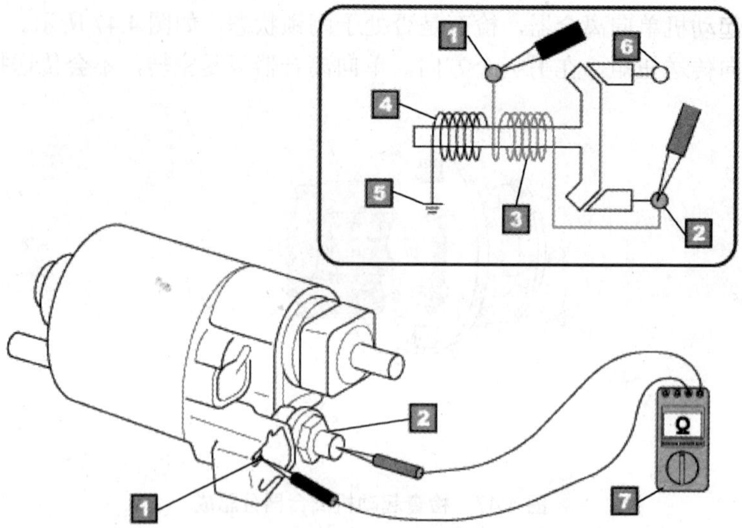

图 4.49　牵引线圈的导通检查

1—端子 50；2—端子 C；3—牵引线圈；4—保持线圈；5—开关体；6—端子 30；7—导通

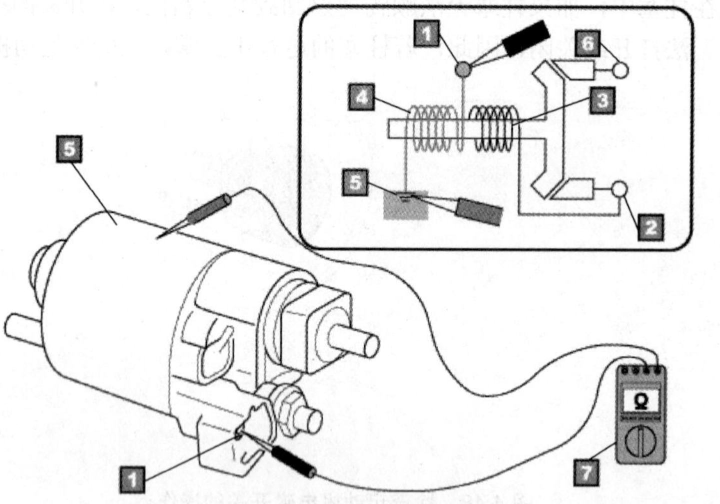

图 4.50　保持线圈的导通检查

1—端子 50；2—端子 C；3—牵引线圈；4—保持线圈；5—开关体；6—端子 30；7—导通

(2) 安装起动机电枢总成。

(3) 安装起动机电刷弹簧：将起动机电枢总成安装在起动机磁轭上，安装起动机电刷弹簧，如图 4.52 所示。

(4) 安装起动机磁轭总成：在驱动杆和起动机离合器互相接触的部位涂一些润滑脂，将驱动轴放到轴上，拧紧两个螺栓，将换向器端盖和磁轭安装到起动机外壳上，如图 4.53 所示。

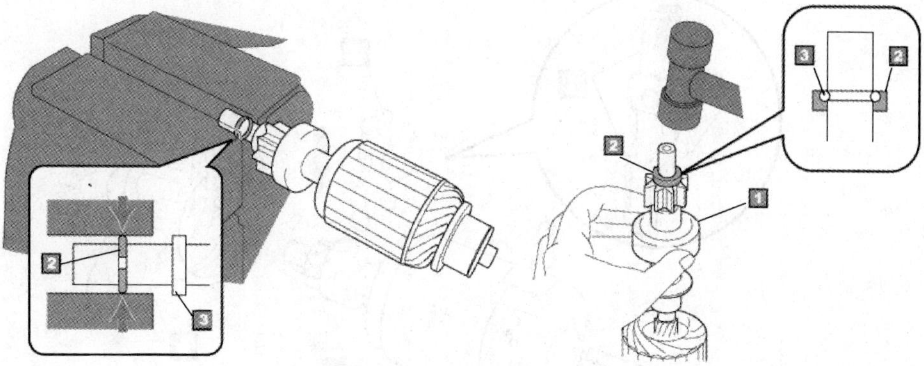

图 4.51　安装起动机离合器

1—离合器；2—卡环；3—止动环

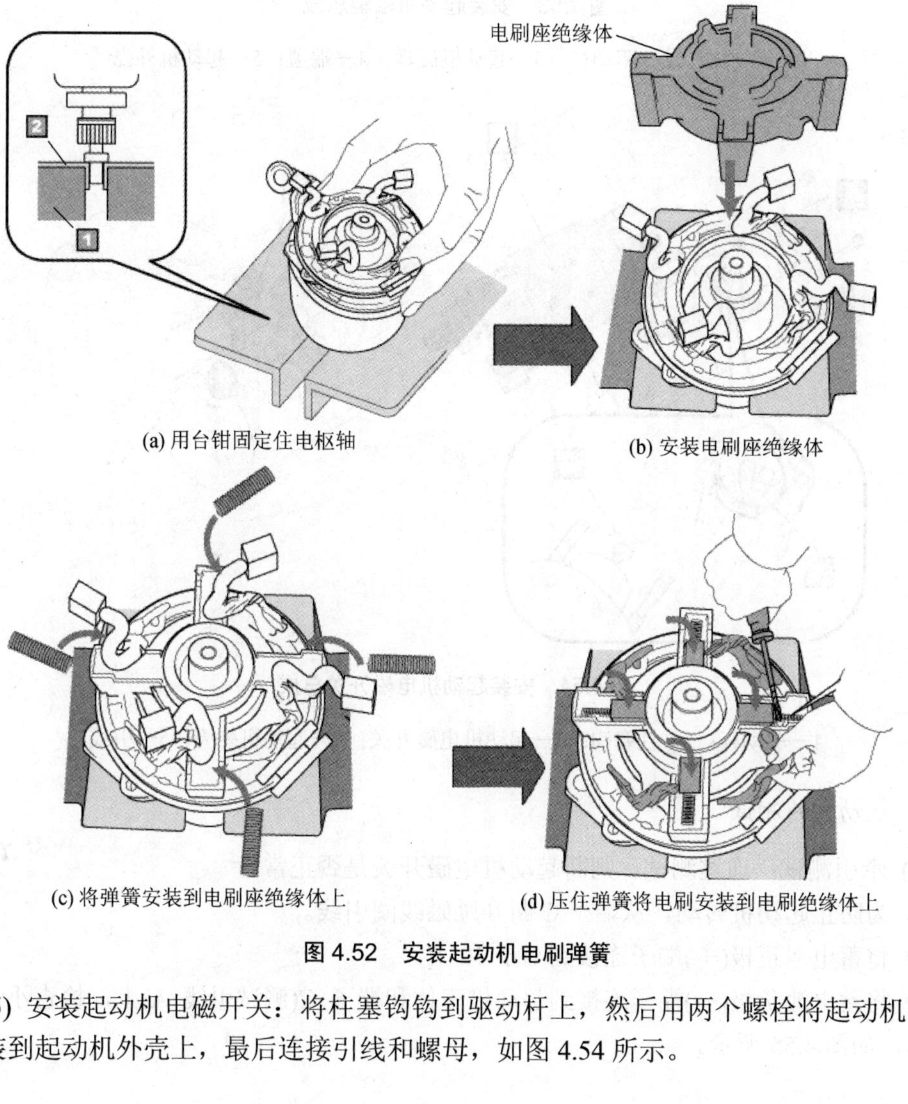

(a) 用台钳固定住电枢轴　　(b) 安装电刷座绝缘体

(c) 将弹簧安装到电刷座绝缘体上　　(d) 压住弹簧将电刷安装到电刷绝缘体上

图 4.52　安装起动机电刷弹簧

(5) 安装起动机电磁开关：将柱塞钩钩到驱动杆上，然后用两个螺栓将起动机电磁开关安装到起动机外壳上，最后连接引线和螺母，如图 4.54 所示。

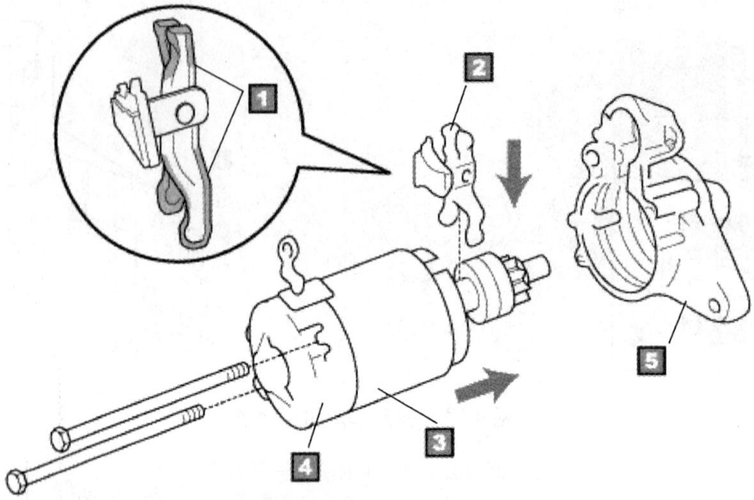

图 4.53　安装起动机磁轭总成

1—润滑脂；2—驱动杆；3—起动机磁轭；4—端盖；5—起动机外壳

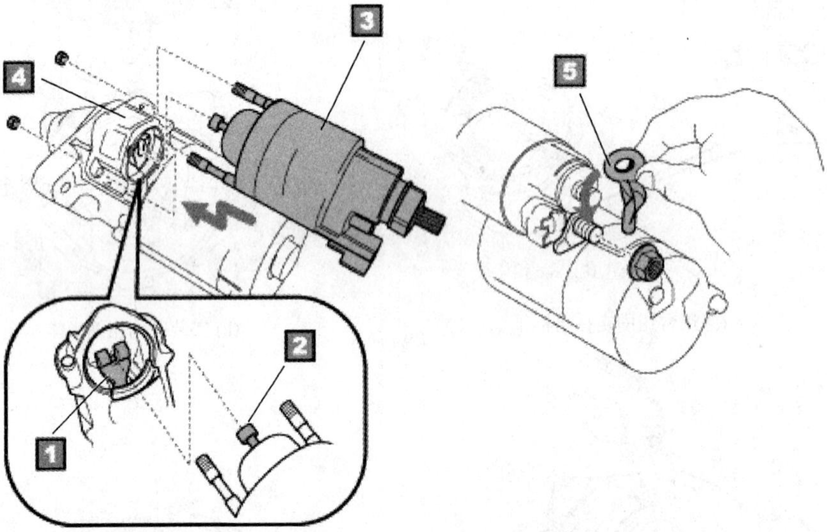

图 4.54　安装起动机电磁开关总成

1—驱动杆；2—柱塞钩；3—起动机电磁开关；4—起动机外壳；5—引线

5. 起动机的测试

(1) 牵引测试：通过测试，判断起动机电磁开关是否正常。

① 为防止起动机转动，从端子 C 断开励磁线圈引线。

② 将蓄电池正极(+)端子连接到端子 50 上。

③ 将蓄电池负极(−)端子连接到起动机壳体和端子 C(测试引线 A)上，检查小齿轮是否露出，如图 4.55 所示。

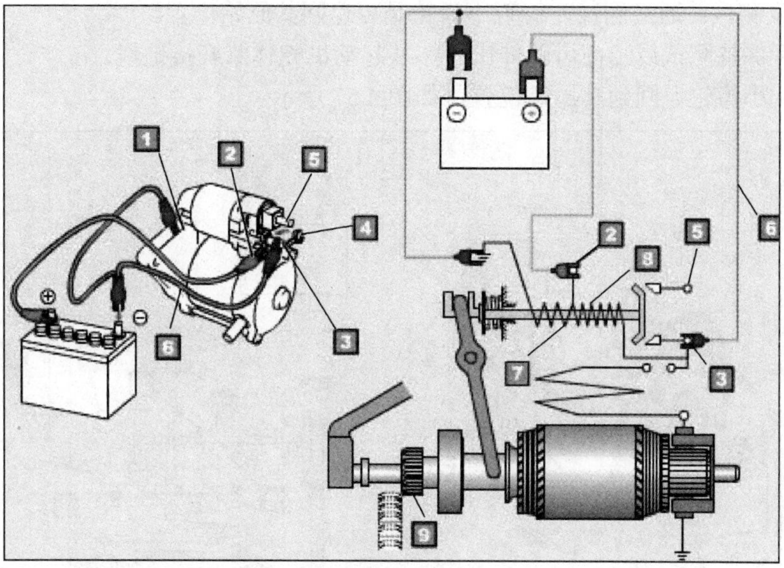

图 4.55　起动机的牵引测试

1—起动机壳体；2—端子 50；3—端子 C；4—励磁线圈引线；5—端子 30；
6—测试引线 A；7—保持线圈；8—牵引线圈；9—小齿轮

(2) 保持测试：通过测试，检查保持线圈是否正常。

① 进行牵引测试之后，当小齿轮伸出时，从端子 C 断开测试引线 A。

② 检查小齿轮是否保持伸出状态，如图 4.56 所示。

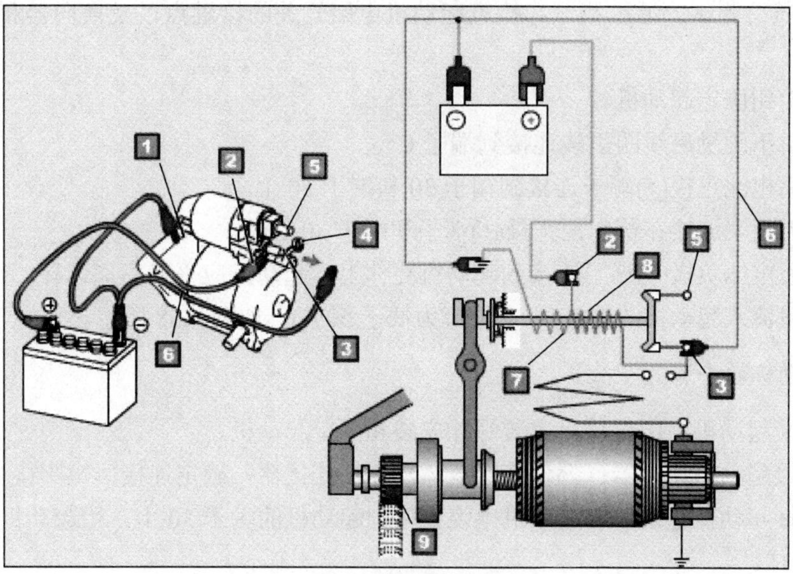

图 4.56　起动机的保持测试

1—起动机壳体；2—端子 50；3—端子 C；4—励磁线圈引线；5—端子 30；
6—测试引线 A；7—保持线圈；8—牵引线圈；9—小齿轮

(3) 回位测试：通过测试，检查小齿轮是否返回其原始位置。

① 进行保持测试后当小齿轮伸出时，从起动机壳体断开接地线。

② 确认小齿轮返回到其原始位置，如图 4.57 所示。

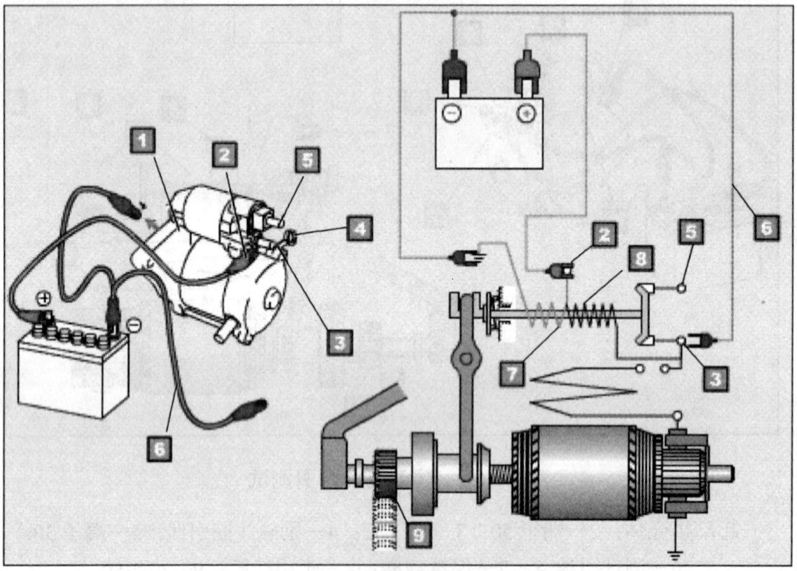

图 4.57　起动机的回位测试

1—起动机壳体；2—端子 50；3—端子 C；4—励磁线圈引线；5—端子 30；
6—测试引线 A；7—保持线圈；8—牵引线圈；9—小齿轮

(4) 无负荷测试：通过测试，检查起动机电磁开关的接触点以及换向器和电刷之间的接触。

① 用台钳固定起动机。

② 将拆下的励磁线圈引线连接到端子 C。

③ 将蓄电池正极(+)端子连接到端子 30 和端子 50 上。

④ 将万用表连接在蓄电池正极(+)端子和端子 30 之间。

⑤ 将蓄电池负极(−)端子连接到起动机壳体上，起动机应平稳高速运转。

⑥ 测量流入起动机的电流(规定电流为低于 50 A)，如图 4.58 所示。

6. 起动机的安装

(1) 安装起动机：用起动机安装螺栓安装和固定起动机。

(2) 连接起动机连接器：握住连接器体，连接连接器；确定连接器牢牢接合。

(3) 连接起动机电缆：将起动机电缆连接到起动机的端子 30 上，用起动机电缆定位螺母将其固定住。

(4) 将防短路盖安装到端子 30 上。

(5) 连接蓄电池的负极电缆。

(6) 最后检查：将点火开关转到起动位置，然后检查起动机运行是否正常，如图 4.59 所示。

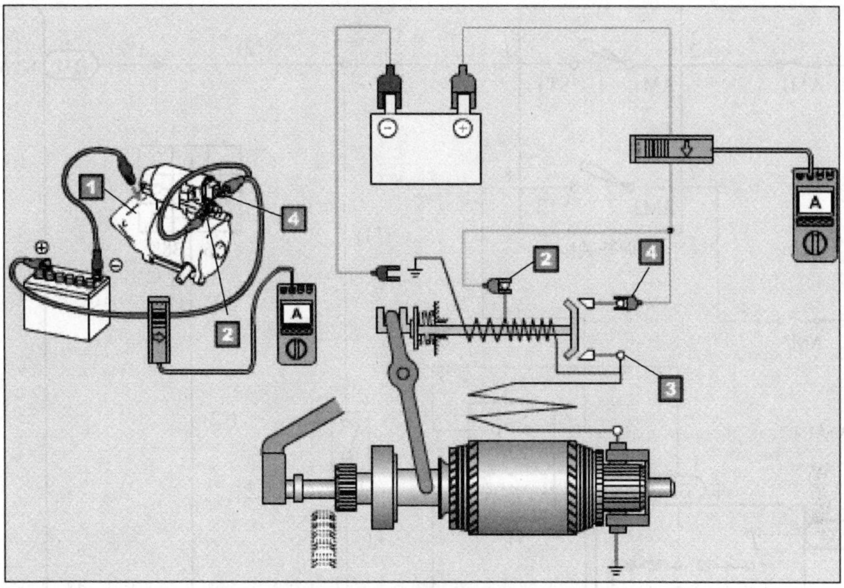

图 4.58　起动机的无负荷测试

1—起动机壳体；2—端子 50；3—端子 C；4—端子 30

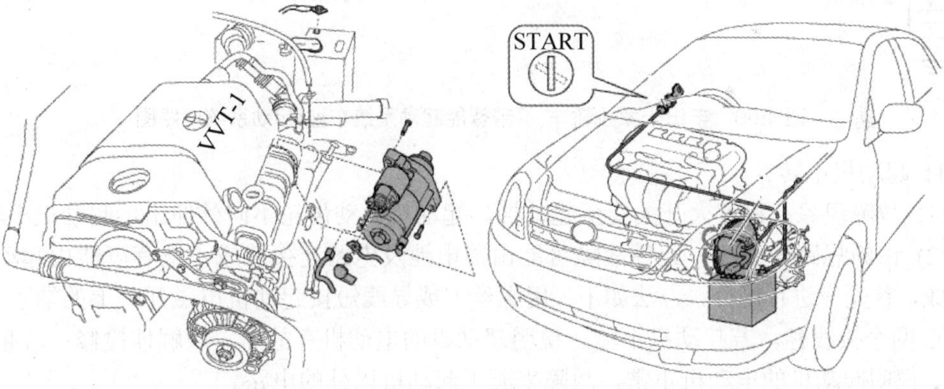

图 4.59　起动机的安装

7. 起动系统电路分析与故障诊断

丰田卡罗拉轿车(不带智能起动系统车型)起动系统电路图如图 4.60 所示。从电路图中可以看到，丰田卡罗拉轿车起动系统的控制电路采用了起动继电器。发动机起动时，点火开关打到 ST 挡，同时接通了内部电路的 ST1 和 ST2 端子，ST2 端子直接连通起动继电器(ST Relay)的 5 号脚，ST1 端子则通过离合器踏板开关(MT 车型)或驻车/空挡位置开关(AT 车型)接通起动继电器的 1 号脚，继电器电磁线圈通电，吸合了触点，使继电器 3 号脚和 5 号脚连通，控制电流进入电磁开关的 50 脚，流经吸引线圈和保持线圈，使开关内的 30 号脚与 C 触点接通，大电流从蓄电池直接进入起动机，起动机旋转带动发动机曲轴旋转，从而使发动机起动。

汽车起动系统的故障主要有几种：起动机不转、起动机转动无力及起动机空转。

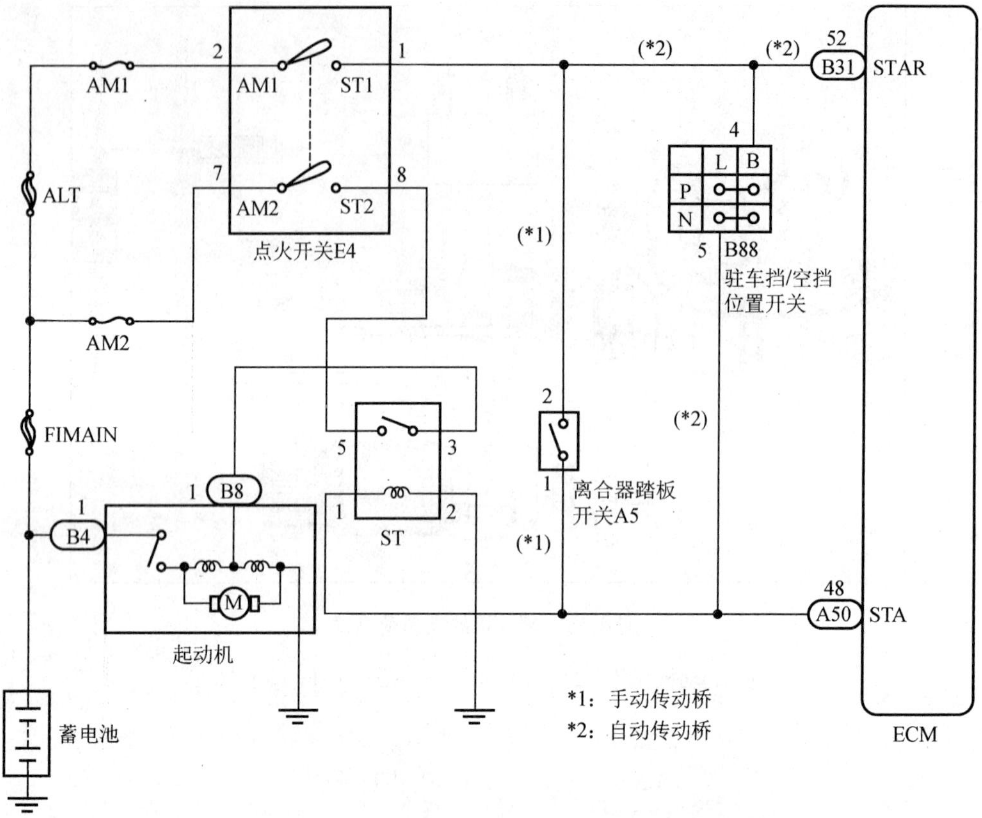

图 4.60 丰田卡罗拉轿车(不带智能起动系统车型)起动系统电路图

1) 起动机不转

(1) 故障现象：将点火开关旋至起动挡，起动机驱动齿轮不向外伸出，起动机不转。

(2) 诊断思路与方法：此种故障可能由蓄电池及电路连接造成，也有可能由起动机本身造成，首先应进行区分，方法如下：用螺丝刀或导线短接起动机电磁开关上的端子 30 和端子 C 两个接线柱。若起动机不转，说明起动机的电动机有故障，应解体检修；若起动机运转，说明起动机的电动机正常，故障来源于起动机以外的电路。

① 在车上检查蓄电池的状况和电源导线连接情况：可以按喇叭或开前照灯，若喇叭响声变小或前照灯灯光暗淡，说明蓄电池容量过低或电源导线接触不良；也可以在点火开关位于起动挡时，测量蓄电池两端的电压，其电压值不应低于 9.6V；若蓄电池良好，应检查端子 50 的电压，若电压过低(<8V)，应对蓄电池的正极线、搭铁线、各接线柱及点火开关进行检查。若接线柱有脏污或松脱，应清洁或紧固。若点火开关损坏，应进行修理和更换。

② 若故障仍然存在，说明故障来源于起动机本身。此时，应进行起动机的性能测试或解体测试以诊断和排除故障。

2) 起动机转动无力

(1) 故障现象：将点火开关旋至起动挡，驱动齿轮发出“咔哒”声向外移出，但是起动机不转动或转动缓慢无力。

(2) 诊断思路与方法如下所示。

① 首先应该查蓄电池容量和电源导线的连接情况，确认蓄电池容量是否足够，线路连接是否良好。

② 若故障依然存在，要区分故障发生在起动机、发动机本身还是端子 30 之前的电路上，方法是：用螺丝刀短接起动机电磁开关的端子 30 和端子 C 两个接线柱。若短接后起动有力且运转正常，说明故障是由于起动机电磁开关内主触点和接触盘接触不良；若短接后起动仍然无力，则可认为电动机有故障，需进一步拆检。故障可能是由主开关接触不良、电刷和换向器之间电阻过大或接触不良，单向离合器打滑等引起的。

③ 如果在接通起动机电磁开关后，起动机有连续的“咔哒”声，而短接起动机电磁开关的两个主接线柱，起动机转动正常，说明电磁开关保持线圈断路或短路。

3) 起动机空转

(1) 故障现象：将点火开关旋至起动挡，起动机只是空转，不能带动发动机运转。

(2) 诊断思路与方法如下所示。

① 起动机空转时，若有较轻的摩擦声音，起动机驱动齿轮不能与飞轮轮齿啮合而产生空转，即驱动齿轮还没有啮合到飞轮轮齿中，电磁开关就提前接通，这说明主回路的接触盘行程过短，应拆下起动机，调整起动机接通时刻或更换起动机。

② 起动机空转时，有严重的碰擦轮齿的声音，说明飞轮轮齿或起动机驱动齿轮严重磨损，应拆下起动机做进一步检查，根据实际情况更换驱动齿轮或飞轮轮齿。

③ 起动机空转时，速度较快但无碰齿声音，说明起动机单向离合器打滑，即驱动齿轮已经啮入飞轮轮齿中，但不能带动飞轮旋转，只是起动机电枢轴在空转，应更换起动机的单向离合器。

任务 4.3　点火系统的部件拆装及电路检测

4.3.1　任务引入

按照头脑风暴法收集从车上拆卸点火系总成作业的关键点，借助脑图记录团队成员提出的想法，以脑图为基础确定提出问题，图 4.61 为从车上拆卸点火系部件及电路检测、故障诊断信息收集图。

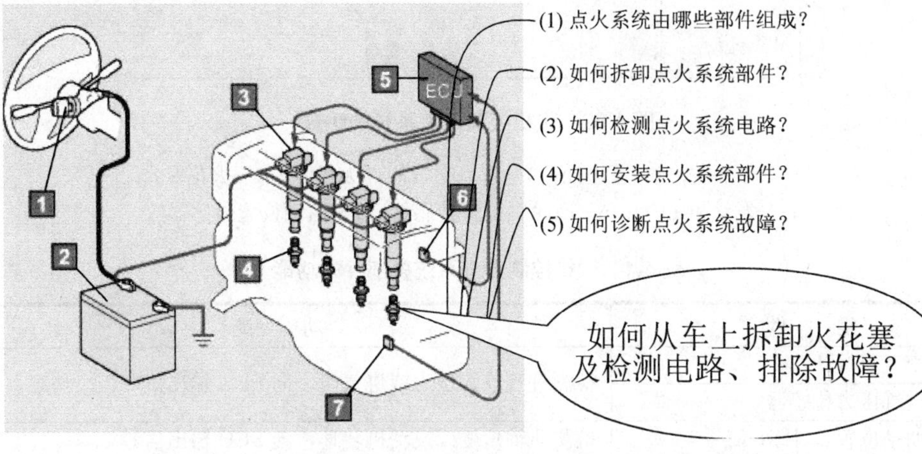

图 4.61　从车上拆卸点火系统部件及电路检测、故障诊断信息收集

通过脑图分析讨论，明确主要任务，说明生产过程和工艺过程，引导学生学习基本原理知识，熟悉规范操作流程，掌握从车上拆卸点火系统部件及进行电路检测、故障诊断的基本技能。

4.3.2 相关知识

1. 点火系统概述

点火系统的作用是使发动机在各种工况和使用条件下都能可靠而准确地产生电火花，点燃气缸中的可燃混合气，因此，点火系统应能迅速、及时地产生足以击穿火花塞间隙的电火花，要求电火花具有足够的点火能量，并能针对发动机的不同工况提供最佳点火时刻。发动机 ECU(电控单元)根据所从各个传感器发来的信号实施控制，达到最佳的点火正时。

2. 点火系统的基本组成

微机控制点火系统主要由各种传感器及开关信号、电控单元(ECU)和执行元件组成。电控单元(ECU)接收发动机各传感器及开关输入的信号，与预置在电控单元中的数据进行比较分析，确定发动机的工况，比较分析该工况的最佳点火提前角，并输送点火信号给点火控制器，使点火系统能精确点火。执行器接收电控单元(ECU)发出的指令，执行点火功能，其控制系统的组成如图 4.62 所示，控制系统各部件的功能见表 4-1。

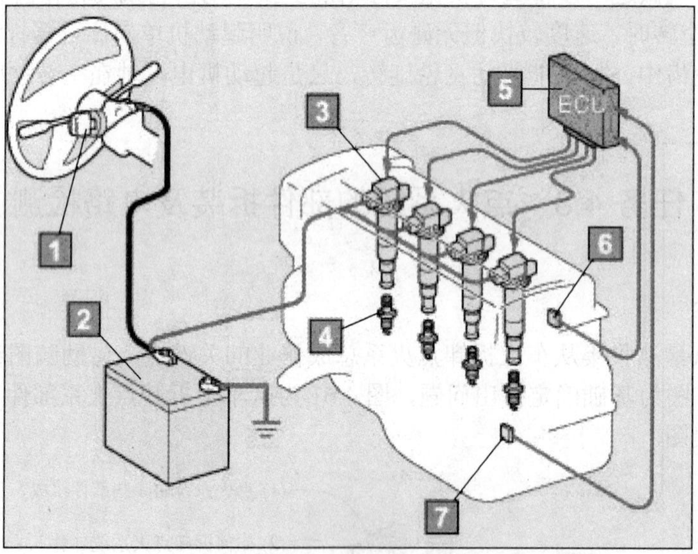

图 4.62　微机控制点火系统的组成

1—点火开关；2—蓄电池；3—带点火器的点火线圈；4—火花塞；
5—发动机 ECU；6—凸轮轴位置传感器；7—曲轴位置传感器

表 4-1　微机控制点火系统各部件的功能

<table>
<tr><th colspan="3">组　件</th><th>功　能</th></tr>
<tr><td rowspan="4">传感器</td><td colspan="2">空气流量计</td><td rowspan="2">检测进气歧管压力或进气量，向 ECU 输出信号</td></tr>
<tr><td colspan="2">进气压力传感器</td></tr>
<tr><td rowspan="2">曲轴位置传感器</td><td>Ne 信号</td><td>检测曲轴角度或发动机转速，向 ECU 输出信号</td></tr>
<tr><td>G1、G2 信号</td><td>检测凸轮轴、曲轴角度基准位置，向 ECU 输出信号</td></tr>
</table>

续表

组件		功能
传感器	节气门位置传感器	向 ECU 输出点火提前角修正信号
	水温传感器	检测发动机冷却水温度，向 ECU 输出点火提前修正信号
	起动开关(起动信号)	向 ECU 输出发动机正在起动中的信号
	空调开关(A/C)	向 ECU 输出空调的工作状态信号
	车速传感器	检测车速，向 ECU 输出车速信号
	空挡起动开关	检测换挡手柄是否置于 N 挡或 P 挡
	爆震传感器	检测发动机爆震信号
发动机控制 ECU		根据各传感器输入信号，计算出最佳点火提前角，并将控制信号传送给点火控制器
执行器	点火器	根据 ECU 输出的点火控制信号控制点火线圈初级电路的通断，产生次级高压使火花塞点火，同时把点火反馈信号 IGF 反馈给 ECU

3. 点火系的重要部件

(1) 点火线圈：此组件用于提高蓄电池电压(12V)以产生点火所必需的超过 10kV 的高电压。初级线圈和次级线圈互相靠得很近，当在初级线圈上间断地施加电流时，就会产生互感现象，利用这个机理，在次级线圈内产生高电压，此高电压将随线圈绕组的匝数和尺寸而变化。

点火线圈常见的有常规型、DIS(直接点火系统)型和 IIA(整体式点火总成)型，如图 4.63 所示。

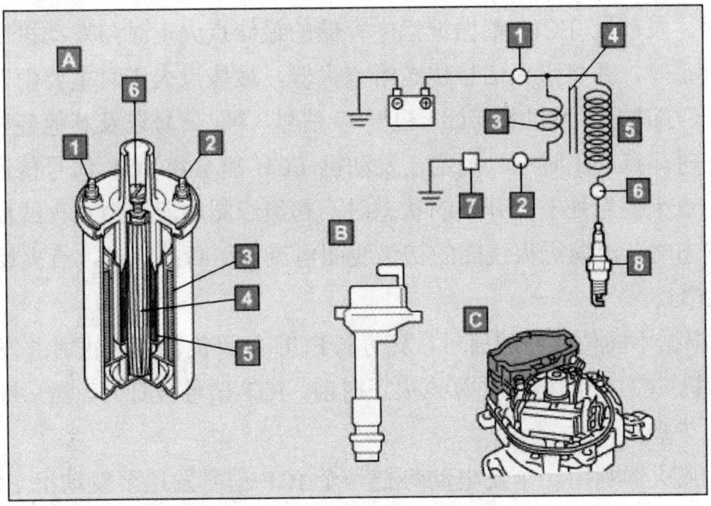

图 4.63　点火线圈的结构和类型

A—常规型；B—DIS(直接点火系统)型；C—IIA(整体式点火总成)型

1—初级端子(+)；2—初级端子(−)；3—初级线圈；4—铁心；

5—次级线圈；6—次级端子；7—点火器；8—火花塞

(2) 火花塞：此组件用于接受点火线圈产生的高电压，在中心电极和接地电极间的间隙内产生电火花，点燃气缸内的混合气。

火花塞常见的有多电极火花塞、凹槽火花塞和发射电极火花塞等类型，如图4.64所示。

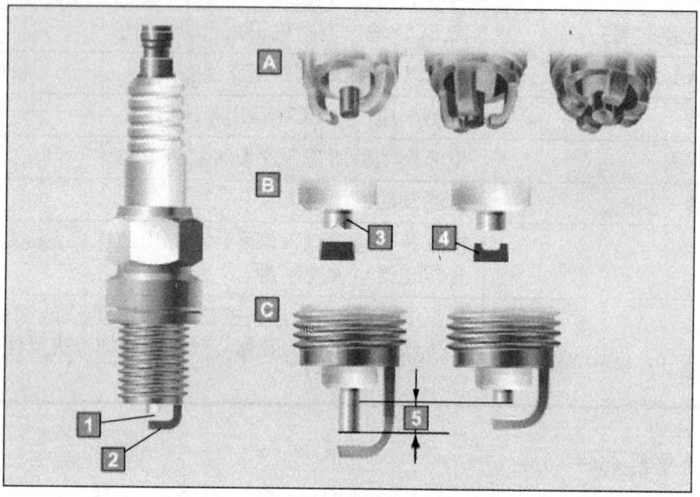

图4.64 火花塞的结构和类型

A—多电极火花塞；B—凹槽火花塞；C—发射电极火花塞

1—中心电极；2—接地电极；3—V形槽；4—U形槽；5—凸出量的差别

4. 点火正时控制

电子控制点火提前系统如图4.65所示，它根据各自传感器传来的信号，采用发动机ECU来确定点火正时。发动机ECU根据记忆中存储的最佳点火正时与发动机工况相对应的情况，计算出点火正时，并将点火信号传送给点火器。最佳点火正时主要由发动机转速和进气量(进气歧管压力)决定，发动机ECU根据G信号、Ne信号以及其他各种传感器传来的信号确定点火正时。点火正时一旦确定，发动机ECU就会将IGT信号传递给点火器；当传递给点火器的点火信号处于“开”的状态时，初级线圈电流流至点火线圈；当点火信号处于“关”的状态时，流向点火线圈的初级线圈电流被切断；同时，点火反馈信号IGF被反馈给发动机ECU。

IGT信号：根据不同传感器的信号，发动机ECU计算优化点火正时并发送IGT信号到点火器。在发动机ECU中的微机计算点火正时前，IGT信号被打开，然后断开；当IGT信号被断开时，火花塞点火。

IGF信号：点火器利用一个反电动势把一个IGF信号发送至发动机ECU，此反电动势是施加在点火线圈的初级电流被切断时或利用初级电流量产生的。当发动机ECU接收到此IGF信号时，便确定已点火(但这并不意味着实际有火花)。如果发动机ECU没有接收到IGF信号，诊断功能DTC(故障码)被存入发动机ECU，并且失效保护功能使燃油喷射停止。

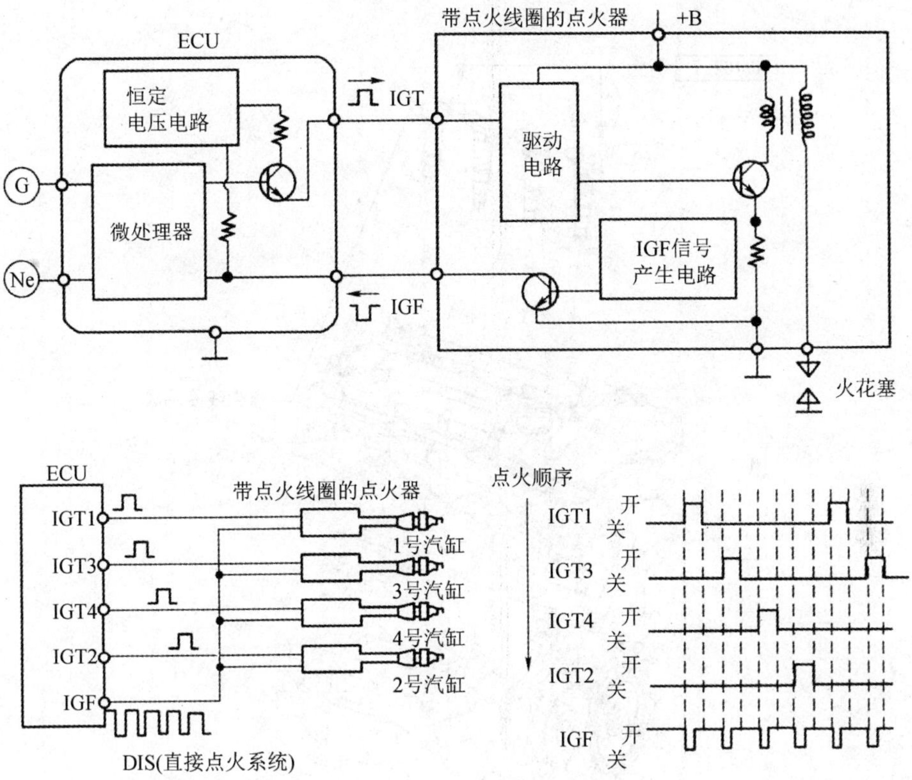

图 4.65　电子控制点火提前系统

4.3.3　任务实施

1. 从丰田轿车车上拆卸点火线圈和火花塞

(1) 拆卸点火线圈：断开蓄电池负极，然后拆下 4 个螺栓和 4 个点火线圈，如图 4.66 所示。

(2) 拆卸火花塞。

① 使用 SST 拆卸火花塞，如图 4.67 所示。

② 检查火花塞。

a．检查电极磨损：检查火花塞电极边缘是否被完全磨掉或者变圆。

b．检查火花塞间隙：使用一个火花塞间隙量规检查中央电极和接地电极之间的间隙是否在规定值以内。如果未在规定值以内，调整火花塞间隙。

c．检查绝缘体是否有裂纹、端子是否腐蚀和螺纹是否被损坏，如图 4.68 所示。

(3) 安装火花塞和点火线圈：使用 SST，首先用手上紧火花塞螺栓，然后再上紧到规定的扭矩，最后安装点火线圈。

2. 丰田轿车点火系统的电路分析

丰田卡罗拉轿车(1ZR)独立点火系统的结构特点是各缸都有独立的点火器，并且将点火器和点火线圈组成一体，直接安装在火花塞的上方，取消了高压线。这种结构的特点是分火性能良好，可靠性高。图 4.69 为丰田卡罗拉轿车(1ZR)点火系统的电路。

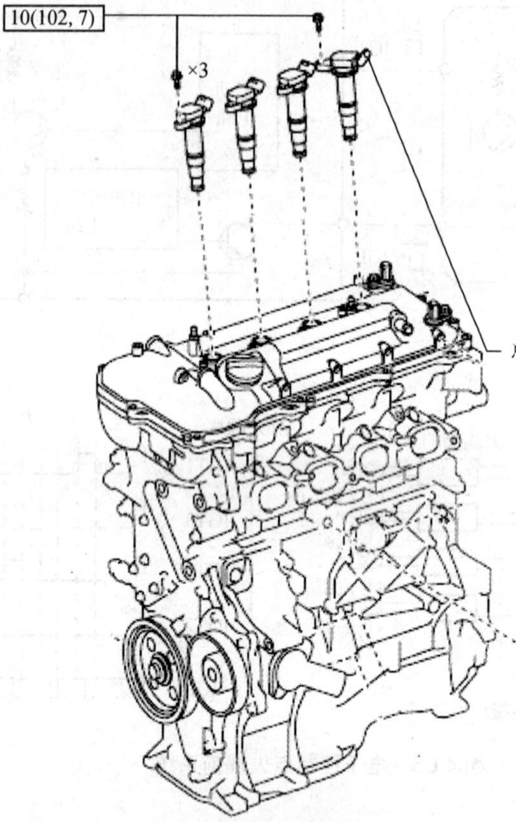

图 4.66　拆卸点火线圈

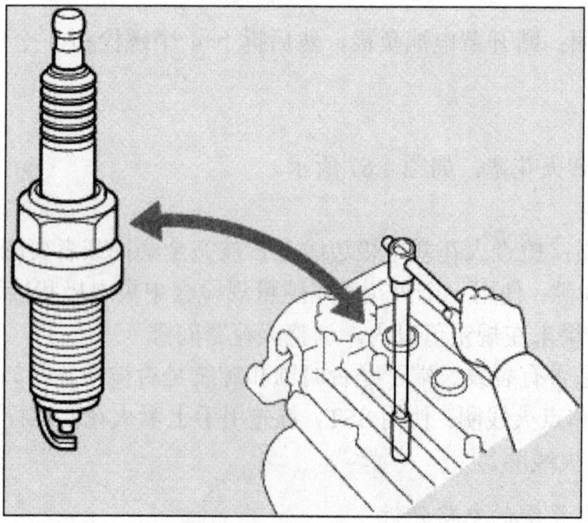

图 4.67　拆卸火花塞

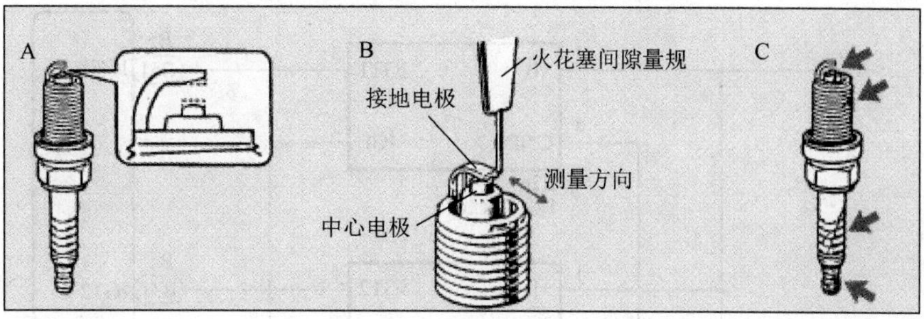

图 4.68　检查火花塞

从电路图上可以看到，每个点火器上有 4 根接线，分别是+B、IGT、IGF 和 GND 端子：GND 端子是点火器的搭铁线；+B 是点火器的电源线，打开点火开关，IG 端子接通，使 IG2 继电器吸合，点火器电源接通；IGT 端子是点火正时信号；IGF 是点火反馈信号。发动机启动时，发动机 ECU 接收到发动机转速(Ne)信号及起动(ST)信号，发动机 ECU 通过备份 IC 控制 IGT 产生脉冲信号，使点火线圈的初级电流产生间断性通断，从而使次级线圈产生了高压电，通过火花塞产生电火花，点燃气缸内的可燃混合气。发动机起动后，ECU 持续地根据各个传感器传送来的信号不断修正、控制 IGT 脉冲信号，使发动机的点火正时始终处于最佳点火正时的范围。同时，点火器会在初级电流达到某一设定值时，接通 IGF 端子，给发动机 ECU 反馈点火的信号。发动机自诊断系统如果连续没有收到 IGF 反馈信号，会自动生成故障码(DTC)存储在 RAM 中，并点亮故障警告灯。早期丰田系列发动机会切断燃油喷射，发动机熄火。在 2006 年之后的车型中，发动机会生成某缸或几缸缺火的故障码，并使缺火缸喷油器停止工作，发动机运行不稳，但并不熄火，进入失效保护状态。

3. 丰田轿车点火系统故障诊断与排除的一般流程与方法

由于 1ZR 发动机 ECU 具有自诊断功能，当发动机工作异常时，如果怀疑点火系统有问题，应首先启动 ECU 的自诊断系统进行检查，必要时再进行人工检查，确定故障部位及原因。微机控制点火系统检修的重点是正确判断故障部位，对于主要电子元件(如传感器、点火控制器、点火线圈、火花塞等)通常采用换件处理方法，电脑的故障率很低，一般只有在汽车涉水、发生交通事故或对其进行不正确操作时才有可能出现故障。

(1) ECU 的自诊断：ECU 的自诊断功能是指 ECU 内部带有自诊断系统，负责监视各个传感器、执行器的工作状态，当发现某些信号异常时，该系统会点亮仪表盘上的发动机故障警示灯(CHECK 或 CHECK ENGINE)，提醒驾驶员发动机有故障；同时 ECU 将故障信息以故障码的形式存储起来，维修技术人员可以通过发动机故障警示灯或专用仪器调取，为诊断故障提供参考。

(2) 元器件检测：根据故障码的提示，检测有故障的元器件或线路。

① 如果故障码输出为 P0351、P0352、P0353 或 P0354，则先清除故障码，然后将有故障码的点火器与没有故障码的点火器进行调换，调换后再次读取故障码，如果故障码发生改变(如原来为 P0351，交换 1 号和 2 号点火器后，故障码变为 P0352)，则说明是点火器的故障，更换有故障的点火线圈总成即可。如果没有变化，则故障在线路或 ECU 上，继续下一步。

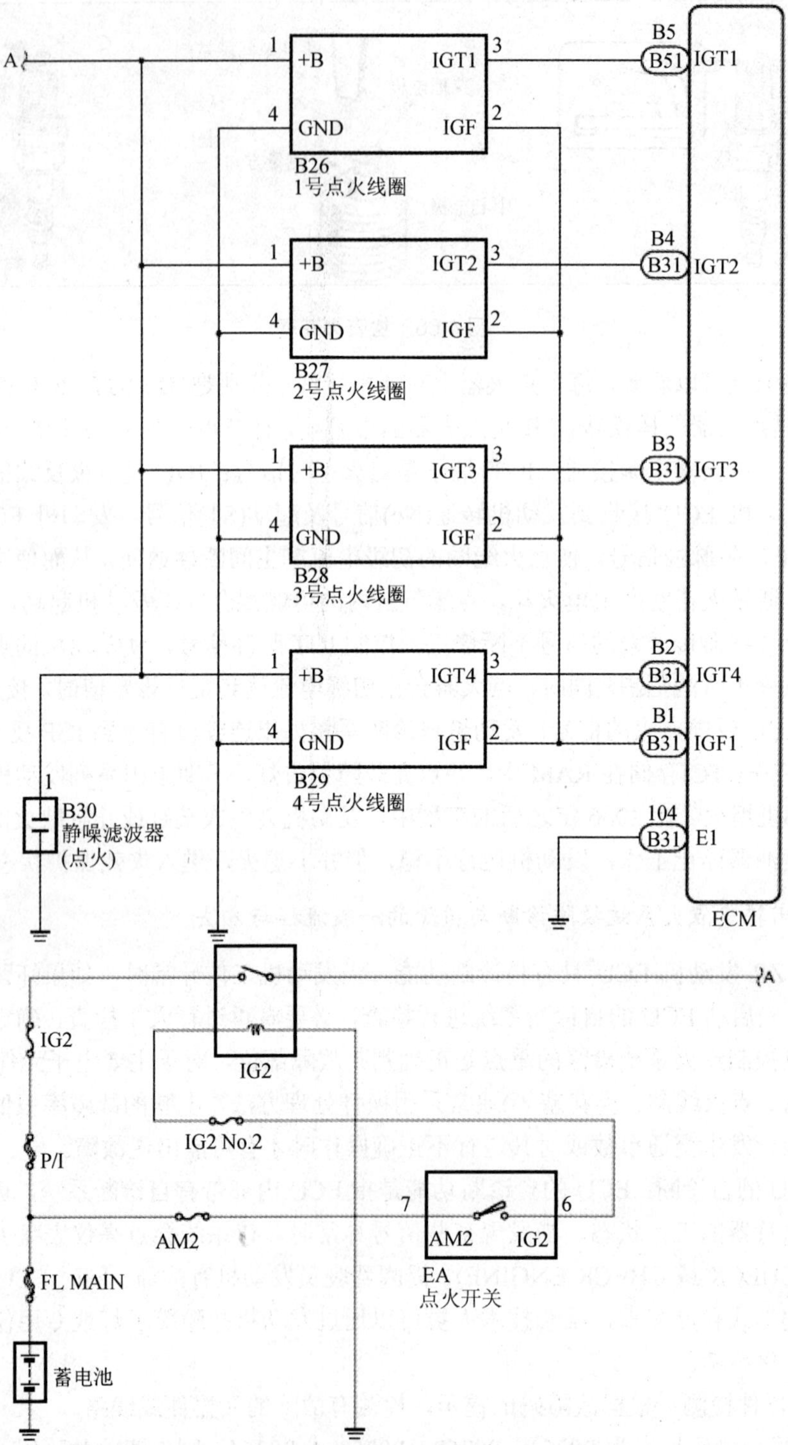

图 4.69　丰田卡罗拉轿车(1ZR)点火系统的电路

② 关闭点火开关，断开有故障码的点火线圈连接器，打开点火开关，检查连接器 1 号脚与 4 号脚的电压，正常为蓄电池端电压。若不正常，则检查 1 号脚与搭铁间的电压，如测得电压为 12V 左右，则 4 号脚搭铁不良或断路；如测得电压为 0V，则检查点火器电源电路。

③ 关闭点火开关，检查连接器 1、3 号脚与 ECU 对应插脚间的通、断及与搭铁间是否短路。

④ 如以上检查均未发现问题，则故障可能在 ECU 内部，用新的 ECU 替换，再进行检查。

⑤ 如果故障码同时输出 P0351、P0352、P0353 和 P0354，则故障可能为点火线圈的电源断路或短路、搭铁不良或开路、2 号脚 IGF 与 ECU 间断路或短路。

(3) 路试检查：在路试过程中，观察发动机故障警示灯，应当指示正常。当点火开关旋至点火挡时，该灯应点亮；起动发动机后，若该灯熄灭，则故障排除。

(4) 清除故障码：将故障排除后应及时清除故障码，使用解码设备对故障码进行清除或断开点火开关，拆下 EFI 保险丝(发动机接线盒内)，10s 之后可清除故障码。清除故障码以后，再对车辆进行路试，以检查发动机故障警示灯是否显示正常。

4. 桑塔纳晶体管点火系统电路分析

桑塔纳采用霍尔效应式无触点晶体管电子点火系统，如图 4.70 所示，主要由蓄电池、点火开关、点火线圈、霍尔无触点式分电器、电子点火控制器、高低压导线及火花塞等组成。电流走向由蓄电池+接线柱(经电缆)→起动机的 30 接线柱(经红线)→中央接线板 P→另一 P 接线柱(经红线)→点火开关 30 接线柱→点火开关 15 接线柱(经黑线)→中央接线板 A8 接线柱→D23 接线柱(经黑线)→点火线圈+接线柱，然后分两路：一路进入点火线圈经初级线圈到－接线柱(经绿线)→点火控制器 1 接线柱→点火控制器内部→点火控制器 2 接线柱(经棕线)→发动机机体搭铁(经搭铁线)→蓄电池－接线柱；另一路向点火控制器供电，经过点火线圈+接线柱(经黑线)→点火控制器 4 接线柱→点火控制器内部→点火控制器 2 接线柱(经棕线)→发动机机体搭铁(经搭铁线)→蓄电池－接线柱。另一方面第一路的导通和断开受霍尔传感器的信号控制，接线如下：点火控制器 5 接线柱→霍尔传感器+接线柱；点火控制器 3 接线柱→霍尔传感器－接线柱；点火控制器 6 接线柱→霍尔传感器“信号”接线柱。

当霍尔元件产生霍尔电压时，霍尔传感器使该信号线搭铁(低电位)，点火控制器检测到低电位信号时，便断开初级电流，从而在点火线圈中感应出高压电来。该信号在高电位和低电位之间来回变化，从而使初级电流产生通—断变化，使点火线圈中的次级线圈感应出高电压。

次级电流走向：点火线圈次级线圈→点火线圈+接线柱→D23→A8→点火开关→P→蓄电池→搭铁→火花塞旁电极、中心电极→配电器(旁电极、分火头)→次级线圈。

5. 桑塔纳轿车晶体管点火系统故障诊断与排除的一般程序

(1) 检查燃油、润滑油、冷却液是否缺少，蓄电池供电是否正常。

(2) 判断故障是在低压电路还是在高压电路上，方法有两个：一是起动发动机观察转速表，指针若不摆动表示低压电路中有故障，指针摆动表示高压电路中有故障。二是采用跳火检查法，拔出高压总线接上一只火花塞，放在缸体上，然后起动发动机，观察火花塞是否跳火；若不能跳火，则说明低压电路有故障，反之则说明高压电路有故障。

(3) 低压电路故障的诊断与排除。

① 点火控制器电源电压的检查：拔下点火器连接器，打开点火开关，选择万用表直流电压挡，红表笔接在连接器 4 号端子，黑表笔接在连接器 2 号端子，测得的电压应为蓄电池的端电压相。

② 点火控制器通断检查：关闭点火开关，连接好点火控制器连接器，拔出中心高压线并接上火花塞搁在气缸盖上，拔下分电器霍尔信号发生器的连接器，然后用跨接线引出霍

尔信号线；打开点火开关，将跨接线引出的霍尔信号线“搭铁/断开”连续变化，火花塞应该不断跳火，否则应更换点火控制器。

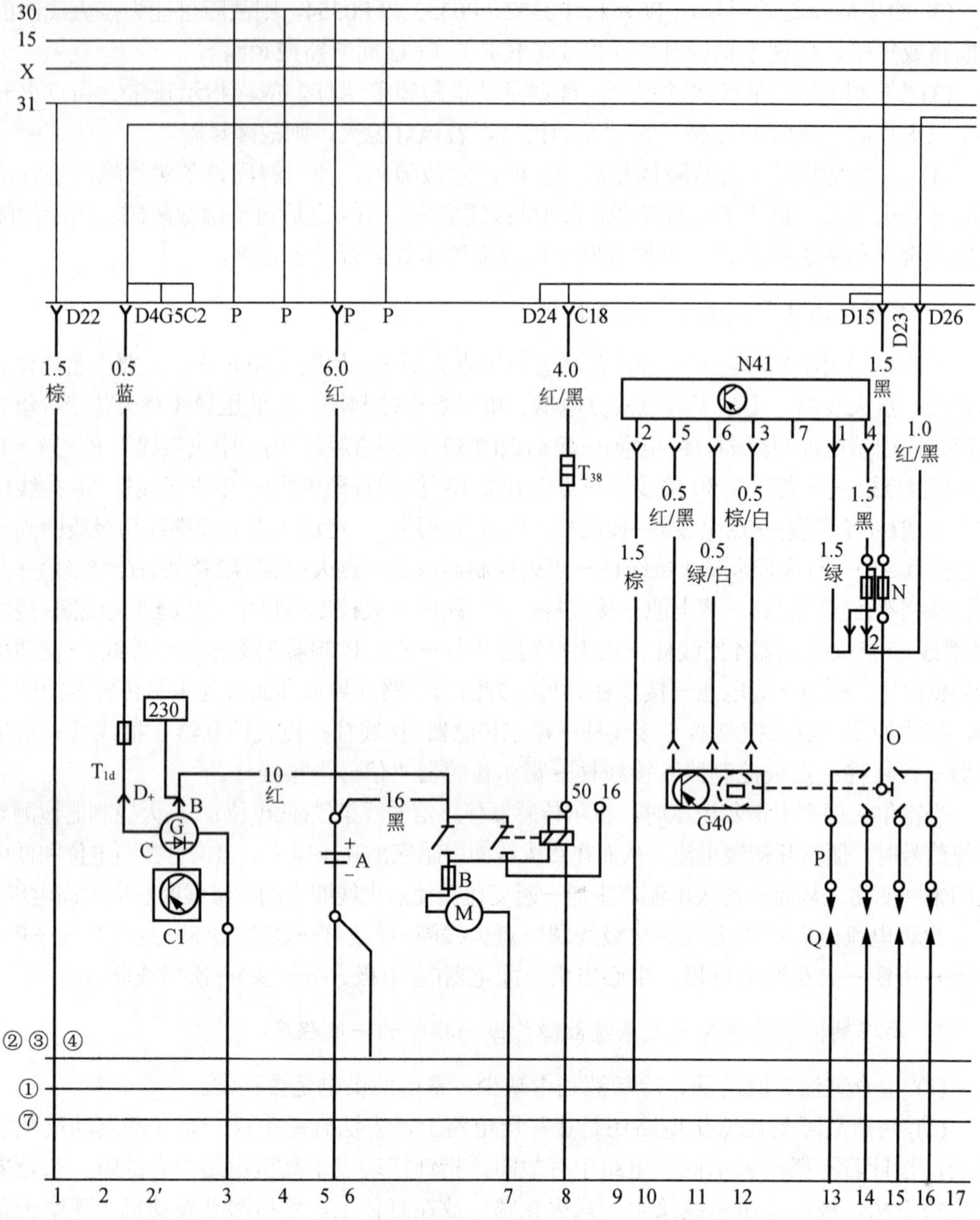

图 4.70　桑塔纳晶体管电子点火系统电路图

③ 点火控制器输出电压的检查：关闭点火开关，拔下分电器霍尔信号发生器的连接器；打开点火开关，选择万用表直流电压挡，红/黑表笔分别接在连接器的+与-之间，电压应不低于 9V。

④ 霍尔信号发生器检查：关闭点火开关→打开分电器盖，拔下分电器盖上的中央高压线并搭铁→选择万用表直流电压挡→红/黑表笔分别接在霍尔信号发生器连接器的信号线(绿白线)和搭铁线(棕白线)之间(或点火控制器连接器的 3 与 6 之间)→打开点火开关，转动

发动机，观察万用表读数，当触发叶轮的叶片在空气隙时，其电压值为 2～9V；当触发叶轮的叶片不在空气隙时，其电压值为 0.3～0.4V→若与标准不符，应更换霍尔传感器。

(4) 高压电路故障的诊断与排除。

① 检查高压导线的整体电阻：选择万用表电阻挡，检查高压总线的电阻是否为 2.8kΩ 左右，分缸高压线的电阻是否为 0.6～7.4kΩ。如不在上述检查范围内，需调换高压线。

② 检查分火头及分电器盖：选择万用表电阻挡检查分火头的电阻是否为 1±0.4kΩ，如不符需调换。然后进行跳火试验，将高压总线端头对正分火头，起动发动机进行跳火试验，如有火花，则分火头被击穿，需调换分火头。无火花表示分火头良好，需检查分电器盖是否有裂纹、龟裂等情况，如有，应调换分电器盖。

③ 高压线的检修：外观检查，包括高压线是否有破裂、损坏等不良现象，若有应予以更换；检查高压线的电阻值，若电阻值超限，应更换高压线。

任务 4.4　空调系统的检查维护及故障诊断

4.4.1　任务引入

按照头脑风暴法收集空调系统的检查维护及故障诊断作业的关键点，借助脑图记录团队成员提出的想法，以脑图为基础确定提出问题，图 4.71 为从车上拆装空调系统重要部件、空调系统检查维护及故障诊断的信息收集图。

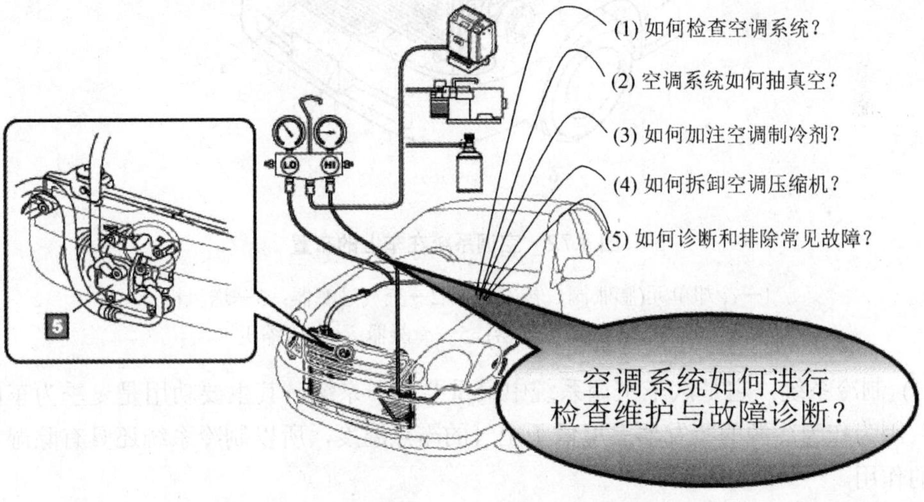

图 4.71　从车上拆装空调系统重要部件、空调系统检查维护及故障诊断的信息收集

通过脑图分析讨论，明确主要任务，明确生产过程和工艺过程，学习基本原理知识，熟悉规范的操作流程，掌握在车上拆装空调系统重要部件、检查维护空调系统和诊断排除常见故障的基本技能。

4.4.2　相关知识

1. 空调系统的概述

汽车空调的功能是通过人为的方式创造一个对人体适宜的环境，即对室内的温度、湿度、气流速度进行调节，并且具有净化空气的功能。除此之外，汽车空调还能除去风窗玻璃上的雾、霜、冰、雪，给驾驶员一个清晰的视野，确保行车安全。汽车空调通常应具备以下功能。

(1) 调节温度：将车内的温度调节到人体感觉适宜的温度。

(2) 调节湿度：将车内的湿度调节到人体感觉适宜的湿度。

(3) 调节气流：调节车内出风口的位置、出风的方向及风量的大小。

(4) 净化空气：滤去空气中的尘土和杂质，或对空气进行杀菌消毒。

2. 空调系统的组成

汽车空调系统是由制冷系统、采暖系统、通风系统和控制系统 4 个子系统组成的。各种汽车空调系统的组成大同小异，图 4.72 所示为空调系统在车上的布置。

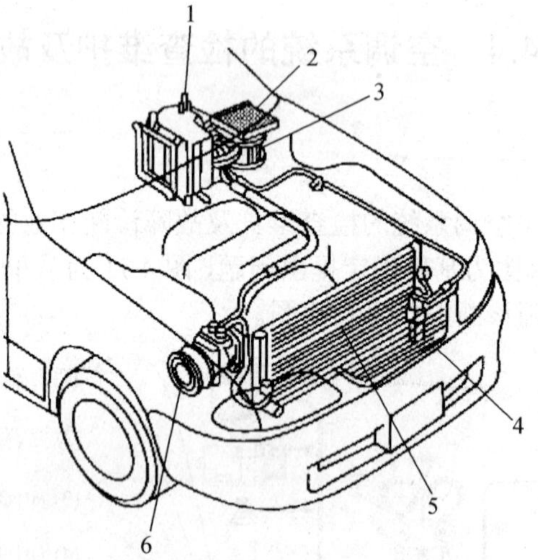

图 4.72　空调系统在车上的布置

1—冷却单元(膨胀阀、蒸发器)；2—空气过滤器；3—送风机；
4—储液罐/干燥器；5—冷凝器；6—压缩机

(1) 制冷系统：它是汽车空调系统中最重要的子系统，其主要功用是夏季为车内提供冷气。因为作为冷源的蒸发器温度低于空气的露点温度，所以制冷系统还具有除湿和净化空气的作用。

(2) 采暖系统：又称为暖风系统，其主要功用在冬季为车内提供暖气以及为挡风玻璃除霜除雾。根据获取热源的方法不同，汽车空调暖风系统可分为独立式和非独立式暖风系统两种类型。独立式暖风系统是通过在一个专门的燃烧装置内燃烧柴油或煤油等燃料产生热量为车内提供暖气的。非独立式暖风系统是用发动机工作时冷却水的余热为车内提供暖气的，因此也称为水暖式暖风系统。

(3) 通风系统：它的功用是净化车内空气，保持车内空气新鲜舒适。汽车通风分为自然通风和强制通风两种形式。自然通风是利用汽车行驶时在汽车内、外产生的风压来实现的换气通风。强制通风是利用鼓风机将车外空气强制送入车内来实现的换气通风。

(4) 控制系统：它的功用是控制空调系统工作，实现制冷、采暖和通风。控制系统主要由电器部件、真空管路、操纵机构和控制开关等组成。控制系统一方面要对制冷和采暖系统的温度、压力进行控制，另一方面要对车内空气的温度、风量、流向进行操纵控制，从而实现空调系统的各项功能。

3. 制冷剂和冷冻油

(1) 制冷剂：它是制冷循环当中传热的载体，通过状态变化吸收和放出热量，因此要求制冷剂在常温下很容易汽化，加压后很容易液化，同时在状态变化时要尽可能地多吸收或放出热量。

制冷剂的英文名称为 Refrigerant，所以常用其首字母 R 来代表制冷剂，后面表示制冷剂名称，如 R12、R134a。过去常用的制冷剂是 R12(又称为氟立昂)。这种制冷剂各方面的性能都很好，但是有一个致命的缺点，就是破坏大气环境。它能够破坏大气中的臭氧层，使太阳的紫外线直接照射到地球，对植物和动物造成伤害。我国目前已停止生产用 R12 作为制冷剂的汽车空调系统，目前汽车上广泛采用 R134a。

R134a 的特性如图 4.73 所示。该曲线上方为气态，下方为液态，如果要使 R134a 从气态转变为液态，可以降低温度，也可以提高压力，反之亦然。

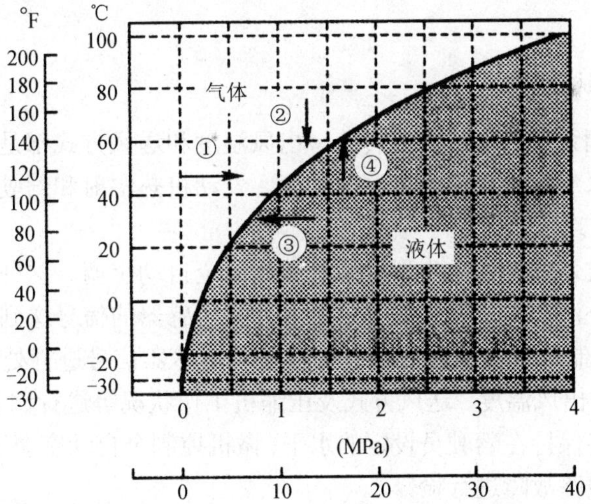

图 4.73　R134a 蒸汽-压力曲线

(2) 冷冻机油：空调压缩机使用的润滑油称为冷冻机油或冷冻润滑油，它是一种在高、低温工况下均能正常工作的特殊润滑油，冷冻机油的作用如下。

① 润滑作用：它可以润滑压缩机轴承、活塞、活塞环、连杆曲轴等零部件表面，减少阻力和磨损，降低功耗，延长使用寿命。

② 冷却作用：它能及时带走运动表面摩擦产生的热量，防止压缩机温升过高或压缩机被烧坏。

③ 密封作用：润滑油渗入各摩擦件密封面而形成油封，起到阻止制冷剂泄漏的作用。

④ 降低压缩机噪声：润滑油不断冲洗摩擦表面，带走磨屑。

4. 制冷循环工作过程

制冷循环就是在封闭的制冷系统中，反复地将有限的制冷剂压缩、冷凝、膨胀、蒸发，不断在蒸发器中吸热汽化，使蒸发器始终保持很低的温度而用于车内空气的降温除湿。在制冷循环系统中，压缩机是动力源，制冷循环由压缩、冷凝、膨胀和蒸发 4 个过程组成。

(1) 压缩过程：压缩机从蒸发器吸入低温、低压气态制冷剂，并将其压缩成高温(约 65℃)、高压(约 1300kPa)气态制冷剂送往冷凝器冷却降温。

(2) 冷凝过程：高温、高压气态制冷剂由发动机水箱前面的冷凝器散热，冷凝成中温(约 55℃)、高压(约 1300kPa)液态制冷剂。

(3) 膨胀过程：冷凝后的中温、高压液态制冷剂经热力膨胀阀节流降压后，转变成低温(约零下 5℃)、低压(约 150kPa)的液态制冷剂送入蒸发器。

(4) 蒸发过程：低温、低压液态制冷剂流经蒸发器时，不断吸收车内空气的热量而汽化成低温(约为 0℃)、低压(约 150kPa)气态制冷剂。从蒸发器流出的气态制冷剂又被压缩机吸入而进入下一次制冷循环。

当制冷系统工作正常时，低压管路呈低温状态，高压管路呈高温状态。从膨胀阀出口经蒸发器至压缩机入口为低压区；从压缩机出口经冷凝器、储液干燥器至膨胀阀入口为高压区。

5. 自动空调系统

手动控制的空调系统的暖风电机转速、出风温度和送风方式都是由驾驶员操纵和控制的，因此手动空调系统无法根据阳光照射强度、发动机热辐射和驾驶室内热负荷等因素的变化进行精确调节。

随着汽车电子技术的发展，出现了微机控制的全自动空调。这种空调系统利用各种传感器随时检测车内外温度、阳光强度等信号，并把传感器的信号送到空调系统的电子控制单元(ECU)，电子控制单元按照预先编制的程序对传感器信号进行处理，并通过执行元件不断地对风机转速、出风温度、送风方式及压缩机工作状况等进行调节，从而使车内温度、空气流动状况等始终保持在驾驶员设定的水平。微机控制全自动空调还具备自我诊断功能，以便对电控元件及线路故障进行检修。

4.4.3 任务实施

1. 空调系统工作状况的检查

(1) 检查制冷剂的充加数量。

① 通过观察窗观察制冷剂的流量，并检查制冷剂的量。检查条件：发动机转速为 1500r/min；鼓风机速度控制开关处于“高”位；A/C 开关 ON；温度控制设为“最凉”；完全打开所有车门，如图 4.74 所示。

a. 正常：观察窗开始稍有气泡，而后马上消失，这说明制冷剂量正常。

b. 不足：观察窗有连续的气泡，这说明制冷剂量不足。

c. 空或过量：观察窗看不到气泡，这说明制冷剂储藏罐是空的或制冷剂过量。

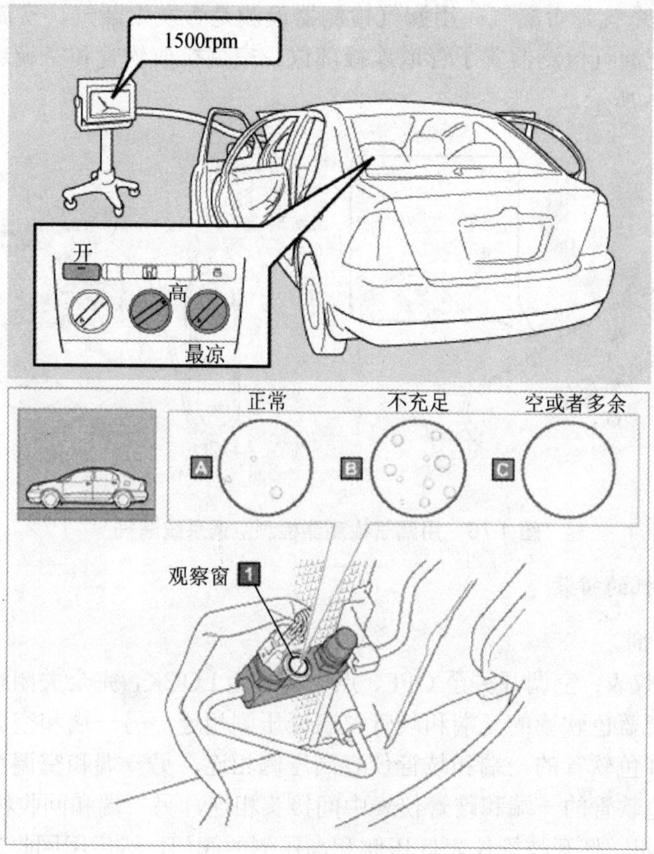

图 4.74　通过观察窗检查制冷剂

② 用歧管仪表检查：连接歧管仪表，然后通过打开/关闭阀门，观看歧管压力来检查制冷剂的流量，如图 4.75 所示。

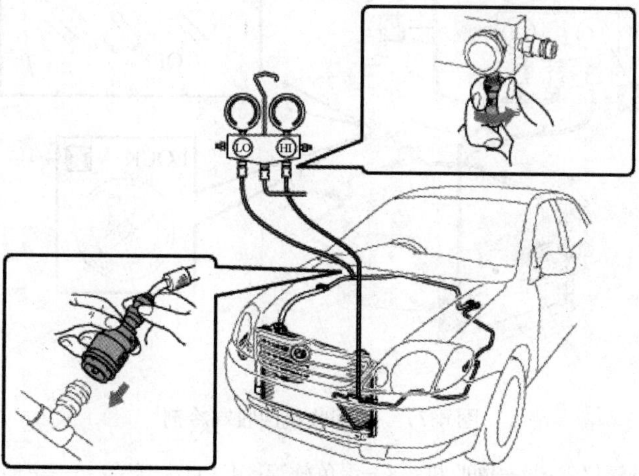

图 4.75　通过歧管仪表检查制冷剂

发动机起动后运行空调，检查歧管仪表所显示的压力，在正常情况下，低压侧压力应为 0.15～0.25MPa(1.5～2.5kgf/cm^2)；高压侧压力应为 1.37～1.57MPa(14～16kgf/cm^2)。

(2) 检查空调系统是否漏气：用漏气检测器检测是否发生漏气。实施检测时，要轻微震动管道，然后把漏气检测器置于管道连接部位、空调排放软管和空调送风机出口等处进行检查，如图 4.76 所示。

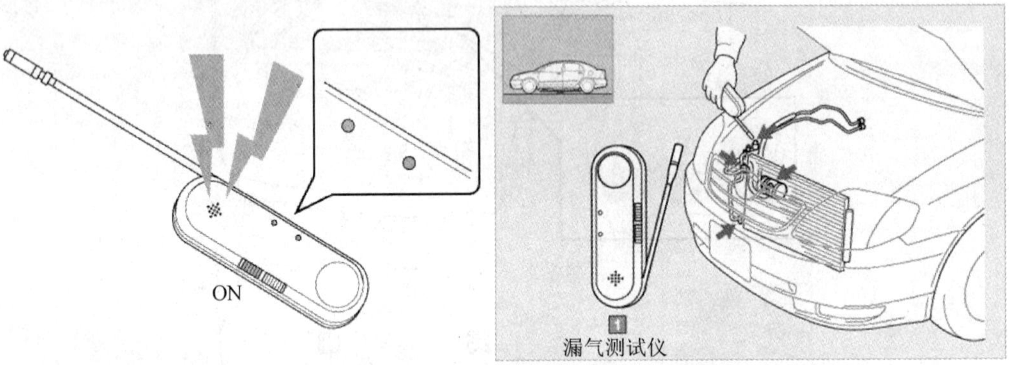

图 4.76 用漏气检测器检测空调系统漏气

2. 空调压缩机的拆装

(1) 回收制冷剂。

① 连接歧管仪表：空调开关至 OFF、点火开关至 LOCK，完全关闭歧管仪表低压侧和高压侧的阀门。把蓝色软管的一端和歧管仪表低压侧相连，另一端和空调系统低压侧的维修阀门相连；把红色软管的一端和歧管仪表高压侧相连，另一端和空调系统高压侧的维修阀门相连；把黄色软管的一端和歧管仪表中间接头相连，另一端和回收机相连。

② 开启回收机，打开歧管仪表低压侧和高压侧的阀门，然后用回收机回收制冷剂，如图 4.77 所示。

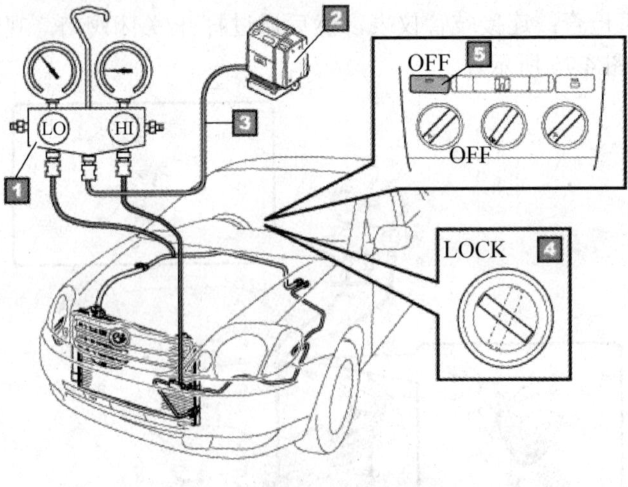

图 4.77 用回收机回收制冷剂

1—歧管仪表；2—回收机；3—绿色软管；4—点火开关；5—空调开关

(2) 空调压缩机的拆装。

① 拆卸传动皮带：松动发电机是用于调节传动皮带张紧度的固定螺栓，用手把发电机推向发动机，然后拆掉传动皮带。

② 拆掉空调压缩机的管子：拆掉管道将有空调油流出，因此拆掉管道后用塑料袋盖住管道以防空调油漏出或湿气进入空调压缩机。

③ 空调压缩机的拆卸：松动空调压缩机的所有固定螺栓，支撑住空调压缩机，拿掉所有螺栓；用塑料袋盖住空调压缩机，以防空调有泄漏或湿气进入空调压缩机。

④ 检查空调压缩机油。

a. 分解空调压缩机总成：测量空调压缩机油的油量(油量 A)，然后添加空调压缩机油。添加油量=油量 A+20mm^3，如图 4.78 所示。

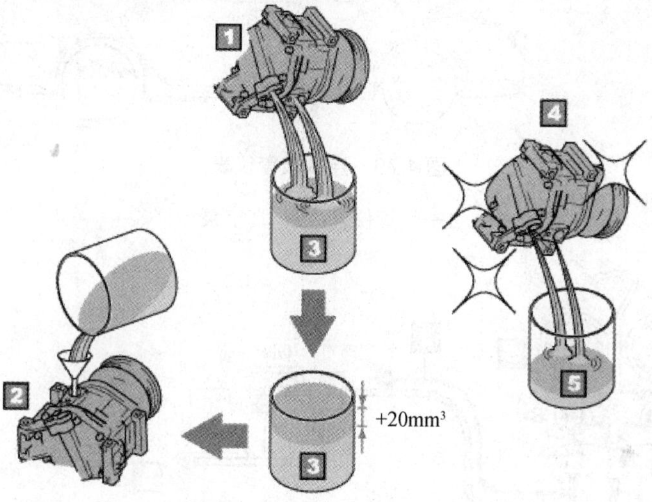

图 4.78　测量空调压缩机油的油量

1—空调压缩机的拆卸；2—空调压缩机；3—油量 A；
4—新空调压缩机；5—排放量＝新空调压缩机的油量-油量 A

b. 更换空调压缩机总成：首先测量拆掉的空调压缩机油的油量(油量 A)，然后根据修理手册检查新空调压缩机油的油量，接着放油，排放量＝新空调压缩机的油量-油量 A。

⑤ 空调压缩机的安装：支撑住空调压缩机，先用手拧紧紧固螺栓，再均匀地紧固所有的螺栓，然后安装空调压缩机的管道，最后安装传动皮带。

3. 空调系统抽真空

(1) 连接歧管仪表：将绿色软管连接到歧管仪表的中部，软管的另一端和真空泵连接，如图 4.79 所示。

(2) 打开歧管仪表高压侧和低压侧两侧的阀门，开动真空泵开始抽真空，直至歧管仪表低压侧显示为 0.1MPa 或更低，如图 4.80 所示。

(3) 保持 0.1MPa 或更低的显示压力再抽真空 10～15min，关闭歧管仪表高压侧和低压侧两侧的阀门，关停真空泵。

(4) 检查空气密闭性：真空泵停止后，高压侧和低压侧两侧的阀门关闭 5min，歧管仪表的读数应该不变。如果显示压力增加，则说明有空气进入空调系统，检查 O 形圈和空调系统的连接状况；如果抽空不足，空调管道内的水分会冻结，这将阻碍制冷剂的流动并导致空调系统内表面生锈。

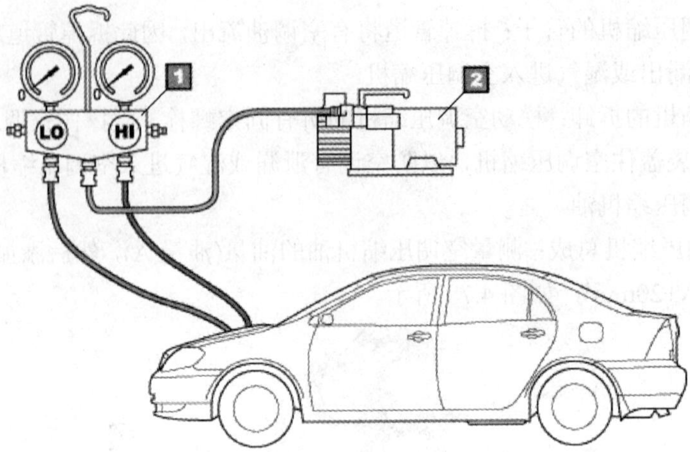

图 4.79　连接歧管仪表

1—歧管仪表；2—真空泵

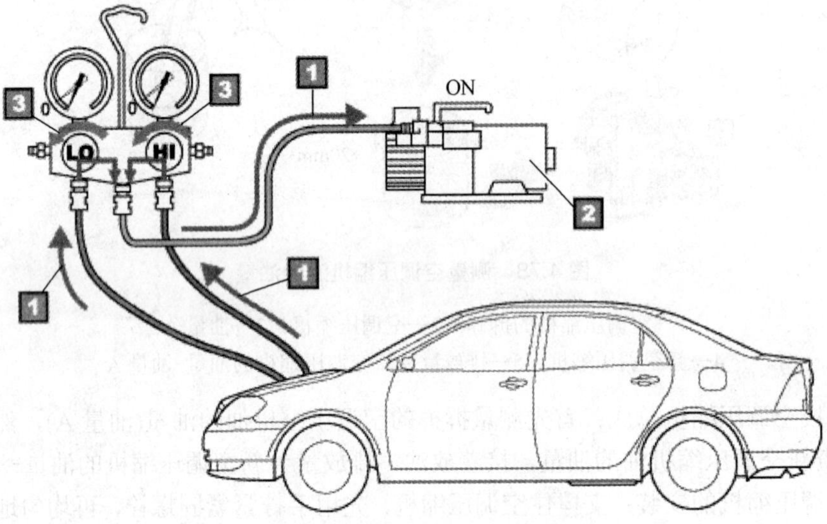

图 4.80　抽真空

1—渗入空气；2—真空泵；3—开

4. 制冷剂的加注

(1) 安装加注罐。

① 连接阀门和加注罐：检查加注罐连接部件的盘根，把阀门旋进加注罐直到和盘根紧密接触，然后紧固阀盘以卡住阀门，如图 4.81 所示。

② 把加注罐安装到歧管仪表上：完全关闭歧管仪表低压侧和高压侧的阀门→把加注罐安装到歧管仪表中间的绿色加注软管→顺时针转动手柄直到针阀在加注罐上钻个孔→逆时针转动手柄退出针阀→按下歧管仪表的空气驱除阀放出空气直到制冷剂从阀门释出。

(2) 从高压侧加注：发动机不工作时，打开高压侧阀门加入制冷剂直到低压侧表显示约 0.98MPa(1kg/cm^2,14psi)；加注后，关闭阀门。

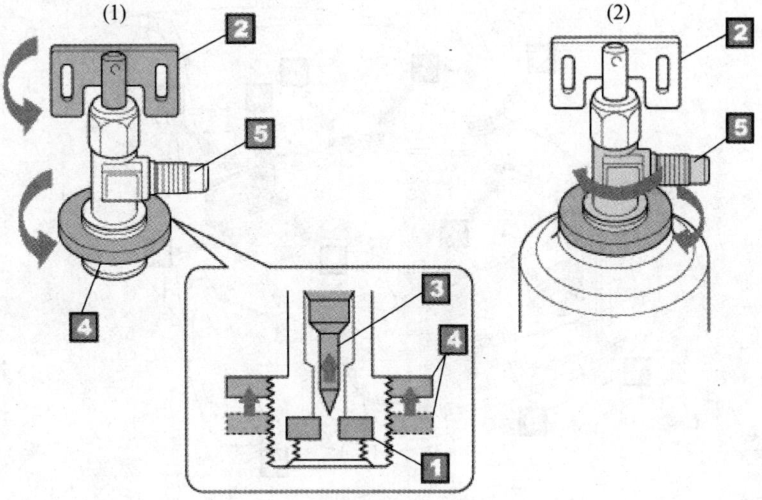

图 4.81　连接阀门和加注罐

1—盘根；2—手柄；3—阀针；4—阀盘；5—阀门

注意

一定不要让压缩机工作，也不要打开低压侧阀门。因为空调压缩机运行时，如果从高压侧加注而低压侧阀门开着，制冷剂就会转变成液态，此时空调压缩机就会受损。

(3) 从低压侧加注：高压侧阀门关闭后起动发动机，然后运行汽车空调→打开歧管压力器低压侧阀门，加入规定量的制冷剂。加注条件：发动机转速为 1500r/min，送风机速度控制开关处于“高”位，A/C 开关“开”，温度设置为“最凉”和完全打开所有车门。

加注完成后，关闭低压侧阀门并关闭发动机，然后把加注软管从车辆侧维修阀门和加注罐阀门上拆掉。

注意

在低压侧加注制冷剂时加注罐倒置将使空调制冷剂以液态进入压缩机，压缩液体将损坏压缩机，所以加注罐不能倒置；同时还要注意不要加注过量，因为加注过量将导致制冷不足或加热过度；更换加注罐时，应当关闭高低压两侧的阀门；更换后，应打开驱气阀从中部的软管(绿色)和歧管压力计放出管路中的空气。

(4) 漏气检查：用漏气检测器检查制冷剂的泄漏情况，图 4.82 所示为漏气检测器应该检查的主要部位。

(5) 最后检查：检查制冷剂的加注量是否合适，空调系统运转是否正常，主要通过在观察窗中检查加注量以及检查漏气和空调制冷状况等方法来进行检查判断。

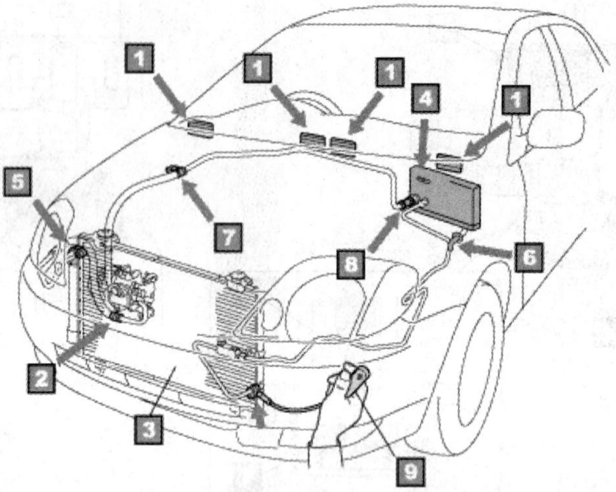

图 4.82 漏气检测器应该检查的主要部位

1—送风机电阻；2—空调压缩机；3—冷凝器；4—蒸发器；5—收集器或调制器；6—排放软管；7—管道的连接部位；8—EPR(蒸发器压力调节器)

5. 空调系统的控制电路及故障诊断

汽车空调制冷系统的控制电路因车型不同，其电路原理及组成也有所不同。因此，在检修汽车空调电路时，应首先理解空调的电路原理，然后才能动手检查和修理。

1) 汽车空调的控制电路

图 4.83 为丰田某车型的手动空调系统的控制电路，从图中可以看出，空调系统所包含的电器元件有：空调放大器，执行元件有电磁离合器及真空电磁阀等，传感器及开关有双重压力开关、转速检测传感器、点火器、热敏电阻、空调开关、点火开关、鼓风机开关等，继电器包括电磁离合器继电器、暖风继电器，保险包括断路器、仪表熔断丝、空调熔断丝。

2) 空调系统的电路检查

(1) 检查电源电路：在接通鼓风机开关和空调开关后，检查空调放大器电源端有无 12 V 电压，并检查电磁离合器继电器线圈处有无 12V 电压。若有 12V 电压，则表明电源电路正常，否则应按照电路图逐一检查空调开关、空调熔断丝、暖风继电器、仪表熔断丝、断路器和鼓风机开关等是否正常。

(2) 检查各传感器和开关电路：用万用表检查蒸发器热敏电阻、空调开关、压缩机转速检测传感器、压力开关等到空调放大器的电路是否导通；按照维修手册规定的要求检测各传感器的电阻是否符合要求，检查各开关是否能在规定的情况下导通。

(3) 检查电磁离合器继电器：将电磁离合器继电器的空调放大器控制端直接搭铁，看压缩机电磁离合器是否吸合，如能吸合说明继电器良好。

(4) 检查电磁离合器：将电磁离合器的电源端子直接接蓄电池正极，检查能否吸合，如能吸合说明电磁离合器正常。

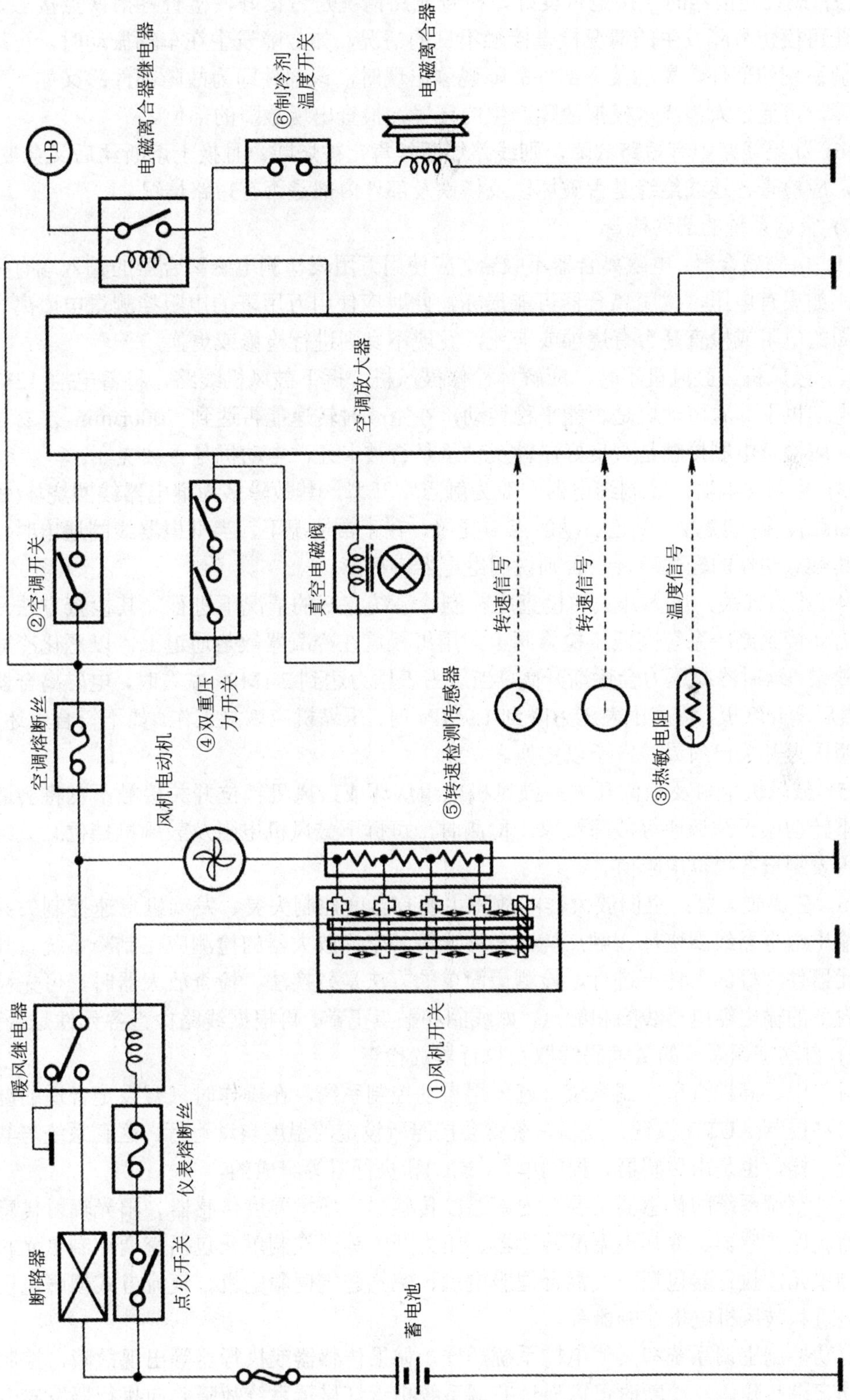

图 4.83　丰田某车型的手动空调系统的控制电路示意图

(5) 检查连接器的连接是否良好，检查线路情况是否良好，检查各搭铁点接触是否良好；还可模仿故障发生的情况检查接触不良的情况，如故障发生在车辆振动时，可逐一晃动空调系统的部件，晃动某一部件故障现象出现时，该部件即为故障部件；又如下雨时出现故障，可通过人为浇水模拟故障产生的环境，检查出现故障的部位。

(6) 如果线路中有短路故障，则线路熔断丝肯定被烧断，且换上熔断丝后又会被烧断。此时，应检查各连线绝缘是否破坏以及搭铁及部件内部是否有短路情况。

3) 空调系统的部件检查

(1) 电磁离合器：电磁离合器不吸合，应使用万用表检测电磁离合器的输入端有无 12V 电压，如果有电压，说明离合器可能损坏，此时应使用万用表的电阻挡测量电磁离合器电磁线圈的电阻或检查是否有烧蚀或卡死，发现不良则进行检修或更换。

(2) 鼓风机：鼓风机不转，应解体检修鼓风机。拆下鼓风机线路，将蓄电池 12V 电压接在电动机上，看电动机是否能平稳转动，在空载时转速能否达到 7000r/min 左右。如不正常，应检查电刷接触是否良好，轴及轴承是否被卡死，电动机是否被烧坏。

(3) 控制继电器：控制继电器一般为触点常开型，其故障多为继电器线圈烧坏(线圈短路或断路)、触点烧蚀、粘连、动触点卡死等。在正常情况下，当继电器线圈通电时，应能听到其触点动作的轻微声音，否则说明继电器有故障。

(4) 压力开关：压力开关的检查应在制冷系统完好的情况下进行。其检查方法是，歧管压力计接到制冷系统高低压检修阀上，用纸板盖在冷凝器散热通道上，以恶化冷凝器的冷却效果，这时冷凝压力会逐渐升高，当压力表压力达到 2.1MPa 左右时，电磁离合器应断电，然后拿开纸板，待高压表压力降到 1.9MPa 时，压缩机应恢复工作。如不符合上述规定，则说明压力开关已失灵，应予以更换。

(5) 鼓风机电阻及挡位开关：鼓风机电阻烧坏或鼓风机挡位开关接触不良将会造成鼓风机不转动或无法调速等故障现象。检测时，可拆下鼓风机电阻及鼓风机挡位开关组件，用万用表测量各挡位电阻值。

(6) 空调放大器：空调放大器的故障主要有温度控制失灵、发动机怠速控制失灵、放大器输出继电器线圈烧坏、触点烧蚀和粘连等。空调放大器的检测应在制冷系统及其他电路及元器件完好的条件下进行。检测最简单的方法是替换法。检查放大器时，可先检查放大器内部的输出继电器线圈和触点，如线圈和触点正常，再根据线路检查各元件是否正常。

4) 自动空调系统的故障码读取及执行器的检查

目前中、高档汽车空调系统普遍采用自动控制系统，在操作时只要设定合适的温度，按下自动控制(AUTO)按钮，控制系统就会按照所设定的温度自动运行。这套系统与其他电控系统一样，也是由传感器、控制单元(ECU)和执行器等组成的。

自动空调系统的传感器主要有内部温度传感器、环境温度传感器、阳光辐射传感器、蒸发器温度传感器、冷却液温度传感器、压力开关等。控制单元包括空调控制单元和发动机控制单元，执行器包括空气混合伺服电机、空气进气伺服电机、气流方式伺服电机、鼓风机电机和鼓风机电机控制器等。

自动控制空调系统和其他电控系统一样，如果传感器或执行器等出现故障，控制单元会自动记录故障码，诊断时可以通过空调系统指示灯显示系统故障并向执行器发出工作指令，用以检查各执行器的故障情况。

(1) 将点火开关转至 ON 位置，同时按下 AUTO 和 R/F 开关进行指示灯检查，此时所有的指示灯在 1s 内应亮灭 4 次。

(2) 指示灯检查结束后，则自动进入故障码检查(传感器检查)连续操作模式，这时可通过控制面板读取故障码。如果要求显示变慢，则按下 DEF 开关，转换至分步操作模式。每按 DEF 开关一次，显示屏变化一次。表 4-2 为丰田卡罗拉汽车自动空调系统的故障码表。

表 4-2　丰田卡罗拉汽车自动空调系统的故障码表

故障码	故障诊断	故障说明
00	正常	——
11	车内温度传感器故障	(1) 车内温度传感器有故障 (2) 空调放大器有故障 (3) 车内温度传感器与空调放大器间的配线和连接器有故障
12	环境温度传感器故障	(1) 环境温度传感器有故障 (2) 环境温度传感器与空调放大器间的配线和连接器有故障 (3) 空调放大器有故障
13	蒸发器温度传感器故障	(1) 蒸发器温度传感器有故障 (2) 蒸发器温度传感器与空调放大器间的配线和连接器有故障 (3) 空调放大器有故障
14	水温传感器故障	(1) 水温传感器有故障 (2) 水温传感器与发动机 ECU 间的配线和连接器有故障 (3) 发动机 ECU 与仪表 ECU 间的配线和连接器有故障 (4) 仪表 ECU 与空调放大器间的配线和连接器有故障 (5) 空调放大器有故障
21	日光传感器电路短路 日光传感器电路断路	(1) 日光传感器有故障 (2) 日光传感器与空调放大器间的配线和连接器有故障 (3) 空调放大器有故障
23	压力开关电路故障	(1) 压力开关有故障 (2) 空调放大器有故障 (3) 压力开关与空调放大器间的配线和连接器有故障
31	空气混合风挡位置传感器电路故障	(1) 空气混合风挡位置传感器有故障 (2) 空调放大器有故障 (3) 空气混合风挡位置传感器与空调放大器间的配线和连接器有故障
33	出风口风挡位置传感器电路故障	(1) 出风口风挡位置传感器有故障 (2) 空调放大器有故障 (3) 出风口风挡位置传感器与空调放大器间的配线和连接器有故障
41	空气混合风挡控制伺服电机故障	(1) 空气混合风挡控制伺服电机有故障 (2) 空气混合风挡位置传感器有故障 (3) 空气混合风挡控制伺服电机与空调放大器间的配线和连接器有故障 (4) 空调放大器有故障
43	出风口风挡控制伺服电机故障	(1) 出风口风挡控制伺服电机有故障 (2) 出风口风挡位置传感器有故障 (3) 出风口风挡伺服电机与空调放大器间的配线和连接器有故障 (4) 空调放大器有故障

(3) 在故障码检查(传感器检查)模式下，按下 R/F 开关，则进入执行器检查连续操作模式；此时按下 DEF 开关，则进行分步操作；按下 OFF 开关，则取消检查模式。表 4-3 为执行器检查工作表。

表 4-3　执行器检查工作表

显示代码	鼓风机电机	出风口风挡	进风口风挡	电磁离合器	空气混合器风挡
0	OFF	FACE	FRESH	OFF	冷侧(0%开度)
1	1	FACE	FRESH	OFF	冷侧(0%开度)
2	16	FACE	FRESH	ON	冷侧(0%开度)
3	16	FACE	FRESH	ON	冷侧(0%开度)
4	16	FACE	RECIRC	ON	冷/热(50%开度)
5	16	BI—LEVEL	RECIRC	ON	冷/热(50%开度)
6	16	FOOT	RECIRC	ON	热侧(100%开度)
7	16	FOOT	RECIRC	ON	热侧(100%开度)
8	16	FOOT/DET	RECIRC	ON	热侧(100%开度)
9	31	DET	RECIRC	ON	热侧(100%开度)

任务 4.5　汽油发动机电控系统的检测与诊断

4.5.1　任务引入

“汽油发动机电控系统的检测与诊断”是最常见的维修工作之一，通过实训，要熟悉汽油发动机电控系统的基本原理，掌握诊断常见故障的基本方法，培养分析问题、解决问题的实践能力。

4.5.2　相关知识

1. 汽油发动机电控系统概述

汽油发动机通过汽油和空气混合吸入气缸燃烧产生动力。汽油发动机产生动力的 3 个基本要素如下。

(1) 良好的空气-燃油混合气。

(2) 很高的压缩压力。

(3) 正确的点火正时及强烈的电火花。

为了同时满足这 3 个要素，严格控制空气-燃油混合气的比例和点火正时是最重要的。电子燃油喷射(EFI)系统使用各种传感器探测发动机和车辆的运行工况。发动机电控单元(ECU)根据来自这些传感器的信号，计算喷油量并驱动喷油器以喷射合适的燃油量。

2. 汽油发动机电控系统的电路

汽油发动机电控系统的电路一般可分为电控单元的电源电路、信号输入电路和执行器工作电路。

1) 电控单元的电源电路

电源电路是用来为发动机ECU提供电源的，电路中包括点火开关、EFI主继电器等部件，在汽车中主要采用以下两种方式。

(1) 点火开关控制型：EFI主继电器直接由点火开关控制，如图4.84所示。当打开点火开关时，电流进入EFI主继电器线圈使触点闭合，给发动机ECU的+B和+B1端子提供电压。通常将电源与发动机ECU的BATT端子连接起来以防止点火开关被关闭时诊断代码和存储器中的其他数据消失。

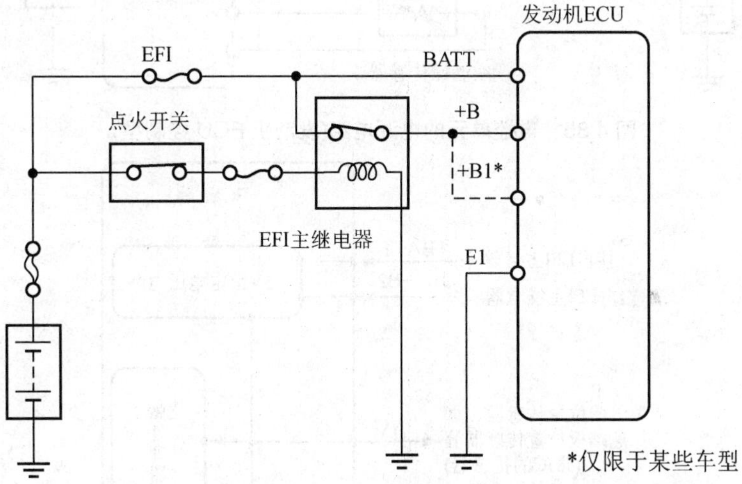

图4.84 电控单元的电源电路(点火开关控制型)

(2) 发动机ECU控制型：EFI主继电器的工作由发动机ECU控制，如图4.85所示。这种电路要求在断开点火开关后电源仍可在一段时间内为发动机提供电压。因此，EFI主继电器的打开和关闭由发动机ECU控制。当点火开关打开时，电源电压提供给发动机ECU的IG SW端子，发动机ECU的EFI主继电器控制电路发送信号给M-REL端子，以打开EFI主继电器。这个信号通过使线圈通电并闭合EFI主继电器的触点来提供电压给+B端子。

2) 电控单元的信号输入电路和执行器工作电路

(1) VC输出电路：ECU得到来自蓄电池的电压后持续生成5V电源，提供给微处理器，如图4.86所示。

(2) 电控单元的传感器电路：传感器将各种信号转换成可以被发动机ECU检测的电压变化信号，图4.87为常见传感器的基本电路。

(3) 电控单元的执行器电路：执行器接收电控单元ECU指令而工作，图4.88为电控发动机喷油器的控制电路。

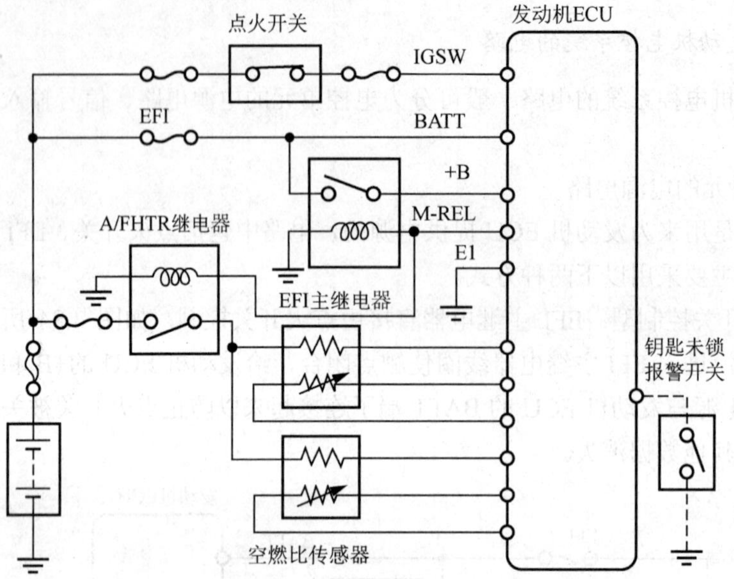

图 4.85　电控单元的电源电路(发动机 ECU 控制型)

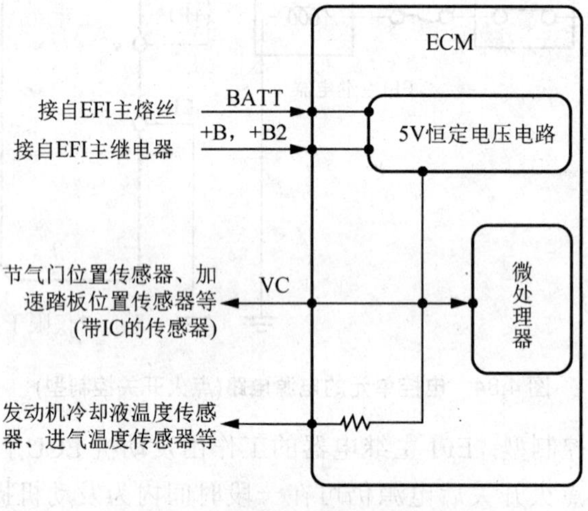

图 4.86　电控单元的 VC 输出电路

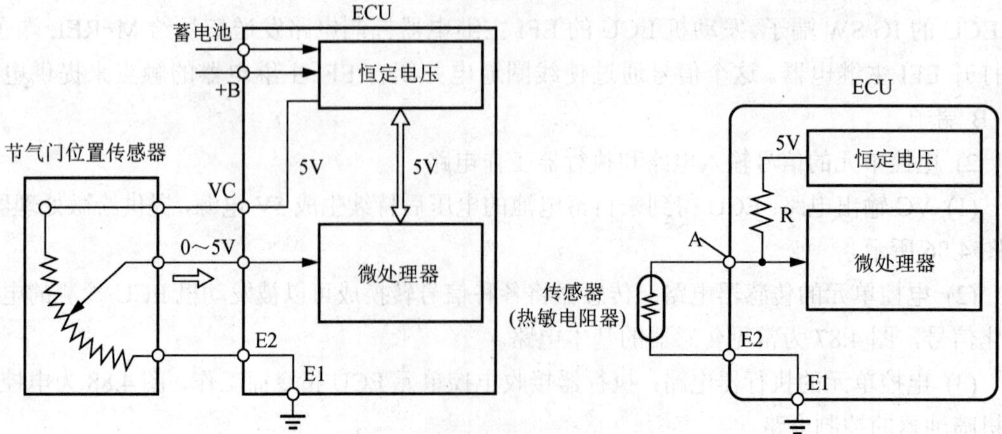

图 4.87　常见传感器的基本电路

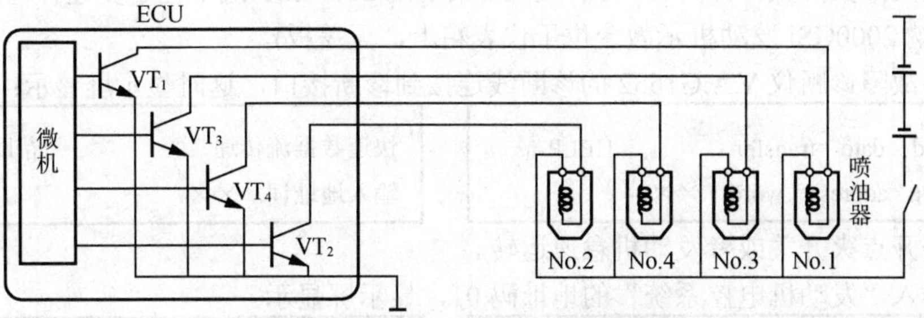

图 4.88　电控发动机喷油器的控制电路

3. 发动机电控系统诊断概述

发动机 ECU 拥有 OBD(车载诊断系统)的功能，该功能可连续监控每个传感器及执行器的工况。如果诊断到某个故障，则以 DTC(故障代码)的形式将该故障记录下来。此时，组合仪表板上的故障指示灯相应点亮，通知驾驶员。

如果将汽车故障诊断仪连接到诊断插座，便可通过 SIL 端子与发动机 ECU 交换数据，读取故障代码，如图 4.89 所示。

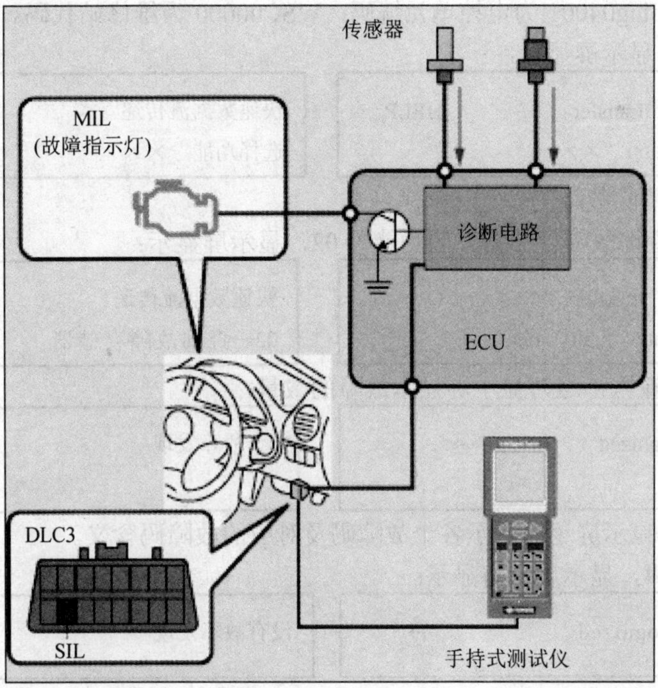

图 4.89　利用汽车故障诊断仪(手持式测试仪)读取故障信息

4.5.3　任务实施

1. 从实车上检测故障信息(2000GSi 发动机)

(1) 检测条件：蓄电池电压高于 11.5V；17 号熔丝正常；发动机 ECU 搭铁线正常。

(2) 连接仪器。

① 关闭点火开关，打开诊断接口盖板(桑塔纳 2000GSi 汽车位于变速杆前端的防尘罩下；桑塔纳 2000GSi 发动机示教台位于仪表箱上，无盖板)。

② 将故障诊断仪 V.A.G1552 的诊断线连接到诊断接口，这时显示屏显示：

Rapid date transfer HELP	快速数据流传递 帮助
Insert address word ××	输入地址词 ××

③ 打开点火开关或者发动机怠速运转。

④ 输入“发动机电控系统”的地址码 01，显示屏显示：

Rapid date transfer Q	快速数据流传递 确认
01－Engine electronics	01—发动机电器

按 Q 键确认，显示屏显示：

330 907 559 1.8L R4/2V MOTR HS D01 →
Coding 04001 WSC00000

其中：330 907 559 为电控单元备件号；1.8L 为发动机排量；R4/2V 为直列四缸发动机、每缸 2 气门；MOTR 为 Motronic；HS 为手动变速器(AT 表示自动变速器)；D01 为电控单元软件版本；Coding04001 为电控单元编码；WSC00000 为维修站代码。

⑤ 按→键，显示屏显示：

Rapid date transfer HELP	快速数据流传递 帮助
Select function ××	选择功能 ××

(3) 读取和清除故障码。

① 输入“查询故障存储器”的功能码 02，显示屏显示：

Rapid date transfer Q	快速数据流传递 确认
02—Interrogate fault memory	02—查询故障存储器

按 Q 键确认输入，这时显示屏显示故障的数量：

× fault recognized →	×个故障发现 →

② 按→键，显示屏逐一显示各个故障码及对应的故障码含义。

如果没有故障，显示屏上将显示：

No fault recognized →	没有故障发现 →

③ 按→键，显示屏显示：

Rapid date transfer HELP	快速数据流传递 帮助
Select function ××	选择功能 ××

④ 输入“清除故障存储器”的功能码 05，显示屏显示：

Rapid date transfer Q	快速数据流传递 确认
05—Erase fault memory	05—清除故障存储器

按 Q 键确认输入，显示屏显示：

Rapid date transfer →	快速数据流传递 →
Fault memory is erased	故障存储已被清除

⑤ 按→键，显示屏显示：

Rapid date transfer HELP	快速数据流传递 帮助
Select function ××	选择功能 ××

⑥ 输入“结束输出”的功能码 06，显示屏显示：

Rapid date transfer Q	快速数据流传递 确认
06－End ˋoutput	06—结束输出

按 Q 键确认输入，退出测试。

2. 故障码

故障码表是用 5 位数按顺序排列而成的，表 4-4 为桑塔纳 GSi2000 轿车电子控制燃油喷射系统的故障码列表。

表 4-4　电子控制燃油喷射系统的故障码

V.A.G1552 显示屏幕显示	可能的故障原因	故障排除方法
(00513) 发动机转速传感器(G28)：无信号	在传感器线路上有断路或短路 G28 损坏	检修线路 检测 G28
(00515) 霍耳传感器(G40)：对正极断路/短路	传感器线路对正极断路或短路 G40 损坏	检修线路 检测 G40
(00518) 节气门电位计(G69)：对正极断路/短路	传感器线路对正极断路或短路 G69 损坏	检修线路 检测 G69
(00530) 节气门定位电位计(G88)：对正极断路/短路	传感器线路对正极断路或短路 G88 损坏	检修线路 检测 G88
(00524) 爆燃传感器 1(G61)：对地断路/短路	传感器线路对地断路或短路 G61 损坏	检修线路 检测 G61
(00522) 冷却液温度传感器(G62)：对地短路、对正极断路/短路	传感器线路断路 G62 损坏 传感器线路对地短路	检修线路 检测 G62 检修线路
(00527) 进气温度传感器(G72)：对地短路、对正极断路/短路	传感器线路断路 G72 损坏 传感器线路对地短路	检修线路 G72 损坏 检修线路
(00540) 爆燃传感器 2(G66)：对地断路/短路	传感器线路对地断路或短路 G66 损坏	检修线路 检测 G66
(01249) 第 1 缸喷油器(N30)：对正极断路或短路	第 1 缸喷油器线路对正极断路或短路 N30 损坏	检修线路 检测 N30
(01251) 第 3 缸喷油器(N32)：对正极断路或短路	第 3 缸喷油器线路对正极断路或短路 N32 损坏	检修线路 检测 N32
(00553) 空气质量计(G70)：对地断路/短路	传感器线路对地断路或短路 G70 损坏	检修线路 检测 G70

续表

V.A.G1552 显示屏幕显示	可能的故障原因	故障排除方法
(01165) 节气门控制部件(J338)：基本设定错误	节气门控制部件与发动机控制单元没有匹配	重新完成匹配程序
(01250) 第 2 缸喷油器(N31)：对正极断路或短路	第 2 缸喷油器线路对正极断路或短路 N31 损坏	检修线路 检测 N31
(01252) 第 4 缸喷油器(N33)：对正极断路或短路	第 4 缸喷油器线路对正极断路或短路 N33 损坏	检修线路 检测 N33
(00668) 30 号端子电压：信号太小	蓄电池电压小于 10.0V	对蓄电池充电
(01247) ACF 电磁阀(N80)：对地断路/短路	ACF 电磁阀的线路对地断路或短路 N80 损坏	检修线路 检测 N80

在更换显示有故障的零件之前，先按电路图检查这些零件的接线和插头，并且检查搭铁线，如果故障显示为 SP(偶然故障)，则要特别遵守此项规定。

3. 故障诊断仪的功能

V.A.G1552 故障诊断仪的功能见表 4-5，在使用中要根据故障诊断仪显示屏提示进行操作，本书限于篇幅，在此不再赘述。

表 4-5 V.A.G1552 故障诊断仪的功能

功能代码	含义(英文)	点火开关是否接通	发动机是否怠速运转
01	Interrogate control unit versions 询问控制单元版本	是	否
02	Interrogate fault memory 查询故障存储	是	是
03	Final control diagnosis 最终控制诊断	是	否
04	Introduction of basic setting 基本设定	是	否
05	Erase fault memory 清除故障存储	是	是
06	End output 结束输出	是	是
07	Code control unit 控制单元编码	是	否
08	Read measuring value block 读测量数据块	是	是
09	Read individual measuring value 读取单个测量数据	×	×
10	Adaptation 匹配、自适应	×	×
11	Login procedure 登录	×	×

4. 电控燃油喷射系统和点火系统的检测

(1) 连接导线的检测：为了检修时查找线路的方便，图 4.90 给出了 M3.8.2 电控单元的连线插座。

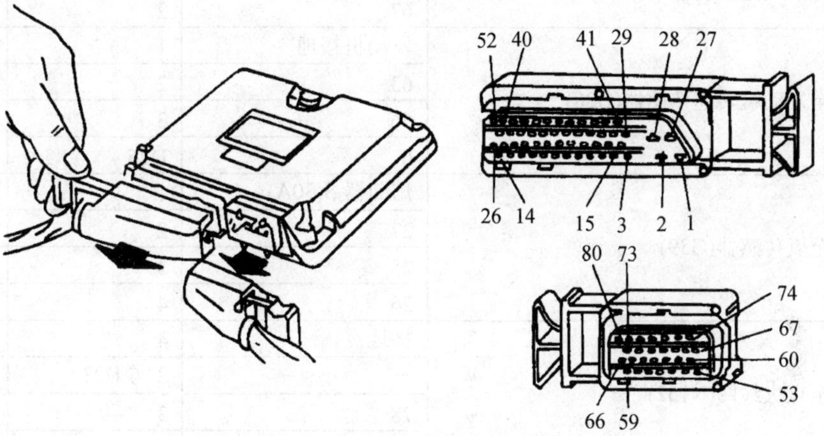

(a) (b)

图 4.90 M3.8.2 电控单元插座

(a) 拔下插头；(b) 插头端子

发动机电控单元为 80 端子，线束由一个 52 端子插座和一个 28 端子插座与其相连接。

关闭点火开关，从发动机电控单元上拔下接线插座，再拔下要检测的传感器插头或插座，检测其连接电线的电阻。检测时，为了避免损坏电子元件，要注意量程必须符合检测条件，其检测项目见表 4-6。

表 4-6 电控燃油喷射系统连接导线的检测

序号	检测项目		检测部位		额定值/Ω
			电控单元插座号	元件插座号	
1	至空气质量计(G70)连接导线		11	4	<0.5
			12	3	<0.5
			13	5	<0.5
2	节气门控制部件(J338)	至节气门定位器(V60)	66	1	<1
			59	2	<1
		至怠速开关(F60)	69	3	<0.5
		至节气门电位计(G69)	62	4	<0.5
			75	5	<0.5
		至怠速开关(F60)	67	7	<0.5
		至节气门定位电位计(G88)	74	8	<0.5
		怠速开关闭合	67 与 69		<1
		怠速开关打开	67 与 69		∞
3	至冷却液温度传感器(G62)		67	1	<1
			53	3	<0.5

续表

序号	检测项目	检测部位		额定值/Ω
		电控单元插座号	元件插座号	
4	至进气温度传感器(G72)	54	1	<0.5
		67	2	<1
5	至发动机转速传感器(G28)	发动机接地	1	<0.5
		63	2	<0.5
		56	3	<0.5
		6	D26	<0.5
6	至氧传感器(G39)	熔断器 S(30A)	1	通
		27	2	<20
		25	3	<1.5
		26	4	<1.5
7	至点火线圈(N152)	接地点	4	通
		—	2 与 D23	通
		78	3	<0.5
		71	1	<0.5
8	至霍耳传感器(G40)	62	1	<0.5
		76	2	<0.5
		67	3	<1
9	至活性炭电磁阀(N80)	15	2	<0.5
		熔断器 S(30A)	1	通
10	至空调压缩机	8	压缩机电磁开关插头触点	<0.5
		10	A/C 开关	<0.5
11	至车速转速传感器	20	3	<0.5
12	至爆震传感器(G61)	68	1	<0.5
		67	2	<1
		2	3	<0.5
13	至爆震传感器(G66)	60	1	<0.5
		67	2	<1
		2	3	<0.5
14	至一缸喷油器(N30)	73	2	<1.0
15	至二缸喷油器(N31)	80	2	<1.0
16	至三缸喷油器(N32)	58	2	<1.0
17	至四缸喷油器(N33)	65	2	<1.0

(2) 电控单元(J220)上插头各部件端电压及电阻值的检测，见表 4-7。

表 4-7 电控单元(J220)上插头各部件端电压及电阻值

序号	检测项目	检测条件－附加操作	检测部位	额定值
1	一～四缸喷油器电阻	关闭点火开关，拔下一～四缸喷油器插座	插头两触点	13～18Ω
2	一～四缸喷油器供电电压	各喷油器插座触点(1)和喷油器熔断器间线路正常	各插座触点(1)和发动机接地点	蓄电池电压

续表

<table>
<tr><th>序号</th><th>检测项目</th><th colspan="2">检测条件－附加操作</th><th>检测部位</th><th>额定值</th></tr>
<tr><td>3</td><td>燃油泵继电器</td><td colspan="2">关闭点火开关，从中央电器中拔下燃油泵继电器，测 2 号位继电器板上触点(4)和接地点</td><td></td><td>接近 12V</td></tr>
<tr><td>4</td><td>λ传感器加热</td><td colspan="2">关闭点火开关，拔下“λ”传感器 4 针插座</td><td>触点(1)和(2)</td><td>1～5 Ω</td></tr>
<tr><td>5</td><td>λ传感器工作</td><td colspan="2">发动机正常工作，改变工况</td><td>触点(3)和(4)</td><td>0.1 ～ 0.3V 与 0.7 ～ 1.1V 间变化</td></tr>
<tr><td>6</td><td>λ传感器信号电路</td><td colspan="2">加热正常，打开点火开关</td><td>触点(3)和(4)</td><td>400～500mV</td></tr>
<tr><td>7</td><td>活性炭罐电磁阀(ACF 阀)</td><td colspan="2">关闭点火开关，拔下插座</td><td>两触点</td><td>22～30 Ω</td></tr>
<tr><td>8</td><td>节气门电位计(G69)</td><td colspan="2">关闭点火开关，拔下插座，再打开点火开关</td><td>触点(5)和(7)</td><td>约 5V</td></tr>
<tr><td>9</td><td>节气门定位电位计(G88)</td><td colspan="2">关闭点火开关，拔下插座，再打开点火开关</td><td>触点(4)和(7)</td><td>约 5V</td></tr>
<tr><td>10</td><td>空气质量计(G70)供电电压</td><td colspan="2">燃油泵继电器和熔断器正常</td><td>触点(4)与接地点</td><td>约 5V</td></tr>
<tr><td>11</td><td>发动机转速传感器</td><td colspan="2">关闭点火开关，拔下发动机转速传感器插头</td><td>触点(2)与(3)</td><td>480 ～ 1000 Ω</td></tr>
<tr><td>12</td><td>爆震传感器输出电压</td><td colspan="2">发动机运转</td><td>触点(1)与(2)</td><td>0.3～1.4V</td></tr>
<tr><td>13</td><td>霍耳传感器(G40)输出电压</td><td colspan="2">拔下插座，打开点火开关</td><td>触点(1)与(3)</td><td>接近 5V</td></tr>
<tr><td>14</td><td>霍耳传感器(G40)输入电压</td><td colspan="2">拔下插座，打开点火开关</td><td>触点(2)与(3)</td><td>接近蓄电池电压</td></tr>
<tr><td rowspan="2">15</td><td rowspan="2">发动机控制单元供电电压</td><td rowspan="2">蓄电池电压高于 11V，熔断器 S17 正常</td><td>关闭点火开关</td><td>触点(3)与(2)</td><td>接近蓄电池电压</td></tr>
<tr><td>打开点火开关</td><td>触点(1)与(2)</td><td>接近蓄电池电压</td></tr>
</table>

5. 怠速检查

怠速转速是由发动机电控单元预先设置的，不可以调整。

(1) 测试条件：冷却液温度大于 80℃；测试时冷却风扇不运转；空调关闭；其他用电设置关闭；节气门拉索调节正常。

(2) 测试步骤如下。

① 使发动机怠速运转，用故障诊断仪 V.A.G1552 进入 08 功能“读测量数据块”，选择显示组 03，显示屏上显示：

Read measuring value block 3 →	读测量数据块 3 →
800/min 13.650V 92.0℃ 43.2℃	800/min 13.650V 92.0℃ 43.2℃

② 检查区域 3，冷却液温度应大于 80℃。

③ 检查区域 1，发动机怠速转速标准值应为 800±30r/min。如果怠速转速不在标准范围内，按“C”键，输入 20，按“Q”键确认，这时显示屏上将显示：

Read measuring value block 20 →	读测量数据块 20 →
800/min Neutral A/C-Low Compr.OFF	800/min Neutral A/C-关闭 压缩机：关闭

④ 检查区域 3，空调开关(A/C)应关闭。

⑤ 检查区域 4，压缩机应关闭。如果空调开关是打开的，而压缩机在工作，应把空调开关关闭，鼓风机关闭，使压缩机不工作，按“C”键，输入 04 功能，按“Q”键确认，显示屏上显示：

Read measuring value block 4 →	读测量数据块 4 →
3∠° 0.23g/s 0.00g/s Idling	3∠° 0.23g/s 0.00g/s 怠速

⑥ 检查区域 4，应当是 Idling 怠速，如果没有显示怠速，应检查怠速开关。

⑦ 检查区域 1，标准值应为 0～5∠°。如果没有达到标准值，应检查节气门控制组件与发动机电控单元的匹配。

⑧ 按↑键，显示屏上显示：

Read measuring value block 5 →	读测量数据块 5 →
810/min 800/min 1.7% 2.9g/s	810/min 800/min 1.7% 2.9g/s

⑨ 检查区域 1，怠速标准值应为 800±30r/min。

(3) 怠速不当的原因如下所示。

怠速转速太低，产生故障的原因可能是节气门组件与发动机电控单元匹配不当，发动机负荷过大或节气门控制组件故障。

怠速过高的原因有进气系统漏气，节气门组件与发动机电控单元匹配不当，节气门组件有故障，活性炭罐电磁阀常开。

6. 测试燃油压力调节器和保持压力

(1) 测试条件：燃油泵继电器正常；燃油泵工作正常；燃油滤清器正常；蓄电池电压正常。

(2) 测试方法如下所示。

① 在燃油分配管进油管接头下垫一块布，松开进油管接头，如图 4.91 所示，流出的燃油由棉布吸掉。

② 把燃油压力表串接在进油管中，打开燃油压力表开关，起动发动机并怠速运转，测量燃油压力，如图 4.92 所示，标准值应接近 0.25MPa。

③ 拔下压力调节器上的真空管，测量燃油压力，此时标准值应接近 0.3MPa。

④ 接上真空管。踩一下加速踏板，燃油压力表指针应在 0.28～0.30MPa 之间跳动。

⑤ 关闭点火开关，10min 后，燃油保持压力应大于 0.15MPa。

⑥ 如果燃油保持压力小于 0.15MPa，起动发动机并怠速运转，当燃油压力建立起来后，关闭点火开关，同时关闭燃油压力表开关，继续观察压力表指针是否会下降。

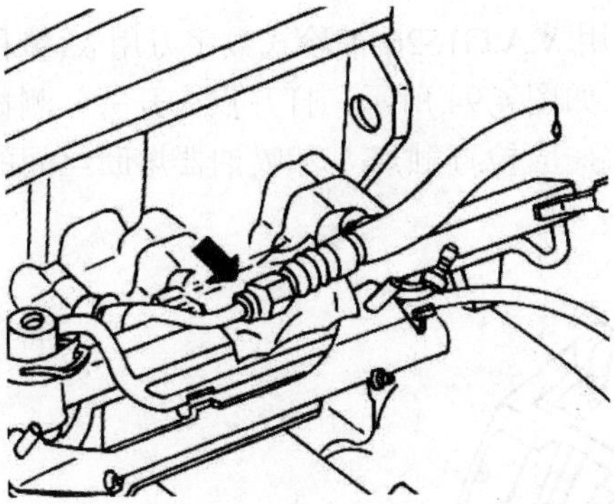

图 4.91　松开进油管接头

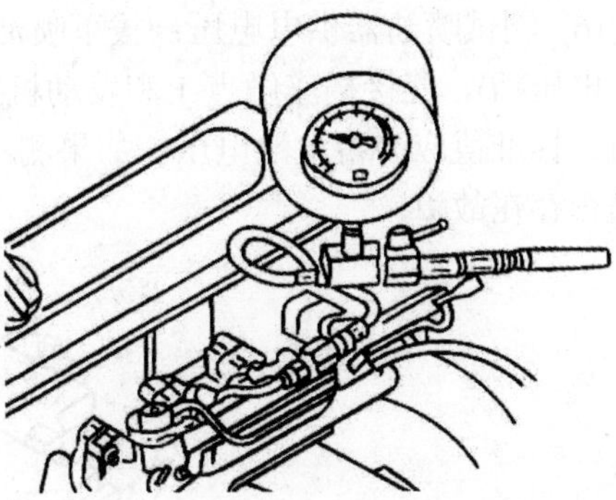

图 4.92　测量燃油压力

如果压力仍下降，可能产生故障的原因有：燃油压力调节器阀门不密封；喷油器滴油；进油端之后的管路有渗漏。如果压力不下降，产生故障的原因可能是进油端之前的管路有渗漏或燃油泵出油止回阀不密封。

7. 喷油器的动作测试

(1) 用故障诊断仪 V.A.G1552 进入 03 功能“最终控制诊断”，显示屏上显示：

Final control diagnosis → Injector, Cylinder 1—N30	最终控制诊断 → 第一缸喷油器—N30

(2) 踩加速踏板，打开怠速开关，第 1 缸喷油器必须发出“咔嗒”声并动作 5 次。如果喷油器有“咔嗒”声，按→键，显示屏上显示：

Final control diagnosis → Injector, Cylinder 2—N31	最终控制诊断 → 第二缸喷油器—N31

(3) 如果喷油器没有“卡嗒”声，拔下喷油器插头，用 V.A.G1527 连接触点 1 和触点 2。

(4) 重复进行最终控制诊断，使该喷油器动作。踩加速踏板后，发光二极管测试灯必须闪亮 5 次。如果测试灯不闪，应进行喷油器供电电压测试。

(5) 如果发光二极管测试灯闪，用 V.A.G1526 袖珍式数字万用表测量喷油器的电阻，如图 4.93 所示。标准值应为 13～18Ω。如果喷油器电阻不在规定范围内，应更换新喷油器。

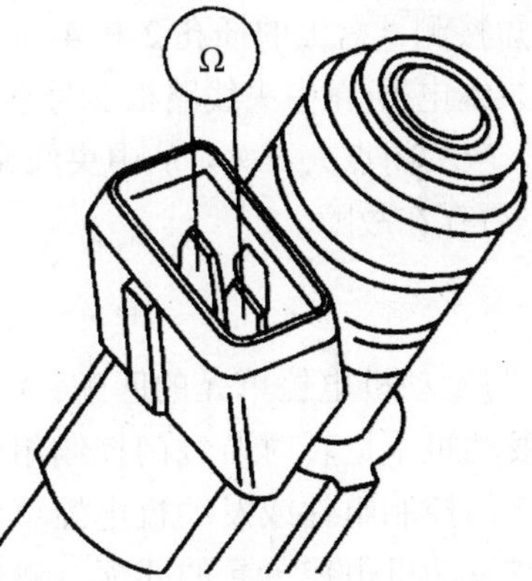

图 4.93　测量喷油器电阻

(6) 测试喷油器供电电压：拔下喷油器插座，用 V.A.G1526 袖珍式数字万用表(量程为 20V 电压挡)，连接插座触点 1 和发动机搭铁点 2，如图 4.94 所示；打开点火开关，测试电压值，标准值应为蓄电池电压。如果测不到电压值，应检查触点 1 和喷油器熔断丝间的线路是否存在故障。

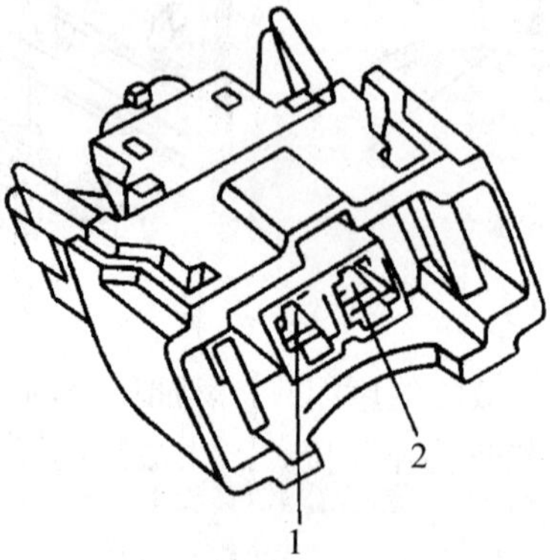

图 4.94　测试喷油器供电电压

8. 测试燃油泵继电器

(1) 测试条件：蓄电池电压正常；燃油泵熔丝正常；燃油滤清器正常。

(2) 燃油继电器功能测试如下。

① 接通点火开关。

② 使用 V.A.G1552 进入 03 功能“最终控制诊断”，显示屏显示：

Final control diagnosis → Injector, Cylinder 1—N30	最终控制诊断 → 第一缸喷油器—N30

此时应该能够听到燃油泵动作的声音，并且燃油泵在运转，可以听到燃油分配管中燃油流动的声音。

(3) 测试燃油泵继电器的动作如下。

① 关闭点火开关。

② 用 V.A.G1598/22 与发动机控制单元线束插座相连。

③ 用 V.A.G1594 测试线短接测试盒上的插孔 2 和 4。

④ 接通点火开关，燃油泵继电器(在中央线路板 2 号继电器位置)必须有动作。

⑤ 如果继电器没有动作，应关闭点火开关，从中央线路板中拔下燃油泵继电器，然后检查继电器是否正常或线路是否存在故障。

9. 检测节气门控制组件

(1) 完成节气门控制组件与发动机电控单元的匹配：“基本设定功能”使发动机电控单元记录在点火开关关闭、发动机不运转时节气门控制组件的停止位置。如果将节气控制组件拆下再装上、更换节气门控制组件或发动机电控单元出问题，必须重新进行基本设定，完成节气门控制组件与发动机电控单元的匹配。测试条件：在故障存储中没有故障存在。

① 连接 V.A.G1552 故障诊断仪，打开点火开关，发动机不运转，选择地址指令 01，进入“发动机控制系统”，显示屏上显示：

Rapid date transfer　HELP	快速数据流传递　帮助
Select function ××	选择功能 ××

② 输入 04 功能“基本设定”，按 Q 键确认，显示屏上显示：

Lntroduction of basic setting　HELP	基本设定　帮助
Enter display group number ×××	输入显示组 ×××

③ 输入 98“显示组”，按 Q 键确认，显示屏上显示：

System in basic setting　98 →	基本设定　98 →
4.560V 4.320V Idling ADP. runs	4.560V 4.320V 怠速 匹配 .打开

发动机控制单元(ECU)自动与节气门控制组件进行匹配，节气门定位器移动到最小、最大和 5 个中间位置，电控单元在永久记忆中记录各种节气门角度。这个过程不超过 10s，节气门关闭前期保持在起动位置，显示屏上显示：

System in basic setting　98 →	基本设定　98 →
4.380 V 3.720V Idling ADP. O.K	4.380V 3.720V 怠速 匹配 .完成

如果在显示屏上出现下列信息，表明匹配过程出现故障。

System in basic setting　98 →	基本设定　98 →
4.380 V 3.720V Idling ADP. ERROR	4.380V 3.720V 怠速 匹配 .错误

Function is unknown or　→	功能未知或　→
Cannot be carried out at the moment	此时不能执行

④ 再次用 02 功能“查询故障存储”，显示屏上显示：

No fault recognized　→	没有故障发现　→

如果没有发现故障，再次检查踩下加速踏板时怠速开关是否打开，放松加速踏板时怠速开关是否闭合，测试怠速开关。

如果显示屏上显示：

Idling switch dose not open　→	怠速开关没有打开　→
Short to earth	对地短路

应踩下加速踏板，检查怠速开关是否打开。

如果显示器上显示：

Idling switch dose not close → Short circuit	怠速开关没有关闭 → 开路

放松加速踏板，检查怠速开关是否闭合。

如果显示屏上显示：

Voltage supply → Signal too small	电压供给 → 信号太小

测试发动机电控单元的电压供应(30 号火线供给电控单元的电压小于 10V)。

如果显示器上显示以下内容，应检测节气门定位电位计(G88)和节气门电位计(G69)。

Throt.positioner/potentiometer —G88 → Signal too small or great	节气门定位器电位计—G88 → 信号太小或太大
Throttle valve potentiometer —G69 → Signal too small or great	节气门电位计—G69 → 信号太小或太大
Throt.positioner/potentiometer —G88 → Lmplausible signal	节气门定位器电位计—G88 → 信号不可信

⑤ 按→键，结束节气门控制组件的基本设定。

⑥ 输入 06“结束输出”，按 Q 键确认。

(2) 测试怠速开关。

① 进入 08 功能“读测量数据块”，选择 98“显示组”，显示屏上显示：

Read measuring value block 98 → 4.380V 3.720V Idling ADP. O .K	读测量数据块 98 → 4.380V 3.720V 怠速 匹配. 完成

区域 3 应当显示“怠速”。

② 逐渐打开节气门，显示屏上显示：

Read measuring value block 98 → 3.860V 3.720V Part throt ADP. O .K	读测量数据块 98 → 4.380V 3.720V 部分负荷 匹配. 完成

区域 3 应当显示“部分负荷”。

③ 如果显示不正确，应关闭点火开关，用 V.A.G1598/22 测试盒连接发动机电控单元线束插头，用 V.A.G1526 袖珍式数字万用表测量插孔 67 和 69 之间的电阻。标准值为：当节气门关闭时应小于 1Ω；当节气门打开时，怠速开关应打开，其电阻为∞。

④ 如果测量值不符合规定，应检查线路是否开路或者怠速开关触点是否脏污。如果需要，可以清洁触点，并重新完成基本设定。

⑤ 如果测量值仍然不符合规定，检查节气门是否因脏污而卡住，如有需要，应做清洁工作。

⑥ 重新完成节气门控制组件的基本设定。如果仍然无法成功完成基本设定工作，应更换节气门控制组件。

⑦ 完成节气控制组件基本设定。

(3) 测试节气门定位电位计和节气门电位计。

① 测试供电电压：拔下节气门控制组件 8 针插头，打开点火开关，用 V.A.G1526 袖珍式数字万用表测量 8 针插头上触点 4 和 7 间的电压，如图 4.95 所示。标准值应接近 5V。如果测量值正常，重新插上 8 针插头，起动发动机。

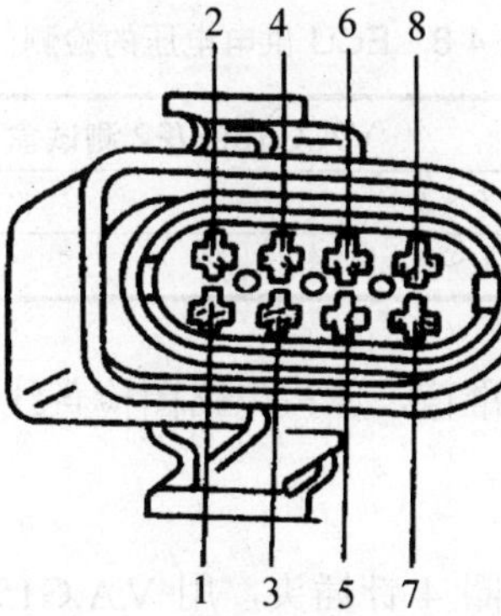

图 4.95　测试触点 4 和 7 间的电压

② 进入 08 功能“读测量数据块”，选择 98“显示组”，显示屏上显示：

Read measuring value block 98 →
4.380V 3.720V Idling ADP. O.K

读测量数据块 98 →
4.380V 3.720V 怠速 匹配. 完成

区域 1 和 2 的数值应当在 0.5～4.9V 之间。

③ 如果测量值不正确，关闭点火开关，用 V.A.G1598/22 测试盒连接发动机电控单元线束插头，拔下节气门控制组件的 8 针插头，用 V.A.G1526 袖珍式数字万用表检测测试盒上的插孔和 8 针插座线路间的电阻(其数值见表 4-6)。

④ 用万用表测量插头各触点对地是否短路。

⑤ 排除开路故障，清除触点上的脏物，清除故障存储，完成节气门控制组件的基本设定。

⑥ 如果仍不能完成基本设定，检查节气门是否由于脏污而卡住，如果需要，可以进行清洁工作。

⑦ 重复进行节气门控制组件的基本设定，如果仍无法完成基本设定，更换新的节气门控制组件。

⑧ 完成节气门控制组件的基本设定。如果还不能成功地完成基本设定，更换发动机电控单元。

10. 测试发动机电控单元供电电压

测试条件：发动机电控单元熔断丝 S17 正常；蓄电池电压至少为 11V。

(1) 打开点火开关，发动机不运转，使故障诊断仪 V.A.G1552 进入 08 功能“读测量数据块”，选择 03 显示组，显示屏上显示：

Read measuring value block 3 →
820/min 13.430V 87.5℃ 27.1℃

读测量数据块 3 →
820/min 13.430V 87.5℃ 27.1℃

检查区域 2 显示数值，应接近蓄电池电压。

(2) 如果显示数值不正常，关闭点火开关，用 V.A.G1598/22 测试盒连接发动机电控单元线束插头。

(3) 用 V.A.G1526 袖珍式数字万用表直流电压挡测量插孔之间的电压，见表 4-8。

表 4-8 ECU 供电电压的检测

测试条件	V.A.G1598/22 测试盒	标准值
关闭点火开关	3～2	接近蓄电池电压
打开点火开关	1～2	接近蓄电池电压

(4) 如果测试电压没有达到标准值，应按电路图检查线路连接，并排除故障。

11. 检测点火系统

(1) 测试输出级：拔下点火线圈 4 针插头，用 V.A.G1527 发光二极管测试灯连接蓄电池正极和插座上触点 4，如图 4.96 所示，发光二极管测试灯应亮。如果测试灯不亮，应检查插座触点 4 和搭铁点的线路是否开路，并排除开路故障。

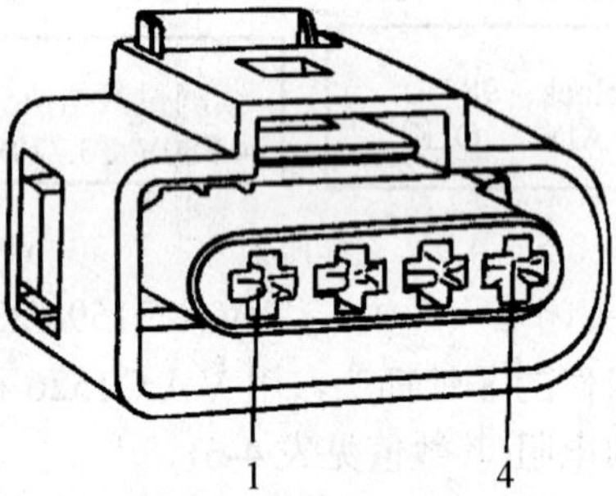

图 4.96 点火线圈插座

(2) 测试点火线圈的供电电压：拔下点火线圈 4 针插头，打开点火开关，用 V.A.G1527 发光二极管测试灯连接发动机搭铁点和插座上触点 2 之间，发光二极管测试灯应亮。如果测试灯不亮，应参照电路图检查中央线路板 D 插头 23 触点与 4 针插座触点 2 之间线路是否开路，并排除开路故障。

(3) 测试点火线圈。拔下 4 个喷油器的插座，拔下点火线圈 4 针插座，打开点火开关，用 V.A.G1527 发光二极管测试灯连接发动机搭铁点和插座上触点 1，接通起动机数秒，发光二极管测试灯应亮。然后用测试灯连接发动机接地点和触点 3，接通起动机达数秒，测试灯应闪亮。如果测试灯不闪亮，用 V.A.G1598/22 测试盒连接发动机电控单元线束插座，测量点火线圈插座上触点和发动机电控单元线束插座间导线的电阻(其值见表 4-6)。

(4) 如果线路有开路或短路故障，应排除故障；如果线路正常，而测试灯不闪亮，更换发动机控制单元。

12. 电控燃油喷射系统数据流的读取

V.A.G1552 在“读测量数据块”功能中，将测量值显示在显示屏上，有助于对发动机管理系统中的执行元件和传感器进行故障查找及数据测试。

(1) 测试条件：冷却液温度不低于 80℃；测量时散热风扇不允许转动；空调关闭；其他用电设备关闭；在故障存储中没有故障存在。

(2) 测试方法如下。

① 连接故障阅读仪 V.A.G1552，使发动机怠速运转，显示屏上显示：

Rapid date transfer HELP Insert address word ××	快速数据流传递 帮助 输入地址词 ××

② 输入“发动机电控系统”的地址码 01，显示屏显示：

Rapid date transfer Q 01－Engine electronics	快速数据流传递 确认 01—发动机电器

按 Q 键确认，显示屏上显示：

330 907 559 1.8L R4/2V MOTR HS D01 → Coding 04001 WSC00000

③ 按→键，显示屏上显示：

Rapid date transfer HELP Select function ××	快速数据流传递 帮助 选择功能 ××

④ 输入 08 功能“读测量数据块”，显示屏上显示：

Rapid date transfer Q 08－Read measuring value block	快速数据流传递 确认 08—读测量数据块

⑤ 按 Q 键确认，显示屏上显示：

Read measuring value block HELP Enter display group number ×××	读测量数据块 帮助 输入显示组号 ×××

⑥ 输入相关的显示组号(例如输入 00 显示组)，按 Q 键确认，显示屏上显示：

Read measuring value block 0 → 1 2 3 4 5 6 7 8 9 10	读测量数据块 0 → 1 2 3 4 5 6 7 8 9 10

从一个组变到另一个组，若进一组则按↑键；若退一组则按↓键；退回重输组号则按 C 键。

(3) 各显示组说明见表 4-9。

表 4-9 发动机各输入信号与输出信号的数值变化范围(怠速)

显示组号	屏幕显示	说明
00 基本功能	Read measuring value block 0 1 2 3 4 5 6 7 8 9 10	1—冷却液温度：170～204 正常(相当于 80～105℃) 2—发动机负荷：20～50 正常(相当于 1～2.5ms) 3—发动机转速：70～90 正常(相当于 700～900r/min) 4—蓄电池电压：146～212 正常(相当于 10～14.5V) 5—节气门角度：0°～12° 正常(相当于 0°～5°) 6—怠速空气流量控制值：118～138 正常(相当于-2.5～2.5kg/h) 7—怠速空气流量测量值：112～144 正常(相当于-4.0～4.0kg/h) 8—混合气成分控制值(λ 控制值)：78～178 正常(相当于-10%～10%) 9—混合气成分测量值(λ 测量值)：115～141 正常(相当于-0.64～0.64ms 10—混合气成分测量值(λ 测量值)：118～138 正常(相当于-8%～8%)
01 基本功能	Read measuring value b1ock 1 1 2 3 4	1—发动机转速：800±30r/min 正常(转速超差：检查怠速) 2—发动机负荷(曲轴每转喷射持续时间)：1.00～2.5ms 正常 ① 小于 1.00ms：进气系统有泄漏或燃油压力太高 ② 大于 2.5ms：发动机负荷太大 3—节气门角度：0°～5° 正常 大于 5°：①节气门控制部件-J338 没有基本设定；②节气门拉索需要调整；③节气门控制部件损坏 4—点火提前角：12°±4.5°(上止点前)正常(小于 12°：发动机负荷太大)
02 基本功能	Read measuring value block 2 1 2 3 4	1—发动机转速：800±30r/min 正常(转速超差：检查怠速) 2—发动机负荷(曲轴每转喷射持续时间)：1.00～2.5ms 正常。①小于 1.00ms：进气系统有泄漏或燃油压力太高；②大于 2.5ms：发动机负荷太大 3—发动机每循环喷射持续时间：2.0～5.0ms 正常。①小于 2.0ms：从油箱净化系统排气比例高；②大于 5.0ms：发动机负荷太大 4—进气流量：2.0～4.0g/s 正常。①小于 2.0g/s：进气系统有泄漏；②大于 4.0g/s：发动机负荷太大
03 基本功能	Read measuring value block 3 1 2 3 4	1—发动机转速：800±30r/min 正常(转速超差：检查怠速) 2—蓄电池电压：10.0～14.5V 正常(电压超差：检查发动机控制单元的供电电压) 3—冷却液温度：80～105℃正常(小于 80℃：发动机暖车) 4—进气温度：19.5℃不变化：进气温度传感器有故障
04 怠速稳定	Read measuring value block 4 1 2 3 4	1—节气门角度：0°～5° 正常 大于 5°：①节气门控制部件-J338 没有基本设定；②节气门拉索需要调整；③节气门控制部件损坏 2—怠速空气流量测量值(空挡位置)：-1.70g/s～+1.70g/s 正常

续表

显示组号	屏幕显示	说　明
05 怠速稳定	Read measuring value block 5 1　2　3　4	1—怠速转速(测量值)：800±30r/min 正常(转速超差：检查怠速转速) 2—怠速转速(规定值)：800r/min(怠速时保持不变) 3—怠速控制：-10%～+10%正常 4—进气流量：2.0g/s～4.0g/s 正常(小于 2.0g/s：进气系统有泄漏；大于 4.0g/s：发动机负荷太大)
06 怠速稳定	Read measuring value block 6 1　2　3　4	1-怠速转速：800±30r/min 正常(转速超差：检查怠速转速) 2—怠速控制：-10%～+10%正常 3—混合气 λ 控制：-10%～+10%正常(λ 控制超差：检查 λ 控制) 4—点火提前角：12° ±4.5° (上止点前)正常(小于 12°：发动机负荷太大)
07 λ 控制和 ACF 阀(活性碳罐电磁阀)系统	Read measuring value block 7 1　2　3　4	1—混合气 λ 控制：-10%～+10%正常(λ 控制超差：检查 λ 控制) 2—λ 传感器电压：电压不断地在 0.1～1.0V 范围内跳动，λ调节正常。①0.1～0.3V：残余氧较多，混合气太稀；②0.7～1.0V：残余氧较少，混合气太浓；③电压保持在 0.45～0.50V：λ传感器不工作 3—活性炭罐电磁阀 N80 占空比：0%电磁阀关闭；99%电磁阀打开 4—油箱净化系统动作时混合气修正因素 ①小于 1.00：油箱净化系统输送浓混合气，λ 控制减少喷射时间；②等于 1.00：油箱没有排气或输送标准混合气(λ=1)；③大于 1.00：油箱净化系统输送稀混合气，λ 控制增加喷射时间
08 λ 调节值	Read measuring value block　8 1　2　3　4	1—发动机每循环喷射持续时间 2.0～5.0ms：正常 小于 2.0ms：从油箱净化系统排气比例高 大于 5.0ms：发动机负荷太大 2—怠速时λ调节值：-10%～+10%正常(λ控制超差：检查λ控制) 3—部分负荷时λ调节值：-8%～+8%正常(λ控制超差：检查λ控制) 4—油箱净化系统 ①TB active　活性炭罐电磁阀动作 ②TB not active　活性炭罐电磁阀关闭 ③λ- adaption　活性炭罐电磁阀关闭λ调节起作用
09 λ 调节值	Read measuring value block 9 1　2　3　4	1—发动机转速(测量值) ：800±30r/min 正常(转速超差：检查怠速转速) 2—混合气λ控制：-10%～+10%正常(λ控制超差：检查λ控制) 3—λ传感器电压 电压不断地从 0.1～1.0V 范围内跳动λ调节正常：①0.1～0.3V：残余氧较多，混合气太稀；②0.7～1.0V：残余氧较少，混合气太浓；③电压保持在 0.45～0.50V：λ传感器不工作

表格

显示组号	屏幕显示	说　　明
09 λ 调节值	Read measuring value block 9 1　2　3　4	4—怠速时λ调节值：-10%～+10%正常(λ控制超差：检查λ控制)
10 λ 调节值	Read measuring value block 10 1　2　3　4	1—活性炭罐电磁阀 N80 占空比：①0%电磁阀关闭；②99%电磁阀打开 2—油箱净化系统动作时混合气修正因素 ① 小于 1.00：油箱净化系统输送浓混合气，λ控制减少喷射时间；②等于 1.00：油箱没有排气或输送标准混合气(λ=1)；③大于 1.00：油箱净化系统输送稀混合气，λ控制增加喷射时间 3—活性炭罐过滤器充满水平：①-3%：活性炭罐里没有汽油蒸气；②+32%：活性炭罐里充满汽油蒸气 4—ACF 阀供应空气的比例：①0.00：ACF 阀关闭；②0.30：ACF 阀供应空气比例占 30%
11 燃油消耗	Read measuring value block 11 1　2　3　4	1—发动机转速：800±30r/min 正常(转速超差：检查怠速转速) 2—发动机负荷(曲轴每转喷射持续时间)：1.00～2.5ms 正常。①小于 1.00ms：进气系统有泄漏或燃油压力太高；②大于 2.5ms：发动机负荷太大 3—车速：0km/h 4—燃油消耗：0.5L/h～1.5L/h 正常(没有附加负荷)
12 燃油消耗	Read measuring value block 12 1　2　3　4	1—发动机转速：800±30r/min 正常(转速超差：检查怠速转速) 2—蓄电池电压：10.0～14.5V 正常(电压超差：检查发动机控制单元的供电电压) 3—燃油消耗：0.5～1.5L/h 正常(没有附加负荷) 4—点火提前角：12°±4.5°(上止点前)正常(小于 12°：发动机负荷太大)
13 爆燃控制	Read measuring value block 13 1　2　3　4	1—第 1 缸爆燃控制点火滞后角：0°～15° 曲轴转角正常 2—第 2 缸爆燃控制点火滞后角：0°～15° 曲轴转角正常 3—第 3 缸爆燃控制点火滞后角：0°～15° 曲轴转角正常 4—第 4 缸爆燃控制点火滞后角：0°～15° 曲轴转角正常
14 爆燃控制	Read measuring value block 14 1　2　3　4	1—发动机转速：800±30r/min 正常(转速超差：检查怠速转速) 2—发动机负荷(曲轴每转喷射持续时间)：1.00～2.5ms 正常(小于 1.00ms：进气系统有泄漏或燃油压力太高；大于 2.5ms：发动机负荷太大) 3—第 1 缸爆燃控制点火滞后角：0°～15° 曲轴转角正常 4—第 2 缸爆燃控制点火滞后角：0°～15° 曲轴转角正常
15 爆燃控制	Read measuring value block 15 1　2　3　4	1—发动机转速：800±30r/min 正常(转速超差：检查怠速转速) 2—发动机负荷(曲轴每转喷射持续时间)：1.00～2.5ms 正常。①小于 1.00ms：进气系统有泄漏或燃油压力太高；②大于 2.5ms：发动机负荷太大 3—第 3 缸爆燃控制点火滞后角：0°～15° 曲轴转角正常 4—第 4 缸爆燃控制点火滞后角：0°～15° 曲轴转角正常

续表

显示组号	屏幕显示	说　明
16 爆燃控制	Read measuring value block 16 1　2　3　4	1—第 1 缸爆燃传感器信号电压：0.3～1.4V 正常 2—第 2 缸爆燃传感器信号电压：0.3～1.4V 正常 3—第 3 缸爆燃传感器信号电压：0.3～1.4V 正常 4—第 4 缸爆燃传感器信号电压：0.3～1.4V 正常
17 催化转换器加热	Read measuring value block 17 1　2　3　4	1—发动机转速：800±30r/min 正常(转速超差：检查怠速转速) 2—发动机负荷(曲轴每转喷射持续时间)：1.00～2.50ms 正常。①小于 1.00ms：进气系统有泄漏或燃油压力太高；②大于 2.5ms：发动机负荷太大 3—催化转换器加热能量平衡：0.00 4—点火提前角(目前催化转换器未装)：12°±4.5°(上止点前)正常
18 海拔高度适配	Read measuring value block 18 1　2　3　4	1—发动机转速：800±30r/min 正常(转速超差：检查怠速转速) 2—发动机负荷(没有高度修正)：1.00～2.5ms 正常 3—发动机负荷(有高度修正)：未规定 4—按空气密度来修正的高度修正因素 ① 在海平面高度修正因素为 0.0% ② 高度为 2000m 时高度修正因素为-20%
19 自动变速器中的转矩减小	Read measuring value block 19 1　2　3　4	1—发动机转速：800±30r/min 正常(转速超差：检查怠速转速) 2—发动机负荷(曲轴每转喷射持续时间)：1.00～2.5ms 正常。①小于 1.00ms：进气系统有泄漏或燃油压力太高；②大于 2.5ms：发动机负荷太大 3 一变速器挡位信号：N 4 一点火提前角：12°±4.5°(上止点前)正常
20 运行状态	Read measuring value block 20 1　2　3　4	1—发动机转速：800±30r/min 正常(转速超差：检查怠速转速) 2—选挡杆位置：空挡(Neutral) 3—空调开关：①A/C-Low：空调关闭；②A/C-High：空调打开 4—空调压缩机：①Compr.OFF：压缩机关闭；②Compr.ON：压缩机打开
21 λ控制工作状态	Read measuring value block 21 1　2　3　4	1—发动机转速：800±30r/min 正常(转速超差：检查怠速转速) 2—发动机负荷(曲轴每转喷射持续时间)：1.00～2.5ms 正常。①小于 1.00ms：进气系统有泄漏或燃油压力太高；②大于 2.5ms：发动机负荷太大 3—冷却液温度：80～105℃正常 4—λ控制：关闭(λ-Reg.OFF)/打开(λ-Reg.ON)
22 λ控制工作状态	Read measuring value block 21 1　2　3　4	1—发动机转速：800±30r/min 正常(转速超差：检查怠速转速) 2—发动机负荷(曲轴每转喷射持续时间)：1.00～2.5ms 正常。①小于 1.00ms：进气系统有泄漏或燃油压力太高；②大于 2.5ms：发动机负荷太大 3—发动机每循环喷射持续时间：2.0～5.0ms 正常。①小

续表

显示组号	屏幕显示	说　明
22 λ控制工作状态	Read measuring value block 21 1　2　3　4	于 2.0ms：从油箱净化系统排气比例高；②大于 5.0ms：发动机负荷太大 4—进气流量：2.0～4.0g/s 正常。①小于 2.0g/s：进气系统有泄漏；②大于 4.0g/s：发动机负荷太大
23 节气门控制部件	Read measuring value block 23 1　2　3　4	1—节气门控制部件工作状态：100000 第 1 位：表示节气门电位计 G69 与节气门定位电位计 G88 的匹配 0—表示匹配没有完成；1—表示匹配已完成 第 2 位：无意义 第 3 位：表示节气门电位计 G69 最大停止位置调节过程 0—表示调节过程已完成，调节正常；1—调节过程未完成，调节不正常 第 4 位：表示节气门电位计 G69 最小停止位置调节过程 0—表示调节过程已完成，调节正常；1—调节过程未完成，调节不正常 第 5 位：表示节气门电位计 G88 最大停止位置调节过程 0—表示调节过程已完成，调节正常；1—调节过程未完成，调节不正常 第 6 位：表示节气门电位计 G88 最小停止位置调节过程 0—表示调节过程已完成，调节正常 1—调节过程未完成，调节不正常 2—节气门定位器最小停止位置：72%～95%正常 3—节气门定位器紧急运行停止位置：67%～83%正常 4—节气门定位器最大停止位置：18%～54%正常
24 爆燃控制	Read measuring value block 24 1　2　3　4	1—发动机转速：800±30r/min 正常(转速超差：检查怠速转速) 2—发动机负荷(曲轴每转喷射持续时间)：1.00～2.5ms 正常。①小于 1.00ms：进气系统有泄漏或燃油压力太高；②大于 2.5ms：发动机负荷太大 3—点火提前角：12° ±4.5° (上止点前)正常 4—第 1 至第 4 缸总点火滞后角平均值：①最小为 0；②最大为(1+2+3+4)/4
95 基本功能	Read measuring value block 24 1　2　3　4	1—发动机转速：800±30r/min 正常(转速超差：检查怠速) 2—发动机负荷(曲轴每转喷射持续时间)：1.00～2.5ms 正常。①小于 1.00ms：进气系统有泄漏或燃油压力太高；②大于 2.5ms：发动机负荷太大 3—点火提前角：12° ±4.5° (上止点前)正常(小于 12°：发动机负荷太大) 4—冷却液温度：80～105℃正常
98 节气门控制部件匹配	Read measuring value block 98 1　2　3　4	1—节气门电位计电压：0～5V 2—节气门定位电位计电压：0～5V 3—工作状态：怠速/部分负荷 4—匹配状态 ① ADP.runs：正在匹配 ② ADP.O.K：匹配完成 ③ ADP.n.O.K：匹配未完成 ④ ERROR：匹配错误

续表

显示组号	屏幕显示	说　明
99 λ控制	Read measuring value block 99 1　2　3　4	1—发动机转速：800±30r/min 正常(转速超差：检查怠速转速) 2—冷却液温度：80～105℃正常 3—混合气成分λ控制：-10%～10%正常 4—λ控制：关闭(λ-Reg.OFF)/打开(λ-Reg.ON)

项 目 小 结

本项目通过循序渐进的 5 个工作任务，从完成任务角度出发，结合企业生产实例讲解了汽车电气设备的拆装、检修及电路检测的流程，要求学生掌握从车上拆下发电机总成、起动机总成、空调压缩机等总成及其分解、清洁、检修或更换、装配及试车的生产过程和操作规范，熟悉电路检测及诊断常见故障的基本方法，为后续学习及毕业后就业奠定良好基础。

应 知 测 试

选择题

1．以下叙述中哪一项是正确的？(　　)

A．当更换交流发电机驱动皮带时，要断开蓄电池负极桩头以防短路

B．当更换 V 型皮带时，拆下旧皮带之前要先测量旧皮带张紧力，并使用与旧皮带相同的张紧力安装新皮带

C．在用偏移量检查皮带张紧力时，无须在指定位置测量

D．新、旧皮带所使用的张紧力是一样的

2．以下叙述中哪一个是错误的？(　　)

A．电解液采用稀硫酸，如果皮肤和衣物上粘到电解液，应立即用水冲洗

B．充电时蓄电池会放出氢气和氧气，因此靠近明火可能会导致爆炸

C．如果电解液超出上线，在充电时，产生的气泡可能会使电解液溢出

D．如果电解液不足，可以向蓄电池添加自来水

3．以下叙述中哪一项是正确的？(　　)

A．灯泡触点上沾上机油会导致触点腐蚀，所以拿灯泡时应握住灯泡的玻璃侧

B．换新灯泡时，用比原来瓦数大的灯泡

C．换灯泡很简单，所以只要更换后能亮就无须再进行检查

D．拆下大灯灯泡以后数小时而不安装，可能导致异物或湿气进入大灯总成，所以应该快速更换或者用布堵住灯泡的安装孔

4．以下有关蓄电池的描述中最恰当的一项是(　　)。

A．拆卸电气设备时，开始工作前，应先断开蓄电池正极端子

B．拆下蓄电池端子会删除记忆信息，例如选台频道或故障代码，因此必须在断开端子之前记录以上信息

C．从车上拆下蓄电池之前，要使之完全放电

D．断开蓄电池端子，电源被切断，因此只要发动机不起动，即使点火开关转到ON位置也不会有任何问题

5．以下关于电器连接器的描述中哪一项最恰当？(　　)

A．有几种类型的连接器，但脱开的方法是一样的

B．在脱开连接器之前，在接头上挂一个标签，以便在重新连接时容易查找接头位置

C．如果脱开连接器比较困难，要一边压下锁扣位置一边拉线束

D．只要有电流流动，电器设备工作正常，就没有必要锁住插在电气设备的插头

6．在电路图(EWD)连接器列表(CONNECTOR　LIST)中能进行以下哪一个项目检查？(　　)

A．连接器的位置　　B．连接器的外形或针数

C．线束中电线的颜色　　D．连接器的零件号

7．以下关于汽车空调的叙述中哪一个是正确的？(　　)

A．汽车空调的制热功能是采用蒸发器作为热交换器来加热空气

B．汽车空调的制冷功能是采用加热器芯作为热交换器来冷却空气

C．汽车空调中的制冷剂在使用一段时间后逐渐减少，因此必须定期检查制冷剂容量

D．汽车自动空调自动控制制冷功能，而制热功能靠手动控制

8．下列关于灯泡更换的叙述中哪一项不正确？(　　)

A．卤素灯泡玻璃上的机油将缩短灯泡的寿命，不要用手触摸灯泡玻璃

B．更换新灯泡时，采用比原来瓦数更高的灯

C．更换灯泡后，一定要检查灯泡的工作情况

D．前照灯拆下数小时可能导致异物或湿气进入前照灯装置，因此应该快速更换或者用布堵住灯泡的安装孔

9．下列关于刮水器橡胶安装的说法中哪一个是正确的？(　　)

A．刮水器橡胶的长度可以通过削切橡胶上没有固定孔的末端来进行调节

B．安装带有背板的刮水器橡胶时，先将背板安装在刮水器橡胶上然后安装在刮水器片上

C．安装没有背板的刮水器橡胶时，将没有小突起的橡胶端从刮水器片的缺口上穿过

D．当完成刮水器橡胶的更换后，将砂子等放在玻璃上以测试刮水器的刮水性能

10．下列关于电烙铁焊接的叙述中哪一项正确？(　　)

A．焊接时，将油脂涂于焊接位置

B．使用电烙铁头部后，用水清洗并在阴凉处干燥

C．使用电烙铁头部后，采用吸收海绵或同类品去除黏附在尖端的过多焊料

D．为去除过多的焊料，可采用砂纸或同类品打磨直到尖端变光亮为止

11．SRS 空气囊 ECU 有一个备用电源，蓄电池负极线柱断开连接后，使备用电源耗尽的时间是多少？(　　)

A．20s　　B．30s　　C．60s　　D．90s

12．发电机上的电缆直接与蓄电池相连，这里采取了一项措施来防止短路，关于此措施说明正确的是(　　)。

A．在发电机的电缆末端缠绕了绝缘胶带

B．在发电机的电缆末端附带有防短路继电器

C．在发电机的电缆末端附带有防短路罩壳

D．在发电机的电缆末端附带有防短路保险丝

13．如图 4.97 所示，当检查发电机转子上的滑环时，在滑环之间进行导通检查，在转子之间进行绝缘检查，正确的检查目的是(　　)。

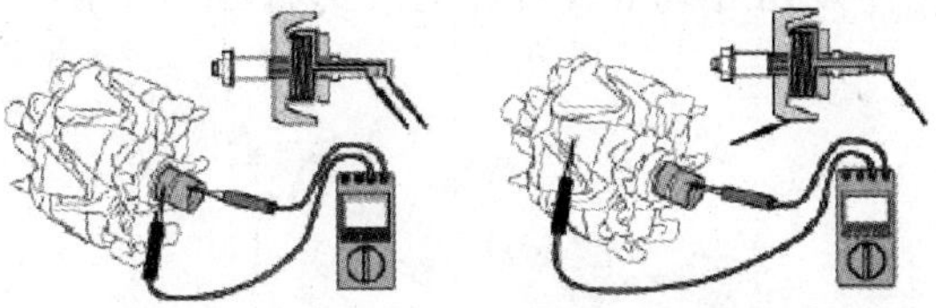

图 4.97　题 13 图

	导通检查	绝缘检查
○	A. 检查转子内整流器是否开路	检查转子内整流器是否短路
○	B. 检查转子内整流器是否短路	检查转子内整流器的绝缘体
○	C. 检查转子内线圈是否开路	检查转子内线圈是否短路
○	D. 检查转子内线圈是否短路	检查转子内线圈是否开路

14．关于旋松发电机皮带轮的锁止螺母步骤说明正确的是(　　)。

A．为了防止螺母和轴一起旋转，使皮带轮在台钳上固定不动，旋转锁止螺母将其拆下

B．为了防止螺母和轴一起旋转，用钢丝钳使皮带轮固定不动，旋转锁止螺母将其拆下

C．为了防止螺母和轴一起旋转，用 SST 使锁止螺母固定不动，旋转轴将锁止螺母拆下

D．为了防止螺母和轴一起旋转，用 SST 使锁止螺母固定不动，旋转锁止螺母将其拆下

15．以下是关于滑环直径测量的图例，其中测量方法正确的是(　　)。

A.

B.

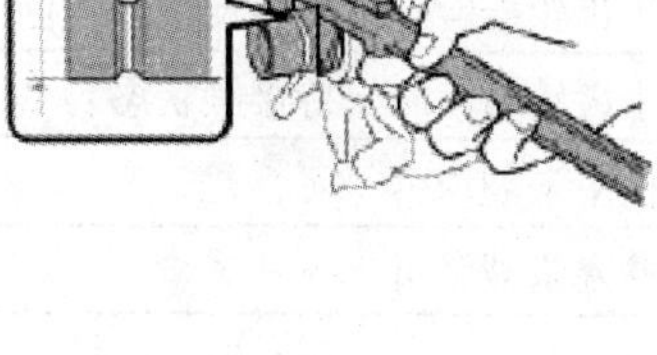

C.
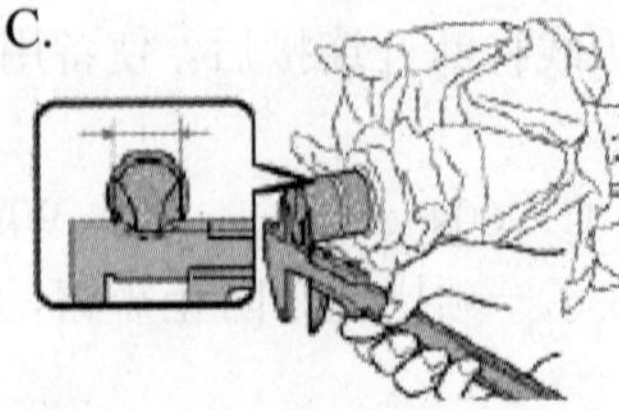

D.
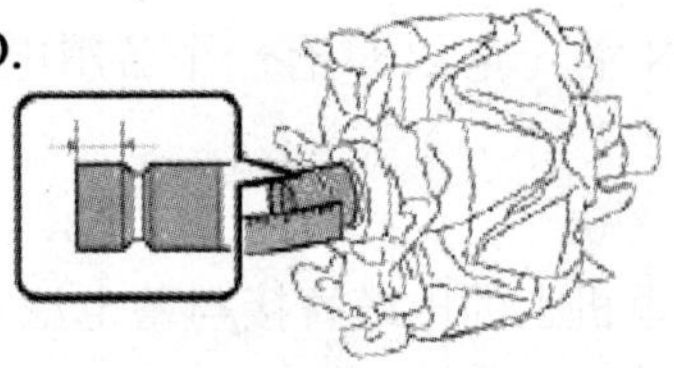

16．起动机上的起动机电缆直接与蓄电池相接，故需进行预防短路测量，下面关于测量方法的说法中正确的是(　　)。

A．防短路保险丝连接在起动机电缆的头部

B．用绝缘胶带捆住起动机电缆的头部

C．防短路继电器连接在起动机电缆的头部

D．防短路盖连接在起动机电缆上

17．在下面发电机图图 4.98 中与 a 部件相对应的名称(　　)。

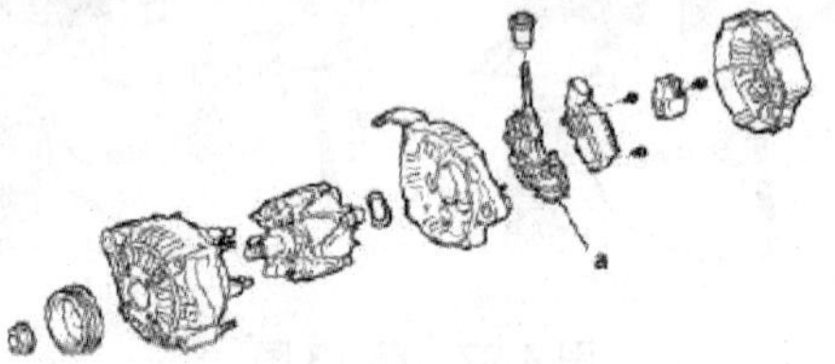

图 4.98　题 17 图

A．转子　　B．后机壳　　C．整流器　　D．驱动端盖

18．下面是关于电刷测量的图示，其中可以正确测量所在位置的图示是(　　)。

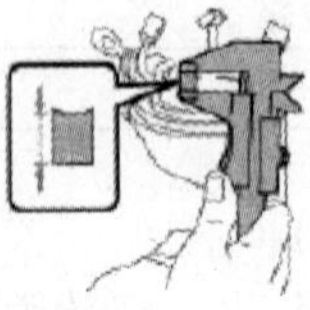
A.

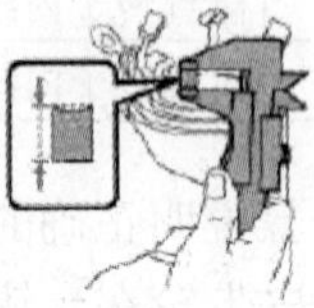
B.

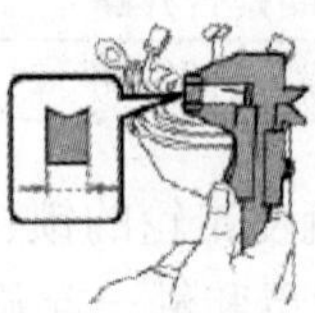
C.

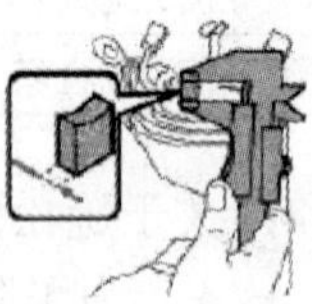
D.

19．下面的电路图图 4.99 显示了起动机电磁开关中的牵引线圈和保持线圈，表中描述了各个线圈中发生的开路症状。点火开关位于起动位置时所发生的症状正确的是(　　)。

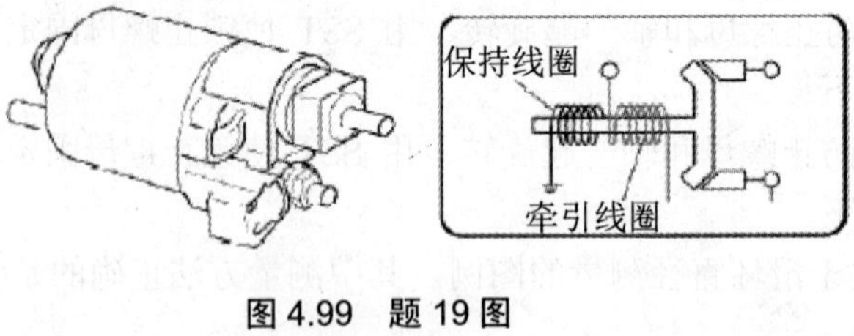

图 4.99　题 19 图

	牵引线圈开路	保持线圈开路
○ A.	小齿轮接触到齿圈并反复地返回	柱塞未被牵引
○ B.	小齿轮与齿圈保持接触状态	柱塞未被牵引
○ C.	柱塞未被牵引	小齿轮与齿圈保持接触状态
○ D.	柱塞未被牵引	小齿轮接触到齿圈并反复地返回

20．在检查起动机装置时执行了无负荷测试，下面适用于无负荷测试的说法是(　　)。

A．检查起动机电磁开关是否运行正常

B．检查小齿轮的伸出量

C．检查小齿轮是否返回其原始位置

D．检查起动机电磁开关的接触状态以及换向器和电刷之间的接触

21．在检查起动机装置时执行了牵引测试、保持测试、小齿轮间隙和小齿轮返回测试。下列关于执行装置检查时的注意事项说法正确的是(　　)。

A．把蓄电池电压长时间加载到线圈上会损坏线圈，在开始测试之前，先检查测试内容，确保每项测试在 3～5s 之内完成

B．把蓄电池电压长时间加载到线圈上会损坏线圈，在开始测试之前，先检查测试内容，确保所有 4 项测试(从牵引测试到小齿轮返回测试)在 3～5s 之内完成

C．把蓄电池电压长时间加载到线圈上会损坏线圈，一定要在 3～5s 之内完成牵引测试和保持测试

D．把蓄电池电压长时间加载到线圈上可确保判断正确，各项测试必须至少持续 3～5s

22．进行点火正时检查时若听到有明显的金属敲击声，则说明(　　)。

A．点火过早，点火提前角过大　　B．点火过早，点火提前角过小

C．点火过迟，点火提前角过大　　D．点火过迟，点火提前角过小

23．以下是关于如何拆卸连接器的示例，其中拆卸连接正确的是(　　)。

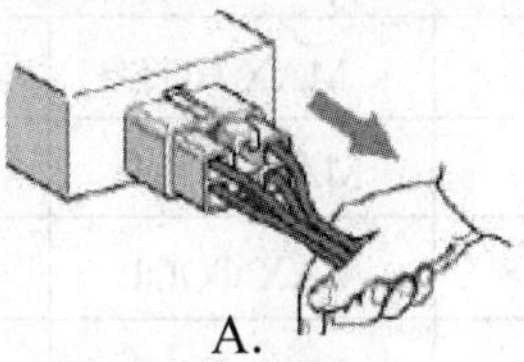
A.

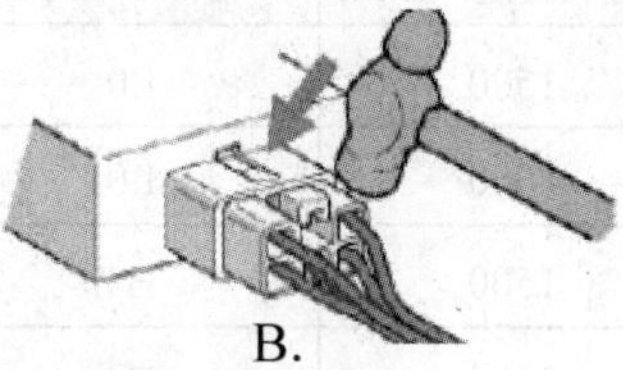
B.

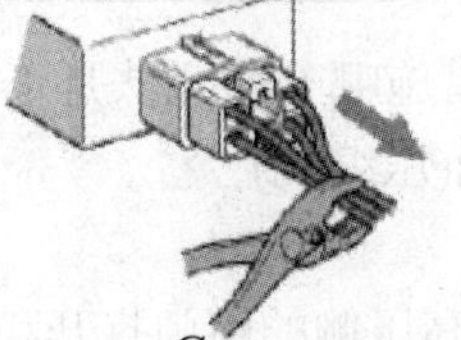
C.

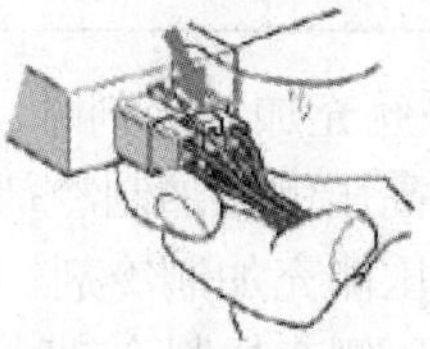
D.

24．以下是关于用歧管压力计检查空调系统制冷剂量的说明，如果高压一侧正常而低压一侧过低，歧管压力计的显示为不正常，如图 4.100 所示，则下面哪一个原因是正确的？(　　)

图 4.100　题 24 图

A．制冷剂泄漏　　　　B．制冷剂过多

C．湿气进入空调系统　　　　D．空调压缩机不正常

25．拆卸和安装空调系统部件放出和充加制冷剂及抽空放出制冷剂时，绿色充加管的一端连接歧管压力计的中间，如图 4.101 所示，绿色充加管的另一端连接到(　　)。

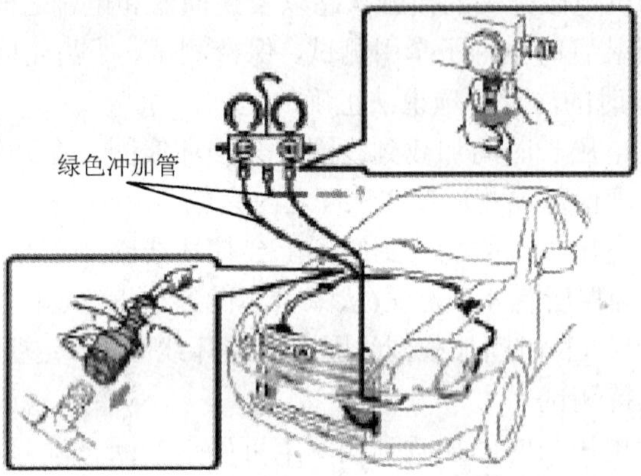

图 4.101　题 25 图

A．制冷剂回收机　　B．加注罐　　C．真空泵　　D．漏气检测器

26．下表给出了给空调系统充加制冷剂时车辆的状态，哪一种状态是正确的？(　　)

	发动机转速/(r/min)	送风机开关	空调开关	温度	车门
A.	1500	L0	ON	MAX HOT	全部关闭
B.	3000	L0	ON	MAX COOL	全部关闭
C.	1500	H1	ON	MAX COOL	全部打开
D.	3000	H1	ON	MAX HOT	全部打开

27．给空调系统充加制冷剂时，关于采取的预防措施哪一种说法是正确的？(　　)

A．当在高压侧充加制冷剂时，不要运行空调(压缩机)

B．从低压侧充加制冷剂

C．在高压侧充加制冷剂时，确保歧管气压计高压侧的阀门打开和空调压缩机运转

D．在低压侧充加制冷剂时，加注罐倒立

28．下列关于检查空调系统制冷剂是否泄漏的说法中哪一种是正确的？(　　)

A．发动发动机，检查其在 1500r/min 时的状况

B．因为制冷剂比空气轻，要将测试器调整孔置于检查部位之上

C．该检查应处于良好的通风处，因为排除的气体会造成错误的诊断

D．不需要检查空调部分排水管和管道的连接点，因为在安装空调系统时已经检查过并确保连接牢靠

29．下面是关于蓄电池的描述，说法最恰当的是(　　)。

A．开始拆卸电器设备时，先断开蓄电池正极接线柱

B．断开掉蓄电池接线柱会删除存储的选定电台或故障诊断码等记忆信息，因此有必要在蓄电池断开前记录这些信息

C．卸离蓄电池前完全放电

D．断开蓄电池电极柱，电源就被切断，所以只要发动机发动，点火开关处于“开”位置就没有关系

30．下列关于蓄电池充电的说法中哪个是不正确的？(　　)

A．蓄电池外的水分会造成放电，因此必须将水分擦去并再次用干燥布擦拭以防止湿气

B．在对蓄电池进行充电时，如果液体温度超过 45℃，则必须降低充电电压或暂时停止充电

C．标准充电时间可以根据下列公式进行计算：充电时间(H)=放电后的蓄电池容量(AH)/充电电流(A)×(1.2～1.5)

D．快速充电可以延长蓄电池的使用寿命

项目5

汽车整车维护

任务目标

最终目标	能正确理解汽车整车维护的流程，掌握整车维护的生产过程和操作规范
促成目标	(1) 熟悉整车维护的安全知识和操作流程 (2) 熟悉整车维护的基本目的和主要内容 (3) 掌握整车维护的操作规范和注意事项 (4) 养成作业过程中遵循5S的基本理念

引言

汽车维护是预防性的，保持车容整洁、车况良好，及时发现和消除故障和隐患，防止汽车早期损坏是汽车维护的基本要求。汽车维护的各项作业是有计划定期执行的，其内容是依照汽车技术状况的规律来安排的，并且需要在汽车技术状况变坏之前进行，以符合以预防为主的原则。

汽车维护作业包括清洁、检查、紧固、润滑和补给等内容，可分为日常维护、一级维护、二级维护、季节性维护和走合期维护几类。日常维护作业以清洁、补给和安全检视为主，是由驾驶员负责执行的车辆维护作业；一级维护作业的主要内容除日常维护作业外，还包括清洁、润滑和紧固，以及检查有关制动、操纵等安全部件，由维修企业负责执行；二级维护在完成一级维护作业的基础上，以检查、调整转向节、转向摇臂和悬架等使用过一定时间后容易磨损或变形的安全部件为主，也包括拆检轮胎、进行轮胎换位，检查、调整发动机和排气污染控制装置的工况等车辆维护作业，由维修企业负责执行。

本节主要介绍汽车二级维护的操作流程和作业规范，通过汽车整车维护规范化实践训练，使学生增强规范化操作意识，提高规范化操作水平，培养规范化操作习惯，掌握规范化操作技能，为实现“零距离”就业打下坚实基础，同时也为推进汽车维修行业的规范化进程注入新的活力。

5.1　任 务 引 入

汽车由大量的零部件构成，随着车辆使用时间的增加和使用条件的限制，其会磨损、老化或被腐蚀而使性能降低。通过实施定期保养，可达到以下效果，确保顾客的满意和放心。

(1) 今后可能发生的许多较大的故障都能得以避免。

(2) 使车辆保持在符合法规规章的状态中。

(3) 延长车辆使用寿命。

(4) 顾客可享受既经济又安全的驾车体验。

汽车二级维护是汽车维护作业的最高级别，它要求在维护作业前进行不解体检测诊断，确定附加作业项目，强调对安全部件的检查、调整，同时检查、调整发动机和排气污染控制装置的工况。

5.2　相 关 知 识

1. 保养日程表

定期保养项目和车辆的保养周期已经注明在驾驶员手册的保养日程表中，保养日程表主要由以下因素来规定：车型、车龄、车辆使用所在国和车辆的用途(状态)。

保养周期根据行车距离和前次维修后到现在的时间来决定，如某个具体零件的维修计划规定为 40 000km 或 24 个月，则满足这些条件中的任一条件时，就是保养满期日。

如果车辆在下面任何条件下使用，都需要频繁地保养。

(1) 路况：不平或特别泥泞的路，雪融化了的路，灰尘特别大的路。

(2) 使用状况：①车辆用于拖车，或拉着野营挂车或车顶有货物架；②车辆重复地用于 8km 短途行车，或在外面气温低于零度的情况下使用；③车辆用做警车、出租车或挨家挨户跑的送货车，这些车辆可能会长时间地空转或长距离地低速运行；④车辆以最大车速 80%左右的高速行驶超过 2 小时。

2. 汽车二级维护定期保养的检查方法

定期保养时，技术员主要检查保证车辆安全运行所必需的功能，如图 5.1 所示，检查方法如下。

(1) 工作检查：主要检查灯、发动机、刮水器和转向机构等。

(2) 目视检查：主要检查轮胎和外观等。

(3) 定期更换零件：主要包括发动机机油、发动机机油滤清器等。

(4) 紧固检查：主要包括悬架、排气管等。

(5) 机油和液位检查：主要包括发动机机油、动力转向液、防冻冷却液和制动液等。

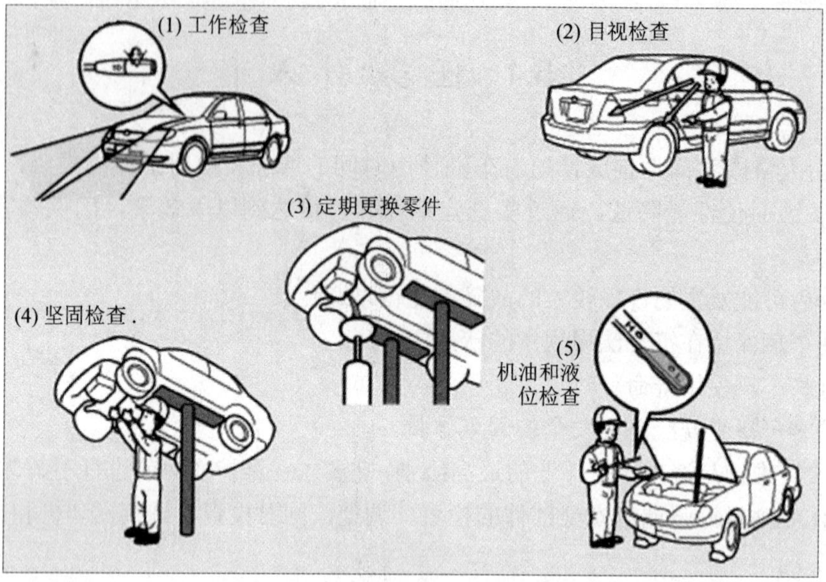

图 5.1　汽车二级维护定期保养的检查方法

3. 汽车二级维护定期保养的工作效率

为了有效地进行工作，消除 muri(无理性)、muda(浪费)和 mura(不均匀性)，通过缩短行程距离、减少走动次数、减少不合理的工作地点、减少吊升操作的次数、限制空闲时间来做到，如图 5.2 所示。

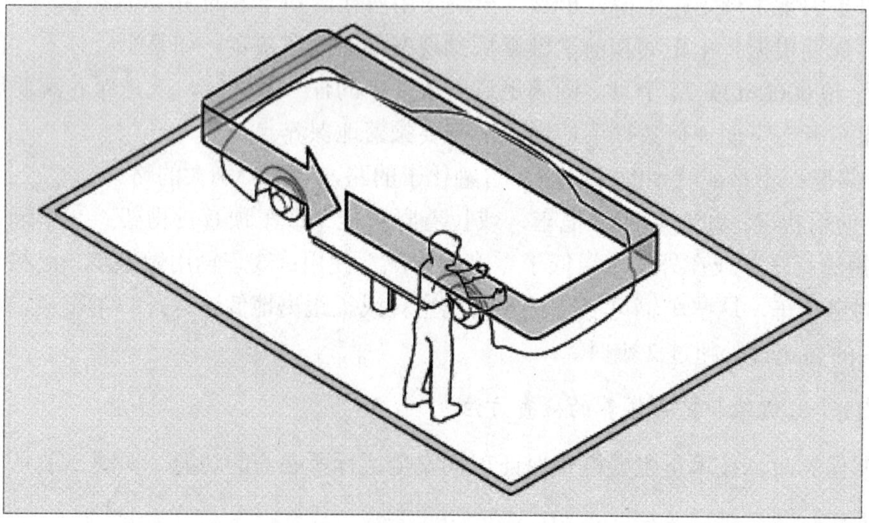

图 5.2　汽车二级维护定期保养的工作效率

(1) 缩短车辆周围的工作路径：①将尽可能多的工作集中在同一地点，并一次做完；②车辆周围的运动路线应该始于驾驶员的座位，终于技术员围绕车辆工作一次的结束地点；③工具、仪器和更换部件应该提前准备好并置于易于拿取的地方。

(2) 改善工作时的姿势：站式的姿势是操作的基础，所以要努力尽可能地减少蹲式或弯腰。

(3) 限制空闲时间：把事情组合起来做，如在发动机预热的同时来紧固轮胎，从而限制空闲时间。

(4) 减少举升次数：通过提高工作时的位置和集中工作把工作项目分类，这样能把在相同位置做的所有工作集中起来，减少举升次数，提高工作效率。

4. 汽车二级维护定期保养的顶起位置及路径

图 5.3 为各个顶起位置工作活动路线图的概况，其中的 9 个顶起位置可使技术员完成其全部操作，并且能够通过减少举升操作的次数来高效地完成检查工作。

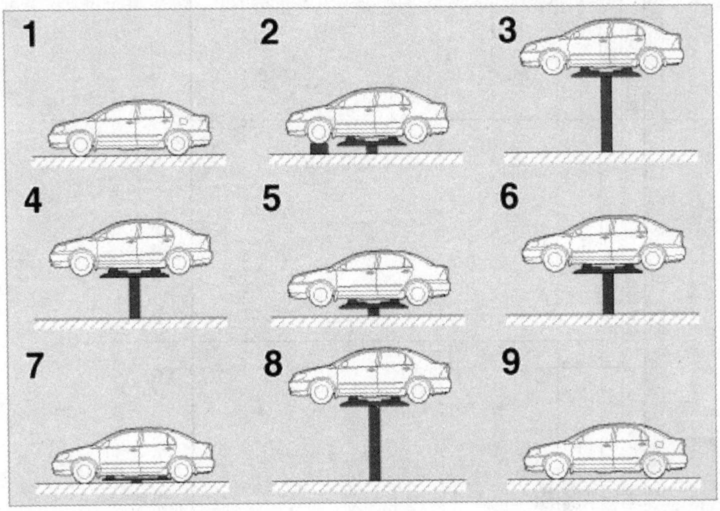

图 5.3　汽车二级维护定期保养的顶起位置及路径

表 5-1 为汽车二级维护定期保养的流程，并列出了 9 个顶起位置的主要检查项目。

(1) 顶起位置 1——举升器未升起，主要检查车辆内部和外部。检查路径为从驾驶员座椅开始，然后沿车辆四周彻底检查一遍，如图 5.4 所示。

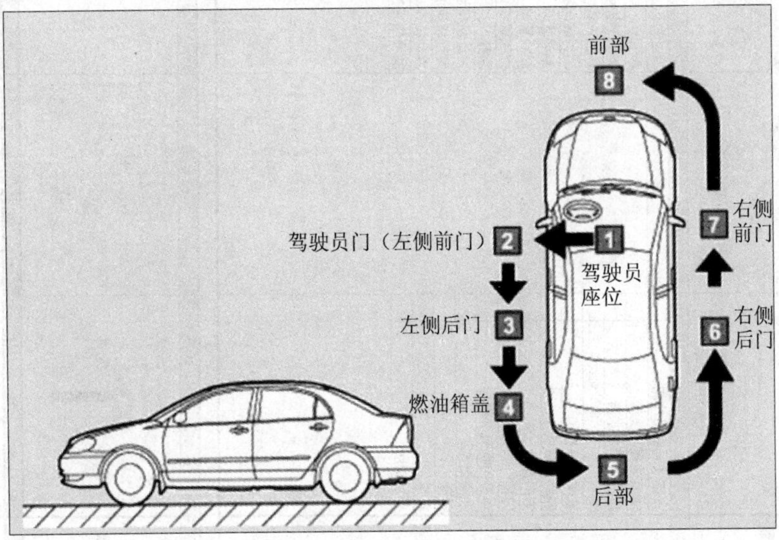

图 5.4　顶起位置 1 检查路径

表 5-1　汽车二级维护定期保养的流程

编号	1	2	3	4	5	6	7
顶起位置			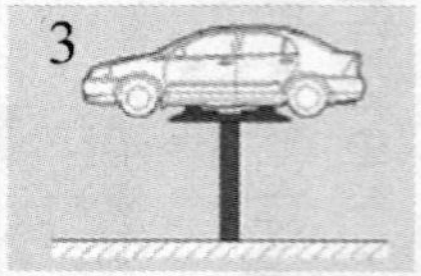	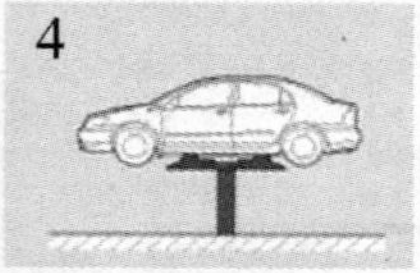		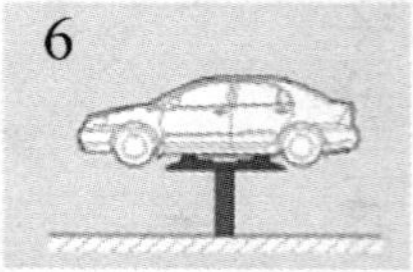	
检查	车灯（驾驶员座椅）	球节	发动机机油（排放）	车轮轴承	制动器拖滞	制动液的更换	发动机机油（加注）
	挡风玻璃喷洗器		A/T液	拆卸车轮	补充制动液	车轮的安装	发动机冷却液
	挡风玻璃刮水器		驱动轴护套	轮胎			散热器盖
	喇叭		转向连接机构	盘式制动器			传动皮带
	驻车制动器		动力转向液	鼓式制动器			火花塞
	制动器踏板		制动管路				蓄电池
	方向盘		燃油管路				制动液
	门控灯开关		排气管和安装件				制动管路
	车身的螺母和螺栓		悬架				空气滤清器
	燃油箱盖		发动机机油滤清器器				炭罐
	悬架		发动机机油排放塞				前减振器上支撑
	车灯		发动机冷却液排放塞				喷洗液
	备用轮胎		润滑脂更换（参考）				轮毂螺母重新上紧
							PCV系统
							发动机冷却液
							A/T液
							空调
							动力转向液
							发动机机油
							气门间隙
							燃油滤清器

编号	8	9	10
顶起位置	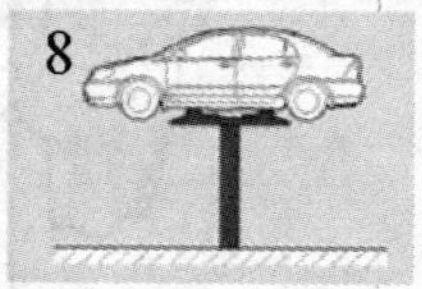		
检查	复查检查	清洁每个部件	路上试验
		车辆保养	

(2) 顶起位置 2——举升器升至低位，在此位置上主要检查悬架球节，如图 5.5 所示。

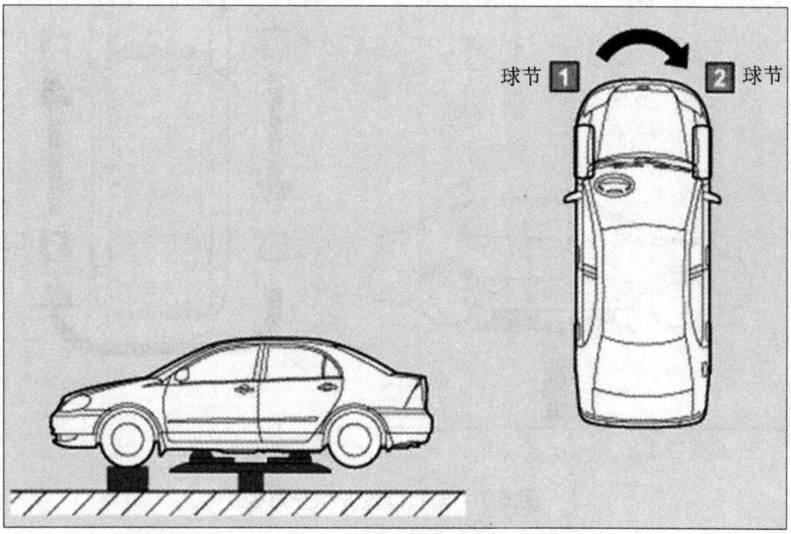

图 5.5　顶起位置 2 检查路径

(3) 顶起位置 3——举升器升至高位，主要检查车辆的底架。为了缩短空闲时间，在发动机机油排放时，从车辆前方移动至后方，然后再从后方返回至前方来检查车辆，如图 5.6 所示。

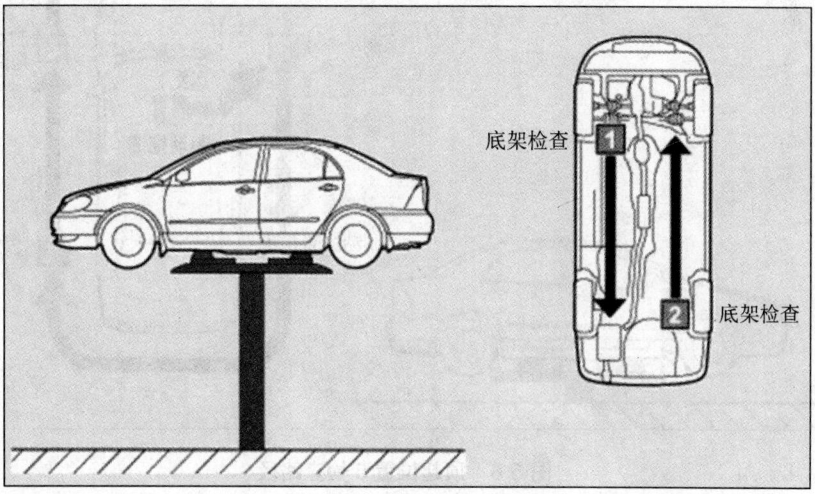

图 5.6　顶起位置 3 检查路径

(4) 顶起位置 4——举升器降至中位，环绕车辆一周，主要检查车轮和制动器，如图 5.7 所示。

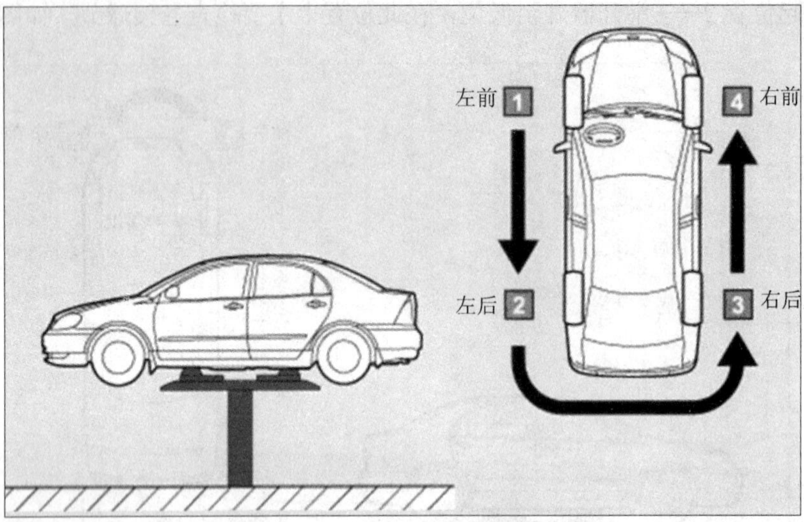

图 5.7　顶起位置 4 检查路径

(5) 顶起位置 5——举升器降至低位，主要检查制动器的阻滞，并将制动液从制动总泵中排出，安装制动液更换工具，如图 5.8 所示。

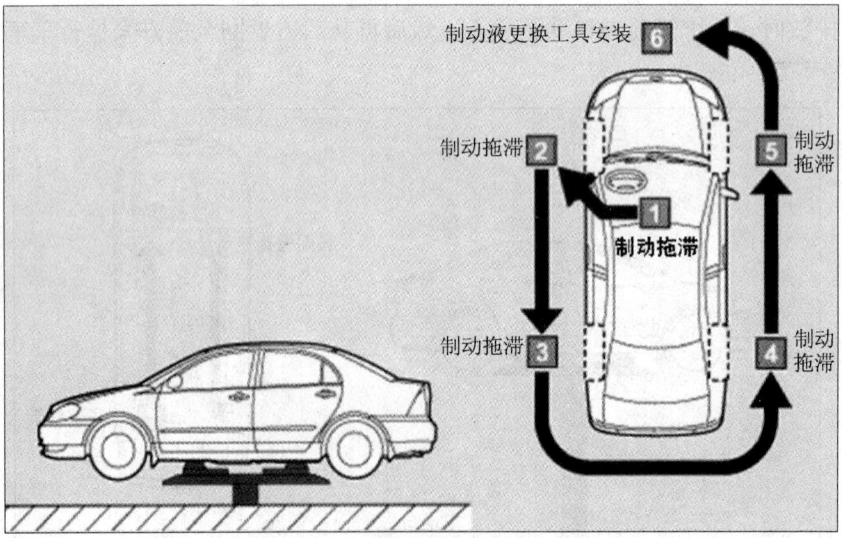

图 5.8　顶起位置 5 检查路径

(6) 顶起位置 6——举升器升至中位，主要从事更换制动液和安装车轮的作业，如图 5.9 所示。

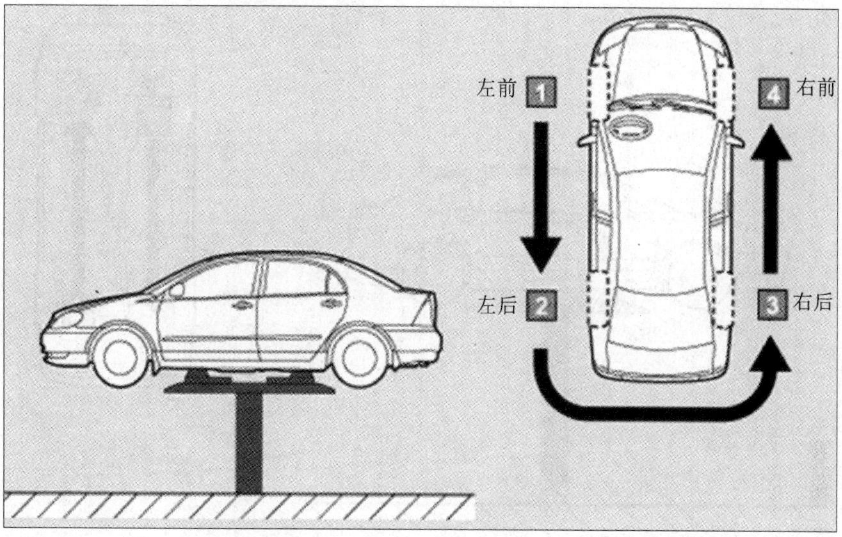

图 5.9　顶起位置 6 检查路径

(7) 顶起位置 7——举升器降至低位，轮胎触及地面，检查主要在发动机室进行。但是因为还要对其他部分进行检查，所以必须以有效的方式组合起来，如图 5.10 所示。

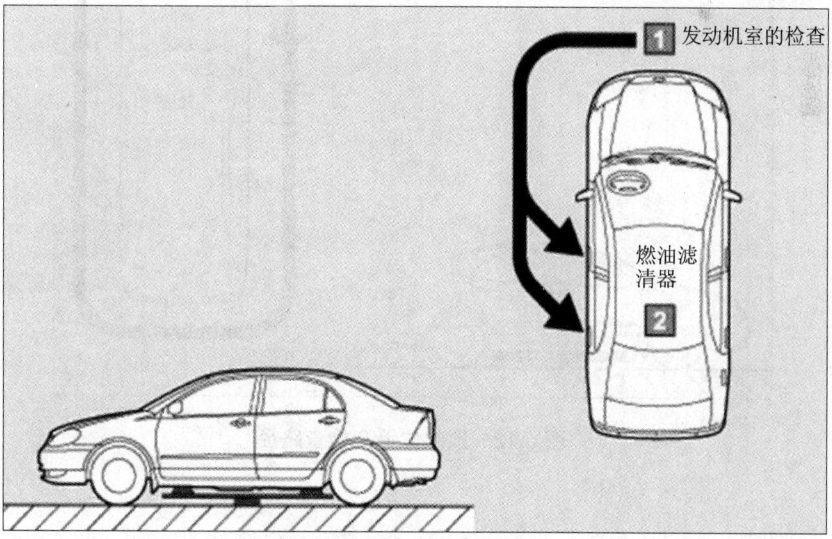

图 5.10　顶起位置 7 检查路径

(8) 顶起位置 8——举升器升至高位，主要对检查过的部位、更换过的零件以及机油和油液泄漏进行最后一次检查，如图 5.11 所示。

(9) 顶起位置 9——举升器未升起，主要清洁车辆的各个部分，然后进行其他的车辆保养工作，如图 5.12 所示。

检查前将地毯、罩等放入用户的车辆内，防止灰尘或划伤，准备开始检查。

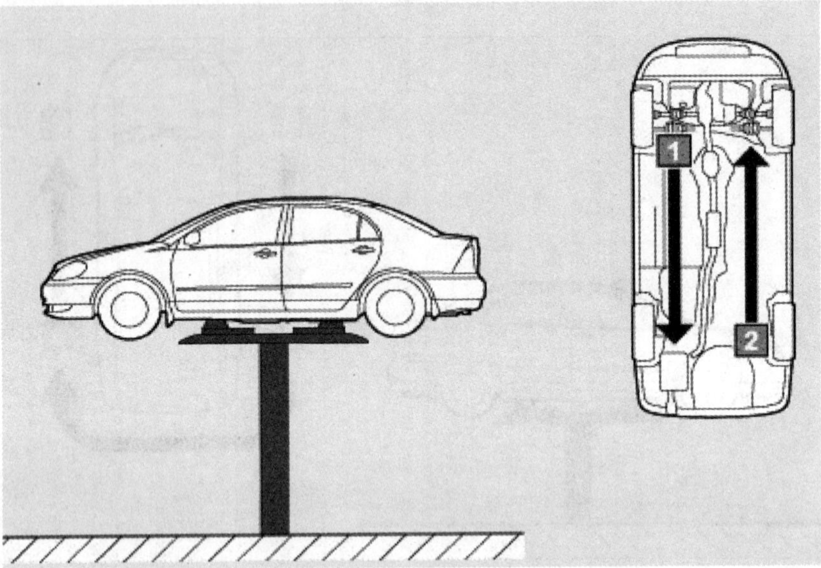

图 5.11 顶起位置 8 检查路径

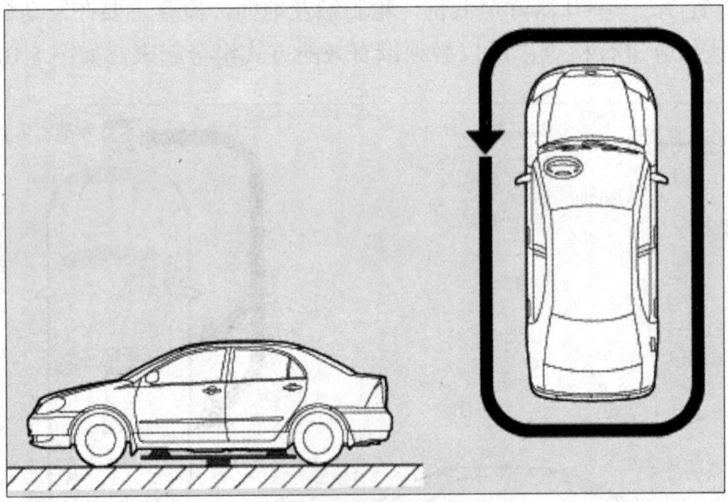

图 5.12 顶起位置 9 检查路径

5.3 任务实施

1. 顶起位置 1 的检查

1) 预检工作

检查前将地毯、罩等放入用户的车辆内，防止灰尘或划伤，准备开始检查。

(1) 驾驶员座椅：放上座椅套、地毯垫、方向盘罩，然后打开发动机盖(通过拉动发动机盖释放柄)。

(2) 车辆的前部：打开发动机盖，放上翼子板布、前罩，然后用车轮挡块挡住车轮，如图 5.13 所示。

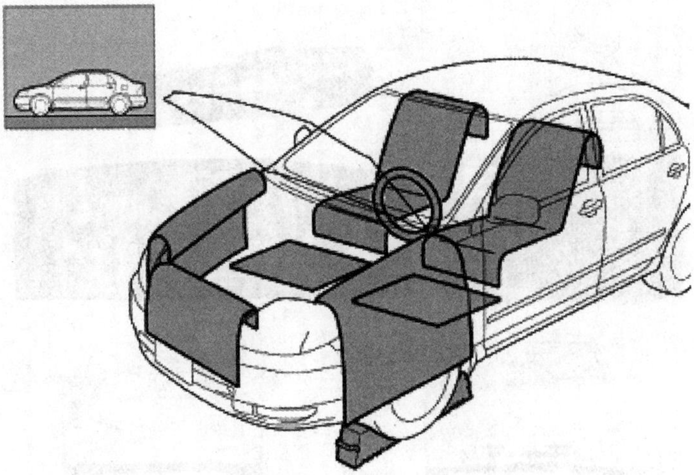

图 5.13　预检准备工作

(3) 发动机室检查机油和油液：检查确认散热器储液罐内有冷却液；用油尺检查发动机机油液位；检查制动总泵的储液箱内确有制动液；用液位尺来检查喷洗液的液位；然后拆卸机油加注口盖(以便排放发动机机油)，如图 5.14 所示。

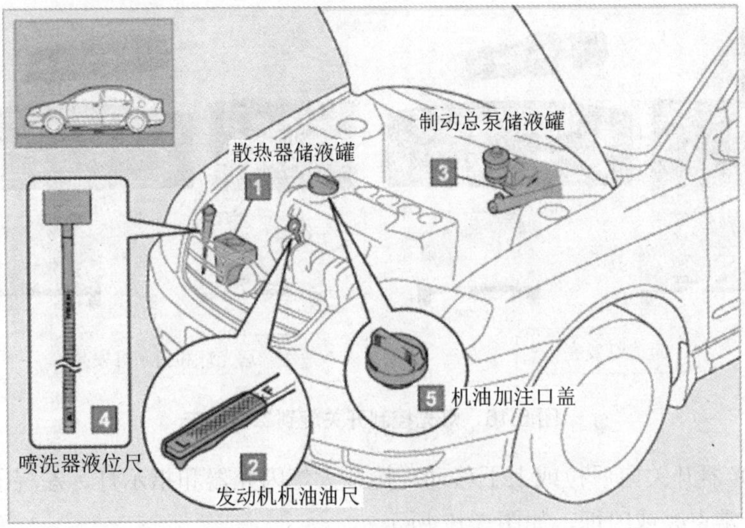

图 5.14　发动机室检查机油和油液

2) 驾驶员座椅位置的相关检查

(1) 车灯的检查：将点火开关旋至 ON 后，检查车辆的灯是否正常发光和闪烁，用镜子检查车外的灯。

① 将灯光控制开关旋动一挡，然后检查下列车灯是否亮起：示宽灯、牌照灯、尾灯和仪表板灯，如图 5.15 所示。

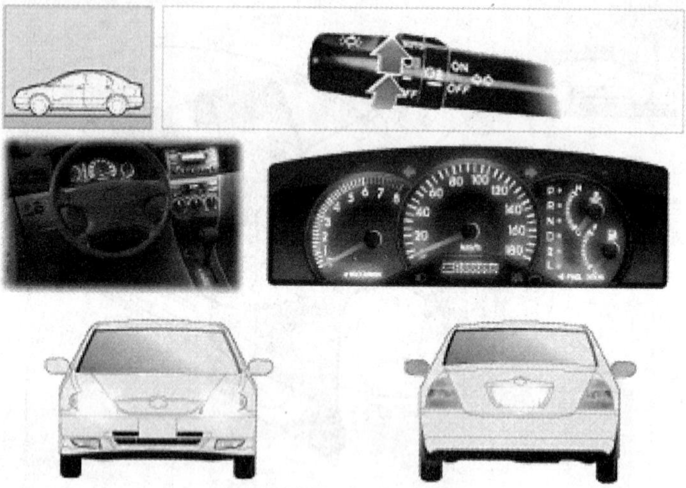

图 5.15　灯光控制开关旋到一挡检查

② 将灯光控制开关旋转两挡，检查大灯(近光灯)是否发亮。然后，将变光器开关向前推开，检查大灯(远光灯)是否发光及仪表盘指示灯是否发亮，如图 5.16 所示。

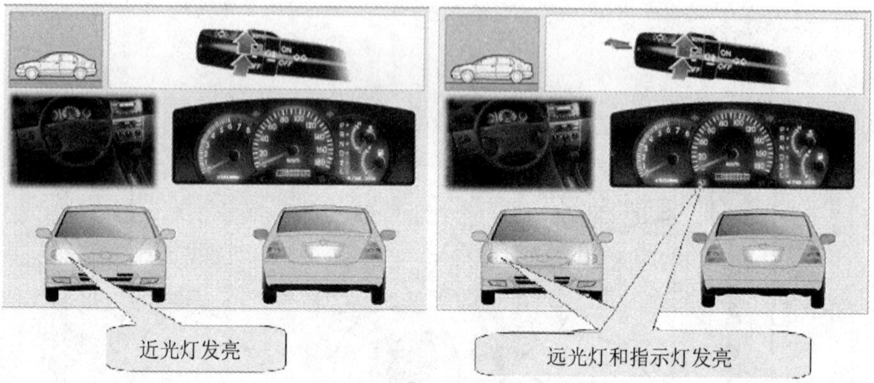

图 5.16　灯光控制开关旋到二挡检查

③ 将变光器开关向后拉或上下移动，检查大灯闪光器和指示灯、左/右转向信号灯和指示器能否正常点亮或闪烁，如图 5.17 所示。

④ 检查危险警告灯和指示灯、停车灯(尾灯)和倒车灯：当对应的每一个开关工作时，检查下面的灯能否正常点亮或闪烁。主要包括危险警告灯和指示灯、停车灯(尾灯)和倒车灯等，如图 5.18 所示。

⑤ 变光器开关自动回位检查：车辆正放，上(下)转动变光器开关，然后顺时针(逆时针)转动方向盘约 90° 并接着转回初始位置，检查变光器开关是否回到中间位置。

⑥ 组合仪表警告灯操作：将点火开关转到 ON，检查所有的警告灯是否亮，主要包括放电警告灯、故障指示灯(MIL)和油压警告灯等；发动机启动后，检查所有的警告灯是否熄

灭，因型号不同警告灯熄灭方式也不同，具体查看车辆使用手册。

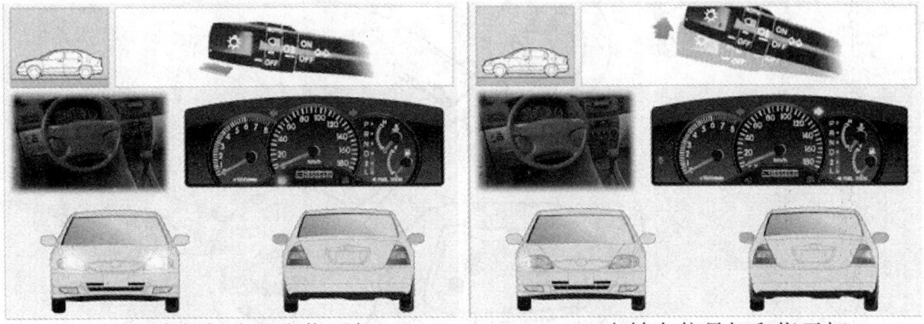

(a) 大灯闪光器和指示灯　　(b) 右转向信号灯和指示灯

图 5.17　变光器开关向前拉或上下移动转向信号转换开关检查

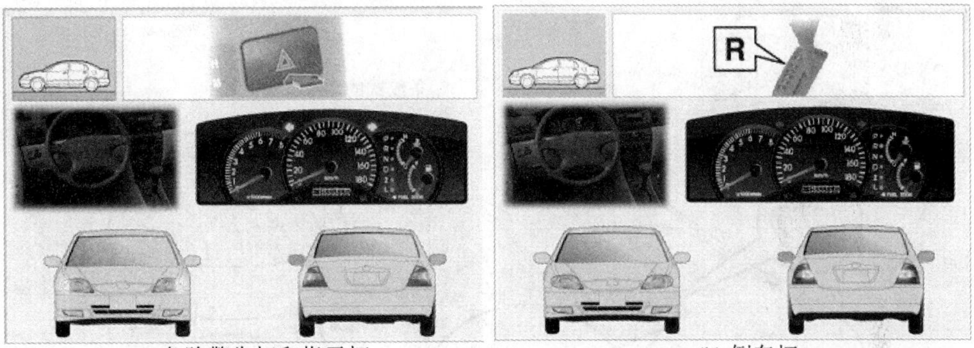

(a) 危险警告灯和指示灯　　(b) 倒车灯

图 5.18　危险警告灯和指示灯、倒车灯的检查

(2) 挡风玻璃喷洗器的检查。

① 起动发动机，检查喷洗液的喷洒状况。因为在发动机关闭时，蓄电池的电量难以提供足够的喷洒动力，所以该项检查必须起动发动机，如图 5.19 所示。

② 操作方法：起动发动机；检查挡风玻璃喷洗器喷洒压力是否足够，如果车辆配备有挡风玻璃喷洗联动刮水器功能，则应检查刮水器是否协同工作；检查喷洗喷洒区是否集中在刮水器工作范围内，必要时要进行调整。

注意

如果刮水器开动时无喷洗液喷出，则马达有可能被烧坏。

(3) 挡风玻璃刮水器的检查。

为防止划破挡风玻璃，在使用刮水器前要喷洒喷洗液。检查内容主要包括以下几项。

① 操作：打开刮水器开关，检查每一只刮水器是否正常工作，主要检查 Lo(慢)、Hi(快)、间歇功能和去雾功能等刮水器的性能。

② 停止位置：检查当刮水器开关关闭时，刮水器是否自动停止在其停止位置。

③ 刮水状况：喷洒喷洗液，检查刮水器会不会产生以下问题：条纹式的刮水痕迹或刮水效果不好等，如图 5.20 所示。

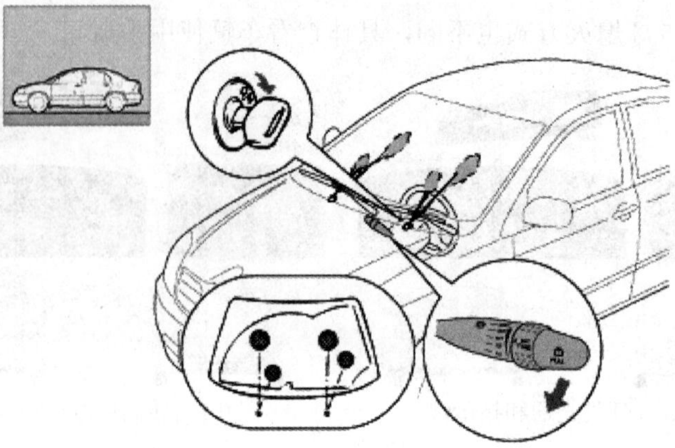

图 5.19　挡风玻璃喷洗器的检查

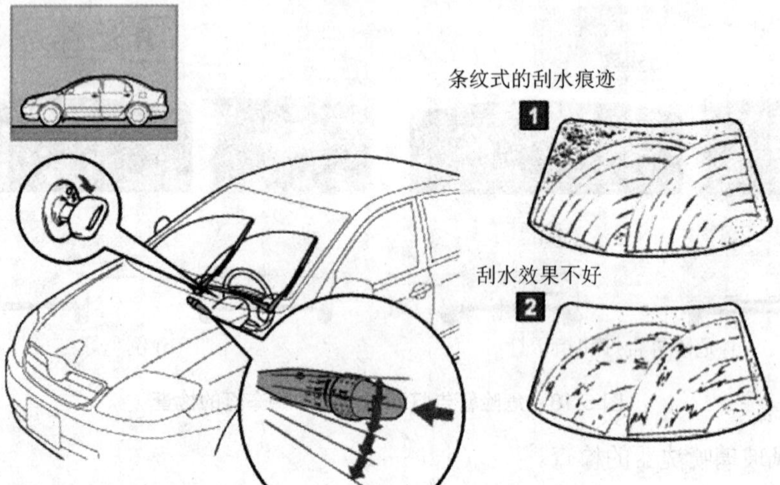

图 5.20　挡风玻璃刮水器的检查

(4) 喇叭的检查：在方向盘转动一周的同时按喇叭垫，检查喇叭是否发声，同时检查其音量和音调是否稳定，如图 5.21 所示。

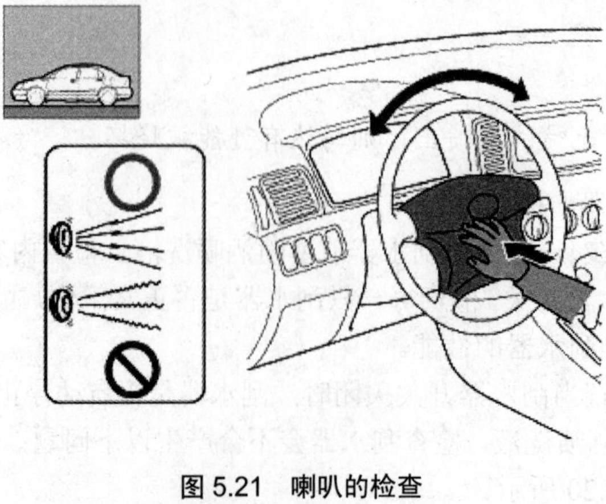

图 5.21　喇叭的检查

(5) 驻车制动器的检查，主要包括驻车制动杆行程和指示灯工作情况的检查。

① 驻车制动杆行程：检查并确保驻车制动杆拉动时，驻车制动杆行程是否在预定的槽数内(拉动时可以听到“咔嗒”声)。如果不符合标准，则调整驻车杆的行程。

提示

当驻车制动杆行程超出规定值，则调整后制动蹄片或驻车制动蹄片的间隙，然后重复检查。必要时重复这个过程，然后调整驻车制动杆行程。

② 指示灯的工作情况：在点火开关位于 ON 时，检查以确保当驻车制动杆操作时，在拉动杆到达第一个槽口前，指示灯就已经发光，如图 5.22 所示。

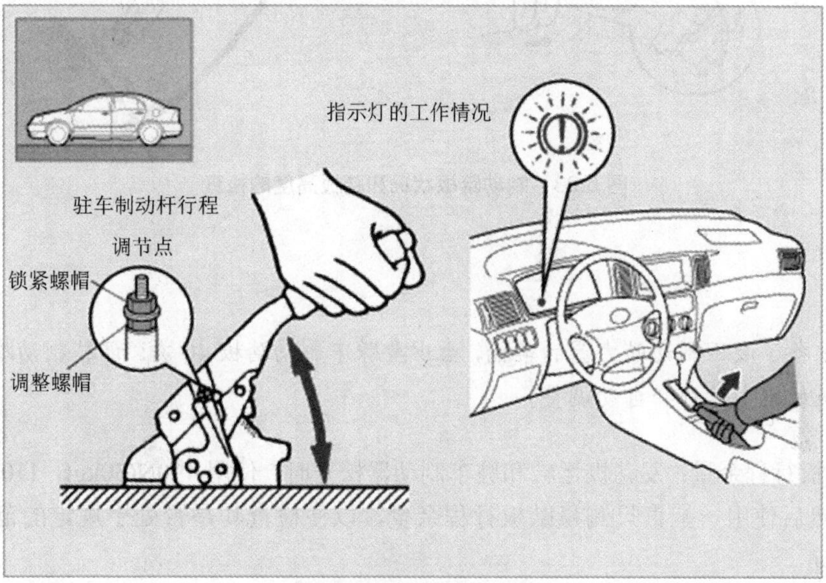

图 5.22　驻车制动器的检查

(6) 制动器的检查主要检查踏板状况、踏板高度、制动踏板自由行程和制动踏板行程余量等内容。

① 踏板状况：检查确保制动踏板没有反应不灵敏、踏板不能完全踩下、异常噪声和过度松动等故障，如图 5.23 所示。

② 踏板高度：使用一把直尺测量制动踏板高度；如果超出规定范围，则调整踏板高度，如图 5.23 所示。

提示

测量从地面到制动踏板上表面的距离。如果必须要从地毯表面开始测量，则从标准值中扣除地毯的厚度，或者地毯和沥青纸毡的厚度。

③ 制动踏板自由行程：发动机停止后，踩下制动踏板几次，以便解除制动助力器的真空作用。然后，使用手指轻轻按压制动踏板并且使用一把直尺测量制动踏板自由行程。

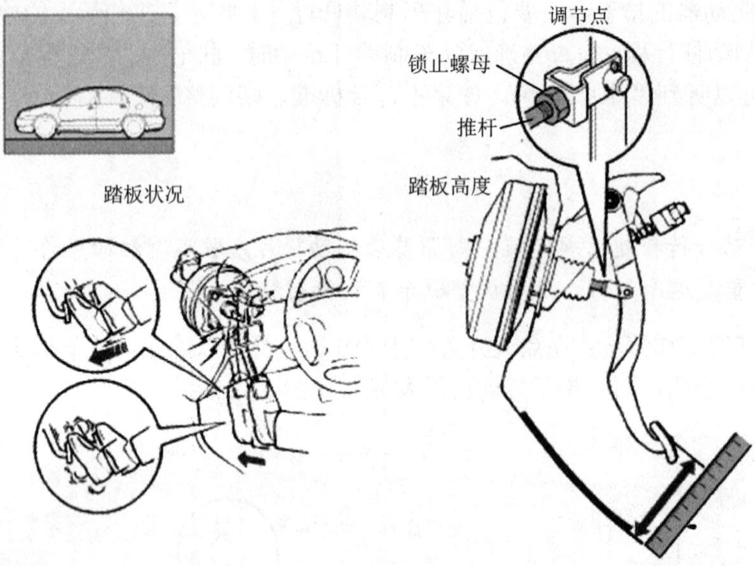

图 5.23　制动踏板状况和踏板高度的检查

提示

对于配备了液压制动助力器的车辆，至少要踩下制动踏板 40 次；调整制动踏板的高度时制动踏板的自由行程会自动调整。

④ 踏板行程余量：发动机运转和驻车制动器松开时，使用 490N(50kgf，110lbf)踩下制动踏板，然后使用一把直尺测量踏板行程余量，以便检查其是否处于规定的范围内，如图 5.24 所示。

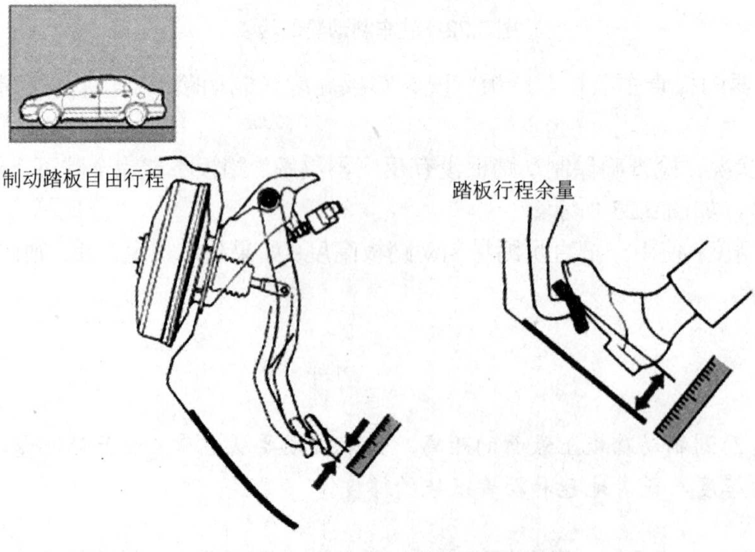

图 5.24　制动踏板自由行程和踏板行程余量的检查

提示

测量从地面到制动踏板上表面的距离。如果必须要从地毯表面开始测量，则从标准值中扣除地毯的厚度，或者地毯和沥青纸毡的厚度。

(7) 制动助力器的检查：踩下制动踏板并检查制动助力器是否正常工作，检查主要包括工作检查、气密性检查和真空检查等内容。

① 工作检查，如图 5.25 所示。

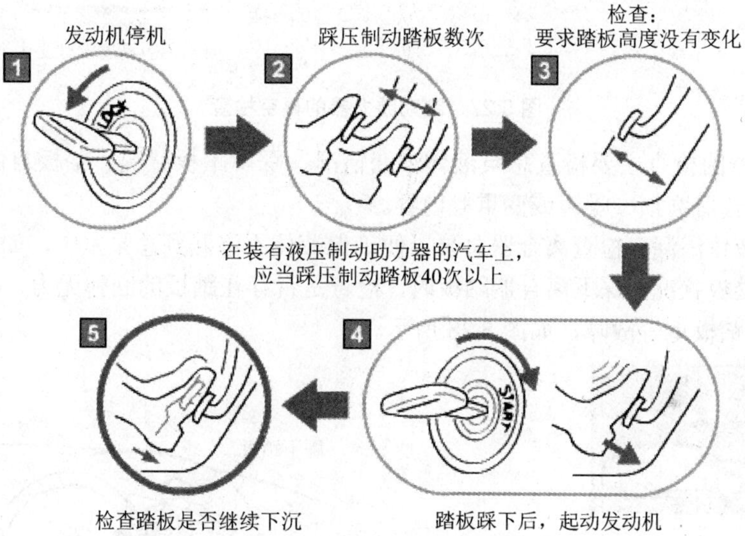

图 5.25　制动助力器的工作检查

② 气密性检查主要检查是否维持了制动助力器中的真空、恒压室和变压室是否密封，空气阀是否允许空气流入等内容，如图 5.26 所示。

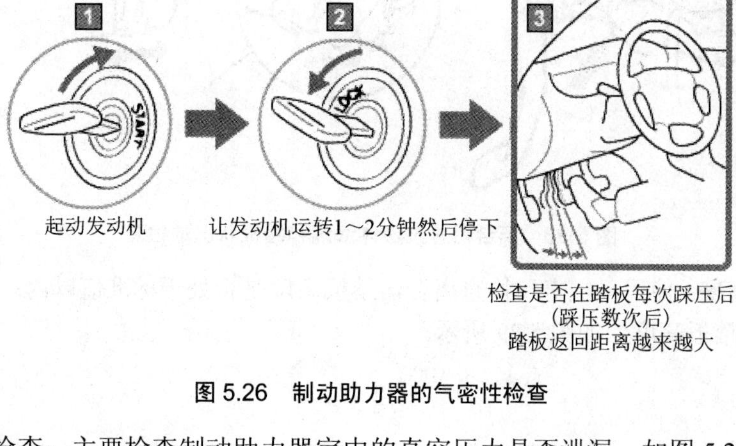

图 5.26　制动助力器的气密性检查

③ 真空检查：主要检查制动助力器室中的真空压力是否泄漏，如图 5.27 所示。

提示

对于配备了液压制动助力器的车辆，只检查其工作情况。

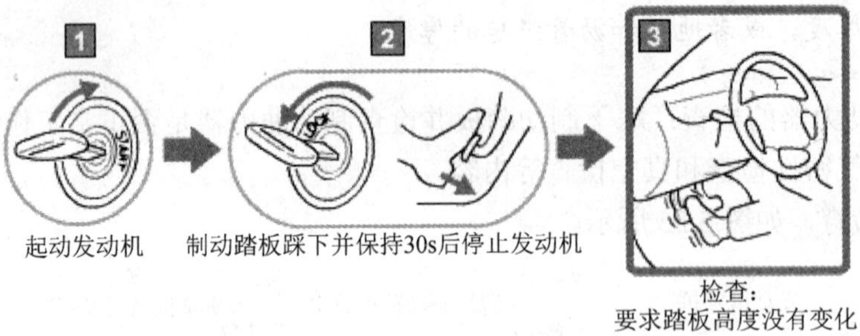

图 5.27 制动助力器的真空检查

(8) 离合器的检查主要检查总泵液体渗漏情况、踩下踏板状况、踏板自由行程、离合器分离点和离合器磨损、噪声或变重等内容。

① 总泵液体渗漏：检查离合器总泵以便确保液体不渗漏到总泵室中，如图 5.28 所示。

② 踩下踏板状况：踩下离合器踏板时，检查是否存在踏板的回弹无力、异常噪声、过度松动、感觉踏板重等故障，如图 5.28 所示。

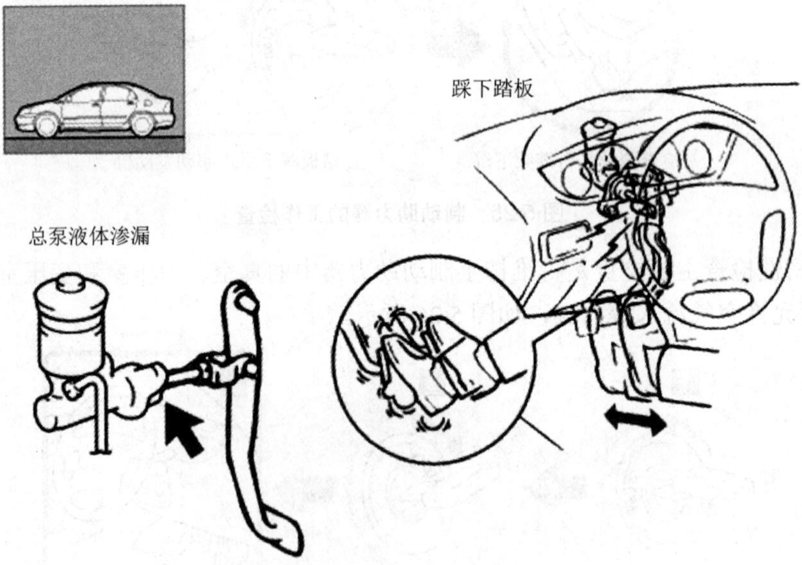

图 5.28 离合器总泵液体渗漏和踏板状况的检查

③ 踏板高度：使用一把直尺检查离合器踏板高度是否处于标准值以内；如果超出标准范围，则调整踏板高度，如图 5.29 所示。

提示

测量从地面到离合器踏板上表面的距离。如果必须要从地毯表面开始测量，则从标准值中扣除地毯的厚度，或者地毯和沥青纸毡的厚度。

④ 踏板自由行程：使用手指按压踏板并使用一把直尺测量踏板的自由行程量。检查踏板自由行程是否处于标准范围内；如果超出标准范围，则调整踏板高度，如图 5.29 所示。

提示

用手指按压踏板时，感觉踏板逐渐变重的过程分两步，如下所示。

第一步：踏板运动直到踏板推杆接触总泵活塞。

第二步：踏板运动直到总泵引起液压上升。

离合器分离轴承推动膜片弹簧以前，随着踏板发生一定量的移动，踏板自由行程也就被确定。

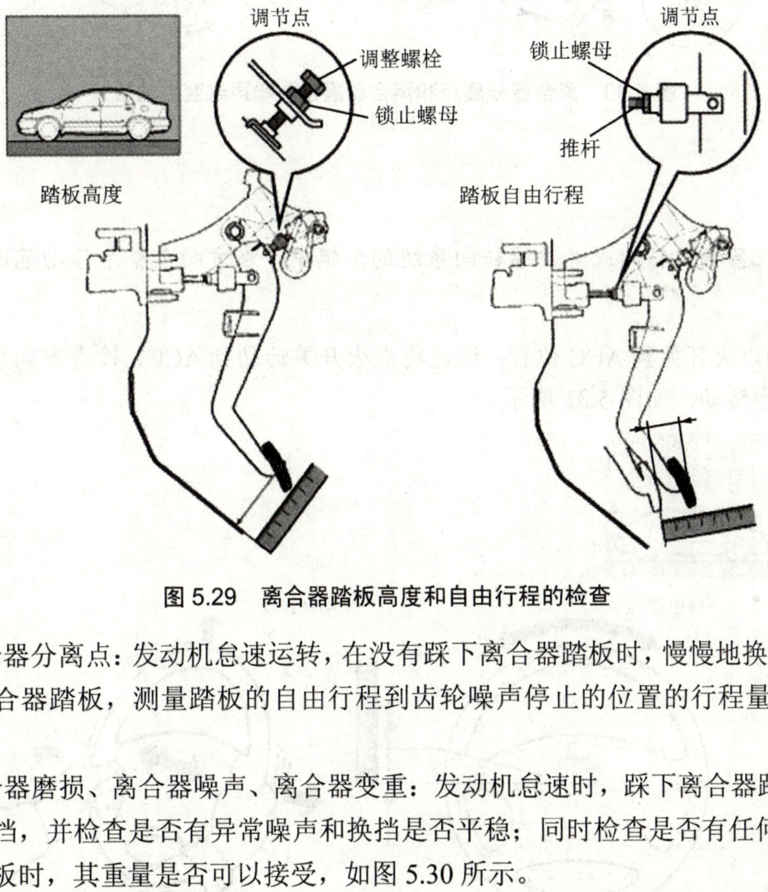

图 5.29　离合器踏板高度和自由行程的检查

⑤ 离合器分离点：发动机怠速运转，在没有踩下离合器踏板时，慢慢地换挡到倒车挡；逐渐踩下离合器踏板，测量踏板的自由行程到齿轮噪声停止的位置的行程量，如图 5.30 所示。

⑥ 离合器磨损、离合器噪声、离合器变重：发动机怠速时，踩下离合器踏板，换到一挡或者倒车挡，并检查是否有异常噪声和换挡是否平稳；同时检查是否有任何异常噪声或者在踩下踏板时，其重量是否可以接受，如图 5.30 所示。

(9) 方向盘的检查主要包括自由行程、松动和摆动、点火开关到 ACC 位置等检查。

① 自由行程：在配备动力转向系统的车辆上，起动发动机，使车辆笔直向前；轻轻移动方向盘，在车轮就要开始移动时，使用一把直尺测量方向盘的移动量即为自由行程，如图 5.31 所示。

② 松动和摆动：用两手握住方向盘，轴向地、垂直地或者向两侧移动方向盘，确保其没有松动或者摆动，如图 5.31 所示。

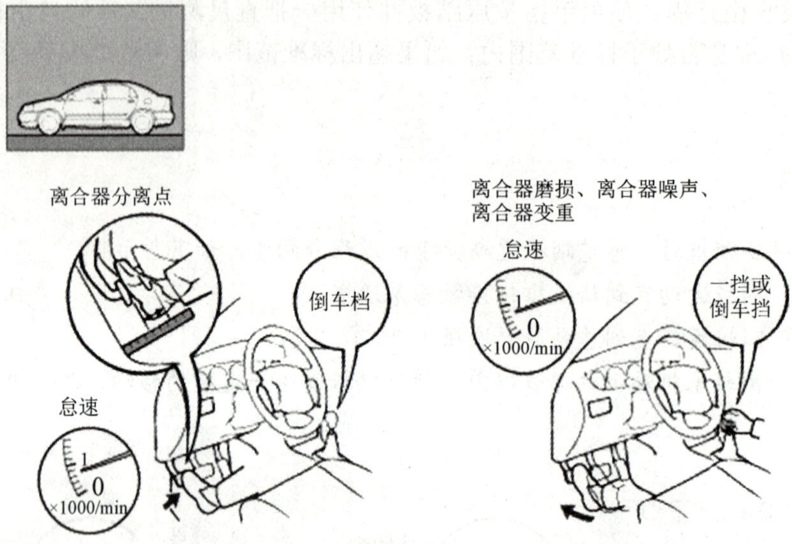

图 5.30　离合器分离点和离合器磨损、噪声或变重的检查

提示

在一个配备倾斜转向或者伸缩转向系统的车辆中，在方向盘整个移动范围内检查松动情况。

③ 转动点火开关到 ACC 位置：通过将点火开关转动到 ACC，检查方向盘是否保持不锁定并可自由转动，如图 5.31 所示。

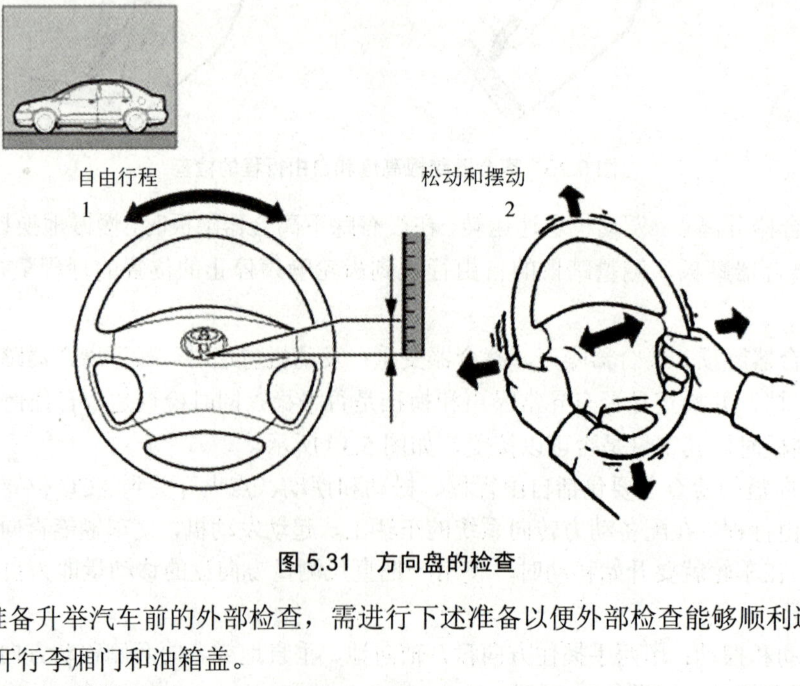

图 5.31　方向盘的检查

(10) 准备升举汽车前的外部检查，需进行下述准备以便外部检查能够顺利进行。

① 打开行李厢门和油箱盖。

② 将顶灯开关转动至 DOOR。

③ 将换挡杆设置为空挡。

④ 释放驻车制动杆，如图 5.32 所示。

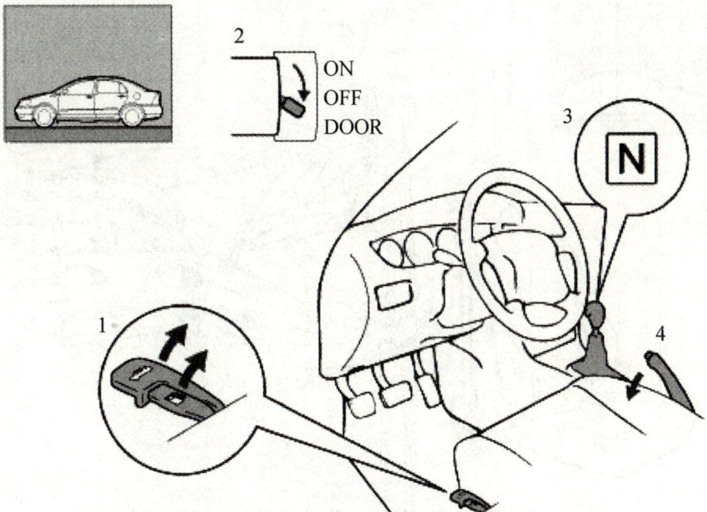

图 5.32　外部检查准备

3) 左侧前门位置的相关检查

(1) 门控灯开关的检查：通过检查确保打开每扇车门时顶灯变亮，而所有车门关闭时顶灯熄灭，如图 5.33 所示。

提示

配备照明进入系统的车辆的顶灯不会立即熄灭，因此需要等待几秒钟，以便检查顶灯是否熄灭。

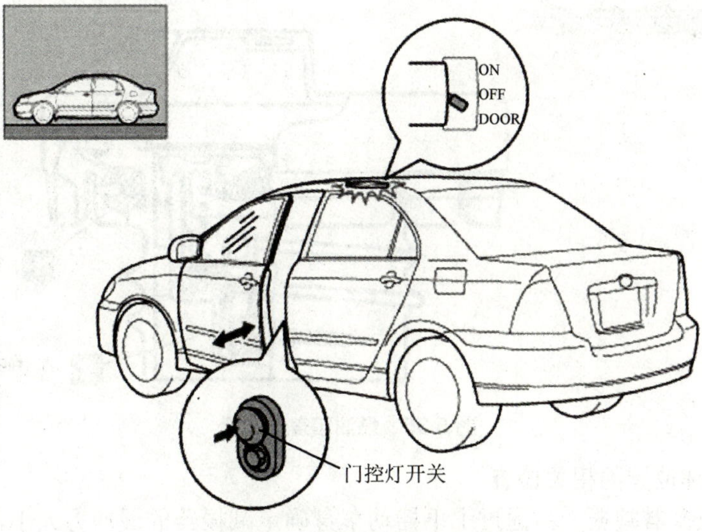

图 5.33　门控灯开关的检查

(2) 车身螺母及螺栓：检查座椅安全带(在各门位置)、座椅(在各门位置)、门(在各门位置)、发动机盖(在前面)、行李厢门(在后面)等螺栓和螺母是否松动，如图 5.34 所示。

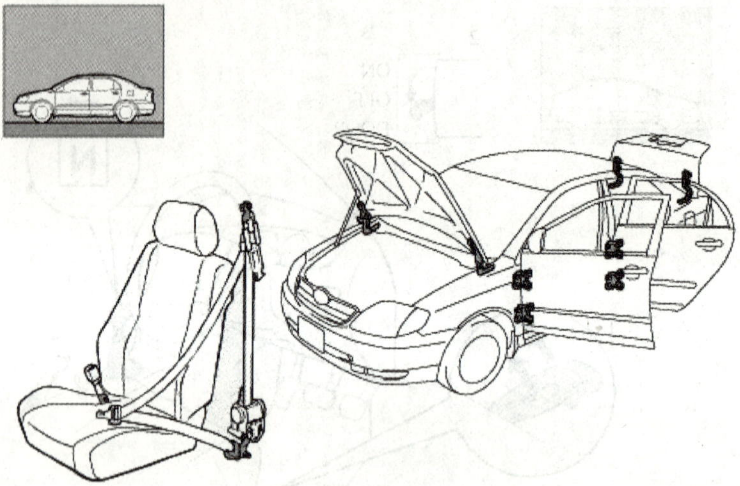

图 5.34　车身螺母及螺栓的检查

4) 燃油箱盖位置的相关检查

燃油箱盖位置的相关检查，如图 5.35 所示，主要包含以下 3 方面的检查内容。

(1) 变形或者损坏：通过检查确保油箱盖或者垫片都没有变形或者损坏，同时检查真空阀是否锈蚀或者粘住。

(2) 附件情况：通过检查确保油箱盖能够被正确上紧。

(3) 扭矩限制器工作情况：安装油箱盖，然后进一步上紧油箱盖，确保油箱盖发出“咔嗒”声而且能够自由转动。

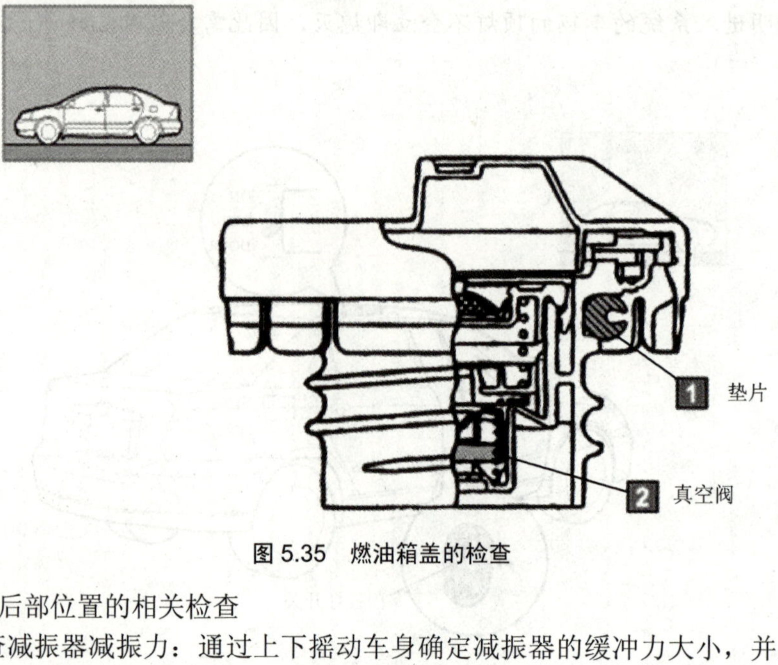

图 5.35　燃油箱盖的检查

5) 车辆后部位置的相关检查

(1) 检查减振器减振力：通过上下摇动车身确定减振器的缓冲力大小，并且检查车身停止摇动需要花多长时间，如图 5.36 所示。

(2) 检查车辆有无倾斜：目测检查车辆是否倾斜，如图 5.36 所示。

提示

如果车辆倾斜，则需要验证下述各项：轮胎气压，左、右轮胎或者车轮尺寸的偏差和不均匀的车辆负荷分配。

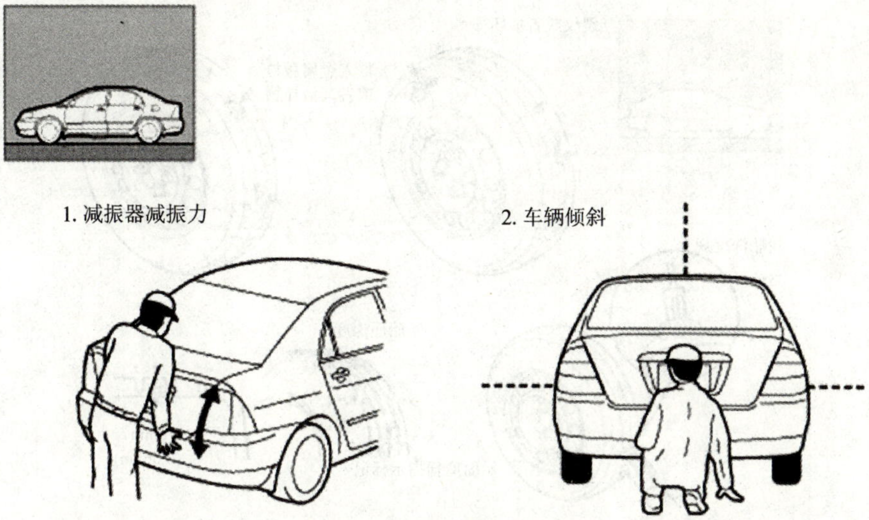

图 5.36　车辆后部的检查

(3) 检查后部车灯：用手检查车灯是否松动；检查各灯的灯罩和反光镜没有褪色或者因为碰撞而损坏；同时检查灯内是否有污物或者有水进入，如图 5.37 所示。

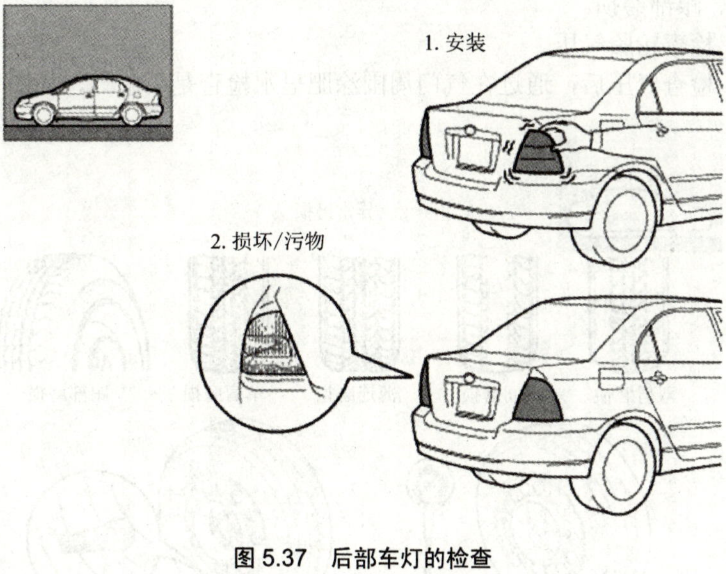

图 5.37　后部车灯的检查

(4) 备用轮胎的检查。

① 裂纹或者损坏：检查轮胎胎面和胎壁是否有裂纹、割痕或其他损坏。

② 嵌入金属颗粒或者其他异物：检查轮胎的胎面和胎壁是否嵌入金属颗粒、石子或者其他外物。

③ 胎面沟槽深度：使用一个轮胎深度规测量轮胎的胎面沟槽的深度，如图 5.38 所示。

提示

同时可以通过观察与地面接触的轮胎表面的胎面磨耗指示标记轻易地检查胎面深度。

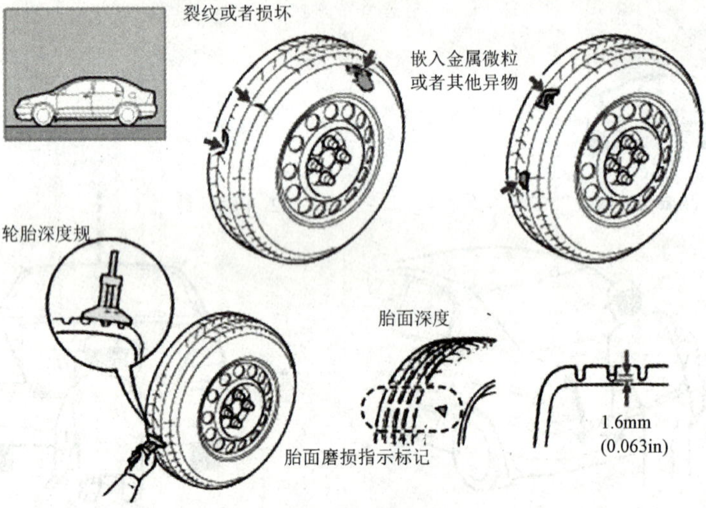

图 5.38　备用轮胎的检查

④ 异常磨损

检查车胎的整个外围是否有不均匀磨损或者阶段磨损：双肩磨损、中间磨损、薄边磨损、单肩磨损、跟部磨损。

⑤ 气压：检查轮胎气压。

⑥ 漏气：检查气压后，通过在气门周围涂肥皂水检查是否漏气，如图 5.39 所示。

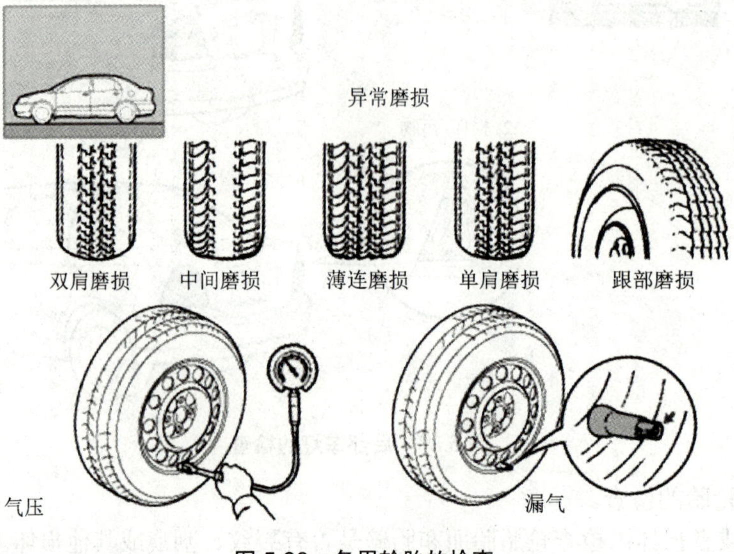

图 5.39　备用轮胎的检查

⑦ 轮圈和轮盘损坏：检查轮圈和轮盘是否损坏、腐蚀、变形和跳动，如图 5.40 所示。

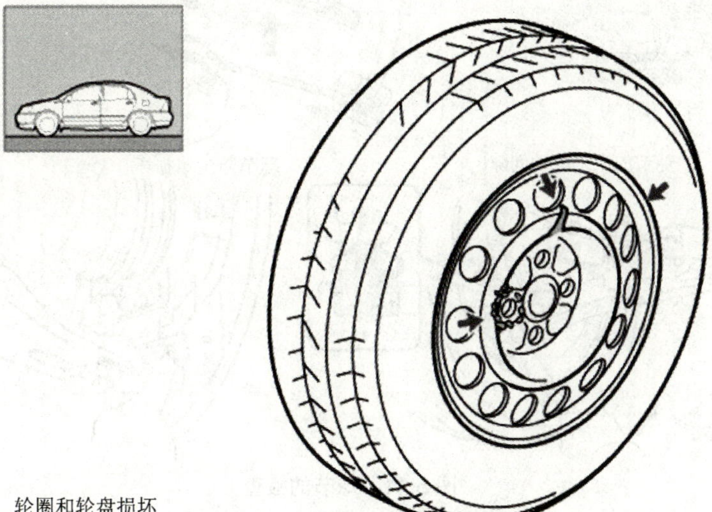

图 5.40　备用轮胎的检查

2. 顶起位置 2 的检查

1) 球节的上下滑动间隙

踩下制动踏板后，在球节上施加载荷以便检查其上下滑动间隙。

(1) 使用制动踏板压力器保持制动踏板被踩下。

(2) 前轮垂直向前，举起车辆并且在两个前轮下放一个高度为 180～200mm 的木块。

(3) 放低举升器直到前螺旋弹簧承载一半的负荷。

提示

通过放低举升器直到车轮承载一半时达到该状态。

(4) 再次确认前轮笔直向前。

(5) 在下臂的末端使用一个工具检查球节多余的上下滑动间隙。

2) 球节防尘罩损坏

检查球节防尘罩是否有裂纹、撕裂或者其他损坏，如图 5.41 所示。

3. 顶起位置 3 的检查

(1) 排放发动机机油 。

① 检查发动机的下述区域是否漏油：发动机各种区域的接触面、油封和排放塞等。

② 拆卸排放塞和垫片，排放发动机机油，如图 5.42 所示。

(2) 检查手动传动桥油。

① 检查机油渗漏：检查传动桥的壳接触面、轴和拉索伸出的区域、油封、排放塞和加注塞等是否漏油。

② 检查油位：从传动桥上拆卸油加注塞，然后将手指插入塞孔，并且检查油与手指接触的位置，如图 5.43 所示。

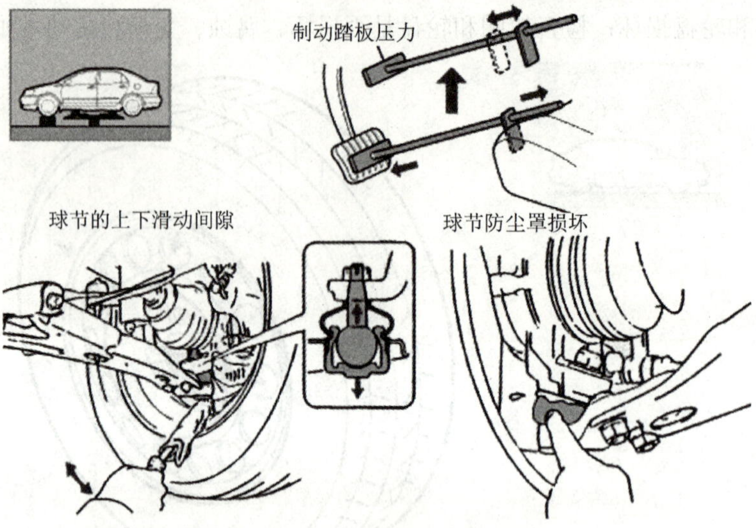

图 5.41　球节的检查

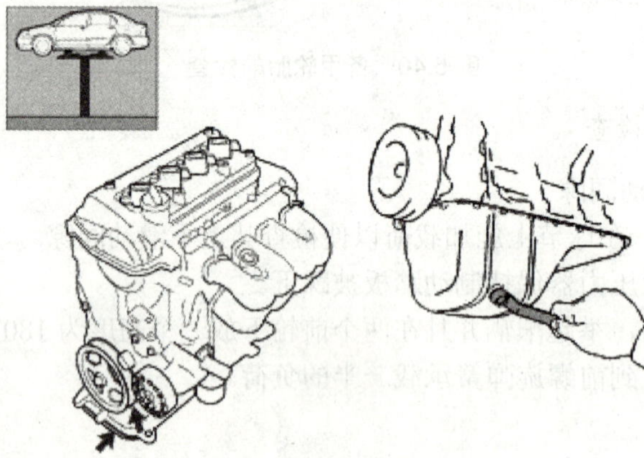

图 5.42　排放发动机机油

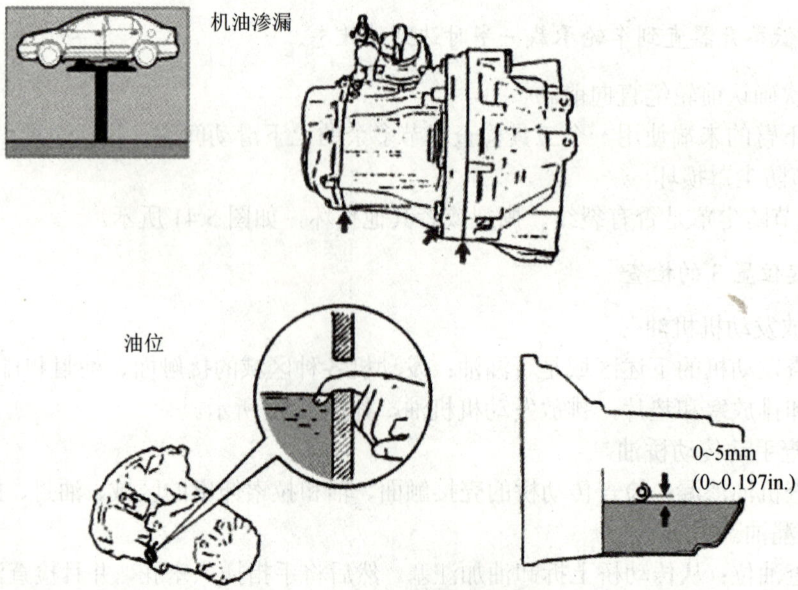

图 5.43　手动传动桥油的检查

(3) 检查自动传动桥液。

① 液体渗漏：确保没有液体从传动桥的壳接触面、轴和拉索伸出的区域、油封、排放塞和加注塞、管道和软管接头等渗漏。

② 油冷却软管损坏：检查油冷却软管是否有裂纹、隆起或者损坏，如图 5.44 所示。

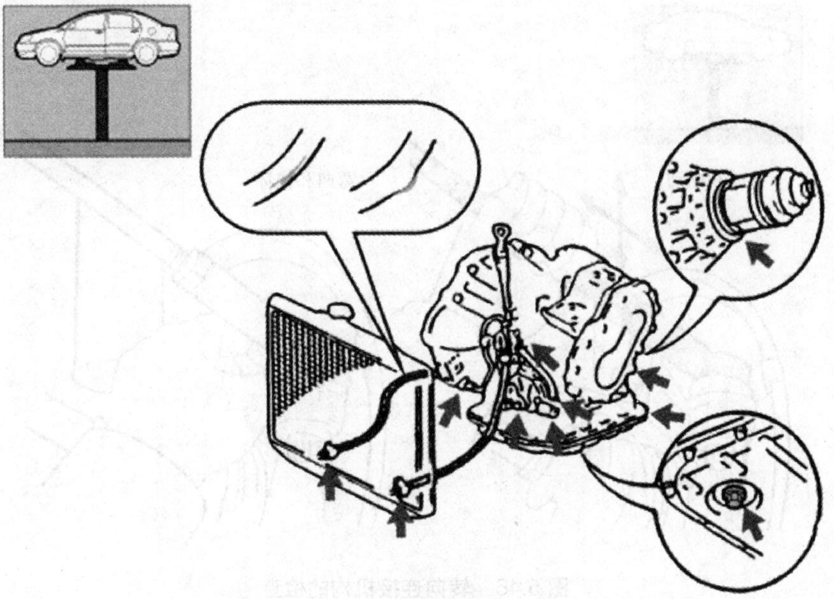

图 5.44　自动传动桥液的检查

(4) 检查驱动轴护套。

① 裂纹和其他损坏：手动转动轮胎以便它们被完全转向一侧，然后检查驱动轴护套的整个外围是否有任何裂纹或者其他损坏；检查护套卡箍，确保其已经正确安装并且没有损坏。

② 油脂渗漏：检查护套是否有任何油脂渗漏，如图 5.45 所示。

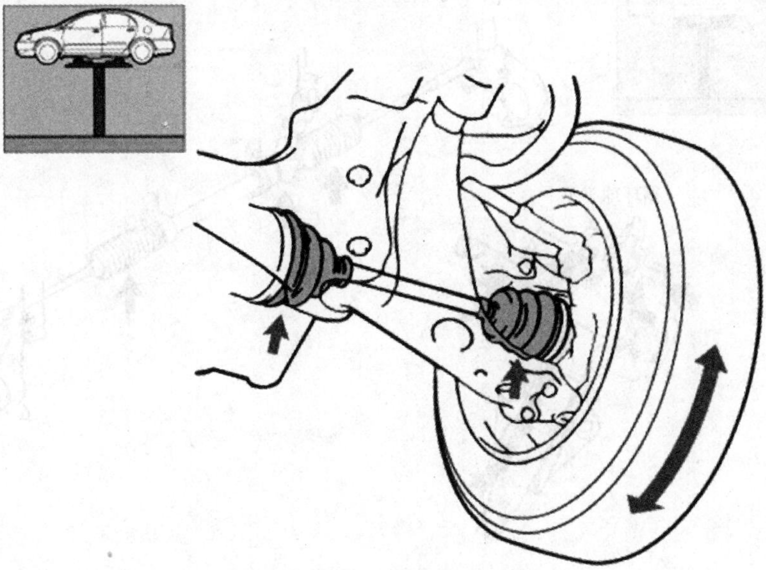

图 5.45　驱动轴护套的检查

(5) 转向连接机构。

① 松动和摆动：用手摇晃转向连接机构检查是否松动或者摆动。

② 弯曲和损坏：检查转向连接机构是否弯曲或者损坏；检查防尘罩是否有裂纹或者破损，如图 5.46 所示。

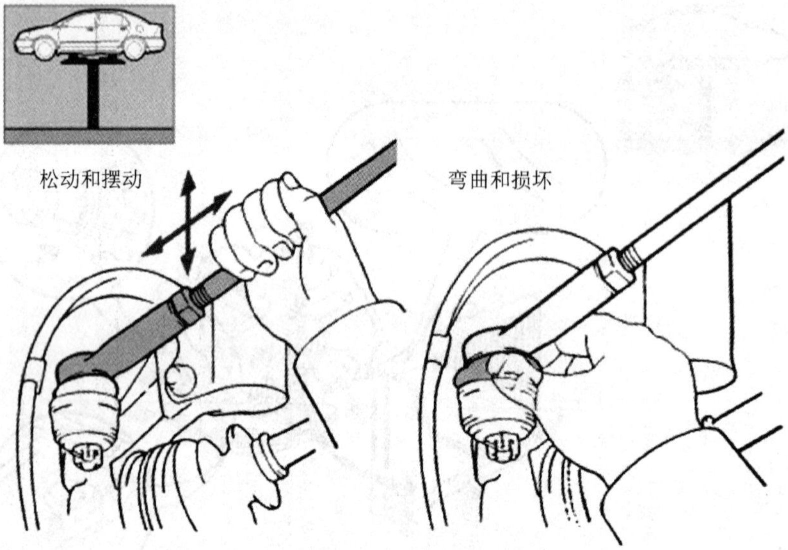

图 5.46　转向连接机构的检查

(6) 检查手动转向机。

① 检查齿轮箱是否有润滑脂或者机油渗漏(或者浸润)。

② 如果是齿条和小齿轮类型，转动轮胎以便方向盘向左和向右转，检查齿条护套是否有裂纹或者破损，如图 5.47 所示。

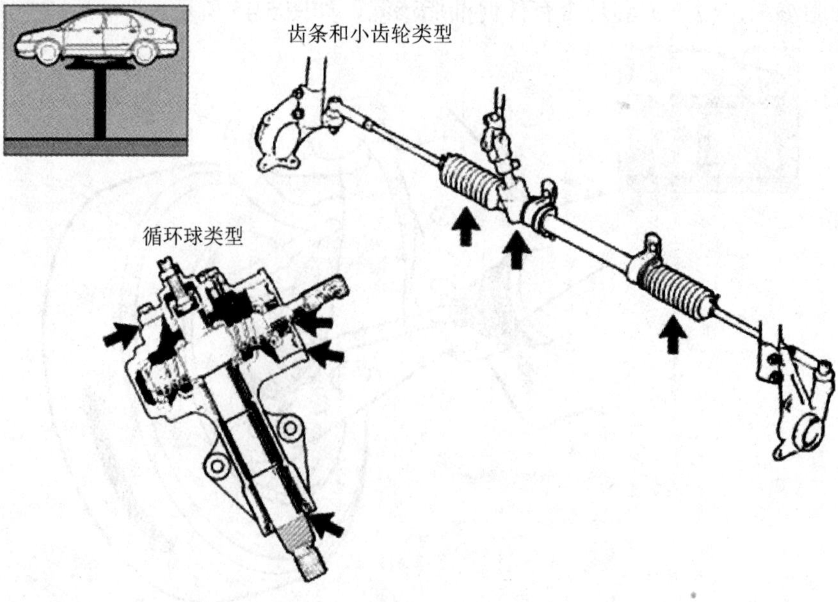

图 5.47　手动转向机的检查

(7) 检查动力转向液(齿条和小齿轮类型)。

① 液体渗漏：检查齿轮箱、PS 叶轮泵、液体管路和连接点等动力转向液是否渗漏。

② 裂纹和其他损坏：检查 PS 软管是否有裂纹和其他损坏，如图 5.48 所示。

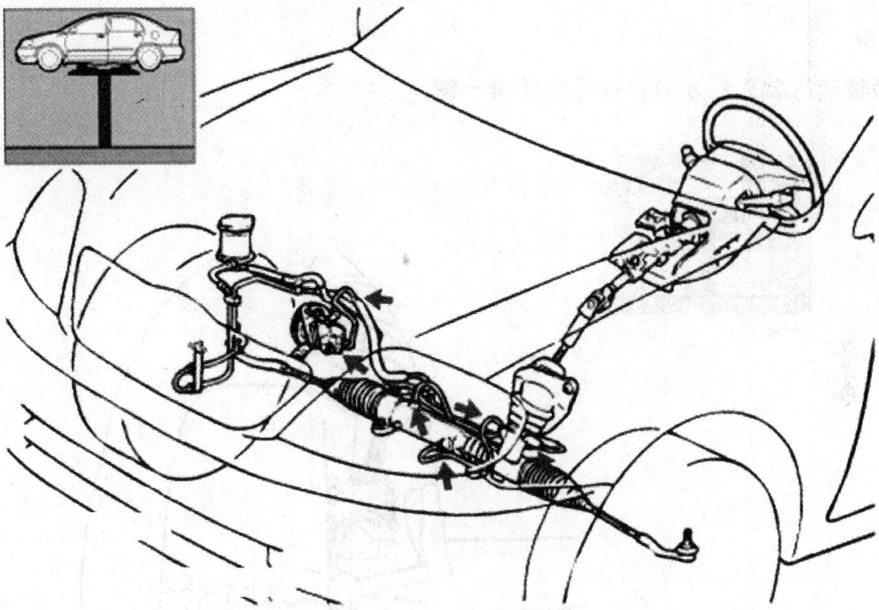

图 5.48　动力转向液(齿条和小齿轮类型)的检查

(8) 检查制动管路。

① 液体渗漏：检查制动管路连接部分是否有液体渗漏。

② 损坏：检查制动管路是否有凹痕或者其他损坏；检查制动管路软管是否扭曲、磨损、开裂、隆起等，如图 5.49 所示。

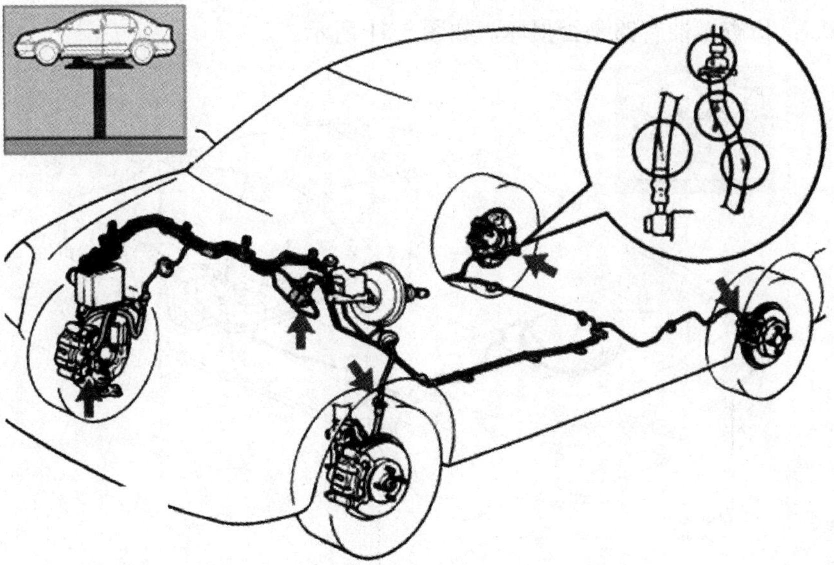

图 5.49　制动管路的检查

③ 安装状况：检查制动管道和软管，确保车辆运动时，或者方向盘完全转动到任何一侧时，不会因为振动而与车轮或者车身接触，如图 5.50 所示。

提示

手动转动轮胎直到方向盘被完全转向一侧。

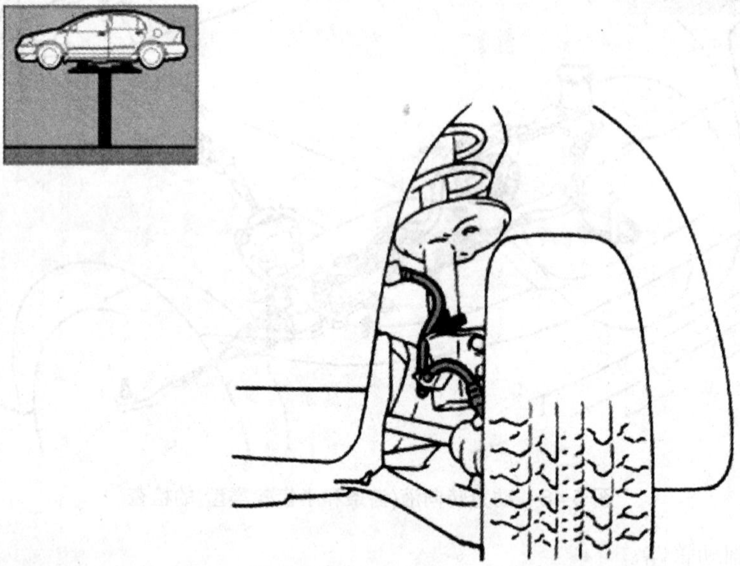

图 5.50　制动管路安装状况的检查

(9) 检查燃油管路。

① 燃油渗漏：检查燃油管路是否渗漏。

② 损坏：检查燃油管路是否损坏，如图 5.51 所示。

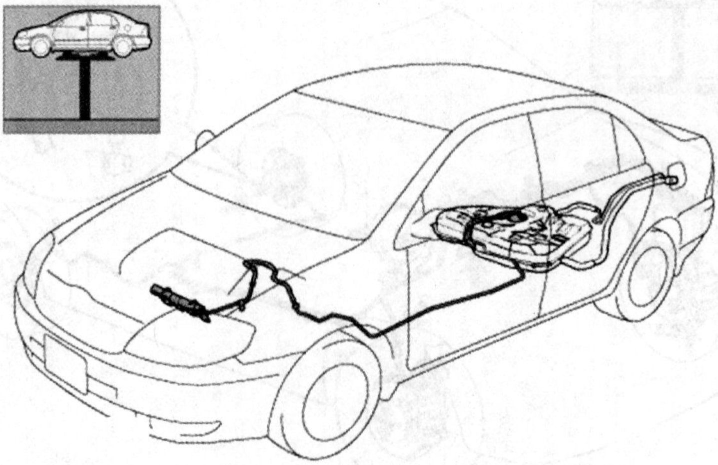

图 5.51　燃油管路的检查

(10) 检查排气管道及安装件。

① 损坏和安装状况的检查：检查排气管是否损坏；检查消声器是否损坏；检查排气管支架上的O形圈是否损坏或者脱离；检查垫片是否损坏。

② 排气管渗漏：通过观察接头周围是否存在任何炭黑；检查排气管连接部分是否泄漏废气，如图5.52所示。

图5.52　排气管道及安装件的检查

(11) 检查螺母和螺栓(在车辆下面)。

检查下述底盘连接的螺栓和螺母(表5-2)是否松动，如图5.53、图5.54、图5.55所示。

表5-2　底盘连接的螺栓

序号	螺栓名称	扭矩值(花冠轿车)	
1	中间梁×车身		39
2	下臂×横梁	88	137
3	球节×下臂	98	142
4	横梁×车身	70	A113 B157
5	下臂×横梁	132	137
6	中间梁×横梁		52
7	制动卡钳×转向节	88	106
8	球节×转向节	33	103
9	减振器×转向节		153
10	稳定杆连接杆×减振器		74
11	稳定杆×稳定杆连接杆		74
12	转向机外壳×横梁	127	58
13	稳定杆×横梁	37	149
14	横拉杆端头锁止螺母	47	74
15	横拉杆端头×转向节	33	49
16	拖臂和后桥×车身	82	85
17	拖臂和后桥×后桥轮毂	52	56
18	制动分泵×背板	9.8	46
19	控制杆×拖臂和后桥		149
20	减振器×拖臂和后桥	49	80

续表

序号	螺栓名称	扭矩值(花冠轿车)	
21	减振器×车身	25	80
22	排气管	43	43
23	燃油箱	25	39

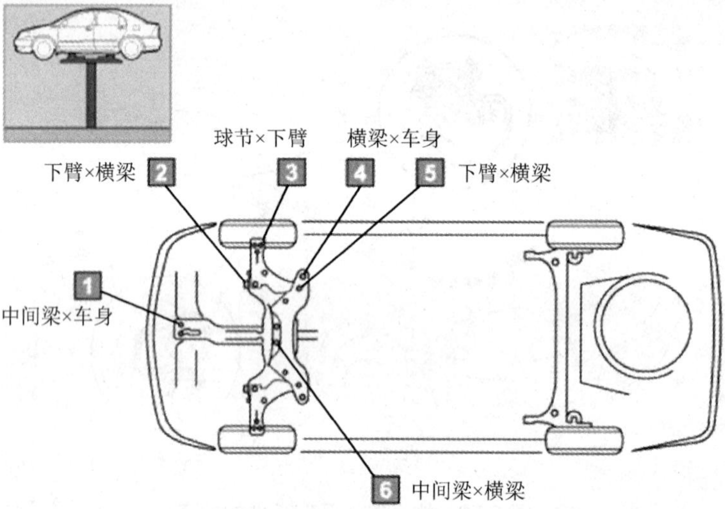

图 5.53 底盘连接的螺栓和螺母(一)

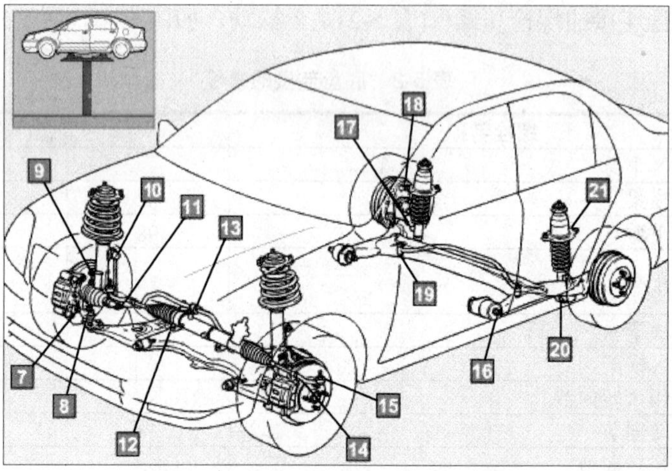

图 5.54 底盘连接的螺栓和螺母(二)

7—盘式制动器扭矩板×转向；8—球节×转向节；9—减振器×转向节；10—稳定杆连接杆×减振器；11—稳定杆×稳定杆连接杆；12—转向机壳×横梁；13—稳定杆×车身；14—横拉杆端头锁止螺母；15—横拉杆端头×转向节；16—拖臂和桥梁×车身；17—拖臂和桥梁×后轮毂；18—制动分泵×背板；19—稳定杆×拖臂和桥梁；20—减振器×拖臂和桥梁；21—减振器×车身

(12) 检查悬架。

① 检查悬架：检查各悬架组件是否损坏，如图 5.56 所示。

② 减振器检查：检查减振器上是否有凹痕，另外检查防尘罩上是否有裂纹、裂缝或者其他损坏；检查减振器是否有油泄漏。

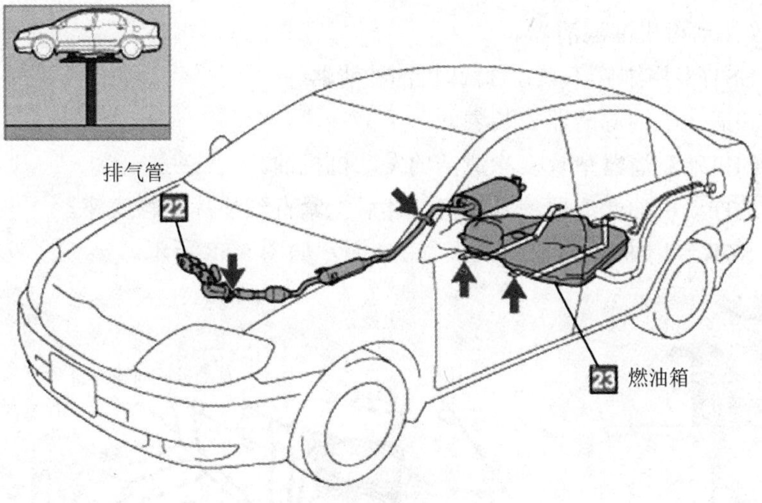

图 5.55　底盘连接的螺栓和螺母(三)

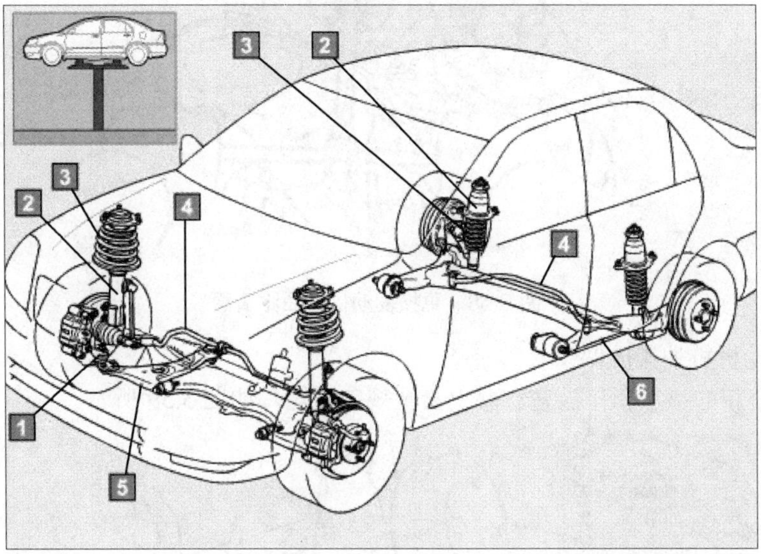

图 5.56　检查悬架(一)

1—转向节；2—减振器；3—螺旋弹簧；4—稳定杆；5—下臂；6—拖臂和桥梁

③ 检查连接摆动：通过用手摇晃悬架接头上的连接，检查衬套是否磨损或者有裂纹，并且检查是否摆动，同时检查连接是否损坏，如图 5.57 所示。

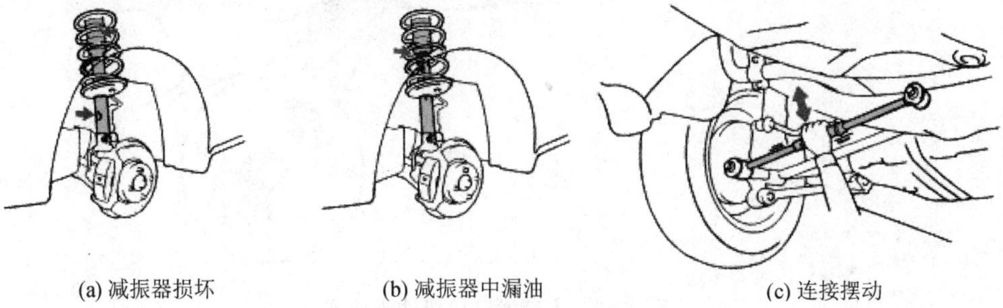

(a) 减振器损坏　　(b) 减振器中漏油　　(c) 连接摆动

图 5.57　检查悬架(二)

(13) 更换发动机机油滤清器。

① 使用 SST(专用维修工具)，拆卸机油滤清器。

② 检查和清洁机油滤清器安装表面。

③ 在新的机油滤清器垫片上涂清洁的发动机机油。

④ 轻缓地拧动机油滤清器使其就位，然后上紧直到垫片接触底座。

⑤ 使用 SST(专用维修工具)再次上紧 3/4 圈，如图 5.58 所示。

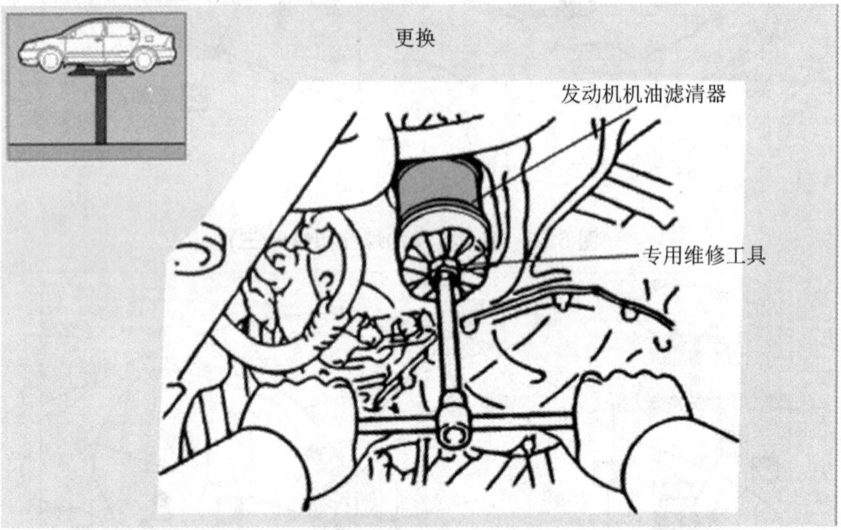

图 5.58 更换发动机机油滤清器

(14) 发动机机油排放塞。

安装一个新的垫片和排放塞，并上紧至规定扭矩，如图 5.59 所示。

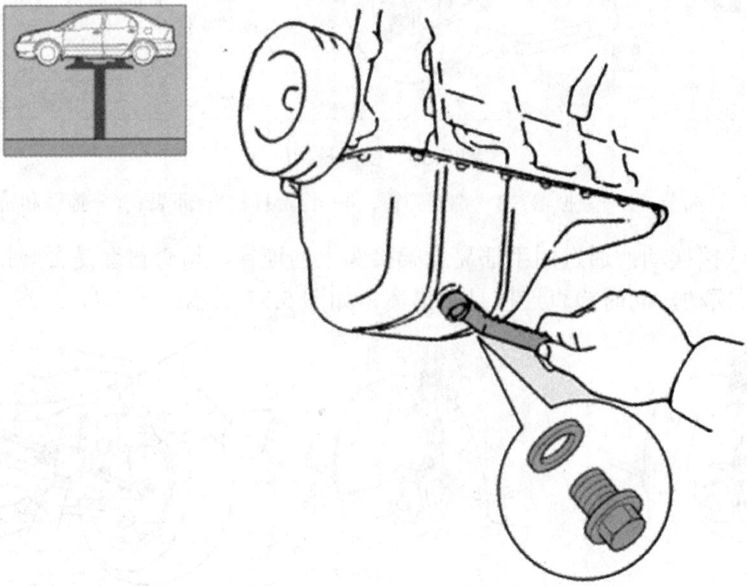

图 5.59 安装发动机机油排放塞

4. 顶起位置 4 的检查

(1) 检查车轮轴承。

① 摆动：将一只手放在轮胎上面，而另一只手放在轮胎下面，紧紧地推拉轮胎以便检查是否有任何摆动。

② 转动状况和噪声：用手转动轮胎以便检查其是否能够无任何噪声地平稳转动，如图 5.60 所示。

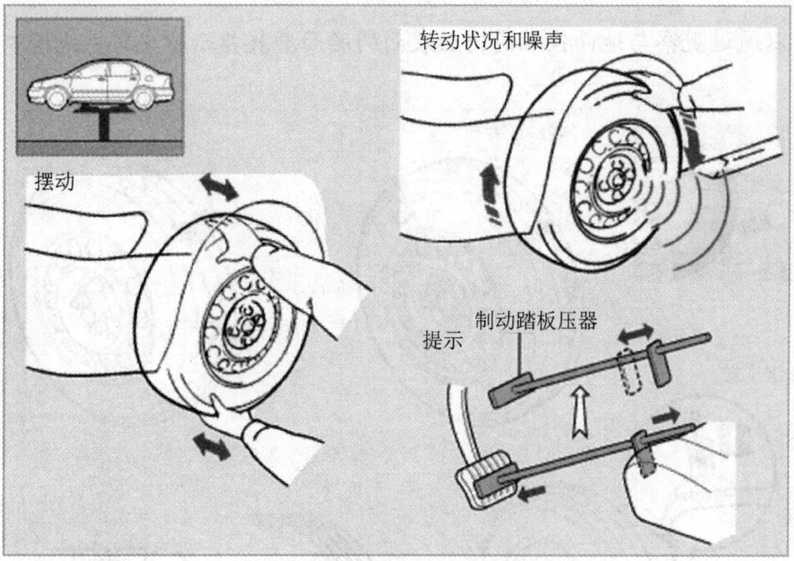

图 5.60　车轮轴承的检查

(2) 拆卸车轮。

使用一把气动扳手，按照交叉顺序拆卸 4 个车轮螺母；然后拆卸车轮，如图 5.61 所示。

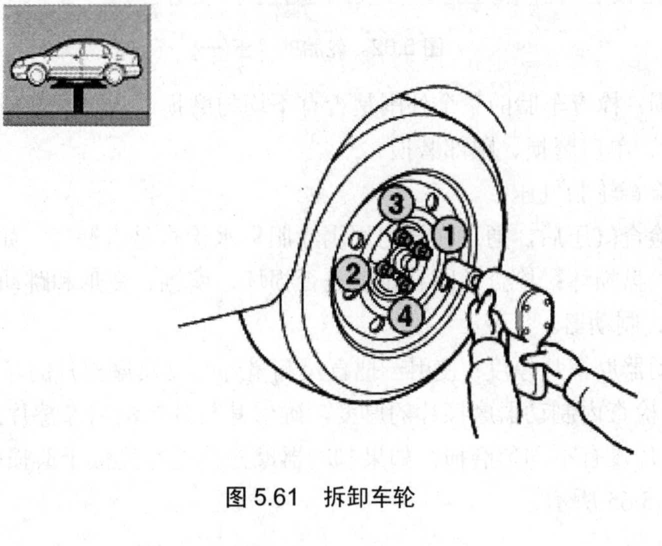

图 5.61　拆卸车轮

(3) 检查轮胎。

① 裂纹或者损坏：检查轮胎胎面和胎壁是否有裂纹、割痕或其他损坏。

② 嵌入金属颗粒或者其他异物：检查轮胎的胎面和胎壁是否嵌入金属颗粒、石子或者其他外物。

③ 胎面沟槽深度：使用一个轮胎深度规测量轮胎的胎面沟槽的深度，如图 5.62 所示。

提示

同时可以通过观察与地面接触的轮胎表面的胎面磨耗指示标记轻易地检查胎面深度。

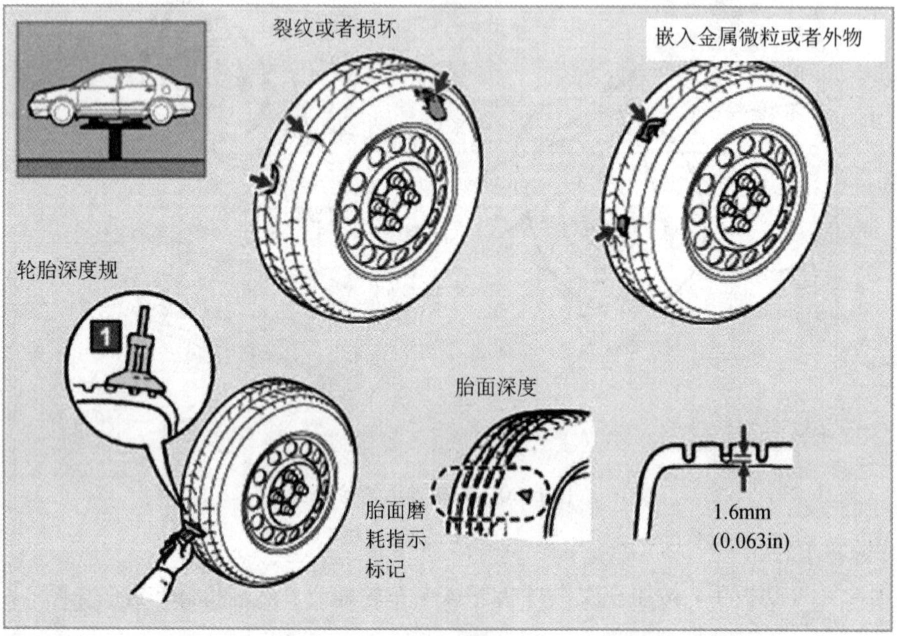

图 5.62　轮胎的检查(一)

④ 异常磨损：检查车胎的整个外围是否有不均匀磨损或者阶段磨损：双肩磨损、中间磨损、薄边磨损、单肩磨损、跟部磨损。

⑤ 气压：检查轮胎气压。

⑥ 漏气：检查气压后，通过在气门周围涂肥皂水检查是否漏气，如图 5.63 所示。

⑦ 轮圈和轮盘损坏：检查轮圈和轮盘是否损坏、腐蚀、变形和跳动，如图 5.64 所示。

(4) 检查盘式制动器。

① 检查制动器摩擦片厚度：使用一把直尺测量外制动器摩擦片的厚度；通过制动卡钳内的检查孔目测检查内制动器摩擦片的厚度，确保其与外制动器摩擦片没有明显的偏差；确保制动器摩擦片没有不均匀磨损；如果制动器摩擦片的厚度低于磨损极限，则更换制动器摩擦片，如图 5.65 所示。

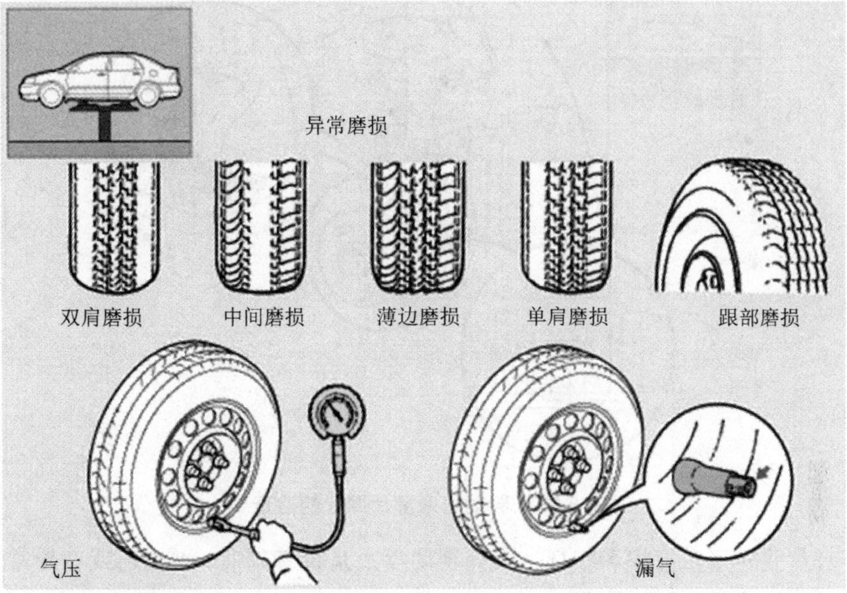

图 5.63　轮胎的检查(二)

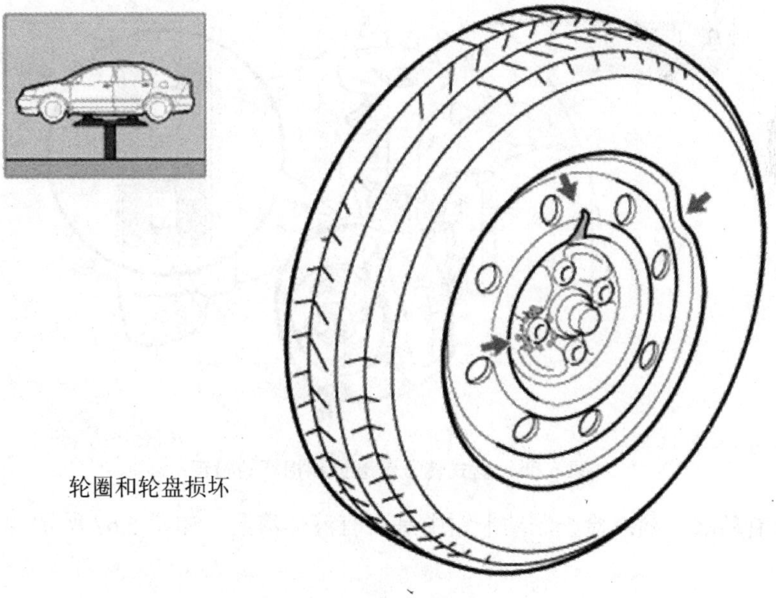

图 5.64　轮胎的检查(三)

提示

使用该次检查和上次检查之间的行驶距离，估计到下一次检查前的行驶距离。通过检查自从上一次检查到现在的制动器摩擦片的磨损，来估计制动器摩擦片在下一次检查时的情况。在下一次计划检查时，如果估计制动器摩擦片的厚度将会小于可接受的磨损值时，建议车主更换制动器摩擦片。

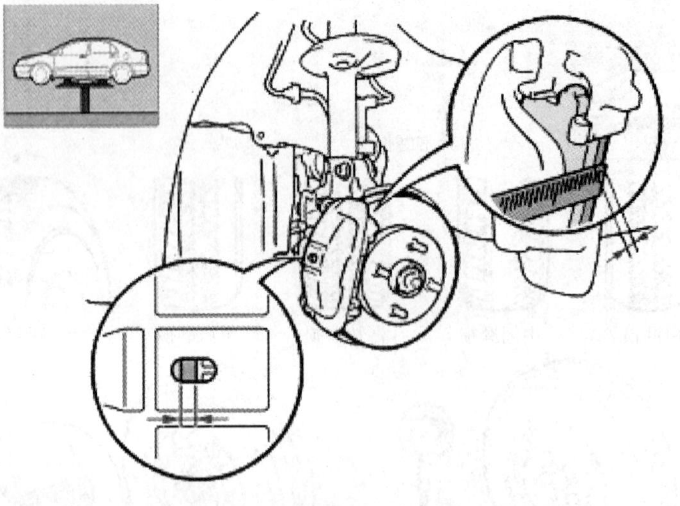

图 5.65　制动器摩擦片厚度的检查

② 检查盘式转子盘磨损和损坏：检查制动盘上是否有刻痕、不均匀或者异常磨损以及裂纹和其他损坏，如图 5.66 所示。

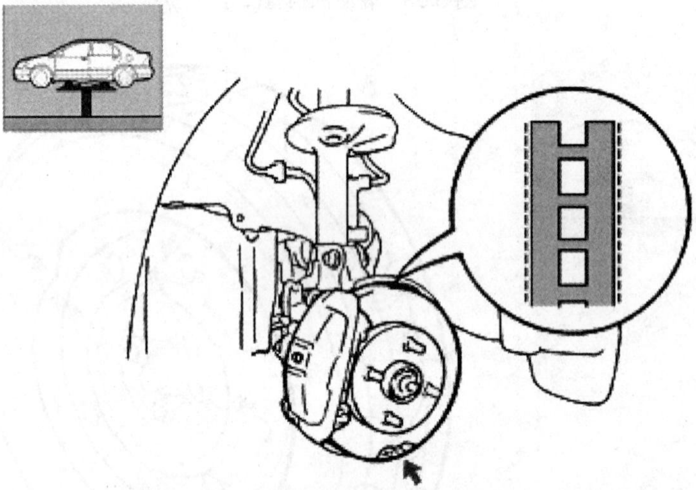

图 5.66　盘式转子盘磨损和损坏的检查

③ 检查制动液渗漏：检查制动卡钳中是否有液体渗漏，如图 5.67 所示。

注意

如果制动液溅出或者粘在油漆上，立即用水漂洗；否则将损坏油漆表面。

(5) 检查鼓式制动器。

拆卸制动鼓以便检查鼓式制动器。

注意

制动鼓拆下后，不要踩制动踏板。

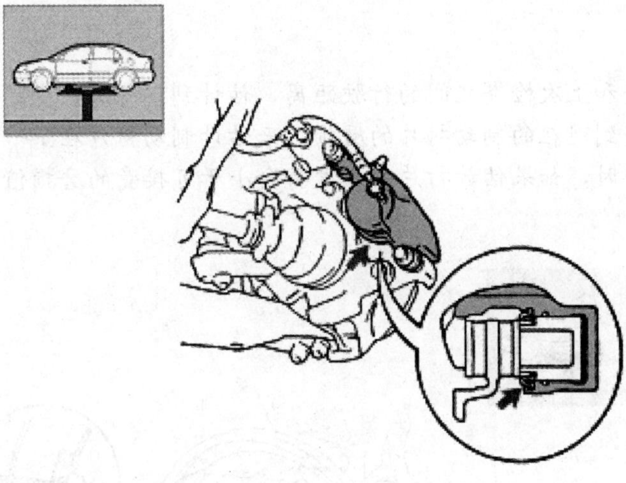

图 5.67　制动液渗漏的检查

① 拆卸制动鼓。

② 制动蹄片在其上面滑动的背板区域的磨损：手动前后移动制动蹄片并检查制动蹄片移动是否顺利；检查制动蹄片与背板和固定件之间的接触面是否磨损；检查制动蹄片、背板和固定件是否生锈，如图 5.68 所示。

提示

检查期间，在背板和制动蹄片之间的接触面上涂高温润滑油脂。

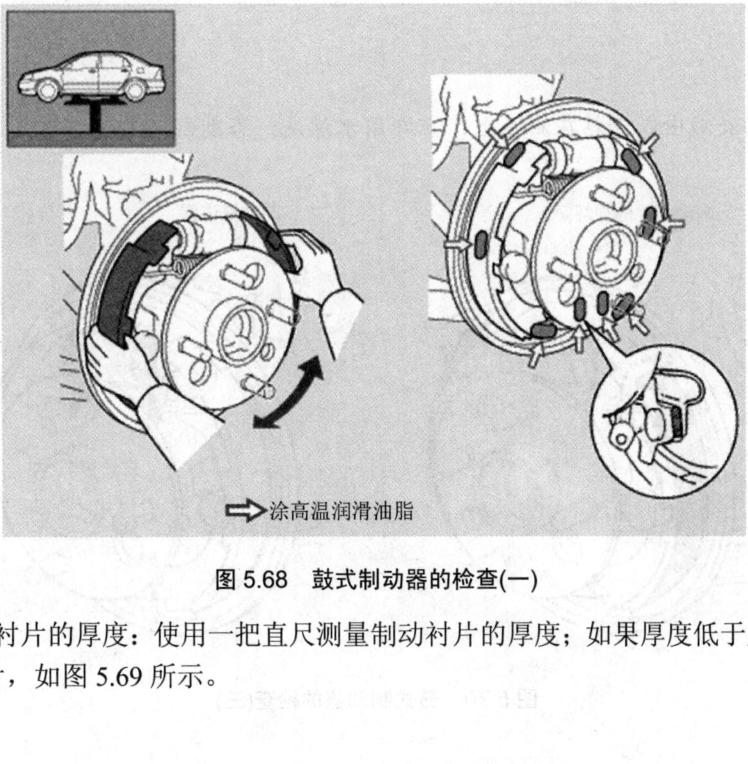

图 5.68　鼓式制动器的检查(一)

③ 制动衬片的厚度：使用一把直尺测量制动衬片的厚度；如果厚度低于磨损极限，则更换制动蹄片，如图 5.69 所示。

提示

利用该次检查和上次检查之间的行驶距离，估计到下一次检查的行驶距离。通过检查自从上一次检查到现在的制动衬片的磨损，来估计制动衬片在下一次检查时的情况。在下一次计划检查时，如果估计衬片的厚度将会小于可接受的磨损值时，建议车主更换衬片。

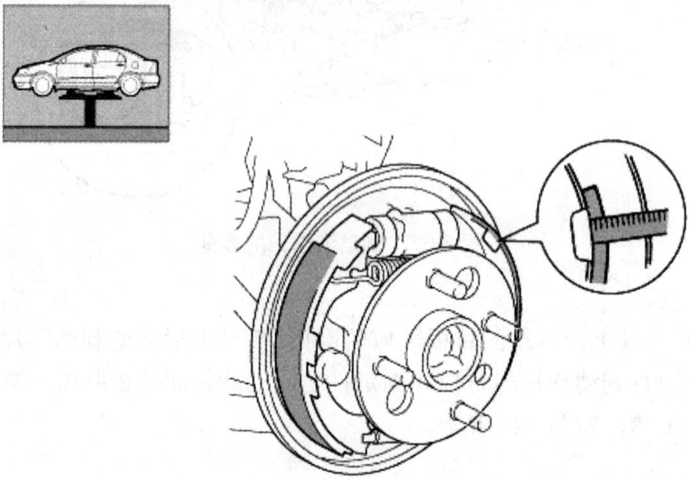

图 5.69　鼓式制动器的检查(二)

④ 制动衬片的损坏：检查制动衬片是否有裂纹、蜕皮和损坏。

⑤ 制动液渗漏：检查车轮制动分泵缸中是否有液体渗漏，如图 5.70 所示。

注意

如果制动液溅出或者粘在油漆上，立即用水漂洗；否则制动液将损坏油漆表面。

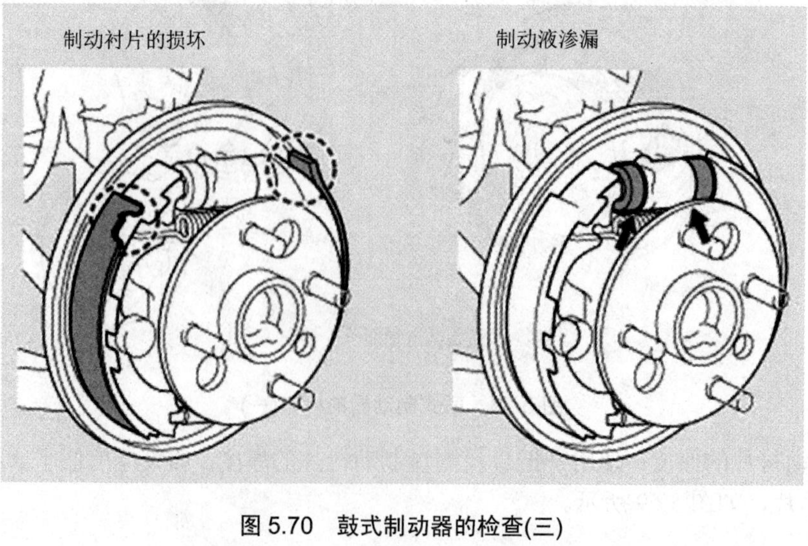

图 5.70　鼓式制动器的检查(三)

⑥ 制动鼓内径：使用一个制动鼓测量规或者类似器具测量制动鼓内径。

⑦ 磨损和损坏：检查制动鼓是否有任何磨损和损坏，如图 5.71 所示。

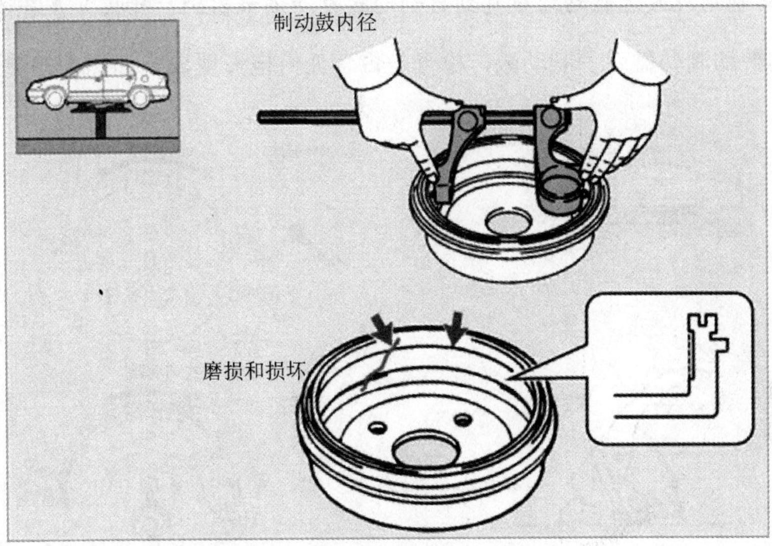

图 5.71　鼓式制动器的检查(四)

⑧ 清洁：使用砂纸清洁制动蹄衬片并清除油污。如果必要，应同时清洁制动鼓的内表面。

⑨ 安装制动蹄片：调整制动蹄片间隙的方法，因制动蹄片间隙调节器的种类不同而有所变化，如图 5.72 所示。

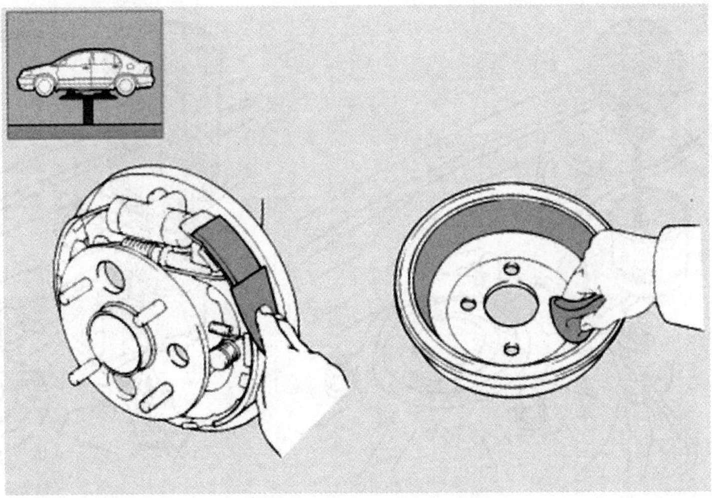

图 5.72　鼓式制动器的检查(五)

5. 顶起位置 5 的检查

(1) 检查制动拖滞。

① 操作驻车制动杆几次并且踩下制动踏板几次，以便允许制动蹄片下陷。

提示

使用驻车制动杆或者制动踏板直到后制动器自动调节器的“咔嗒”声音消失。

② 手动转动制动盘或者制动鼓，检查是否有任何拖滞现象，如图 5.73 所示。

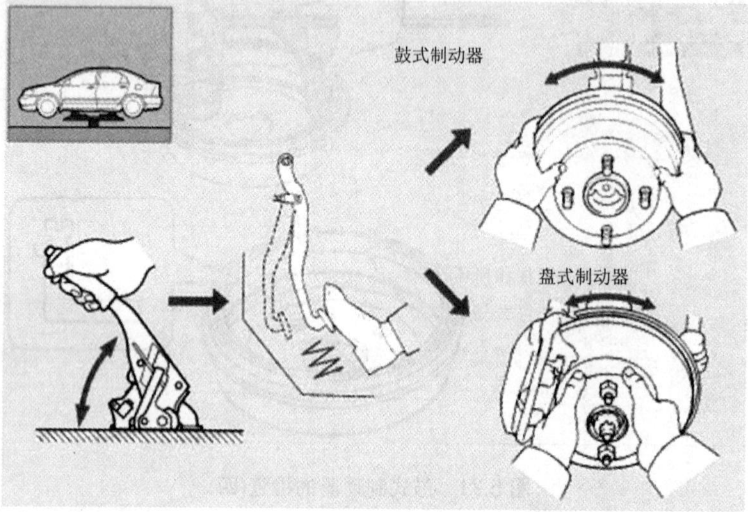

图 5.73　制动拖滞的检查

(2) 制动液更换工具安装。

① 从制动总泵的储液罐中排放制动液。

② 安装制动液更换工具，如图 5.74 所示。

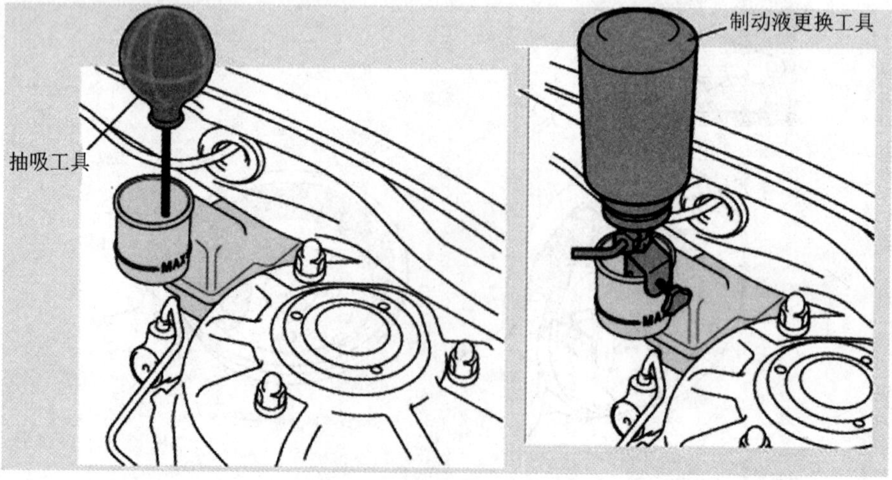

图 5.74　制动液更换工具安装

6. 顶起位置 6 的检查

(1) 制动液的更换：使用制动液更换工具，按照左前→左后→右后→右前的顺序更换制动液，如图 5.75 所示。

(2) 车轮的安装：临时上紧车轮，如图 5.76 所示。

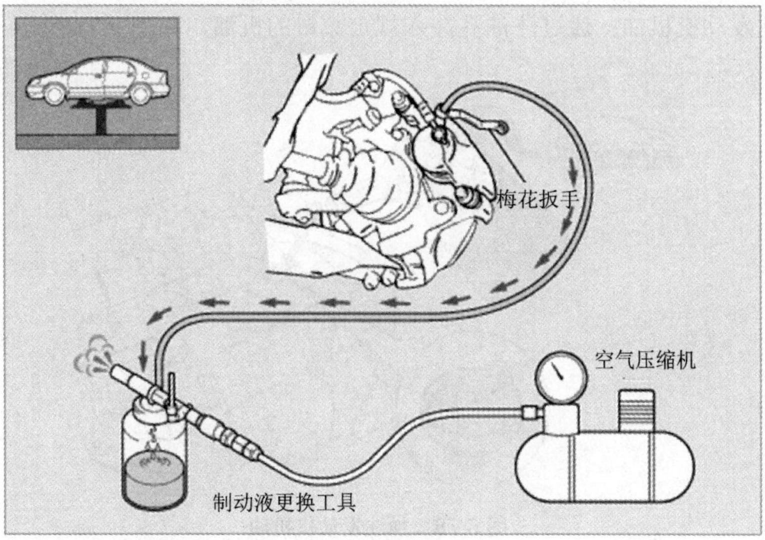

图 5.75　制动液的更换

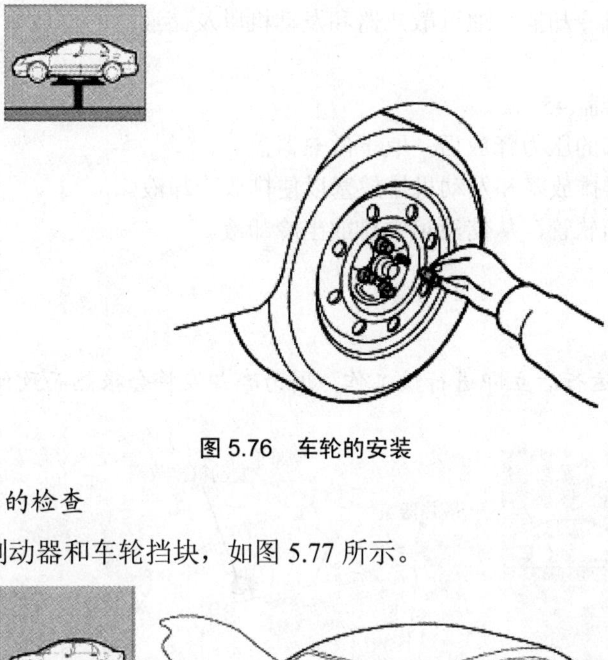

图 5.76　车轮的安装

7. 顶起位置 7 的检查

(1) 安装驻车制动器和车轮挡块，如图 5.77 所示。

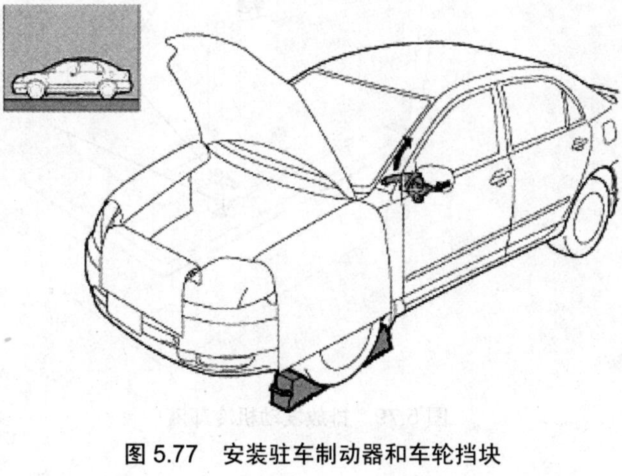

图 5.77　安装驻车制动器和车轮挡块

(2) 加注发动机机油：通过注油孔注入规定数量的机油，如图 5.78 所示。

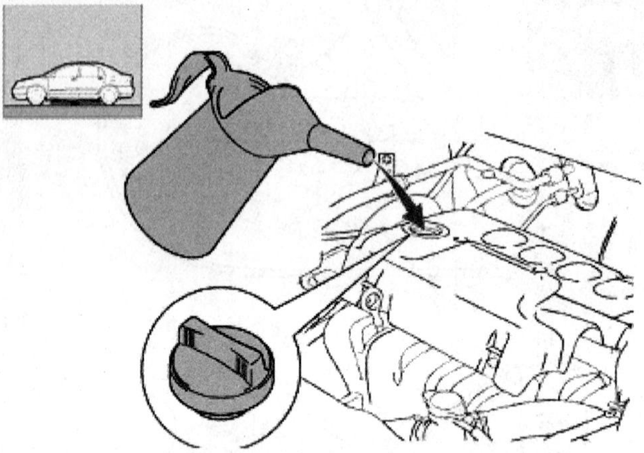

图 5.78　加注发动机机油

(3) 更换冷却液。

① 排放发动机冷却液：通过散热器和发动机以及储液罐的排放塞排放发动机冷却液，如图 5.79 所示。

a．松开散热器盖 45°。

b．散热器内部的压力释放后，取下散热器盖。

c．松开散热器排放塞和发动机排放塞以便排放冷却液。

d．断开储液箱软管，从储液箱中排放出冷却液。

注意

不要在汽车刚运行后立即进行该工作，因为冷却液将会很热而致使皮肤烫伤。

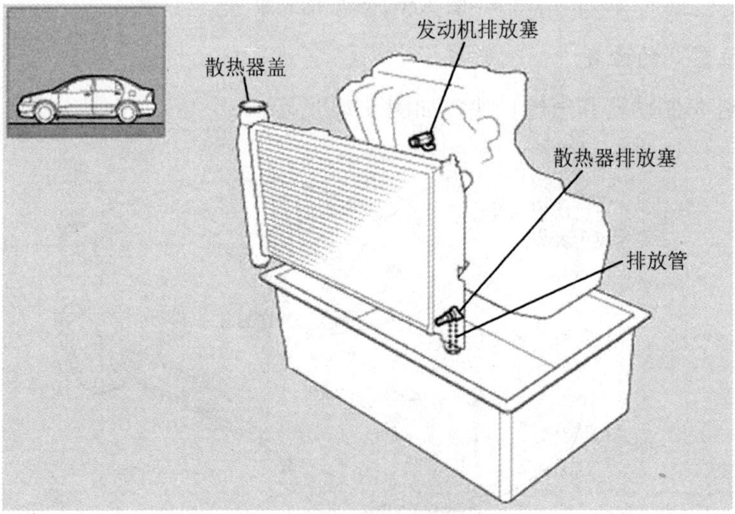

图 5.79　排放发动机冷却液

② 加注发动机冷却液：将发动机冷却液加入到散热器和储液罐中，如图5.80所示。

a．重新拧紧散热器和发动机的排放塞，并重新接上储液箱软管。

b．准备好LLC(长效冷却液)，参照用户手册进行适当混合。

c．把冷却液缓慢地倒入散热器的加注孔，用同样的方法加注散热器的储液箱达到“满”刻度。

d．重新装上散热器盖。

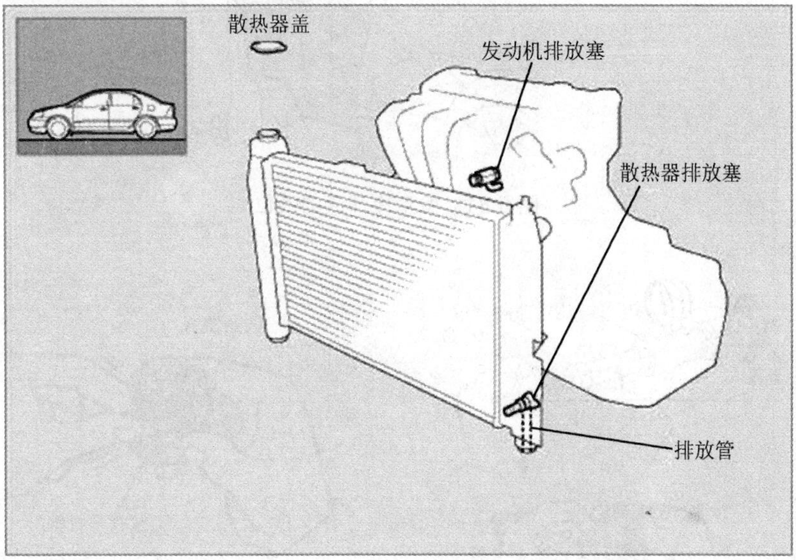

图5.80　加注发动机冷却液

③ 检查冷却液液位。

a．发动机预热后，让发动机冷却下来。然后，拆下散热器盖并检查冷却液液位是否合适。在一般常规检查冷却液液位时，没有必要拆卸散热器盖。

注意

如果想在发动机仍然发热时拆卸散热器盖，在盖上放一块布并且松开45°以便释放压力。然后，拆卸散热器盖。不要立即拆卸散热器盖，否则冷却液将会溅出。

b．检查储液罐中的冷却液是否处于规定的范围内，如图5.81所示。

提示

散热器冷却时再检查冷却液液位。因为如果散热器发热，冷却液将会是高液位。

(4) 检查散热器盖。

① 使用一个散热器盖测试仪测量阀门开启压力，并检查其是否在规定的范围以内；检查真空阀是否能够平稳操作。

② 检查橡胶密封垫是否有裂纹或者破损，如图5.82所示。

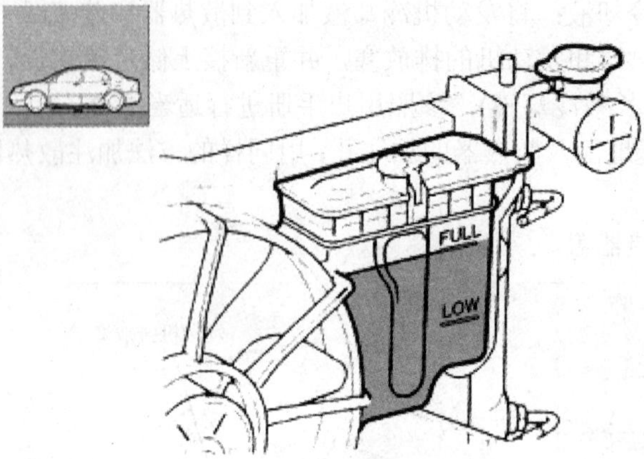

图 5.81　检查冷却液的液位

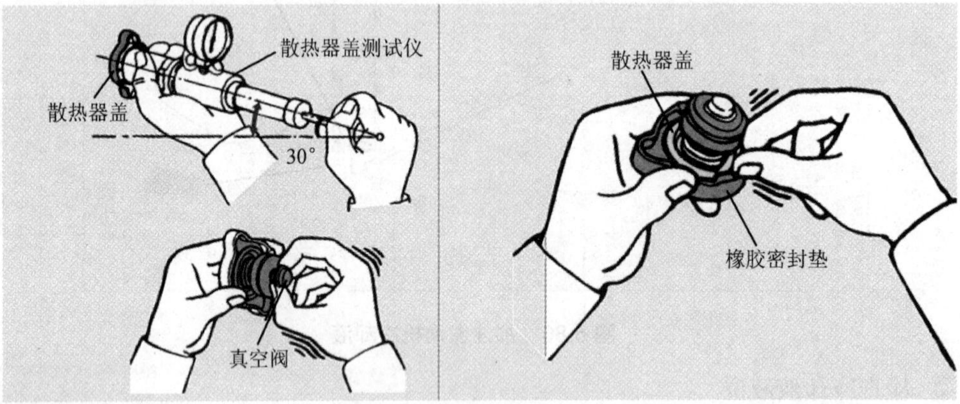

图 5.82　散热器盖的检查

(5) 检查传动皮带。

① 张紧度：通过用手指按压传动皮带检查弯曲程度。

提示

通过在维修手册中规定的区域施加一个 98N(10kgf，22.0lbf)的力检查松紧程度；检查皮带张力的另外一个方法是使用一个皮带张力计。

② 磨损：检查传动皮带的整个外围是否有磨损、裂纹、层离或者其他损坏。

提示

如果无法检查皮带的整个外围，则通过转动发动机曲轴皮带轮而检查皮带。

③ 安装情况：检查皮带以确保其已正确地安装在皮带轮槽内，如图 5.83 所示。

(6) 更换火花塞：更换所有的火花塞，如图 5.84 所示。

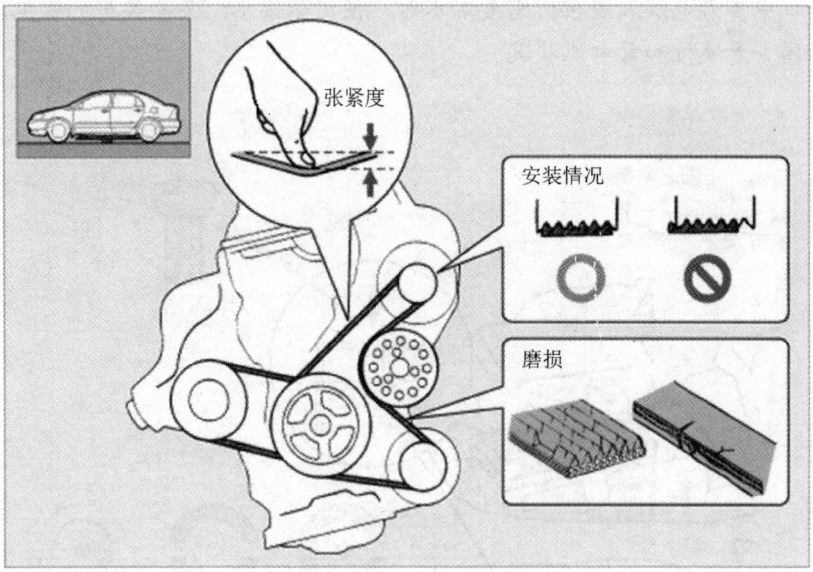

图 5.83　传动皮带的检查

注意

火花塞打开期间不要让外物进入燃烧室；安装火花塞时，首先用手上紧螺栓，然后再上紧到规定的扭矩。

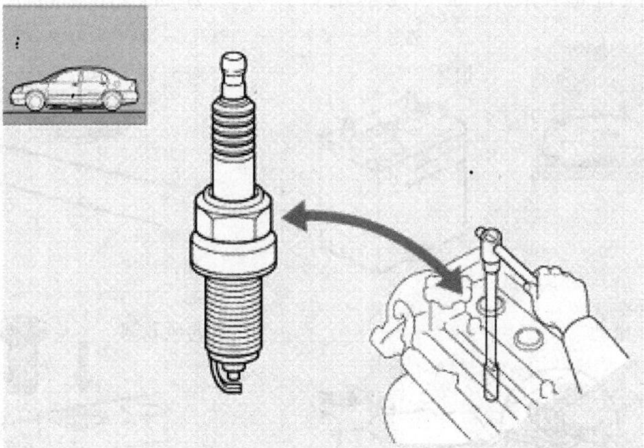

图 5.84　更换火花塞

(7) 检查蓄电池。

① 电解液液位：检查蓄电池各个单元的液位是否处于上线和下线之间，如图 5.85 所示。

提示

如果很难确定电解液液位，则通过轻轻摇晃汽车检查，同时可以通过拆卸一个通风孔塞并从该开口中查看电解液液位；需要加水时，使用蒸馏水；某些类型的蓄电池可以通过蓄电池指示器查看液位和蓄电池状况。

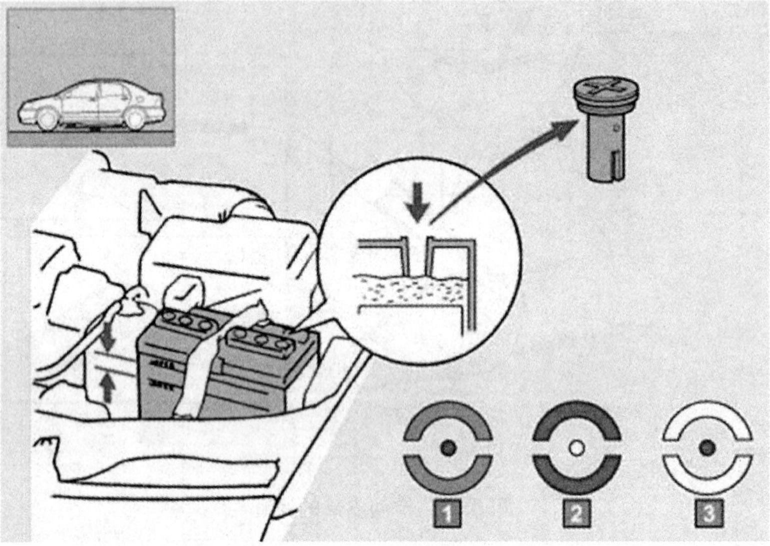

图 5.85　电解液液位的检查

② 损坏：检查蓄电池盖是否有裂纹或者渗漏。

③ 腐蚀：检查蓄电池端子是否腐蚀。

④ 松动：检查蓄电池端子导线是否松动。

⑤ 通风孔塞：检查蓄电池的通风孔塞是否损坏或者通风孔是否阻塞，如图 5.86 所示。

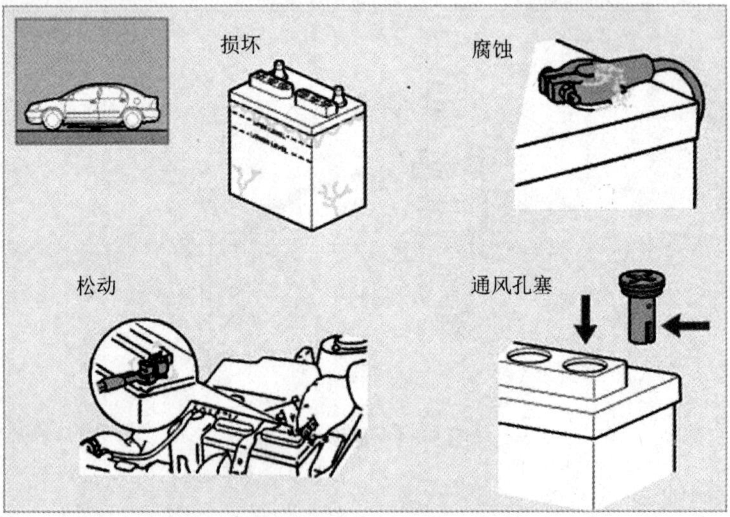

图 5.86　蓄电池的检查

(8) 检查制动液。

① 液位检查：检查制动总泵的储液罐中的液位是否在最高线和最低线之间。

提示

如果制动衬片或者制动器摩擦片磨损，制动液液位就会下降；如果制动液液位明显偏低，则需要检查制动系统是否渗漏。

② 渗漏检查：检查制动总泵是否有渗漏，如图5.87所示。

注意

如果制动液溅出或者粘在油漆上，立即用水漂洗。否则，制动液将损坏油漆表面。

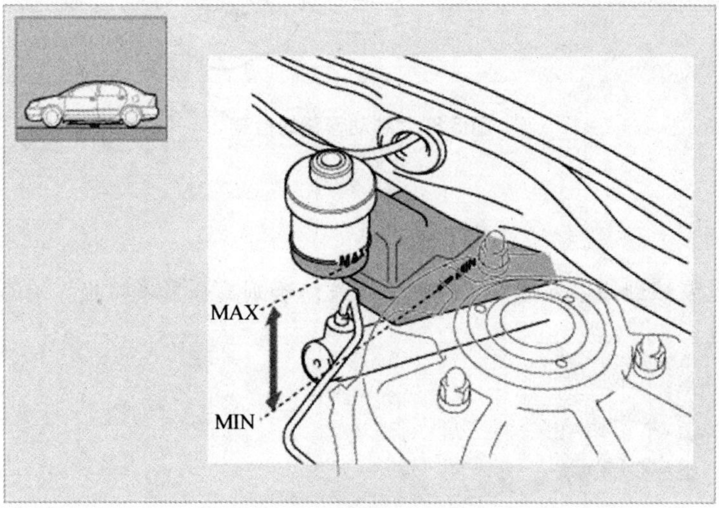

图5.87　制动液的检查

(9) 检查制动管路。

① 液体渗漏：检查制动管线是否有制动液渗漏。

② 损坏：检查制动软管和管道是否有裂纹和老化。

③ 安装：检查制动软管和管道的安装是否正确，如图5.88所示。

(10) 检查离合器液。

① 液位检查：检查总泵储液罐中的液位是否在最高刻度和最低刻度之间。

提示

离合器液位不会因离合器磨损而下降，也就是说低液位说明可能漏液。

② 渗漏检查：检查离合器的各部分是否有液体渗漏，如图5.89所示。

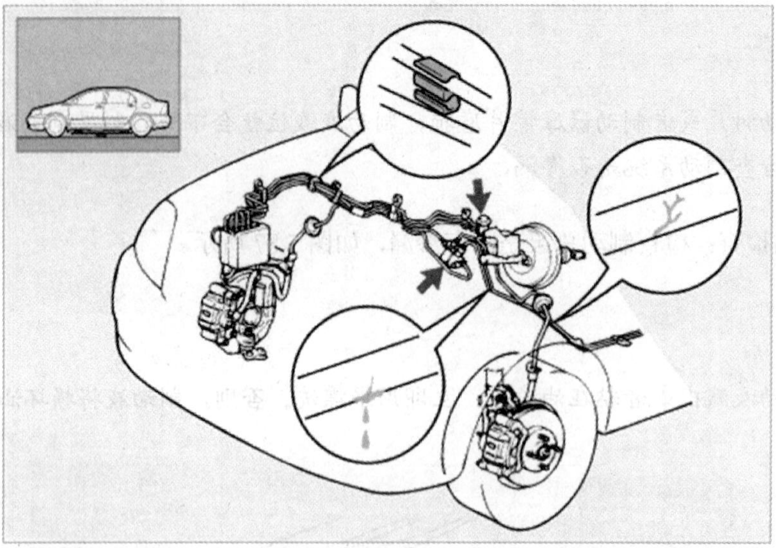

图 5.88　制动管路的检查

注意

如果离合器液溅到油漆表面，立即用水漂洗；否则离合器液将损坏油漆表面。

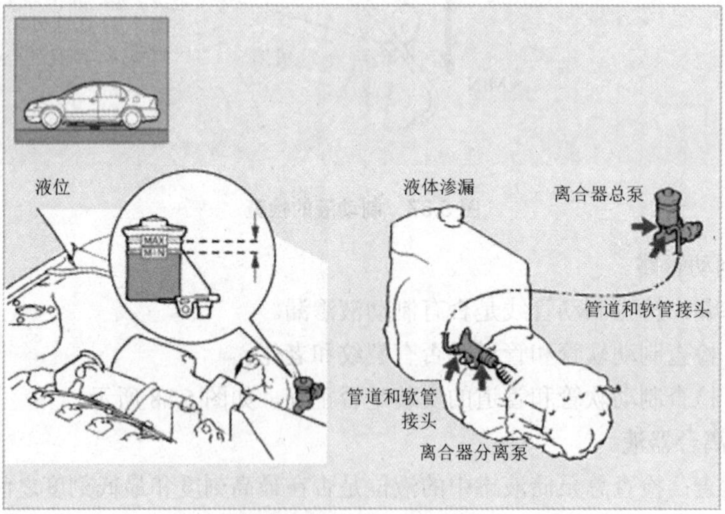

图 5.89　离合器液的检查

(11) 更换空气滤清器滤芯，如图 5.90 所示。

(12) 检查活性炭罐。

① 损坏检查：检查炭罐是否损坏。

② 检查阀门工作情况：检查插图中显示的炭罐的单向阀的工作情况，如图 5.91 所示。

(13) 前减振器上支承的检查：检查前减振器的上支承螺栓是否松动，如图 5.92 所示。

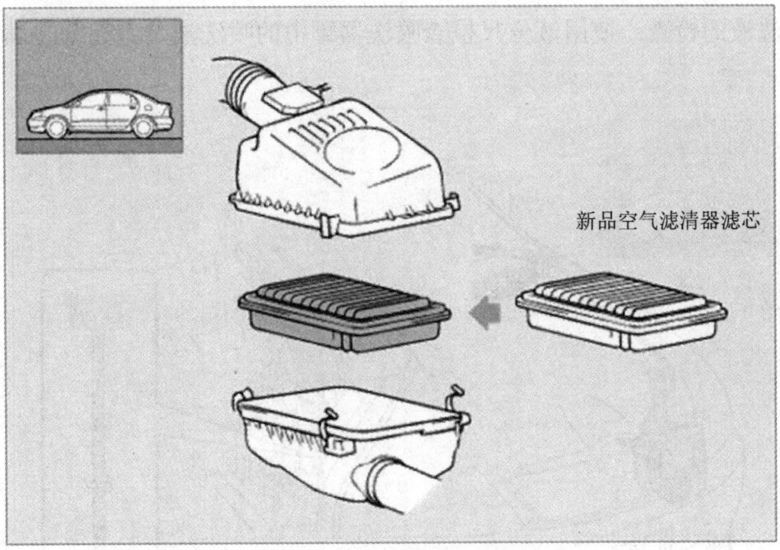

图 5.90　更换空气滤清器滤芯

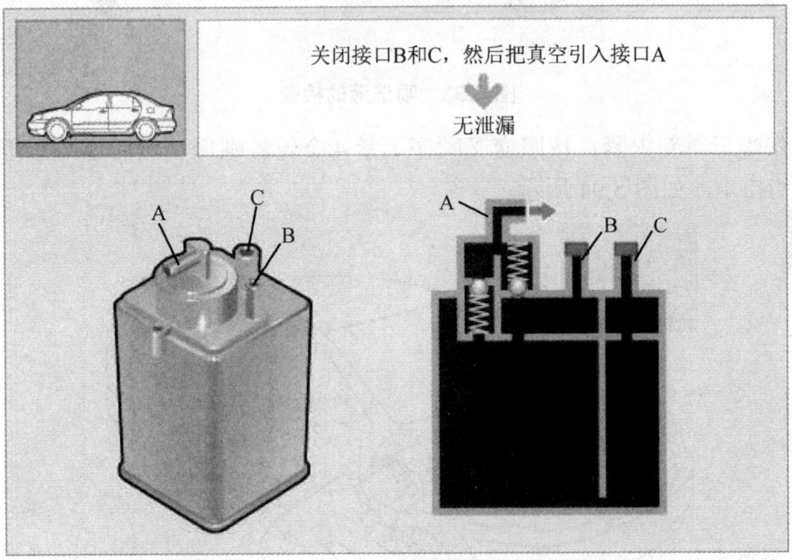

图 5.91　活性炭罐的检查

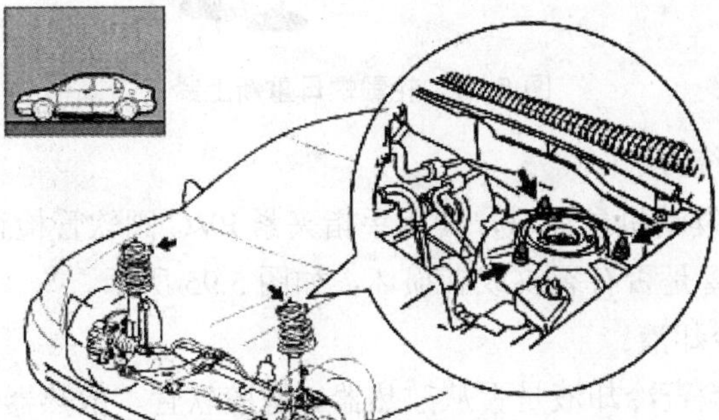

图 5.92　前减振器上支承的检查

(14) 喷洗液的检查：使用液位尺检查喷洗器罐中的喷洗液是否充分注满，如图 5.93 所示。

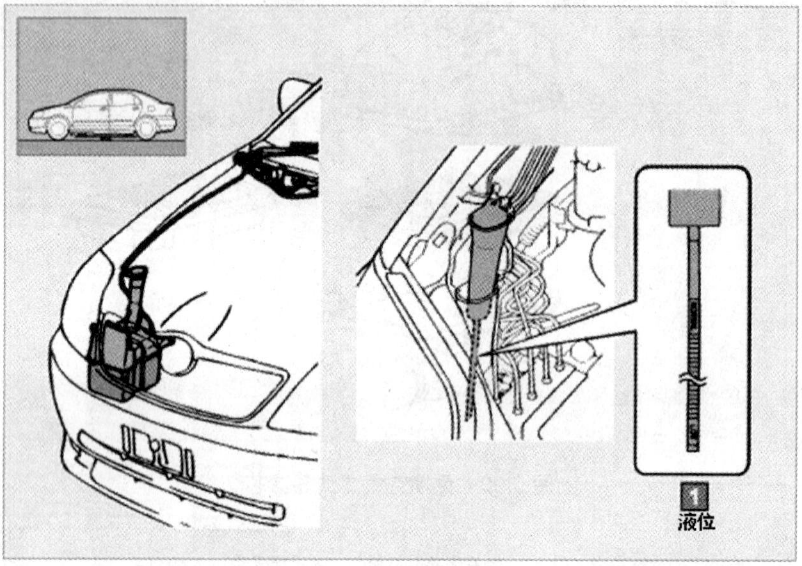

图 5.93　喷洗液的检查

(15) 轮毂螺母重新上紧：按照交叉顺序上紧 4 个轮毂螺母，然后使用扭矩扳手将螺母上紧至规定的扭矩，如图 5.94 所示。

图 5.94　轮毂螺母重新上紧

(16) 检查 PCV 系统。

① PCV 阀安装：发动机怠速时，使用手指夹紧 PVC 阀软管检查工作噪音。

② 损坏：检查软管是否有裂纹或者损坏，如图 5.95 所示。

(17) 检查发动机冷却液。

① 冷却液渗漏：检查冷却液是否从散热器、橡胶软管、散热器盖和软管夹周围渗漏。

② 软管损坏：检查属于冷却系统的橡胶软管是否有裂纹、隆起或者硬化。

③ 松动检查：检查软管连接和管箍的安装是否松动，如图 5.96 所示。

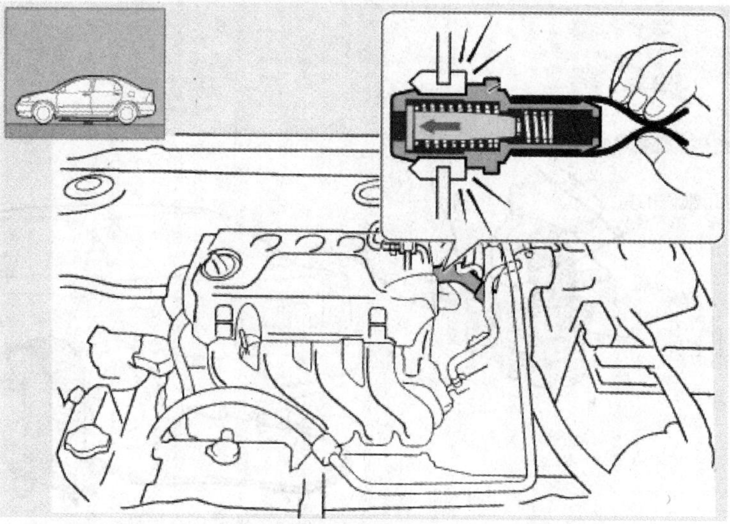

图 5.95　PCV 系统的检查

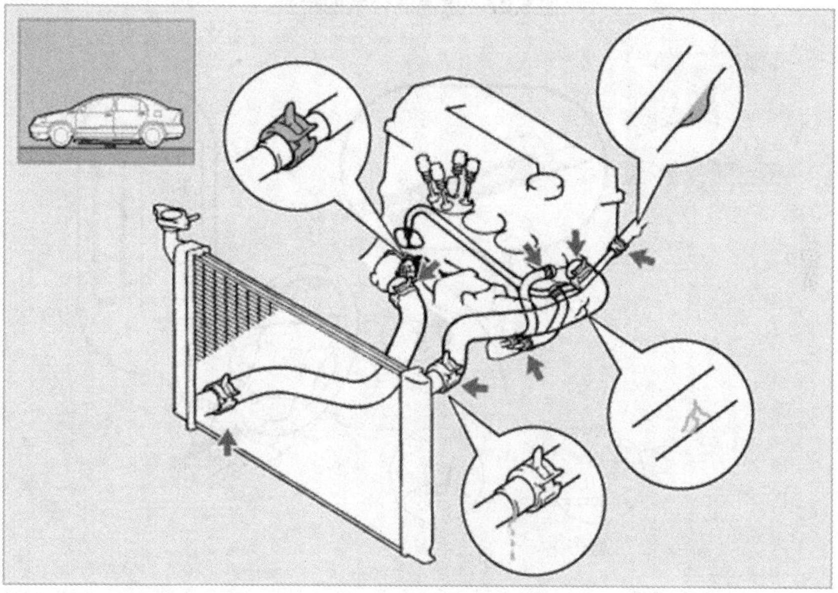

图 5.96　发动机冷却液的检查

(18) 怠速混合气的检查：如果发动机节气门体上配备有一个可变电阻，使用专用维修工具和废气分析仪，通过转动怠速混合气调整螺钉来调整怠速混合气，如图 5.97 所示。

(19) 自动传动桥液的检查：发动机怠速时，按照从 P 到 L 的顺序转换换挡杆，然后再从 L 到 P 拉回；然后检查液位尺(油尺)度数是否在热范围内，如图 5.98 所示。

提示

液位应当在正常运行的条件下检查(液温 75±5℃)；虽然作为一个参考点给出了冷范围标记，正确的检查还是在热范围内进行；当液位较低时，即使有渗漏液位也不会明显下降，因此，要检查液温并且在补充液体之前检查渗漏。

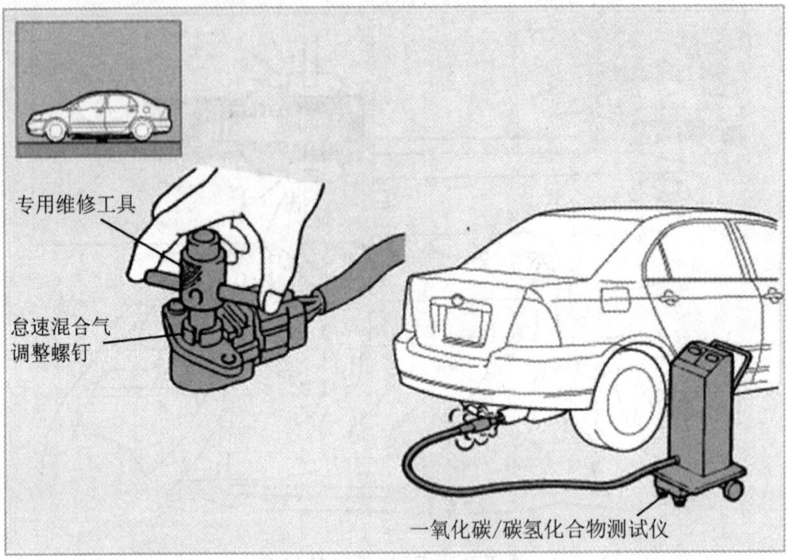

图 5.97　怠速混合气的检查

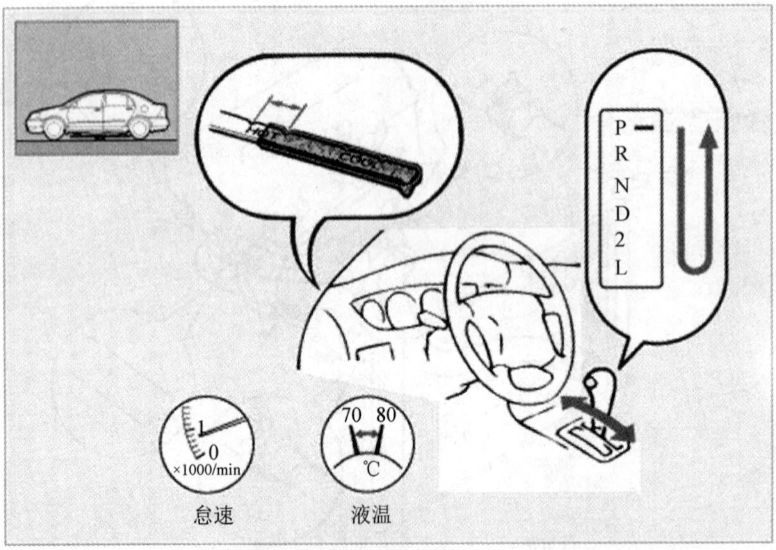

图 5.98　自动传动桥液的检查

(20) 检查空调。

① 制冷剂量检查：通过观察窗观察制冷剂的流量，并检查制冷剂的量。检查条件：发动机转速为 1500r/min；鼓风机速度控制开关处于高位；A/C 开关处于 ON；温度控制设为最凉；完全打开所有车门，如图 5.99 所示。

② 制冷剂渗漏：将点火开关关闭后，使用一个气体泄漏测试仪检查制冷剂是否渗漏，如图 5.100 所示。

(21) 检查动力转向液。

① 液位检查如下。

a．发动机怠速时，在保持汽车原地不动时转动方向盘数次，以便转向液温度上升到 40～80℃之间，然后回退方向盘到中间位置。

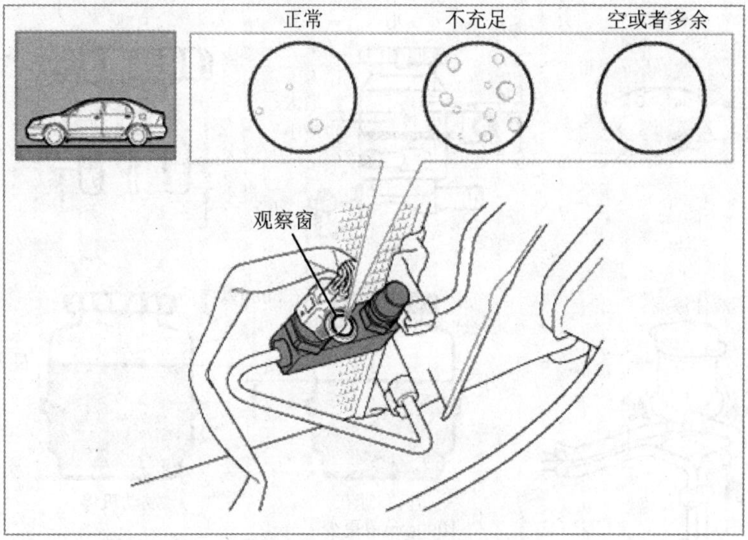

图 5.99　空调的检查(一)

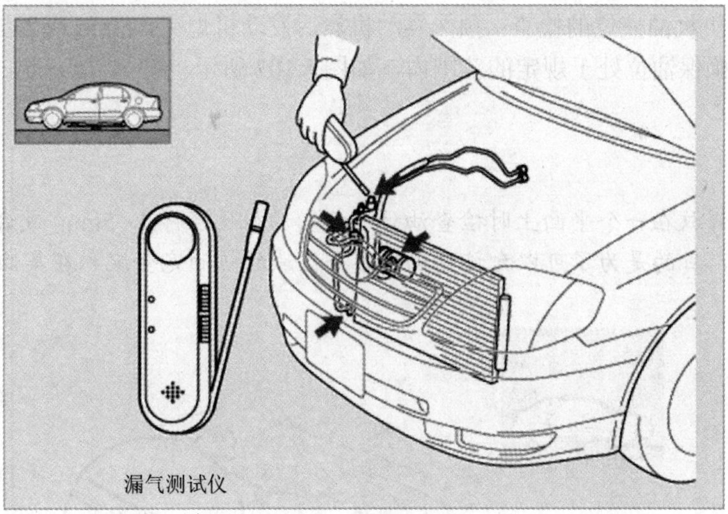

图 5.100　空调的检查(二)

b．停止发动机。

c．检查储液罐中的液位是否处于规定的范围内。

d．检查发动机运行和停止时的液位偏差是否在 5mm 以内；检查液体是否有起泡或者乳化等不良现象。

注意

不要使方向盘完全停留在任何一侧超过 10 秒钟。

② 液体渗漏：检查与储液罐相连的软管是否渗漏，如图 5.101 所示。

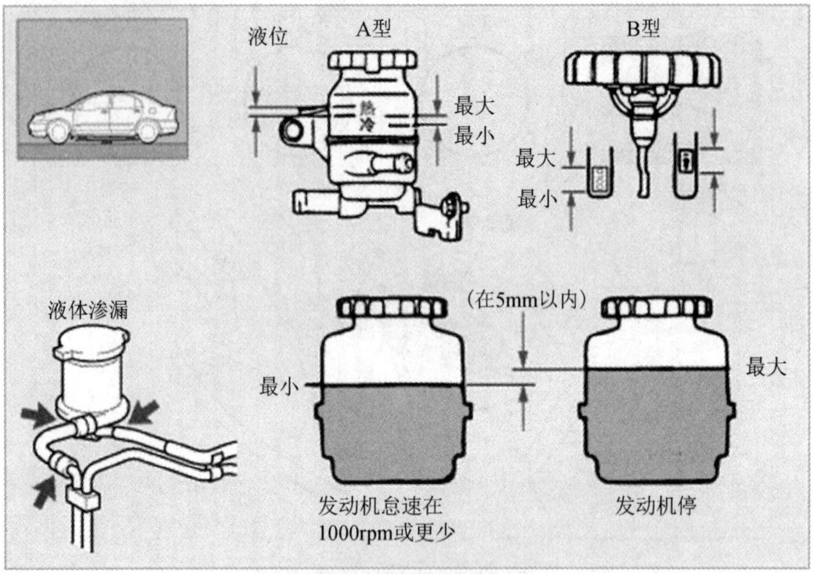

图 5.101 动力转向液的检查

(22) 发动机机油液位的检查：预热发动机然后发动机熄火，5min 或者更多时间后，检查机油油尺以确保油位处于规定的范围内，如图 5.102 所示。

提示

要求汽车停放在一个平面上时检查油位；让发动机已经停止 5min 或者更多的时间之后，检查油位，目的是为了可以允许发动机各个区域的机油完全沉积在集油盘中。

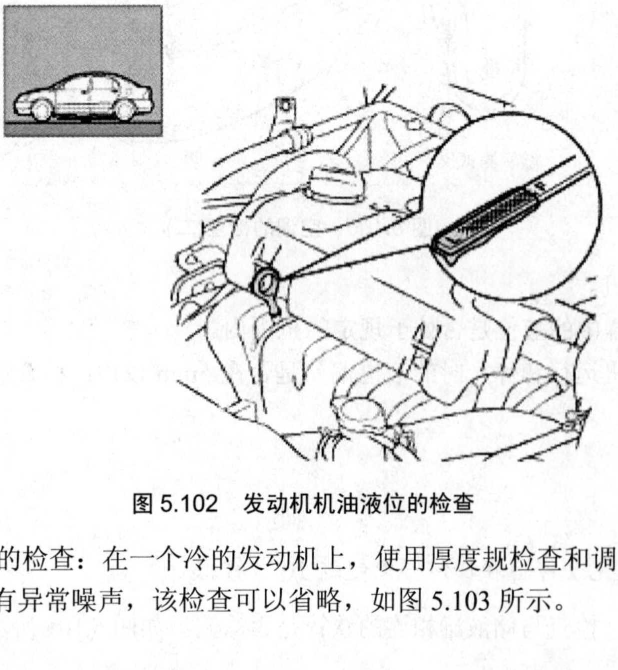

图 5.102 发动机机油液位的检查

(23) 气门间隙的检查：在一个冷的发动机上，使用厚度规检查和调整气门间隙；如果发动机平稳转动没有异常噪声，该检查可以省略，如图 5.103 所示。

提示

因为凸轮敲击气门造成气门间隙过大从而产生噪音。

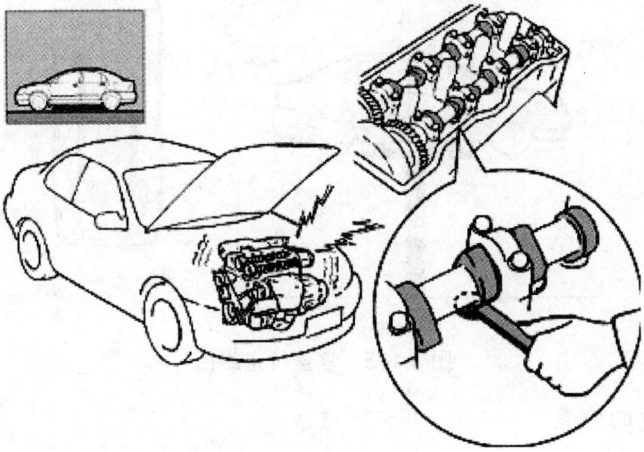

图 5.103　气门间隙的检查

(24) 更换燃油滤清器，如图 5.104 所示。

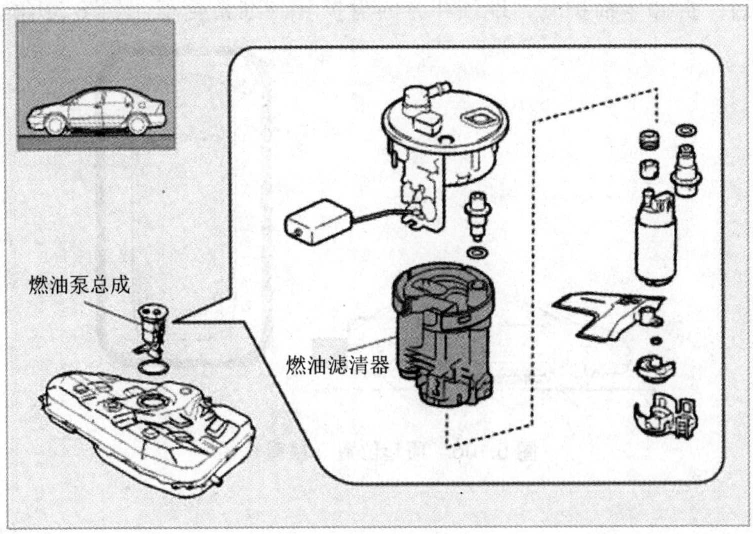

图 5.104　更换燃油滤清器

提示

为了防止燃油渗漏，需要断开燃油泵的电气连接器，运行发动机，并且在更换燃油滤清器以前放空燃油管路中的燃油。

8. 顶起位置 8 的检查

举升器升至高位，主要从事对检查过的部位、更换过的零件以及机油和油液泄漏进行最后一次检查，如发动机机油、制动液等是否有泄漏，如图 5.105 所示。

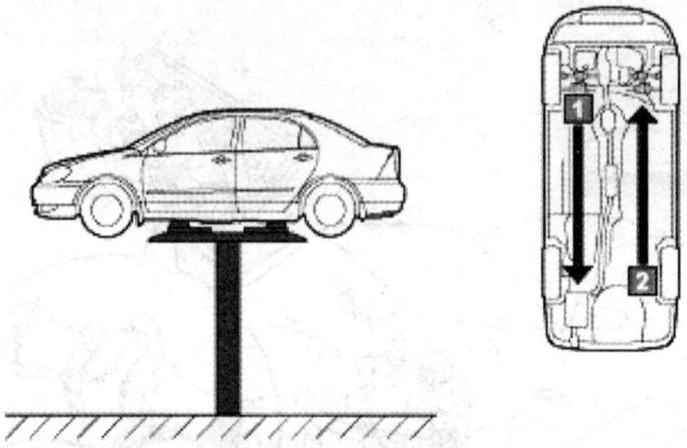

图 5.105　复查行走路径

9. 顶起位置 9 的检查

(1) 拆卸翼子板布和前罩。
(2) 调整收音机、时钟和座椅位置。
(3) 清洁车辆内外。
(4) 路试后，拆卸座椅护套、地毯和方向盘护套，准备交车，如图 5.106 所示。

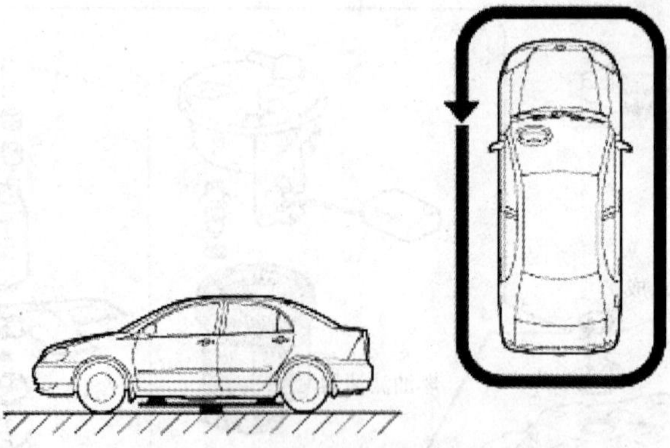

图 5.106　顶起位置 9 检查路径

项 目 小 结

本项目结合企业生产实例，通过循序渐进的 9 个顶起位置实施工作任务，要求学生掌握汽车二级维护的操作流程和作业规范，培养学生规范化的操作意识和操作水平，为后续学习及今后就业奠定良好的基础。

应知测试

选择题

1．下列关于定期保养的叙述，哪一项正确？(　　)

A．仅根据里程表读数

B．仅根据规定时间

C．根据里程表读数或规定时间，先到者为准

D．根据里程表读数或规定时间，后到者为准

2．下列哪项不需要定期更换？(　　)

A．发动机机油

B．发动机机油滤清器

C．节温器

D．发动机冷却液

3．以下是保养日程中需要频繁保养(恶劣工况)类车辆工作情况的相关叙述，错误的一项是(　　)。

A．长期不足 8km 的短途行车，且车外气温低于零度

B．在湿的路面上行驶

C．在高速公路上高速(最高车速的 80%)行驶超过两小时

D．车辆用于拖车，或拉着野营挂车或车顶有货物架

4．下列关于发动机机油的叙述，哪一项正确？(　　)

A．使用高粘度的机油，发动机在寒冷的天气下更容易起动

B．标有粘度指数范围(10W-30, 15W-40)的机油称为多级机油

C．以字母 W 结尾的粘度指数表示在 50℃(122℉)下测得的机油粘度

D．不能全年使用多级机油

5．下列关于转向系统的叙述，哪一项正确？(　　)

A．带有动力转向系统的车辆，检查液体泄漏时，在发动机运转时方向盘必须保持在极限位置超过 10s

B．在方向盘处于正前方位置时测量方向盘自由行程

C．如果是循环球式手动转向，必须定期更换转向机壳中的机油

D．当转向传动机构的球节严重磨损时，方向盘自由行程将变小

6．当制动液液位很低时，以下哪个指示灯点亮？(　　)

A．图 a　　B．图 b　　C．图 c　　D．图 d

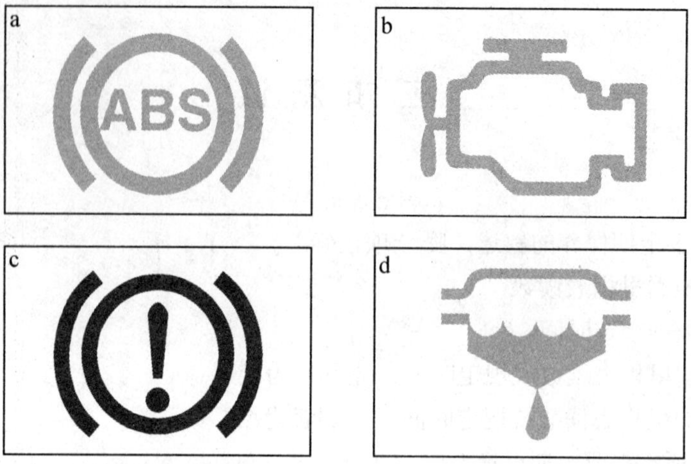

7．下图显示了鼓式制动器检查期间涂抹润滑脂的位置，正确的一个选项是(　　)。

A．制动片和制动鼓之间的接触表面

B．底板和制动蹄之间的接触表面

C．制动片的表面

D．制动鼓和后桥法兰之间的接触表面

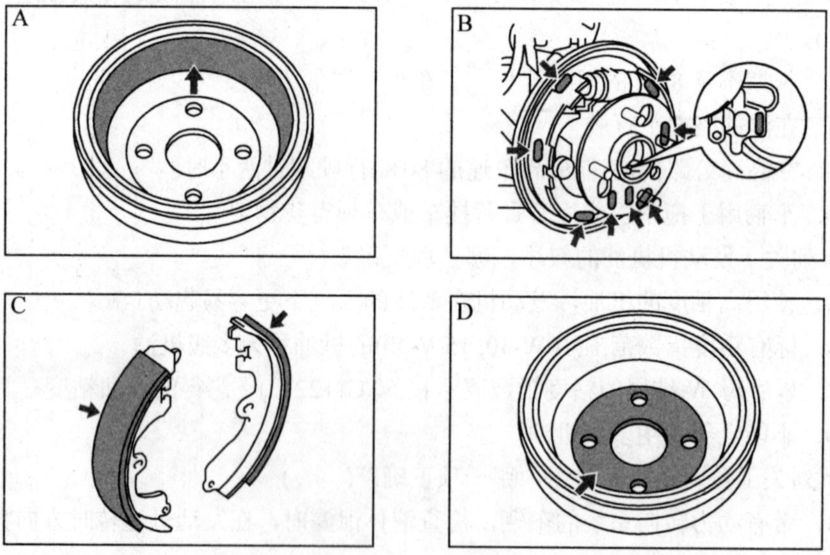

8．下列关于检查自动传动桥油液液位的叙述，哪一项正确？(　　)

A．当发动机停止并冷机时，检查自动传动桥油液液位

B．当发动机停止并暖机时，检查自动传动桥油液液位

C．在发动机怠速且自动传动桥油液温度大约为75℃(167℉)时，检查自动传动桥油液液位

D．当发动机怠速并暖机时，检查自动传动桥油液液位

9．下图所示是车轮轴承的松动检查，正确的一个图是(　　)。

A．用手摇动悬架连杆机构

B．用手摇动横拉杆

C．将一只手放在轮胎顶部，另一只手放在轮胎底部，推入和拉出轮胎

D．转动轮胎

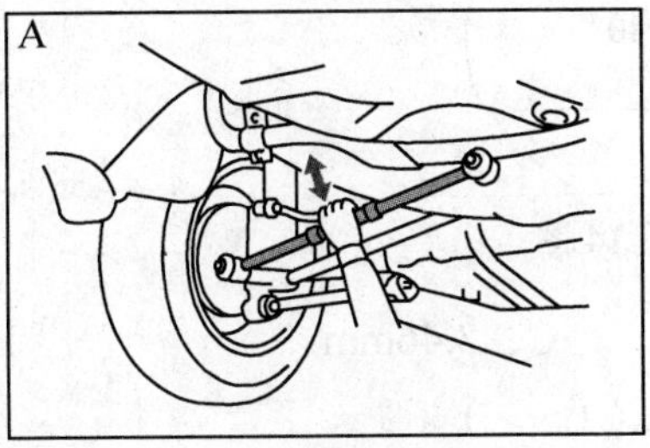

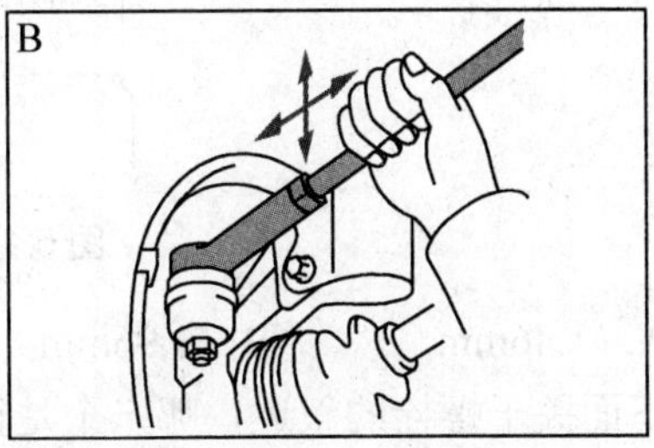

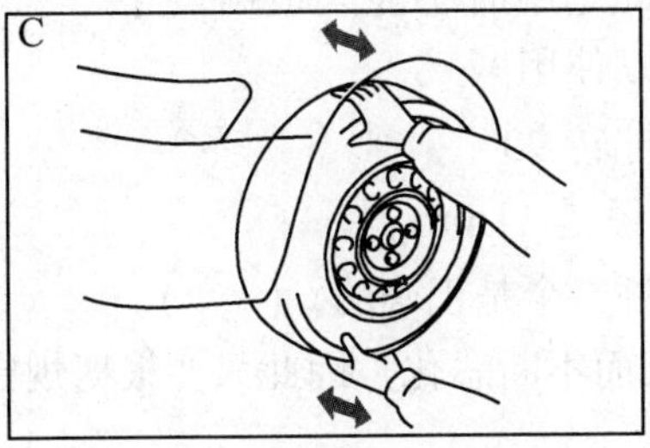

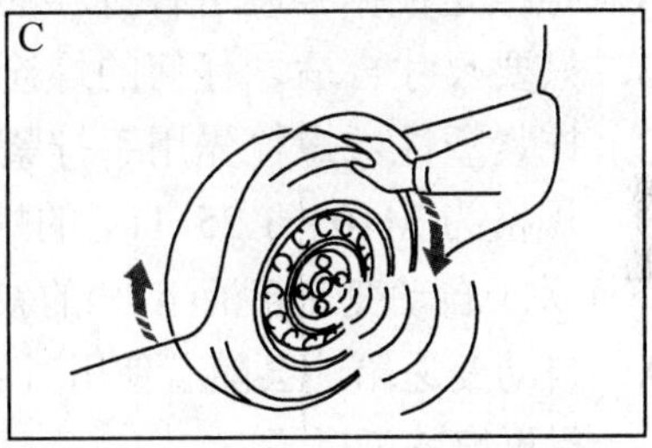

10．下列关于灯的检查的叙述，哪一项正确？

A．将点火开关置于 ON 位置、上、下操作转向信号开关并检验右、左转向信号灯是否正确闪烁，以检查转向信号灯

B．转动灯控开关一个槽口并检验倒车灯是否点亮，以检查倒车灯

C．将点火开关置于 OFF 位置、将换挡杆切换到 R 位置，并检验倒车灯是否点亮，以检查倒车灯

D．将点火开关置于 ON 位置，检验组合仪表中的故障指示灯(MIL)是否点亮并立即熄灭，以检查故障指示灯(MIL)

11．下列关于正常火花塞的叙述，哪一项正确？(　　)

A．火花塞的绝缘体和电极被干燥的黑色积碳所覆盖

B．火花塞的绝缘体前端呈黄褐色或灰色，有时呈白色

C．火花塞的绝缘体和电极被发亮的黑色湿积油所覆盖

D．火花塞的绝缘体掉色，燃烧过的电极呈白色或略带紫色

12．下列哪项必须定期更换？(　　)

A．锥形滚子类型车辆轴承的润滑脂　　B．离合器分离轴承

C．制动衬块和制动衬片　　D．转向机壳机油

13．以下是关于制动系统的表述，哪一项正确？(　　)

A．拆卸制动鼓(或盘式制动器的钳)时，不能踩下制动踏板

B．应该在调整制动蹄间隙后再调整驻车制动行程

C．如果车辆油漆面上涂有制动液，则表面不会损坏

D．检查时必须拧紧制动软管以检查弹性

14．图 5.107 所示螺旋测微计上的哪一个测量值是正确的？(　　)

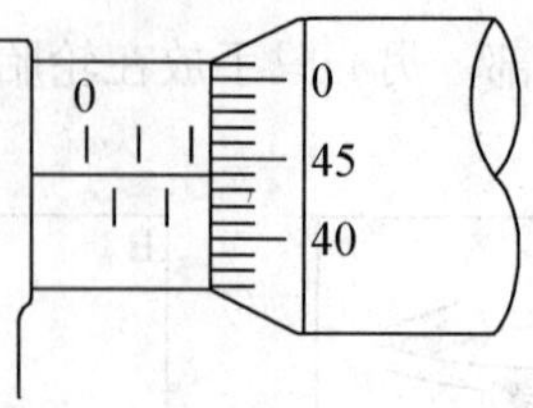

图 5.107　题 14 图

A．1.46mm　　B．1.96mm　　C．3.46mm　　D．4.46mm

15．下面关于螺栓的叙述，哪一个是正确的？(　　)

A．螺栓是根据强度进行分类的，因此选用时不能只根据尺寸

B．只要尺寸合适，任何的螺栓都可以使用

C．拧紧塑性域螺栓先用手拧紧，再拧转 90°

D．规格为 M10×1.25-11T 的螺栓直径是 11mm

16．下面关于自动变速箱油(ATF)的叙述，哪一个是正确的？(　　)

A．自动变速箱油会随着使用时间延长而不断恶化，因此只要根据规定的时间进行更换就可以了

B．如果不更换自动变速箱油，跳挡时会有很大的冲击，但燃油经济性会提高

C．一般情况下，自动变速箱油是不会减少的

D．自动变速箱油可替代手动变速箱油使用

17．如图 5.108 所示，下面关于检查发动机机油液面的叙述，哪一个是正确的？(　　)

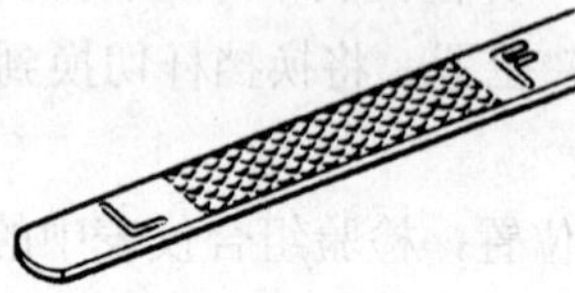

图 5.108　题 17 图

A．没有必要知道机油液面在什么位置

B．发动机运转的时候也可以检查机油液面

C．机油液面在机油尺“L”和“F”标记间为合适

D．当检查机油液面时，没必要把机油尺插到底

18．下面关于检查制动助力泵(除了液压式)的叙述，哪一个是错误的？(　　)

A．起动发动机几分钟后熄火，踩下制动踏板几次，如果制动踏板的位置一次比一次高，则制动助力器气密性正常

B．发动机停机后，踩下制动踏板几次并保持住，起动发动机，如果制动踏板向下沉，则制动助力器工作正常

C．发动机运转时，踩下制动踏板并保持住，然后熄火。如果制动踏板的位置没有变化，则制动助力器的真空阀正常

D．踩下制动踏板并保持住，如果起动发动机后制动踏板沉下去，熄火后制动踏板升上来，则制动助力器工作正常

19. 下面关于盘式制动器的检查，哪一个是正确的？(　　)

A. 检查刹车片的厚度时，如果外面的刹车片厚度符合标准，则里面的刹车片就不需要检查

B. 检查制动衬块时，需检查其厚度是否比规定厚度要厚且内部衬块和外部衬块无显著差别

C. 检查刹车盘时，如果外侧的盘面没有磨花或损坏，可以确定内侧的盘面也没事

D. 检查刹车盘和刹车片的间隙时，踩制动踏板数次，确认刹车盘不转动

20. 下面关于方向盘的自由行程的检查，哪一个是正确的？(　　)

A. 在配备动力转向系统的车辆上，起动发动机，方向盘处于正中位置。轻轻转动方向盘，在车轮转动前，方向盘所需要的转动量称为自由行程

B. 在配备动力转向系统的车辆上，停止发动机，方向盘处于正中位置。轻轻转动方向盘，在车轮转动前，方向盘所需要的转动量称为自由行程

C. 在配备动力转向系统的车辆上，轴向地、垂直地或者向两侧转动方向盘，检查方向盘的松动情况

D. 在配备动力转向系统的车辆上，起动发动机，使方向盘转到左或右的最大位置，检查到每一边所需转动的圈数

21. 下面关于检查手动变速箱油液面的叙述哪个是正确的？(　　)

A. 检查手动变速箱油液面，要拧开加注塞，用螺丝刀或其他工具伸进加注孔来进行检查

B. 检查手动变速箱油液面，要拧开加注塞，手指插进加注孔，检查油与手指接触的位置

C. 检查手动变速箱油液面，要拧开加注塞，把油放出来进行测量

D. 手动变速箱油是不会减少的，没必要进行检查

22. 下面关于悬架检查的叙述哪一个是正确的？(　　)

A. 如果车辆在检查中发现有倾斜的，则在车辆上加上重物来消除倾斜

B. 检查车辆的倾斜要把车辆举升起

C. 检查减震器的减振力要把车辆举升起

D. 轮胎不离地时，通过上下摇动车身来确定减振器的减振力，并且检查车身停止摇动后的平衡情况

23. 关于雨刮的检查，下面哪种说法是正确的？(　　)

A. 通过在挡风玻璃上涂抹发动机机油润滑，检查雨刮的性能

B. 检查雨刮性能在玻璃干燥的情况下进行，不需要喷清洗液

C. 检查当刮水器开关关闭时，刮水器是否立即自动停止

D. 检查当刮水器开关关闭后，刮水器是否自动停在某个规定的位置

24. 以下是关于定期保养的表述，哪一项正确？(　　)

A. 可以忽视车型或使用条件，根据一段时间确定车辆零件的检查和更换

B. 零件质量会随着驾驶里程退化，因此根据驾驶里程更换所有需要更换的车辆零件

C. 可以通过外观判断是否退化的零件，没有设置定期检查、更换

D. 因为根据车辆和使用条件设置定期检查、更换，所以必须在达到规定驾驶里程或一段时间后执行检查、更换工作

25. 以下是关于检查动力转向液液位的表述，哪一个是正确的？（　　）

A. 当发动机怠速、车辆停止时，转动方向盘数次，使动力转向液的温度达到40～80℃；然后，停止发动机并检查储液罐液位是否处于规定范围内

B. 发动机运转时，检查储液罐液位是否处于规定范围内

C. 转动方向盘时，检查储液罐液位是否处于规定范围内

D. 要快速提高液温，在车辆停止超过 5min 的时候，转动方向盘直至不能转动并保持它，重复此操作数次。然后，检查动力转向液的液位

参 考 文 献

[1] 董继明，胡勇．汽车拆装与调整[M]．北京：机械工业出版社，2010.

[2] 蔡兴旺，付晓光．汽车构造与原理实训[M]．北京：机械工业出版社，2006.

[3] 金加龙，詹远武．现代汽车维护[M]．北京：电子工业出版社，2011.

[4] 丰田汽车公司．汽车维修教程第一级(上)：汽车基本常识与工作原理[M]．北京：高等教育出版社，2008.

[5] 丰田汽车公司．汽车维修教程第一级(下)：汽车维护操作[M]．北京：高等教育出版社，2008.

[6] 丰田汽车公司．汽车维修教程第二级(上)：汽车维修基础[M]．北京：高等教育出版社，2008.

[7] 丰田汽车公司．汽车维修教程第二级(中)：汽车动力总成维修[M]．北京：高等教育出版社，2008.

[8] 丰田汽车公司．汽车维修教程第二级(下)：汽车电气设备维修[M]．北京：高等教育出版社，2008.

[9] 鲁植雄，赵国柱．桑塔纳轿车数据流分析图解[M]．北京：电子工业出版社，2005.

北京大学出版社高职高专汽车系列规划教材

序号	书号	书名	编著者	定价	出版日期
1	978-7-301-13661-4	汽车电控技术	祁翠琴	39.00	2013.8 第 5 次印刷
2	978-7-301-13658-4	汽车发动机电控系统原理与维修	张吉国	25.00	2012.4 第 2 次印刷
3	978-7-301-14139-7	汽车空调原理及维修	林　钢	26.00	2013.8 第 3 次印刷
4	978-7-301-15378-9	汽车底盘构造与维修	刘东亚	34.00	2009.7
5	978-7-301-15578-3	汽车文化	刘　锐	28.00	2013.2 第 4 次印刷
6	978-7-301-15742-8	汽车使用	刘彦成	26.00	2009.9
7	978-7-301-16919-3	汽车检测与诊断技术	娄　云	35.00	2011.7 第 2 次印刷
8	978-7-301-17079-3	汽车营销实务	夏志华	25.00	2012.8 第 3 次印刷
9	978-7-301-13660-7	汽车构造(上册)——发动机构造	罗灯明	30.00	2012.4 第 2 次印刷
10	978-7-301-17711-2	汽车专业英语图解教程	侯锁军	22.00	2013.2 第 3 次印刷
11	978-7-301-17821-8	汽车机械基础项目化教学标准教程	傅华娟	40.00	2010.10
12	978-7-301-17532-3	汽车构造(下册)——底盘构造	罗灯明	29.00	2012.9 第 2 次印刷
13	978-7-301-17694-8	汽车电工电子技术	郑广军	33.00	2011.1
14	978-7-301-18477-6	汽车维修管理实务	毛　峰	23.00	2011.3
15	978-7-301-17894-2	汽车养护技术	隋礼辉	24.00	2011.3
16	978-7-301-18850-7	汽车电器设备原理与维修实务	明光星	38.00	2011.5
17	978-7-301-18494-3	汽车发动机电控技术	张　俊	46.00	2013.8 第 2 次印刷
18	978-7-301-19147-7	电控发动机原理与维修实务	杨洪庆	27.00	2011.7
19	978-7-301-19027-2	汽车故障诊断技术	明光星	25.00	2011.6
20	978-7-301-19334-1	汽车电气系统检修	宋作军	25.00	2011.8
21	978-7-301-19350-1	汽车营销服务礼仪	夏志华	30.00	2013.8 第 3 次印刷
22	978-7-301-19504-8	汽车机械基础	张本升	34.00	2011.10
23	978-7-301-19652-6	汽车机械基础教程(第 2 版)	吴笑伟	28.00	2012.8 第 2 次印刷
24	978-7-301-18948-1	汽车底盘电控原理与维修实务	刘映凯	26.00	2012.1
25	978-7-301-19646-5	汽车构造	刘智婷	42.00	2012.1
26	978-7-301-20011-7	汽车电器实训	高照亮	38.00	2012.1
27	978-7-301-20753-6	二手车鉴定与评估	李玉柱	28.00	2012.6
28	978-7-301-21989-8	汽车发动机构造与维修(第 2 版)	蔡兴旺	40.00	2013.1
29	978-7-301-22363-5	汽车车载网络技术与检修	闫炳强	30.00	2013.6
30	978-7-301-22746-6	汽车装饰与美容	金守玲	34.00	2013.7
31	978-7-301-22988-0	汽车拆装实训	詹远武	44.00	2013.8